슈타이너-발도르프 교육과정의 길잡이

The Tasks and Content of the Steiner-Waldorf Curriculum

슈타이너-발도르프
교육과정의 길잡이

케빈 애비슨, 마틴 로슨 엮음
이영해, 김훈희 옮김

수신제

차례

| 1부 |

| 2부 | 수직적 교육과정

옮긴이 서문

이 책의 번역을 마치기까지는 6년이 걸렸습니다. 양평자유발도르프 학교가 첫걸음을 뗄 때 교사회를 지원하기 위해 처음 번역을 시작했고, 정식 출판을 결정하고 나서도 다시 1년이 넘는 시간이 걸려서 마무리되었습니다. 그사이 교사로 일하며 여러 선생님들께 배우고 경험한 모든 것이 이 책의 내용을 이해하는 데 큰 도움이 되었습니다. 이처럼 직접 조언을 주신 분 외에도 수많은 선생님들이 간접적으로 이 책의 번역을 도와주었고, 이는 양평자유발도르프학교 교사회 공동의 결과물이라고 볼 수 있습니다.

이 책은 유아기를 거쳐 1학년에서 12학년까지 슈타이너-발도르프 교육과정에서 다루는 방대한 주제와 내용을 안내합니다. 학년별로, 과목별로 씨실과 날실로 엮어서 마치 백과사전처럼 느껴지기도 합니다.

그러나 이 책을 하나의 구체적인 레시피로 생각한다면 슈타이너가 제안한 교육에서 멀어지고 말 것입니다. 슈타이너가 첫 발도르프 학교를 세운 지 100년 넘는 시간이 지났고, 이 책이 처음 출판된 지도 20년이 넘었습니다. 아이들이 다음 시대를 준비할 수 있도록 돕는 것이 교육이기에, 지금의 교육과정은 20년 전, 100년 전과 달라야 합니다. 다시 말해

이 책에서 안내하는 내용을 구체적인 실천 지침으로 바라본다면 이 책은 시대에 뒤처져 보일 수 있습니다.

'슈타이너-발도르프 교육과정의 주제와 내용'이 독자들에게 선보이는 것은 발달 단계에 기초하여 교육과정을 직조한 거대한 태피스트리입니다. 슈타이너가 주창한 발도르프 교육의 원칙은 여럿이 있으나 가장 근간에 놓이는 것은 인간의 몸, 혼, 영, 3원성을 모두 고려하는 교육과 발달 단계에 기초한 교육일 것입니다. 따라서 이 책은 아이가 성장함에 따라 구체적인 발달 단계가 몸, 혼, 영의 차원에서 어떤 필요를 드러내는지, 그리고 어떤 교육적 주제와 내용으로 이를 제공하고 지원할 수 있는지를 펼쳐보입니다.

즉, 여기서 제시하는 내용은 특정 시간과 공간에서 엮은 아름다운 태피스트리이되 구체적 내용이 모든 시대와 문화권에서 보편적으로 통용되기를 의도한 것은 아닙니다. 이 책의 저자들 역시 이를 명확하게 인식했기에 독자들, 특히 교사들이 이 책을 통해 자신의 수업을 창조할 여지를 제공하고자 노력했습니다.

이를 염두에 두고 책을 읽는다면 아이의 온 존재를 읽어내어 그 발달상 필요에 조응하는 교육과정을 구성한다는 것이 얼마나 아름답고 창조적인 작업인지 실감할 수 있습니다. 시대와 문화마다, 그리고 열정과 창조력을 지닌 교사 개개인마다 그 재료는 다양할 수 있습니다. 그러나 아이들이 자기 안에서 가져오는 과제 속에서 매일의 디딤돌을 발견하고, 슈타이너가 제안한 보편적인 원칙을 통해 인간의 온 존재에 다가설 때, 지금 여기에 있는 아이들에게 필요한 교육을 창조할 수 있습니다. 그때 모든 수업은 그 자체로 고유하고 예술로서 피어날 것입니다.

이 책이 독자 여러분들에게 이와 같은 용기와 영감을 선물할 수 있기를 기원합니다. 마지막으로 출판을 지원한 가족들과 박규현 선생님에게 감사를 전합니다.

진실에 대한 용기를 지녀라.
영적인 책임감을 예리하게 가꾸라.
— 루돌프 슈타이너

2024년 9월 29일 양평에서
이영해, 김훈희 드림

추천사

발도르프 교육은 루돌프 슈타이너가 1919년 슈투트가르트에서 첫 학교를 열며 시작되었습니다. 이후 100년간 전 세계에 수많은 학교와 교육 기관이 열리며 그 영감을 이어받았습니다. 우리나라에서도 20년 전 첫 학교가 생기고 지금까지 여러 학교가 있습니다. 인간에 대한 온전한 이해를 바탕으로 아이들의 발달 단계에 기초하여 교육과정을 구성하는 발도르프 교육의 원칙은 많은 교육자들에게 영감을 주어왔습니다.

이 책은 발도르프 교육의 주제와 내용을 아이들의 발달 단계에 맞춰 정리하고 있습니다. 외국에서는 '노란 책'이라는 이름으로 불리며 오래 전부터 교사들의 지침서가 되고 있는 책입니다. 유아부터 12학년까지, 언어, 수학, 음악, 미술, 움직임, 오이리트미, 수공예, 과학은 물론 농사, 기술, 협력 등 학교에서 수업을 통해 다루는 수많은 교과에 대해서 설명하고 있습니다. 오랫동안 각 학교 현장에서 장별로 번역하여 귀한 자료로 쓰고 있었는데, 이번에 두 선생님이 완역하게 되었습니다.

김훈희, 이영해 선생님은 우리나라 발도르프 학교를 처음 졸업한 학생들과 비슷한 또래입니다. 발도르프 교육의 세례를 받은 아이들은 저마다 어른이 되어 다양한 삶의 현장에서 열심히 살고 있지만 발도르프 학교 현장에서 교사를 업으로 삼은 이는 아직 없는 것으로 알고 있습니다. 아이러니하지만 공교육 틀 안에서 자라온 두 선생님들은 이 시대와 수많은 아이들에게 발도르프 교육이 얼마나 절실한 배움인지 두 눈을 빛내며 말합니다. 자신들은 어렸을 때 만나지 못한 발도르프 교육에 진정으로 열정을 가지고 하나도 놓치지 않고 배우려는 선생님들이 정말로 아름답습니다.

　제2의 김훈희, 이영해 선생님들이 우후죽순처럼　생겨나길 바라는 마음으로 이 책이 귀하게 쓰이길 기원합니다.

이은영, 발도르프학교 연극 강사

서문

캐롤라인 폰 하이데브란트(Caroline von Heydebrand)는 루돌프 슈타이너가 첫 번째 발도르프 학교의 교사를 대상으로 한 강의나 회의에서 언급했던 폭넓은 내용을 종합하고, 이를 슈타이너-발도르프 학교를 위해 간결하면서 종합적인 교육과정으로 간추려냈습니다. 이는 굉장한 공로를 인정받을 만한 업적입니다. 폰 하이데브란트는 정확하면서 간결하게 작업했고, 어느 정도는 교사가 스스로 답을 채워나갈 수 있도록 여지를 남기는 대담함도 보였습니다. 그녀는 개별적인 해석과 각색을 위한 공간을 남기면서도 창의적인 수업을 위한 지침과 도움이 담긴 전체적인 상을 그려냈습니다.

그럼에도 불구하고 지난 80년간 교육과 문화 생활 전반이 발전해왔기에 그녀의 작업을 재검토하여 개선하고 확장할 때가 되었습니다. 또한 학교의 교육과정을 문서화하라는 당국의 요구가 늘어나면서 더 많은 슈타이너-발도르프 학교가 자체적인 교육과정을 선보여야 하는 때가 되기도 했습니다. 발도르프 교육은 시간을 따라 흘러왔을 뿐만 아니라 고유한 지리, 문화, 교육을 가진 다른 공간들로 이동해왔습니다. 독일의 발도르프 교육과정 원문을 다른 시공간에서 번역하는 과정은 아동 발달의 본질과 교육과정의 역할에 관해 수많은 중요한 질문을 떠오르게 했습니다. 무엇도 당연하게 여길 수 없는 시대에, 어떠한 전통도 우리의 의식이 담기지 않는다면 살아남을 수 없을 것입니다. 이에 발도르프 교육과정을 현재에 맞추어, 그리고 가능한 한 일반적인 형태로 재구성하는 것이 필요해 보였습니다.

1990년대 전반에 걸쳐 새로운 교육과정에 대한 필요성이 널리 제기되었고, 도르나흐 교육 분과의 지도하에 유럽과 미국의 슈타이너-발도르프 학교에 있는 경험이 풍부한 교사와 지도 교사가 모여 교육과정을 논의했습니다. 그리고 이 작업에는 균형 잡기가 필요하다는 결론을 내렸습니다.

한편으로는 발달하는 아동(이들이 결국 교육과정의 기반이 됩니다.)을 충분히 이해하기 위해서 모든 학교가 가져야 할 자유에 대해 설명하고 확인할 필요가 있었습니다.

다른 한편으로는 다양한 연령대의 아이들에 대해 규범보다는 사례를 제시하고, 루돌프 슈타이너가 구상한 교육의 본질을 담은 보편적인 방향을 제시하는 등 현대 발도르프 학교의 모범안을 문서화할 필요를 느꼈습니다. 동시에 다양한 교과목에 대한 구체적인 필요 요건들도 적절히 고려하고자 했습니다.

이 모든 것은 상당히 어려운 일이었습니다. 토비아스 리히터(Tobias Richter)는 비엔나(마우어) 학교를 위해 자료를 준비했던 오스트리아 동료들과 협업하여 프레젠테이션을 선보였고, 이를 기반으로 이 작업은 시작되었습니다. 게보르크 크니버(Geworg Kniebre, 독일), 벵트 울린(Bengt Ulin, 스웨덴) 및 셜리 노크스(Shirley Noakes, 스코틀랜드)와 같은 많은 국제 슈타이너-발도르프 학교의 동료들이 스위스 괴테아눔의 교육부 지도자인 하인츠 치머만(Heinz Zimmermann) 박사와 함께 작업했습니다. 그럼에도 불구하고 이러한 초기의 노력은 충분치 못했다는 것이 명백했습니다.

새로운 교육과정은 교사 개개인이 가진 자유에 관해 충분히 고려하지 않은 것처럼 느껴졌고, 교사가 현장에서 이 자유를 어떻게 의식적으로 활용할 수 있는지에 대한 설명은 많은 사람들이 원했던 것보다 부족했습니다. 이에 게보르크 크니버가 이끄는 Pädagogische Forschungsstelle(독일의 교육 연구 단체)가 일을 맡아 모든 제안을 선별하고, 필요한 경우에는 전문가 집단이 더 많은 아이디어를 내며 작업하도록 했습니다. 이 작업을 마친 뒤 두 명의 동료 디트리히 에스테를(Dietrich Esterl, 독일)과 크리스토프 위셔트(Christof Wiechert, 네덜란드)는 다시 한 번 전체 원고를 두고 비판적으로 평가해보는 작업을 거쳤습니다. 일부 의견차가 있기는 했지만, 이는 이후 출판된 여러 판본의 기초가 되었습니다.

이제 이 책은 대부분은 아닐지라도 현장에서 근무하는 발도르프 교사들에게 유용한 방향성을 제공하는 필수 지침서가 되었습니다. 현재 이 책은 여러 언어로 번역 출판되어 있으며, 교사, 학자, 장학사나 슈타이너-발도르프 교육에 진지한 관심이 있는 모든 사람에게 없어서는 안 될 책이 되었습니다.

토비아스 리히터가 독일어판 원문의 서문에 쓴 말로 결론을 맺는 것이 잘 어울릴 것 같습니다.

활발하고, 유연하게 흐르고, 살아 있어야만 하는 교육을 글에 고정하니 생생한 교육 현장에 몸담고 있는 분이라면 글의 본성으로 인해 제약과 한계를 느낄 수밖에 없을 것입니다. 그래서 여기 제시된 제안들은 움직임의 흔적이 만들어낸 하나의 길과 비슷하다고 말해두겠습니다. 과거로부터 지나온 일의 표식을 지닌 흔적 말입니다.

그럼에도 불구하고 저희는 이 시도를 통해 교육의 목표와 앞으로 펼쳐질 수업 내용을 감히 그려보고자 합니다. 이를 통해 모든 '교육 예술가'가 이 잔류물로부터 자신만의 고유하고 생생한 가르침과 배움의 길을 조각하고 그려낼 수 있기를, 그리하여 삶을 창조할 수 있기를 바랍니다.

루돌프 슈타이너가 교육에 공헌한 바를 심도 있게 연구하다 보면 교육이 가진 회복의 힘을 느끼게 됩니다. 그 순간, 교육에 절실히 필요한 열정이 어김없이 불타오릅니다. 그래서 그 어떤 것보다도 가장 먼저 루돌프 슈타이너에게 감사를 전하고 싶습니다.

감사의 글

많은 동료들이 이 교육과정의 초판에 참여했습니다.

Kevin Avison(담임교사들을 위한 체크리스트), Martin Baker(움직임 교육과정), John Burnett(교육과정 연구 그룹), Judy Byford(오이리트미), Elena Christie(오이리트미), Linda Churnside(철자법 체크리스트와 수학), C. Clouder(상급 과정), H. David(수작업), Michaela Devaris(오이리트미), Vivien Easton(지리학과 수학), William Forward(독일어), Bernard Graves(공예), Helene Jacquet(오이리트미), Sally Jenkinson(유아기), Graham Kennish(생물학과 화학), Ewout van Manen(문해력과 학습지원), Dr. Brien Masters(음악), Monika McGoverh(독일어), Trevor Mepham(교육과정 연구 그룹), Jenny Milne(수작업), Janni Nicol(유아기), Shirley Noakes(교육과정 연구 그룹), Deborah Pike(프랑스어), Ken Power(역사), Dorothy Salter(교육과정 연구 그룹), Martine Scott(프랑스어), H. Seufert(공예), Rob Sim(움직임 교육과정), Jan Swann(질적 개선과 운영), Anne Tandree(교육과정 연구 그룹), David Urieli(수학과 물리학), Dorothee von Winterfeldt(외국어), Richard Zienko(철학); Johanna Collis(번역), Anne McNicol(편집), Sue Sim(타이핑과 감수), Brien Masters(감수), Wilma Rawson(감수), David Urieli(번역).

2014년판에 대하여

이번 판의 서론에 큰 변화가 있었습니다. 특히 영유아기 교육 부분은 재니 니콜(Janni Nicol)이 담당하였고, 그녀는 〈Early Year's Foundation Stage〉 글이 수년에 걸쳐 지속적으로 변화해온 관점을 반영하여 수정하였으며 실습 내용도 강화했습니다.

많은 동료들에게 이번 판의 교육과정 개정 작업을 요청했을 때 대부분은 원본의 주요 내용들이 아직 유효하다고 느꼈습니다. 일부를 개정하고 수정하기는 했지만 기존 커리큘럼의 서술 내용 대부분은 온전하게 유지하였습니다. 그럼에도 불구하고 동료들이 원문에서 다소 어색하거나 지나치게 장황하다고 느낀 부분은 가능한 한 의견을 반영하여 수정하였습니다. 개정안의 대부분은 재니 니콜과 편집장이 슈타이너-발도르프 자문 서비스 팀과의 협의하에 작성하였습니다. 원예 수업에 관한 장은 헬렌 모리스-리다웃(Helen Morris-Ridout)과 Steiner Academy Hereford의 동료들에게 도움받았고, 기술에 관한 장은 호주의 ICT 교육과정인 Steiner Education을 참조하여 작성되었습니다. 이렇게 복잡하고 정교한 작업을 마치기까지 기다려주고 이 책을 다시 만날 기회를 준 Floris Books의 동료들에게 감사 인사를 전하고 싶습니다.

제1부

제1장

슈타이너-발도르프 교육과정의 주제와 내용에 대한 소개

    교육과정은 요리 레시피를 위한 재료 목록에 비유할 수 있다. 레시피가 아무리 좋을지라도 결정적인 건 재료의 질일 뿐만 아니라 재료를 사용할 수 있어야만 요리를 시작할 수 있다. 재료가 갖춰진 다음에는 재료들이 각자의 맛을 발휘하면서도 서로를 뒤덮어버리지 않도록 요리사가 맛을 조절하고 조합할 수 있어야 한다. 숙련된 요리사라면 어떤 재료를 다른 것으로 대체할 수도 있고, 심지어는 임기응변으로 새로운 무언가를 만들어낼 수도 있을 것이다. 그리고 우리는 음식을 준비하는 과정에 우리의 감정, 심지어 사랑까지 들어가며 이것이 음식이 어떻게 받아들여지는지에 영향을 준다는 사실을 잊어서는 안 된다. 당연하게도 식사하는 사람의 기대치, 건강, 요리 경험도 그 차이를 만들어낸다.

    교육과정은 전체 학습 과정을 안내한다. 이는 요리사가 가능한 모든 맛을 집어넣어 만든 음식처럼 감각을 압도하거나 한바탕 폭발시키는 식이 아니어야 한다. 균형 잡혀 있고, 소화가 잘 되고, 영양가가 풍부해서 건강을 증진하며 감각을 무디게 하는 것이 아니라 활발하게 하는 음식을 식탁에 올려야 한다. 음식과 마찬가지로 교육과정에도 처음에는 매력적이지 않을 수 있는 내용들, 예를 들어 더 강하거나 미묘하고 복잡한 맛을 시간이 지남에 따라 도입할 수 있다. 지적으로 매콤한 향신료나 첫맛에는 시큼하고 떫은 과목 말이다. 미각을 교육하는 데 도움이 되는 풍미, 질감, 향을 첨가할 수도 있다. 특히 초급 교육과정에서는 평생 학습 과정의 전채(前菜) 요리를 위한 요소들이 제시된다.

물론 많은 학교들의 교육과정이 공통적인 요소를 공유하지만, 우리가 생각하기에 슈타이너-발도르프 교육과정 틀이 가진 특성들은 독특하고 특별하다.

- 시간에 따라 펼쳐지는 교육과정은 넓고 경험적으로 풍부하다. 협소하게 정의된 '성취'만을 위해 설계되지 않고, 삶의 예술 능력을 촉진하기 위한 목표를 가지고 있다.

- 교육과정은 일련의 '표식'에 지나지 않는다. 슈타이너가 설명했던 것처럼 교육과정은 하나의 지표로서 교사의 해석과 자유로운 연주를 가능케 한다. 다시 말하면 이는 교사에게 창의력(또는 예술성)을 요구하고 장려한다.

- 교과 내용의 중요성은 충분히 알려졌지만(어린아이들은 특정 기술과 유용한 지식이 필요하기 때문이다.) 슈타이너-발도르프 교육과정은 창의적인 틀로서 진화하는 실천법과 방법론을 담고 있다. 교육과정의 개요는 아이의 발달 단계로부터 단서를 얻어 만들어지고, 교과목 또는 교과 내용은 교사와 학생이 만나고 협력할 수 있는 수단이 된다. 그렇게 시간이 지남에 따라 의미와 지식은 쌓이고, 교육과정 안에서 학생과 교사 모두를 아우르는 공동 학습 과정을 통해 앎이 펼쳐진다.

- 과목 내용과 필요한 역량은 언제나 학생과 관련되어 있다. 교육과정이란 한 벌의 옷에 학생의 몸을 맞추는 것이 아니라, 각 학생의 고유성을 서서히 드러날 수 있게 하는 조산사와 같다.

- 교육과정을 꾸리는 원칙은 대단히 확고하고 탄력 있다. 많은 독립적인 교육자들은 이 기본 원칙이 여러 세대의 학생들과 시간이라는 시험을

견뎌오며 일관성을 가진다는 사실을 알고 있다.

- 발도르프 교육과정 체계가 가진 창의적인 자율성은 이 교육이 다양한 환경, 언어, 문화에 성공적으로 적응할 수 있게 한다. 이러한 교육 원칙 하에 세워진 학교나 최초의 발도르프 학교와 같은 사례는 사람이 거주할 수 있는 모든 대륙에 걸쳐 전 세계에서 찾아볼 수 있다. 유럽 중부에서 시작된 교육과정 내용은 미국, 아프리카의 많은 지역, 중동, 인도 및 극동 지역과 유럽 전역의 아동 교육에 필수 원칙을 적용하면서 수정되었다.

여기서 잠시 레시피의 상(象)을 접어두자. 사람들, 특히 어린아이와 관련된 일에는 레시피가 있을 수가 없다. 무엇보다 중요한 것은 교육과정이 열정과 관심이 솟는 샘물이 되어 교사를 일깨우고, 궁극적으로는 그 교사가 아이들의 생생한 배움을 위한 열정과 관심을 깨우는 것이다. 중앙에서 통제하는 교육과정은 교육에 대한 근시안적 처방을 개선하려는 사람들의 의도와는 상관없이 위와 같은 참여를 거의 허용하지 않을 것이다. 그리고 대개는 많은 희생을 치르면서 활동가들이 자신의 사례를 수정하고 정당화하도록 끝없이 강제할 것이다.

어린아이들에게 중요한 기술과 유용한 지식을 전달하고, 그들이 학습에서 영감을 받고 학습에 몰두하도록 하기 위해서는 다양한 방법과 수단이 필요하다. 교육은 문화를 개인화하는 과정이며, 그 과정 중에 문화 역시 변화하며 재충전된다. 슈타이너-발도르프 교육자는 모든 인간이 유전과 환경 외에도 분명하고 고유한 본질을 삶 속에 가져온다고 본다. 이는 때로 '제3의 요소'[1]라고 불리는 개인의 운명, 잠재적 자아 또는 개별적 방향성이다. 이는 완숙한 성인으로 가는 길에서 무엇보다도 가장 중요하게 양육되어야 하는 것이다. 모든 아이와 그들이 속한 세대는 새로운 무언가를 가져온다. 그리고 이는 문화가 타락하지 않고 회복하는 결정적인 요인이다.

> 우리가 던져야 할 질문은 '한 사람이 기존 사회 질서에 적응하기 위해 무엇을 알아야 하고 어떤 일을 할 수 있어야 하는가?'가 아닙니다. 오히려 이와 같을 것입니다. '이 사람은 어떤 잠재력을 가지고 있으며 이 사람 안에서 무엇이 성장할 수 있는가?' 이러한 관점이 고려된다면 새로운 세대는 사회 질서에 지속적인 혁신의 힘을 가져올 수 있습니다. 이 사회 질서 속에서 그 안에 있는 완전히 성숙한 인간이 만들어낸 모든 것이 살게 될 것입니다. 기존의 사회 질서가 다가올 세대를 기존의 틀에 꽉 맞추는 일은 일어나서는 안 될 것입니다.[2]

학습에 참여하는 어린이는 결코 수동적이지 않으며 교육은 단순히 '전달'될 수 없다. 아마도 슈타이너의 가장 중요한 아이디어 중 하나는 아이들이 교사에게 이해받고 있다고 스스로 느끼고, 이로써 아이들이 학습을 사랑하도록 영감을 받는다는 관점일 것이다. 이를 슈타이너가 말했던 대로 표현해보자면 다음과 같다. '아이들이 곧 바로 교육과정이다.' 교육과정의 내용은 아이들이 가진 생생한 현재와 그들이 속한 세상의 질서나 축적된 지혜 사이를 중재하는 다리 역할을 한다. 전자에 과하게 치우치면 아이들은 자기 멋대로 하려거나 수용 능력이 떨어지고 파괴된다. 반면에 후자에 너무 많이 집중하면 사회적 침체나 억압 및 탈선으로 이어지기 쉽다.

이 책 전반에 걸쳐 독자는 교과 과목 내용 소개나 가르치는 방법에 대한 예시를 찾을 수 있을 것이다. 그런 의미에서 이는 다른 강의 요강이나 수업 계획서에서 찾을 수 있을 법한 여러 주제를 다루는 전통적인 교육과정이라고 할 수 있다. 적절한 때가 되면 슈타이너-발도르프 학교에서 교육받은 아이들은 적극적이고 성숙하며 균형 잡힌 시민이 될 뿐만 아니라, 넓은 지평과 이에 펼쳐진 기회에 대한 감각을 가진 세계 시민이 된다.

발도르프 교육은 루돌프 슈타이너(1861~1925)의 교육 저술과 강의, 특히 1919년 슈투트가르트에서 첫 발도르프 학교를 설립한 데서 출발하여 현재에도 그 뜻을 이어나가고자 하는 교육이다. 슈타이너의 철학은 인지학('인간에 대한, 인간 안에 깃든 지혜' 또는 슈타이너가 한때 말했듯이 '인간의 본성에 대한 인식')이라고 불렸으며, 이는 슈타이너-발도르프 학교에서 일하는 사람들에게 초석이 되었다. 하지만 슈타이너가 자신의 직관 또는 영적 통찰력으로 당시의 과학과 학문을 살펴보고 맞섰던 것처럼, 교사와 교육과 관련된 다른 사람들도 자신의 실천과 원칙에 정직한 회의주의를 적용해야 할 의무가 있다. 전 세계의 슈타이너-발도르프 학교는 이와 같은 모습을 갖췄던 첫 번째 발도르프 학교를 위해 제시되었던 계획을 실현하고, 개선하며, 검토하여 재구성하고 있다. 국제적 교류는 이처럼 진화하는 교육 방법과 교육과정에 더 많은 측면을 더한다. 학교는 (각 국가 협회와 함께) 그들만의 방식으로 각 학급과 각 세대에 맞게 재평가되는 교육 시스템을 구현하고 있으며, 이는 학생, 교사, 학부모 및 이에 참여하는 모든 사람이 협력하여 만들어낸 창조물이다.

오늘날 우리 교사들은 5년 후에 발도르프 학교에 무엇이 있으면 좋을지 알 수 없습니다. 왜냐하면 그 5년 동안 우리는 많은 것을 배웠을 것이고, 그 앎을 바탕으로 무엇이 좋고 무엇이 좋지 않은지 새롭게 판단해야 하기 때문입니다…. 교육 문제는 인지적으로 해결할 수 없습니다. 이에 대한 통찰은 오직 가르치는 경험으로부터만 생겨날 수 있습니다. 그리고 학교는 바로 이 경험으로부터 일하는 것에 관심을 가져야 합니다.[3]

2010년 Cambridge Primary Review[4]의 저자가 지적했듯이, 교육 목

표와 목적에 대한 모든 결정은 본질적으로 문제가 있다.[5] 그럼에도 명확한 방향성이나 목표에 대해 의식하고 있지 않으므로 사회적 영역의 일들은 과거 지향적이고 사후 대응적인 경향을 띨 것이다. 목적이 없고 단순 수동적인 학교 시스템은 바이러스처럼 퍼지는 편의주의나 외부의 조작, 그리고 그것을 이용하려는 모든 종류의 정치적 변덕에 의해 빠르게 감염된다. 발도르프 학교의 원칙과 교육 과제는 다른 성분들을 활성화하고 촉진하는 효모와도 같다. 즉, 동료애를 북돋우고, 관리와 실천이 일관되도록 도우며, 교육과정 개발을 뒷받침하고, 일반적으로 교육에 내재된 가치를 실현하기 위한 시금석을 제공한다.

그러나 이 가치는 결코 단순하지 않다. Nuffield Review of 14-19 Education에 게재된 *Issues Paper 6(Aims and Values)*[6]에서는 가장 중요한 가치는 학교에 관해 말할 때 사용되는 언어에 내재되어 있다고 말한다. 여기서 저자는 교육에 경영주의를 도입하고자 했고, 이와 맥을 같이하는 여러 전제들을 염두에 두고 글을 적었다. 글에서는 언어가 어떻게 교육에 대한 핵심 기대와 충돌하는 행동들을 이끌어내는지 설명한다. 독특한 유형의 교육이 오해와 곡해를 불러일으키는 것은 어찌 보면 당연하다. 정부와 교육부가 가치를 명시적으로 밝히기를 피하는 것 역시 놀랄 일이 아니다. 교육과 '혁신' 프로그램이 주로 가치의 문제라는 것을 인정하지 않는 것이 더 안전할 것이다. 경제적 필요성이나 국제 성취도와 같이 단순히 실용적인 용어로 교육 개혁을 논하는 것은 기만이다. 교육 정책은 교육적 가치가 가장 깊은 땅굴에 묻혀 공식적으로 드러나지 않을 때조차도 가치가 없다거나 가치 중립적이지 않다. 부분적으로는 싱겁고 진부한 이야기들에 대응하는 방법으로서 목표와 원칙, 가치를 제시하기를 꺼릴 수 있지만, 이 주제에 대해 침묵하는 교육과정이란 심각한 결함이 있는 것이다.

슈타이너-발도르프 교육 가치

슈타이너-발도르프 교육은 인간적 가치를 교육과정의 중심에 둔다. 슈타이너 발도르프 학교 연합 실천 규범(The Steiner Waldorf Schools' Fellowship Code of Practice) 서론에는 각 학교가 조직되고 운영되는 방식에 내재되어야 하는 다섯 가지 원칙이 포함되어 있다.

- 각 개인과 살아 있는 보편적 세계의 온전함(고유한 본성 또는 영)을 존중하라.
- 인류 전반, 특히 어린아이들의 잠재된 발달 가능성에 관심을 갖고 긍정적으로 접근하라.
- 평생 학습의 중요성을 중심적으로 인식하라.
- 위의 관점을 가지고 어린이 교육의 핵심 과제에 헌신하라.
- 개인과 집단, 지역 사회가 인류 공통의 문화를 개선하는 데 기여하도록 격려하고 가능케 하며, 이를 가치 있게 여겨라.

결과적으로 슈타이너-발도르프 교육과정은 개인과 사회의 가치를 동시에 추구하며, 이는 개인의 고유한 개별성이 사회 안에서 사회와 함께 발달해가는 과정과 같다. 이 책의 이전 판에는 다음과 같은 문구가 있다.

모든 학급의 아이들은 다양한 사회적, 문화적 배경에서 온다. 이렇게 종교, 국가, 민족적 배경이 섞인 학급 집단은 학교 시간 내내 함께 지내며 하나의 사회적 집단으로 합쳐진다. 학급은 주변 사회의 축소판이며 아이들은 모든 형태의 차이점을 존중하고 이해하는 법을 배운다.

궁극적으로 이러한 '영적 가치'를 포함하려는 모든 교육은 가장 넓은 의미에서 맥락을 읽는 감각을 섬세하게 다루고 이를 발전시키려는 교육이다. 즉, 우리는 다른 사람의 인간성을 통해, 그리고 그들과 함께 인간으로서 성장한다.

아마도 슈타이너-발도르프 교육의 핵심적이고 독특한 특성은 '인간의 영'에 대한 인식일 것이다. 영어에서 '영성'은 (적어도 영국 내에서는) 종교적 신념과 연관되는 경향이 있으며, 세속주의자들은 이를 의심스럽게 바라본다. '영적, 도덕적, 사회적, 문화적 교육'이라는 말은 학교 등록이나 점검[7]에 필수적일 수 있지만, 이 중 '영'은 매우 모호하고 실체를 느끼기가 어렵다. 발도르프 교육자에게 '영적 교육'은 슈타이너-발도르프 접근법의 구체적인 목표다. 하지만 이 목표를 직접적으로 다루지는 않는다. 종교적 지향을 가진 학교처럼 어린이와 청소년에게 '영'적인 특정 교훈이나 아이디어를 제시하지 않는다. 반면에 학생들이 이상주의와 개인적인 연결을 강하게 맺고, 그들이 세상의 적극적인 공동 창조자로서 성장함을 느끼고 이를 소중히 여기도록 영감을 주는 모든 일을 장려한다. 따라서 여기서 말하는 '영적 목표'는 풍부한 다양성과 보편적으로 잠재된 인간성을 자유롭고 명석하게 인식하고, 이 과정에서 만나는 장애물이나 방해물을 가능한 한 없애고자 함을 뜻한다.

루돌프 슈타이너는 첫 번째 학교의 학부모와 창립 교사들에게 이 점을 강조했다.

슈타이너-발도르프 학교에 까다로운 엘리트 교육에 대한 기대가 설 자리는 없습니다. 그런 교육을 원하는 학부모는 잘못된 곳에 와 있는 것입니다. 모든 어린이가 양질의 교육을 받을 권리를 갖는 것은 사회적으로 필요할 뿐만 아니라 이상적입니다.[8]

오늘날의 사회적 조화는 통합적이고 다문화적이며 학생들의 수준 편차가 있는 교육 환경에서 공평한 기회를 가지는 것에 의존한다. 우리는 영국이나 더 먼 곳의 분열된 지역 사회에서 이것은 사실이 아니며, 학교 시스템이 갈등과 편견을 자리 잡게 하는 역할을 할 때 어떤 일이 일어나는지 분명하게 볼 수 있다.

슈타이너-발도르프 교육 환경에서는 학생이 능력에 따라 영구적으로 분류되지 않으며, 교육과정은 다양한 유형의 지능, 재능, 학습 스타일을 폭넓게 바라보는 시각을 제공하고자 한다. 비록 교사는 학생에 따라 일부 차별화를 두기도 하고 소수 과목에서는 그룹화가 필요하겠지만(보통 14세 이후), 이 과정에서도 연속성과 공동체 의식이 함께 길러진다. 일반적으로 학급의 기풍이 견고하기에 정상적인 아동 발달의 과정에서 발생하는 위기들을 견뎌내고 해결할 수 있다. 사회적 어려움, 변덕스러운 우정 관계, 그리고 가끔씩 벌어지는 불화는 성장하면서 겪는 일이며 어른과의 관계에서도 겪는 일이므로 연령에 맞는 방식으로 해결해야 한다. 친절함, 나눔, 다른 사람의 말을 경청하는 능력을 기르도록 적극적으로 권장한다. 행동에는 결과가 따른다는 사실에 대한 이해도 함께 생겨난다.

아이들이 비경쟁적인 환경에서 자신의 일에 자부심을 갖고 개인적으로 도달할 수 있는 가장 높은 기준을 달성하도록 격려한다. 또한 학생들이 자신과 다른 학생들의 성과를 객관적이면서도 긍정적이고 건설적인 방식으로 평가하도록 한다.[9]

교사들은 아이들에게 자연 현상과 다른 사람들에 대해 경이로움이나 경외심을 심어주려고 노력하며, 이는 어린아이 안의 관심과 존중심, 청소년이 되었을 때의 앎에 대한 욕구의 바탕이 된다. 이를 기반으로 어린아이들은 양심의 내면적 목소리와 정의감, 책임감을 키울 수 있다.

다양한 예술 및 실용적인 프로젝트에서 팀워크와 문제 해결 능력을 배워간다. 종합적인 활동 경험, 생태적이고 사회적인 실습을 통해 학생들은 세상 일에 대한 통찰을 얻을 뿐만 아니라, 다른 사람에게 공감하고 삶의 모든 영역에서 서로 도와야 할 필요성에 대해 인식하게 된다.

아이들과의 만남에서 교사가 가지는 열정은 교사 개인의 발전과 성장으로부터 흘러나오는 도덕적인 힘과 같다. 교사는 자신이 아는 것뿐만 아니라, 자신이 누구이며 어떤 의미를 가지는지에 있어서도 아이들에게 큰 영향을 준다.

아이들은 건전한 관찰을 바탕으로 판단을 내리고, 이를 개인적, 사회적, 도덕적 영역에 적용하도록 배운다.

학교 공동체 전체는 이러한 원칙을 신념 체계로서 받아들이는 것이 아니라, 모든 사람에게 내재된 이상주의를 인식하는 방향으로 지키려 한다. 부모의 참여, 헌신, 그리고 무엇보다도 노력과 희생은 학생들에게 모범적인 영향을 미치고 동기를 부여한다. 슈타이너-발도르프 학교에서는 기물 파손이나 무단 결석, 괴롭힘이 드물게 일어나는데, 이는 아마도 학생들이 학교의 문화에 공감하고 있음을 보여주는 것 같다.

교실 안이나 학교에서 사회적 어려움을 해결하는 데 많은 시간이 쓰인다. 학교는 괴롭힘이나 갈등에 대한 효과적인 해결 방침을 가지고 있으며, 이는 매주 교사 회의에서 정기적으로 검토되고 어려움이 생길 때마다 적용한다. 학교의 어른 공동체도 마찬가지로 불만과 갈등 문제를 건설적인 방식으로 해결하려고 한다. 부모와 교사 모두 이 과정에 기여한다.

슈타이너-발도르프 교육의 인지학적 기초

슈타이너-발도르프 교육은 루돌프 슈타이너의 아동 발달론에 기초하고 있다. 이는 경험적이고 학문적인 연구에 기반을 두었고, 슈타이너의 심리적, 영적 통찰력으로 깊이를 더했다. 그 결과로 탄생한 교육 철학은 1세기에 가까운 시간에 걸쳐 상당히 많은 실무 연구를 통해 조사되고, 보완되고, 재평가되었다. 발달론을 다루는 2차 문헌들이 다양한 언어로 폭넓게 존재한다.

이미 언급했듯이, 슈타이너는 인간 본성에 대한 앎을 철학과 우주론의 핵심 토대로 삼고 이를 인지학(人智學, anthroposophy)[10]이라 명명했다. 인지학은 출판된 서적, 논문, 그리고 주로 청중이 녹음했지만 강연자의 교정을 거치지는 않은 슈타이너의 강연록 등으로 풍부하게 연구되었다. 슈타이너의 전체 작업 중 교육에 대한 강의나 저술만이 의의가 있다는 점을 강조해야겠지만, 인지학이 광범위한 주제를 다루는 것은 슈타이너의 관심사가 다방면에 걸쳐 있었다는 사실을 증명한다.

슈타이너는 1919년에 발도르프 아스토리아 담배 공장(Waldorf Astoria Cigarette Factory)의 사장인 산업가 에밀 몰트(Emil Molt)로부터 슈투트가르트에 최초의 발도르프 학교를 설립해달라는 요청을 받았는데, 이는 처음에는 공장 노동자의 자녀를 위한 학교였다. 슈타이너는 1925년에 작고하기 전까지 학교의 고문으로 일했다. 그동안 슈타이너는 교사를 대상으로 수많은 강의를 하고, 교사들의 수업을 참관하며, 교사 회의에 정기적으로 참석했다.

슈타이너가 설계한 기존의 커리큘럼은 교사들이 실제에 적용하고 평가해보면서 협력적으로 개발되기 시작했다. 그 이후로 현재 우리가 발도르프 교육과정이라 알고 있는 것은 전 세계적으로 변화하는 문화적, 지리적 상황에 맞춰 발전하고 적용되었으며, 현재 약 60개국 1,200개 이상의 학교에서 사용되고 있다.

슈타이너가 인지학에 남긴 교육에 관한 업적은 슈타이너-발도르프 교육의 철학적 기반이 되지만, 이를 아이들에게 직접 가르치지는 않는다. 그러나 그 통찰력과 정신은 교육과정의 기반을 마련하고 교사들이 개인으로서 일하고 영감을 얻을 수 있도록 아이디어를 준다. 슈타이너는 인지학을 '인간의 영성을 우주의 영성으로 이끄는 앎의 길'[11]이라고 설명했다.

이 책에서는 인지학에 대해 자세히 설명하지 않지만, 슈타이너-발도르프 교육과 관련된 몇 가지 측면은 간략하게 다루고 있다.

인지학은 인간 존재가 삼원성을 지닌다는 전제에서 시작한다. 몸(신체적), 혼(심리적), 영(본질적 존재)이 삶 동안 통합된다. '나' 혹은 자아라고 불리는 본질적 존재의 일부가 자신을 표현하고 살아가기 위해 물리적이고 감각적인 수단을 형성하는 것을 인간의 성숙이자 개별화 과정으로 바라본다. 슈타이너가 말했듯이, 인간은 세 가지 다른 세계 속에 살고 있다.

신체적으로 보자면 우리는 외부 세계에 속해 있고 외부 세계를 인식합니다. 혼은 자신의 내면 세계를 만듭니다. 그리고 영적으로는 앞선 두 세계보다 더 높은 제3의 세계가 우리에게 그 모습을 드러내 보입니다.[12]

몸, 혼, 영의 전통적인 삼중 구분은 의식의 세 가지 근본적인 기능에 따라 존재적으로 구분한 것이다.(다음 쪽의 그림 참조) 넓게 깨어 있는 사고(의식), 꿈과 비슷한 느낌(정서), 그리고 행동하는 순간의 깊은 잠과 같은 무의식적인 의지(의지)로 구성된다. 이러한 구분은 고전 및 중세의 사고방식 중 흙, 물, 공기, 불의 '원소'라고 불리는 것으로부터 기원하였고, 각 원소는 삶의 구조와 특정한 관계를 맺고 있다. 물리적/지권, 형성적/생물권이 있고, 의식과 개성을 포함하여 종종 문화 또는 정신권(noosphere)[13]이라 불리는 것을 함께 구성하는 두 개의 '고차적'인 영역이 있다.

슈타이너는 인간의 이러한 요소를 새로운 관점에서 설명했다. 그는 인간 발달의 측면에서 아이가 성장하면 이러한 질적 요소들을 점진적으로 동화하고 통합해간다고 보았고, 이는 한 사람의 고유한 본질 또는 개별성을 드러나게 만든다고 말했다.

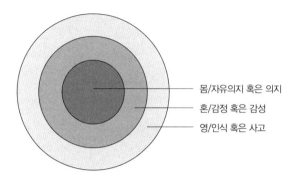

몸/자유의지 혹은 의지

혼/감정 혹은 감성

영/인식 혹은 사고

    인간의 네 가지 요소는 모두 어린 시절을 지나며 스며들고 통합된다. 때때로 리듬적 또는 '에테르'체라고 불리는 형성적 요소는 광물을 포함하면서 초월하는데, 이는 물체가 적절한 때에 유기체로 기능하여 생명의 리듬, 성장, 재생 및 생식 과정을 조절하게 한다. 이 두 가지 원리만 있는 생명체는 물질과 생명만 가질 것이다. 우리는 이것을 '식물'이라고 부른다. 인간에게 있어서 형성적 자아는 더 고차적인 기능을 하도록 돕고, 습관적 행동 패턴이나 체질적 특성, 기억, 표상(mental picture)을 형성하는 능력을 낳는다.

    이를 넘어서 의식의 영역에서는 감각적 또는 '아스트랄'체가 단순히 생물적인 것을 포용하고 초월하여 환경과 유기체 내부에서 오는 자극에 반응하고 이를 조작할 수 있는 능력을 제공한다. 보통 인간의 의식은 고통과 쾌락의 감각 수준에서 존재하지만, 의식의 초점을 신체적 상태나 감정적, 주관적 인식을 넘어서 고차적으로 높일 수 있다면 인간으로서 완전한 의식을 깨울 수 있을 것이다. 개인은 자아의식을 통해 정체감을 얻는다. 이는 인간이 고차원적으로 발달된 문화적 삶을 살도록 이끌며, 그 안에서 동기와 개성, 그리고 자유와 책임을 위한 잠재력이 개발될 수 있다. 우리는 이러한 온 경험을 설명하기 위해 '나(I)'라는 단어를 사용한다.

    뇌가 감각을 통해 지각되는 물리적 유기체의 통합 센터인 것처럼,

'나'는 자아의 중심이다. 몸과 혼은 외부의 자극에 반응한다. 그러나 개별화 과정을 통해 '나'는 점점 개인이 의도를 갖고 동기를 선택할 수 있도록 중심이 된다.

> 우리는 '나(I)'를 우리의 진정한 존재로 보는 것이 정당합니다. 그렇기에 몸과 혼은 우리가 행동하기 위한 신체적 조건으로서 입고 살아가는 '옷'과 같습니다. 우리는 성장 과정에서 이 도구들을 '나'의 하인으로 사용하는 법을 더 많이 배워갑니다.[14]

영은 '나'를 통해 살아가며 고유한 사고를 통해 나를 표현하게 한다.
사고는 우리에게 더 높은 의미와 개인성을 넘어서 세상에 내재된 법칙과 원칙에 접근하도록 도와준다. 이는 우리 안에서 자연스레 일어나기도 하지만, 우리는 지식과 진실을 추구하면서 우리의 경험을 넘어서 독립적으로 존재하는 것, 즉 객관적이거나 보편적인 것과 연결된다. 슈타이너는 이렇게 말한다.

> 비록 우리의 사고가 영원한 진리의 일시적인 표현일 뿐이라 할지라도, 진리가 이어진다는 것을 깨달아야 합니다.[15]

이는 도덕적 가치에 있어서도 마찬가지다.

> 도덕적으로 옳은 것은 진실한 것과 마찬가지로, 영적인 혼으로부터 받은 본질적이고 영원한 가치를 지닙니다.[16]

인간이 고귀해지거나 영원한 진리를 깨달을 때 영적인 것이 표현되는데, 이는 종종 어떤 고귀함을 얻고 존재 본질을 찾기 위해 여러 가지 길을 거치며 투쟁해온 사람들을 만나면 경험할 수 있다. 이 수준에 이르면 정신은 강박, 혐오, 본능적인 동감과 반감과 같은 자기 지향적 욕망의 굴레에서 부분적으로 자유로워진다.

여기서 제시한 것들은 슈타이너가 아주 다양한 방식으로 묘사한 것들을 단순화한 것이다. 슈타이너는 종종 명상적 전통에서 가져온 전문적이고 생소한 용어를 사용하여 다양한 관점에서 현상을 바라보곤 했는데, 이는 여기서 다루는 것보다 훨씬 더 풍부하고 미묘하며 자세하다.

그러나 이것을 출발점으로 삼자면, 교육이 매우 중요하고 지지적인 역할을 하는 개별화 과정은 위에서 설명한 자아의 요소들이 통합되는 '나'의 활동에 점진적인 변화를 수반한다. 태어날 때 '나'는 주로 물체 내에서 활동한다. 7세경에 생명체의 힘 일부는 점차 유기적 기능에 더 이상 필요치 않게 되고 물리적 유기체로부터 해방된다. 그렇기에 이는 고유한 내면의 삶이 발현되도록 돕고, 특히 학습에 필수적인 두 과정인 표상 과정과 기억 형성을 가능케 한다. 이와 같은 해방이 일어나기 전에 아이는 이해가 아닌 모방을 통해 배우는데, 마음에 비해 감각 경험은 비교적 직접적으로 아이의 활동으로 전달되기 때문이다. 일단 생명체의 형성력이 자유를 얻기만 하면, 아이는 내면적 경험의 삶을 점점 더 형성하고 구조화할 수 있게 된다. 기억은 여전히 유기체와 긴밀하게 연결되어 있지만, 독립적이기보다는 상황에 따라 달라진다. 기억이 감각 자극과 독립적으로 기능할 수 있을 때에만 추상적 사고가 가능하기 시작한다.

사춘기에 이르면 지금까지 신체 기관과 생명 과정에 작용해온 의지, 감성, 사고의 흔적 활동이 스스로 해방되기 시작한다. '나'는 인간의 혼 내에서 활동하며 판단을 내리고, 독립적인 개념을 형성하고, 이상을 향해 동기 부여된 의식에 따라 자신의 행동을 결정하도록 돕는다.

어린이마다 '나'의 활동을 지원하고 여러 구성체를 통합하여 건강하고 조화로운 발달이 이루어질 수 있도록 돕는 것은 교육의 핵심 과제이며, 이처럼 간략하게 성격화하더라도 이는 분명한 사실이다. 개인의 잠재력을 최대한 실현하기 위해서는 기본적으로 개인의 자아 활동을 지지해야 한다. 교육의 모든 측면은 이 목표를 향하고 있다. 루돌프 슈타이너는 새로 설립된 최초의 발도르프 학교에서 학부모들을 대상으로 연설하면서 인지학과 발도르프 교육의 관계를 매우 명확하게 밝혔다.

이 학교를 특정 철학을 대표하는 학교로 만들려 한다거나, 인지학이나 다른 교리를 아이들에게 주입하는 것을 두려워할 필요는 전혀 없습니다. 우리는 이를 염두에 두고 있지 않습니다. 우리가 아이들에게 특정 인지학적 신념을 가르치려 한다고 말하는 사람은 진실을 말하는 것이 아닙니다. 오히려 우리는 인지학이 우리에게 의미하는 바에 따라 교육 예술을 발전시키려 합니다. 우리는 교육의 '방법'을 영적 이해로부터 얻으려 합니다. 우리는 우리의 의견을 아이들에게 주입하려 하지 않지만 영학(靈學)은 모든 사람을 사로잡으며, 모든 분야에 능하지만 특히 사람이 다른 사람을 대하는 것을 능숙하게 만든다는 점에서 다른 과학과 다르다고 믿습니다. 우리가 살펴보려는 것은 '어떻게'이지 '무엇'이 아닙니다. '무엇'은 사회적 필요성의 결과입니다. 우리는 사람들이 현시대에 훌륭하고 유능한 개인으로서 자리를 잡으려면 무엇을 알아야 하고 어떤 일을 할 수 있어야 하는지를 읽어내고, 이로부터 그 답을 도출하는 데 온 관심을 기울여야 합니다. 반면에 '어떻게', 즉 어린이들에게 무언가를 가르치는 방법은 인간에 대한 완전하고 깊은, 사랑에 찬 이해에서만 나올 수 있습니다. 이것이 우리의 발도르프 학교에서 행해지고 널리 퍼지도록 의도한 바입니다.[17]

슈타이너-발도르프 교육의 배경에 대해 제시된 간략하고도 매우 압축적인 설명은 다음 장에서 더 자세히 설명될 것이다. 다음 장에서는 이것이 교사의 교육 현장에 어떻게 적용되는지 설명한다.

제2장

교육과정과 연결되는 발달 단계

이상적인 교육과정은 성장하는 동안 다양한 단계를 거치며 변화하는 인간의 본질을 모델로 삼아야 한다. 그러나 다른 이상과 마찬가지로 교육과정 역시 삶의 현실에 직면하게 되며 그에 맞추어 적응해야 한다. 이 현실에는 교사의 개별성, 각각의 특색을 지닌 학생들이 모두 모인 학급 자체, 역사적 순간, 교육 당국과 교육과정을 시행하려는 학교가 위치한 지역에서 시행되는 교육법 등 많은 요소가 포함된다. 이러한 요소는 모두 이상적인 교육과정을 수정하게 만들고, 변화와 토론을 요한다. 교육과정이 유연하게 움직일 수 있을 때만이 성장하는 인간이 직면하는 교육 과제들을 해결해나갈 수 있다.

— 캐롤라인 폰 하이데브란트

슈타이너-발도르프 교육은 아동 발달 단계를 크게 세 단계로 구성한다. 0~7세, 7~14세, 14세~청년기로 구분된다. 교육의 관점에서 보면 이는 각각 3~6세의 유년기, 6~14세의 초등학교 시기, 14~19세의 고등학교 시기를 포함한다. 이러한 각 단계는 신체적, 심리적, 영적 성숙에서 중요하고 구체적인 발달 특징을 지닌다. 아래의 설명은 매우 포괄적으로 요약된 바다.

각 단계는 그 자체로 통합적이고 독특한 삶의 단계를 나타내지만, 각 단계는 다음 단계로 변형된다. 한 단계에서 특정한 정점에 도달하는 과정은 후속 발달 단계에서 아동의 능력으로 변형된다. 그러나 각 단계에는 교육이 아동기 흐름에 조응하며 적절한 풍조를 설정하도록 안내해주는 기본 또는 핵심이 있다. 그렇기에 예를 들어 유년기 단계는 다음 단계의 삶을 위한 준비 과정이 아니라, 그 자체만으로도 유효한 존재 상태로 여겨진다.

출생부터 7세까지: 영유아기

오늘날 영유아 발달을 위한 올바른 조건을 마련하는 것이 중요하다는 사실은 이론적으로는 충분히 인식되고 있지만, 실질적으로 항상 그런 것은 아니다. 어린아이의 온 존재가 건강하게 발달하는 데는 많은 것이 달려 있다. 이러한 이유로 인해 영유아 교육계에서 슈타이너-발도르프 교육 교사들은 항상 동등한 지위를 부여받는 등 높은 평가를 받고 있다. 현대에는 점점 어린아이에게 더 큰 압력을 가하고 여러 전통적인 양육 및 지원이 사라지면서, 영유아 교육은 그 어느 때보다 더 많은 연구와 교사의 성장, 부모 교육, 자원 등이 필요하다.

처음 3년 동안 영아는 적극적으로 성장하면서 신체가 필요로 하는 것과 아이가 자라는 환경에 적응한다. 이것은 균형과 직립 보행의 성취, 언어 습득, 인지 능력의 기초 확립이라는 세 가지 기본을 달성하는 놀랍도록 복잡한 과정이다. 동시에 어린아이는 다른 사람들과 관계를 맺기 시작하여 가족이나 친구 또는 아이가 만나는 다른 사람들로 대표되는 인간 사회의 일원이 된다. 아이의 이러한 성장은 가장 깊은 존경심으로 바라봐 주어야 한다. 아주 어린아이에게 무엇보다도 가장 필요한 것은 건강한 영양과 적절한 보살핌이 함께하는 사랑받는 환경이다. 아이들은 사랑이 담긴 관심과 소통, 필수적인 사회 공동체에 속하는 안정감에 힘입어 피어나는 상호 작용적 존재다.

이 단계에서 어린아이는 주로 모방과 놀이를 통해 배운다. 아이들은 대부분 무의식적인 방식으로 경험을 흡수하고 소화한다. 학습을 통해 배우는 것이 아니라 저절로 습득하게 된다. 즉, 명시적으로 교육하는 방식이 아니라 암묵적인 방법을 통해 익히게 된다. 아이들에게는 의미 있는 활동이 이루어질 수 있도록 안전하면서도 보살피는, 허용적인 환경이 필요하다. 그들이 경험하는 것은 행동으로 이어지고, 이는 결국 그들의 온 유기체를 형성하는 데 영향을 미친다. 모방은 실제로 인간의 물체를 교육하고 모국어, 습관, 행동 패턴을 확립한다.

놀이는 유아에게 진지하고도 중요한 활동이다. 놀이를 통해 창의성, 상상력, 자주성의 힘이 길러진다. 놀이를 통해 아이들은 관계를 맺는 법을 배운다. 유아기 단계에서 교육의 과제는 기억, 경건함, 질서, 자연 세계에 귀 기울이고 즐거움을 느끼는 등의 좋은 행동 습관을 확립할 수 있는 환경을 제공하는 것이다.

학교 입학 준비

첫 6~7년 동안, 아이들은 자신이 경험한 강렬한 감각적 인상을 걸러낼 능력이 거의 없음에도 불구하고 대단히 활발한 감각을 가진다. 어린 아이들은 주변 환경에 거침없이 열려 있으며, 그곳에서 발견하는 모든 것을 받아들인다. 이 아이들에게 가장 좋은 것은 훌륭한 모범이 되는 환경과 사람들이다. 이러한 형성 과정이 어느 정도 완료되고 나서야, 특히 뇌와 같은 기관을 형성하고 삶의 리듬을 확립하는 데 쓰인 힘이 점차 방출된다. 바로 이때가 아이들이 본격적인 학교 학습을 받을 준비가 되었다고 볼 수 있는 순간이다.

약 6세가 되면 점차 교육과정을 통해 이러한 형성력에 접근할 수 있게 되는데, 이 형성력은 어린이가 표상을 형성하고, 기억을 확립하며, 배우고, 주의를 집중할 수 있게 한다. 그러나 예를 들어 문해력이나 산수 학습을 위해 본격적인 조기 교육이 이루어진다면 아이의 활력은 떨어지고 이후 학습을 위한 경험적 기반이 좁아질 수 있다. 마찬가지로 어린이가 5~6세 사이에 다른 사람들과 함께 지내고 직관적으로 타인을 돕는 사회적 과제에 상상력 있는 의지를 펼칠 기회가 없다면 아이들의 사회적 역량은 제한될 수 있다.

어린아이들은 약 4세까지는 다른 아이들 옆에서 나란히 노는 경향이 있다. 이후부터는 점점 더 친구들과 놀기 시작하며, 적절히 격려해주기만 하면 창의적인 놀이를 통해 건설적인 사회적 상호 작용에 참여한다. 이는 매우 중요한 발달적 특징으로, 충분히 발달하고 구조화되기까지 시간이 필요하다. 이때부터 많은 아이들이 읽기와 쓰기 학습과 같은 과제에 지능을 꽤 사용할 수 있게 된다. 여기서 이 지능이 아이가 창의적인 놀이와 같은 활동을 통해 사회적 의식을 키우는 데 먼저 쓰였는가를 반드시 자문해봐야 한다. 만약 그렇지 않다면, 아이가 배운 수준 높은 기술은 반사회적으로 쓰일 수 있고 소통과 공유보다는 통제에 익숙해질 수 있다. 이 시기에 아이들이 구조화된 유치원 환경 안에서 듣고 말하는 능력, 사회적 상호 작용 능력과 자주성을 기르는 것을 과소 평가해서는 안 된다. 영유아기를 근본적으로 아이의 행동 속 의지로 특징지어지는 시기로 보자면, 첫 7년 단계의 후반부는 아이의 사회적 및 감정적 영역 안의 의지를 개발하는 데 중요하다.

아이에게서 형성력이 해방되었고 이에 학교에서 본격적인 학습을 할 준비가 되었음은 아주 다양한 영역의 징후로 드러난다. 치아의 변화는 가장 분명한 기준 중 하나이지만 결코 유일한 기준은 아니다. 이외에도 신체 움직임의 조정 능력, 의식적으로 접근 가능한 기억을 형성하는 능력, 정서적 독립성의 향상, 부모와 어린이집으로부터 받던 안전함을 떠날 수 있는 힘 등을 살펴볼 수 있다. 아이들의 학교 입학 준비 정도를 평가하는 것은 점점 더 어려워지고 있으며, 이는 결코 아이의 실제 연령이나 성숙도, 능력만으로 기계적으로 판단할 수 있는 문제는 아니다. 이를 위해 장기적인 요인을 염두에 두고 어린이집을 포함한 전문가 집단의 조언을 구하는 경우가 많다. 학교 입학을 미루는 것은 때로는 조숙한 아이가 되도록 밀어붙이는 것만큼이나 도움 되지 않을 수 있다.[1]

궁극적으로는 우리가 교육과정의 본질을 어떻게 이해하고 있는지가 가장 결정적이다. 한 측면에서는 아이가 1학년에 들어갈 준비가 되었는지 살펴야 하지만, 또 다른 측면에서는 아이가 정식 학교 교육을 통해 성장이 시작되도록 1학년에 입학할 필요가 있는지 물어야 한다. 결과적으로 아이의 입학 준비 정도는 학교가 아이를 위해 준비되었는지 여부와 그 반대의 경우를 모두 고려하여야 하는 복잡한 문제다. 이는 개별 아동마다 신중히 결정해야 한다.

7세부터 14세까지

이 단계에서 아이들은 공식적으로 학습을 시작한다. 아이들은 기초 학습 기술을 확립하며 실제 생활에 확고히 뿌리를 둔 방식으로 기억력을 발달시키면서 지적인 발달을 이룬다. 이 단계의 모든 학습은 아이의 감성을 자극하고 사로잡고자 하는데, 이를 통해 각 아이들마다 학습 주제에 대해 강한 동일시를 느끼도록 만든다. 학습은 본질적으로 경험적이기에 성격화의 요소가 담긴 강력하고 유기적인 서사는 아이들의 직접적인 경험을 강화한다. 형상이 개인의 내면적 경험을 만들고 이를 통해 배우게 하는 것에 필수적이라는 점에서, 상상력은 핵심 요인이다. 미술과 음악은 아이의 감성을 사로잡는 데 중요한 역할을 한다. 특히 이 단계의 초기의 아이들에게는 이야기와 형상적인 인식으로 다가가는 것이 가장 중요한 것 중 하나다.

아이들은 이야기를 통해 개념 틀을 만들고 이를 통해 자기 자신과 자신의 경험을 이해하게 된다. 이야기에는 시작과 설명, 결론 혹은 결과가 있다. 따라서 이야기의 흐름은 의미를 담게 된다. 아이가 이야기에서 묘사된 상황을 즉시 이해하지 못하더라도, 이야기는 아이의 의식을 안정감을 주던 세상의 문화로부터 개인적 경험[2]에 초점 맞추게 한다. 이것이 교사가 자신의 말로 이야기를 들려주는 것이 강력한 경험이자 깊은 매력을 가진 이유다. 동시에 아이들은 이야기를 통해 언어를 배우고 듣는 훈련도 하게 된다.

단순한 전달 대신 이야기를 통해 배우게 되면, 각 학습자는 자신이 이미 알고 있는 것을 바탕에 두고 교실 안팎에서 개발된 여러 전략을 사용해 이야기를 새롭게 재구성한다.[3]

— 고든 웰스(Gordon Wells)

아이들은 스토리텔링을 통해 지역 사회와 문화에 참여하게 된다. 이는 공동체성과 개인성을 동시에 지녀서 아이들이 자신의 경험을 '소화'할 수 있게 한다. 슬픔, 상실, 분노, 불안을 불러일으키는 고통스럽고 힘겨운 사건들은 이야기 형태로 표현될 수 있다. 이렇게 이야기로 듣는다면 사람들은 자신의 감정을 수용할 방법을 찾을 수 있다. 개인 간의 갈등이나 긴장은 종종 이렇게 간접적인 방식으로 해결할 수 있다. 역설적으로, 이야기는 대개 직접적으로 훈계하는 방식보다 더 실효가 있다.

아이들은 민속 이야기, 동화, 전설, 우화, 신화, 역사, 문학 등 다양한 원천의 이야기를 듣는다. 이야기는 구두로 들려준다. 어린아이의 경우라면 '숫자 요정', 동물이나 식물 간의 대화, 수채화 수업에서 색깔들끼리 관계 맺기 등의 의인화를 포함할 수 있다. 나이가 좀 더 있는 아이들의 경우, 역사에서 전기(傳記)를 들려주는 것은 아이들이 다른 사람의 과거 경험 안에서 자신의 자리를 찾도록 도와주기 때문에 아주 중요한 요소다.

나이가 많은 학생들의 수업에서는 모든 발표를 과정, 사건 순서, 결과에 중점을 두고 구두로 설명하는 것에 집중한다. 의사소통, 의견 교환, 관점, 대화, 토론이 수업에 함께한다. 이러한 능력을 위한 기초 작업은 더 어린 학년에서 이루어진다. 이야기는 대화 구조의 전형적인 사례가 되고, 경험을 의사소통이 가능한 형태로 만들게 하고, 아마도 교실에서 가장 중요한 듣기 능력을 길러줌으로써 이를 더욱 발전시킨다. 이 발달 시기는 하위 단계로 뚜렷이 구분할 수 있다. 9세까지, 9세에서 12세 사이, 12세에서 14세 사이로 나눌 수 있다. 이러한 단계는 다른 것보다도 특정 수준의 인지 발달과 자아와 세상이 관계 맺은 방식에 따라 결정된다.

7세에서 9세

7세에서 9세 사이 어린이의 주요 특징 중 하나는 스스로 판단을 내릴 필요를 느끼지 못하지만 배우고자 하는 욕구가 있는 것이다. 기억력, 상상력, 리듬 있게 반복되는 일의 즐거움, 그림 형태로 표현된 보편적 개념에 대한 욕구가 이 단계에서 두드러진다. 아이들은 아직 어른의 권위를 받아들이는 데 치우쳐 있지만, 이제는 모방하기보다 주요한 롤모델에게 주의를 집중하는 방식을 택한다. 그래서 주로 어른의 말이 주는 느낌이나 행동에서 우러나오는 도덕적 힘이 아이들에게 강한 영향을 미친다. 아이가 내적으로 교사에게 던지는 질문은 다음과 같다. '당신은 내가 누구인지 정말 알고 있나요?', '당신은 내가 세상을 만나도록 도와줄 수 있나요?' 그리고 이는 교사와 아이의 관계를 결정하고, 교사의 위상을 결정한다. 교사는 세상에 대해 들려줄 뿐만 아니라 아이들이 실제로 세상을 경험하는 것을 목표로 하는 수업을 통해서 이러한 기본적인 질문들에 답하게 된다. 아이들이 정한 기대에 부응하는 교사는 권위 있는 사람으로 받아들여질 것이며, 이때 권위란 권위주의자로 아이들을 통제하려는 것과는 매우 다르다.

9세

어른의 세계를 순진하게 수용하던 시기로부터 분리되는 경험은 9세경, 즉 3학년 때 일어난다. 처음에는 아이들은 지금까지 자연의 법칙처럼 의심 없이 받아들였던 교사의 권위에 무의식적으로 의문을 품기 시작한다. 이제 그들은 교사가 말하는 것이 세상과 삶에 대한 실제 경험에 근거한 것인지 알고 싶어한다. 전반적으로 이 질문은 아이들의 잠재의식 수준에 머물러 있고, 교사를 비판하려는 마음이 커졌을 때를 제외하고는 거의 말로 표현하지 않는다. 아이들은 이제 교사를 향한 존경이 정당한지 알고 싶어한다. 즉, 새로운 교육 방법이 필요하다는 것을 의미한다. 학교는 아이들에게 세상을 보여줌에 있어서 아이들의 거리두기 과정을 고려해야 하며, 아이들이 종종 어린 시절의 내면의 '빛'으로 보이는 것에서 벗어나 더욱 분화되고 다양한 세상이라는 새로운 현실로 나아갈 때 올바른 방식으로 동행하고 지원해주어야 한다. 그러나 아이들에게 '있는 그대로' 세상을 대면하게 하는 것이 인간의 삶과 완전히 분리된 차갑고 냉정한 과학적 사실을 알려주는 걸 의미하지는 않는다. 거의 모든 신화나 민화의 공통적인 주제인 '낙원의 상실'은 아동들에게서 점점 더 많이 찾아볼 수 있는데, 이는 외부 환경에 대해 더욱 개별적으로 접근할 것을 요구한다.

9세에서 12세 사이에 리듬으로 인한 기억이 가장 강해진다. 세상에 대한 아동의 자연스러운 관심을 끌어내고 수업 내용을 리드미컬하게 구성하는 방식으로 가르쳐야 한다.

9세에서 12세

아이들은 10세에서 12세 사이에 새로운 발달 단계에 들어선다. 보통 12세가 되면 아동기 중기에 전형적으로 나타나던 조화로운 신체적 비율이 사라진다. 사지가 우세하고 근육이 발달한다.

심리적으로는 비판적인 태도가 분명하게 자리 잡기 시작하기에 이제는 아이들이 새롭게 얻은 인과적 사고 능력을 고려해야 한다. 아이들이 자신의 권리를 주장하는 데 지성을 사용하기 시작하는데, 이는 적절한 방향으로 안내되어야 한다. 학생들의 질문과 탐구하려는 태도는 점점 추상적인 자연과 그 법칙을 향해 집중되어야 한다. 인간과 독립적으로 존재하면서도 유효한 자연 법칙을 찾는 것은 기쁨과 만족의 원천이 된다. 그럼에도 불구하고 아이들에게는 개인성과 주관성이 강하게 남아 있기에, 자연 법칙을 탐구하고 발견하는 주체는 이해할 수 없는 도구가 아닌 사람이라는 것을 안다. 아이들의 공간 감각은 구조를 알게 하고, 시간 감각은 역사적 흐름을 학습하는 것이 중요하다는 것을 알게 해준다. 역사는 역사적 힘에 의해 변화해온 인간에 의해 만들어진 것이지, 2차원적 인물들이 감도 오지 않는 때에 모여 살던 단순한 것이 아니다. 역사는 인과적일 수도 있고 격정적일 수도 있다!

12세에서 14세

두 번째 7년 주기의 마지막 단계는 우리가 '사춘기'로 부르는 여러 가지 특성들을 특징으로 가진다. 눈에 띄는 생리적 변화를 겪고 빠르게 성장하는데 이때 심리적 격변으로 갈피를 잡지 못하거나 그 이상을 함께 경험한다. 아이는 신체와 심리 두 영역 모두에서 아동기 중반에 가졌을 법한 균형과 평형을 잃는 경향이 있다. 교사와 부모는 직접적인 영향을 미칠 수 있는 능력의 한계에 부딪히고 경계의 문제로 갈등을 겪을 수 있다. 행동, 태도, 습관의 측면에서 그동안 익숙했던 많은 것들이 상실되거나 흐려진다. 내면의 삶과 자기 경험이 점점 더 내성적이고 자기중심적이 되면서, 어린 청소년은 교사와 부모에게 새롭고 더 객관적인 관점을 가지도록 요구한다. 12세부터 아이들은 점점 더 추상적인 개념을 형성하게 되고 인과 관계를 이해할 수 있다. 이 단계에서는 정확한 관찰이 도입되고 신화에서 역사로 전환된다.

사춘기의 첫 단계에서 아이들은 주변 세계를 손에 쥐고는 심지어 '정복'하려는 강한 충동을 느낀다. 그러나 본질적으로 이런 공격적인 행동은 넓게 보면 거친 장난에 속한다. 신체적으로 도전해야 하는 과제는 아이들이 이 장난기에서 벗어나는 데 도움이 될 수 있다. 담임 선생님은 아이들의 주의를 자기 자신에서 주변의 자연적(그리고 기술적) 세계가 기능하는 방식으로 돌리려고 노력할 것이다. 이 아이들에게는 기술, 직업, 일이 중요한 주제가 된다.

> 이 연령대의 아이들을 교육하는 데 가장 중요한 측면은 그들의 의지를 교육하는 것입니다. 이것이 이루어진다면 아이들은 '외부 세계'에서도 자신이 머무를 집을 차츰 찾아갈 것입니다. 아이들은 세상의 특정 활동에 집중해야만 자신의 내면 존재가 가진 자주성에 대해 새롭게 경험할 수 있습니다. 또한 그들은 이 자주성이 커질 수 있다는 것을 배우지만, 그러려면 상당히 많은 노력을 기울여야만 합니다.[4]

세상에서 새로운 방향을 찾고자 하는 아이들이 다른 나이 든 개인들도 내면적으로 투쟁하고 있다는 사실을 알게 되면, 이는 그들이 다른 사람들의 질문, 이상, 좌절, 한계를 이해하는 데 상당히 도움이 될 수 있다. 하지만 이러한 발견이 도움이 되려면 그들을 충분히 자유롭게 놓아두어야 한다. 아이들은 세상에서 고립감을 느낄수록, 그들에게 방향을 제시해줄 통합적인 세계관을 더욱 갈망하고 추구할 것이다. 그들은 이제 전통적인 과학 분야의 상호 관계에 점점 더 관심을 가진다. 교사는 이에 대한 필요와 경험을 고려하여 교수 방법과 교육적 접근 방식을 결정할 것이다.

1~3학년 교사는 '우주적 언어'의 달인이 되어야 하고 이를 아이들에게 들려주어야 했다. 두 번째 단계에서는 세계 현상과 인간 사이의 대화를 분명하게 표현해야 한다. 이제 세 번째 단계는 아이들이 표면적으로 조용해지는 시기이므로 교사는 그들의 속마음과 숨겨진 말을 들을 수 있는 능력을 개발해야 한다.

청소년기

청소년은 적절한 격려를 받으면서 독립적인 판단력, 지성, 진실을 향한 노력을 개발하기 시작한다. 그들은 문화와 자연의 세계를 바라보며 명확하고 객관적이며, 그렇기에 영감을 주는 방식으로 기저의 원리를 밝히고자 한다. 청소년은 자신의 주의를 끄는 이상을 가지고 내면에 떠오르는 자아를 키워야 한다. 교육 방법은 점점 개념적이고 인지적으로 변한다. 독립적인 탐구와 자기 주도적 과제가 전체 교육과정에서 장려되며, 이제 보다 분석적이고 자기 결정적인 접근 방식으로 학습하는 것에 초점을 맞춘다. 학생들은 다양한 관점에서 세상을 보는 법을 배워야 한다. 상급 학교 교육과정은 광범위한 학습 기반을 다지고, 학생이 미래에 상위 교육을 받을 수 있도록 준비시킨다.

학제 구조

학제는 주요 발달 단계를 반영한다. 온전한 슈타이너-발도르프 학교는 일반적으로 어린이집, 초급 학교, 상급 학교가 한데 모여 있으며 통일된 관리 체제하에 운영된다. 이들은 다음과 같이 구성된다.

- 유아 기관
  - 부모와 아이들 집단
  - 놀이 집단 또는 보육원(3~4세)
  - 어린이집(6세까지: 어린이집 교사와 보조교사가 있는 최대 20명의 유아 집단)
  - 오후 돌봄 제공
- 초급 학교
  1~8학년(6~14세)
- 상급 학교
  9~12학년(14~18/19세)

아이들은 만 6세에 1학년에 입학한다. 많은 소규모 학교에서는 두 연령대가 한 학급에 합쳐지는 통합반이 운영된다. 예를 들어 2/3학년 반에는 7~9세가 속한다. 모든 학급은 다양한 능력과 성별을 가진 아이들이 섞여 있다. 학급 규모는 학급당 12명에서 30명 사이이다.

제3장

슈타이너-발도르프 접근법

이 장은 초급 학교(6~14세)까지에 주로 집중된 슈타이너-발도르프 접근법의 핵심적인 측면들을 설명한다.

학급 담임교사

각 학급의 담임교사는 담당 학급과 함께 진급한다. 담임교사는 한 학급을 8년간 맡는 것이 이상적이지만, 때로는 상황에 따라 달라지기도 한다.

담임교사는 매일 아침 첫 번째 수업으로 두 시간의 주기집중수업을 맡고, 보통 자신의 학급의 다른 수업도 가르친다. 교과 과목 교사들은 각 반에서 외국어, 음악, 놀이와 움직임, 오이리트미, 수공예 등을 가르친다.

담임교사는 학급의 중심을 잡아주고 수년에 걸쳐 유기적으로 성장할 수 있게 한다. 담임교사는 헌신과 아이들에 대한 보살핌, 학부모와의 긴밀한 관계를 바탕으로 도덕적 권위를 지닌 인물이 되도록 나아가야 한다.

처음부터 시간표와 다른 모든 것을 정해놓는 교육과정은 교육 예술을 완

전히 말살합니다…. 전체 교육 체계를 추진하고 촉진하는 동력은 바로 교사여야 합니다.[1]

일과의 구조

하루의 일과는 주기집중수업으로 알려진 두 시간의 수업으로 시작한다. 이 교육과정은 통합적이고 교육과정을 넘나드는 내용으로, 이는 아이들의 주의를 환기하고 집중시키기 위한 활동, 기본적인 말하기와 글쓰기 연습, 암산, 음악과 그리기, 새로운 내용의 제시, 전날(또는 그 이전)의 작업 돌아보기와 토론, 개인 작업, 대화, 서술하기, 실습 등을 포함한다.

뒤이어 40~45분의 교과 수업이 있는데, 예술과 공예 수업에서는 대개 두 배의 시간이 필요하다.

오전에는 학술적인 과목을 우선적으로 다루고, 오후에는 보통 미술과 공예, 실외 활동, 운동과 실습 등으로 시간을 보낸다. 규칙적인 연습이 도움이 되는 음악, 오이리트미, 외국어 같은 과목은 하루 중 가능한 시간에 고르게 배치한다. 시간표를 짤 때는 균형 잡힌 수업과 활동의 리듬이 특히 강조되는 어린 학급을 우선적으로 고려해야 한다. 고학년 아이들은 상황이 덜 이상적일지라도 대개 잘 적응할 수 있다.

주기집중수업

주기집중수업(어떤 학교는 '아침 수업(morning lesson)'이라고 부른다.)은 슈타이너-발도르프 접근법의 중심이 되는 내용이다. 이 수업으로 학교의 일과를 시작하며 보통은 두 시간 정도다. 한 주제를 몇 주에 걸쳐 연속적으로 가르친다. 모든 학급은(1~12학년, 만 6세에서 18세까지) 주기집중수업과정을 따른다.

원칙과 요소

주기집중수업은 수학, 영어, 예술, 과학과 인문학에서 발달하는 다양한 기술, 역량, 능력들을 포함하고 다룬다. 매일의 주기집중수업은 통합적이고 유기적인 전체 속에 존재한다. 과목 간의, 그리고 주기집중수업 주제 간의 의미 있는 연결이 이루어진다.

학급 담임교사는 교육과정과 각 학급의 개별적인 필요에 맞게 수업 내용과 전달 방식, 활동을 선택한다. 교사는 수업 준비에 상당한 주의를 기울이게 된다. 매일 돌아보기 과정을 거친 뒤, 담임교사는 필요에 따라 수업 계획을 조정한다. 담임교사는 매 수업이 모여 예술적인 전체를 이루도록 할 과제를 지녔다. 이때 전체는 아무리 방향이 분명하더라도 단순히 사건들을 나열하는 식이어서는 안 되고, 각 부분의 리듬과 구조, 목적이 전체 속에 스며들면서 연결되어야 한다. 이렇게 예술적으로 접근하는 방식은 아이들의 학습에 이로운 영향을 줄 것이다.

주기집중수업은 아이들의 이성적-인지적, 미적-감성적, 체험적인 학습을 다루는 활동과 내용을 포함해야 한다.

각 수업은 다음의 활동을 포함하도록 구성된다.

- 첫째: 아침 시, 시 낭송, 노래 부르기, 악기 연주, 암산, 전날 다룬 내용 돌아보기
- 둘째: 새로운 내용에 대한 전달과 토론
- 셋째: 개인 작업, 서술하기, 기본 기술에 대한 연습

평가와 학습 결과

주기집중수업을 통한 학습의 평가는 교사가 각 학생에 대해 자세한 학생 관찰 보고서를 작성함으로써 체험, 감성, 이성의 영역에서 학생의 학습과 행동에 대한 상을 그리고, 각 학생의 기술, 역량, 능력을 이해하

고 발달시키기 위해 노력하는 지속적인 과정이다.(4장 측정과 평가 참조)

아이들에게 내주는 과제는 지속적이어야 하고 수업에서 다루었거나 소개한 것으로부터 나온다. 프로젝트, 에세이, 시험, 예술 및 체험 작업이 아이들에게 줄 수 있는 과제들이다.

주기집중수업의 과정에서 학생의 작업은 다양한 양식으로 평가되며, 이는 학생 관찰 보고서라 불리는 학생 개별의 기록부를 작성하기 위해 기록하고 사용한다. 이 정보는 개인의 기록부에 포함되며 성취 정도, 개입 방식, 교정을 위한 적절한 도움이 필요한지 등을 판가름하기 위해 사용한다.

보관 기록들은 교과 과목 교사, 학부모, 그리고 중학교 이상의 학생들과 공유한다.[2]

교사들은 주기집중수업에 대한 계획을 세우면서 그들의 목표와 기대하는 학습 결과를 설정한다. 이는 교사 개별적으로 이루어질 뿐만 아니라, 정규 주간 교사 회의를 통해 다른 학급 교사나 교과 과목 교사들과 공유한다.

학습의 리듬

슈타이너-발도르프 접근법은 리듬을 학습의 중요한 요소로 바라본다.

학교 일과와 학년은 유기적으로 구성되어 있고, 이는 집중과 이완, 정신적이고 체험적인 작업, 활동과 휴식, 경청과 참여, 바라보기와 행동하기 사이의 건강하고 균형 잡힌 경험을 형성한다. 모든 수업은 학생들의 사고, 감성, 그리고 의지의 개입에 있어 균형을 맞추어야 한다. 매일의 일과 역시 매일의 수업이 그렇듯 리듬이 있어야 한다.

리듬은 새로운 관심과 함께 반복이 일어나게 한다. 활동을 정기적으로 바꿈으로써 관심과 주의를 유지할 수 있으며, 마찬가지로 생리적으로 자극할 수 있다. 교사는 해당 학급이 주의를 기울일 수 있는 다양한 활동들을 계획하고 필요에 따라 활동들을 즉시 변화시킬 수 있다.

이러한 리듬은 유연하며 학생들의 필요에 맞춰 교사가 주도한다. 예를 들면, 월요일 아침은 금요일 아침과는 다른 질적 특성을 갖는다. 이런 요소들이 수업 계획 속으로 적극적으로 들어온다.

절기 축제는 전체 학년도에 균형을 주고 연속성을 부여할 뿐만 아니라, 강한 공동체감을 형성할 수 있게 돕는다.

망각과 상기

학습 과정 자체가 리듬 활동의 도움을 입는다.

슈타이너-발도르프 교육은 정기적인 연습이 필요한 기술들(외국어, 음악, 수학, 철자법 등등)과 새로운 내용의 소개를 구별한다. 새로운 경험이나 학습 내용은 이전에 학습한 내용과 동화될 수 있도록 이후에 소개하는 것이 가장 좋다. 새로운 기술을 습득하는 것과 그들이 능력으로 자리잡을 때까지 연습하는 것은 서로 다른 리듬을 요구하는 두 개의 다른 과정이다.

주어진 주제에 대해 집중하는 시기를 3~4주라고 한다면, 그 다음엔 그것을 그만두고 이후 의식에 다시 명확하게 떠오를 때까지 휴식한다. 경험 속에 중요한 '정착'의 효과가 일어나고, 그 기간에 지식은 능력이 된다. 이는 이후의 단계에서 다시 불러낼 수 있으며 뒤따르는 집중수업을 통해 쌓아나갈 수 있다. 개인적인 경험을 더 큰 맥락으로 '다시-떠올림' 혹은 재통합하는 것은 학습 과정의 중요한 부분이다.

기억의 속성 그 자체가 변형되는데, 상황적(situational)이고 반영적(reflexive)인 기억으로부터 추상적인 기억으로 진화한다. 슈타이너-발도르프 교육은 이 다른 두 가지의 기억 유형에 크게 의지한다. 상황적인 기억은 저학년에서의 건강한 반복 생활에 의해 강화될 수 있고, 리듬이 있는 기억은 구구단, 사칙 연산, 시, 속담, 노래와 외국어 단어를 가슴으로 배우는 것과 같은 말하기 훈련을 통해 육성한다. 돌아보기는 대부분의 수업에서 훈련하는 주요한 기술인데, 이는 복잡하고 공유된 상황에 대한 상기와 복기이기 때문이다. 좋은 기억은 그 경험에 대한 강한 동일시 형성에 기초한다. 이는 학생들의 관심과 연결되고 그들의 감정 반응을 촉진시킴으로써 가장 잘 이루어진다. 기억에 대한 또 다른 열쇠는 맥락이다. 모든 지식은 학생들에게 의미 있는 맥락 속에 삽입되어야 한다. 상상력을 자극하는 교수법은 학생들이 학습 내용을 연결하며 정신적인 그림을 상상하거나 형성해낼 수 있기 때문에 매우 중요하다. 긴장감을 떨어트리는 것도 능동적인 기억에 도움을 주기에, 교사는 편안한 주의력을 교실 분위기에 가져오려고 한다.

단계별 학습

주기집중수업 과정에서, 그리고 또한 적합한 교과 수업에서 세 개의 큰 범위로 단계를 나눌 수 있다. 1단계는 보통 하루에 걸쳐 일어난다—첫째 날. 2단계는 그 다음날 발생한다고 볼 수 있다—둘째 날. 셋째 단계 혹은 시기는 잇따르는 며칠, 몇 주 혹은 어떤 경우에는 몇 년에 걸쳐 진행되는데, 3단계의 지도 목표는 아직 고정적이거나 완성되지 않은 유동적이며 생생한 개념들을 개척하고 다루는 데 있기 때문이다. 완성되지 않고 유기적인 개념들에 집중함으로써 학생들은 소화와 동화, 그리고 성장의 과정을 통해 그 개념들을 자신들의 것으로 만들 수 있는 시간과 공간을 가질 수 있다. 이런 방식으로 수업 내용은 개개의 학생에게 개별화되고 의미 있게 이해된다. 이로써 가르침이 배움으로 변형되는 것이다.

1단계

교사는 새로운 대상을 제시하거나 학생들을 특정한 학습의 경험으로 지도한다. 학생들은 새로운 내용을 받아들이고 경험한 후에, 수업의 마지막에서는 그것이 주의 집중된 의식으로부터 기억의 심층으로 가라앉도록 놓아줄 수 있어야 한다. 너무 추상적인 학습 내용은 '소화 불능'으로 드러날 것이다. 짜임새가 없거나 뒤엉킨 수업은 학생들의 관심을 충분히 이끌지 못한다. 이는 지루하고 싫증 나는 수업에서 드러난다.

2단계

둘째 날, 전날의 내용에 대해 '숙면을 취한' 후에, 학생들에게 이전에 제시된 것이 무엇이었는지 떠올리도록 요청한다. 토론과 돌아보기, '저울질'의 과정에서 학생들은 창조적으로 개인화되고 차별화된 학습 결과들을 표현한다. 이제 내용이 학생들 속에 들어와서 변형되었다. 감성적인 수준에서 판단을 형성한다.

문자 그대로의 수면이 학습에서 필수적인 과정임을 알 수 있다. 두뇌가 렘 수면과 숙면의 단계에서 감각 정보를 주로 처리한다는 점은 명백하다. 이후 시간을 거치며 이런 경험들은 훨씬 더 통합된다.

3단계

학생들이 초급 학교 과정을 따라가며 분석적이고 인과적인 사고 능력을 발달시킴에 따라, 이 셋째 단계는 수업에서 의식적으로 추구하는 요소로서 더욱 중요해진다. 이 단계에서는 개념 영역을 향한 이해가 발달한다. 다른 경험, 판단, 관점들 간의 통합을 지도함으로써, 학생들은 개념이나 과학 법칙을 명확하게 이해한다. 1단계의 씨앗은 이제 경험, 망각, 창의적인 회상 속에서 생생하게 움직이며, 실재 속에서 발견할 수 있는 개념들을 꽃피우는 개인적인 표현 과정을 통해서 계발되고 변형된다. 어린 학생들에게 상(象)으로 전달되었던 살아 있는 개념은 학생들이 성장함에 따라 다시 마주친다. 교육과정의 내적 구조는 초기에 경험을 쌓아나감으로써 순환-진화적인 학습을 활성화시킨다.

학급 전체의 배움

슈타이너-발도르프 접근법은 학급 전체의 배움에 집중되어 있다. 이때 학습 경험의 초점은 교사에게 있다. 이 형식은 단체 활동, 수학, 독서 등 차별화되는 수준별 단체 활동에 의해 보충된다. 그러나 이런 차별화는 항상 전체 학급으로부터 학급 내 집단으로 옮겨 가고, 다시 전체 학급으로 재통합한다.

다양한 능력을 가진 학생들로 구성된 학급은 지역 사회의 모델이다. 담임교사는 이런 과제를 통해 학급 내 집단의 사회적 자각과 유대를 양성할 수 있다. 이 과정은 담임교사를 통해 이루어지는 장기적인 연속성 속에 강화된다.

학습에서는 학생들이 함께 배우는 것을 상당히 강조하는데, 서로의 재능을 인정하고 한계와 약점에 대한 이해를 쌓아갈 수 있기 때문이다.

이러한 사회적 인지 능력, 공감, 그리고 건설적으로 해결하는 개인과 집단의 문제에 대한 매일의 경험을 양성함으로써 학생들이 삶에 대해 준비할 수 있게 도와준다.(사회적 기술 교육과정 참조)

형상적이고 상상적인 언어

유년기(6~12세)에서는 형상적인 요소를 추상적인 용어의 사용보다 우선시한다. 상상적인 개념은 유동하는 세계에 대한 아이의 이해를 성장시키는 힘이 있다. 교사는 학생에게 말할 때 비유적인 묘사를 적절하게 사용해야 한다.

뜨겁고 짠 눈물이 신데렐라의 뺨을 타고 흘렀다. 눈물은 먼지 낀 창문 위에 떨어지는 비와 같이 흘러내렸다. 그녀의 뺨에서부터 떨어진 눈물은 어둡게 번져가는 얼룩 자국을 그녀의 회색 드레스에 남겼다.

학생들은 상상적이고 형상적인 의식에서 보다 추상적이고 지적인 사고로 나아간다. 추상적인 사고가 가능해지기 시작하는 시기는 10세 이후이고, 이는 이후에 인과적 사고로 이어질 것이다. 이때로부터 사춘기까지 언어의 속성은 문자 그대로의 표현에서 더 비유적이고 윤리적인 서술로 변한다. 직유, 은유, 그리고 비교는 실제의 세부 사항에서 분위기에 대한 환기로 전환되는 상을 만들어낸다.

북풍은 어부의 주머니칼처럼 날카롭게 사방을 베어냈다. 바다는 어둡게 부풀어 파고를 찢어진 깃발처럼 해지게 했다. 젊음의 열정으로 뺨이 빛나는 청년 제임스 쿡은 자부심과 대담함을 드러내며 횟비 석탄선의 난간을 붙잡았다.

사춘기에는 상징적인 의미의 단계를 만들어내기 위해 언어의 층 위에 직유가 쌓여야 한다.

후에 프라브다(진리)의 사진 부서에 의해 조작되는 이미지에서, 레닌은 핀란드 기차역의 화차 조차장에서 탈선된 기관차의 거대한 잔해 위에 올라가 있다. 이후의 상징들과는 다르게, 레닌은 두 다리를 벌리고 굳게 서서, 왼 어깨가 앞으로 향하며 가슴은 자랑스럽게 부풀고, 턱을 내밀고, 살을 에는 듯한 찬 바람에 코트의 깃을 펄럭이고 있지 않았다. 사실 그는 앞으로 등을 구부정하게 구부리고, 빙판 위에 불안정하게 서서, 뺨은 창백하고, 눈빛은 어둡고 충혈됐으며, 그의 유명한 수염은 듬성듬성하고, 입술은 갈라진 채로였다. 누군가가 아무렇게나 자란 한 다발의 붉은 카네이션을 그의 손에 찔러 넣었다. 머리를 비우고 아래에 모인 누더기를 걸친 철도 노동자들에게 연설하려고 노력하면서, 그는 멍하게 꽃의 머리들을 하나씩 잡아 뜯었다.

형상적인 요소는 이야기에만 국한되지 않는다. 교실의 상황에서 이루어지는 안내나 지도 역시 형상적인 형태로 주어질 수 있다.

우리는 학생들의 개념이 성장할 수 있도록, 그들의 개념과 의지의 충동이 아주 생생하도록 교육해야 합니다. 이는 쉽지 않습니다. 그러나 예술적인 교육은 이루어냅니다. 그리고 우리가 죽은 개념이 아니라 살아 있는 개념을 제시할 때 학생들은 다른 느낌을 갖습니다. 학생들은 마치 그들의 팔이 몸과 함께 자라듯이 그들에게 주어진 개념들도 그들과 함께 자란다는 것을 무의식적으로 알기 때문입니다.[3]

— 루돌프 슈타이너

교과서의 지위

슈타이너-발도르프 학교에서의 교육은 교과서가 아니라 교사로부터 와야 한다. 교사는 구체적인 학생 집단에 적합한 내용과 전달 방식을 고른다. 이는 모든 과목에서도 마찬가지다.

수업 내용을 상상적이고 구술적이며 체험적으로 전달한다면, 그것이 교사에 의해 완전하게 준비되었다면, 이는 학생들의 관심을 일으키고 교사의 권위를 강화시킨다.

수업 내용을 전달하는 기본 방식은 학생과 교사의 즉각적이고 직접적인 대면이다. 그리고 교사는 이를 위해서 적합한 내용과 활동지, 읽을거리, 단어 목록, 지도, 도표 등의 자원을 준비해야 한다.

사전이나 지도책 같은 참고 도서를 적절하게 사용할 수 있지만, 반드시 교사가 이끌어나가는 수업의 보조 자료가 되어야 한다.

마찬가지로, 수업 주제로부터 나오는 과제나 프로젝트는 13세까지(6학년)의 학생들이 독해 능력과 직접 정보를 찾아내는 능력을 계발할 수 있게끔 한다.

교사의 권위

유년기에 교사의 몸짓, 말투, 행동과 분위기를 통해 작동하는 내적 권위는 어린 학생이 권위의 살아 있는 예를 받아들이게 한다. 이는 이후에 모방의 대상이 될 수 있는 핵심적인 요소다. 교사의 내적인 태도는 강한 리듬과 반복을 통해 강화될 수 있고, 이는 아이들의 행동을 가라앉힌다.

초급 학교의 시기에서 학생들은 명확한 지도와 경계선을 필요로 한다. 이것들을 제공하고 행동의 모범을 보이는 것이 교사의 역할이다. 이런 권위는 수업 내용의 전달에서, 그리고 학급에서의 사회적이고 교육자적인 생활 전체에서 분명하게 드러난다.

사춘기에서는 교육자적인 태도로서의 권위에 대한 강조가 특정 과목에서의 교사로서의 권위로 전환된다. 교사의 도덕성과 진리에 대한 탐구에 기초해서, 교사는 어린 인간에게서 진리에 대한 열정적인 탐구를 이끌어낼 수 있다. 이때 초점은 건전한 관찰에 기초한 스스로의 판단을 발달시키는 것으로 옮겨간다.

권위에 대한 이 세 가지 포괄적인 접근 혹은 관점은―모방, 지도, 그리고 전문성에 대한 존중 ― 윤리적인 개인주의와 개인적 도덕성이 꽃피울 수 있는 토대를 제공한다.

규율

유년기

어린 학생들은 모방한다. 그들 안에 있는 천성이 그렇게 이끈다. 어린 학생들은 모든 측면에서 환경에 민감하다. 물질과 인간에 대해서, 즉 몸, 혼, 영에 있어 그렇다.

유년기에 규율을 기르기 위해서 교사와 부모에게는 학생이 모방할 수 있는 건강한 환경을 만들어줄 책임이 있다. 아이들은 무의식적으로 어른들에 의해 만들어진 분위기에 반응한다. 의식적인 활동을 통해 의미를 담아서 이런 분위기를 만들어가는 것은 매우 중요하고, 우연히 일어나는 방식과 전혀 다른 효과를 일으킨다. 아이들은 어른들의 몸짓, 말투, 일반적인 태도가 진실한지 알아차린다. 아이들은 어른들 간의 관계를 관찰하고, 어른들은 세계가 선하다는 것을 알려야 할 깊은 필요가 있다. 교육자와 부모는 정직한 도덕을 위해 노력할 책임이 있다. 삶에서 마주치는 많은 상황들 속에서 이는 오직 '좋은' 사람만이 가능할지도 모르지만, 이것이 가장 중요하다. 전쟁의 시기와 사회적 재난 속에서 이는 반복되어 드러났다. 사랑은 유년기 교육에서 절대적으로 핵심이다.

리듬을 갖기 위해서 노력하면서, 즉 매일, 매주, 그리고 계절과 축제들을 거치는 1년의 순환 속에서, 그리고 순환적인 반복을 교육적 도구로 사용하면서 교사는 어린 학생에게 규율을 부여하고 길러줄 수 있다.

초급 학교

초급 학교에서는 리듬, 형식, 경계선과 교사의 권위가 결합되어 학생들을 붙들어 주고 양육하는 중요한 구조를 이룬다.

적절한 교수 방법을 사용하는 잘 준비된 수업은 바람직한 분위기의 규율을 길러준다. 학생들이 특정한 기술과 역량을 발달시킬 수 있게 고무되고 격려받을 때, 또한 동시에 적절한 속도와 단계에서 그것이 이루어지고 있다면, 이는 자율성을 기르는 분위기를 조성한다.

자기 계발과 전문성을 갖추기 위한 교사들의 노력은 학생들에게 훌륭한 역할 모범이 된다.

권위를 갖춘 지도에 따라 교육이 이루어질 때, 학생들에게 독립성이 부여되고 이후에 자율성을 발전시킬 토대가 갖추어진다.

규율에 대한 접근 방식은 '예술적인' 접근법이라고 할 수 있는 것을 따른다. 수업 내용을 제시하고, 과제와 작업을 설정하는 데 있어서 교사는 학급 관리와 학급 생활에 틀을 갖추고 고양시킬 책임이 있다. 교사는 의식적으로 공간을 제공함으로써 아이들에게 자유를 준다. 이 창조적인 공간 속에서 흡수와 동화, 지도와 발견, 그리고 가르침과 배움이 역동적으로 상호 작용한다.

상급 학교

상급 학교의 학급에서는 규율을 기르고 발전시키는 과정을 계속하지만, 자율성과 스스로의 행동에 책임을 지고 행동에 따른 결과를 받아들이는 것으로 초점이 이동한다. 규칙 위반이 발생할 때, 행동의 전체 결과를 이해하고 잘못된 것을 교정할 기회를 가질 수 있도록 학생들을 지도한다. 배제는 아주 마지막 수단으로서만 사용하는데, 대화가 중요할 뿐만 아니라 어린 학생들은 사회적인 집단 속에서 스스로의 책임을 이해해야 하기 때문이다. 거절이나 창피를 주는 방식으로 고립시키는 것은 문제를 악화시킬 뿐이다.

청년들은 분명히 그들에게 주어진 경계를 시험해볼 필요가 있으며 이를 위해 긍정적이고 건설적으로 시도할 모든 기회를 주어야 한다. 또한 청년들은 그런 문제들을 어떻게 논의할 수 있는지 배워야 할 뿐만 아니라, 특히 다양한 관점에서 비롯되는 복잡한 상황을 이해할 수 있어야 한다.

규칙과 적용

아이들의 환경 속에서 사람과 사물에 대해 배려와 존중을 증진시키기 위해 규칙과 행동 수칙을 마련한다.

사회적인 조화, 건강과 안전 및 긍정적이고 창조적인 학습 환경을 향해 학교 규칙을 만들어간다. 교사와 학부모, 학생들은 규칙과 수행 규정을 원칙과 세부 사항에서 명확하고 투명하게 이해해야 한다. 또한 규칙과 위반에 따른 결과는 나이에 적합해야 한다.

규칙 위반이 발생할 때 사건은 매번 개별적으로 파악해야 한다. 무엇이 일어났는지에 중점을 두어야 하고, 어떻게 더 나은 상태로 만들 수 있는지에 관심을 두어야 한다.

자동적이고 '고정적인 벌'의 형태로 처벌을 적용해서는 안 된다. 반대로, 개인과 개개의 상황을 고려하는 적합한 처벌과 결과를 적용해야 한다.

행동 수칙은 주간 교직원 회의에서 정기적으로 검토해야 하고 나이 든 학생들과 부모와 함께 토론해야 한다.

제4장

측정과 평가

평가는 명확한 관찰, 풍부한 이해, 그리고 존중이 담긴 접근이다.[1]

이런 의미에서라면 평가는 발도르프 접근법 전체에 내포되어 있다. 슈타이너-발도르프 학교의 목표는 학생을 학령기 전체에 걸쳐 아이들을 전인적으로 고르게 발달시키는 것이다. 따라서 평가는 학생에 대한 지식, 통찰과 이해를 얻기 위한 수단이다. 관찰이 더 정확하고 종합적일수록 이해는 풍부해지고 교사들은 긍정적인 발달을 더 잘 돕고 촉진시킬 수 있다.

자기 성찰적인 교사가 스스로의 가르침과 학생에게 있어서의 그 결과를 평가하고 측정 결과를 동료들과 정기적으로 공유할 때 평가가 적절하게 이루어진다. 따라서 개인적인 통찰은 교사회를 통해 검증되고, 다시 교실로 흘러 들어온다. 좋은 평가는 교수와 학습 모두에서 변용을 이끌 수 있다.

평가는 두 가지 중요한 기능을 수행한다. 첫째, 학습을 지원하고(*학습을 위한 평가*), 둘째, 교육의 질과 학생의 반응을 관찰하기 위해 필요한 성취의 증거를 제공한다.(*학습에 대한 평가*) 학습을 *위한* 평가는 관심이 필요한 영역을 드러내고, 학생을 위한 적절한 과제 설정하는 것을 돕고, 개선에 집중하며, 학생 개개인의 구체적인 강점과 약점에서의 발전에 가장 관심을 갖는다. 이는 '형성적(formative)'이라고 이해할 수 있다.

학습에 *대한* 평가는 대개 양적인 데이터를 제공하는 데 목표를 둔다. 이는 학습 과정에 대해 돌아보게 하고 미리 정해진 성취들과 연결된다. 예를 들면 외부적인 시험과 평가, 학습 과정이나 기간에 대해 요약할 때가 그렇다. 이는 '총괄적(summative)'이라고 이해할 수 있다.

두 종류의 평가는 모두 필요한 때가 있으나 부적절하게 사용하면 문제가 된다. 형성적 평가가 강요되거나 불충분하게 성격화될 때와 총괄적 평가가 '폐쇄적인 사고방식'을 조장하고 어렵거나 연습이 필요한 활동을 피하게 하고, 노력이나 성취가 아니라 '훈장'이나 등급에 고착하게 할 때 그렇다.[2]

모든 형태의 평가는 그것이 기반한 교육과정에 의해 이루어지기에 슈타이너-발도르프 교육과정은 본래적으로 형성적 평가를 핵심 초점으로 삼는다. 또한 긴밀히 연결된 '내준적(內準的) 평가(ipsative assessment)'도 함께 사용되는데, 예를 들면 '나는 누구보다 빨리 달렸어.'가 아니라 '나는 어제의 나보다 빨리 달렸어.'처럼 학생 개인의 내적인 발전에 대한 평가이다.[3] 형성적 평가는 아이의 발달에 있어 장기 연속성을 부여하는 유치원이나 학급 교사의 핵심 정신을 드러낸다. 모든 교사는 아이들에 대해 현재 그들이 보여주는 것보다 거대한 가능성을 전생으로부터 담고 왔다고 받아들인다. 한 아이의 일생은 개인이 되어가고 가능성을 이끌어내는 여정이다. 이 가능성은 아이가 중요한 발달 단계를 헤쳐가고, 삶 속의 어려움을 배우고 맞닥뜨리는 방식에서 스스로 드러난다. 이 발달 경로를 관찰하고 그것에 반응하는 것이 내준 평가와 형성적 평가의 주된 목표다.

'독서 연령 평가' 등의 표준화된 혹은 규범적 평가를 포함하는 총괄적 평가는 어린이의 발달 경로의 중간 집결지 역할을 한다. 그들의 역할은 외부 평가가 다가올수록 두드러진다. 물론 이상적으로는 이들을 통해 넓고 중층적인 교육과정에 대해, 그리고 각 개개의 학생들의 열정과 강점 및 누적된 노력에 대한 성취를 확인할 수 있다. 그런 의미에서 학습에 대한 평가는 일생에 걸친 학습을 위한 구름판이 될 수 있을 것이다. 그러나 불행하게도 아주 소수의 평가만이 그것을 달성하고, 여전히 대다수의 시험들은 '벼락치기 후에 잊어버리는' 시험이 되고 만다. 다양한 유형의 자격증은 오랜 시간에 걸쳐 여러 번 만들어진 평가들과 함께 다양한 범주의 성취를 확인하고 신뢰도를 부여하기 위한 수단을 고안하기 위한 시도였다. 'the Campaign for British Industry'[4]와 같은 단체가 학교 졸업자들에게 개인화되고 창조적이고 협동적인 능력이 더 강조되어야 한다고 여러 번 주장했음에도 불구하고, 교육계의 정치적 트렌드는 여전히 '소프트 스킬(soft skills)'을 불편해하고 개인 중심의 평가를 이해하지 못한다. 교육의 질이나 경쟁과 지적 적자생존에 대해 과도하게 단순화된 진부한 관념이 시대를 휩쓸고 있다. 그러나 그런 정책의 결과에 대한 실패는 똑같이 반복되는 조급한 개혁과 개편의 뒤로 숨어버린다.

과도하고 지나치게 관료적인 평가가 교사들의 자율적 직관을 질식시키고 주체적 재량 평가의 위험을 회피함으로써 학생들을 교육 체계의 '소모품'으로 만들어버렸다. 학생들의 활동적인 작업과 인간적 공헌, 그리고 큰 성취를 확인하고 축하하며 심리학자 에이브러햄 매슬로가 자기-실현과 자기-초월[5]이라고 불렀던 과정을 이끌어줄 방법을 찾는 것은 모든 학교의 의무다.

이것은 아래와 같이 표현될 수 있다.

- 내준적 수준: 일대기적-발달(어린이의 '나'가 솟아나는 그림)
- 형성적 수준: 탐구적-개인화(질적이고 학습 과정에 대한 미적 감각과의 연관)
- 총괄적 수준: 한 기간에 걸쳐 만들어진 발달의 총괄(기준에 따른 통합과

비교)

- 규범적 수준: 전형적인 통계적 집단과의 양적 비교-(계량 가능/객관적/물질적)

각 수준은 다른 것들에 대해 알려준다.

일대기적 수준은 모든 평가에 녹아들며 정보를 제공한다.

규범적 수준과 총괄적 수준은 형성적 수준과 내준적 수준에 맥락을 부여한다.

기록 관리

모든 평가를 기록할 수 있거나, 혹은 기록해야 하는 것은 아니다. 기록의 관리는 교육을 지원하고 정보를 제공하는 목적이지, 어린 학습자들과 함께하는 현실에서 서류 작업으로 관심을 분산시켜서는 안 된다. 기록은 두 종류로 만들어진다. 첫째는 매일 혹은 매주 단위로 교사에 의해 작성되는 지속적인 관찰이다. 이는 출석과 시간에 대한 엄수, 교실에서 부여된 과제나 숙제의 완료 여부, 성적(적절하게 부여된), 행동 평가, 특이 사항(특이한 행동, 가정에서나 사회적인 문제, 질병과 부상)과 수업에서 학생의 참여 수준을 포함한다. 이런 기록들은 다양한 형태로 보관될 수 있는데, 전산상이든 아니든, 항상 이것이 민감한 데이터라는 인식과 함께 끊임없이 주의를 기울여야 한다. 필요 혹은 기록되는 내용의 성질에 따라 기록은 서사적일 수도 묘사적일 수도 있으며(목록의 형식으로), 혹은 주석이 달리거나 달리지 않은 채 기호로 요약될 수 있다.

매달 혹은 특정 기간 단위로 작성된 기록은 각 학생의 교과별 숙련도, 계산 능력, 읽고 쓰는 능력, 대/소 근육의 운동 협응 능력과 사회성의 발달에 더해서 이어진다. 언어, 읽고 쓰기, 계산 능력의 달성 수준에 대한 체크리스트 형태의 지침은 이 책 뒷장의 교육과정에 포함되어 있으며 일부 학교에서는 이를 이미 개정하고 발전시켰다.

아래 목록을 포함한 공식적인 기록들 역시 학생의 기록부에 보관된다:

- 유년기의 기초 단계의 발달 기록(프로필)
- 교사 모임에서 이루어진 아동 관찰 요약
- 학교 주치의의 보고서
- 학습 지원에 대한 보고서
- 선별 검사 결과, 혹은 다른 규범적 평가
- 학생의 '정착' 시기에 대한 기록
- 훈육의 상황과 결과에 대한 노트와 사후 평가
- 영적 보살핌에 대한 보고서
- 학기별, 연도별 보고서와 학생 기록부의 복사본
- 이전 학교나 관계 기관으로부터의 문서에 대한 복사본

학교들이 기록 관리에서 투명한 정책과 방안을 가지는 것은 중요하며, 그런 기록들에 대한 접근법에 대해서도 마찬가지다.

연간 혹은 다른 정기적인 공식 보고서는 부모들을 위해 작성한다. 어떤 학교에서는 학생기록부를 작성한다.(아래를 볼 것)

발달에 대한 관찰과 추적[6]

앞에서 논의된 바와 같이, 담임교사는 정기적으로 학생의 읽고 쓰기, 계산 능력, 협응 능력과 사회적 능력에서의 발달을 체크리스트, 기록, 그

리고 선별 검사를 이용해서 관찰하고 기록한다.

　교사들은 수업을 계획하고 학생들의 수행을 기록한다. 이런 계획들은 정기적인 교사 모임을 통해 공유하고 전체 학교 교육과정에 통합된다. 진행 중인 학생들의 작업을 평가하여 다시 학생들에게 반영하고, 수업 계획의 방향을 이끌어주고 보충이나 추가적인 작업 혹은 개입이 필요한지 결정하는 데 사용한다.

학교 보고서●

　교사의 평가에 대한 요약본은 연간 학교 보고서 형태로 부모에게 전해지는데, 교사의 특성에 따라 그 양식과 디자인은 다양하다. 이 문서는 보통 아래와 같은 내용을 포함한다:

- 학생의 강점과 약점이 부각된 전인적 특징
- 참여에 대한 평가(집중과 관여), 다양한 과목에서의 발달과 능력(이해, 말하기, 쓰기 성취도), 독립 작업을 위한 적절한 능력-연령, 사회적 행동(듣기, 타인과 함께 작업하기, 협동과 리더십), 활동(작업에 대한 발표, 정돈, 완료된 작업), 참여와 심미적 반응의 수준
- 해당 연도의 교육과정에 대한 간단한 요약
- 모든 과목에서의 성취에 대한 기록
- 학생이 어떻게 발달할 수 있을지와 부모는 어떻게 그것을 도울 수 있을지에 대한 지표
- 어린 학생들에게는 보고서와 별개로 다가오는 해를 위한 칭찬, 지도와 도전 과제들을 개인적으로 알려줄 수 있음

- 한국의 발도르프 학교에서는 '학생 관찰 보고서'라는 형식으로 해당 기간의 성취와 발달을 종합하여 가정으로 보낸다.

- 어떤 학교의 보다 나이 든 학생들은 학생 기록부의 매 과목과 2년 단위로 기록된 보고서를 받기도 함
- 슈타이너-발도르프 학교를 졸업하는 학생들은 자세한 졸업생 보고서를 받기도 하는데, 보고서는 성취 보고서나 '유럽형 작품집 증명서(European Portfolio Certificate)' 등으로 불리기도 함

학생 기록부

어떤 상급 학교(14~19세)에서는 예술/공예/실생활 수업과 학기별로 진행되는 과목들을 포함하는 매번의 주기집중수업이 끝날 때마다 학생 기록부를 작성한다. 이런 기록부는 형성적 측면과 총괄적 측면을 모두 요약하며 학생들의 자기 평가의 일부도 포함한다. 수업에 대한 설명과 그 목표의 개요와 마찬가지로, 보통은 두 개의 영역으로 구성된다. 하나는 행동과 참여를 다루고 다른 하나는 특정 과목에서의 성취다. 이 기준들에 따른 판단은 서술형이나 등급을 매기는 방식으로 줄 수 있는데, 학생의 나이와 다른 사항들을 고려한다. 어떤 학교에서는 심리학자 벤저민 블룸[7]이 개발한 '학습 영역 분류'의 여러 형태들을 사용한다. 각 과목들은 특정한 '성취 기준'을 가지는데, 나이 든 학생들이 집단적으로나 개인적으로 이것의 설계에 관여하기도 한다. 기록부는 교사가 작성한 앞으로 발달 가능한 영역을 강조하는 요약으로 결론짓는다.

충분히 갖추어진 학생 기록 체계는 따라서, 가장 적절한 방식으로 기록되고 자료의 보안이 관리되면서 학생에 관한 모든 영역에서의(전체적인) 평가를 담고 있다. 이런 기록부는 아래의 내용을 포함한다.

- 학생의 이름, 생년월일, 가족 세부 사항과 연락처, 중요한 의학적 정보(심각한 알러지를 포함)
- 사진
- 중요한 관계(나이에 따라 중요한 반려 동물을 포함)

- 학생이 그 스스로에게 부여하고 싶어 하는 사항, 예를 들면 '나는 반에 서 가장 나무를 잘 타는 사람이야.', 학생에게 중요한 것들, 간단한 자 기 소개서와 비슷한 것[8]
- 연간의 혹은 기간별 기록, 아래를 포함함:
  - 성취, 도전, 학생의 인생에서 중요한 사건
  - 가장 잘된 작업의 예시(자유 글쓰기/수학/그림 그리기/수업 공책의 사 진 혹은 복사본—적절하게는 학생에 의해 선택될 수 있음)
- 형성적 기록부, 아래를 포함함:
  - 연필 잡는 법과 같은 중요한 관찰들의 기록(예로, 전과 후의 사진)과 적절하다면 학생의 반응, 성공 요건이 아닌 기준점과/혹은 개별 학 생의(내준적) 발달
- 조언자나 근처 동료(세대별 통계 집단)의 도움을 받은 수행 기간 내의 적정한 기대 전망
- 나이/학급에 따른 교육과정상의 체크리스트에 기초한 평가와 모든 수 업 단위의 마무리에서 수행된 시험(적절하게)
- 모든 규범적 선별 검사의 결과: 독서 연령, 표준화된 성취 등 관련 있 는 사항

졸업 증서

대개의 공적 시험이나 학생 기록부 및 작품집 증명서(the Portfolio Certificate)에 더해서, 어떤 슈타이너-발도르프 학교들은 상급 학교로의 진학을 공인받기 위한 대안적 방식을 채택한다. 그중 하나는 뉴질랜드의 루돌프 슈타이너 연합회(Rudolf Steiner Federation)의 동료들이 개발한 중 등학교 증명서(Secondary School Certificate)다. 이 증서는 완전히 공인되 어 있으며 뉴질랜드 인증 기관(New Zealand Qualification Authority)의 국 가교육성취 증명서(National Certificate of Educational Achievement)와 동

등한 효력을 갖는다. 이 인증은 UK Levels 1, 2, 3(GCSE, AS와 A Level)에 해당하는 세 단계를 가지고 있다. 리스본 인정 협약(Lisbon Recognition Convention)에 따라, Level 3은 협약을 맺은 다른 국가의 대학 진학 체계에서 허용되며, 또한 몇몇 예외를 제외하고는 EU 내의 모든 국가에서도 가능하다.

학급과 학생 관찰

학급 관찰은 아이들 전체가 보여주는 과제, 발달과 다양성에 대한 형식을 갖춘 평가다. 여기엔 성격화와 능력 범주들을 포괄하는 작업 표본에 대한 검토 및 교육과정과 과목들에 대한 반응의 서술적 예시를 포함한다. 이는 교사 집단으로 하여금 일정 기간 동안 '교실 창문 너머로 볼' 수 있게 하고, 동료들이 그들의 기대를 명확히 하고 기준을 관리할 수 있게 한다. 학급에 대한 연구는 특히 발달 분기점에서 도움이 될 수 있는데, 예를 들면 3, 6, 8학년이 끝날 때나 새로운 교사가 학급을 맡았을 때, 혹은 교과 교사들 간에 학급에 특정한 주의의 집중이 필요하다는 합의가 이루어졌을 때가 그렇다. 학급 연구는 또한 성취 수준이나 교우 관계 같은 다른 측면에도 집중할 수 있다. 주요한 평가는 상급 학교로 입학하는 학급에서 이루어진다.

학생 관찰은 유치원에서 곧 학교로 진학하는 아이들이나 다른 어떤 새로운 지원자들의 발달 검토의 형태를 취한다. 이런 평가들은 유년기의 기록부 및 가능하다면 학교 의사로부터 정보를 제공받는다. 다른 종류의 학생 연구는 대개 특별한 고려를 통한 필요가 있는 학생들을 위해 수행하는데, 예를 들면 학습이나 행동상의 어려움이 있거나, 이례적인 특성, 혹은 어떤 조건의 전형이 되는 아이의 경우다. 이런 연구는 해당 학생을 가르친 모든 교사를 포함하며 또한 학교 의사나 치료사와 같은 전문가들을 포함할 수도 있다. 부모의 참여와 지지는 중요하며 아이에 대한 지식은 보다 완성된 그림을 얻는 데 도움을 준다.

신체 발달, 움직임, 교실과 바깥(집)에서의 행동, 행해진 시험에서의 결과, 예술적 작업, 다른 아이들이나 어른들과의 사회적 상호 작용, 작업 습관, 가정 환경, 학교에서와 가정에서의 과제, 적극성, 참여, 다른 과목이나 학교 활동에 대한 학생의 연관 등을 통해 관찰을 구성한다. 교직원들은 학생의 최고의 특성과 가능성을 그려내는 데 그들의 상상력을 발휘해야 한다.

이 학생 연구들은 자주 전(全) 교사 집단에서 공유된다. 특정 학생에 대해 높아진 인식이 그 학생에게 바람직한 효과를 낳는 것으로 충분한 경우도 있지만, 관찰은 대개 어떤 실천을, 그리고 항상 정기적인 보완을 필요로 한다.

제5장

리더십과 학교 운영

1914~18년의 세계대전에 이어 찾아온 독일 사회의 침체와 위기 속에서 첫 발도르프 학교가 설립되었다. 슈타이너-발도르프 학교를 통해 표현하는 리더십과 학교 운영에 관한 원칙들은 사회적, 정치적 재건에 대한 슈타이너의 노력을 드러낸다. 그는 세계적 갈등의 대재앙적 상황에서 이러한 재건을 매우 중요하게 보았다. 정치적 변화, 모더니즘과 혁신의 대두, 사회적 재설계가 이 시대에 함께 일어났다. 이러한 특성은 교육 과정과 방법론 및 슈타이너-발도르프 학교의 사회적, 조직적 측면에 반영되어 있으며, 그로부터 자라난 교육 운동에서도 드러난다.

슈타이너의 정치적 재건을 위한 제안은 약간의 영향력을 얻었지만 결국 휴전 협정과 베르사유 조약의 폭풍 속에 잠겨버렸다. 질서 있는 사회에 대한 슈타이너의 핵심 개념은 우리가 앞서 기술했던 인간의 신체적-심리적 세 가지 원리에 대응한다. '머리', 혹은 신경-감각/지각, '심장', 혹은 호흡-순환/감성, '손', 대사-사지/의지가 그것이다. 그는 이것을 '삼원적 사회 질서'라고 불렀으나, 삼원성 모형이 사회의 역동성과 상호 작용을 이해하는 데 도움을 준다고 하더라도 삼원적 사회 질서 그 자체는 개별 단체를 통해 실현되는 것이 아니라 국가 전체의 통치

(governance)에 적용되어야 한다고 항상 강조했다.

그럼에도 보다 인간적이고 인간 중심의 사회적 삶을 위한 프랑스 혁명의 삼원적 구호('자유, 평등, 박애')에 기초한 개별 영역 운영의 핵심 관념은 슈타이너-발도르프 학교가 교육과정의 외부(가르치는 것)와 내면(맥락, 혹은 조직의 정신성, 실제 경험으로서의 관리)을 통합할 수 있는 방법 중 하나다. 슈타이너는 사회적 삶의 중심 영역을 경제, 권리와 정치, 그리고 문화와 영(靈)의 표현으로 서술했다. 세 개의 기본 영역들은 상호 의존하는 형태로 공존한다. 그러나 각 영역에는 기초가 되는 기능 원칙이 있다. 영적-문화적 삶의 자유와 혁신, 권리와 정치에서의 평등과 정의, 경제 활동에서의 연대 혹은 상호성이 그것이다. 각 영역에 해당 원칙이 원활히 적용될 때 건강한 사회적 상호 작용이 가능하고 철학자 에드문드 후설이 생활-세계라고 표현했던 것을 발전시키며,[1] 반대로 그렇지 않을 때 이 원칙들은 사회 내에 불균형과 갈등을 일으킨다. 예를 들어, 경제 활동에 있어 규제되지 않은 자유는 착취로 인한 더 큰 불평등이나 환경 파괴로 이어진다. 문화에 강요된 평등은 창조성을 잠식하여 개인들의 표현을 저해하고 획일성을 강요한다.(예를 들면 스탈린 치하에서의 '사회주의-리얼리즘'이나 '파시즘 예술'이 그렇다.) 그리고 정치와 제도에서 정의와 평등이 사라지거나 약해지면 인권 존중의 상실이 모든 유형의 억압으로 이어진다.[2]

따라서 교육은 공동체의 문화적 삶에 포함된 활동이기 때문에, 슈타이너는 먼저 교육과정과 교육 방법론이 정치인이나 상업적 이해 관계자가 아닌 교육자에게 맡겨져야 한다는 점을 담보하기 위해 노력했다. 그의 관점에서 교육은 경제나 정치적 영향력으로부터 자유로워야 하고 또한 자유롭게 접근 가능해야 했다.

학교와 사회 간의 건강한 관계는 오직 사회가 새로운 구성원과 교육을 통해 온전히 발전한 사람들의 가능성을 끊임없이 공급받을 때만 가능합니

다. 이는 학교와 전체 교육 체계가 사회 유기체 속에서 자체적인 운영 기반에 설 때만 가능합니다. 정부와 경제는 독립적인 영적-문화적 삶으로부터 교육된 사람들을 받아들여야 합니다. 정부와 경제가 자신의 바람에 따라 교육에 대해 지시할 권한을 가져서는 안 됩니다.[3]

슈타이너는 그가 '자치적 운영(self-administration)'이라고 부른 것에 대한 요구가 학교와 같이 자유로운 문화적 기관이 실재에 가깝도록 보장해준다고 주장했다. 교육 체계는 독립적이고 학습하는 종으로서의 인간 본성에 대한 지속적인 탐구에 기초해야 하고, 또한 교육 체계가 자유롭게 사고하는 주도적 개인들을 만들어내는 모험을 감수할 때 진정한 사회적 재건이 가능하다. 이를 위해 슈타이너는 정부 관료 집단과 산업으로부터 교육을 완전히 분리시킬 것을 주장했다.

교육자의 사회적 위치와 기능은 해당 활동 종사자의 권위에만 의지해야 합니다. 교육 기관의 행정 조직, 교육과정 담당 조직과 그 목표는 교육 현장에 있거나 문화 생산 활동에 관계하는 사람의 손에 전적으로 맡겨야 합니다. 모든 상황에서 그 사람들은 실제 가르침(혹은 다른 형태의 문화적 생산 활동)과 교육 체계의 행정적 관리 양쪽에 시간을 쏟을 것입니다.[4]

그렇지만 또한 슈타이너는 생산적인 타협책을 찾을 필요에 대해 말하기도 했다. 즉, 소수의 이익을 위한 엘리트주의나 세상과 격리된 학교는 피해야 한다. 그에게 사회적 과제란 그것이 위치한 사회 내에서, 그리고 사회를 위해서만 이루어질 수 있는 것이었다. 예를 들면, 그는 지역 교육 기관과 주요 시기의 학생들의 성취에 대해 보장하는 타협을 택하기도 했다. 발도르프 교육의 진정한 역할은 문화적 토양의 능동적 위치에서 아이의 발달 과정에 관한 이해를 드러내고 그 과정에 참여하면서도 자신의 정체성을 잃지 않는 것이기 때문이다.

공화제로서의 학교

첫 발도르프 학교가 개교할 때, 슈타이너는 비록 발도르프 교육의 이상과 유연해야 하는 현실 속에서, 즉 '우리의 이상과는 한참 떨어진 것을 따라야 하는'5 상황에서 건강한 균형을 찾아야 하지만 다음과 같은 점이 모두에게 필수적이라고 지적했다.

*처음부터 모든 힘을 쏟아야 합니다. 따라서 우리는 학교를 관료제로서가 아니라 합의체로서, 그리고 공화제로서 운영할 것입니다. 진정한 교사들은 공화제 안에서 수석 교사의 지시만 따르는 편안함을 누릴 수 없습니다. 오히려 우리는 문제의 해결을 위해 스스로 기여해야 하고 우리가 해야 하는 일에 전적으로 책임져야 합니다. 우리는 각자 완전한 책임을 져야만 합니다.*6

모든 학교는 이 합의체 혹은 연대나 리더십의 원칙을 다루기 위한 스스로의 방식을 찾게 된다. 현실적으로, 개척 단계를 지난 모든 학교는 대표제를 따르게 되는데, 개인들이나 집단이 전체로서 합의된 목표 안에서 특정 영역에 대한 의사 결정이나 관리에 책임을 갖는 것이다.

모든 슈타이너-발도르프 학교는 비영리 기관이고, 대개는 이사회나 학교 운영 기구(때로 운영위원회라고 불린다.)와 함께 조직된다. 이사회는 교육의 일상적 관리를 직원 합의체(혹은 교사 합의체)에게 위임한다. 합의체는 보통 모든 전임 직원으로 구성되고(예: 교육에서의 주된 책임을 지는 사람들) 위임 과정을 거친 의장과 다른 필요한 직원들을 임명한다. 합의체는 학교의 교육적 정신을 실행하거나 교수 방법론을 운영 관리하고, 실무 영역은 그것의 개별 구성원에게 위임되어 통상 수석 교사의 역할로 간주되는 업무는 합의에 의해서 공화적 방식으로 수행한다. 이로써 '분배된 리더십'에 가까운 형태의 조직이 구성된다.[7] 그러나 리더십에 있어서 이 방식은 특정 수석 교사나 교장에 의지하면서 그 리더십이 양도되거나 분배되는 방식과 반대다. 합의체 체계에서 리더십은 각 개인의 책임 속에 존재하고, 구체적인 리더십 과제들은 합의에 의해 결정되어 각 구성원에게 전달되는 검토 사항을 통해 배당한다. 따라서 의사 결정이 그것의 실행에 관여된 사람에 의해 이루어졌음을 보장할 수 있다.

이를 위해, 합의체는 계획, 정책과 교육의 질을 관리함에 있어 이사회와 조율해야 한다. 이사회는 공적 기관으로서의 학교에 대해 전반적인 책임을 진다. 그들의 주된 역할은 학교의 전체 업무를 지원하고 관찰하는 것이다. 여기에는 재정, 법률과 계약 문제, 시설, 유지 보수, 행정, 자재, 건강과 안전, 보험 등등이 포함된다. 반면에 합의체는 주로 교육, 연구와 교육과정 개발, 채용, 직원 계발, 아이들의 입학, 영적 보살핌, 시간표, 절기 축제와 학교의 일반적인 문화 생활을 관장한다.

학교에는 대개 지원과 관리의 역할을 맡을 다양한 행정 직원이 있다. 이 행정가들은 합의체에 속하거나, 혹은 적어도 긴밀한 관계 속에서 일한다. 따라서 학교 운영의 중간 역할은 학교의 핵심 교육 과제와 긴밀히 통합되어 있다. 전형적인 학교 구조는 아래와 같을 수 있다:[8]

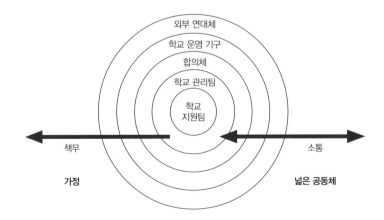

다양한 변형이 있을 수 있지만, 영국의 자선법에 따른, '양파 껍질 같은' 조직의 주요 층들은 아래와 같다:

- 외부 연대체: 멤버십(때로 전 학교 공동체)
- 학교 운영기구: 이사회 혹은 운영위원회
- 합의체와 학교 관리팀
- 학교 지원팀: 학교의 핵심 과업을 지탱하기 위해 학교 구조의 지원을 받아 이루어지는 다양한 모든 활동, 대개 학교 부모들과 친구들이나 직원들로 구성된 책임 팀의 자원 봉사를 포함

이는 슈타이너-발도르프 학교에서 부모와 교사 간의 협력이 아이들의 발달을 지원하기 위해 필수적임을 강조한다. 이러한 공동체적 학교에서 교육의 효과를 과대 평가해서는 안 되며, 아이들 역시 학교 공동체의 *법률상* 구성원이 아니더라도 학교 사업의 *사실상* 구성원이 될 수 있다.

어떤 학교들은 별도의 사친회(PTFA: Parent Teacher Friends Association)를 가지고 있는데, 부모-교사 간의 토론과 학교에 관한 모든 일이나 교육적 주제에 대한 상담, 의견 교환, 대화가 가능한 장을 마련해준다. 게다가 각 학급이 적어도 한 학기에 한 번은 부모 모임을 갖는데, 이를 통해 교사들은 최근에 학급에서 진행 중인 일들의 몇 가지 면을 보여줄 수 있다. 또한 관심 사항을 논의할 수 있고 아이에 대한 지원을 촉진할 수 있다. 슈타이너-발도르프 학교들은 아이의 발달에 있어 가정 환경의 중요성을 알기 때문에 가정을 방문하도록 한다. 대부분의 학교들은 부모 면담 시간을 통해 교사들을 정기적으로 접할 수 있게 한다.

전체 학교 공동체는 부모들과 친구들이 자주 참여할 수 있는 절기 축제 속에서 생생해진다. 이를 위해서 홍보물, 학교 개방일, '어른을 위한 학교', 유도 과정, 부모 소책자, 뉴스레터, 학교 매거진 등을 통해 부모에게 적극적으로 홍보하게 된다. 정보에 대한 접근성과 조직 구조의 투명

성이 사람들의 의문에 답하는 데 도움이 된다. 소통이 무너지거나 개인들 간에 현안을 해결하지 못할 때 학교는 중재, 문제 처리 절차나 정식적인 고충 처리 절차(대개 학교 웹사이트에 개략적으로 서술된)를 진행한다. 또한, 영국 슈타이너-발도르프 학교 협회 구성원은 학교 공동체의 생활 속에서 일어날 수 있는 모든 일에 관한 기본 절차들과 훌륭한 실례들을 서술한 상세한 실행 지침을 따른다.

학교 개선, 질적 관리와 발전

학교의 생명과 목적은 끊임없는 돌아보기, 새롭게 하기, 혹은 교육과정과 방법론의 수정을 통해 유지된다. 이를 통해서 가장 급격한 변화와 발전이 일어나는 아동기의 본성이 기관으로서의 학교와 조화를 이루어야 한다. 계획과 돌아보기, 연구와 반영, 그리고 계속되는 아이 연구와 멘토링이 가장 중요하지만, 이들이 결실을 맺고 아동기에 적합하기 위해서는 여기에 창조성과 '놀이'의 영이 스며들고 교실 경험에 뿌리를 내리고 있어야 한다.

슈타이너가 일클리(Ilkely)에서 말했듯이, 교사 회의는

살아 있는 성인 교육이어야 합니다. 영원한 교육 기관…학교에서 교사로서 얻은 실제의 경험은 모두 다시 그의 교육의 일부가 되기 때문입니다. 그리고 교육 활동 속에서 다시 스스로를 교육하는 사람은, 한편으로 교육의 현장에 대한 깊은 의식적 통찰을 갖고 다른 한편으로는 아이에 대해서 다양한 특성, 성격과 기질을 알기에, 그 스스로와 전체 교수진을 위해 항상 새로운 것을 발견하게 될 것입니다. 가르침에서 얻은 모든 경험과 지식은 이 회의에서 '웅덩이 속에 쏟아 부어야' 합니다. 이로써 교수진은 영과 혼에서 하나의 전체가 되어 각 구성원이 다른 교수자가 무엇을 하는지 알

게 되고, 어떤 경험이 그를 가르치고, 교실 현장에서 어떤 진전이 그의 가르침의 결과로써 일어났는지 알게 되는 전체가 됩니다.[9]

슈타이너가 실제 수업의 실질적인 돌아보기, 아이와 학급에 대한 연구, 교육적 연구에서 모든 교사의 참여를 교육의 질적 발전만큼이나 중요하게 생각했다는 것을 드러내는 인용 문헌[10]은 많다. 슈타이너가 교사나 교사 집단의 자기 발전을 언급할 때, 이는 능숙해지는 것을 포함한다. 피드백이나 적용이 없는 발전, 결과에 대한 참고가 없고 목표가 없는 발전은 발전이 될 수 없다.

따라서 발도르프 학교의 리더십에 책임이 있는 사람들의 중심적인 목표는 '학교의 얼'을 섬기는 것이다. 그것이 학교 운영과 리더십 고취를 위한 영적 과제다. 슈타이너가 첫 발도르프 학교의 근간에 놓은 떠올리기(the Imagination)나 집단 명상[11]은 이 활동이 집중될 수 있는 틀이다.

자신이 한 일에 대해서 각 개인은 존재적으로 책임을 지게 되는 반면, 기관의 질적 발전을 위한 책임과 의무는 합의체에 따른다. 행정상, 조직상의 책임은 학교 운영 기구, 이사회 혹은 그와 상응하는 기구에 있다. 공식적 책무는 중요한 문제다. 개인은 스스로의 행동에 책임을 지고, 합의체는 연구, 멘토링, 전문적인 담화의 표준을 유지하는 데 집단적으로 책임진다. 합의체는 학교 과업의 질적 수준에 대해 판단할 책임이 있다. 이는 학교 운영 기구에서 전달되어 학교의 질적 발전이 적절한 방식으로 이루어지는지를 확인하고 그것을 실행하기 위한 자원을 공급하도록 한다. 학교 운영 기구는 학교 연합을 통해 공식적으로, 그리고 '단체의 관리자'로서 일반적인 사항에 대해 간접적으로 책임을 감수하며 학교 공동체 전반의 책임을 맡기 때문에 궁극적인 책무는 이들에게 있다.

책무의 수준이 합의하는 바는 결코 자치성이나 교사들의 자유와 상충될 수 없으며, 개인의 문화적 삶의 영역에 대해서도 마찬가지다. 실로 이것이 슈타이너가 삼원적 사회 질서에 대한 그의 작업에서 예견한 자유로운 문화적 삶 속에서 운영의 책임에 대응된다.[12] 교육의 질은 슈타이너-발도르프 교육에 관계하는 교육자들에 의해서 판단되어야 한다. 아이들과 청소년들, 그들의 부모와 보호자들은 그들 스스로의 시각에 의해서 판단할 수 있겠지만, 학교 교육에 대한 지식이 없는 채로 이론에 따라 판단할 수 없음은 분명하다.

질적 발전이 일어나는지 여부와 그 방법은 사회적 삶의 법-권리 영역과 연결되는 내용으로, 계약상의 합의, 고용법과 공정성의 의무, 투명성과 개인에 대한 존중과도 연결된다. 이곳 역시 규제가 존재한다. 영국 학교는 정기 감사를 받고 이런 법적 요건에 대한 기준을 따라야 한다. 이상적이라면 이 감사는 발도르프 교육의 기본 개념에 대해 이해하면서도 학교와 독립적이고 전문적인 객관성을 갖춘 감사팀에 의해 이루어진다.

제6장

유년기 돌봄과 교육

아이들은 4~7세 사이에 유치원에 입학한다. 이 나이 전의 더 어린아이들은 아기 혹은 부모와 아이들의 그룹과 놀이 그룹/보육원을 경험한다. 그룹의 크기는 다양하다. 아침 수업은 보통 한 주에 다섯 번 이루어지고, 각 수업은 대략 네 시간에서 네 시간 반 정도 진행된다. 아이들의 나이와 필요에 따라서 돌봄이 제공된다. 방과후돌봄은 필요에 따라서 자주 진행된다. 돌봄은 보육원과 종일반 유치원에서 점점 더 긴 시간 동안 이루어진다.

인지, 사회, 감정, 신체 기술이 모두 동등하게 중요하고 여러 다양한 능력들도 계발된다. 아이의 관심, 흥미 및 발달 단계를 반영하여 활동을 마련하고, 세심하게 구성한 환경은 개인적이고 사회적인 학습을 모두 촉진하기 위해 설계된다. 교육과정은 아이에게 맞춰 구성한다.

가르침은 직접적인 지도보다는 예시를 통해서, 교과 위주이기보다는 통합적으로 이루어진다. 아이들에게 놀이 시간이 주어지고, 이는 유년기 교육에 필수적인 역할을 한다.

활동이 매일과 매주의 정해진 패턴에 따라 진행되는 것은 중요하다. 순환적인 패턴은 한 해의 계절과 연결되어 일 속에 담겨 있다.

유년기의 특성

신체, 감정, 그리고 인지적 발달은 섬세하고 밀접하게 연관되어 있다. 이 관점은 각 단계에서 변화하는 아이의 필요를 충족시키기 위해 고안된 유년기 교육과정의 근거를 제공하고 정보를 준다.

형성적 시기(태어나서부터 8세까지)는 신체적 성장 발달이 가장 두드러지는 시기다. 두뇌 구조는 정제되고 정교해진다. 어린아이들의 초기 학습 방식은 행동과 경험이다. 이들은 스스로의 모든 신체 존재를 통해 '사고'한다.

유년기 학습의 특성은 아이들이 그들의 나이에 가장 적합한 방식으로 세상에 대해 알아갈 수 있도록 하는 자발성이어야 한다. 적극적인 느낌, 접촉, 탐구와 모방을 통해, 달리 표현하면 행동을 통해서 이루어진다. 8세 전후에서 새로운 능력들이 떠오를 때에서야 아이는 비로소 신체적, 감정적, 그리고 지적으로 정규 교육을 받아들일 수 있다. 경험적이고 자발적인 신체 활동을 통해, 작은 아이가 세계를 이해하기 위해 '움켜쥔다'. 이는 개념을 통해 세계를 이해하는 나중의 활동을 위해 필수적인 전제 조건이다. 추상적이고 지적인 기술들 전에 신체적 기술들을 숙련하도록 아이들을 독려한다.

방향과 목표

아이들이 적극적으로 의미 있는 모방을 할 수 있는 기회 주기

모방은 아이들의 학습에서 중요한 방법이라고 알려져 있다. 아이들은 삶에 대해서 삶으로부터 배우고(예를 들면, 모국어의 습득은 대체로 모방을 통해 일어난다.) 주변에서 일어나는 일들을 통해서 행동을 규범화한다. 어른의 행동은 어린아이들에게 즉각적인 반응을 이끌어내므로, 교육자들은 모방의 대상이 되기에 충분히 가치 있는 방식으로 매일의 일을 수행한다.

유치원은 예를 들면 빵을 굽는 것과 같은 의미 있는 작업을 통해 이루어지는 '행위자'들의 공동체다. 아이들이 돕는 것을 환영하지만 요구하지는 않는다. 교사의 활동은 아이들이 스스로 능동적이도록 고무시키고 놀이를 통해 스스로 학습 상황을 찾게 한다. 아이들은 어른들이 하는 모든 것을 지각하고 받아들인다. 단순히 어린아이들 앞에서 *무엇을* 하느냐만이 아니라, *어떻게* 그것을 하느냐 또한 마찬가지다. 교사들은 아이들, 그리고 모방을 통해 형성되는 좋은 습관의 발달에 미치는 스스로의 도덕적 영향력을 의식한다. 빵 굽기, 요리, 청소, 장난감 만들기, 정원 가꾸기 등을 통해 가정에서 이루어지는 활동을 모방할 기회를 가질 수 있다. 이 활동들은 모두 사회적, 체험적, 도덕적, 교육적 토대를 이룬다.

리듬과 반복을 통한 활동

아이들은 현재의 지속에 대해 안심할 수 있어야 하고, 한 해, 한 주, 하루를 인식하기 위한 정기적인 활동이 필요하다. 계절에 따른 활동은 한 해의 순환을 기린다. 유치원에서의 가을은 탈곡과 빻기를 위한 때고 봄은 씨 뿌리는 때다. 방이나 넓은 환경 속의 '계절 영역'은 노래, 이야기, 시의 주제가 따르는 자연 환경의 변화를 드러낸다. 추가적으로, 매주는 각각 빵 굽는 날, 그림 그리는 날 혹은 정원 가꾸는 날처럼 반복되는 활동들로 이루어진 정기적인 리듬을 갖는다.

매일 역시 하루의 활동들을 지원하는 그만의 작은 리듬을 갖고 있다. 이런 매일의 리듬은 아이들이 안정감을 느끼고 무엇이 일어날지 알 수 있게 한다. 예를 들면, 정리하는 노래는 활동의 마침과 다른 일의 시작에 대해 신호할 수 있다. 하루는 수축기와 팽창기의 다양한 속도로 구성되고, 이는 활동하는 시간과 휴식하는 시간 간의 균형을 제공한다. 실제 현장에서 이는 창의적 활동들 이후에 조금 더 집중이 필요한 원 활동으로 이어지거나 활동적인 바깥 놀이 후 차분한 이야기 활동으로 이어지는 것을 말한다. 아이가 주도하는 시간(창의적 놀이, 실외 활동)과 교사가 주도하는 시간은 리듬이 있는 교대를 이루고, 이 나이대에서 그 리듬의 박자는 빠르다. 리듬 활동은 아이들이 변화 속에서 살고, 세계 속에서 자신의 자리를 찾고, 과거와 현재, 미래에 대한 이해를 시작하는 데 도움을 준다. 이는 시간에 대한 이해에 아주 실재적인 기초를 제공하는데, 즉 무엇이 지나갔고 무엇이 다가올 것인가에 대해서이다. 이로써 아이들이 자연과 인간 세계에 연결될 수 있게 돕는다. 리듬에 대한 주의는 건강한 발달을 돕고 이후의 균형 잡힌 생활을 이끌어준다.

반복 역시 연속성과 좋은 습관, 기억의 건강한 발달을 형성하도록 돕는다. 아이들의 기억은 반복적인 경험을 통해 강화된다. 유치원에서 일어나는 매일, 매주, 그리고 매년의 일들은 기억에 남으며 또한 아이들은 다음 주기를 강하게 기대하곤 한다. 이야기는 한 번만 들려주지 않고 여러 번 반복한다. 아이들은 반복을 통해서 그 내용과 가까워지고 그것과 관계가 깊어질 기회를 갖게 된다.

개인적, 사회적, 감정적, 그리고 도덕적 발달

아이들은 창의적인 놀이와 매일의 사회적 활동들을 통해서 배우고 상호 작용한다. 유치원에서 아이들은 나누고, 함께하고, 협동하는 방법을 배운다. 그들은 교사를 알고 믿으며, 다른 아이들이나 어른들과도 효율적인 관계를 형성할 수 있다. 교사와 아이들은 서로를 돌보고 존중한다.

환경에 관심을 기울이도록 굉장히 강조한다. 안팎 모두가 그렇다. 예를 들면, 나무로 만들어진 장난감은 플라스틱 장난감과 다르게 광을 내고 고칠 수 있다. 이 활동이 가능하다면, 정원 가꾸기와 비료 주기는 아이들에게 생태 환경에 대한 개념을 깨워줄 수 있고 교육과정의 중요한 부분이 될 수 있다.

경외의 순간은 매일 찾아오고, 교사는 사랑을 담아 아이들이 기쁨, 두려움과 놀람을 경험할 수 있는 기회를 열어준다. 친절은 교사로부터 학습되고 아이들 속에서 고무된다. 축제는 풍부한 문화적, 종교적 경험을 아이들에게 제공한다. 전래 동화와 자연의 이야기들은 감성의 영역으로 나아가게 하고, 옳고 그름에 대해 알게 되는 좋은 도덕 감각을 서서히 일깨워준다. 교사는 본보기를 제시하고 아이들에 대해 구체적인 기대를 갖는다.

통합적 학습 경험 제공하기

7세 이하 아이들의 학습 경험은 분리하지 말고 통합해야 한다. 어린아이들은 스스로를 세상과 분리시키고 떨어진 채로 분석하기 전에 세상과의 연결을 경험해야 한다. 따라서 유치원에서의 학습은 개별 과목 중심이기보다는 통합적이다. 예를 들면, 수학과 수학적 언어의 사용은 요리 시간에서 경험할 수 있다.(얇게 썬 당근은 멋진 자연의 원을 만들고 이후에 수프로 먹을 수 있다는 훌륭한 점이 있다!) 이를 통해 덧셈과 뺄셈(혹은 더하기와 덜기), 무게, 단위, 양과 모양의 개념을 매일의 삶의 일부분에서 경험하는 방식으로 이해할 수 있다. 식사 시간에 아이들은 모두가 먹을 수 있도록 준비된 음식으로 상을 차리고 음식을 나르고 다시 나누는 과정을 함께하며 도덕적, 사회적, 그리고 수학적 경험을 한다.

몸동작을 하며 아이들은 패턴을 인식하고 다시 만들어낸다. 들어가기, 나오기, 바꾸기, 앞에 서기, 뒤에 서기. 아이들은 자연스러운 놀이 속에서 도토리, 솔방울, 상수리 열매와 조개 껍데기 같은 자연 대상을 분류하고 순서를 정하고 셈을 한다. 발도르프 유치원의 어린이들은 수학적 경험에 직접적으로 연결되어 있고, 대개 사회적이고 도덕적인 맥락 속에서 수학적 언어를 자연스럽게 사용하게 된다. 어린아이를 위한 학습 경험은 매일의 생활과 분리할 수 없다. 학습은 삶과의 연관 속에서 그 의미를 얻는다.

앞서 제시되었듯이, 비슷한 접근법을 말과 글을 가르칠 때 적용할 수 있다. 아이들은 말하기, 듣기 속에서 능력을 발달시키고, 단어를 자신 있게 말하는 능력을 통해 자유롭게 말하고 상대방의 말을 듣는 법을 배운다. 좋은 말하기와 듣기 기술의 발달을 장려한다. 말을 통해 전달되는 전통에 중점을 두고, 아이들은 유년기 정신 문화의 문학적 자산이 될 많은 환상적인 이야기들을 듣는다.

이야기를 잘 들려주면 아이들은 사람 목소리와 언어의 아름다움과 리듬을 좋아하게 된다. 이는 또한 어휘를 늘리고 좋은 기억을 발달시키는 것을 돕는다. 아이들은 풍부하고 다양한 레퍼토리의 노래, 이야기와 시를 배우고 유치원을 떠나게 된다. 프랑스어나 독일어로 된 운문이 포함될 수도 있다. 대부분의 학습은 서술된 것처럼 통합적으로 이루어진다. 그러나 이야기 시간은 항상 아주 특별하다.

아이들은 손과 눈의 협응을 발달시키고 손재주와 방향 감각(왼쪽에서 오른쪽으로 진행하는 읽기를 잘 준비할 수 있다.)을 발달시키는 바느질과 같은 다양한 활동에 참여한다. 아이들은 또한 그들의 그림에 대해 이야기하고 그들의 그림을 '읽음'으로써 이야기를 만들어 들려주는 것에서 큰 기쁨을 느낀다. 이 활동은 말하기 능력의 발달을 촉진하고 활자로부터 이야기를 살려내어 아이들이 그들 스스로의 말을 사용할 수 있게 한다. 또한 많은 아이들은 연기를 하거나 인형극을 공연하고 대사와 대화를 통해 연극적 기술을 발달시킨다. 색칠하기와 그리기는 균형과 대칭의 발달을 돕고 대부분의 6세 아이들은 그들의 이름을 쓸 수 있다. 아이들은 언어의 음악성과 그 사회적 측면을 원 활동과 언어와 음악을 담아 몸짓으로 표현하는 오이리트미를 통해 경험한다.

이런 활동들의 조합은 언어에 대한 사랑을 길러주고, 유창한 사용을 촉진하고 아이들이 구어와 아주 친밀해질 수 있도록 해준다. 이는 후에 이어지는 읽기, 쓰기의 발달을 위한 최고의 준비이자 기초가 된다. 또한 언어의 사용은 잘 선택된 어휘를 통해 인지 발달에 영향을 주고 좋은 구문은 명확한 사고를 돕는다.

창의적 놀이와 신체 발달을 통한 학습

아이들은 놀이를 통해 이해력과 사고력을 훈련하고 통합할 수 있다. 창의적인 놀이는 신체, 감정, 그리고 사회적 발달을 돕고 아이들이 조사, 탐험과 발견을 통해 배울 수 있도록 한다. 또한 인간 지능의 필수적인 측면인 상상력을 쓸 영역을 제공한다. 놀이는 아이들이 창조력과 적응력을 기르고, 주도성과 재능을 발휘하도록 촉진한다. 게다가 놀이는 집중력을 발달시키고 강화시킨다.

연구[1]에 따르면 소시오-드라마 연극에서 가장 높은 점수를 얻은 아이들은 더 높은 지적 능력, 더 긴 집중 시간, 더 뛰어난 혁신성과 상상력과 같이 여러 인지적 영역에서 가장 뛰어난 성취를 보였다고 한다. 또한 잘 노는 아이들은 타인에 대해 더 큰 공감, 낮은 공격성, 그리고 종합적으로 더 큰 사회적, 정서적 적응력을 보였다. 창의적인 놀이를 위해 시간과 공간을 제공하고, 천, 조개, 통나무, 가정용 장난감과 인형처럼 적절한 대상들을 통해 다양한 놀이 상황을 만든다.

아이들이 세상에 대해 알고 사랑하도록 격려하기

리듬과 반복에 대해 설명한 곳에서 언급했듯이 아이들은 자연 세계와 좋은 관계를 발달시킨다. 아이들은 자연의 선물을 감사하고 그 과정과 변화의 규칙을 이해하는 법을 배운다. 실내 작업은 과학과 자연에 대한 기초적인 경험에 대한 기회를 제공한다. 아이들은 양모, 나무, 펠트, 면과 다른 자연 소재로 장난감을 만든다. 가족들의 참여가 장려되는 가운데 교사들은 부모와 함께 아이의 일대기에 기반한 '생일 이야기'를 만든다.

이 이야기는 가족들이 초대된 특별한 행사에서 아이에게 들려주게 된다.

공동체에서 특정한 공예 작업을 할 수 있는 사람들 혹은 특별한 기술이 있는 사람들을 유치원으로 자주 초대한다. 실외 활동은 아주 중요하고, 어떤 경우에서 아이들은 대부분의 시간을 공원이나 숲 같은 바깥에서 놀거나 정원을 가꾸고, 근처 지역에서 산책을 하며 보낸다.

안전하고 아이에게 우호적인 환경 만들기

유치원은 따뜻하고 아이를 반겨주는 공간이자, 하루의 자극을 전해주는 배경이 될 예술적 구조를 갖춘 자유로운 공간이다. 이 '자극'은 아이가 스스로 참여한 놀이 경험과 교사가 설계한 활동의 조합이다. 완성된 장난감은 적다. 이 점이 상상적인 놀이를 가능하게 한다. 가구는 규모가 작고 아이를 편안하게 하고, 앞서 언급했듯이 아이에게 활동 시간과 휴식 시간을 제공하도록 하루를 구조화한다. 그룹은 대개 다양한 나이로 이루어지고, 그 유치원의 리듬에 익숙한 나이 많은 아이들은 그룹 내의 어린아이들이 안정감을 느낄 수 있게 도와줄 수 있다.

부모와 함께하기

발도르프 교사들은 부모와 좋은 관계를 형성하고 양육 기술을 계발할 의무가 있다. 가정에서 학교로 이루어지는 행복하고 부드러운 전환의 중요성은 잘 알려져 있으며, 교사들은 이 목적을 달성하기 위해 부모들과 긴밀히 노력한다. 대부분의 유치원은 부모와 자녀가 함께하는 시간을 갖고, 또한 아이가 유치원에 들어오기 전에도 가족들을 만난다. 교사들은 아이를 중심에 두고 교사와 부모가 함께 협력하는 것의 중요성을 알리고 강조한다. 다양한 사회적이고 학교에 기반한 행사와 활동들을 통해 부모와의 연결을 형성할 수 있다. 발도르프 교육은 부모와 교사가 가까운 관계를 갖도록 장려하고, 이를 통해 아이의 발달 단계를 공유한다.

유치원 일과의 예

아마도 위에서 제시한 교육 목표들의 통합을 예시하는 최고의 방법은 일반 유치원의 아침 시간을 설명하는 것이다. 물론 이 예시는 한 종류의 활동만을 부각한다. 보통은 매일 그날의 중심 초점이 있고 이는 계절의 변화에 따라 함께 변한다.

유치원의 교사는 아이들이 아침에 유치원에 도착하기 전과 아이들이 떠나고 난 후의 시간 모두를 유치원에서 보내게 된다. 준비해야 할 활동과 물건들도 물론 있지만, 더 중요한 것은 그 공간에 적절한 분위기가 있어야 한다는 점이다. 교사들은 보통 아침에 아이들이 도착할 때 그곳에 있기 위해 각자의 교실로 떠나기 전에 모여서 시를 낭송한다.

아이들이 도착하고 자신의 외투를 걸어놓고 신발을 갈아 신으면 원장 선생님은 아이들에게 따뜻한 환영의 인사를 전하기 위해 바빠진다. 먼저 아이들은 작은 집단으로 모여 자신들의 공간을 정해 자유롭게 놀 수 있다. 인형을 일으켜 옷을 입히거나 작은 통나무들로 건물을 세울 수도 있고 뒤집어진 의자로 버스를 운전하기도 한다. 빵 굽는 날이라면 어른들은 대개 반죽을 준비하는 일이나 점심에 먹을 수프를 준비하는 일 같은 작업에 참여한다. 아이들은 말을 걸기도 하고, 어른들 주위에 있으려는 아이들도 있다. 아이들은 늘 그랬듯이 어른들이 일하는 동안 지켜보고 '돕고' 뭔가를 묻는 등의 일을 할 것이다. 정규 교육 시간이 아닌 이런 순간은 매우 중요하고, 특히 모든 사람이 너무도 바쁜 세상에서는 더욱 그렇다. 이 시간 중에서 아이들은 어른들 곁에서 혹은 그들 스스로 가정의 일이나 수공예, 혹은 예술 활동을 할 기회를 가질 수 있다. 아이들에게 무언가를 가르치기 위해 정형화된 의도적인 노력은 필요하지 않다. 아이들은 교사의 의식적인 활동을 모방하며 자연스레 배울 뿐이다.

어른들은 물건들을 정리하면서 다음 단계를 시작하고, 아이들은 각

도구나 물건들이 선반 위나 바구니 속의 원래 자리로 돌아가는 것을 돕는다. 이 나이에서는 모방하려는 힘이 가장 강하기 때문에 어른들이 자신의 일을 의식적이고 주의 깊게 행한다면 모든 행동을 리드미컬하고 자연스러운 방식으로 반복함으로써 아이들의 모방을 쉽게 이끌어낼 수 있다. 아이들은 꽤 복잡한 실제 작업을 해낼 수 있다. 사랑과 관심을 담아 사용하는 것을 자주 본다면 날카롭거나 특이하게 생긴 도구들을 사용하는 작업도 가능하다.

정리는 중요한 작업이고, 아이들의 재미를 망치거나 지루한 일로 느껴지지 않는 방식으로 이루어진다. 물건들이 제자리에 놓이면 아이들은 전래 노래를 부르고 리듬이 있는 시를 읊고 연기를 하는 원 활동을 하기 위해 모인다. 가끔 오이리트미스트나 외국어 선생님이 오셔서 원 활동을 도와주시기도 한다. 이 활동들은 아이들을 집중시키고 특히 아이들의 언어 기술을 발달시키는 것을 돕는다. 이런 식의 리듬이 있는 낭송은 듣기와 분명하게 발음하기를 훈련시킨다. 활동이 끝나면 아이들은 화장실로 가서 손을 씻는다. 나이 든 아이들 중 먼저 씻은 아이들은 식탁 매트와 식기류, 그리고 가끔 꽃병을 놓아서 상을 차리는 일을 돕는다. 빵을 자르고 모두 다 같이 모여 감사를 드린 후 계절 노래를 부른다.

오전 간식 후에 어떤 아이들은 정리를 돕고 다른 아이들은 실외로 나갈 준비를 한다. 아이들은 정원이나 모래사장에서 놀 수도 있고 어른들과 함께 채소밭에서 일하거나 낙엽을 쓸기도 하고 혹은 다른 공예 활동을 하기도 한다. 공원으로 산책 가는 일도 있다. 돌아오는 길에 아이들은 선생님이 동네 이야기나 자연이나 동화를 들려주거나 인형극을 보여주는 이야기 시간을 위해 옷을 갈아입고 씻고 함께 돌아온다. 부모들은 아이들을 마중 나가기 위해 그때쯤 밖에서 기다린다. 어떤 유치원에는 오후 일과도 있다. 그럴 때 점심 식사 후 휴식 시간과 놀이 시간이 이어진다.

한 주 속의 매일에는 빵 굽는 날처럼 정해진 예술이나 수공예 활동이 있다. 대부분의 유치원들은 수채화와 밀랍 크레용을 사용한 드로잉이나 밀랍 모형 만들기와 오이리트미를 하지만 수공예의 내용은 시설이나 관계된 어른이 갖춘 기술에 따라 다양해진다. 이 모든 활동 속에서 아이들은 본보기를 통해 배운다. 아이들은 경험 안에서 자신만의 속도로 방식을 찾아간다. 이런 방식으로 아이들은 일에 대한 사랑을 알게 되며 탐험과 창조성을 배운다. 이는 아이들이 참여하는 활동 속에서 자립심과 차분하게 열중하는 분위기가 늘어나는 것을 통해 명백하게 알 수 있다. 똑같은 분위기가 창조적인 놀이로 이어진다. 아이들은 튼튼하고 생생한 리듬을 통해 깊은 안정감을 느낀다.

제7장

수평적 교육과정

저는 발도르프 학교에서 교사와 학생들이 어떻게 하나가 되는지를 목격했습니다. 이것은 단순히 학생과 교사의 합을 의미하지 않습니다. 이 온전한 전체가 아이들이 성장하는 모태를 이룹니다. 각 교사의 개별성에 따라서 교실의 겉모습은 학급마다 아주 다를 수 있지만 근본적인 성격은 그대로 유지됩니다. 발도르프 학교는 정해진 외형적 규범을 따르지 않으므로 한 교사가 열 살짜리 아이들을 잘 가르치더라도 완전히 다른 방식을 택하는 사람 또한 똑같이 훌륭한 교사가 될 수 있습니다. 이런 식으로 우리는 성장하는 아이들의 본성에 따라 매년의 교육과정을 계획합니다. 교사가 기본 원칙과 실행 방법 간에 조화를 느끼는 한, 그를 정해진 표준으로 얽매지 말고 자유를 부여해야 합니다. 1학년을 가르치든 8학년을 가르치든 간에 교사는 전체 학교의 일부임을 느껴야 하고, 이를 통해 8학년에서 완성하는 어떤 것의 토대를 1학년에서 미리 마련하게 됩니다.[1]

— 루돌프 슈타이너

'수평 교육과정'은 한 학급의 아이들, 즉 같은 나이의 아이들에게 가르치는 다양한 과목을 가리키는 데 사용되는 용어다. 이 책의 2부에 있는 '수직 교육과정'은 각 과목이 해마다 발전하는 방식과 가장 어린아이의 집단에서 가장 나이가 많은 집단으로 발전하는 방식을 보여준다. 수평 교육과정은 과목의 경계를 넘나드는 방식으로 다양한 나이의 아이 집단이 필요한 것을 충족시키기 위해 다양한 과목들을 통합하는 것을 보여준다. 그것은 또한 여러 연령대의 아이들의 전형적인 발달 모습을 이해할 수 있게 해준다. 수직 교육과정은 학습 과정의 본성이 나선형임을 드러낸다. 즉, 새로운 기술은 기존의 것에 기반하고, 여러 주제를 새롭고 연령에 적합한 관점으로 다시 다룰 수 있다.

이 두 가지 형태 중 어느 것에도 해당되지 않는 교육과정은 '사선적 교육과정(diagonal curriculum)'으로, 서로 다른 연령대에 다른 기술과 능력 사이의 상호 연관성을 드러낸다. 예를 들어, 1학년과 2학년의 뜨개질은 중학년과 상급 학년의 수학적 기술과, 또는 1, 2학년의 민속 이야기와 우화는 상급반의 생태학, 혹은 중학년의 문법 및 방과 후 활동에서 판단을 형성하는 능력으로 서로 연결되어 있다! 사선적 교육과정은 다른 두 방식과 마찬가지로 발도르프 교육의 과제에 필수적이다. 이 책이 교육과정을 설명하면서 세 번째 교육과정에 대해 여러 번 언급하지만, 이 교육과정은 보다 깊은 연구가 필요하다.

각 교사는 아이들의 요구를 충족시키기 위해 교육과정을 조정한다. 따라서 아래에서 언급하는 집중수업 단위와 과목 수업에 있어서 접근 방식의 양적 차이는 실제 수업의 내용만큼 중요하다는 점을 기억해야 한다. 이러한 변주는 아이들이 도달한 영적, 심리적, 신체적 발달 단계에 맞게끔 내용을 유지한다. 슈타이너-발도르프 학교의 모든 교사는 교육과정을 구성하거나 모든 상황에 맞도록 새롭게 재창조해야 할 의무가 있다.

아래의 부문은 일반적인 우수 사례를 토대로 한 지침으로 구성되어 있으며, 각 연령대의 교육 내용 및 방법론에 대한 개관 및 요약을 제공한다. 각 단계는 중요한 발달 상태와 독특한 교수법을 드러내기 때문에, 1~3학년, 4~6학년 및 7~8학년의 세 개의 부문으로 학년을 구성한다. 지면상의 이유로 예제는 필요에 따라 선택적으로 제시한다.

초급 학교: 1~3학년

1학년(7~8세)

발달 개요

여덟 살은 발도르프 교수법에서 '공식적인' 학교 생활을 시작하는 나이다. 첫 번째 7년 주기 동안 아이들은 신체를 편안하게 느끼기, 공간 속에서 방향 잡기와 직립 능력의 첫 토대를 이루는 발달, 말하기, 그리고 생각하기를 계발한다. 아이들 주변의 모든 환경은 학습을 위한 상황이 된다. 아이들은 주변의 사람이나 사물을 보고 '모방'한다. 이 모방하려는 몸짓은 배운 것의 내용과 성질을 아이의 의지에 새기는 역할을 한다. 어린이집이나 유치원에서는 경험을 통한 배움, 창의적인 놀이를 통한 발견, 친구 혹은 교사와의 강한 사회적 상호 작용이 교육의 주요 주제를 이룬다. 모국어나 숫자의 복잡함에 대한 인식은 형식이 없는 놀이나 아이들 간의 상호 작용을 통해 습득하지 설교를 통해 가르치지 않는다.

8세를 전후로 아이들은 이갈이 과정을 마무리한다. 이로써 성장과 신체 발달에 집중되었던 힘을 독립적인 표상과 형상적 사고력을 활발히 계발하기 위해 사용할 수 있다. 공식적 수업 형태인 읽기와 쓰기, 숫자 및 다른 학습 방식들이 도입된다. 이 나이의 아이들은 여전히 꿈 같은 전체 속에 있으며, 학습 상황에서 집중하기보다는 넓은 인식이 가능한 나이다. 대부분의 학습이 활동과 모방을 통해 이어지고, 그 과정에서 아이들은 상(象)을 얻고, 내면화하고, 다시 불러내고, 적용할 수 있는 개념으로 일반화한다. 예를 들어, 알파벳 'R' 혹은 곱하기를 상징하는 'X'가 그렇다. 유년기에서는 개념이 아니라 실제 경험을 통해 익힌 것이 표상 형성을 통해 감성적 관계로 이어진다. 아이들의 세계에 대한 전체적 경험은 동화나 잘 구성된 자연에 대한 이야기 등에서 드러나는 원형적 상을 통해 자양분을 얻는다.

목표

이 나이의 아이들은 유치원에서 학교로 전환하여 공식적인 학습을 시작하는 중요한 시기를 맞는다. 아이들은 교사가 제시하는 상이나 운율 및 이야기를 통해서 형태, 소리, 글자와 숫자의 순서를 처음으로 배운다.

아이들은 움직임, 운문, 그리기, 쓰기를 포함하는 여러 연습을 통해 인식하고 기억하는 법을 배운다. 이 첫 번째 학년에서 학급은 교실의 생활과 작업에서 필요한 좋은 습관을 형성하고, 이는 초급 학교 및 학교에서 이어지는 모든 학습을 위해 보내는 시간의 토대를 형성할 것이다. 자연에 대한 경외, 환경에 대한 돌봄, 타인에 대한 존중, 세계에 대한 관심, 담임교사에 대한 신뢰감이 1학년 및 이후 학년의 도덕적 목표다. 교사는 아이들이 서로를 돌보고 경청하는 끈끈한 집단이 되도록 이끄는 것을 목표로 한다.

2학년(8~9세)

발달 개요

아홉 살 아이는 주로 스스로 만든 심리적 울타리 속에 살고 있는데, 이것은 아이들 내면에서 개인화된 사고의 상을 발전시키는 능력에서 비롯된다. 외부 세계의 사건과 경험은 아이들의 상상력을 통해 걸러지며, 아이들의 동질적인 세계상과 일치하도록 재배치된다. 아이들은 주위에서 일어나는 일을 알아차리는 데 있어서 더욱 기민하다. 전체성의 분위기는 종교적인 요소 및 짓궂은 행동에 대한 유혹을 향한 보다 깊고 의식적인 느낌과 같은 대비로 분화한다.

이 나이 아이들의 교육과정 내용은 느낌과 감정의 언어에 있어 깊이와 풍부함을 기르는 것을 목표로 한다.

아이들은 이전과 같이, 상을 통한 사고 내용이 전면에 놓이는 학습 환경에서 인지적으로 편안함을 느낀다. 아이들은 움직임 속에서 개념을 받아들이고, 둘의 성질이 유기적으로 연결될 때 가장 의미 있게 개념을 이해한다. 학생들은 산술 및 읽기의 기초에 점점 더 익숙해지는 한편, 줄넘기, 공 던지고 받기, 뜨개질이나 코 바느질 혹은 플루트 연주 같은 대근육과 소근육을 쓰는 움직임을 통해 1학년 때 처음 배웠던 기술과 능력의 레퍼토리를 꾸준히 계발한다. 지성은 이와 같이 예술적 접근법 속에서 깨어날 수 있다.

2학년 아이들은 계속해서 영구치가 나오고, 좌우 우위성● 및 우세가 확립되며, 이 시기에 이르러서 구체적인 배움의 욕구와 어려움이 관찰된다. 학급 안에서 능력의 범위가 명확하게 구별된다. 2학년 학생이 물씬 풍기는 상당한 자신감과 소속감은 1학년 때 마련한 토대로부터 쌓아 올리기 때문이다.

목표

1학년 때의 첫 경험이 2학년에서는 더욱 깊어지고 강화된다. 2학년 시간은 주로 이전에 배웠던 새로운 기술을 익히고 연습하는 데 사용된다. 1학년은 자신들이 경험하는 전체성의 도움을 통해 사회 집단으로서 교실의 분위기를 익히는 데 많은 힘을 사용하지만, 2학년에서는 대조 혹은 양극화의 현상이 아이들 간의 관계에서 드러난다. 아이들이 이 단계

● 몸의 좌우측 중 주로 쓰는 방향의 결정. 이것이 미발달 시 아이는 좌우를 혼동하거나 글자를 반대 방향으로 쓴다.

를 지나도록 돕기 위해서, 아이들에게 전설 속의 성인과 우화 속 동물들이 드러내는 인간의 대조적 성질과 특징을 이야기를 통해 들려준다. 이 수업은 접근법의 일관성과 상상력에 있어 교사의 강한 지도력을 요한다. 아이들은 방향성을 이끌어내고 주어진 상을 통해 형성한다.

3학년(9~10세)

발달 개요

슈타이너-발도르프 학교에서의 3학년은 일반적인 영국 학교의 핵심 단계 2●의 교육과정과 비슷하다. 3학년의 아이들은 나이로 치면 열 살이다. 이 단계 아이들의 신체적, 정신적 변화가 눈에 띄게 많다. 열 살에서 열한 살에 걸치는 이 변화는 9세 반 정도에 시작할 수도 있고, 늦게는 10세 반 정도일 수도 있다. 이런 눈에 띄는 변화는 6개월에서 1년 정도 지속된다.

아이들은 더 강하고 균형 있게 걷는다. 말소리는 점차 입의 중앙에서 형성되고 곧바로 또박또박 말하며, 아이는 '중간 거리'●●에 초점을 맞춘다. 아이들의 체격이 눈에 띄게 강해진다. 심장이 더욱 커지고 혈액을 더 많이 수용하며, 한 번 숨을 쉴 때마다 맥박이 네 번 뛰는 비율을 이룬다. 이 나이의 아이들은 사지 발달, 신진 대사, 몸통 너비의 성장에 좀 더 집중하기 시작한다. 이 단계의 어떤 아이들은 무기력증, 복통과 두통, 현기증, 메스꺼움, 변덕스러운 식욕, 천식, 습진, 그리고 불규칙적인 수면 패턴을 드러내기도 한다.

슈타이너는 아이들 감성 생활의 변화에 대해서 이야기했다. 여덟 살에는 아이들의 사고가 변형한다. 3학년 때 아이들은 세계를 인식하는 데

● Key Stage 2. 8~12세 시기다.
●● 시야가 원거리에 이르지는 않았지만 이전의 좁은 시야에서 확장된 상태다.

이중성을 경험한다. 아이들이 더욱 강해지는 힘과 객관성, 그리고 동시에 성장하는 주관성을 함께 경험함에 따라 한 과정이 시작한다. 주관적인 내적 경험과 객관적인 현실 세계가 아이들 마음 속에서 맞선다. 질문, 의심, 고립감, 그리고 비판적 경향의 시작이 이 나이 아이들의 심리적 측면에서 두드러지는 특징이다.

좀 더 일찍, 혹은 좀 더 늦게 나타날 수 있지만, 대부분의 아이들은 이 시기에 자기 인식이 두드러지게 발달한다. 신체와 정신이 주변으로부터 분리되어 있다는 인식을 경험하고, 내부와 외부 세계의 대조 또한 인식한다. 세계와 통합된 이전의 상태에 대한 상실감과 새로이 세상을 바라보는 경이감의 대립은 종종 혼란과 불안으로 이어진다. 이러한 행동의 변화는 기질과 성격에 따라 다양하게 드러날 수 있다.

구약 시대의 상, 그 법률 및 지침은 불안한 시기에 내적 안정을 길러준다. 주된 주제는 농사, 건축 등이며 이런 것들은 아이들이 주변과의 관계를 이해하는 데 도움을 준다.

목표

3학년 아이들은 자기 자신 및 살고 있는 주변 환경에 대한 인식이 좀 더 강해지며, 현실적이고 물질적인 것에 새로운 관심을 갖게 된다. 2학년에서 문자와 숫자를 연습한 이후, 이제 3학년에서는 이를 바탕으로 무엇인가를 측정하고, 간단한 문제를 풀고, 간단한 사무용 편지를 쓴다.

학급 전체에게 건축이나 농사, 그리고 다른 작업 프로젝트를 경험시킴으로써, 담임교사는 물리적 세계에 대한 최초의 분리감을 그에 대한 책임감으로 변환하도록 돕는다. 교사는 명확한 행동 지침을 제시하고, 담임교사를 넘어 교사 전체의 권위 속에서 아이들에게 자신감을 주어야 한다. 아이들은 학급 전체에서 사회적 화합을, 즉 '우리'의 경험을 강하게 느껴야 한다.

1~3학년의 교육과정

발도르프 교육과정은 일반적으로 다른 학교에서 다루지 않는 주제로 시작한다. 그중 하나가 '형태 그리기' 혹은 '역동 그리기'다. 아이들은 기본적인 직선과 곡선, 그리고 모양들을 직접 만들거나 그린다. 먼저 온몸을 사용해서 모양을 만들고(걷기, 달리기, 획 움직이기, 손과 팔의 움직임), 이후에 크레용이나 연필을 종이와 함께 사용한다. 이러한 경험을 통해 익힌 움직임, 모양과 리듬을 종이 위에 그린다. 이런 활동은 아이들에게 이상(理想)을 전달하는 매체로서, 움직임 속에 의미를 담고 노력을 집중하도록 요구한다. 그 모양들은 겉보기에 아무 의미가 없고 특별히 묘사하는 바도 없지만, 공간 속에서 볼 수 있는 움직임과 모양의 역동을 이룬다. 아이들은 다양한 모양과 움직임의 내재적인 성질과 본성을 경험하고, 느끼고(예를 들면 손가락을 통해), 이해하는 법을 배운다. 움직임을 통해 어떤 것의 내적 본성을 경험하는 것은 1~3학년 사이의 기본 주제다. 형태 그리기 또한 글쓰기 이전에 필요한 예비 과정이다. 2학년과 3학년에서 이러한 연습은 표상 형성 활동을 자극하고, 의지에 관여함과 동시에 감성을 촉진하는 활동이다. 어떤 의미에서는 감성 생활을 하나의 지각 기관으로 사용한다고 말할 수 있다. 아이들은 균형, 비율, 대칭, 통합, 그리고 형태와 그것이 드러내는 역동적인 움직임의 특징을 느낀다.

영어 수업에서 아이들은 알파벳을 시작한다. 알파벳 대문자의 모양, 이름, 의미를 가르치는 초기 단계의 목적은 아이들이 말소리, 문장의 선율을 경험하는 것이다. 한 소리의 특징을 나타내는 상으로부터 대문자의 모양을 드러냄으로써, 아이들은 개별 문자와 자신만의 관계를 발달시키고, 이후에는 글쓰기의 전체 과정과 관계를 맺는다. 자음은 그림 문자로부터, 모음은 감탄사와 감정의 표현으로부터 나왔다. 학습 과정은 문자의 형상적 표현에서부터 바르게 쓰기로 나아가는데, 처음에는 교사가 쓴 예시를 따라 쓰고, 후에는 듣고 받아쓰기로 진행한다. 소리와 상징의 관계에 대한 탐구는 창발적 글자 쓰기(emergent writing)●를 포함한다. 대문자로부터 시작하여 소문자 필기체로 나아가고, 대개 2학년에서 이를 진행한다.

글쓰기의 내용은 집중수업 주제와 아이들의 경험과 관련이 있다. 일반적인 지침에 따르면, 1/3은 아이들이 직접 쓰고, 2/3는 교사가 쓴 칠판의 글이나 교사의 말을 받아쓴다. 3학년이 되면 아이들은 좀 더 긴 문장으로 복잡한 구성을 갖추어 쓰게 된다. 사무용 편지, 일기, 자연의 분위기에 대한 기술(記述)을 알려주고 훈련하는 과정이 이를 보조한다. 깔끔하게 읽기 쉽도록 쓰는 것 또한 촉진한다.

읽기는 쓰기로부터 시작하고, 1학년 아이들은 교사가 칠판에 쓰거나 자신의 공책에 쓴 익숙한 글부터 읽는다. 읽기의 발전을 위해 통문자 읽기, 파닉스, 맥락 읽기 방식을 통합하여 사용하는데, 다만 전체 문장/구절에 중점을 둔다. 책 읽기는 대개 2학년까지는 하지 않는다. 학급 전체가 같이 읽기, 아이들끼리 읽기, 아이와 어른이 함께 읽기 및 청각적, 시각적, 운동감각적 인식을 통한 정기적인 연습의 도움 등 다양한 접근법을 사용한다. 3학년에 이르면 읽기는 지시와 과제를 이해하기, 정보 찾기, 시간표 읽기를 포함하는 다양한 목적을 담은 여러 소재로 나아간다. 내용과 구두법을 유의하며 소리 내어 읽기를 연습한다. 읽기 수준에 따라 아이들은 다양한 읽을거리를 접한다.

구술 작업은 여러 학년에 걸쳐 말하기와 듣기 모두를 위해 아주 중요한 역할을 동등하게 수행한다. 좋은 듣기, 말하기 기술은 모든 문해력 기술의 발달을 위한 선결 과제다. 명확한 발음과 표현을 훈련하도록 고안된 매일의 시와 운문 낭송을 비롯해서, 자신의 경험을 묘사하고 들은

● 소리와 모양 간의 관계에 대해 깨닫는 단계적 과정에서, 아이들이 쓰는 글자가 그림에서 문자로 변해가는 것을 뜻한다.

이야기를 떠올리도록 아이들을 격려한다. 교사가 사용하는 언어는 아이들의 모범이자 구어의 형식이 된다. 구술 작업에 대한 이러한 강조는 차후에 문법 구조, 구두법 및 놀람, 호기심, 거부, 열정, 의지, 확신 등과 같은 감정 성질의 언어적 표현에 대한 예시를 이해하기 위한 토대를 제공한다.

1~2학년의 쓰기, 읽기, 말하기, 그리고 듣기 활동은, 3학년에서 문법 성질을 명사, 동사, 형용사, 부사로부터 시작해서 체계적으로 탐구하기 위한 기초를 마련한다. 이제까지 실용적으로 배워왔던 원칙을 의식적으로 만드는 것만이 아니라, 문법과 구문론이 표현, 정의하는 실제 관계에 대한 아이의 사고와 인지를 기르는 것이 목표다.

외국어 수업은 모국어 수업만큼이나 중요하다. 1학년 이후부터 아이들은 듣고 말하기를 통해 두 개의 외국어를 배운다. 쓰기와 문법은 3학년 때까지 크게 다루지 않는다. 아이들은 시, 이야기, 그리고 동화 혹은 대화 등을 통해 외국어에 자연스럽게 흠뻑 빠지게 된다. 다른 언어를 배움으로써 사물을 묘사하는 또 다른 방식을 배우고, 사물과 세계를 바라보는 다양한 시각을 경험한다. 이러한 것은 개념을 형성하기 위해 필수적으로 요구되는 중요한 것 중 하나이며, 좁은 시각이 아닌 더 넓게 세계를 바라보는 관점을 익히는 데 있어서도 중요하다. 즉 모국어를 통해 익힌 단면적인 사고를 더 넓히는 것이다. 1~3학년까지 아이들은 일상의 사물과 상황에 대한 광범위한 어휘 및 언어의 주요 문법 구조 대부분을 담는 실용적인 어법을 말을 통해 습득한다. 그 이후 학년에서 아이들은 이 말의 저장고에 의지하며, 외국어를 읽고 쓰는 법을 배우게 됨에 따라 이를 다시 경험한다.

이 단계에서 들려주는 이야기들은 '아이가 지상으로 내려오는 길'을 묘사한다. 1학년에서 인간과 동물, 자연, 그리고 초자연적인 것의 합일 관계를 전래 동화 혹은 민담 등의 원형적인 이야기에서 경험한다. 이러한 이야기들은 대부분 자연의 순환, 특히 계절의 변화 등을 묘사한다. 2학년에서는 이런 세계들 간의 차이를 우화나 전설을 통해 제시하기 시작한다. 3학년은 창세기의 창조 이야기나 구약성경의 소재를 통해 이 땅과 신에 대한 인간 존재의 책임에 대한 이야기를 듣는다.(이는 주로 유럽 전통에 적용된다. 불교, 힌두교, 이슬람교, 유대교 혹은 다른 종교가 우세한 나라의 발도르프 학교에서는 다른 적절한 종교 소재를 선택하게 된다.) 이러한 신화의 핵심 요소는 천지 창조, 식물과 동물의 왕국, 인류의 신성한 기원으로, 선악과, 인간 공동체의 기원, 그리고 그것을 다스리는 법칙 등이 이에 해당한다.

아이들의 여정은 3학년의 농업과 집 짓기를 통해 말 그대로 지상으로 내려온다. 아이들은 실천적인 농업과 집 짓기 활동을 시작한다. 실제 주제는 지역에 맞게끔 선택하는데, 예를 들면 해안 지역에서는 고기잡이를 택할 수 있다. 실생활에 맞는 이런 활동들은 아이들의 나이와 역량에 맞게 조절하며, 이후에 경제와 생태학에 대한 통찰을 갖추기 위한 장기적인 교육 방법론적 요소를 포함한다. 실제 현실의 필요를 채우는 과정으로서, 자연의 원재료가 어떻게 상품으로 변하는지에 대한 배움은 상호성과 봉사에 대한 실제 경험의 씨앗을 뿌린다.

산술 활동은 학년별로 차이가 있다. 1학년에서 아이들은 숫자의 전체성과 개별성을 경험한다. 모든 수는 원형적인 특징에 초점을 맞추어 소개한다. 하나는 단일성, 둘은 양극성 등등이며, 아이의 세계에서 익숙한 상을 사용한다.(태양, 신체의 구성 부분, 꽃잎 등) 그 다음 사칙 연산과 그 특징이 따라오며, 모든 것은 항상 전체를 먼저 학습하고 부분으로 이동한다. 기호들은 표상적 방식으로 소개한다. 리듬을 통한 수 세기, 구구단 낭송, 20까지 이르는 수 묶음 및 암산을 저학년에서 집중적으로 훈련한다. 이는 아이들이 마음속의 움직임을 경험하도록 하고, 이로써 알파벳을 소개하는 방식을 보완한다.

2학년이 되면 손으로 조작했던 것들을 이제 머리로 연산하고, 다양한 형태의 적절한 표기법과 알고리즘 및 문제 해결에 있어서 그 적용에 대한 탐구로 중심이 옮겨간다. 3학년은 상대적, 질적, 맥락적인 말의 영역으로부터(이게 더 커, 여기에 더 많아 등) 공식 단위를 통한 측정으로 옮겨간다. 신체 비율에 바탕한 전통적인 측정 방법으로 시작하여, 아이들은 길이, 양, 무게, 시간, 돈, 음악의 박자 및 표기법의 표준 단위를 접한다.

습식 수채화에서는 색깔의 속성을 탐구한다. 이 색상이 만들어내는 느낌은 무엇인가? 어떤 마음의 속성이 파랑, 노랑, 빨강의 3원색에 어떻게 연결되는가? 이러한 색칠하기 수업의 목적은 외부 물체를 그대로 따라 그리기나 묘사하기가 아니라, 색이 말하고자 하는 느낌을 듣는 경험을 갖는 것이다. 아이들은 집중수업 공책의 내용을 연필이나 크레용을 통해 표현하는데, 이는 선 그리기의 역동을 색이 표현하는 분위기와 감성과 통합하는 활동이다. 이러한 방식을 통해 아이들은 자신이 감각을 통해 지각한 내용에 상상력을 입힌다.

미술에서 색의 '소리'를 표현하는 것을 배운다면, 3학년까지의 음악은 음의 특징과 '색'을 배우게 된다. 1학년에서 익숙지 않은 음악적 요소, 예를 들어 장조와 단조의 톤의 차이, 그리고 음악적 스케일에 관련된 것은 배우지 않는다. 아이들의 내적 탐구는 그러한 것들을 익히기에 충분히 성숙하지 않기 때문이다. 이 시기의 아이들은 여전히 자유로운 방식으로 그 방식에 맞는 톤, 예를 들어 5음계를 먼저 경험할 필요가 있다. 피리, 리코더, 아이용 하프 혹은 라이어(lyre)를 통해 아이들은 이미 배운 노래를 연주한다. 이 방식은 아이들이 쓰기를 배웠던 방식과 비슷하다. 즉 아이들에게 충분히 이미 익숙한 것에서부터 시작하는 것을 의미한다.

노래를 통한 능동적인 듣기에 주안점을 두고, 이는 종종 움직임과 선율에 반응하는 몸짓을 수반한다. 2학년에 걸쳐 아이들은 음조의 범위를 확장하고, 각 개인은 학급 합창 속에서 짧은 독창 부분에 도전한다. 3학년에서는 음악의 기초 '문법' 또는 '철자법'(표기법)을 접하면서 으뜸음 혹은 온음계와 관련된 학습으로 향한다. 리코더는 숨의 흐름을 형성하고 분화시키는 악기다. 활을 다루는 악기는 중요한 점을 새롭게 제시한다. 리코더를 다룰 때는 공기의 흐름을 형성함에 있어 양손을 모두 사용한다. 오른손에 활을 쥐는 악기들은 왼손으로 음을 선택하고 귀를 통해서는 음조가 맞는지 확인한다. 거의 기예와도 같은 기술이 이 과정에서 필요하지만, 여전히 마음에서 감성과 느낌의 영역에 머문다. 이는 시간의 질적인 형성에 대한 감각으로 이어진다.

오이리트미 수업은 공간과 시간 사이의 연결을 제공한다. 말소리와 음악 소리는 공간상의 움직임을 통해 시각적으로 드러난다. 이 예술은 기민한 감각 지각과 몸의 움직임을 감성으로 채움으로써 양자의 균형을 형성하고 이로써 아이들이 자신의 행동을 조화시키도록 돕는다. 오이리트미는 아이들이 예술적인 방식으로 공간 차원의 성질을 인식하는 데 도움을 준다.

첫 세 학년 동안 아이들은 주변 공간 속에서 몸으로 방향을 잡고 이동하는 경험을 움직임 속에서 천천히 갖는다. 전통적인 놀이나 원 활동을 배우고 훈련하는데, 이는 협력 기술 및 강한 사회적 소속감을 계발한다. 3학년에서는 정식의 체조 훈련으로 점점 전환한다. 이미 훈련한 조화로운 연속 움직임은 보다 목표 지향적으로 변한다.

수작업 수업의 목표는 손기술을 높이는 것을 포함한다. 모든 아이가 뜨개질과 바느질을 배우고 기초 수공예 도구(가위, 공예용 칼, 접착제, 줄 등)를 사용하며 다양한 소재를 다룬다. 이러한 활동을 통해 아이들은 리코더 주머니, 삼발이, 장바구니 등 생활에 필요한 것들을 만들게 된다. 예술성과 실용성을 결합한 소근육 기술의 학습은 이후 시기의 실용적 지능을 위한 탄탄한 토대를 제공한다.

1~3학년에 대한 요약

첫 세 학년은 자연, 언어, 그리고 음악의 '내면'을 경험하고자 하는 아이들의 기초 욕구를 고려하며, 아이들이 세계로 들어설 수 있도록 돕는 과정이라고 묘사하는 것이 가장 바람직하다. 또한 아이들은 다양한 기술을 습득한다. 아이들이 배운 내용과 자신이 선망하는 기술을 가진 사람들에 대한 존중과 존경을 갖는 것이 중요하다. 이로써 아이들은 세계를 자신의 집처럼 느끼는 법을 배우는 것에 더해서, 여러 일에 있어 잘하고자 하는 바람을 강화할 것이고, 이는 학습의 주도적 활동을 촉진하는 중요한 요소다. 어떤 일을 잘하고자 하는 느낌은 교사의 권위에 대한 아이들의 사랑을 형성하는 토대를 이룬다.

학교에 입학하기 전의 아이들은 움직이고자 하는 강한 충동을 갖는데, 이들의 움직임은 공간 지향적이며 자신을 둘러싼 세계를 탐험하고자 한다. 학교 생활 초기에는 성장을 이끄는 새로운 힘을 반드시 고려해야 하고, 이는 아이들 내면 삶의 성질 속에서 방향을 발견한다. 외부 활동과 내면의 반응 사이의 상호 작용이 형성되기 시작한다. 이러한 측면에서 교사의 과제는 아이가 내부와 외부 세계, 받아들이기와 참여하기 간의 균형 및 아이의 몸과 환경에 대한 바른 관계 속으로 개인성을 이끄는 균형을 얻도록 돕는 것이다. 내면의 경험과 신체 유기체 간의 건강한 균형을 발견하는 과정은 슈타이너가 아이들에게 호흡을 가르친다고[2] 언급한 내용이며, 이때 호흡은 내-외부 교환의 원형을 뜻한다. 또한 이 비유는 그 교환이 고정된 것이 아니라, 들이쉼, 물질의 변형, 내쉼의 리듬으로 이루어진다는 점을 추측하게 한다.

초급 학교: 4~6학년

4학년(10~11세)

발달 개요

학생들이 열한 살, 열두 살에 이른 4, 5학년은 담임교사와 보내는 시간의 중간 지점이다. 유아기로부터의 전환이 마무리된 상태이며, 사춘기로의 전환은 아직 시작되지 않았다. 교실에서 수업을 듣는 시기의 이 중간 지점은 두 번째 7년 주기의 중간과 일치하고, 슈타이너-발도르프 교육학에서는 이를 '아동기의 심장'이라고 부른다.

자기 주도적 활동은 호흡과 혈액 순환의 관계를 조화시키는 결과로 이어진다.

새로운 상태에서의 자신감은 세계에 대해 살피고 배우려는 적극성과 활력으로 표현된다. 현상학적 자연과학 탐구로부터 출발하며, 이는 형태학적 관점을 통해 인간 존재를 동물의 왕국과 연결한다. 또한 지역 환경에 대해 면밀히 관찰하고, 지도 제작 과정을 발전시킨다.

목표

4학년의 목표는 무엇보다도 열한 살짜리가 교실로 가져오는 강력한 힘을 긍정적으로 전달하는 데 있다. 학생들은 자신의 작업에 있어 가능한 모든 방향으로 도전하고 확장해야 한다. '일, 일, 그리고 더 많은 일'이 4학년 최고의 좌우명이다.

교사는 상상을 통해 진행하는 수업 속에서 구체적인 지식에 대한 관심을 충족시키고, 보다 독립적으로 자신의 일을 할 기회를 제공한다. 아이들은 자신의 일과 친구 및 교사와 맺는 새로운 관계를 스스로 발견해야 한다. 수업의 이야깃거리는 다양한 성격이 사회 전체에 기여하고(예를 들어 북유럽 신화) 어둠과 악이 보다 구체화되는 이야기를 들려줌으로써 그에 조응하고자 한다. 아이들은 개인의 '나쁨'을 사회 또는 공동의 '좋음'과 구별하기 시작해야 한다. 아이들은 자신의 위치를 주변 환경과의 관계 속에서, 즉 사회적 및 지리학적 두 가지 측면에서 이해해야 한다.

5학년(11~12세)

발달 개요

이때의 아이는 그 나이에 고유한 편안함과 우아함을 어느 정도 얻는다. 협응과 균형을 이루고 조화로운 움직임이 이 시기 발달 단계의 핵심이다. 심리적으로는 '나'와 세계의 구별이 발전하고 개인의 '의지' 요소가 성장하기 시작하며 '자기'에 대한 인식이 강화된다. 또한 개인의 자아가 아직 성숙하지 않았더라도 집단의 역동성이 강력하고 사회적인 방식으로 수업 내에서 드러날 수 있다. 인지적으로, 아이들은 현실적이고 이성적인 방식으로 질문과 현상을 더 잘 이해할 수 있다. 사고 과정의 표상적 요소는 아이들의 의식에 중요한 요소로 남지만, 개념에 대한 이해와 형성은 개별적 상과 사고의 표상보다는, 명확하고, 사실적이며, 감각으로부터 벗어난 개념에 대한 이해 능력의 발달에 더 많이 의존하기 시작한다.

성장하는 기억력에서 시간 감각이 발전했다. 기억은 미래를 계획하고 되돌아볼 수 있게 하며, 심화된 감성과 결합함으로써 양심과 책임감의 출현을 이끈다.

이 시기는 여러 능력이 빠르게 꽃 피는 시기다. 아이는 길이가 늘어나는 성장을 경험하고, 집단 속에서 신체 활동을 이어간다. 음악적으로, 아이는 악기를 숙달할 수 있는 역량이 있다. 산수, 문해력 및 언어학의 기초 기술에 있어, 학생들은 기본 규칙, 과정 및 구조의 묶음을 자신 있게 다룸으로써 독립적인 창조성을 발휘한다.

지적, 도덕적으로 아이는 새로운 도전을 할 준비가 되어 있다. 산수와 문해력의 기본 기술을 위한 토대가 열한 살에 이르러 완성된다. 개인의 책임에 대한 기초 개념과 '추론적 합리성'의 정신에서 '옳고 그름'을 이해하는 능력을 이 나이에서 획득할 수 있다.

이 시기는 어린 시절과 사춘기 사이의 중추적인 역할을 하고 잠시 동안 아이들은 파도의 꼭대기에 올라 학교 생활의 첫 단락을 마무리한다. 아이들은 지금까지 꿈꿔본 적이 없는 작업 수준에 도달한다. 이들은 스스로를 자신의 일과 일치시키고, 이를 가꾸는 데 시간을 보내며, 완벽에 가까이 다가간다. 5학년은 대개 자신의 일을 자랑스럽게 생각하는 반면 4학년은 이를 쉽게 경시하기도 한다.

이 해가 끝나감에 따라 교사는 아이들에게서 대상을 보다 의식적으로 다룰 지적 능력이 떠오르는 것을 경험한다. 이 능력은 아이들에게 새로운 분리와 그에 따르는 비판적 견해를 제공한다. 조화로움을 상실하지만 이는 상급 학교 후반부에서 다시 발견한다.

목표

이 시기의 목표는 신화에서 역사로 전환하고 개인에 중점을 두는 것이다. 아이들은 특히 식물학 연구를 통해 삶과 환경의 상호 관련성에 대한 더 큰 의식을 개발해야 한다. 집단 간의 구별이 더 큰 전체에 종속되고 아름다움과 같은 성질이 속도와 거리만큼 가치가 있는, 최초의 올림픽이 표현한 이상(理想)에 중점을 둘 것이다. 어휘를 배우고 지도를 사용하여 공간을 시각화하는 등의 학습 활동을 통해 기억력을 강화하도록 아이들을 격려한다.

6학년(12~13세)

발달 개요

슈타이너-발도르프 학교의 6학년은 영국 공립학교 교육과정 지침의 핵심 단계 3(Key Stage 3)에 상응하는 시기다. 전체 흐름에서 이 나이는 중등 교육의 첫 해다. 논증적, 논리적 사고의 계발 및 분석, 비판적 사고 능력의 발달을 시작하는 적절한 시기에 관련하여, 슈타이너-발도르프 교육과정과 영국 공립 교육과정 사이에는 방법론상의 차이가 뚜렷하다. 슈타이너의 교육 방법론적 지시는 피아제(Piaget), 비고츠키(Vygotsky) 등의 연구와 공통된 근거를 갖는데, 추상적 사고 또는 '형식적 조작'은 핵심 단계 1(Key Stage 1)이 아니라 열네 살 무렵부터 시작된다는 것을 이해해야 한다.

일반적으로 아이들의 성장은 골격을 통해 스스로를 드러내기 시작한다. 사지가 길어지기 시작하고, 아이들은 어색하고 각진 움직임을 보이는 경향이 있다. 열두 살은 골격을 통해 중력의 힘을 경험한다. 신체 변화는 생각의 영역에서 처음으로 인과 관계를 경험하게 하고, 심리에 있어서 아이들은 '변화'를 특징으로 하는 단계에 들어간다. 열세 살은 유년기의 끝임과 동시에 개인이 탄생하는 고통의 시기로도 묘사할 수 있다.

두 번째 7년 주기의 마지막 3분의 1 지점에서 아이는 청소년기를 예감하기 시작한다. 순차적이고 기록된 역사, 유럽의 지리학, 정식의 기하학, 상업 수학, 현상학적 과학, 정원 가꾸기, 목공예, 구성을 갖춘 게임 처럼 다양한 교과 주제를 소개하여 아이의 신체적, 심리적 및 인지적 상태의 변화를 알아차리고 돌본다.

목표

이 나이에서 교사는 바깥 세상을 향한 아이들의 성장 방향을 다루는 것을 목표로 삼는다. 아이들의 비판적 능력이 깨어나면 과학적 관점으로 자연 세계를 관찰하도록 이끌어야 하고, 사회적 관계에 대해 증가하는 관심을 위해 학급 공동체 속의 책임을 충분히 경험하게끔 해야 한다. 아이들 서로, 그리고 아이들과 교사가 새로운 사회적 관계를 형성하는 것이 목표다.

사고에 대한 새로운 역량이 생김에 따라, 세계 속에 작용하는 인과 관계를 이해하도록 아이들을 이끌 수 있다. 아이들의 인식은 어른이 되어 살아가고 일할 세계를 향해야 한다. 학생들은 도전해야 하고 학교의 작업에서 높은 수준을 갖추어야 한다.

4~6학년 교육과정

4학년과 5학년 학생들은 열두 살이 되면 유년기의 중심이라고 말하기 충분한 때에 접어든다. 아이들은 어린 시절을 떠났지만 아직 사춘기를 시작하지 않았다. 열 살에서 시작된 자기의식의 강화는 4학년으로 이어지고, 교사는 학급에서 나타나는 이런 어린 개인 집단의 힘을 점점 더 경험한다. 각 아이들은 독특한 소질, 재능 및 도전을 통해 강렬한 성격을 나타내지만, 이것이 드러날 때는 여전히 본질적으로 어린아이와 같다. 아이들은 여전히 상상력이 풍부한 이야기와 제대로 구성된 리듬에 잘 반응한다. 아이들의 의지를 강화하는 것이 목적이라면, 가르침은 도전적이고 활발해야 한다. 생리학적으로 아이의 자기 주도적 활동은 호흡과 혈액 순환과의 관계에서 조화를 이루려고 노력한다.

4학년 말에서 학생들은 이전 3년과 다른 심리적 상황에 처한다. 자연 및 다른 인간 존재와의 관계가 점점 멀어지고, '그들이 속한 세계'는 '주변 세계'가 되었다. 슈타이너는 다음과 같이 말했다.

열 살을 마무리한 후의 시간은 아이들의 삶에서 중대한 전환점이기 때문에 특히 중요합니다. 물음이, 엄청난 양의 물음이 이들의 의식에 꽂히고, 이 모든 것은 감성 단계에서 자신과 환경의, 또한 자신과 교사의 구별로 이어집니다…이 질문을 반드시 밖으로 드러낼 필요는 없지만, 그럼에도 그것들은 그곳에 있습니다. 아이들은 자신의 감성 생활을 통해 교사가 자

신의 삶을 이끌어가는 방식에 능숙한지, 무엇보다 교사가 삶에서 확고한 발판을 가졌는지, 자신이 원하는 것이 무엇인지 아는지를 묻습니다. 무엇보다도 이들은 교사의 전반적인 마음 상태를 확실히 지각합니다.[3]

지금까지 시간과 공간상의 전체성 속에서 살았던 아이들은 이제 자신의 사고에서 이 전체성을 구조화하기 시작한다. 이들은 이 일을 공간과 시간 모두를 분별함으로써 수행한다. '이전'과 '이후'를 보다 강하게 느끼고 서로 연결하는데, 이는 독립적인 심상을 형성하고 마음대로 불러낼 수 있는 능력의 성장을 반영한다. 인지적으로, 아이들은 사고의 표상 요소가 중요하더라도 사실적이고 합리적인 방식으로 질문과 현상을 이해할 수 있다. 이 새로운 사고의 명확성은 보다 큰 공감적 감성 역량과 결합하여, 개인 책임의 개념을 육성하고 옳고 그름에 대한 합리적 감각을 가능케 한다.

열두 살 즈음에 이르러 아이의 움직임은 어느 정도 편안하고 우아한데, 신체의 협응이 이루어지고 균형이 잡히며 조화롭다. 6학년(12~13세) 아이들은 사춘기가 시작될 때 상당한 신체 변화를 겪기 시작한다. 성장은 보통 골격에서 표현되기 시작하여 더 길어지고 무거워져서 어색하고 각진 움직임의 경향이 있다.

이러한 중요한 신체적 변화는 한편으로는 사실적이고 감각적으로 인식할 수 있는 세계에 대한 관심의 증가를, 다른 편에서는 심리적 동요를 수반한다. 열세 살(6학년)이 되면 아이들은 더 이상 원인에 대해서 그저 물어보는 데 그치지 않고, 적극적으로 이를 탐구하거나 실제 효과를 관찰하기 위해 직접 만들기도 할 것이다. 이것은 사회적 관계에도 똑같이 적용된다.

지금까지 아이들이 교사들에게 보여준 신뢰는 이제 도전적이고, 침착하며, 때로는 꽤 비판적인 행동을 통해 시험을 겪는다. 아이들이 성장함에 따라 친구들의 가치가 점차 중요해지면서 리더, 괴롭히는 아이, 희생자, 농담꾼, '쿨'해 보이는 아이들, 소외된 아이 등, 집단 내에서 역할이 분명히 구분된다.

교사는 아이들의 기분 변화에 대처할 수 있고, '합법적인' 권위를 주장할 수 있는 새로운 관계를 교실에 세워야 한다. 교사는 유머로 긴장을 풀 수 있어야 하지만 명확한 결과가 따르는 규칙과 행동 양식은 이 연령대에 필수적이다.

언어 수업(모국어 및 외국어 모두)에서는 다양한 언어적 특성에 따라 새로운 의식이 필요하다.

열 살이 되기 전의 아이들은 언어에 대해 완전히 정서적인 관계를 갖습니다. 그런데 주로 모국어에서, 그리고 어쩌면 외국어에서도 문법 규칙을 현명하게 가르치지 않는다면 아이들은 자신에 대한 인식을 계발할 수 없습니다. 그러나 규칙을 도입하기 전에 먼저 언어를 익혀야 합니다.[4]

외국어의 경우, 해당 언어로 쓰고 읽기가 앞서야 한다.

동사 시제는 시간이 언어로 표현되는 방식에 대한 경험과 이해를 가져온다. 영어 수업에서 아이들은 다양한 품사가 서로 다른 성질을 나타내는 방식에 대해 배우게 되며, 이는 다양한 내면적 경험에 반응한다. 축약, 문장 구조, 구두점, 전치사 등은 서로 다른 관점과 다양한 관계를 명확하게 나타낼 뿐 아니라 직접 및 간접문의 구분이나 능동, 수동의 형태는 말하는 자신의 위치(5학년)를 규정한다. 6학년에서는 가정법을 사용하여 희망, 의도 및 사실의 차이를 나타냄으로써 실재의 한 단면을 더한다. 사무용 편지를 쓰는 연습은 실제 세계의 다른 측면을 가져오고 다른 상황에서 적절한 언어를 사용하는 감각을 키운다. 이에 상응하는 외국어 학습 단계는 일상 상황에 맞는 대화 연습을 포함한다.

음악 수업에는 이제 '음악의 문법'도 포함된다. 4학년에서 분수를 소개한 산수 수업과 연결해서, 음의 길이와 시간값이 3학년에서 시작된 표기법에 추가된다. 음악의 내재적인 법칙은 이론적 연구가 아니라 음악을 연주하며 학습한다. 보조음과 으뜸음의 관계는 카덴차의 발견으로 이어진다. 어린이의 정서 발달 수준에 모든 것을 연결시켜야 하고, 장삼도와 단삼도를 통해 장조와 단조의 차이를 훈련한다.(이는 특히 6학년에서 다룬다.) 이와 함께, 노래와 연주의 일치는 이제 여러 성부가 있는 돌림노래로 이어지고 그 다음에는 간단한 다성 음악으로 발전한다.

오이리트미 수업은 언어 및 음악과 관련해서 보아야 한다. 언어 오이리트미에서는 다양한 문법 형식을 연습하는 반면, 음악 오이리트미는 음계(6학년에서) 및 장단조의 분위기를 다룬다. 다양한 리듬과 박자에 대한 경험은 음가를 통해 산술과 연결되고, 기하 형태로 움직이기는 5, 6학년에서 다루는 기하학의 도입을 지원한다.

1학년의 산수 수업에서 단위는 다른 숫자를 경험할 기초로 사용되었다. 이제 4학년에서 비슷한 원리가 다시 나타난다. 전체로서의 단위는 나뉘지만, 부분은 분수를 통해 전체와 정해진 관계를 갖는다. 음악 수업에서도 유사한 발견이 이루어진다. 분수는 '공간적' 구별을 묘사할 뿐만 아니라, 역동적이고 시간적인 방식으로도 이해할 수 있다. 십진법(5학년)을 통해 논리적, 인과적 사고, 백분율 및 마침내 원인에 대한 최초의 수학적 발견으로 나아간다.

이제 형태 그리기는 얽힌 리본 모티프를, 특히 켈틱 매듭 및 패턴을 꼬는 작업에서 매우 건설적인 요소를 얻는다. 아름다움은 이제 정확성과 결합하고, 주의와 기민함이 필요하다. 5학년 형태 그리기에서 처음에는 컴퍼스 또는 자 없이 자유롭게 손으로 하는 기하 그리기가 포함된다. 4년 동안 형태를 그리면서 아이들은 원, 직선 및 각도에 대한 철저한 감각을 얻었다. 이제 이 요소는 별도로 다루고, 가능한 한 정확하게 그린다.

손과 눈을 충분히 연습한 후에만, 5학년에서 컴퍼스 기하학을 도입하여 여러 모양을 그리고 6학년에서 기하 형태를 구축한다.

명암법 또는 흑백 음영 그리기를 통한 빛과 그림자의 놀이를 관찰함으로써 인과를 경험할 수 있다. 6학년에서는 이 과목이 습식 수채화를 보완한다. 맨손 기하학과 마찬가지로 아이들은 목탄으로 음영을 넣기 전에 그림자가 어떻게 떨어지는지 정확하게 탐구하고 느낀다.

따라서 기하학은 형태 그리기로부터 떠오르고, 목탄을 이용하여 그리기는 습식 수채화로부터 떠오른다. 각각의 경우에 이 과정은 연속선상에서 이루어진다. 같은 방식으로, 농업과 건축 수업의 자연과 인간의 일에 대한 실제 경험은 이제 시간 및 공간적으로 확장되고 분화한다. 동네학은 한편으로는 지리와 역사로 이어지고 다른 한편으로는 자연 탐구로 이어진다. 6학년부터 자연 탐구는 정원 가꾸기의 실용적인 측면 또한 포함한다.

동네학(4학년)에서 아이들은 지리, 그리고 무엇보다 그 주변 환경의 경제적 상황에 대해 배운다. 이들은 토양의 종류와 지형에 얼마나 의존하는지를 발견하고, 역사의 과정에서 어떤 영향을 끼쳤는지 배운다. 아이들은 또한 그림처럼 그리기에서 지도 제작의 상징적 표현으로 전환하는 법을 배운다. 5학년에서 지지학(地誌學, regional geography)이 시작되면 나라 전체를 탐구하고, 다른 나라와의 지리적, 경제적 관계 또한 다룬다. 마침내 전 세계에 대한 간략한 전망을 제시한다. 이 나이에서도 다양한 여러 사람들이 어떻게 함께 살고 있는지와, 그리고 환경에 대해 책임감 있게 돌보는 것과 관련하여 지리학의 사회적 측면을 접하는 것이 매우 중요하다.

천문학 또한 지평에 떠오른다! 이 단계에서의 접근 방식은 현상학적이다. 즉 아이들은 자신의 눈으로 볼 수 있는 것, 특히 지구와 태양의 관계에 더해서 달의 순환 주기 및 눈에 보이는 별자리까지도 연구한다. 이제 아이들은 하늘에서 관찰하는 것이 지구상의 기후와 식생에 직접적인 영향을 준다는 것을 이해하게 된다.

언어 수업, 즉 모국어 및 외국어 수업에서 아이들은 이전까지 사무용 편지를 써왔고, 이제는 대화를 연습한다. 같은 원리가 지리학에서도 적용된다. 한편으로는 인간이 어떻게 함께 살고, 다른 한편으로는 우리 모두가 경제적으로 어떻게 상호 의존적인지를 경험한다. 아이들은 영어로 자신이 관찰한 것에 대한 정확한 설명과 그들이 들은 역사적인 일화에 대한 상상적인 글쓰기를 배운다. 모국어 및 외국어 모두 정확한 단어 및 어형 변화의 사용을 통한 의미의 정확성에 중점을 둔다.

자연 탐구에서 인간과 가까운 동물의 왕국을 먼저 다룬다. 이러한 측면은 인간과 다양한 동물 유형의 비교를 통해 강조한다. 해부학적 관점에서 볼 때 인간은 종합적이고 특화되지 않은 반면, 각 동물은 종종 다른 것을 희생시키면서 특정하게 일방적으로 발달한 해부학적 상태에 기반한 기술을 가지고 있다. 예를 들면 특정 감각, 특화된 이동력 및 특정 기관(눈, 코, 이빨, 사지 등) 등이 그렇다. 아이들은 강력한 신진 대사 체계(초식 동물), 사냥에 필요한 발톱, 힘과 이빨(대형 고양이과 같은 육식 동물), 고도로 발달된 시각적 능력(맹금류)을 가진 종과 같이 주요 특징으로 묶은 동물들에 대해 배운다. 인간 존재는 잠재적으로 이 모든 역량을 가질 수 있지만, 각자는 다른 모든 것과 균형을 이루기 때문에 모든 동물 왕국의 종합과 원형으로 볼 수 있다. 아이들은 *인간이 동물의 특성을 가지고 있음*을 발견한다. 우리에게는 기술과 문화가 있지만 동물들은 특화된 신체 구조가 있다.

식물 탐구는 낮은 식물에서 고등 식물로의 진화 경로를 다루고, 이는 아이와 젊은이의 발달 단계와 관련이 있다. 점점 더 분화하고 두드러지는 일련의 식물 형태는 역량이 점차 발전함에 따라 일어나는 아이들의 심리 발달에 대한 가시적인 상을 제공한다. 식물이 지구와 태양에 어떤 관계를 맺는지, 일년 중 어떻게 변화하는지, 그리고 크게 볼 때 식물이 지구 전체에 어떻게 분포하는지 아이들에게 보여준다. 진화와 생태학은 중요한 주제이고, 아이들이 이해할 수 있는 방식으로(하지만 유치한 방식은 안 된다!) 생물학의 시작에서부터 훑어가는 내부의 흐름으로 다룬다. 6학년의 자연 탐구에서 아이들은 이 주제에 전념하면서 동시에 광물학의 세계에 처음으로 입문한다.

역사 수업에서 아이들은 현재로부터 벗어나서 생생한 상의 도움을 받아 과거의 구체적인 시점으로 시간의 흐름을 상상한다. 이 시기는 열두 살에서 열세 살 사이다. 심리적으로 아이들은 신화와 전설에서 역사와 전기로 이동할 준비가 되어 있다. 5학년의 역사 수업은 아이들에게 고대 인도, 중국, 고대 페르시아, 메소포타미아, 이집트 및 그리스의 문화인 아시아 및 중동 사람들의 역사적인 상을 제공한다. 초기 문명의 문화는 이야깃거리를 통해 성격화한다. 그리스 신화는 역사가 된다. 6학년에서는 로마의 역사와 중세 시대를 소개한다. 그들은 역사를 통해 문화의 변화를 배우는데, 예를 들어 이슬람과의 접촉을 통해 유럽에 어떤 변화가 생겼는지를 배운다. 여기서도 인과 관계의 측면이 고려된다. 유럽은 동양보다 훨씬 뒤떨어져 있었다. 그러나 이후에 이슬람 및 동양과의 접촉 덕분에 유럽의 여러 도시, 특히 이탈리아에서 새로운 기술 및 산업 발전이 이루어졌다. 수도원 정착과 도시 문화의 발전뿐만 아니라 수차, 건축 기술, 항해 및 조선 분야의 발전과 같은 기술의 초기 영향은 중요한 주제다. 봉건제의 종식은 예를 들어 아쟁쿠르 전투(the Battle of Agincourt)와 같은 사건을 통해 생생하게 성격화할 수 있는데, 이 사건은 사회 변화의 소우주를 드러낸다.

물리학 또한 6학년에서 시작되며 인과 관계의 경험이 따라온다. 이 수업은 물리학의 이론과 가설에 관련된 것이 아니라, 오히려 아이들이 음향, 광학, 열, 자기 및 정전기의 기본 현상을 경험하는 데 도움이 된다.

역학은 7학년에서 시작된다. 그 두 가지 이유는 다음과 같다. 역학은 중력에 대한 연구가 필요하고(이론의 중립적인 영역에 완전히 머물러 있지 않는 한), 이는 아이들이 이 힘을 의식적으로 경험할 수 있는 기회를 제공한다. 학생들이 사춘기에 접어들 때, 그들은 '지구에 대한 준비'[5]를 갖춘다. 사춘기와 관련한 성장은 글자 그대로 새로운 무게 감각을 겪는 아이에게 부담감을 준다. 그들은 운동과 정서적 불안정 양쪽에서 종종 방향을 잃지만, 근육과 뼈의 성장에 따른 새로운 힘을 탐구할 필요가 있다. 그들은 중력이 역학에 어떻게 적용되고 삶에서 유용하게 사용될 수 있는지를 발견함으로써 도움을 받을 수 있다.

역학을 열네 살까지 연기한 두 번째 이유는, 19세기 산업 발전을 통해 물리 법칙을 기술에 적용한 결과에 대한 명확한 사례를 제공할 수 있기 때문이다. 역학 원리의 실제 적용이 핵심 주제. 경험이 지식보다 앞서게 하는 것의 중요성은 이를 데 없이 중요하다.

교육과정 내의 체험 과목도 이제 확장, 분화한다. 정원 가꾸기는 아이가 삶의 실용적, 필수적인 영역에서 일의 결과를 만날 수 있게 해준다. 정원 가꾸기는 식물 성장을 관찰할 수 있는 기회를 통해 시간이 공간과 연결되는 경험을 제공한다.

이제 3차원 공간을 수작업을 통해 탐구한다. 아이들은 다섯 개의 바늘로 장갑과 양말을 짜고 동물 인형을 바느질하는데, 이 과정은 패턴을 설계하고 자를 때 동물의 모양에 대한 명확한 상을 요구한다.(인과의 측면도 여기에서 볼 수 있다.) 십자수에서 배운 기술을 심화하여 얽힌 리본 모티프 자수처럼 형태 그리기에서 배운 것을 포함한다.

'부드러운' 수공예는 이제 소년, 소녀들이 추구하는 '딱딱한' 수공예와 만난다. 나무 작업은 '전문 지식'이 실제로 무엇을 의미하는지에 대한 훌륭한 경험을 제공한다. 나무와 도구는 함께 전문적으로 일을 할 때 필요한 단위다. 톱질, 새기기, 굵은 줄질(rasping), 줄질(filing) 기술을 연습한다. 직물 공예에서는 가죽을 제외하면 소재의 저항이 미미하다. 나무는 상당히 큰 도전을 제공하여 전문성을 훈련하는 실제 활동을 통해 형태를 창조할 수 있다.

체육 수업도 비슷한 주제를 제공한다. 움직임 게임은 이제 특정 목적을 가진 릴레이 경주와 같은 다양한 종류의 달리기 게임으로 대체된다. 이것을 달성하는 것이 도전 과제다. 이는 육상과 수영뿐 아니라 이제 시작하는 기구 작업에도 동일하게 적용된다. 각각의 경우에 아이들은 주어진 매체에서 적절한 기술을 사용하여 움직이는 법을 배워야 한다.

이 3년간 수업을 위해 선택한 이야기의 주제는 신화와 전설에서 역사로의 전환기의 예를 통해 아이들이 자신의 발달 속에서 심리적, 영적 단계를 경험하도록 돕는다.

4~6학년에 대한 요약

아이들이 주변 환경으로부터 스스로를 분리하는 이 시기 동안, 이해로부터 도움을 얻는 직접적이고 다양한 경험을 통해 세계와의 관계가 강화되고 다시 새로워지는 것이 매우 중요하다. 세계 속에서 일한다는 것은 세계를 이해하는 것을 의미한다. 이 단계에서 도입된 새로운 주제가 이를 가능케 한다. 도덕적 토대를 갖는 이해를 위해, 아이들은 세상을 위해서 봉사하는 법을 배운다. 이런 식으로 세상을 향해 나아가는 것은 적극적, 구체적인 방식으로 세상을 사랑하는 것으로 묘사할 수 있다. 6학년은 담임교사 기간의 중요한 전환점을 드러낸다. 사춘기가 시작되면서 아이들은 세상에 대한 인과적 이해를 발전시킬 준비가 되어 있지만, 이들의 경험이 정서적, 주관적 본성을 띤다는 점을 감안할 때 상상적, 표상적 언어를 이 인과의 측면에 덧입히는 것이 중요하다.

초급 학교: 7~8학년

7학년(13~14세)

발달 개요

7학년에서는 학생들이 열네 살에 이르고 십대(teenager)가 된다. 근본적인 몸짓 두 가지가 삶의 단계를 특징 짓는다. 외부로 드러나는 활발한 원칙과 움트는 역동, 내면의 심리 상태가 그것이다. 세계의 현상에 대한 지식을 향한 욕구는, 성찰로 발전하는 역량 및 자아 성찰에 대한 첫 번째 자극을 만난다. 이 떠오르는 힘의 상 속에서 성 정체성 및 생식 능력을 확립하는 신체 변화가 보다 분명하게 드러난다. 신체 변화는 심리 발전보다 다소 앞당겨지는 경향이 있다. 독립과 고독에 대한 감성과 동경을 경험할 수도 있지만, 어떤 불안, 감정적 민감함 및 당황함을 함께 겪을 수 있다. 때때로 일어나는 힘의 분출과 세계에 대한 지평을 넓히고자 하는 욕구는 무기력한 압박감 및 가라앉은 내성(內省)과 충돌한다.

일반적으로 볼 때, 이 나이의 아이들이 어려움을 직면하고 대처하는 방식은 각각 상당한 차이가 있다. 학생들이 외부 세계와 내면의 여정을 탐험하는 과정을 반영하는 교육과정 주제는 다음과 같다. 역사 속으로 떠나는 여행, 분위기와 양식에 초점을 맞추는 영어, 연소 및 역학 영역을 다루는 화학과 물리학, 건강, 영양, 위생 집중수업 등이다.

목표

교사는 청소년들이 특히 세계에 관심을 기울이게 함으로써 새로운 시각을 제공해야 한다. 학생들이 추상적, 논리적인 생각을 주도하고 이해하도록 격려해야 한다. 이들이 이전에 권위로서 받아들였던 태도와 가정에 도전하도록 권장하고, 자신의 관점을 형성하는 방법 및 다른 사람들은 세계를 다르게 볼 수 있다는 사실을 알아야 한다. 교사는 점점 아이들의 개인적인 판단에 흥미를 가져야 하고, 자신의 학급 공동체 맥락에서 사회적 책임을 수행하도록 점차 이끌어야 한다. 이 나이에서는 학급이 세계시민으로서뿐만 아니라, 사회적 책임을 지닌 개인으로 경험하는 것이 중요하다.

8학년(14~15세)

발달 개요

학생들이 열네 번째 생일을 지나는 8학년은 담임교사 시기가 끝났음을 알린다. 역사적으로 이 시기는 많은 학생들이 학교를 떠나 상업이나 공예에서 견습생으로 진입하는 시점이었다. 따라서 8학년은 자녀 교육의 '반올림'으로 간주되었다. 상급 학교가 정착되고 유럽 전역에서 지난 50년간 학교를 떠나는 나이를 늦추면서, 아이들이 열네 살에 학교를 떠나는 경우는 없다. 그러나 오늘날의 8학년은 여전히 세계와 인류의 위치를 담은 한 그림의 '일단락'을 표시한다.

열다섯 살 학생들은 사춘기의 한가운데에 있다. 신체적, 정신적 변화가 진행되고 있기 때문에 일반적으로 아이들은 보다 강건해 보이고 지난 2년간 드러난 유연함은 다소 줄어든다. 소년들의 '변성기'와 소녀들의 생리 주기가 시작됨에 따라 키가 자라고 성 발달이 뚜렷하게 정착된다. 이 나이에서 사고의 세계가 청소년에게 의미를 갖기 시작하고, 열다섯 살의 비판적 능력이 눈에 띄게 예리해진다. 특정 규칙들과 같이 이제까지 받아들였던 틀의 일부에 대해 의문을 던지며 따져보게 된다. 아이에게서 일어나는 추론 또는 '합리적인' 면의 출현이 이 비판적 경향의 균형을 잡는다.

독립적인 감성 생활의 출현은 '노동과 출산'의 단계로 이어지고, 그와 함께 정서적 혼란에 빠지기도 하는데, 이는 부모와 교사에게 중요한 도전이다. 압도당하거나 감정의 격랑에 잠겨버리지 않은 채 이 위기 상태가 발전의 일부임을 인식하면서, 어떻게 사고, 감성, 의도를 담는 독립적이고 개인화된 내면의 삶이 출현하는 순간과 함께할 것인가?

소녀들은 자신의 감성과 삶의 사회적, 정서적 측면을 소규모의 끈끈한 집단 안에서 이야기하고 공유하는 데 많은 시간과 노력을 쏟기도 하지만, 일반적으로 소년들은 호르몬과 마음의 변화에 다소 다르게 반응하는 경향이 있다. 사회적 행동과 정서적 성숙의 측면에서 소녀들보다 다소 뒤처지는 것처럼 보일 수도 있고, 대화가 안 되거나, 정서적 문맹인 것처럼 보이기도 하며, 무례하거나 무뚝뚝한 경향을 드러내기도 한다. 외면의 표현과 관계없이 이제 양성 모두 예리한 마음, 부드러운 심장, 중력에 적응하기 위해 애쓰는 사지를 지닌 채 새롭고 알려지지 않은 전망 앞에 서 있게 된다. 이 학년이 끝날 무렵이면 학생들은 이미 새로운 권위와 역할 모범을 찾게 된다.

목표

아이들이 배운 모든 것을 모아서 의미 있는 세계상으로 이끌어야 하고, 인간의 상은 노력하는 윤리적 개인에 중심을 둔다. 8학년 프로젝트에서는 각 학생이 주제를 선택하고 일년 내내 그것을 연구한 다음 공개적으로 발표하는데, 여기서 작업의 독립성이 정점에 달해야 한다. 학생들은 상급 학교에서 만날 수 있는 다양한 양식의 교육을 준비해야 한다.

7~8학년의 교육과정

아이들은 중요한 발달 시기에 도달했으며 이를 부정적으로 경험한다면 위기가 될 수 있다. 사춘기에 대한 여러 책에서 이를 설명하기도 한다. 그러나 교육자는 이 과제를 위기가 아닌 기회로 여겨야 한다. 열세 살에서 열다섯 살 사이의 학생들은 세계와 실로 새로운 관계에 들어선다. 물리적으로 이들은 키가 훨씬 커지는 두 번째 형태 변화를 겪는데,

'내면의 모양' 역시 눈에 띄게 바뀐다. 스스로의 선택과 경향보다는 습관과 양육이 행동을 여태까지 지배했다. 이제 이들 마음의 삶이 이들을 넘어 외부 세계로 분출한다.

> 인간 존재는 호흡계와 순환계를 거쳐 근육이 뼈에 붙은 부분으로 곧장 헤쳐 나갑니다. 그는 인간으로 존재하는 경계선까지 나아가고, 사춘기에 이르러 바깥 세계를 향해 빠져나옵니다. 이 순간에 이르기 전까지 그는 외부 세계에 완전히 이르지 않았습니다.[6]

슈타이너의 단어 선택은 이 상황의 드라마를 보여준다. 내적 혼란에서 비롯되는 아이들의 순수한 힘은 종종 주변 사람들에게 충격을 주어 아이들 역시 똑같은 충격을 받았다는 사실을 잊도록 한다. 그러나 아이들은 자신의 깊고 혼란스러운 알람이 주변 사람들에게 알려지는 것을 원하지 않는다. 이들은 어느 정도의 안정성을 얻기 전까지는 이 '새로운 영토'에서 자신들의 개인성을 드러내려 하지 않는다. 이것이 성취되기 전까지 아이들은 가면과 '까다로운' 행동 뒤로 숨는다.

> 유년기의 중간에 있는 아이들을 위한 교육적 과제는, 이들이 사고할 수 있는 과거와 감각할 수 있는 미래의 리듬을 향하는 스스로의 시간 속으로 들어섬을 이해하는 것입니다.[7]

지각할 수 있는 미래를 의식하기 시작한다. 아이들은 그들이 독립적이면서 인류 전체의 일부라고 느끼게 된다. 성적 성숙은 이것을 더욱 분명하게 만든다. 생식 능력을 통해 인간 종의 일원으로 자리매김하면서, 이들은 또한 세계에 대한 개인적인 책임의 확장을 갈망한다. 슈타이너는 이를 다음과 같이 설명했다.

발도르프 학교의 원칙 중 하나는 아이들을 교육시킴으로써 한편으로는 올바른 방법을 통해 인간의 모든 잠재력을 이끌어내고, 다른 편으로는 세계 내에서 적절한 자리를 차지할 수 있기 위해 필요한 것을 이끌어내는 것입니다.[8]

'규율 부족'으로 일컫는 것이나 '그저 나돌아다니는' 학생에 대한 묘사 또한 이 아이들이 새로운 심리적 상황 내에서, 그리고 따라서 물리적 세계에 대한 새로운 감각 안에서 자신의 길을 찾고자 하는 신호로 간주할 수 있다.

신체적, 정신적 '형태'의 변화 외에 이제는 아이들의 의식 변화도 있다. 개념적 사고는 고립된 현상들 사이의 연결을 만들고 새로운 전체를 구성하기 위해 이 고립을 넘어서고자 노력한다. 이들이 경험하는 것이 무엇이든 원래의 사고로 변형되어야 한다. 그렇지 않으면 무감각하거나 관능주의의 먹잇감이 될 것이다. 이 나이에 필요한 것은 전문 과학 분야의 모형이나 데이터가 아니라, 과학적 작업의 기본 태도다. 즉, *사고는 현상계를 통합한다.*

7학년에서 소개하는 새로운 주제인 화학은 위와 같은 의미에서 올바른 종류의 도전과 기회를 제공한다. 여기서 아이들은 물질 세계를 알고 그것들의 특성을 탐구한다. 또한 그들이 지각하는 것을 개념을 형성하는 데 사용할 수 있으므로, 이를 연구 과정으로 가져오고 더 깊은 방식으로 세상을 새로이 만나도록 돕는다. 실재는 추상 개념이 아닌 사려 깊은 관찰 속에서, 일방적이고 배타적인 개념이 아니라 양자의 연결을 보는 관찰 속에 자리한다.

무기 화학은 이를 설명하는 극적인 실험을 통해 인상적인 가능성을 제공한다. 집중수업단위는 종종 화재 및 연소 과정(아이들이 잘 알고 있는 경험이다!)으로 시작하여 석회석의 연소를 거쳐 산, 알칼리 및 금속으로 진행한다. 다양한 기술의 역사적, 문화적 측면을 항상 수업에 포함한다.

8학년의 화학은 다른 질문으로 바뀐다. 자연계에서 유기적인 과정은 더 복잡하기 때문에 이해하기 훨씬 더 어렵다. 이 모든 과정이 이루어지는 인간 존재는 이러한 교훈을 위한 출발점이자 초점이다. 물질의 창조와 변형이 드러내는 유기적인 생명 과정을 이해하는 것은 적극적이고 상상력 있는 사고를 요구한다. 책임감과 관련된 개념 또한 형성해야 한다.

무기 화학과 마찬가지로, 7학년의 물리학 역시 '죽은' 상태를 강조한다. 바로 역학이다. 여기엔 두 가지 측면이 있다. 한편으로 이 과목은 산업과 교통에서 발견, 적용하듯 세상을 바꾸는 실천적인 방식을 추구하는 이 나이의 아이들과 잘 어울린다. 다른 한편으로는, 기계 실험을 연습하고 '즐거워'하면서 과학적 방법에서 요구되는 체계적인 작업에 익숙해질 수 있으며, 동시에 자신의 사고 과정에 질서를 부여할 수 있다. 8학년의 물리학은 역학이 어떻게 물리학의 다른 영역(예를 들어, 증기 기관, 모스 전신, 유체정역학 및 수력학)을 확장하고 설명하는 데 도움이 되는지 보여준다. 여전히 고정된 개념과 환원주의를 피한다. 그러나 '역학의 황금률', 소리의 속도 계산, 압력 계산 등 7학년에서 배운 역학에 근거한 정량적 공식을 사용하는 것으로부터 시작한다. 여기서 흥미로운 역설을 만나게 된다. 한편에서 우리는 측정 도구의 도움을 통해 점점 더 정확하게 관찰하고, 이는 우리의 직접 경험이 현상으로부터 멀어지는 과정을 뜻한다. 그래서 다른 편으로 인간 존재는 물리학 법칙을 토대로 하여 장치, 기구, 기계를 제작함으로써 실용적인 방식으로 새로이 관계한다. 이 결과로 산업의 결정적인 변화가 일어나고, 결국 심각한 사회적 결과를 초래한다. 자연과의 직접적인 경험이 사라지기 때문에, 이를 개입주의적 접근법의 토대를 형성하는 물리 법칙의 실용 지식으로 대체한다. 이 의식 단계는 인간의 의식이 산업화 이전의 사회로부터 현대의 상태로 전환한 인간 의식상의 중대한 변화를 반영한다. 오늘날의 의식 속에서 자연은 존재로서의 정체성을 상실하고, '그대(thou)'●보다는 '그것'이라는 대명사를 통해 기술하는 객관적 세계로 변했다.

6학년에서 지리학은 지구의 개요를 전체로서 제시했다. 이제 아직 자세하게 다루지 않은 세계의 개별 부분에 초점을 둔다. 익숙하지 않은 지역의 문화적 측면을 통해 인간 사회가 지리적 상황과 맺는 관계를 이해할 수 있다. 학생들이 자신의 문화적 정체성을 더 잘 알기 시작함에 따라, 지리적 맥락의 결과로 개별 문화가 발생하는 방식을 통해 문화적 수준의 개인화에 대한 사례를 접할 수 있다. 문화적 현상을 다루는 수업은, 욕구 충족을 향하는 일상의 이기적 관심사로부터 멀어져서 다른 민족, 특히 비(非)유럽 혹은 비서구 사회의 문화 형태를 통해 드러나는 보다 객관적인 생활 양식의 예시로 향하도록 젊은이들의 관심을 끈다.

이 점에서 생물학 또한 비슷하다. 슈타이너는 7학년이 건강영양학 과목을 소개할 수 있는 마지막 기회라고 제안했는데, 이때 아이들은 사춘기 한가운데에 있을 때보다 자신에게만 몰두하는 정도가 낮고 종합적인 방식으로 인간 존재의 본성을 경험할 수 있다. 요즘은 7학년 학생들이 사춘기에 푹 빠져 있고, 따라서 7학년에서 주로 다루는 인간 생물학 측면이 교육과정에서 더 일찍 시작해야 하지 않는지 의문이다. 어쨌든, 7학년에서 주제를 선택하고 나면 교사는 학생들의 자의식 강화에 적응해야 한다.

정원 가꾸기는 식용 식물과 전 세계에 걸친 식품 자원의 기원에 대해 가르친다는 점에서 중요한 역할을 맡는다. 그런 다음 8학년은 인간 형태 그 자체로 전환한다. 해부학 집중수업에서 근육과 뼈의 역학을 포함하여 뼈대를 자세히 연구하고 동물의 그것과 비교한다. 이때 눈과 귀는 개인 내면의 존재를 위한 도구로 간주한다.

● Thou. 사람과 사물을 가리키는 대명사다.

인간 존재의 발견은 대개 7학년 역사 수업보다 먼저 진행하고, 유럽인의 신대륙 (재)발견, 비유럽인의 신대륙 발견, 유럽으로부터 유래한 낯선 영향에 대한 비유럽인의 발견을 주로 다룬다. 모든 주제의 또 다른 측면은 자연 법칙과 예술 법칙의 발견이다. 르네상스 시대 과학적 사고의 시작은 분명히 아이들이 사춘기의 시작과 함께 겪는 발달 상황과 비교할 만하며, 세계와 믿음에 대한 전통적인 관점을 따져보며 시작한 새로운 개인적 자의식의 출현 또한 그렇다.

산업 발전, 산업혁명, 현재까지 이르는 사회 질서를 형성한 인간 존재에 대한 탐구를 통해 8학년 아이들은 실제 세계의 바깥이 아니라, 안으로 더 깊이 들어간다. 문화사에 대한 탐구에서 이들은 인간이 세상을 변화시킬 수 있는 방법을 경험할 수 있다. 아이들은 사건의 원인을 조사할 수 있고, 따라서 점점 더 세계 시민이 되어간다.

르네상스가 그림과 건축에서 발견한 소실점은 모든 것이 만나거나 그로부터 모든 것이 뻗어나가는 곳으로, 이제 회화와 소묘의 주제로 삼는다. 원근법에 대한 연습 및 브루넬레스키(Brunellesci), 마사초(Massaccio), 피에로 델라 프란체스카(Piero della Francesca)와 같은 거장들의 작품에 대한 습작과 소실점이 없는 원근법(반 에이크(Van Eyck))은 예술 활동에 더 많은 내용을 제공한다. 여기서 발견의 흥분을 전기적 일화를 통해 전달할 수 있다. 학생들은 아직 르네상스의 위대한 예술가들에 관한 깊은 의미를 파악하기에 충분히 성숙하지 않았다. 이것은 상급 학교의 예술 활동의 주제가 될 것이다. 그리기의 구조를 깨우쳤다면, 이제 여기에 새로운 생명을 불어넣기 시작해야 한다. 구조, 원근법 및 구성의 요소를 도입한 후에 색을 다시 도입하여 색칠하기에 대한 느낌 및 분위기의 요소를 표현할 수 있다.

7학년의 영어 수업이 이를 준비하는 하나의 방법이 될 수 있다. 다른 여러 말하기 부문 중에서 다룰 수 있는 한 가지 주제는, 감성과 느낌의 단순한 표현이 언어로 직접 드러난 '감탄사'다. 이 기간 동안 아이들은 어른들 앞에서 분명하게 말하지 못하는 경향이 있지만, 10대들의 전문 용어를 구사할 때는 풍부한 어휘로 유창하게 말한다. 두 현상 모두 자신을 표현하는 개인적인 방식을 탐색하는 측면이며, 이러한 양식에 대한 훈련은 큰 도움이 될 수 있다.

홀로 또는 다 같이 하는 시나 산문의 낭송을 크게 발전시켜야 한다. 8 학년에서는 학생들이 자신의 새로운 언어를 찾기 위해 탐색할 때 다양한 유형의 절과 그 특징을 나타내는 글을 통해 작업함으로써 새로운 시작을 이룰 수 있다. 다양한 기질에 따라 달라지는 문장 구조를 연습함으로써 이에 대한 생생한 관심이 생길 수 있다. 학생들은 다혈질, 우울질, 담즙질, 점액질 기질로 시작함에 따라 새로운 시각으로, 그리고 종종 상당한 통찰력을 통해 서로를 보기 시작한다. 그런 다음 양식에 대한 탐구와 연습을 진행할 수 있는데, 수업에서는 서사시, 서정시, 극시의 특별한 성질에 특히 주의를 기울이고 은유, 직유 등은 스스로의 관심에 남겨둔다.

희곡은 전기적 시기에서 가장 중요한 주제. 서정시 읽기나 낭독뿐만 아니라, 더 큰 연극 프로젝트인 8학년 연극도 포함해야 한다. 이것의 중요한 측면 중 하나는 젊은이들이 언어와 관련한 예술 작품에 대해 사회적 방식으로 협력하도록 하는 것이다.

외국어 수업에도 비슷한 고려 사항을 적용한다. 보고서와 이야기를 쓰는 연습은 지리 및 사회사와, 즉 보편적인 주제와 관련할 수 있다.

언어의 특징과 관련하여 제가 뜻한 바는, 만약 우리가 전문화가 아닌 통합적 방식으로 인간을 교육하길 원한다면 특정 언어의 기원으로부터 드러나는 것을 인간의 본성과 관련하여 다루고, 이를 다른 언어를 통해 균형 잡아야 한다는 것입니다.[9]

전 세계의 다른 사람들을 향해 학생들의 관심을 끌어갈 수 있으며, 이는 다양한 사람들에 대한 이해를 발전시키는 데 도움이 될 수 있다.

다시 천문학을 지리 및 역사와 연결할 수 있다. 학생들에게 세계에 대한 코페르니쿠스적 관점을 보여줄 수 있고, 세계의 다양한 곳에서 어떻게 하늘에 대한 전망이 변하는지 토론할 수 있다. 출발점은 이론이 아니라, 실용적이고 지각에 기초한 천문학이다. 실제 항해를 배울 수 있고, 이로써 초기 항해의 업적을 천문학 및 방향 찾기와 연결한다.

8학년의 물리학에서와 마찬가지로, 이제 수학에도 공식이 나타나기 시작한다. 대수와 방정식으로부터 시작하는데, 이자율(6학년)을 출발점으로 삼을 수 있다. 그리고 나서 학생들은 제곱근에 대해 배울 때 수학의 관점에서 분석적인 경험을 갖는다. 음수의 영역에도 처음으로 들어선다. 사물에 대한 개관을 얻는 방법의 학습 또한 실용적인 사무용 계산을 통해 가능하다. 예를 들어, 기본 원리를 6, 7학년에서 소개할 수 있는 부기가 그러하다.

기하학에서 각, 삼각형, 사변형과 내접, 외접하는 원에 대한 모든 종류의 정의를 사용하며 이론적 증명을 다루고, 또한 이들을 연결시키는 피타고라스의 정리에 대한 다른 증명을 통해(제곱근의 활용을 포함하여) 삼각형의 합동과 연결해서 연습한다. 증명을 반복, 지속적으로 연습함으로써 학생들은 판단력을 계발할 수 있다. 원근법에 따른 작도는 역사와 그리기의 연결 고리를 제공하는데, 8학년의 황금 분할 작도가 해부학적 비율을 통해 해부학과 연결될 수 있는 것과 마찬가지다.

기하학에서 정확한 판단과 개념을 형성하는 것은 음악보다 어렵지 않다. 아이들은 마음의 성질을 나타내는 이 영역에서 방향을 찾아야 한다. 이 나이에서도 듣기는 독주, 음악 만들기, 다른 사람들과 노래하기만큼이나 중요하다. 우리가 보게 되겠지만, 이 나이의 음악은 아이들이 다른 사람들과 관계를 형성하고 그들을 붙잡기 시작하는 외로움에서 벗어나게하는 데 도움이 되기 때문에, 오이리트미와 마찬가지로 이 시기의 음악은 사회적으로나 치료적으로 중요하다. 음악 수업은 다양한 작곡가와 양식을 소개하고 작곡에 대한 이해를 돕는다.

오이리트미는 이와 관련이 있다. 서정시와 유머러스한 작품이 효과적이다. 언어 오이리트미 또한 예술적 해석을 통해 언어에 대한 탐구를 보조하는 반면, 음악(tone) 오이리트미는 음악에 대한 탐구를 동반한다. 위에서 언급했듯이 집단 속에서 오이리트미를 수행하면서 사회적 기술을 연습하고 계발할 수 있다. 이 시기의 아이들은 수줍고 자신을 의식하며 어색한 모습을 띠는데, 형식을 갖춘 오이리트미 원칙을 통해 역동적인 공간에 대한 경험을 분명하게 표현할 수 있을 뿐만 아니라, 마음의 분위기를 표현할 수 있는 예술적 매체를 발견함으로써 도움을 얻는다.

8학년의 연극은 영어 학습과 관련하여 이미 언급한 바 있다. 이것은 1학년 이후부터 집중수업과 외국어 수업에서 다뤄온 짧은 연극 및 장면 연출보다 훨씬 종합적이다. 이 연극은 아이들이 연극 속 역할이라는 보호 가면 아래에 있으면서, 이들이 자신의 감정에 틀을 짓는 최초의 경험이다. 이는 자극적이고 동기를 부여할 수 있다. 그에 더해서, 초급 학교에서 배우고 작업한 모든 것을 이끌어낼 수 있다. 무대 만들기(색칠하기 및 목공), 의상 재봉(수공예), 포스터 만들기(그리기), 안무(오이리트미, 음악).

1~3학년까지의 수작업에 대한 설명을 통해, 우리는 자연적인 재료를 그 환경적 맥락과 관련시키면서 이 실용성을 미적 감각과 결합하는 것에 대해 이미 언급했다. 예를 들어, 아이들은 신발을 만들고 그 목적과 착용자 모두에게 적합하도록 예술적으로 꾸밀 수 있다. 앞으로 몇 년 동안 셔츠, 블라우스, 바지, 치마 및 드레스와 같은 복잡한 작업을 할 수 있도록 재봉틀 사용을 연습한다. 여기서 디자인, 기능, 소재 및 기술은 미학 및 개인성의 표현과 연결된다.

7학년과 8학년의 수공예가 예술의 요소를 얻는 것과 마찬가지로 공예와 목공도 그렇다. 예술적 디자인을 활용한 유용한 대상을 만든다. 디자인은 기능과 미적 외관을 모두 고려한다. 샐러드 쟁반, 양초 꽂이, 엽서 꽂이 등은 목공으로 제작한다. 움직이는 부분이 있는 장난감을 만들려면 기계 작동에 대한 기본적인 이해가 필요한데, 어떻게 작동하는지에 대한 이해 수준이 아니라 그것을 처음부터 설계할 수 있어야 한다.

이 시기에는 자제력과 자기 동기 부여라고 말할 수 있는 두 성질이 특히 중요하다. 우리가 세상에 참여하지 못하게 막는 것들, 예를 들어 게으름, 거부감 또는 두려움은 정원 가꾸기와 같은 과목에서 처음으로 돌파한다. 날씨 자체는 변동성이 크기 때문에 문제가 된다. 옮겨심기와 같이 인내와 기술이 필요한 어려운 과정을 배운다. 가능하다면 씨뿌리기, 심기, 경작(물주기, 괭이질, 제초)에서부터 수확, 심지어 농산물 판매까지 정원 가꾸기의 전체 주기를 경험해야 한다. 이 모든 것을 계속하려면 책임감이 필요하다. 관목과 나무를 돌보는 것도 마찬가지다. 즉각적인 결과뿐만 아니라 여러 해를 내다보는 시야가 필요하기 때문이다.

역사는 주로 과거를 경험하고 이해하는 것과 관련이 있다.(8학년에서는 미래가 등장할 수도 있다.) 반면, 정원 가꾸기는 미래에 대한 책임이다.

체육과 스포츠 수업은 자제력과 자기 동기 부여의 측면을 제공하여 자신에 대한 명확한 경험으로 이어진다. 모든 종류의 기구 운동과 뜀뛰기는 다양한 선택을 제공한다. 보다 집중적인 달리기 운동을 통해 인내와 체력을 기른다. 공을 다루는 게임을 통해 보다 외로운 훈련에 필요한 사회적 균형을 제공한다. 사춘기가 시작되면서 처음으로 성별에 차이가 생긴다. 소년들을 위한 힘을, 소녀들을 위한 유연성을 발달시키도록 훈련을 이끈다.

8학년에서는 각 학생이 1년간의 프로젝트를 수행한다. 분야와 방법은 다양하다. 목표는 아이들이 스스로 탐구한 정식화와 생생한 해결책 및 자신의 공예 기술 또는 음악적 진보를 보이는 작품을 창조하고 문서로 만드는 것이다. 자제력과 자기 동기 부여의 요소가 여기에서 특히 강화될 수 있다. 학생들 개인에게 '닿기' 어려운 경우가 잦을 때, 프로젝트는 공통의 관심 영역을 기반으로 이들과 관계를 맺을 수 있는 기회를 제공한다. 이를 통해 교사는 지속적인 관계를 유지할 수 있고, 이는 학생들이 진정으로 원하는 바다.

7~8학년까지의 요약

가장 중요한 주제는 대화를 통해 세계의 법칙을 다루고, 이로써 자신의 목소리를 찾는 것이다. 학생들은 어떻게 지식을 통해 적절한 판단을 내릴 수 있는지, 그리고 판단이 어떻게 새로운 질문으로 이어지는지 경험해야 한다. 학생들은 윤리적 존재로서 인간을 중심에 두는 의미 있는 세계상으로 이제껏 자신이 배운 바를 통합해야 한다. 이들은 독립적으로 작업할 수 있는 수준에 이르러야 하고, 이는 더 많은 주도력과 독립적인 작업 기술을 필요로 하는 상급 학교의 분야별 전문성 학습 방식을 수행할 수 있게끔 한다.

첫 발도르프 학교를 설립했을 때 학생들은 8학년 이후 학교를 떠났지만, 아래 슈타이너의 의견은 학생들이 상급 학교에 진학할 때도 마찬가지로 관련이 있다.

아이들을 학교에서 떠나보낼 때 더 이상 마음의 실타래가 조금도 몸에 묶여 있지 않도록 기초를 닦아야 합니다. 사고, 감성, 의지가 몸으로부터 독립해야 합니다.[10]

상급 학교: 9~12학년

우리는 각 상급 학교 학년에 대한 발달 개요를 제시하기보다, 각 연령대에 대한 교육 목표를 설명할 것이다. 청소년기는 개인 간 차이가 증가하는 것을 감안할 때 이것이 더 적절해 보인다. 그럼에도 불구하고 다음과 같은 상급 학교 시기의 특징을 통해 전반적인 진전을 확인할 수 있다.

9학년 학생(16세)의 발달은 독립을 추구하는 내면의 감성 생활이 극단에 이르렀을 때 잘 드러난다. 슈타이너는 열여섯 살의 감성 생활이 영적세계로부터 '뱉어낸' 것과 비슷하다고 특징 지은 적 있다. 즉, 가족이 제공하는 확실한 세계에 파묻혀 있다는 느낌과 어린 시절의 순수함뿐만 아니라, 자신이 배운 것으로부터도 급격하게 거리를 형성한다는 것을 의미한다. 이는 걷고 말하고 생각하는 방법을 다시 배우는 것과 같은 내면의 활동을 요구한다.

활동으로서의 사고, 감성 및 의지는 종종 전적으로 서로 상충한다. 이는 지적 논증의 명확성과 동시에 그 생각을 실천으로 옮길 행위 능력의 완전한 부재로 드러날 수 있다. 정서적 독립에 대한 격렬한 주장(내가 무엇을 행하고, 생각하고, 느껴야 한다고 말하지 마세요!)과 거의 어린아이 같은 의존심 및 정서적 위로에 대한 욕구가 함께 일어난다.

다른 한편으로 삶에 참여하려는 강한 의지가 있으며, 이는 강력한 이상(理想)을 길잡이로서 필요로 한다. 9학년 학생은 삶의 모순을 누그러뜨리고 이를 견디게 하는 여유를 찾고자 설명의 명확성, 주변 어른의 동감적 이해, 열린 마음의 유머를 즐겁게 맞이한다. 우리는 다음과 같이 고등학교에 입학한 학생의 상황을 요약할 수 있다:

- 자기 자신 및 다른 사람들로부터 거리두기가 필요한 엄격한 논리와 사고 가능성의 깨어남
- 지성과 충동이 주도하는 의지 및 열정의 영역 간 균형에 대한 탐색
- 고차원의 이상적 인간성 출현에 대한 경험
- 세상과 새로운 조화를 탐색, 그러나 이를 새로운 발견의 포기, 불분명한 정체성 및 미약한 개인의 자유를 통해 이루어서는 안 됨

10학년 학생(17세)은 종종 여름 방학 후에 뚜렷하게 다른 모습으로 나타난다. 9학년의 종종 소란스러운 성격은 외부 사실, 정보 및 세부 사항을 알고 싶어하며 새로운 지적 초점을 필요로 한다. 이전의 학생들은 대부분 위의 사실에 만족했으나, 이제는 우리가 이를 어떻게 아는지에 대해 알고 싶어한다. 다시 말해서 이들은 정보뿐만 아니라 통찰력을 추구한다. 따라서 무엇에 대한 모든 질문 뒤에는 방법과 기원에 대한 질문이 있다. 이것들은 어떻게 현재의 상태에 이르렀는가? 무엇보다 학생들은 여러 사실이 어떻게 자신과 개인적으로 관련되는지 알고 싶어한다.

이 나이의 아이들은 동감과 반감의 가혹한 판단과 특히 부모, 권위, 일상과 규칙의 전통적인 세계 속에서 '나'를 강하게 경험한다. 그 뒤의 맨살을 노출시키기 위해 '물질주의'의 가면을 과감히 벗겨야 한다. 이들은 불의에 관련하여 엄격할 수 있다. 9학년 아이들은 싸움과 논쟁을 할 준비가 거의 되지 않았으며, 한 사람에게 있어 이 시기만큼 쉽게 상처 입는 때도 없다. 성인과의 대화는 더 선명하고 실존적인 어조로 진행된다. 이는 더 이상 9학년에서와 같이 단순히 지적인 스포츠가 아니다. 이제는 현실이다.

10학년 아이들은 여러 가지 면에서 중세 기사나 전사에 해당한다. 그들은 행동에 많은 정교한 의식을 채택하고, 의복은 갑옷이 된다. 패션에 따라서 이는 문자 그대로 가죽, 사슬, 핀, 징, 휘장, 오토바이 헬멧, 무거운 부츠, 여러 겹의 옷 등의 경향으로 드러날 수 있다. 종종 갇혔다는 느낌을 내면의 삶에서 받고, 그에 따라 탈출하려는 욕구가 있다. 깊은 고통과 느리게 낫는 상처를 견딘다. 의복은 보호용 갑옷일 뿐만 아니라 위장, 변장 및 마스크다. 의식이 발달하여, 청소년은 자신이 무엇을 하는지, 그것이 어떻게 나타나는지, 꾸밈이 얼마나 속보이는지에 대해 이중적 인식이 나타난다.

겉모습과 실재 사이의 좁힐 수 없는 격차가 종종 끔찍한 비극으로 이어질 수 있다. 이 시기는 자살 및 다른 자기 파괴 행위에 취약하다. 아이들은 같은 방식으로 느끼고, 같은 언어를 말하고, 같은 모순을 즐기고, 서로를 이해하는 사람들 사이에서 숨을 집단을 찾는다. 교사 주도 학습의 여운이 9학년에 여전히 남아 있다면, 10학년에는 그 여운이 완전히 사라졌다. 이것이 전체적인 성숙 과정에서 가장 결정적인 지점 중 하나다. 개인화가 시작되며, 이탈의 위험이 매우 크다. 도전이 일어나는 세계로부터 벗어나고, 어린 시절의 확신에 매달리며, 현실을 가리기 위해 내부나 외부로 '이탈'하려는 유혹이 강하다.

두 가지 강력한 특징인 급성장하는 성애(性愛)와 신체적 힘은 이제 내적 불확실성을 더욱 불안정하게 만든다. 이러한 경향은 7학년 이후 일부 개인에게 오랫동안 존재했다. 그러나 10학년에서는 대부분의 학생들이 전반적인 발달 과정에서 낮은 수준에 어느 정도 도달했다. 인지학적 심리학은 이 나이 또는 10세에서 아이들이 중요한 '루비콘강'의 경험을 거친다고 본다. 교육과정은 이를 여러 가지 면에서 고려한다. 10학년, 17세에 또 다른 중요한 루비콘강의 과제가 발생한다. 학생들은 내적 성장에 중요한 분기점이 되는 경험을 직면한다. 이 분기점에 성공적으로 도달한 학생은 개인화 과정의 중요한 한 걸음을 내딛을 것이다. 그렇지 않은 학생은 길 잃은 마음의 힘의 사냥감이 될 위험이 있다. 반사회적이거나 미성숙하다고 여기는 여러 행동은 병리학적 관점으로 볼 때, 대개 갈피를 잃은 사춘기의 힘이 성인의 삶에서까지 이어져 드러나는 경우다. 남성의 경우 이것은 일반적으로 외부에게 위압적인 형태로, 즉 권력의 표현으로 드러난다. 여성의 경우 종종 의존성과 자기 부정, 심지어 자기 파괴의 형태를 띤다. 성별의 차이가 뒤바뀌는 경우도 많다.

17세의 질문은 '나는 누구입니까?'다. 내가 누구냐는 물음에 대해서는, 내가 물려받은 것과 지금까지 나에게 일어난 일, 그리고 또한 나와 관련이 있는 다른 어떤 것에 의해서도 '나'가 결정됨을 발견할 때 답을 찾을 것이다. 10학년 학생은 이 시기 동안 계발할 수 있는 새로운 판단력을 통해 새로운 영역을 탐험할 수 있다.

인생은 열여덟 살에서 시작한다. 이 유명한 말은 확실히 이 시기가 새로운 시작을 의미한다는 사실을 강조한다. 9학년 학생의 관심이 세상을 향하여 바깥으로 향하고 10학년 학생의 관심이 내부로 집중되어 있다면, 11학년 학생의 관심은 이러한 양쪽의 방향, 즉 통찰력의 종합이다. 이 시대의 젊은이는 인간의 내면 생활과 구성뿐만 아니라 더 넓은 세상의 내면 생활과 구성을 결정하는 내부 원칙을 이해하려고 한다. 즉, 내면과 외부의 균형을 찾는 문제다.

이 균형은 사회 생활에서 특히 중요하다. 사회적 양심은 다른 사람과 공감할 수 있는 능력으로 깨어난다. 이전에 자신의 마음 안에서 경험했던 것을 다른 사람 속에서도 인식할 수 있다. 삶의 더 깊은 차원이 이제 스스로를 드러내기 시작한다. 아이들은 외모와 현실, 말과 의미 사이에서 내면의 방향을 찾아야 한다. 무엇보다도 열여덟 살은 자신의 길을 찾고, 개인적이고 책임이 따르는 결정을 내리며, 자기 행동의 전체 결과를 고려하도록 요구받는다. 삶의 양극성을 해결하고, 새로운 통일성을 향한 고차적인 종합을 찾아야 한다. 앞으로의 선택은 이 불확실한 나이에 있어 가장 특징적인 경험을 드러낸다. 양극성의 문제는 교육과정 전체에서 학생의 내적 참여를 요구한다.

12학년 학생은 자신이 배운 모든 것 속에서 점점 더 명백해지는 두 개의 대립하는 힘, 즉 증대되는 개인화와 어느 때보다 성장한 세계 의식 사이의 긴장을 조정하기 위한 개관을 모색한다. 이 두 가지 경향은 과학 연구, 인문학 및 실제 경험을 통해 분명해질 것이다. 교육과정은 학생들이 세계 속에서 중요한 현상 사이의 내, 외부 연결 및 대응 관계를 찾도록 이끈다. 바라건대, 이들은 내면에 자신이 배운 것에 대한 개인적인 연결을 이루는 방법을 배운다. 이제 질문은 방향을 바꾼다. 문제는 더 이상 세상이 내 인생에 어떤 영향을 미치는지가 아니라, 어떻게 세상에 영향을 줄 수 있는가다. 이는 경제, 사회 및 개인 생활, 정치 또는 과학에서 매우 구체적으로 질문해야 한다. 나는 졸(卒)인가, 왕인가? 혹은 공연자인가, 관중인가? 세상에서 나의 위치는 어디에 있는가?

학교는 학생이 세계에서 자신의 자리를 찾고 적극적으로 성장할 수 있는 장소가 되어야 한다. 학생들은 마침내 자신의 학습 공간을 정의하고, 창조하고, 생활할 수 있는 기회를 가져야 한다. 주체적인 목표의 결정과 목표를 향한 과정을 강조해야 한다. 대부분의 개인에게 이 수준의 독립성은 학교를 떠나서 전문적인 경제 활동을 하거나 경력을 쌓을 때 가능하지 않을 것이다. 아마도 어떤 사람들은 자유와 삶의 책임에 의해 방해받지 않는, 이런 젊음의 온화함을 다시는 갖지 못할 것이다. 이는 학생들이 자유롭게 자신의 교육에 기여할 수 있는 순간이다. 이 12학년 시기가 교사나 부모의 바람, 또는 정말 시험과 같은 형태로 사회에 의해 결정된다면 참다운 개인성의 육성에 치명적이다.

종합적인 인간(generalist)으로 남을 수 있는 마지막 기회는 직업이나 대학 생활을 하며 전공 전문 분야에 빠져들기 전에 전체를 조망하듯 개관하는 능력을 가질 때 찾아온다. 독립적인 작업, 주제 선택 및 개인적인 관심사를 표현하고 연결을 추구하는 모든 지식과 경험의 개관을 통합하는 것은 19세에게 필요한 도전이다. 상대적으로 어린 나이에서조차, 개인의 운명은 인류 운명의 세계적 측면에 대한 인식의 귀결이다. 궁극적으로 12학년 학생은 '세상을 바꿀 수 있으며, 나는 변화의 도구가 될 가치가 있습니까?'라는 질문에 대한 충분한 답변을 원한다.

판단력 형성을 위한 학습

사춘기 전후 시기(슈타이너의 표현 *Erdenreife*는 '대지를 위해 준비 중'을 의미한다.)의 아이들은 사춘기 그 자체를 별도의 단계로 보고 싶어하는 경향이 있다. 사춘기의 본성은 이전과 이후의 상황을 통해 이해해야 한다. 그 것은 심리적으로나 신체적으로 예고되고, 종종 매우 극적으로 느껴지는 명백한 생리적 과정에서 정점에 도달한 후에도 계속해서 영향을 미친다. 이 여파는 생물학적 성숙의 달성에 의해 제한되지 않고(생식 능력을 달성하 자마자 이미 정점을 통과했다.) 심리적 성숙 과정까지 포함한다.

슈타이너는 이 과정을 마음의 힘(감정체)이 개인에게서 독립적인 대상 으로 탄생하는 '새로운, 세 번째 출생'으로 요약했다. 첫 번째 출생은 우 리가 일반적으로 인생 여정의 시작으로 간주하는 것이다. 두 번째는 유 기체 발달이 치아 변화로 정점에 도달했을 때, 지금까지 신체를 형성하 는 데 사용한 힘이 자유롭게 기억과 상상력을 형성하고 구조화할 때다.

이 '제3의 탄생' 이전에는 감성이 아이 내면의 원천이었지만, 지금부 터는 새로운 독립 단계에 도달한다. 개인 내면의 삶은 외부 세계와 대면 하고, 이 관계는 여전히 형식을 찾아야 한다. 무엇보다 이러한 관계는 판 단 내리는 능력에 의해 만들어진다. 모든 교과 내용은 이 요구에 도전하 고 개인이 자신의 능력을 계발할 수 있는 상황을 제공함으로써 그 요구 에 부응해야 한다. 이것은 교육의 과제가 사고에 접근할 수 있는 객관적 인 규칙을 경험하고 의식할 수 있는 학습 기회를 제공하는 것을 의미한 다. 실제 판단은 현상의 진정한 본성에 대한 인식에만 기반할 수 있다.

이는 또한 개인적으로 마음에 들지 않아도 필요하다고 인식하는 일을 수행하기 위한 기초를 제공한다. 자발적인 행동으로서의 의무와 함께 자 신의 행동에 대한 책임을 발견할 수 있는 단계다. 자신의 목소리를 찾는 것과 마찬가지로 자신의 입장을 결정하는 것이 중요해지며, 이것은 결국 자신의 의견이 된다. 이 과정의 첫 단계는 신체와 심리 모두에서 이루어 지고, 종종 소란스럽게 경험하는 이 단계가 끝나면 아이들은 새로운 발 달의 고지에 이른다.

17세가 끝날 무렵이면 사춘기 전환의 위기가 끝난 것으로 간주할 수 있다. 신체 비율은 새로운 조화에 도달한다. 진지한 작업에 보다 이끌린다. 반면에 괴짜가 될 위험 또한 있다.

정말 겸손하게, 아이들은 자신이 인류를 구하는 데 중요한 역할을 한다고 가정하고, 그에 따라 자신의 삶을 계획한다.[11]

그러한 경우에 교사는 판단이 어떻게 형성되는지에 대한 예를 설정함으로써 도움을 줄 수 있다. 청소년은 적절한 방법으로 판단을 다루는 방법을 배워야 한다. 이들이 자신뿐만 아니라 다른 사람과 세계에서 '이상(理想)'을 느끼고 추구하고 있음은 분명하다.

그들이 인터넷 검색에서 찾은 내용은 거의 기대에 미치지 않으며, 그들의 의견은 모두 너무 평범하거나 때론 무자비하다. 그들은 쉽게 회의적으로 변할 수 있다. 교사가 제시하는 과학은 지식을 향한 단계에서 성공한 것으로 보여야 한다. 지식에 대한 비관론은 이 시대의 젊은이들의 심리적 상태에 좋지 않지만 그들 스스로 이를 말로 표현하기도 한다. 그때 이들은 실제로 '이렇지 않다는 것을 보여줘.'라고 어른들의 세계에 도전하고 있다. 이 나이의 젊은이들에게는 완전히 객관적인 비극적 요소가 있다. 이들은 자신이 살아가고자 하는 방식으로, 말하자면 주체적인 성인으로 살아가는 사람을 거의 발견하지 못한다.

실생활과 다르게 운영되고 있다고 느끼는 학교는 더 이상 받아들일 수 없다. 현재와 현재에 확실한 발판을 가져올 가능성을 제공해야 한다. 학생들은 어떤 이론 또는 겉치레도 현실로 감지한다. 진정성과 진실에 대한 이들의 탐색은 달성할 수 없는 이상에 대한 보다 구체적인 탐색이다. 이 탐색에서 긍정적인 경험을 제공하는 것이 교사의 임무다. 이들이 실패하면, 젊은이들은 자신에게 견고함과 방향을 줄 수 있는 기초를 찾지 못할 것이다. 그들은 공허하게, 시간의 흐름 속에서 발 딛을 곳 없이

서 있게 된다. 교사와 그 주변의 성인들 사이에서 적절하지 못한 답만을 얻는 청소년들은 나중에 이기심과 불안감을 극복하기 위해 고군분투할 수 있다. 성인이 되었을 때 이들은 건강한 사회에 필요한 이타주의와 자신감을 갖지 못할 수도 있다.

가치: 실제 요구를 만나는 것

이런 종류의 삶의 질문에서 방향을 취하는 교육은 결코 가치를 잃지 않는다. 아이들이 어렸을 때 교사는 아이들에게 무엇을 말했는지 평가하고 선택해야 했다. 이제 교사는 아이들이 실제 질문을 하는 사람으로서 교사를 경험하게 해야 한다. 아이들을 격려하고 발전시키는 것은 결과가 아니라 교사 자신의 자기 교육과정이다. 교사들은 자신의 뿌리 깊은 태도를 버리고 스스로 '평생 학습자'가 될 때 성공을 거둘 것이다.

세 번째 7년은 12학년 또는 13학년으로 끝나지 않는다. 전문 또는 기타 전문 교육에 대한 욕구가 느껴진다. 목표가 더 명확해진다. 고등 교육에 대한 압력을 받거나 일자리를 얻지 못할 가능성 같은 외부 영향에 직면한 젊은이들은 불안해서 배우려는 의지를 점차 잃을 수 있다. 입학 시험의 일방적인 과제는 시도할 의지와 관심의 범위를 좁힐 수 있다.

현대 사회는 주체성, 힘, 유연성, 창의성 및 사회적 능력을 갖춘 사람이 정말로 필요하고, 이에 따라 상급 학교 학생들이 학습하는 법, 일하는 법, 한 영역에서 다른 영역으로 기술을 이전하는 법을 배우고, 문제 해결 능력을 계발하며, 창의적이고, 무엇보다도 사회적 책임에 대한 올바른 감각을 갖출 것을 요구한다.

이러한 이유로 많은 슈타이너-발도르프 학교는 통합된 상급 학교 과정을 개발하여 목공, 환경 연구, 전자공학, 금속 작업, 디자인 및 의류, 음식 제공, 보육 등과 같은 다양한 실습 교육을 제공한다. 프로젝트 작업에 중점을 두고, 이는 만들기, 팀 작업 및 사회적 역량을 통해 학습에 전이 가능한 기술을 배양하는 활동과 같은 다양한 실무 경험 기회와 결합된다. 개인들이 자신 앞에 펼쳐지는 삶의 과제를 인식하고 받아들일 수 있으며, 의지, 감성, 사고의 능력이 '나'의 활동을 통해 통합되는 자유로운 인성을 발달시킬 기회를 제공한다면, 이런 의미에서 학교는 삶을 위한 실제 준비 공간이 될 수 있다.

입학 시험 체계가 전체 고등학교 또는 심지어 중학교에 퍼져 있는 영국과 같은 국가에서는 시험의 영향으로 인해 아이들의 지평이 좁아지고, 생활 기술 문제와 실제 참여 및 동기 부여 문제가 종종 일어난다. 이러한 학교는 특히 시험을 '삶의' 문제로 지나치게 확대하는 학생들의 의식에서 올바른 균형을 찾기 위해서 노력한다. 진정한 이상을 깨우려는 도전을 과소 평가해서는 안 된다. 발도르프 상급 학교의 실제 임무는 청소년들이 다음과 같은 질문을 할 수 있도록 이끄는 식이다. 사회에서 유용하려면 어떻게 해야 하는가? 그저 물음을 넘어서, 내가 원하는 것을 얻기 위해 무엇을 해야 하는가?

여기에 몇 가지 측면이 있다. 청소년들은,

a) 세계를 그들 안에 담는 작업에 익숙해져야 한다.

b) 개인이 구체적으로 배운 것 이상의 분야에서 창의적이고 적응력을 갖출 수 있도록 다양한 기술을 계발해야 한다.

c) 자신의 개인성을 발견해야 한다.

d) 판단력과 분별력을 계발해야 한다.

e) 통찰을 바탕으로 한 도덕적이고 윤리적인 의지를 계발해야 한다.

이런 식으로 준비할 때 아이들은 자립적인 개인으로서 미래를 그리는 데 참여하는 법을 배우고, 자유롭고 책임감 있게 사회와 시대에 기여할 수 있다.

교육 역량

슈타이너-발도르프 교육은 지식 학습과 함께 상상력과 개성 발달을 목표로 한다. 따라서 예술적, 실용적인 활동을 지식 제공과 동등한 가치가 있는 것으로 바라본다. 이러한 각 분야는 통합되어야 한다. 교육은 지적 훈련만의 문제가 아니라 전체적인 과정이다. 교육이 전문 지식으로 제한되어서는 안 되며 온 인류를 참여시켜야 한다. 학생, 교사 모두 지능과 정서적 삶을 풍부하게 발전시키고 자유, 평등 및 박애에 대해 고르게 느낀다면 '성공'이라고 볼 수 있다. 그러면 사람들은 인생이 제공하는 도전을 거부하지 않고 위기에 대해서도 포기하지 않을 것이다. 대신 그들은 의미와 새로운 길을 찾고 따르길 도울 것이다. 모든 수업 구성이 '교육 예술'이 되고, 이는 끊임없이 스스로 발전하는 창조적인 교사를 전제로 한다. 이런 의미에서 교육은 올바른 주제를 올바른 시간에 올바른 방법으로 가르치는 것을 의미한다.

교사가 인간 발달의 법칙을 다루고 이해하게 되면 인간을 '읽을' 수 있다. 아이들이 성숙함에 따라 발생하는 다양한 생리적, 심리적 현상은 인간 존재 전체와 연결되어야 한다. 전체 생애 주기에서 모든 것을 보여주는 식물과 비교할 수 있다. 어떤 사람이 이 통찰력에 근거하여 교육 활동의 토대로 삼을 만큼 인간을 잘 읽는 법을 배웠을 때, 아이들을 그 존재 자체로 도울 수 있다면 교육 역량을 획득했다고 말할 수 있다. 이들은 학교 교육에 대한 모든 책임을 질 수 있다. 교육과정은 단순히 항목별로 점검하는 강의 계획에 그치지 않는데, 각 특정 단계의 발전에 필요한 조건으로부터 교육과정이 출발하기 때문이다.

9학년

역사는 15세기에서 20세기에 걸친 시기에 다시 관심을 둔다. 학생들이 이 시대의 주요 사상을 알게 하는 것이 목표다. 훌륭한 사상과 이상은 새로운 발전을 가져온다.(프랑스 혁명, 미국 독립전쟁과 헌법, 러시아 혁명) 제3제국●의 역사가 보여주듯, 사상은 강력한 악의 도구가 될 수도 있다. 이는 아이들이 9학년에서 겪는 문제를 보여준다. 즉, 현실 인식에 기반해야 이상을 실현할 수 있으며, 도덕적 엄격과 광신적 이상주의는 폭력과 실패로 귀결될 수 있다.

세계 지도에서 유럽의 마지막 '빈 공간'이 사라지고, 지구 전체를 포괄하여 의식하기 시작한다. 이 역사 수업은 세계에 대한 젊은이들의 관심을 불러일으키기 위한 것이다. 또한 현재 세계의 상황이 드러내는 역사적 힘을 이해해야 한다. 새 천년이 시작되며 냉전과 식민주의가 종식했고, 그 뒤를 이은 붕괴의 힘은 새로운 방향을 찾아야 하는 복잡한 세상을 젊은이들에게 남겼다. 세계 경제 및 통신 시스템의 세계화는 세계사의 새로운 단계를 만들고 있고, 학생들이 이에 관심을 갖는다. 전자 미디어, 특히 인터넷에 대한 친숙함이 높아짐에 따라 전 세계적으로 상황을 이해해야 한다.

증기 기관, 기관차, 연소 기관, 전기 모터, 전구, 전화, 계산기, 텔레비전, 레이저 및 컴퓨터를 포함하는 중요한 발명과 발견을 물리학에서 다룬다.(이 중 일부는 8학년에서 다룰 수 있음.) 9학년 학생들은 이성을 통해 탄생한 19세기와 20세기의 기술을 익히게 된다. 이러한 기술 중 다수는 사람들의 이동과 의사소통 능력에 혁명을 가져왔다. 기계 자체와 그것을 사용하는 데 수반되는 의식 사이의 관계는 중요한 주제다. 이러한 발명이 일상 생활에 미친 영향은 훨씬 더 현대적인 도구와 시스템에 의한 대체만큼이나 중요하다. 학생들이 산업화 이후의 세계에서 성장한다는 점을 고려해야 한다.

또한 학생들은 발상과 의도를 통해 발명에 성공한 인물을 알아야 한

● 히틀러 치하의 독일. 1933~45년.

다. 이러한 예를 통해 인간의 생각이 현실이 될 때 기술이 탄생한다는 것을 이해할 수 있다. 이러한 사고의 전개와 발명가의 전기에 대한 관심을 통해, 현 시대의 도덕적 의미와 문화적 비관주의를 피하면서도 내면의 열정을 불러일으킬 수 있는 상을 학생들에게 제공한다.

수학에서는 확률 계산까지의 방정식이 중심을 이룬다. 이것은 형식적, 논리적인 사고를 연습할 기회를 제공한다. 모든 종류의 2차 방정식과 평면 및 부피 계산을 수행할 수 있다.

기하학에서 평면의 정다면체는 그리기 전의 과정에 대한 상을 의식 내면에서 만드는 기회를 제공한다. 주로 수직 평행 투영을 갖는 대각선 단면 방식으로 사용하는데, 이는 구성하기도, 공간적으로 보기도 쉽다. 이제 원뿔 단면도가 등장한다. 이것은 8학년에 비해 새로운 점이다. 타원, 포물선 및 쌍곡선은 역동적인 운동을 통해 발전시킨다.

생물학은 8학년 주제를 계속한다. 인간 골격 및 근육 체계와 감각 기관, 즉 인간이 물리적 존재로서 경험하는 체계가 계속되며, 학생들은 이제 뼈의 모양과 기능을 훨씬 더 발전시킬 수 있다. 이를 움켜쥔 채 함께 중력을 극복하는 것이 아이들의 시간 전부를 무의식적으로 차지한다. 직립이라는 주제는 이 시기의 중심이다. 이것은 감각 기관의 경험을 보완한다. 이를 통해 아이들은 종종 '너무 작다'고 경험하는 자신의 몸을 넘어설 수 있다.

상급 학교 지리학은 지구의 광물 지각에 대한 9학년의 연구로부터 전체 실체로서의 지구에 대한 이해를 시작한다. 새로 깨어났지만 아직 무질서한 힘과 판단력은 지질 현상과 직결된다. 우리의 존재가 지각 및 지질학적 과정으로 구성됐음을 보이는 물리적 근거를 철저히 이해함으로써, 방향성과 지하의 역학적 힘에 의해 구조가 형성된다는 감각을 제공할 수 있다. 눈에 띄지 않지만 피할 수 없는 침식 과정과 화산 활동 역학 간의 대조는 학생들에게 극단적인 형태의 변화를 보여준다. 침강의 축적 및 구축 과정은 이 두 극 사이의 안정화를 제공한다. 극한의 힘과 시간 척도는 젊은이들이 세상을 경험하는 방식을 반영하는 극성이다.

화학에서는 물질이 존재하는 방식, 연소 과정, 탄화 결과, 부식토 형성으로 이어지는 유기물의 분해, 화석 연료의 형성 및 식물의 대사 과정 등을 연구한다. 학생들은 증류를 통해 물질이 증발하는 방식을 경험한 다음 다시 한 번 유형화할 수 있다. 이는 현재 내면을 통해 경험하는 것과 같은 명료화와 정화의 과정이다.

예술 활동은 상급 학교에서 그 자체를 주제로 다룰 수 있고 9학년에서는 매우 중요하다. 물리와 화학이 보여주는 무기물의 세계가 엄격한 법칙으로 균형을 이루며 학생들에게 다른 세상을 보여준다. 반면 인간은 자신의 질서를 자유롭게 만들 수 있다. 훌륭한 그림과 조각을 알게 됨으로써 예술의 즐거움을 깨우고, 예술에서 인간이 자유를 경험할 수 있다고 가르친다. 유럽 학교에서는 서양 전통의 기원을 고대 이집트에서 그리스, 로마, 중세 초기 이탈리아 미술에서부터 탐구하여 이탈리아 르네상스로 이어지는 초기 기독교 예술에까지 이른다. 주요 주제는 변화하는 인간의 의식을 반영한 예술이다.

드로잉은 이제 전적으로 명암법, 흑백(아마도 리노 커팅 및 인쇄)을 다루고, 이는 9학년 학생들이 찾는 양극성을 반영한다. 이러한 양극성을 의식적으로 처리하여 자신의 작품을 형성함으로써 그들의 영혼이 지금 필요로 하는 것을 경험한다. 특히 중요한 것은 어두운 곳에서 밝은 곳으로의 전환과, 인생의 중요한 전환인 '회색 영역'의 탐험이다.

영어 학습에는 두 가지 주요 요소가 포함된다.[12] 주기집중수업 하나는 드라마와 극장의 기원 및 역사에 관한 것이다. 비극과 희극은 성스러운 시작부터 영적인 면이 있다. 성스러운 것에서 세속적인 것으로의 전환은 이 시기에 경험하는 중요한 것이다. 드라마는 이론적, 역사적 측면을 가지고 있어야 하며 물론 드라마와 연극에서 배울 수 있는 실용적인 기술도 포함해야 한다. 셰익스피어가 이 연구의 핵심이다. 셰익스피어를 공부하는 데 핵심 요소는 연극과 드라마의 구조도 물론이지만 무엇보다 언어의 질에 있다. 셰익스피어의 주요 인물은 가장 높은 수준의 성격 연구를 제공한다. 셰익스피어 언어와 씨름하면서 학생들은 이미지와 은유에서 많은 수준의 미묘함과 의미를 발견하여 언어와 인간의 생각의 메타 수준 전체를 열어준다. 이것으로 그들은 언어의 정신과 내면의 연결을 만들 수 있으며, 따라서 사춘기가 흐리게 하거나 심지어 완전히 분리된 영성과의 연결을 의식적으로 재구성할 수 있다.

유머는 또 다른 주제다. 유머는 학생들이 자신의 상황에서 약간 뒤로 물러서서 다양한 관점에서 사물을 볼 수 있게 한다. 여기에는 인간 본성과 심리학에 대한 탐구적 연구가 포함된다. 또한 비판과 자기 지식의 날카로움을 줄여서 이를 견딜 수 있는 수준으로 낮춘다. 웃음은 한 개인에게 일어나는 일에 대처하기 시작하는 개인의 방법이다. 공감, 동정심, 울음, 비웃음, 웃음 등 다양한 감정을 사회적, 심리적 관점에서 논의할 수 있다. 이러한 영혼의 자질을 미학적 방식으로 자극할 때, 9학년 학생들은 극도의 긴장과 결의, 그리고 구원의 가능성을 경험할 수 있다.

문해력의 실용 기술과 마찬가지로, 자신의 목소리를 찾으려면 연습이 필요하다. 독서 보고서, 학습 기술, 에세이, 구문 및 양식 사용은 학생들이 작문 및 구술 기술을 습득하고 언어와 새로운 의식적 관계를 찾는 데 도움이 된다. 문화 환경에서 자신을 떨어트리는 과정에는 모국어도 포함된다. 젊은이들은 명확하지 않은 다른 어원에서 가져온 표현을 선호하고, 이를 '그들만의' 언어 또는 속어로 발전시킨다. 성인들은 이 과정에서 그러한 언어로부터 자주 충격을 받는다.

자신의 모국어에서 멀어지는 경향은 외국어에 대한 보탬으로 다가올 수 있다. 학생들은 자신의 언어로 관습적이지 않은 사고와 표현 방법을 알게 되고, 이로써 대상으로부터 물러날 수 있음을 즐긴다. 독서를 위한 글은 역사 수업에 관련된 발명가, 엔지니어, 예술가 및 다른 위대한 인물의 전기를 활용할 수 있다. 지구를 탐험하는 길을 따라 동료 인간을 앞서가는 사람들에게 감탄하면서 아이들은 자신의 이상과 목표를 성숙시킨다. 다른 문화가 직면한 문제에 대해 배우면 청소년의 시각을 넓히는 데 도움이 된다. 실제로 우리 시대에는 다른 사람, 외국인, 다른 문화의 난민을 이해해야 할 필요성 때문에 외국어 교육은 특별한 의미가 있다. 젊은이들은 특히 자신의 민족혼적 요소에 끌려 가고, 지역의 억양을 더 강하게 받아들이며, 종종 청소년들은 지역적 편견이나 지역 축구 팀을 응원하는 등의 문화로 드러나는 '래디시(Laddish)'•경향을 보인다. 이런 시대에 현대 언어 교육을 통해 통합적으로 문화에 다가가는 것이 매우 중요하다.

문법은 체계적으로 개관을 반복하고, 학생들이 훈련해온 요소는 새로운 이해의 가능성을 열어준다. 외국어 학습의 길은 몰입과 모방에서 용례와 암기로 옮겨졌으며, 이제 이해의 욕구도 생겼다. 따라서 9학년에서 문법의 모든 측면을 체계적으로 검토하는 것은, 규칙, 구조, 관용구 비교 등을 의식적으로 작업하는 면에서 매우 중요하다. 이때는 문법 교과서가 교육에 유용한 도구가 된다. 초기에는 이런 교과서가 참고와 복습용으로 쓸모 있었다. 이제는 좋은 교과서의 체계적이고 도표화된 개념적 구조 그 자체에서 시작한다. 모국어 수업과 마찬가지로 유머, 전기, 매일 익히는 자주 쓰는 어법과 표현의 정확성 간의 균형이 필요하다. 언어 수업은 언어의 구어체에 대한 혼적 경험을 유지하는 것이 중요하다. 문학과 문법 모두 학생들이 외국어로 의사소통할 수 있도록 돕는 것이 기본 목표다. 이 도전은 교사와 학생 모두에게 중요하지만, 성공할 때 충분히 보람을 느끼는 반면 그렇지 않은 경우 지루한 도전이다.

• 영국 젊은 남성들의 거칠고 힘이 넘치는 문화. 가치가 아니라 감정을 우선시한다.

음악 수업도 비슷한 관점에서 출발한다. 위대한 음악가들의 전기를 알게 됨에 따라 학생들은 그들이 남긴 불후의 작곡에 관심을 갖기 시작한다. 두 개의 위대한 작곡가를 나란히 배치하는 것이 좋다. 예를 들면, 바로크 음악의 모차르트와 베토벤, 헨델과 바흐가 있다. 훌륭한 작곡가의 작품을 들으며 바로크 양식과 고전 양식의 차이점을 발견할 수 있다. 목소리와 악기 모두로 이 곡을 다룸으로써, 학생들은 새로운 느낌뿐만 아니라 '음악 언어의 문법'을 발견하고, 음조가 어떻게 변조되는지를 보고, 바로크에서 고전 양식으로의 변형을 이해한다. 아이들은 변형과 관련이 있는 모든 것을 기꺼이 이해하고 있으며, 이것이 어떤 예술과 결합되어 있다면, 그들 자신의 '재건축 과정'에서 명확하게 찾도록 도울 수 있다. 9학년부터 학생들은 상급 학교 합창단 및, 또는 상급 학교 오케스트라에서 연주한다.

오이리트미에서 9학년 학생들은 20세기와 현대 예술가의 시와 작곡을 통해 사고를 담고 효율적인 방식으로 움직임과 안무를 접한다. 학생들은 오이리트미의 형식적 요소를 의식하고, 음악이나 시의 다양한 양식, 문법 및 언어적 요소, 다양한 음조 등을 위한 적절한 형식을 구성하는 방법을 배워야 한다. 볼룸 댄스, 라틴 스타일, 지브, 라인 댄스, 민속 및 모리스 댄스, 현대 무용 등 다른 형태의 춤을 경험할 수 있는 기회도 있어야 한다. 이 모든 과정에서 젊은이들은 예술적 요소를 완전히 인식해야 하며, 좋은 유머 감각도 포함되어야 한다. 오이리트미가 학생들을 진심으로 끌어들이기 위해서는 11학년과 12학년 학생들의 높은 수준을 정기적으로 보면서 동기부여받을 뿐만 아니라, 전문적인 공연을 볼 수 있는 정기적인 기회도 있어야 한다. 학생들은 다른 사람들이 오이리트미를 진지하게 받아들이는 것을 경험할 수 있어야 한다.

9학년의 정원 가꾸기는 긴 집중수업 또는 프로젝트 기간(토지에서의 작업 경험, 조경, 길을 만들거나 계단을 짓거나 담을 올리는 등)의 형태를 취하거나 농사 혹은 임업 실습 기간으로 이어질 수 있다. 2~3주 동안 학생들은 농장 가족과 함께 생활하며 농장 구내 및 현장에서 진행 중인 작업을 함께 한다. 다른 많은 새로운 것들과는 별도로, 그들은 매일매일의 삶 전체를 형성하는 요소로서 자연을 경험한다. 지역과 학교가 이용할 수 있는 기회에 따라 과제가 다르다. 실제의 육체 노동과 도구에 대한 실질적인 지혜, 작업 및 안전 절차 및 이러한 활동에 수반되는 팀워크와의 만남이 중요하다. 농사의 경제학 또한 중요한 주제이며, 최소한 일의 진정한 가치와 환경에 대한 책무를 드러낼 수 있다.

목공과 조립에서는 간단한 접합을 탐구하고 적용한다. 옷 만들기에서 학생들은 자신의 패턴을 만든 다음 치마 자켓 등을 꿰맨다. 구리 두들기기 및 바구니 제작은 유사한 대상을 매우 다른 방식으로 제작하기로 이어진다. 예를 들어 한편으로 그릇이나 꽃병을 만든다면, 다른 한편으로는 모든 종류의 바구니를 제작한다. 내부 공간은 노력을 통해 외부로부터 만들어진다. 이 모든 공예에서 학생들은 재료의 본성, 획득, 가공 및 처리를 경험하는 법을 배운다. 공예품의 경제적, 생태적 측면은 항상 실제 작업에, 특히 환경, 원자재, 작업 과정 간의 연결에 통합되어야 한다. 무엇보다도 실제 작품을 보여주는 것이 아니라 세상의 실제 요구를 충족시키는 물건을 만들어야 한다. 정보 기술도 마찬가지다. 모든 학생은 기본적인 워드프로세서 사용을 배우고, 이를 작업물의 발표, 잡지 페이지 디자인과 레이아웃 등의 실용적 목적으로 사용해야 한다.

어떤 이유로든 전체 학사 과정에 참여하지 않는 학생들에게는 실용적이고 사회적인 성격의 대안 수업을 제공한다. 그러한 학생들에게는 학교 내에서 특정한 책임을 가진 전문가들이 관심을 가져야 한다. 여기에는 유치원, 주방, 유지 관리 부서, 학교, 극장 등을 돕는 것이 포함될 수 있다. 학교가 제공할 수 있는 과정이 무엇이든, 학생들은 자신의 업무가 가치 있고 그에 대한 책임을 점점 더 많이 경험하는 것이 중요하다.

9학년의 교육 목표

9학년까지 학생들은 다음을 시작해야 한다.

- 주변 세계에 대해 스스로 동기 부여된 관심을 보인다. 정보와 사실을 스스로 수집하여 자신의 관심사에 대한 지식을 습득한다.
- 사고방식의 구조를 보여주고 논리적이고 인과적인 추론을 할 수 있어야 한다. 감성에 근거한 판단(8학년)에서 관찰과 이해에 기초한 판단으로 이동한다. 연결된 전체에 분석 과정을 적용하고 기본 원리를 발견한다.
- 생각에서 이상으로, 그리고 이상에서 그것이 적용된 현실로 전환하는 방법을 알고, 발견(7학년 및 8학년)에서 창조 및 발명으로 이동하는 방법을 안다. 이상의 영역에 자신의 의지를 연결시킨다.
- 기술을 인간이 창조한 문화의 왕국인 '제5왕국'으로 이해한다. 사고가 세상의 현실이 된다는 것을 기술을 통해 발견한다.
- 다양한 삶의 영역, 특히 예술 분야에서 양극 간의 전환을 이해한다.
- 예술과 과학은 문화 의식의 역사적 변화를 반영하며 예술가와 과학자들은 자신의 작품을 통해 세계관을 표현함을 이해한다.
- 일을 하면서 배우고 또 일을 통해 배울 수 있다. 가능한 많은 실제 생활 영역에 대한 실무 경험을 한다.
- 팀으로 일하고 함께 문제를 해결할 수 있어야 한다.

10학년

10학년은 9학년과 어떻게 다를까? 일을 통해 개성이 더욱 개인화된다. 학생들의 고유한 활동이 스스로를 찾는 데 도움이 되도록 단계를 밟아야 한다. 사고의 명확성과 판단력 향상을 통해 학생들이 정서의 동감, 반감적 힘의 불안정한 특성으로부터 벗어나도록 도와야 한다. 이로써 사고를 통해 이해할 수 있는 법칙을 분석적으로 다루려고 노력한다. 생물학에 대한 슈타이너의 교육과정 제안은 다음과 같다.

인간을 하나의 실체로 이해할 수 있게 하기 위해…혼과 영에 연결된 기관
및 유기적 기능을 가진 물리적 인간 존재.[13]

출발점은 형태론으로, 장기에 대한 생리적, 심리적 고려를 단계별로 수행할 수 있다. 여기에는 뇌와 신경계를 심장과 순환에 대한 연구와 비교하는 것을 포함할 수 있다. 지각, 사고 및 기억과 두뇌의 관계는 의식과 양심의 도덕적 측면을 논의하기 위한 기초를 제공한다. 정서적 경험과 심장 및 순환계의 관계가 중요하다. 이런 식으로 학생들은 이 나이에 매우 강하게 드러나는 발달 과정과 상호 작용하는 요소를 접한다.

지리학에서는 전체적인 관점을 확장하여 물과 공기로 이루어진 지구의 외피와 기후대 및 지구의 핵과 바깥 부분을 포함한 영역의 다양한 상호 작용과 움직임을 포함한다. 이런 식으로 우리는 생물권과 생태에 대한 이해를 위한 기반을 지속적으로 구축한다. 목표는 학생들이 리듬과 주기의 간섭에 최대한 민감하게 반응하는 살아 있는 유기체로서 지구를 더 잘 인식할 수 있게 하는 것이다.

정원 가꾸기에서 이제 재배와 번식을 시작한다. 10학년 정원 가꾸기 시간에 접목의 신비를 가르친다. 그러나 농업 실습 기간이 정원 가꾸기를 대신할 수 있는 9학년과 마찬가지로, 10학년도 임업 실습 기간을 가질 수 있다. 이 기간을 반드시 대안으로 삼을 필요는 없지만 이를 통해 정원 가꾸기를 보완하고 이해를 심화시킬 수 있다. 이 시기에 학생들이 다양한 직업에서 직접 경험을 쌓는 것이 중요하다. 실무 경험이 임업을 대체할 수 있다.

지구와 지형에 의해 정해지는 인간과 문화의 진화는 지리와 분명히 관련되어 있고, 역사 집중수업은 이를 전면에 제시한다. 이것은 현대 호모 사피엔스의 출현과 현재로부터 4만 년 전의 신석기 시대 혁명에서 인류 선사 시대를 탐험할 수 있는 기회다. 여기에는 높은 빙하기 예술 문화에 대한 연구와 마지막 빙하기 말기의 중석기 전환 시기가 포함될 수 있다. 농업의 발전과 최초의 영구 정착지의 설립은 선사 시대 사람들의 경제에서 주요한 변화일 뿐만 아니라 인간 의식의 근본적인 변화를 보여준다.

역사에서 도시의 문명 수립, 신학, 사원, 문자의 사용, 관료제, 법률 및 계층적 사회 구조를 함께 설명할 수 있다. 동물에서 인간으로 질병의 전이와 같은 도시화의 결과뿐만 아니라 중요한 기술의 발전도 논의할 수 있다.

이 연구의 주요 초점은 다양한 문화가 그들의 자연적, 지리적 상황을 반영하는 구체적인 방식과 복잡한 인간 사회가 구성되는 방식을 비교하는 것이다. 인간 존재와 지구 사이의 연결을 경험하고, 집단, 종족 또는 국가 등 집단으로부터 벗어나는 개인의 증가로부터 드러나는 인간 존재의 진화 또한 그렇다.

영어 집중수업은 신화에서 문학으로의 전환과, 신화, 사가(saga), 종교 의식과 같은 문자 문화 이전의 형태에서 문학의 기원으로 전환을 다루고, 이는 집단에서 개인 경험으로의 전환을 드러내는 역사 수업과 비슷한 측면을 가지고 있다. 또 다른 주제는 언어학을 시적 어법 및 미학과 결합하여 언어의 기원과 구조 모두를 탐구한다.

예술 활동은 지금까지 주로 시각 예술과 관련되어왔다. 이제 예술로서의 시와 언어를 추가하여 공간의 예술에서 시간의 예술로 초점을 옮긴다. 리듬, 소리, 상(象)을 가리키는 시의 형식 법칙을 서사시, 서정시, 희곡의 사례를 통해 탐구하고 훈련한다.('시와 운율' 집중수업) 두 번째 집중수업은 알프스 북쪽의 예술에 대한 토론(뒤러, 홀베인, 그룬발트, 반 에이크, 렘브란트에 이르는)을 통해 회화 연구를 이어가는 데 전념할 수 있다. 전반적으로, 형식적인 구도와 그림을 구성하는 원리가 가장 중요하다. 10학년 학생들은 자신의 이해를 통해 사물을 파악해야 한다. 실용 미술에서 회화는 색을 다시 소개하고 분위기를 표현할 수 있는 주제로 발전한다. 이 시기는 인쇄 제작도 유익하게 탐험할 수 있다. 거울 형식으로 그리거나 여러 판이나 블록을 사용하여 합성 그림을 만드는 디자인의 구상은 논리력을 요구하고, 이는 학생들의 사고력과 작업의 정확성을 위한 과제를 제시한다. 판화 제작은 다양한 매체에 적용할 수 있다.

오이리트미는 집단이 전체적으로 움직이는 적절한 예를 사용하여 시와 언어 사용을 돕는다. 학생들은 자신만의 오이리트미 형식을 작업해야 한다.

외국어 수업에서도 유머가 등장한다. 언어에 대한 직접적인 이해를 통해 요점을 얻는 것은 재미 있다.(통역 없이) 유머러스한 글, 농담 및 관용적 표현에 대한 탐구가 청소년의 사회적, 심리적, 문화적 영역을 넓힐 수 있다. 또한 학생들은 양식에 대한 느낌을 계발하기 시작한다. 요약하지 않은 문학 전체를 점점 더 많이 사용한다. 학생들은 명확한 사고의 즐거움에 힘입어 문법을 도구로 사용하는 법을 이해한다. 영어와 외국어 문법에 대한 비교 연구는 언어의 영이 다양한 민속혼의 특징을 통해 어떻게 표현되는지에 대한 인식을 높일 수 있다. 다양한 언어 개발의 역사는 언어 진화의 기초가 되는 변화하는 의식에 대한 통찰력을 향상시킬 수 있다. 외국어를 통해 다양한 주장에 찬반을 표현하려면 그 언어로 생각할 수 있는 능력이 필요하다.

음악 수업은 학생들에게 진정한 음악 감상을 계발할 수 있는 기반을 제공하고자 노력한다. 합창단 작업과 실내 오케스트라에서 실습을 시작한다. 화음은 음악적 예시를 통해 탐구한다. 수학, 물리, 화학, 기하학 및 측량의 집중수업은 비슷한 출발점을 가지고 있다. 물리학에서 형식 원리는 특히 분명하다. 자연의 법칙이 고전적 역학에서는 명확하게 적용되지 않는다. 학생들은 명확성을 잃지 않은 채 실험에서 관찰로, 다시 법칙, 공식 및 계산으로 나아갈 수 있다. 관찰의 명확성, 결론 도출의 논리, 원인과 관련되는 능력, 분석적 사고를 모두 가르친다.

10학년의 목표 중 하나는 실제 삶에 들어서는 것이다. 10학년에서는 광범위하게 직각을 사용한다. 수직과 수평의 관계는 정확한 관찰과 상식적 판단에 관련된 많은 실제 작업을 위한 개념적 틀을 제공한다. 측량에서 직각은 기술 도면에서와 같이 이론적 계산의 틀을 형성한다. 대부분의 건축에서와 같이 목공에서는 수직, 정사각형 및 진실함의 개념을 제공한다. 양장 및 옷 만들기에서 모든 개별 패턴은 직조의 직사각형 모양과 관련이 있다. 도자기를 물레 위에 올리는 일에서조차, 점토의 중심을 잡는 과정은 판의 수평면과 관련하여 수직에 대한 인식이 필요하다. 금속 가공에서 철의 단조(鍛造)와 망치를 리드미컬하게 사용하여 금속을 변형시키는 모루 작업은 다양한 형태로 정확한 힘과 재료에 대한 지식을 요구한다.

측량 집중수업은 지구를 측정함으로써 지구를 파악할 수 있는 훌륭한 기회를 제공한다. 이 1~2주간의 실습 기간이 끝나면 학생들은 이로써 손등과 같이 '작은 부분'을 알게 된다! 측량은 세 가지 수준의 측정이 필요한데, 상식적 추정, 막대나 사슬 및 테이프를 사용한 지상 측정, 경위의(經緯儀)에 대한 읽을거리와 측정 값을 사용한 이론적 계산이 그것이다. 일련의 단면도로 표현할 3차원 이해를 생성하기 위해 세 개의 체계가 모두 통합되어야 한다. 이러한 기술을 지리학에 적용한 후 아이들은 정확히 무엇이 있는지 알고, 정확한 작업 방법 또한 배웠다. 10학년의 첫 번째 수학 집중수업의 주요 내용은 측량에 적용되는 삼각법이다. 코사인은 계산이 필요한 물리학에서도 다룬다.

수학적 법칙은 리드미컬한 계산을 통해 부가적으로 다룰 수 있고 이때 더 높은 거듭제곱과 대수를 도입한다. 10학년에서 수학은 일상 생활의 실질적인 문제와 관련이 있어야 한다. 황금 분할 법칙으로 이끌어가는 무리수와 약분되지 않는 수는 인간 존재에게 적용할 수 있는 다른 유형의 형식 법칙을 가리키고, 11학년에 더 적합하다.

화학에서 학생들은 산과 알칼리의 양극성과 염의 결정화에 대해 연구한다. 이 집중수업은 정다면체 및 반(半)정다면체와 그 대칭의 법칙을 다루고 그리는 기하학 집중수업과 직접 관련이 있다.

기술 수업은 원료에서 가공된 물질을 거쳐 제품으로의 전환을 탐구하고, 예를 들면 섬유에서 실을 거쳐 직물로 이어지는 경로가 해당한다. 이 원칙은 나무에도 적용되는데, 나무 심기 및 재배에서 벌목, 톱질, 건조, 심기 등 목재의 전체 순환은 10학년 과정에서 종합되고 정점에 이른다. 측량 및 기타 실습 주제의 작업 대상은 객관적 실체로 드러나는 것만으로도 학생들을 바로잡는다. 유용한 물건을 만드는 것이 중요하다. 또한 실제 생활에서 많은 다른 기술의 적용을 논의할 수 있는데, 예를 들면 자전거의 기어, 변기의 물 내리는 방식, 차량 유지 관리 및 원료에서 완제품으로의 순환을 재활용하는 정보 기술이 그렇다.

정보 기술은 인간 존재에게 어떤 영향을 미치는지에 대한 책임 있는 토론이 필요한 기술 중 하나다. 정보가 무엇인지, 정보가 어떻게 저장되어 있는지, 정보의 접근의 사회적 측면을 이해하는 것이 이 주제에 속한다. 기록된 말과 수학 계산에 대한 간략한 역사는 이 주제의 일부다. 컴퓨터 작동 방식의 기본 원리에 대해 설명한다. 물리학 및 수학에서 배운 내용을 바탕으로 계산기를 만들기 위해 기초 회로를 다뤄보면 10학년 학생들에게 도움이 되고, 이를 통해 컴퓨터 하드웨어의 원리를 배울 수 있다.

응급처치 실습 기간 동안 학생들은 의미 있고 현실적인 활동에 참여해야 한다. 즉시 반응하여 해야 할 일을 알 때 내면의 자신감이 커진다.

10학년의 교육 목표

학생들은 아래의 사항을 시작해야 한다.

- 사고의 객관성과 명확성을 달성한다. 논리적이고 인과적인 결론을 내린다. 상식적인 판단을 형성할 수 있을 뿐만 아니라 개념을 정립할 수 있다.
- 분석적 사고를 사용하여 자연 법칙을 인식함으로써 실제 상황에 개념적 도구를 적용한다.
- 처리 과정의 기원과 기본 원칙을 연구하여 복잡한 과정이 어떻게 발생하는지 이해한다.
- 주변 사람들의 실제 필요에 응하기 위해 배운 내용을 정확하게 다루고 적용한다.
- 자신의 업무와 행동에 대한 책임을 높이고, 자신의 통찰력에 따라 선택하고 이를 따를 수 있다. 의견을 제시, 설명하고 정당화할 수 있다.

11학년

11학년 교육과정에서 제안하는 주제에 대한 개요는 감각 지각을 넘어서는 주제나 '과정'과 '새로운 시작' 사이의 내적 균형을 찾는 주제가 다양한 과목의 내용에 공통적임을 보여준다. 9학년이 지평을 넓히는 데 관심을 둔다면, 10학년은 사물이 어디에서 왔는지를 보고, 11학년은 통찰력을 얻는다.

이런 종류의 주제는 수학 수업에 적용되는데, 예를 들면 해석 기하학, 무한대 및 반(反)공간●의 개념, 기하학과 대수학 및 기하학과 산술의 종합이 그렇다. 유클리드 기하학의 법칙은 사영기하학에 통합된다. 학생들

- Counter space. 슈타이너의 개념으로, 감각 지각할 수 없으나 생명력과 같이 정묘한 힘이 작용하는 공간이자 유클리드 기하학의 공간과 양극 대칭을 이룬다.

은 '무한히 펼쳐지는 요소'(무한대의 점, 선, 면)를 고려함으로써 무한에 대해 생각하는 법을 배운다. 진동에 대한 탐구에서는 10학년의 삼각법 내용이 운동과 결합하여, 11학년 물리 수업의 모든 무선 데이터 전송에 대한 배경이 되는 파동 이론을 이해하기 위한 기반을 만든다. 구면삼각법은 평면삼각법을 확장하고 심화한다. 11학년의 많은 과목과 마찬가지로, 분리하여 경험하고 다룬 과목들을 통합한다. 연결 고리가 드러나기 시작한다.

세포와 현미경 사용에 대한 탐구를 주제로 하는 생물학에서도 비슷한 양상이 나타나고, 생태학 탐구 또한 그렇다. 현미경으로 볼 만큼 작은 요소에 대한 이 통찰력은 항상 거시적으로 크게 보는 생물권의 관점을 통해 보완한다. 학생들은 이미 사영기하학 작업에서 '내면을 뒤집는' 과정을 알고 있을 것이다.

화학의 중심 과제는 화학 물질이 상호 작용하는 방식에서 원소의 개별 특징을 살피면서 일반적인 개관을 제공하는 것이다. 이와 관련하여 주기율표 체계 또한 다룰 수 있다. 이는 이미 존재하는 질서의 원칙이 아니라, 다양한 법칙과 관계를 설명하는 길을 여는 특정한 개념 모형으로 제시한다.

물리학에서도 비슷한 양상을 찾을 수 있다. 10학년에서는 관측 가능한 역학의 힘이 연구의 초점이었다. 11학년에서는 전자기장, 방사선 및 방사능과 물질의 성질에 대한 이론으로 넘어간다. 각각 분리된 체계를 논리적으로 다룬다면 이들은 모순되는 것처럼 보이지만, 이는 상상할 수 없는 실재의 영역을 가리킨다. 이제 물리와 화학을 하나의 묶음으로 볼 수 있다.

진보와 개혁의 주기 및 과정 또한 역사 수업의 주제이며, 이제 기독교와 이슬람의 발전과 확산에 기여한 고대의 유산을 다룬다. 삶과 고통의 의미에 대한 묘사를 보고 질문할 수 있는데, 예를 들면 파르지팔

(Parzival) 서사시를 통해 중세의 문화사(11학년에서 논의)만이 아니라, 학생들 내면의 분위기 또한 다룰 수 있다. 이 역사 집중수업의 핵심 요소는 대립 및 이를 극복하기 위한 투쟁 과정이다. 교황과 황제, 교회와 국가, 기독교와 이슬람, 군주와 남작, 농노와 귀족, 도시와 국가 간의 갈등에서 이러한 양극성을 볼 수 있다.

문학은 기존의 전통적인 세계관에 종종 도전하는 방식으로 개인과 사회에 대한 탐구를 요구한다. 위대한 문학은 항상 어떤 의미에서 예언적이고 독창적이지만 대답을 거의 제공하지 않는다. 오히려 문학은 독자가 자신을 넘어서도록 자극한다. 이는 마음에 특별한 경험을 선사한다. 이것이 바로 11학년의 젊은이가 필요로 하는 바다.

볼프람 폰 에셴바흐(Wolfram von Eschenbach)의 *파르지팔* 중세 후기 판본은 번역을 통해서만 접할 수 있고, 독자는 그 속에서 개인의 실패, 고통과 상처, 기회의 상실, 죄책감 및 분열과 이어지는 속죄 및 구원을 맛보며 여행을 떠날 수 있다. 이는 청소년의 내면과 일치하는 이기심에 대한 독특한 이야기다. 정확하게 말하자면 그것이 낯선 문화적 맥락에 기반하기 때문에, 심리적 원형에 대한 묘사가 두드러진다.

파르지팔 신화에서 암시된 주제를 19세기와 20세기 문학에서 선택할 수 있다. 상상력, 본성과 양육 사이의 개인, 예술과 숭고의 근원, 물질주의의 위협에 대한 질문은 낭만주의 시대가 표현한 주제다. 이 예술과 문학의 시기는 11학년 시대를 살고 있는 아이들의 마음에 화음을 만들어낸다. 블레이크(Blake), 셸리(Shelley), 콜리지(Coleridge), 클레어(Clare), 호손(Hawthorne) 및 키츠(Keats)의 전기가 이 점에서 큰 관심을 끈다.

외국어 수업에서도 위대한 시인들과 극작가들도 전면을 차지한다. 모국어 수업의 주제도 적절한 형태로 채택할 수 있고, 학급은 외국어 중 하나를 택해 연극을 할 수도 있다.

11학년의 지리학 수업은 두 가지 측면을 고려해야 한다. 한편으로 학생들은 지금까지 상상했던 것의 경계를 넘어설 수 있다. 오래된 지도 제작의 전통으로 되돌아 가서 다양한 지구의 투영도를 계산하고 그리게 하여 이를 도울 수 있다.(천문학은 때때로 별도의 집중수업으로 제공한다. 다시 말하지만, 이것은 지구에 대해 상상할 수 있는 한계를 뛰어 넘는다.) 다른 편으로, 11학년 학생들은 자신의 심리적, 사회적 지위, 즉 '내면의 집'을 찾기 시작한다. 이것은 세계 경제학의 관점으로 바라보는 지리학 탐구를 통해 도울 수 있다. 이로써 인류 전체가 스스로를 위해 창조한 또 다른 '지각'을 알게 된다. 문화 및 경제적 생물로서, 인간 존재는 공간을 형성하고 이에 대해 어느 때보다 성장하는 인식을 계발한다. 세계 경제 관계와 그 기초가 되는 원칙은 맹목적, 이기적, 착취적 힘과 함께 상호, 생태 의식 및 협력의 개념을 드러낸다.

기술 수업에는 '에너지와 물질'이라는 주제가 있다. 다양한 에너지 생산 수단(고체 연료 발전기, 원자력 발전기, 물 및 풍력 발전기, 태양 에너지)을 상세하게 다루고, 무책임한 에너지 생산의 결과에 대해 논의한다. 우리가 계속 살아가는 세상에 대한 양도할 수 없는 필요는 에너지 생산의 영역만큼 분명한 곳이 없다. 물리학, 화학 및 생태학과의 연관성이 뚜렷하다. 기술의 '물질' 요소는 제지(製紙) 산업과 관련된 모든 것(인쇄를 사용하는 매체를 포함하여)과 재활용 문제까지 포함하는 제지 및 가공에 대한 탐구 같은 주제에서 다룬다.

10학년 정보 기술이 11학년 단계로 넘어가면 더 이상 감각으로 지각할 수 없는 과정으로 들어간다. 작업 과정을 단계별로 수행하여 10학년에서 논의한 인과 관계는 이제는 사고를 통해서만 이해할 수 있는 상태로 이어진다. 정전기학의 관찰은 감각 지각할 수 없고 상상해야 하는 영역에서 발생한다. 반도체 및 그 기술은 물리학과 기술의 배경을 제공한다.

예술 수업도 연결 고리를 전면에 등장시킨다. 다양한 예술의 유사점과 차이점은 한편에서 그림과 조각의, 다른 쪽에서는 음악과 시의 대립으로 이어진다. 아폴론적인 것/디오니소스적인 것과 같은 대립 개념이나 인상주의/표현주의와 같은 양식적 경향은, 인간의 의식과 진실에 대한 투쟁을 표현하는 예술의 근본 역할을 고려하기 위한 주제다. 이 탐구는 문학, 시각 예술 및 음악의 발전과 관련하여 여러 분야를 가로지르는 방식으로 이루어질 수 있다.

조각과 조형 및 오이리트미에서 학생들은 인체의 몸짓으로 마음의 태도 또는 분위기(물음, 답변, 대화, 기쁨, 슬픔, 불안)를 표현하려고 노력한다. 마음의 거울인 몸은 몸짓을 통해 발견한다. 주관의 영역에서 객관을 발견하는 것이 과제다.

오이리미트 수업은 시와 음악에서 아폴론적인 것과 디오니소스적인 분위기의 사례를 연습하고 양식의 특성을 토론하며 학생들이 판단을 내리도록 격려함으로써 이러한 탐구를 진행한다. 시와 음악은 하나의 요소를 형성하기 위해 결합되어야 한다. 사춘기에는 아이들이 자신의 움직임을 잃어버렸다. 이는 이제 새로운 차원으로 돌아올 수 있으며, 각 아이의 정체성을 나타내는 몸짓과 움직임으로 구성할 수 있다.

사회 활동 실습 기간은 11학년 학생들에게 의미 있는 절정을 이룰 수 있다. 3주 동안 학생들은 병원, 진료소, 가정 또는 장애인 학교에서 일한다. 이 기회를 통해 자신보다 더 많은 도움이 필요한 사람들을 경험할 수 있다. 또한 이들 개개인이 다른 사람의 삶에 빛을 가져올 수 있는 방법을 보여줄 수 있으나, 돌봄 받는 사람이 실제로 더 많은 것을 내어주는 경우가 종종 있다. 새로운 수준의 사회적 인식을 계발할 수 있다. 그러한 일을 통해 습득한 가장 근본적인 성질 중 하나는 다른 사람들의 약점과 단점 모두에 대한 관용이지만, 더 중요한 것은 자신의 한계다. 이러한 경험을 통해 장기적인 발전 가능성이 나타날 수 있다.

11학년의 교육 목표

11학년이 끝날 때까지 학생들은 다음을 시작해야 한다.

- 자신의 감정에 객관성을 확보함으로써 취향, 양식 및 사회 감각에 대한 판단력을 향상시킨다.
- 10학년에서 경험한 사고의 논리적 인과성을 넘어서 사고에 유연성을 가져오며, 이제 전체론적 관점에서 다양한 요소들을 종합하고 연관시킬 수 있다. 이는 또한 무한하고 감각 지각할 수 없는 현상에 대해 생각할 수 있음을 의미한다.
- 자기 주도의 사회적 책임감을 갖는다.
- 보다 포괄적인 이해를 통해 관련 현상을 연결, 통합할 수 있다.

12학년

19세와 20세 내면의 질문은 18세의 질문과 다르다. 그들은 다음을 알고 싶어한다. 개별적 인간 존재로서 나는 어떻게 사회, 경제, 기술 또는 정치적 문제에 영향을 줄 수 있는가? 세상에서 나의 자리는 어디인가?

12학년 교육과정은 12년 동안 발전시킨 것을 통합한다. 인간이 가진 진화의 본성과 세계 속에서 인류의 역할을 전체 그림으로 통합하여 보여주는 것이 목표이며, 이는 슈타이너-발도르프 교육의 가장 중요한 면이다.

생물학에서 수년에 걸쳐 쌓은 모든 지식과 기술이 모여서 개관을 이룬다. 이곳에서 생물학은 무기 과학과 관련하여 특별한 위치에 있다. 학교의 마지막 학년에서 일반적으로 두 번의 생물학 집중수업을 갖는다. 고등 식물의 식물학과 인간 존재에 대해 살펴보며 정점에 이르는 동물학이 그것이다. 초급 학교와 상급 학교를 거치는 여행에서 학생들은 친숙한 인간으로 시작하여 자연의 왕국을 광물의 왕국에 이르도록 단계적으로 나아갔다. 상급 학교의 후반부는 그와 반대의 길을 걷는데, 가장 단순한 형태의 생명에서 자연의 왕국을 거쳐 인간에 이른다. 이는 발전에 대한 생각을 생명의 모티프로서 발견할 수 있게끔 한다.

지리학 또한 개관의 통합으로 이어진다. 학생들은 성숙한 성인이 되기 직전에 있으며 현재 세계의 상황과 개인적인 미래에 자연스럽게 관심을 돌린다. 그들은 다른 주제와 관련하여 발생하는 문제를 포함하여 이전에 다루어졌던 권리에 관한 몇 가지 질문을 다시 볼 준비가 되어 있다. 인류의 문화적 다양성, 인종, 문화 및 사회 정치 현실을 수업의 중심으로 삼을 수 있다. 이런 식으로 7학년과 8학년의 주제를 심화하면서 이번에는 지구를 형성한 문화적, 영적 힘에 대한 이해로 이어간다. 이를 지구의 '문화적 지각(地殼)'이라고 부를 수 있다.

비슷한 방식으로 12학년 학생들은 자신이 배우고 있는 외국어로 이루어진 말과 사고의 개인적 양식을 이해하고, 특히 원문을 통해 그러한 언어로 표현한 중요한 문화적 자극을 알아야 한다. 이것은 각 문화가 세계사에 기여하는 것에 대한 근본적이고 질적인 이해를 가져오며, 결과적으로 학생들의 문화와 언어에 대한 이해도를 높여준다.

음악 수업의 목표 중 하나는 20세기 음악의 고유한 언어를 인식, 이해, 설명하는 것이다. 학생들은 현대 음악과 관련하여 스스로 판단해야 한다. 우리 시대의 다양한 유형의 음악은 다양한 개성과 문화적 흐름으로 표현되는 인류의 현재 상황을 반영한다.

영어 수업은 영어로 된 현대 문학의 예시와 세계 문학의 번역을 경험할 수 있는 기회를 제공한다. 이 탐구의 중심은 문학이 변화하는 개인 및 문화적 의식을 반영하는 방법이다. 우리 시대의 보편적이고 개인적/문화적인 경험 모두를 보여주는 세계 고전 문학을 볼 수 있다.

역사 교육과정에 대한 슈타이너의 권고는 지리학에 대한 권고와 일치한다. 학생들은 문화의 내부 구조와 주기적인 진화에 대한 질적인 이해를 달성하기 위해 노력한다. 그리스-로마 시대의 특징은 무엇인가? 중세는 현대와 어떻게 다른가? 역사적 기간은 어떻게 정의할까? 유럽과 비교하여 극동과 같은 지리적 지역에서도 동일한 문화 진화 단계를 찾을 수 있는가? 이 집중수업을 통해 내부의 진화 과정이 겉으로 드러날 때 역사적 사건으로 표현된다는 점을 보여주어야 한다.

이것은 자신의 관점에 대한 인식과 선하거나 악한 행위를 통해 모든 개인이 역사를 만든다는 앎으로 이어진다. 개인이 자신의 주변 환경에 어떤 영향을 줄 수 있는지 살펴보면 개인의 책임을 인식하게 된다. 사회학에 의해 보완된 12학년의 역사 교육은 관점이 변화한다. 학교 초기에는 그 구조가 연대순이었다. 이제는 다른 관점의 과정과 주제를 긴 시간 속에서 연구한다. 이러한 위치 변화는 학생들이 역사의 철학과 방법을 과학으로서 이해하게끔 한다.

이제 사회 학습은 이론적이지 않은 방식으로 정치 교육으로 이어져야 한다. 오늘날 정치 세계에서 젊은이들이 가지고 있는 불신에 비추어볼 때, 정치 과정에 대한 적극적인 관심을 불러일으킬 필요성을 강조하는 것이 중요하다. 다양한 상황(예: 대법원 판결, 단체 임금 협상, 의회에 법안 제출)에 대한 단체 활동, 정치 기관 방문 견학 및 가능한 경우 정치인과 그들의 작업에 대해 이야기할 수 있는 기회로 시작할 수 있다. 프랑스 혁명에서 20세기 말까지의 국가, 법률 및 경제 발전을 다룰 수 있다. 예를 들어 시민의 권리와 인권의 발전을 연구할 수 있다. 동서의 갈등과 남북의 갈등을 분석한다. 학생들은 예를 들어 보다 깊이 있게 연구함으로써 인류 문명과 문화에 대한 전반적인 그림을 얻는다.(이러한 연구는 9학년에 시작하는 주요 교과 과정 이외의 전문 수업 형태를 취할 수 있다.)

다양한 화학적 과정의 모형을 소개하고 논의함으로써 화학 집중수업은 전통적인 분석적 접근 방식에서 과정 지향적인 형태의 화학으로 이어지도록 노력한다. 또 한편으로는 변형을 논의의 중심에 둔다. 예를 들어, 다양한 단백질에 대한 정량적 연구와 함께 현상적, 정성적 측면을 다룬다. 학생들은 측정 가능한 정량적 측면과 함께 질적 측면을 관찰하고 이해하는 법을 배운다. 생화학이 특히 중요하며, 환경을 오염시키는 대신 인류를 치유할 수 있는 것으로 화학을 제시하는 기회를 제공한다.

기술 수업은 화학 기술에 중점을 둔 화학 수업의 결과로부터 이어가거나 11학년에서 시작한 컴퓨터 기술을 더 발전시킬 수 있다. 전자의 예는 플라스틱에 대한 탐구, 플라스틱의 제조 및 산업에서의 사용, 또는 오염 문제에 대한 실험실 작업, 폐기물 제거, 폐기물 재활용이 가능하다. 12학년에서 산업 실습 기간이 정해지면 일터의 건강에 대한 토론을 이어갈 수 있다. 이와 관련하여 새로운 기술을 조사하고 효율성을 시험할 수 있다. 컴퓨터 기술에 중점을 둔 경우, 학생들은 산업 환경에서 사용할 수 있는 프로그램을 만든다. 이를 통해 인간은 기계의 노예가 아닌 기계를 만드는 영이라는 점을 경험할 수 있다.

화학과 마찬가지로 물리학도 현상학적으로 다룬다. 11학년에서 감각 지각할 수 없는 물리 영역에 들어간 12학년의 학생들은 이제 광학 영역의 새로운 길을 조사한다. 미시 세계에 대한 양자 이론과 거시 세계에 대한 상대성 이론의 적용을 인간 경험과 연결지어 결합한다. 시각으로 시작하여 빛에 관한 알려진 사실에 대해 사고함으로써 빛의 실제 본성과의 관계를 찾으려 시도한다. 이와 동시에 미술 수업은 그림을 통해 괴테의 *색채론*을 다룰 수 있다. 한 사람의 관점에 대한 질문이 중심이 선다. 세계 속에서 인간의 고유한 위치가 질문으로 함께 떠오른다.

회화와 조형 모두에서 미술 수업은 개인을 가장 명확하게 표현하는 인체 부분, 즉 머리를 작업하는 기회를 제공한다. 돌을 칠하고, 조형 또는 조각하는 학생들은 머리에 틀림없는 모양과 표정을 부여한다. 그러한 일은 다음과 같은 질문으로 이어질 수 있다. 인체는 혼과 영의 표현인가?

비슷한 방향을 오이리트미에서도 적용한다. 여기서 과제는 음악이나 시에서 기본 몸짓에 적합한 형태를 찾고 전체적으로 묘사하여 예술 작품 내면의 특징과 성질을 보여주는 것이다. 학생들은 학교 공동체를 위한 오이리트미 공연에서 움직임과 몸짓을 통해 자신의 개성을 표현할 수 있어야 한다.

11학년의 해석 기하학 수업은 묘사로서의 기하학에서 대수 계산으로서의 기하학으로 나아갔다. 이제 12학년 수학 수업은 반대 방향으로 진행한다. 해석을 통해 학생들은 순수한 계산으로 시작하여 미적분을 경험한다. '미분 계수'의 개념을 배움으로써 학생들은 수학의 새로운 차원을 이해하게 된다. 그 적용 외에도, 학생들은 이를 이해하고 경험해야 한다. 그리고 그때에만 그림과 계산을 결합할 수 있다. 방정식에서 형태를 이끌어내고 형태에서 방정식을 이끌어냄으로써, 우리는 학생들 내면의 활동을 발생시킬 뿐만 아니라 수학에서 질적인 것에 대한 이해를 생성한다. 이것은 광학, 전기, 역학, 우주 여행 등의 응용과학에서 다양한 방식으로 적용하는 모든 종류를 이해하는 데 필수적이다. 학생들은 미적분의 기초를 이해함으로써 고차적인 수학 영역에서 한 수학적 과정이 반대편의 것과 일치할 수 있음을 인식하게 되고, 이로써 세계에 대한 보다 높은 수준의 수학적 이해력이 열린다.

11학년에서 수행한 작업에 따라, 두 번째 사영기하학 집중수업을 할 수 있고, 사영기하학이나 구면기하학을 토대로 삼을 수 있다. 이러한 방식으로 다룰 때, 사영기하학은 건축 집중수업 및 예술 여행에서 투시도법의 활용을 이해하도록 이끈다. 구면기하학은 천문학 또는 지구를 향해 더 나아갈 수 있다.

두 번째 수학 집중수업의 또 다른 가능성은 형태의 원리에 대한 연구로부터 수학, 식물학, 천문학, 발생학 및 기하학을 전체 파노라마 속에서 결합하는 것이다. 이는 학급의 전반적인 이해 수준에 크게 좌우된다.

12학년의 산업 실습 기간 동안 학생들은 11학년의 사회 실습 기간에서 마주한 것과는 완전히 다른 '허용 오차(tolerance)' 개념에 관심을 갖는다. 산업에서 '허용 오차'는 금속 가공 산업 공장의 생산 공정에서 공작 기계의 정확성과 관련이 있다. 산업 실습 기간(몇 주) 동안 학생들은 작업과, 작업하는 사람들 및 자신에 관해 많은 경험을 한다. 이 실습 기간의 목적은 경제 및 산업 생활을 '바닥에서부터' 알기 위함이다. 학생들은 공동의 산업 목표를 향해 다른 사람들과 함께 일하는 것이 무엇을 의미하는지 경험한다. 그들은 노동 분업을 통해 현대 세계의 기회와 문제에 대해 배운다. 과정의 한 부분에서 일어난 실수가 전체 생산 과정에 미치는 영향을 관찰할 수 있다. 또한 산업 기계를 정확하게 사용하는 방법, 재료를 확인하고 다른 제어를 수행하는 방법을 배울 수 있다. 아이들은 자신의 경험을 통해 의식적이고 창조적인 정신 활동을 위해 일과 여가의 양극성 사이의 공간을 만드는 데 얼마나 많은 힘이 필요한지 배운다. 이 실습 기간 동안 다양한 교육 과제를 수행한다. 산업 실습의 대안은 사업 또는 서비스 산업의 한 부분에 대한 직업 실습이다. 그러한 프로젝트의 핵심은 일의 도덕적 측면을 경험하고 다른 사람들의 필요를 충족시키는 것에 있다.

12학년 연극은 전체에 대한 책임을 보여주고, 공동의 목표를 향한 노력이 개별 역량의 합계 이상을 가져올 수 있는지를 보여준다. 마지막으로 수업은 연극, 오페라, 뮤지컬, 카바레 등을 다룰 수 있다. 연설, 제스처, 음악, 노래(아마도 오이리트미), 연출, 무대 장치, 조명, 프로그램 및 포스터— 이 모든 것을 관리해야 하고, 덧붙인다면 더블 캐스팅으로 여러 번 공연할 수도 있다.

일부 슈타이너-발도르프 학교는 굵직한 개인 프로젝트로 12년을 마무리한다. 각 학생들은 실용적/예술적 주제와 이론적 주제(여러 과목을 포함)로 구성된 1년 동안의 프로젝트를 진행한다. 이것은 개별 지도 교사나 프로젝트 지도 교사의 도움을 받아 일상 학업 이외에도 일년 내내 진행한다. 이 프로젝트의 실제 결과는 전시회에 전시하거나 오후 또는 저녁 공연 중에 수행한다. 학생들은 이론적인 부분에 대해 공개적으로 이야기하고 토론을 한다. 이러한 발표를 적절한 형식으로 제공하는 것이 12학년의 또 다른 측면이다.

많은 관점과 주제의 조합을 요구하는 12학년의 작업과 함께, 예술의 주요 주제는 보편 예술로서의 건축술이다. 또한 12학년에서 중요한 주제는 예술과 미학에 대한 철학이다. 철학의 역사와 세계 종교에 대한 비교 연구는 인류의 영적 노력에 대한 개관을 제공할 수 있다.

12년간의 슈타이너-발도르프 교육을 대표하는 12학년 수업은, 1920년에 루돌프 슈타이너가 명시한 의미에서와 같이 인간 존재를 이해하려는 목표에 기여하기 위한 것이다.

세상을 앎으로써 인간 존재는 자신을 발견하고, 자신을 앎으로써 세상이 그에게 드러납니다.

12학년의 교육 목표
12학년이 끝날 때 학생들은 다음의 사항이 가능해야 한다.
- 인간, 인간 사회 및 자연의 본성에 대한 통합된 시각을 가지고 있어야 한다.
- 자신과 관련한 광범위한 주제에 대한 자신의 견해를 분명히 표현하고 설명하며 연관시킨다.
- 좋은 사회적 역량을 보여준다.
- 인간의 운명에 관한 질문에 관심을 보인다.
- 감각을 통한 관찰 및 사실에 대한 검토를 통해 성질을 인식하고 특징화할 수 있다.
- 실용적, 사회적, 개념적 의미에서 부분에서 전체에 대한 인식으로 이동

한다.

- 과정 내에서 앞뒤로 움직일 수 있는 사고의 내적 유연성을 보여줌으로써 전체를 이해하고 과정의 배후에 있는 생각을 표현할 수 있다.
- 세계의 근본에 자리한 형성적, 창조적인 원리의 활동을 표현하는 현상들 간의 연결과 내부의 고리를 만들기 시작하고, 이로써 영과 눈에 보이는 형태 및 물질 사이의 상호 작용을 드러낸다.
- 인과적, 분석적 관찰과 목적론적 관찰의 차이점을 이해한다.
- 법칙, 필연성, 자유, 책임의 관계를 고려한다.
- 스스로 사고하고, 자신의 통찰을 통해 행위하며, 그 행위에 책임을 진다.

제2부

수직적 교육과정

제8장

도입

슈타이너-발도르프 교육은 그 내용과 방법 모두 끊임없는 창조 과정 속에서 숨쉰다는 것을 다시 한 번 짚어둔다. 따라서 모든 교사는 시간의 경과에 따라 실제 수업과 세계의 변화를 토대로 교육을 연구해야 한다. 이것이 슈타이너가 슈투트가르트의 첫 발도르프 학교 교사들에게 교육에 대해 조언하고 교육과정을 제안한 바였다. 이는 *인간 경험의 기초*(이전에 *인간에 대한 앎*)•로 알려진 강의와 *교사와의 토론 및 교육과정에 관한 세 가지 강의*••에 표현되어 있다. 슈타이너가 가르침에 대해 일러두었던 다른 주요한 자료는 그가 정기적으로 선생님들과 함께 개최한 회의와 *교사 회의*(Conferences With Teachers)에서 기록된 내용에 근거한다.[1]

슈타이너는 교사의 교육적 상상력과 학생들의 개인성을 발전시키고자 하는 책임감, 그리고 교육에서 필요한 모든 것에 대한 무조건적인 헌신을 믿었다.

• 한국어 번역본 제목은 '인간에 대한 보편적인 앎'이다.
•• 한국어 번역본은 '세미나 논의와 교육과정 강의'다.

우리는 발도르프 학교에서 어떤 교육 방법론들을 따르는 동시에 가장 큰 자유를 가지고 있습니다…우리의 전 교육과정은 영적으로 필요한 것에 따라 결정되지만, 다른 한편으로 교사들은 그들이 적절하다고 생각하는 것을 할 수 있는 가장 큰 자유를 가지고 있습니다.[2]

'영적으로 필요한 것에 따라' 결정되는 '교육 방법론'의 방향은 위에서 언급한 인간 경험의 기초에서 찾을 수 있다. 이것은 교사 회의와 각 개인의 연구에서 교육적 자극을 이끌어낼 수 있는 무한한 원천이다. 한편 이 자극은 교사가 수업의 주제를 다루는 방식으로부터 솟아난다.

우리는 어떤 상황에서도 우리 자신 안에서 교육과정을 재창조할 수 있는 듯이 그것에 접근해야 합니다. 그래서 우리는 7세, 8세, 9세 또는 10세의 아이를 보고 각각의 나이에서 해야 할 일을 배워갈 수 있어야 합니다.[3]

아래 교육과정의 구조는 다음을 기조로 삼는다. 슈타이너-발도르프 교육은 단지 문자 그대로를 따르는 관행이어서는 안 된다. 그러나 주관적이거나 임의적으로 바꾸는 것이 아니라, 변화를 시도하기에 앞서 먼저 철저하고 책임 있는 교육 연구를 수행하는 것 또한 중요하다. 이 책에서 수업 내용으로서 제안하는 것들은 검증을 거쳐서 아이들의 경험에 기초하고 훌륭한 실제 수업에 토대를 두었다.

체크리스트
개별 학생의 성취도를 관찰하기 위해 국어, 수학 및 외국어 영역이 통합된 형태의 체크리스트를 사용하도록 지침을 제공한다. 이 목록은 해당 학년 말에 일반적인 범위의 능력을 갖춘 대부분의 아이가 실행, 이해, 반복할 수 있는 것을 드러낸다. 이러한 성취는 최소한의 수준을 구성할 것이다. 어떤 기준은 교사 스스로가 참고하기 위한 것이다. 이는 어떤 성공이나 실패를 나타내기 위한 기준이 아니라 단순히 교사의 방향 설정을 돕는다.

각 학교, 심지어 각 선생님이 자신의 지침을 정당화할 수 있다면 성취를 위한 자신만의 지침을 정하는 것도 충분히 가능하다. 여기에 제시된 것들은 기준점으로 사용할 수 있다. 경험 많은 교사들은 개별 학생이 조숙하거나 늦게 발달할 수 있다는 것을 알고 있다. 지적, 문해력 또는 수치적 능력을 천천히 계발하는 것처럼 보였지만 나중에 이 분야와 다른 분야에서 두각을 드러낸 아이의 사례는 많다. 판단에 앞서 이를 항상 명심해야 한다. 성취 지침의 목적은 어떤 아이에게 부족하다는 딱지를 붙이기 위한 것이 아니라, 단순히 목표로 삼을 기준점과 해당 단계에서 비교할 수 있는 개인적 성취를 제공하는 것이다.

우리는 교육의 내용과 달성해야 할 최소한의 수준을 구분한다. 아이들은 종합적인 발달을 돕는 다양한 경험들을 겪어야 한다. 그러나 특정 기술로 발전할 수 있도록 숙달해야 하는 몇 가지 것도 있다.

어떤 경우에 이러한 최소 요구 사항은 연령과 관련이 없다. 오히려 이는 과목 자체의 논리에 따른다. 예를 들어 '더해서 이루는 수'● 및 구구단에 대한 기초 지식이 누락되거나 단편화되어 응용하지 못할 경우 산수로 나아가기 어렵다. 어떤 이유든 한 아이가 이러한 기초를 숙달하지 못하면 기본 산수를 이해하고 사용할 수 있게끔 하는 학습 지원, 개선 방안 또는 기타 보조 수단이 필요하다. 지침은 이런 의미에서 주어진다.

● Number bond. 예를 들어, 더해서 10이 되는 수, 10=1+9=2+8 등등.

교육과정에 대한 루돌프 슈타이너의 메모

1. 사춘기 이후에는 실용적인 과목이 수업의 일부가 되어야 한다. 사람들은 공장이 아니라 학교에서 현대 기술 시대의 의미를 알아야 한다.

2. 교육의 미적 측면은 이 점에 대해 균형을 잡아줘야 한다. 아름다움에 대한 느낌은 인간에게 있어 어린 시절과 그 너머를 영원히 통합시킬 수 있는 유일한 것이다. 이러한 인상은 지식의 한계를 넘어서는 용기를 제공할 뿐만 아니라, 경험에 기초한 믿음에 내용을 제공하기 위해 필요하다. 이 느낌은 일의 가치를 높이고 여가를 정당화한다. 지식은 사람들을 신성한 곳으로 인도할 수 있다. 의지의 자극은 발아하는 씨앗일 뿐이다. 아름다움은 실재의 마법으로 그림을 가득 채우지만, 의지가 발현하는 방식과는 다르다.

3. 아름다움이 영(靈)과의 연결을 유지하며 존재하지 않는다면 그 연결은 끊어진다. 아름다움은 '나'를 몸에 묶어둔다.[4]

제9장

산수와 수학

발도르프 학교에서 수학은 세 단계로 나뉜다. 첫 다섯 학년을 포함하는 첫 번째 단계에서 수학은 아이의 성장 과정과 긴밀하게 연결되어 있는 활동이자, 내부에서 외부로 향하며 발전한다. 6학년에서 8학년까지의 둘째 단계에서는 실용성이 강조된다…이어서 9학년에서는 합리적 사고로의 전환이 특징이다.[1]

이상의 내용은 슈투트가르트의 발도르프 학교 첫 수학 교사였던 바라발레(H. von Baravalle)가 서술했다.

1~5학년

먼저 두 질문에 답해보자:

1. 기초 수학 개념들에 어떻게 접근해야 하는가?
2. 그것들은 어떤 정신적 기초에 기반하는가?

첫 번째 질문에 답하자면, 면밀한 관찰을 통해 산수와 기하 개념에 대한 학습이 아이의 의식 및 신체 움직임과 연결되어 있음을 알 수 있다. 셈은 외부 대상의 움직임이 반영된 내적 움직임이다. 슈베르트(E. Schuberth)는 이를 '수학 학습의 감각적 내용물'이라고 불렀다.[2] 아이의 지능 발달에 관한 피아제(Piaget)의 연구 결과 또한 이를 드러낸다. '구체적 조작기'(13세 혹은 14세)에서 아이들은 여전히 한 대상을 다른 것과 연결하고자 할 때 움직임을 보인다. 어쨌든, 이런 움직임들은 아이들이 스스로를 겨우 분리해낼 수 있는 물리적 대상들과 연결되어 있다.

이는 두 질문으로 이어진다. 만약 수학 개념의 발달이 정적이고 구체적 단계에서 이루어진다면, 우리의 목적은 '일반화와 추상화'가 아니라 '구체화와 개별 사건 관찰하기'여야 한다.[3] 이로써 아이들은 추상적 논리 구조를 다루지 못하게 되더라도 경험을 위한 모든 역량을 수학에 집중시킬 수 있다. 다음으로 수학을 이해하기 위해 필요한 의식 상태를 기르고 훈련할 수 있는 형태 그리기를 다룬다. 이 신체 경험은 '형식적 조작기'(피아제)에 건강하게 몰입하기 위한 기초와 전제다. '손으로부터, 가슴을 거쳐 머리로'(앞서 언급한 '경험을 위한 모든 역량'의 의미)라는 원칙을 통해 아이들은 자신들의 역량을 놀이로 드러낸다.

재빠른 지적 능력이 아니라, 감성을 담아내고 이로써 사고를 명료하게 이끄는 역량을 가진 학생에게서 개념과 설명에 대해 가장 의미 있는 질문이 나온다는 점은 명백하다.[4]

이 구체적인 방식을 초등학교 수준의 수학에 적용할 때, 우리는 동적인 요소만이 아니라 다른 것을 더해야 한다. 이는 정체성이라고도 표현할 수 있는, 개별 숫자의 성질이다.

위의 내용은 운동의 일시적인 정지 혹은 운동 그 자체에 기반하기 때문에 숫자에 대한 양적 접근을 강조한다. 따라서 이와 같이 양만이 아니라 질적인 수 개념을 함께 소개해야 한다. 우리는 장미꽃에서 발견하는 숫자 5처럼, 질문 속의 수가 세계 속에서 생생한 것일 때의 예시를 살펴보며 성질에 대해 접근한다. 이 지점에서 우리는 세계와 인간의 창조물 이면에 놓인 것, 즉 현상의 이면에 대해 질문하고자 하는 아이들의 욕구를 이용한다. 핵과학자 하이틀러(W. Heitler)는 강의를 통해 이렇게 말했다:

하나는 질적 현상과 관찰되는 사물의 전체성에 관한 어떤 속성에 주의를 기울이게 합니다.

슈타이너는 이를 수 개념을 소개할 시작점으로 삼을 것을 권했다:

우리는 수를 합성된 방식으로 다룰 수 있는 문명 단계로 점차 다가갑니다. 우리는 한 개의 하나(unity), 두 번째 하나, 세 번째 하나를 알고 있고, 더 해가며 셈하는 데 있어 하나를 다른 것들과 합침으로써 수를 세고 하나를 다른 것들과 나란히 놓습니다. 그러나 아이들이 이런 내적 이해를 가져가지 못한다는 점은 명확합니다. 초기 인류는 이런 식으로 셈하기를 발전시키지 않았습니다. 셈은 하나로부터 시작합니다. 둘은 하나의 외적 반복이 아니라 하나 안에서 생깁니다. 하나가 둘을 낳고, 둘은 하나 안에 담겨 있습니다. 하나가 나뉘어 셋이 되고, 셋은 하나 안에 담깁니다. 현대적인 방식으로 숫자 1을 쓴다면 우리는 1에 사로잡히게 되고 2도 역시 그렇습니다. 그러나 둘이 하나로부터 나왔고 다시 둘은 하나 안에 담겨 있으며 셋과 다음 수도 마찬가지라는 것은 내면의 유기적 삶입니다. 하나는 모든 것을 포함했고 수는 그것의 유기적 분리였습니다.[5]

숫자를 보는 이 '실재적' 방식은 문자로 된 숫자, 즉 상징으로 이어진다. 이는 문자를 가리키기 위해 사용되는 것이 아니라 수의 성질에 따른

상을 의미한다. 이 상은 외부의 상징적 형태가 아니라 숫자의 존재를 따른다. 이 지점이 질적 교육이 가지는 함의를 드러낸다. 오늘날, 특히 생태적 재앙과 파괴에 대한 양적 세계관의 결과에 직면할 때, 이런 접근을 통해 수학 교육을 시작하는 것은 더욱 중요하다.

수의 구체적인 성질로부터 시작하고 셈과 계산에서 운동의 속성을 다룸으로써 아이들은 실재로 향하는 길을 찾는 일종의 지능을 계발한다.

이로써 우리는 앞서 언급한 수학 교육 접근법을 담은 두 번째 단계로 향한다. 여기서는 계산의 실제적인 사용법을 다루어야 한다.

만약 첫 번째 단계에서 앞서 제시한 방식대로 계산을 연습했다면 그 적용 역시 질적 색채를 띨 것이다. 백분율과 이율처럼 상업에서 사용된 수학을 토대로 발달한 지성 역시 무가치한 것이 아니며, 균형 잡힌 평가와 판단을 위한 의미를 가질 수 있다. 인류의 발상(發想)이 드러내는 중요성은 밝혀낼 수 있고, 또 밝혀내야 한다. 이러한 연결을 토대로 우리는 슈타이너가 부기(簿記) 또한 수학 수업에서 다루어야 한다고 제안한 점을 떠올린다. 그것이 함의한 전반적인 생각을 알기 위해서는 부기를 통해 어떤 기술이 발달되었는지를 살펴야 한다. 그곳에서 이상의 모든 도덕적 거래 방법은 이 방식에 의해 지탱된다는 것을 알게 된다.

이 모든 주제는 우리를 교육의 새로운 목표로 이끈다. 수학적 문제를 해결함에 있어 내적 이동성은 상상력으로 이어진다.

수의 성질에 대한 경험을 통해 아이들은 신뢰와 안정을 경험한다. 수, 세계, 인간은 함께한다.

아이들은 문제 해결의 정확성을 통해 보다 깊은 안정감을 느낀다. 이런 수단을 통해서 아이들이 어느 정도의 독립심을 얻는다.

이런 이유에서 수학은 아이들을 권위의 속박으로부터 자유롭게 하는 데 적합한 활동입니다. 비록 아이들이 처음에는 교사의 도움에 의존하더라도

말입니다.[6]

결코 저평가되어서는 안 되며 이후의 주제와 이어지는 마지막 교육 목표는 계산이다. 계산은 정기적인 연습 없이 가능하지 않고, 이 점은 의지를 훈련하는 데 탁월한 도구가 된다.

셋째 단계를 명시적으로 드러내는 수업은 9~12학년에서 이루어지기 때문에 이 자리에서는 생략한다.

수학 수업의 일부인 기하는 5~6학년에서 시작하고, 다른 집중수업 주제와 분리하여 다룬다. 이 교과의 주안점 중 하나는 공간을 시각화하는 능력을 기르고 발전시키는 것이다.

지시된 움직임이 가져오는 통제하의 안정감과 비율 및 관계에 대한 짐작은 맨손 기하를 통해 훈련되는데, 1~4학년에서 이루어지는 형태 그리기도 이를 준비하는 데 적절하다.

교과와 부분적으로 관련된 기술, 지식, 적용법의 습득은 나이에 따라 증가하는 복잡성에 비추어 이루어진다.

- 학생들은 그리기 등 기하적 속성을 대표하는 실제적인 방법들로 기하적 속성을 발견하고, 정신적으로 이해하고 적용하는 방법을 점진적으로 배워야 한다.
- 기하적 그리기를 위한 도구를 사용할 때는 반드시 명확하고 구체적인 작도로 이어져야 한다.
- 인내, 관심, 정밀함이 그리기의 즐거움에서 오는 독립된 창조적 작업과 함께 계발되어야 한다.

1~3학년

의지 활동의 역동성은 계산 가능성에 대한 경험을 통해 내면화해야 한다. 수의 성질에 대한 형상적 묘사를 통해 동기를 부여해야 한다. 이

양면성이 중요하다. 한편에서는 운동 경험, 운동 가능성의 전개(크고작은 움직임 모두) 및 협응 운동을 통해 몸의 감각을 교육한다. 그리고 다른 한편으로 마음 활동에서 표현된 활동(즉, 계산)을 내면화한다. 여기서 이를 달성하기 위한 주요 수단은 형상이다. 형상을 통해 아이들은 내적 의미를 파악할 수 있다. 순수한 상징적, 논리적 표현은 결코 이것을 이룰 수 없다.(그렇더라도 문자 학습을 시작할 때와 달리, 계산은 비형상적 세계를 목표로 한다는 것을 항상 의식한다.) 양(量)적 수를 자유롭게 다룰 수 있으려면 내면에 수를 다루는 공간을 만들어야 한다. 이 공간에서 아이들은 리듬 활동으로 시작하는 다양한 숫자 패턴을 따라 움직이는 법을 배운다. 이는 다른 방법 중에서도 리듬 활동을 통해 구구단을 학습하여 발달시킨 기억에 의해 이루어진다. 예를 들면, 박수 치기, 콩 주머니 건네기 또는 건너 뛰기가 있다. 가능한 한 구체적이고 시각적으로 실제 계산에 접근하고, '전체로부터 부분으로'라는 원칙을 명심하는 것이 그 처음에서 중요하다. 이는 분석적, 통합적 사고 사이에 올바른 연결이 만들어지는 것을 의미한다. 기질을 다루는 작업은 *교사들과의 대화*[7] 네 번째에서 제시된 맥락을 따라야 한다. 3학년을 마칠 때 학생들은 적어도 1,020까지의 숫자는 자신 있게 이해하고 명확하게 인지해야 한다. 이는 양이나 범위만이 아니라 수의 성질 역시 그렇다.

1학년

위에서 제시한 슈타이너의 설명을 참조한다면 수학 수업의 접근법은 분석적이다. 전체로서의 숫자 1에서 시작해서 수(상징) 1부터 10은 질적인 방식으로 나타나야 하고(위를 보라.) 이들은 단일성 속의 다양성으로 담겨 있다. 수를 표기할 때 아라비아 숫자보다 덜 추상적인 로마 숫자를 쓸 수도 있다.[8] 혹은 아라비아 숫자도 알파벳 문자처럼 형상적으로 접근해도 된다.

- 110까지 세기
- 구구단 7단까지 리듬 활동으로 배우고 외우기
- 20까지의 수를 사용한 사칙 연산의 도입과 써서 표현하기(참고로, 더하기를 처음 배울 때는 '7은 3+4이다.'와 같이 표현해야 한다.)
- 숫자 수수께끼
- 암산의 첫 연습

2학년

- 암산을 더 연습하기
- 100까지의 수로 셈하기와 사칙 연산을 확장
- 복합 계산의 연습
- 수들의 관계에 대한 기초적 이해—'왕'이 되는 수와 '거지'가 되는 수(소수)
- 12단까지 외우기
- 구구단을 그리기로 표현하기
- 분석적, 통합적으로 연습된 계산 써보기
- 계산을 역전시켜 표현(3+4=7)

3학년

- 암산
- 1,020이나 1,100까지의 수를 사용한 덧셈
- 여러 자릿수를 사용한 덧셈과 뺄셈 써보기(자릿값)
- 두 자릿수의 곱셈 써보기
- 한 자릿수로 나누는 나눗셈 써보기
- 15단 연습, 10단은 900까지 확장
- 수열로 제곱수 외우기

- 무게와 단위(실제 대상으로서), 간단한 실제 문제에 대한 계산

1~3학년을 위한 수 개념 체크리스트
평균적인 범위에 속하는 대부분의 아이들은 아래 내용을 할 수 있다.

수

1	사칙 연산과 그 상징 +−×÷의 적용 가능한 지식(구술과 문어 형태를 포함함)
1	1~12까지의 수의 성질 인지
1	로마 숫자 I~X와 아라비아 숫자 1~100까지 이해
1	1~100까지 세기
1	10이 되는 짝꿍 숫자 알기
1/2	홀수와 짝수의 차이 이해
1-3	1~12까지의 구구단에 대한 실용적 지식
1/3	구술 형태로 위에 제시된 기술들을 적용해서 간단한 암산하기
2	20이 되는 짝꿍 숫자 알기
2/3	1,000까지의 수에 대한 인지, 분석, 셈
2/3	구구단을 통한 나눗셈(24는 6과 4로 나누어진다.)
2/3	10, 9, 5, 4, 11의 곱셈에서 규칙 발견하기
2/3	네 자리까지 자릿값 사용하기(십, 백, 천, 일)
2/3	자릿수를 넘어가는 계산, 예를 들면

$$19 \qquad 74$$
$$\underline{+\ 2} \quad \underline{\times\ 2}$$

3	1~12단 함께나 혼자서 낭송하기

형태 그리기

1/2   직선, 곡선, 선형적 형태, 수직 축에 대한 대칭 그리기

1-3   맨손으로 기본적인 기하 형태 그리기

3-4   수평, 대각선 축에 대한 대칭 반사 그리기

단위

2/3   간단한 지폐로 지불하기와 거스름돈 계산하기

3   12시간 시계를 보고 시간, 반, 1/4시간 사용해서 시각 말하기

3   간단한 실제 합 계산하기, 예를 들면 6×6짜리 상자에 우유가 몇 개
      나 들어 있는가, 벽의 벽돌 개수, 바닥 판 등등

3   길이, 부피, 무게의 단위를 사용한 간단한 합 계산

4, 5학년

아이들은 열 살이 되면 결정적인 변화가 일어난다. 세계와의 긴밀한 연결성이 사라지고 아이들은 세계로부터 분리된다. 유년기에 경험하는 외부와 내부 세계의 조화는 근본적으로 무너진다.

아이들 마음에서 일어나는 이 변형은 4학년에서 아이들이 부서진 수(분수)를 배우는 것으로 수학 교육과정에 반영된다. 아이들은 자신에 대해 경험한 것을 이렇게 교육 내용으로 다시 만난다.

아이들이 분수를 자유자재로 다루는 것이 중요하지는 않다. 오히려 아이들이 '외부적' 균열을 아주 강하게 경험해보는 것이 훨씬 중요하다. 이와 관련해 이집트 분수 계산법의 발전 역사는 교사들에게 분수를 가르치는 흥미롭고 중요한 아이디어들을 줄 수 있다. 분수라는 과목을 제대로 다루기 위해서 다음과 같은 세 가지 방법을 통해 접근하는 것이 좋다. 전체에서 부분으로, 부분에서 전체로, 그리고 등가성의 원칙을 수립한다. 그 후 분수로 사칙 연산을 해보고, 같은 작업을 약분, 확장, 소인수

로 분모를 나눠본다.

다음으로 실제 적용을 위해 소수로 표현되는 분수를 다룬다. 가분성의 경계를 지나고 나면 아이들은 5학년에서 계산의 실용성을 발견하게 된다.

슈타이너가 목표하는 것은 다음과 같다. '5학년에서 우리는 분수와 소수를 계속해서 다루고 아이들이 자연수와 분수를 자유롭게 계산하게끔 도울 것입니다.'[9]

4학년에서 형태 그리기는 기초기하학으로 이어진다. 원과 직선의 기본 선형적 극성으로부터 다시 시작할 수도 있다. 학생들이 그 형태에 대해 뚜렷한 형상을 얻기 위해서 처음에는 컴퍼스와 자를 사용하지 않고 맨손으로 그리는 것이 바람직하다.

비록 우리가 첫 기하 수업에서 가장 기초적인 내용을 다루게 되지만, 학생들이 실리와 실용 너머의 실존적 질문과 이 내용의 연결을 느끼는 것이 중요하다. 이는 아이들이 형태의 아름다움과 기하의 엄격한 규칙에 따른 연결, 그리고 작도 규칙과 방법을 느낄 때 수월해진다.

역사 수업에서 배우게 되는 고대 이집트의 이야기와 연결해서, 피타고라스 정리를 배우기 위한 시작으로 피타고라스의 밧줄을 소개할 수 있다.

4학년

- 암산
- 더 큰 수를 사용한 계산 써보기 연습
- 전체의 부분으로서의 분수를 경험하는 과정을 통해 분수 소개. 부분으로부터 전체, 비슷한 분수와 다른 분수. 가분수로부터 대분수로의 전환과 그 반대
- 소수의 소개

- 복습: 사칙 연산과 여러 자릿수를 이용해서 곱셈과 나눗셈 써보기
- 맨손 형태 그리기는 기하적 그리기로 이어진다. 원, 사각형, 삼각형, 이등변삼각형, 직각삼각형. 원을 4, 5, 6, 8, 12분면으로 나누기. 이는 짐작으로 수행된다. 색칠하기와 상상력은 다양한 패턴을 만들어낼 것이다.

5학년

- 암산의 지속적인 연습
- 복습: 자연수를 이용한 사칙 연산
- 복합 사칙 연산
- 분수를 사용한 계산: 같은 수에 대한 늘이기와 줄이기(소인수로 나누기)
- 분수의 표시와 비교. 소수의 계산. 분수법의 통합
- 자릿수 표, 움직임을 통해서 리듬감 있게 자릿값을 질적으로 도입
- 자릿값과 소수의 관계 도입
- 소수를 사용한 단위
- 소수와 분수로 표현되는 소수의 관계 인지

5학년에서의 새로운 과제는 컴퍼스를 정확하게 쓰는 것이다. 그러나 교사에 따라서는 이를 6학년 초까지 기다리기도 한다. 4학년까지 진행된 형태 그리기는 이제 정밀하게 구조화될 수 있다. 아이들은 자연스럽게 꽃 모양의 형태를 칠하고, 따라서 5학년 집중수업인 식물학과 선명하게 연결된다.

정확한 평행선을 긋기 위해 삼각자와 자를 사용할 수 있다.

- 원의 작도부터 시작해서 주요 기하적 요소를 발견: 삼각형, 육각형, 정사각형, 마름모꼴, 평행사변형, 팔각형
- 24점 원의 분할과 연결
- 수직이등분선, 각의 이등분선, 수직선의 작도

- 다양한 삼각형의 작도: 정삼각형, 이등변삼각형, 부등변삼각형, 직각삼각형
- 다양한 각도: 예각, 둔각, 우각
- 삼각형에 닿는 원: 내부(내접원)와 외부(외접원)
- 피타고라스 정리: 매듭이 있는 끈을 시각적으로 사용한다.(이집트인들은 피라미드를 만들기 위해 이것을 사용했다.) 곡물을 이용한 구역 덮기, 로마 타일을 사용하여 그려지는 정리(이등변삼각형)
- 평행선의 정확한 작도를 포함하는 쪽매맞춤(타일 형태 구성)
- 오각형, 별꼴 오각형의 정확한 작도

4~5학년을 위한 수 개념 체크리스트

평균적인 범위에 속하는 대부분의 아이들은 아래 내용을 할 수 있다.

수

4 사칙 연산을 자신 있게 할 수 있다

4 여섯 자리까지의 수를 읽고 이해하기

4 12단까지의 구구단을 순서에서 벗어나서 알기

4 122까지의 수로 긴 곱셈 해보기

4 주어진 수의 인수 찾기

4 100보다 작은 소수 찾기

4/5 여러 과정이 섞인 복합 암산 문제에 대답하기(예를 들면, 레딩으로 떠나는 12시 38분 기차는 도착까지 18분이 걸리지만 14분 늦게 출발했다면 언제 도착하겠습니까? 또는 내가 어떤 수를 두 배 한 후 8을 더해서 32를 얻었다면 그 수는 무엇입니까?)

4/5 나머지의 활용과 근사값의 추정을 포함하는 긴 나눗셈

4/5 최소공배수와 최대공약수 찾기

5	대분수와 가분수를 포함한 분수의 사칙 연산
5	소수의 사칙 연산
5	소수점을 이용한 긴 나눗셈과 곱셈

3수법(rule of three)(만약, 그렇다면, 따라서)을 실제 문제에 적용해보기●

단위

4	높이, 무게, 부피 등과 같은 정보 기록
5	추정을 포함한 미터법 측정
5	24시간 시계와 함께 시간 관념 다루기
5/6	평균 속도 계산

기하

| 5 | 맨손으로 원형의 기하 모양 그리기. 다양한 삼각형, 사각형, 사변형, 다각형과 원 |
| 5 | 원을 17, 16 혹은 20개의 부분으로 나누고, 그로부터 오각형이나 육각형 같은 정다면체 그리기[10] |

6~8학년

개념을 세우기 위해 형상적으로 제시하는 방법은 이제까지 아이의 마음을 향한 접근에 뿌리내렸다. 열세 살이 된 지금, 아이들은 내면의 논리를 경험하는 능력을 통해 얻은 것으로부터 점점 질서를 구축해나간다.

● 세 항이 주어지고 하나의 항이 미지수인 비례식의 계산. a/b=c/x일 때, 한 변이 일정 비율로 변하면 다른 변도 같은 비율로 변하는 것을 활용하여 미지수를 구하는 계산법.

이 단계는 대수에서 드러난다. 계산 활동은 진행에 대한 관찰과 일반적 관계에 대한 발견으로 이어진다.

> '알파벳 문자로 계산하는' 대수 공식의 목적은 과정을 규칙화하고 이해 가능하게 표현하는 것이다. 공식을 이용하는 방법은 규칙에 따르는 것이기 때문에 아이의 발달 속에서 이 단계는 보편적이다. 이를 통해서 상상에 묶인 사고가 개념적 사고로 원활히 전환된다. …이 과정은 구체적 문제(관심)의 묘사, 문제의 해결, 발견한 규칙에 따른 문제 해결의 유효성 확인을 포함한다. 아이들은 다양한 상황 속에서 이 모두를 경험하게 된다.[11]

사춘기에 이르면서 아이들의 감성적 삶은 모든 방향으로 팽창한다. 수학은 이 단계의 중요한 도움이 될 수 있다. 아이들의 주관적인 의견과 생각은 더 이상 필요하지 않다! 수학은 이들의 관심을 대수적 대상만이 아니라 자신의 생각으로 이끈다. 수학 법칙을 자신 있고 확실하게 다루게 될 때 학생들은 자신감을 얻는다. 이것이 성취될 때 어린이들은 수학 교육의 가장 중요한 목표로 향하게 된다. 바로 사고 활동•에 대한 믿음이다.

그러나 사고 활동은 이제 그 지도자인 인간 자아와 일방향의 이기적인 방식으로 연결할 수 있고, 이를 통해 이기주의로 이어진다. 사고 활동을 실용적, 일상적 상황 속의 세계적 관심과 연결하는 것이 중요하다. 하지만 문제를 해결하려는 시도가 '난 할 수 없어.'라는 태도와 포기로 이어져서는 안 된다. 이는 수학 수업에서 반드시 피해야 하는 점으로, 아이들은 즐거움과 자신감 대신 지루함과 좌절을 경험하게 된다. 수학만큼 학술적 능력이나 지능 수준과 동등하게 여겨지는 과목도 없다. 따라서

• 일차적으로는 계산, 추론, 판단하는 사고 활동을 뜻한다.

수학을 포기하거나 학습에 문제가 생긴다는 것은 학습을 전반적으로 포기하고 '멍청하게' 취급된다는 의미와 같다.

이런 이유에서 다양한 능력이 섞인 학급은 방법이나 때로 개선책에 있어 교사들이 특별한 노력을 기울여야 한다. 교사가 학급을 주도하는 시기에는 비록 모든 학생이 기초적인 수학 문제를 다뤄야 하더라도 그들을 각각 다르게 대해야 한다. 학생들은 실용적인 문제를 다루며 풍부한 활동을 접할 수 있고, 이를 통해 실제 세계에서 이루어지는 작업에 대한 길을 열어주는 생활 기술을 형성할 수도 있다. 사고 활동에 힘을 불어넣는 수학 훈련을 지속할 때 이런 영역과의 활발한 연결이 촉진된다. 학생들은 실용적인 활동을 통해 삶과 실재, 그리고 이들과의 기본적인 연결점의 묘사로 다가간다.

계산은 사고 활동 속의 의지를 교육한다. 그렇기 때문에 6학년 이후로는 연습 시간을 집중수업에 더한다.

기하학적 도형들의 엄밀성과 아름다움은 아이들을 보다 큰 앎으로 이끈다. 5학년 기하 수업에서 놀라움을 가져다준 것은 6, 7, 8학년의 사고 활동에서도 이어져야 한다. 아이들은 기하 법칙을 발견하고 규칙으로 만든다. 학생들은 또한 기하학적 증명들을 알맞게 경험해야 한다. 학생들이 개인적인 말하기와 표현 형태를 발달시키는 시기에 감정과 걱정 그 자체로부터 제법 자유로운 상태를 경험하는 것이 중요하다. 8학년에서는 평행선에 이어 무한대를 다루기 위해 원뿔을 주제로 도입할 수 있다. 한편 무한대는 아직 구체적으로 정의되지 않는다.

6학년

- 암산을 지속
- 복습: 자연수, 양의 분수와 소수(小數)의 계산
- 정비례와 역비례 관계를 포함한 귀일법(歸一法)•

- 백분율
- 상업에서 백분율의 적용: 이자율, 할인율, 교환율, 이익과 손해, 부가가치세, 간단한 이자율 공식에 대한 일반적 접근
- 막대그래프와 그림을 이용한 통계 도표

기하
- 삼각형 세 각의 합에 대한 기하학적 증명: 잘라 보기, 각도기 사용
- 계산을 통한 위의 증명
- 컴퍼스와 이등분각을 이용한 정확한 각도 작도
- 묘사된 삼각형의 작도
- 합동삼각형과 삼각형의 네 가지 합동 조건
- 평행이동: 삼각형과 사변형의 이동 속성; 왕관꼴의 변환(crown transformation), 원의 한 지름과 원주 위의 점으로 만들어진 삼각형(색칠을 통해서 명확해진다.), 탈레스의 정리
- 삼각형과 원에서 발견되는 나뭇잎 형태
- 초곡선, 심장형 곡선의 포락선
- 합동인 꼴, 비슷한 각, 여각, 보각, 다른 각의 작도
- 수선, 각, 그리고 측면 이등분을 통한 삼각형의 작도

7학년
- 암산 훈련의 지속
- 복습: 자연수와 양의 유리수 사칙 연산
- 기초 부기
- 음의 정수 소개(부채 계산을 통해)

- 처음에 단위가 되는 수나 양을 구하고, 이를 이용하여 결과를 내는 계산 방법.

- 음수의 사칙 연산
- 모든 유리수 다루기
- 유리수의 사칙 연산과 그 결합
- 각종 괄호의 소개
- 소수의 반복과 이후에 π 다루기. 소수 자릿수와 유효 숫자의 완전한 이해와 비교
- 복리(複利)
- 그래프 형태의 간단한 통계 자료와 그로부터 추론

대수
- 괄호, 분수, 음수를 포함하는 간단한 방정식. 실제 적용에서의 문제 해결
- 공식의 도출과 변형
- 거듭제곱과 루트. 제곱근의 정확한 측정
- 비와 비율
- 직선과 호로 구성된 도형의 면적 계산
- 사변형의 유형과 그 대칭성, 그로부터 이어지는 간단한 집합 이론

기하
- 작도와 계산을 통한 기하적 모양
- 원의 영역과 π 값의 계산, 원을 조각으로 나눔으로써 이를 해보기
- 피타고라스와 그의 정리, 면적을 통한 증명
- 모양과 기본 모양의 확장
- 원의 접선 그리기
- 오각형의 변형 심화. 십각형과 다각형의 작도
- 원근법(근대사 집중수업과 연결될 수 있음.)

8학년

복습

- 분수
- 제곱과 루트
- 방정식
- 실제 적용 문제

대수

- 대수학의 교환, 결합, 분배법칙. 제곱 간의 차이의 요인과 실제 문제에의 적용
- 직사각형 블록, 각뿔, 각기둥, 원통, 원뿔의 부피. 고체의 밀도와 무게
- 연립일차방정식과 그 해
- 대수학에서 괄호가 복합된 형태 풀어내기
- 대차대조표와 모기지에 대한 가벼운 접근
- 수 체계. 이진법
- 평균값, 최빈값, 중앙값을 포함하는 통계학의 심화
- 보다 복잡한 커브의 그래프. 그래프를 이용한 연립방정식 풀이

기하

- 선과 평면의 궤적
- 기하적으로 정의된 궤적과 원뿔
- 형태의 확장, 회전, 반사
- 원과 각의 속성(같은 원에서 그려지는 각, 현의 교차)
- 다섯 가지 플라톤 입체의 작도와 그것들의 정사영(正射影)
- 황금 분할을 포함한 정확한 공간 원근법
- 피타고라스 정리에 대한 탐구의 심화로서 일반적인 삼각형 세 변과 수

선 공식에 대한 토론

- 선택적으로: 다각형의 내/외각

- 특히 삼각형과 같은 비슷한 도형

6~8학년을 위한 수 개념 체크리스트

평균적인 범위에 속하는 대부분의 아이들은 아래 내용을 할 수 있다.

수

6   백분율을 분수로 변환과 이를 순서 바꿔 해보기

6   정확한 계산 전에 반올림하여 추정

6   상업 수학: 대차 대조표: 이익 및 손실, 할인, 수수료, 부가가치세 및 부기, 은행 계좌

6   속도를 포함한 평균 계산

6   좌표 읽기(예를 들면, 지도 읽기)

6   공식에서 문자의 사용

7   수들의 거듭제곱 알아보기

7   비(比)와 진법

7   특정 문제에 대한 일반적 풀이 방식으로 대수학 활용

7   음과 양의 정수 사용

7/8   제곱근 다루는 법 알기

7/8   복리, 모기지 금리, 소득세의 계산

6/7   시간과 속도의 계산

7/8   간단한 기계에서 기계적 확대율(mechanical advantage) 계산, 예를 들면 도르래나 지렛대

데이터

6 그림을 이용한 통계 도표를 통해 정보 전달: 원그래프, 막대그래프, 꺾은선그래프(외환 거래)

7 대수그래프의 사용

기하

6 주요 기하 도형을 작도하기 위한 컴퍼스, 자, 삼각자의 정확한 사용

6 맨손으로 원근법에 따라 그리기

6/7 각도기의 사용

6/7 평행이동, 반사, 회전 그리기

6/7 피타고라스 정리를 알고 적용해보기

7 도구를 사용하여 선원근법에 따라 그리기

7 삼각형, 평행선, 교차선의 특성 알기

7 삼각형, 원, 평행사변형을 포함한 등변, 등각의 기하 형태의 공식을 알고 적용하기. 유도와 활용을 포함

7/8 등변, 등각이 아닌 형태의 면적 계산

9~12학년

수학 활동의 중심은 문제 해결에 있다. 정답을 찾는 것이 아니라 문제를 해결하는 방법을 배우는 것이 중요하다. 여기에 초점을 맞춰서, 학교에서 다루는 수학은 그 두 가지 기초 모두에 기반한다. 첫 단계의 영감(귀납)과 이후의 논리적 결론(연역)이 그것이다.

가장 중요한 목표는 학생들이 논리적 결론에 이르기까지 다양한 접근법을 통해 사고해보는 능력을 기르는 것과 자신들의 사고 활동에 자신감을 갖는 것이다.

또 다른 정당한 목표는 일상에서 계산을 활용하고 이후의 교육의 기초를 마련하는 것이다.

그렇다 하더라도 주된 목표를 고려할 때, 다양한 새로운 상황을 통해 문제를 제시하는 것은 중요하다. 문제를 '풀어내기' 위해 스스로 다양한 방법을 발견하도록 이끄는 질문은 대수학이나 함수 등과 같은 세부 교과 영역보다 더 중요하다.

학생들은 추측하고, 연구된 것의 변화를 시험하고, 이론을 만드는 능력을 연습할 수 있다. 해결책을 찾기 위해 문제를 단순화할 수도 있다. 마찬가지로, 유추하거나 반복되는 주제에 대한 아이디어를 얻기 위해 질문을 일반화하는 방법도 도움이 된다.

수학은 학생들이 창의적인 문제 해결 능력을 기르는 시기에 엄청난 역할을 할 수 있다. 학생들은 자신의 사고 활동을 다양한 방식으로 관찰한다. 이들은 출발점을 찾고, 사례나 반례를 선택하고, 체계적으로 탐구를 수행하고, 결과를 증명할 것이다. 또한 분석하고 조건에 대해 판단하는 법도 배운다.

슈타이너-발도르프 교육의 예술적 특성은 수학에서 특히 선명하게 드러난다. 학생과 교사 간에, 그리고 학생 간에 의미 있는 대화가 생길 수 있다. 교육과정은 그 목표와 교과 내용 및 교육과정을 이끄는 질문을 담지만, 수업의 구성은 학생들에게 요구되는 지식으로부터 자유롭다. 그러므로 교사가 특정한 학급을 위해 고안된 문제 모음을 갖춰나간다면 훌륭할 것이다.

학생들이 보편 가치를 내적으로 얻을 수 있도록 해야 한다. 먼저 스스로 추측한 것에 대해 이후에 증명할 수 있게 될 때 학생들은 가장 많은 결실을 얻는다.

사고 활동은 자아 활동의 표현이기 때문에, 수학은 학생들의 내적 성장과 스스로에 대한 앎을 위한 특별한 기회를 제공한다.

수학의 틀 속에서 분리된 주제로 수업할 수 있는 기하학의 경우 아래의 내용을 적용한다.

- 학생들은 3차원 공간에서 작도하는 방법을 연습해야 한다.
- 학생들은 체계적으로 사고하는 법을 배워야 한다. 습관적인 사고방식이나 이해를 무너뜨리고 떨쳐내야 하고, 이를 통해 사고 활동의 개방성과 유연성을 길러야 한다.
- 정사영이나 다른 투시도법과 원근법 등의 실제 공간에 대한 표현법을 활용할 수 있도록 연습하고 탐구해야 한다.

9학년

9학년은 대개 조합이나 확률을 소개하며 시작한다. 이 주제는 학생들이 초급 과정에서 많은 준비를 하지 않고도 논리적 사고 활동을 잘 경험하고 실제에 적용할 수 있도록 한다.

방정식을 확장, 심화하면 문제 해결에 대한 명확한 방법을 경험하고 규칙을 형성하는 능력을 기르기에 좋다. 이에 더해, 방정식은 다양한 주제와 연결될 수 있기에 학생들을 심화 학습으로 이끈다.

이 새로운 접근을 통해 삼각형을 심화해서 배우면 간단한 증명을 경험할 수 있는데, 이는 이미 배운 내용을 활용한다.(예를 들면, 8학년에서의 합동 규칙) 구체적인 것에서 보편적인 것으로, 기하 작도로부터 증명으로 발전하는 이 방법은 해석학적이다. 기하에서 원뿔을 다룰 때, 이 주제는 일찍 소개하고 차후에 확장할 수도 있는데, 유연한 사고를 갖기 위해 다양하고 엄밀하게 수행되는 작도법들을 접한다. 주요 곡선들(타원, 쌍곡선, 포물선)을 작도할 때 6학년부터 잠재된 무한대에 관한 주제가 명확하게 드러난다. 그리고 이에 대한 연습은 학생들이 3차원을 분명히 경험할 수 있도록 진행되어야 한다. 차원성을 시각적으로 잘 드러내는 정육면체로 시작할 수도 있다. 그로부터 가장 다양한 입체들을 다룰 수 있을 것이다. 학생들은 입체들을 단계별로 변형하며 자유롭게 그릴 수 있도록 연습한다.

사투상법(瀉投象法)을 통해 이를 표현할 수 있다.

학생들은 전기나 수학자를 통해 자신들이 다루는 사고가 어떤 성격 특성으로부터 나왔는지 알아야 한다.(예를 들면, 파스칼이나 페르마)

양극성을 띠는 무리수 및 약분되지 않는 수를 종종 접하며 11학년의 해석 기하학에서 다룰 산술과 기하의 통합을 준비할 수 있다.

계산기는 적절한 시기에 소개한다.

지나치게 풍부한 내용은 주제 간의 포괄적인 해결을 방해한다. 9학년의 중점은 '어떻게'에 있다. 이는 보편 규칙을 삶의 구체적인 양상에서 드러내는 작업에 달려 있다.

대수

복습:

- 자연수, 정수, 유리수
- 나눗셈 규칙, 최대공약수와 최소공배수
- 소수(素數)와 그 개수에 대한 질문
- 다항식과 분수의 사칙 연산
- 거듭제곱과 루트
- 무리수 및 실수에 포함되는 새로운 주제
- 실생활과 연결되는 직·간접적인 비율(백분율과 이율)

대수:

- 2, 3개의 미지수를 포함하는 선형방정식
- 학급의 역량에 따라, 이차방정식(10학년에서 수행할 수 있음.)

조합:

- 순열

- 여러 가지 순열●

- 선택적으로: 조합을 다루는 질문을 통한 확률의 기본 요소

- 수 이론의 요소(진법, 특히 컴퓨터를 고려할 때 2진법)

이항 정리:

- 이항 계수

- 파스칼의 삼각형

- 거듭제곱과 루트의 계산, 세제곱근 살펴보기

- 전자기기를 사용하지 않고 이항 정리에 기초하여 계산을 간편하게 하는 방법

알고리즘 계산:

- 연분수와 분수를 단순화하기 위한 그 사용

- 황금 분할을 위한 분수 계열 모아들이기(무리수를 보라.)

- 선택적으로: 최대공약수와 최소공배수를 구하기 위한 유클리드 호제법과 그 적용 문제

산술과 기하의 약분 불가능성:

- 무리수를 포함하기 위한 수 개념의 확장

- 연분수로 표현된 루트 근사값을 포함하기 위한 수열 확장

- 가능하다면: 루트 1에서 루트 25까지의 연분수와 그 수열

- 거듭제곱과 루트 2

● 원순열, 중복순열, 중복조합 등.

- 정삼각형과 루트 3
- 정오각형과 루트 5
- 오각형의 변과 대각선을 구하는 공식의 도출

기하

- 다양한 각을 다루는 작업 복습
- 엇각 정리(Alternate segment theorem)
- 삼각형 합동의 변화: 닮은꼴, 안분(按分)
- 평행선의 사용: 삼각형의 사심(내심, 외심, 중심, 수심)과 오일러 직선
- 피타고라스 정리의 다양한 형태, 정리의 확장
- 면적 계산의 복습과 심화(삼각형, 직각, 사각형, 마름모꼴, 평행사변형, 사다리꼴, 삼각주, 평행이동)
- 원에 대한 탐구(원주, 면적, π)
- 입체의 부피(정육면체, 직육면체, 각기둥, 각뿔, 원기둥, 원뿔, 구)
- 궤적을 통해 접근하는 원뿔 곡선과 다른 곡선들(카시니, 데카르트)(10학년에서 이루어질 수 있다.)
- 다양한 평면 고체나 입체, 대개 도형기하학을 다루는 집중수업에서 제시됨
- 대각선
- 플라톤 입체와 아르키메데스의 입체
- 간단한 플라톤 입체인 정육면체, 정팔면체, 정사면체, 정십이면체, 정이십면체와 이들의 이중체를 토대로 한 대칭성의 훈련
- 그리기 과제를 돕기 위한 형상화와 공간적 연결에 대한 별도의 묘사 및 작도법 연습을 통한 공간의 시각화 훈련
- 간단한 알파벳 서체 설계
- 선택적으로: 황금 분할에 따른 비례 관계의 경험(건축, 자연, 인간에 적

용)을 이어가는 것이 10학년에서도 권장된다

10학년

학생들은 '지식에서 통찰로'(R. 슈타이너) 인도되어야 한다. 이는 교수법에 있어 완전히 새로운 접근이 필요하다는 점을 의미한다.

삼각법은 이를 위한 넓은 장이다. 삼각함수를 통해 학생들은 완전히 새로운 형태의 관계와 가능한 실제 적용을 발견한다. 학생들은 수학 계산의 적용을 경험해야 한다. 이는 상응하는 물리학의 내용(정역학의 사인파, 발사체의 포물선)을 통해 가능하다. 지상의 작은 영역을 측정하고 그리는 '측량' 프로젝트 역시 생각을 현실에서 구현해야 하기 때문에 도움이 될 것이다. 이를 통해 학생들은 엄밀성을 배운다. 그러나 교사가 아니라 문제가 아이들을 가르친다.

이와 비슷하게, 다른 집중수업에서도 학생들은 평범한 투영 기법이 갖는 특별한 의미를 배운다. 형상을 만드는 다양한 가능성이 이를 위한 출발점이 될 수 있다. 원근법의 연속선상에서, 공간 투영과 사영기하학(射影幾何學)의 요소들을 그리기를 통해서도 다루게 된다.

산술의 최고봉이자 최종 단계는 로그다.

이제 계산기는 더 자주 사용한다.

아직 시작하지 않았다면, 대수학은 이제 이차방정식을 다루고, 다양한 풀이 방법과 공식들을 발전시킨다.

10학년의 수학은 뚜렷한 실용적 성격을 띠어야 한다. 따라서 7학년에서 소개한 부기를 다시 가져와서 복식 부기로 넘어갈 수 있다.

학생들은 상업적 과정과 사업이 발전한 방식을 더 이해할 수 있게 된다. 즉, 이제 이것들을 깊이 생각할 수 있다는 것이다. 학생들은 상호성을 알게 됨으로써 사회적 책임의 의미를 명확하게 받아들인다.[12]

9학년에서는 아래에서 제시하는 내용 이상을 다룰 수 있다:

대수

이차방정식:

- 이차방정식의 확장
- 일반 공식의 전개와 사용
- 비에트 정리의 전개와 증명(이차방정식 그래프의 주요 사항)
- 이차방정식의 일반형 전개
- 행렬식의 중요성
- 선택적으로: 선형과 이차방정식의 부등식 형태

정수와 유리수로 된 지수를 갖는 거듭제곱, 로그:

- 자연수 지수에 관한 방법의 복습
- 2나 3의 지수 계열
- 유리수, 정수, 실수 범위를 넘어서는 지수의 확장
- 로그의 전개와 2, 3, 10을 밑으로 하는 표 만들기
- 로그표를 이용한 계산(간단히 말하면, 표를 이용하는 연습)
- 교환법칙, 결합법칙, 분배법칙
- 로그 법칙
- 지수방정식의 풀이
- 로그방정식의 풀이
- 로그와 지수의 곡선(함수와의 첫 만남)
- 선택적으로: 과학의 로그자(logarithmic scale), 아르키메데스 나선, 로그 나선(자연에서 발견되는 형태를 통한 예시, 축폐선), 오일러의 전기

수열(11학년에서도 가능함):

- 수열과의 첫 만남, 특히 단조 수열, 예를 들면 산술, 기하, 지수, 루카스
  와 피보나치 수열
- 이자율과 다양한 평균값 계산의 적용

평면 삼각법

(측량 프로젝트에서 활용됨. 24장을 보라.)

- 닮은꼴 삼각형과 평행선에 의한 안분의 복습과 동심인 닮은꼴 모양을
  통한 상의 확장
- 각도 측정 체계: 각, 기울기, 라디안
- 사인, 코사인, 탄젠트(코탄젠트)
- 직각삼각형을 통한 기초 연습 풀이와 평면 도형과 입체로 심화
- 반지름이 1인 원의 삼각함수
- 일반적인 삼각형을 두 직각삼각형으로 나눠서 삼각함수 사용하기
- 코사인 규칙의 유도(피타고라스 정리의 특수한 경우 인식)
- 위 방법들을 측량을 위해 사용하기
- 사인 법칙의 전개
- 삼각법 면적 공식의 전개
- 그래프로 표현한 삼각함수

도형기하학

평면 입체의 작도를 하는 다양한 방법:

- 입체의 표현
- 입체 간의 상호 침투 연습
- 곡선 입체
- 그림자 작도

- 그림자 작도에서 무한원점의 경계선
- 십이면체에서 이십면체로의 변환: 상호 침투 단계
- 나사, 달팽이, 나선형
- 제도(製圖): 학생 스스로의 목공을 위한 설계도와 상세도

원과 선에 대한 기하학적 연구
- 황금 분할 작도의 증명
- 황금 분할의 작도
- 가능하다면: 인체에서 발견되는 황금 분할(뒤러, 르코르뷔지에(Le Corbusier)). 9학년을 보라.

사영기하학의 요소
- 평행주의와 직선의 무한 원점에 관한 문제
- 선택적으로: 곡선의 분할로 표현되는 원. 기술적 문제의 해결
- 산업 기계학에 적용된 내용의 주기적인 경험(예를 들면, 연동 장치, 구동 기계)
- 은행 계좌부와 가계부의 작성
- 대차대조표와 가계 예산
- 완료된 프로젝트의 기록
- 선택적으로: 복식 부기 프로젝트

11학년

이전까지 기하와 대수는 개별적인 주제였으나 이제 해석 기하를 통해 함께 다룬다. 학생들은 기하적 형태가 어떤 방정식에 대응하고, 새로운 기하 형태는 어떻게 방정식을 통해 정의될 수 있는지를 명확하게 받아들이게 될 것이다. 운동의 궤적과 함수가 부각됨에 따라 학생들은 직선

을 다룬다. 벡터 역시 10학년 물리에서 소개된 이후 본격적으로 전개한다. 벡터를 얼마나 다룰지는 학급의 성취 수준에 대한 교사의 평가에 달려 있다.

유클리드 기하학 법칙은 사영기하학을 통해 새로운 단계로 접어든다. '무한적인 요소'(무한 원점, 선과 평면)를 다루며 무한대에 대해 이해한다. 이를 통해 학생들은 공간에 대한 생각을 확장한다.

진폭을 학습하면서, 10학년에서 배운 삼각법은 무선 통신의 배경이 되는 파동 이론의 기초를 제공한다.(11학년의 물리학)

학생들은 구면 삼각법을 통해 평면 삼각법의 발전을 경험할 수 있다. 해석 기하와 마찬가지로, 이는 산술과 기하를 연결한다. 다양한 영역에서 보듯이, 11학년은 초기 학습에서 분리된 주제들이 어떻게 통합되는지를 살핀다. 따라서 주제 간의 연결을 이루어야 한다.

학생들은 무한급수의 합으로 나아가면서 사고 활동의 새로운 단계로 진입한다. 그리고 백분율에서 영(0)으로 향하는 단계를 통해 새로운 과정을 발견한다.

'반감기'의 계산은 11학년 핵물리학과 연결되고, 해당 주제에 관한 질문을 이끈다.

다시 말해서, 기하는 분리된 집중수업으로 다루어야 하고(시간이 허락한다면), 교사는 학급의 능력에 따라 가능한 범주로부터 주제들을 선택할 수 있다.

급수와 수열

- 유·무한 등차급수 및 등비급수와 수열의 소개(10학년에서 이루어지지 않았을 경우)
- 다음 항과 항들의 합 공식 전개 및 과학과 산업에서의 적용
- 가능하다면: 고계 등차급수의 부분합 공식과 이항계수 사이의 연결성

그려보기

- 명확한 극한값을 얻고 합 구하기
- 그래프를 통해 나타낸 등비급수의 예시
- 등비급수의 특정한 사례로서 복리 공식 전개: 자연과 상업에 관련된 다양한 문제에 적용(반감기, 성장 패턴 등)
- 무리수 e의 발견

함수

(또는 12학년에서 가능함.)

- 함수에 대한 라이프니츠의 사상
- 영역과 범위
- 함수의 그래프
- 첫 역함수

대수와 해석 기하

- 역사적 맥락
- 데카르트 좌표와 극좌표 및 둘 간의 연결에 대한 소개
- 위 체계에 따른 점, 거리, 직선
- 다양한 형태의 선형방정식과 좌표를 사용해서 표현한 평면그래프
- 기하 문제에 대한 계산의 적용(두 선의 교차, 삼각형의 특정한 점의 계산)
- 물리 I로부터 벡터의 소개(10학년에서 이루어지지 않았다면)
- 원 공식의 발견
- 원과 선 간의 위치 관계 연구(현, 접선, 외부의 선; 극)
- 접선방정식 기초의 발견과 행렬식의 의미 인식. 이를 통해 다음의 내용과 접하게 된다:
- 이차방정식의 해로서 복소수

- 선택적으로: 원과 선의 교차 각도, 선형방정식의 인자들로 나누기, 타원, 쌍곡선, 포물선, 특히 이들의 접선 또는 점근선 공식의 발견(12학년에서 할 수도 있음.)

모든 풀이는 계산과 그래프 두 가지 방식으로 이루어져야 한다!

진폭
(11학년의 전기 집중수업의 수학적 기초)
- 단위원, 기울기, 라디안의 복습
- 데카르트 좌표계와 그래프를 이용한 삼각함수의 표현
- 역학 관점에서 접근한 물리학적 진폭
- 가능하다면: 극좌표를 이용한 표현, 물리량의 수학 공식화(진폭, 주파수, 파장, 주기, 주파수 변조, 진폭), 다른 정리 및 파장의 대수적 공식을 포함. 적용: 3상 전류의 계산과 표현

학급의 성취 정도에 따라 사영기하학이나 구면기하학에 선택적으로 접근함.(12학년에서도 가능)

사영기하학
- 무한요소
- 쌍대성 개념
- 데자르그 정리
- 파스칼의 정리
- 조화에 관한 기초 내용, 조화 반사

구면기하학

- 구체의 극과 극면, 구면에서 적용되는 비유클리드 기하학의 소개
- '평행선 공준'
- 구면의 대원(大圓)과 소원(小圓)의 그래프를 통한 표현
- 구면의 이각형(二角形)
- 구면의 표면과 부피의 계산
- 정의된 세 가지 차원을 통한 구면삼각형의 작도(합동 규칙); 구면삼각형 각의 합
- 구면 위의 삼각형 점에 대한 접선의 작도

수리지리학

- 대원의 각도, 대원의 거리와 침로각(針路角)의 계산
- 구면기하학의 사인 규칙 전개
- 선택적으로: 구면기하학의 코사인 법칙
- 기하적으로 도출된 단위(미터, 해상 마일, 노트)
- 극삼각형

수리천문학

- 지평 좌표계와 별들의 위치를 그래프로 표현
- 적도 좌표계(적경, 적위)
- 가능하다면: 육분의의 구축. 연중 태양의 경로. 시간의 측정(지역, 시간대, 항성. 달력 계산, 플라톤 1년(the Platonic year), 달과 태양의 리듬)
- 스위치의 대수학; 'or'과 'and'의 개념은 평행선과 급수에서 스위치와 함께 확인된다.
- 집합 이론
- 수리논리학

선택적으로: 불 대수(정보통신 기술의 소개(다른 수업에서도 가능함.))

12학년

이 수업은 11학년에서 성취한 것에서 중요한 한 걸음을 더 나가야 한다. 11학년은 시각적인 상태에서 대수학적 표현으로 변하며 해석기하로 발전했고, 12학년에서는 그 역을 수행한다. 미적분학에서 학생들은 단순한 수치로부터 미분과 적분의 경험으로 진행한다. 끝없는 과정의 표현으로 수열의 극한을 받아들인다.

'계차(階差)'의 개념을 다루며 학생들은 수학의 이 새로운 차원을 이해해야 한다. 대개 0으로 수렴하는 다른 두 수열의 계차는 완전히 새로운 내용을 낳는다. 이를 단순히 적용 문제로 넘기지 말고 완전히 이해하고 경험해야 한다.

미적분학에서는 방정식이 지극히 명쾌하여 '무엇이 무엇인지에 대한 방정식을 통한 느낌'[13]을 가져야 한다. 그때 비로소 계산이 시각적인 그래프 형태로 인식될 것이다. 방정식으로부터 형태를 발견하고, 방정식의 형태를 인식하라. 이를 통해 학생들 내면의 활동을 기르고, 기능적 연결성만이 아니라 수학의 질적 요소를 내면에 심어줄 수 있다. 그리고 이는 결국 현대 물리학의 진정한 이해를 위해 필수적인 지점이 된다. 이 연결을 위해 이런 유형의 함수가 응용물리학에서 활용된다는 것을 보일 수도 있다. 예를 들면, 광학, 전기, 역학, 기계운동이 이에 해당한다. 질과 양은 함께한다.

적분의 기본 규칙을 다루면서, 학생들은 또 다른 수학적 방법(미분)이 있음을 인지해야 한다. 고차적인 수학의 이러한 양극성은 세계에 대한 수학적 이해를 새로운 단계로 이끈다.

11학년에서 무엇을 했는지에 따라, 사영기하학은 중심투영법이나 구면기하학에 대해 다룬 내용으로부터 출발할 수 있다. 이 방식을 통해 사영기하학은 조감도에서의 적용을 이해하기 위한 연결 고리를 형성한다. 건축 집중수업에서 예술 여행을 간다면, 원근법에 따라 그리기도 마찬가지의 연결 고리가 될 것이다. 구면기하학 역시 표상적이고 해석적인 관점으로부터 접근하여 천문학이나 지구에 관한 내용으로 나아갈 수 있다. (도형기하학의 맥락 역시 그렇다.)

두 번째 수학 집중수업을 위한 또 다른 선택지는 수학, 식물학, 천문학, 발생학, 기하학을 거대한 하나의 그림으로 모아들이는 것이다. 그러나 이 시도는 학급의 성취도에 크게 좌우된다.

무한소

- 함수 개념의 복습, 수의 연속체 구성(실수의 상호 의존성)
- 역사적 발전으로서 뉴턴과 라이프니츠에 의한 무한소 계산을 18세기의 전환기로서 살펴보기
- 기본 함수를 이용한 함수와 그래프의 연결성 확장

미적분학

- 계차의 전개
- 계차의 발견
- 다항식, 역수함수, 루트함수 및 삼각함수의 미분 규칙 다루기
- 증가함수로서 도함수와 속도 및 가속 개념에서 그 표현
- 곱, 몫, 연쇄 법칙
- 선택적으로: 역함수로서의 도함수
- 그래프상의 초기함수와 도함수의 관계
- 이차, 삼차, 사차 다항식과 역수함수의 곡선에 대한 논의
- 기술 등 다양한 실제 업무 분야의 적용
- 무리수 e의 기능과 자연로그(이들에 대한 현재 지식을 가능한 정도로 확장)

- 그래프 특성에 따른 함수항의 정의
- 산업, 광학을 통해 극대값과 극소값의 연습(페르마의 원리)

적분

- 반대되는 수학 과정으로서 도함수 구하기와 원래 함수로 돌아가기
- 다항식의 적분 전개
- 특정 적분의 상극한(上極限)의 함수로서 정함수(整函數)
- 원래의 함수와 '부정적분'의 개념
- 유량 영역
- 몇 가지 적분 규칙(기초 적분)
- 미분과 적분 계산의 기본 규칙
- 곡선으로 둘러싸인 평면 면적과 다른 적용들
- 선택적으로: 회전체

기하학

(11학년을 참고해도 된다.)

사영기하학과 아핀기하학, 구조적 및 해석적:

- 점과 선의 제시
- 불변량의 요소
- 원뿔의 제시(해석적, 좌표계와 연관된 기초적 내용만)
- 불변량
- 그림을 통한 군론(群論)의 요소에 대한 소개
- 중요한 역사적 인물들을 통한 수학의 발전 살펴보기(펠릭스 클라인 (Felix Klein), 데이비드 힐버트(David Hilbert), 조지 불(George Boole), 모리츠 칸토어(Moritz Cantor) 등등)
- 선택적으로: 수학, 천문학, 식물학, 발생학, 기하학의 통합. 복소수. 확

률과 통계(9학년에서 다루지 않았을 때)

- 라플라스 변환과 비(非)라플라스 변환
- 합의 법칙과 곱의 법칙
- 이항 분포
- 가설 검정

제10장

예술 활동

—색칠하기(painting), 그리기(drawing), 형태 그리기,
그래픽(graphics), 조형, 조각

비록 그 특성이 근본적으로 교육적일지라도, 예술은 그 자체를 위해 존재한다. 현실 세계와 그 법칙을 이해함에 따라 인간 존재는 자신의 가능성을 길러간다. 반면, 예술 활동은 특정 목표를 지향하지 않는 창조적인 자유를 기른다. 물론 예술의 시각적 기능은 다른 활동의 보조 수단이 될 수 있고 변증법적 목표를 수행할 수도 있으며, 이 두 가지 모두 교육 과정에 포함된다. 그러나 예술은 그 자체를 위해 교육해야 한다. 예술 활동을 연습할 때 아이들은 마음속의 공간을 경험한다. 마음의 공간에 사로잡히는 느낌이 모든 수업에서 일어나야 하고, 그러므로 예술은 어떤 수업과도 분리될 수 없다. 슈타이너는 다음과 같이 예술 교육의 과제를 정식화했다.

아이들은 예술이 필요합니다. 순수 예술과 시와 음악 둘 모두에서 그렇습니다. 그리고 학령기의 아이들이 적극적으로 활동하기에 적합한 방법이 양쪽 모두에 있습니다. 만약 여러분이 교사라면, 어떤 예술 형태가 인간의 특정 능력을 계발하는 데 '도움이 된다.'고 너무 강조해서는 안 됩니다. 예술은 그 자체를 위해 존재하기 때문입니다. 교사는 예술을 너무도 사랑해

서, 이 경험이 아이들에게서 상실되지 않기를 바라야 합니다. 그리고 아이들이 예술에 대한 경험으로부터 어떻게 성장하는지를 보게 될 것입니다. 예술은 지성을 완전한 삶으로 일깨웁니다.

물질을 자유롭고 예술적인 방식으로 장악하는 욕구를 다룰 수 있을 때 아이들에게서 의무에 대한 감각이 발달합니다. 마음을 학교로 끌어오는 것은 교사의 예술적 감각에 달려 있습니다. 교사는 행복한 분위기를 아이들의 기쁨 속에 자리한 진지함과 존엄함을 향해 가져옵니다. 우리는 지성을 통해 자연을 단순하게 이해합니다. 자연에 대한 경험을 위해서는 예술적 감각이 필요합니다. 아이들은 생생하게 이해하는 법을 배우며 '유능한' 사람이 되지만, 예술에 참여하는 아이들은 창조적인 사람이 됩니다. 첫째의 경우 이들은 그저 자신의 능력을 적용할 뿐이지만, 둘째의 경우에는 그 적용으로부터 성장합니다. 아이는 서투르게 조형하고 색칠하겠지만, 이 활동은 마음의 힘을 일깨웁니다. 아이들이 음악이나 시에 참여하며 그들의 내적 자연이 이상적인 차원으로 고양됨을 느낍니다. 그들은 첫째에 이어 둘째 단계의 인간성을 얻게 됩니다.

예술을 교육 전체의 유기적 일부로서 다루지 않고 분리되고 연관성 없는 주제로 여긴다면, 앞서 말한 어떤 것도 성취할 수 없습니다. 아이의 모든 교육과 지도는 전체를 이루어야 합니다. 예술적 감수성이 학습, 관찰과 기술 습득의 영역으로 나아가듯, 지식, 문화와 실용적 기술의 훈련은 예술의 요구로 이어져야 합니다.[1]

색칠하기: 1~8학년

1학년부터 8학년까지 색칠하기는 집중수업에 통합되어 있고, 따라서 담임교사의 영역에 속한다. 우리는 묘사나 그림을 위한 색칠하기나 그리기(예를 들면, 집중수업 교과서에서 밀랍 블록, 밀랍 혹은 유성 분필, 그리고 이후에 색연필을 사용할 때)를 수채화와 구분한다. 전자는 모든 과목에 잇따르고 여러 수업의 주제를 돕기 위한 정규 활동의 일부다. 반면 수채화는 집중 수업을 통해 일주일에 한 번씩 이루어진다.

교사는 수채화를 통해서 아이의 마음의 구조에 대해 더 자세히 알 수 있다. 아이들이 무엇을, 어떻게 그리는지를 통해 다양한 기질과 구조가 드러난다.

그리기 교육과정에 대한 슈타이너의 지침은 괴테의 *색채론*에 근거하고, 이 접근법은 슈타이너-발도르프 초기 교사 연수에서도 큰 부분을 이룬다.[2] 아이들은 색을 지각할 때 그 존재를 느끼게 되는 객관적, 심리적 (가끔 도덕적이라고도 불리는) 느낌을 경험해야 한다. 수채화 물감은 유동적이고 투명한 특성을 지니기 때문에 이를 위한 뛰어난 매체다. 이런 발견을 위한 또 다른 가능한 방법은 축축한 종이에 바로 칠하는 것으로, 예를 들면 습식 수채화가 있다. 이 방식에서 색은 더 자유롭게 이동하고 서로 섞인다. 아래의 일반적인 지침을 참고할 수 있다.

1. 학생들은 색칠하기 수업을 통해 예술의 기법을 모든 단계에서 연습해야 한다. 습식 수채화에서 베일페인팅(veil painting)에 이르는, 수채화 물감으로 칠하는 기법을 완전히 연습해서 높은 수준을 이루어야 한다.
2. 아이들이 구체적인 '작품'을 만들어낼 것이라는 기대감으로 물감 자체를 이용한 순수한 예술 작업을 가려버리거나 놓쳐서는 안 된다. 우리는 아이들과 추상화에 아주 가까운 방식으로부터 그림을 시작한다. 이런 '색으로부터 튀어나온' 색칠하기는 아이들의 심리를 구체적으로 드러내는 방식으로 이루어져야 한다. 이에 따라 설정되는 과제는 색 자체의 정서적 성질을 분위기와 같은 심리적 성질―예를 들면 조용하고 편안한, 강하고 대담한, 차갑고 딱딱한, 따뜻하고 퍼져나가는―과 연결시키는 것이다. 외형은 내적 경험의 표현이다. 교사는 색을 사용하

기 전에 그것들을 삶으로 불러내는 '색칠 이야기'를 들려줌으로써 이 경험을 준비한다.

우리는 형태가 색으로부터 튀어나오도록 해야 합니다. 아이들과 색의 세계에 대해 이야기도 할 수 있을 것입니다. 우리가 만약 아이들과 이런 말을 할 수준의 이해에 도달한다면 얼마나 자극이 될지 생각해보십시오: 어깨 너머로 엿보는 건방진 붉은색과 요염한 자주색을 보라. 이 모두는 겸손한 푸른색을 뒷배경으로 하고 서 있다. 우리는 이를 실제에 가깝게 해내야 하고, 이것이 마음을 형성하는 방식인데, 이로써 색 그 자체도 무언가 해야 합니다. 일단 색에 대해 떠올리게 된다면 우리는 각각에 대해 50가지 다른 방식으로 할 수 있습니다. 우리는 아이들이 이런 식으로 말하면서 색과 함께 살도록 해야 합니다. 빨간색이 파란색을 통해 내다본다면 어떨까! 아이들이 이렇게 창조하게끔 해야 합니다.[3]

아이들이 색에 대해 이런 방식으로 충분하고 밀도 있게, 그리고 긴 시간을 들여 탐구하고 경험했다면, 우리는 색으로부터 모양을 찾는 작업으로 넘어갈 수 있다. 색의 성질에 대한 처음의 인식을 끊임없이 강화해가며 광물질(산, 돌), 대기(구름, 노을, 하늘의 분위기), 식물과 동물의 모양을 찾게 된다. 외형은 색에 대한 내적 경험으로부터 솟아야 한다. 심미적이고 뚜렷한 무언가를 만들려는 욕심이 길을 잃게 만들 수 있다! 이는 아이들의 그런 자연스러운 바람을 막아서라는 것이 아니라 아이들을 색의 본성에 충실하도록 북돋우라는 의미다.

7, 8학년에서 습식 기법은 완전히 다른 요소와 만난다. 이것이 베일페인팅이다. 이 방식은 훨씬 분화되었고 인내와 관찰을 요구한다. 이 기법은 물감이 섞일 팔레트와 그림이 어떻게 전개되는지 관찰할 시간, 그리고 물감을 다루는 잘 훈련된 기술이 필요하다.

습식 수채화는 그 속에서 아이가 색의 내적 활동과 대화로 빠져들기 때문에 강한 동감적 과정이다. 아이들은 이 경험이 전개되는 대로 나아갈 수 있다. 과정이 그 결과보다 중요하다. 다음날 그림을 바라보는 것은 '반감적' 과정에 가까운데, 아이들은 물러서서 무엇이 일어났는지를 바라보고 결과를 알 수 있기 때문이다. 베일페인팅은 동감과 반감이 함께 일어나고, 이 '호흡 과정'은 교사가 아니라 학생이 주도한다.

실러는 *인간의 미적 교육에 관한 서한*에서 '예술은 자유의 딸이다.'라고 말했다. 학생들은 색칠하기 수업에서 스스로 자유를 위한 조건을 창조하며 이를 경험해야 한다.

구상적(figurative)인 그림이나 그리기는 모든 과목에 수반되고, 보통 교사가 칠판에 그린 상의 형태로 나타난다. 구상적 그리기를 위한 출발점은 항상 색칠된 표면이지 윤곽선이 아니다. 자연에서 윤곽선이나 외형은 대부분의 경우 서로 다른 색이 만나는 경계면에서 드러난다. 집중수업 교과서의 삽화나 자연에 대한 연구에 관한 그림, 혹은 이후의 지리학, 그리고 물리학과 화학 실험의 정확하고 미감을 만족시키는 묘사는 지속적인 연습과 그리기 기술의 심화 발전을 통해 각 과목의 필요를 충족시킬 수 있다.

1학년

1학년에서의 색칠하기 수업은 아이의 마음을 살찌우는 감각을 제공하는 것을 그 내용으로 한다. 색을 지각할 때, 비감각적 요소 또한 작동하기에, 색의 지각은 이런 한계를 넘어 객관적, 도덕적 세계로 향한다. 1학년의 목표는 색이 일깨운 '마음의 움직임'을 알게 되고 성격화하는 것이다. 아이들은 색칠하기를 통해 이런 마음의 움직임을 알게 된다. 그리고 색칠하기를 한 다음날 그 그림에 대해 이야기하며 성격화를 배운다.

색에 대한 이런 경험을 통해 아이들의 의지는 유연한 내면의 상(象), 유연한 감각 및 행동을 얻습니다. 마음속의 모든 것이 더 유연해집니다…[4]

색칠하기 수업에서는 조용하고 차분한 분위기를 만드는 것이 중요하다. 또한 아이들은 시간을 들여 색칠하기 수업을 준비하고 마친 후 정리하는 실용적인 작업 습관을 형성할 필요가 있다.

색 이야기는 연습을 소개하고 그 성격과 상호 작용에 따라 색을 개별화한다. '노란색은 밝고 활기찬 성격으로 세계로 퍼져나간다. 어디든 그가 가는 곳마다 노란색은 주변을 환하게 밝힌다. 어느날 노란색이 조용히 앉아 있는 파란색에게 다가갔다….' 이런 색 이야기가 실제 색칠 과정과 가장 효과적으로 함께 이루어질 수 있기 때문에 색들의 대화를 구성할 수 있다. 또한 이를 통해 색칠하기에 관한 기술적인 지도를 상상적으로 전달할 수 있다. 어떤 아이가 노란색의 사용을 주저한다면 '노란색은 종이를 가로지르며 바로 가장자리와 그 너머까지 빛나고 싶어한단다.'라거나, 서두르는 아이에게 '파란색은 강하지만 너무 강해지고 싶지는 않고 노란색의 빛을 받아들이고 싶대.'와 같은 말로 자극을 줄 수 있다. 이런 상은 색 그 자체를 넘어서 아이들에게 도움을 줄 수 있다. 색으로 그린 그림은 상상적이면서도 객관적인 접근법을 통해 초급 학교에서 연령에 따라 다룰 수 있다.

교사가 아이들과 함께 그릴지 혹은 먼저 시범을 보일지, 혹은 전혀 그리지 않고 과정에 대해 말로써 설명할지는 교육 방법론적 판단의 문제다. 세 가지 경우 모두 각기 다른 상황에 적합할 수 있다. 간단한 색 연습을 할 때 교사는 젖은 종이를 칠판에 붙이고 아이들 앞에서 칠할 수 있다. 너무 오래 칠하지만 않는다면 마르고 벗겨지기 전까지 종이는 상태를 유지할 것이다. 여기에는 시각적인 장점이 있다. 그 주된 장점은 붓의 사용을 시연하는 것인데, 아이들은 말로 설명할 때보다 모방을 통해 더 잘 배우게 된다.

기초적인 색 훈련을 통해 색과 색칠하기의 기술을 도입한 후에, 색칠하기는 이야기로 전달되는 수업 내용, 동화, 전설, 우화 및 신화와 연결된다. 이는 1학년부터 그 이후의 모든 학년에 적용된다. 처음에는 이야기의 분위기, 어두운 숲, 라푼젤의 금빛 머리카락, 왕자의 외투를 드러내는 질문으로 시작하지만, 점차 구상적으로 발전하며 식물과 동물의 형태, 그리고 이후에 인간의 모습까지 표현한다. 이 과정은 명확하게 혹은 윤곽선으로 경계 지어 나타내기보다 형태들이 색 그 자체로부터 솟아오르도록 해야 한다. 아이들은 자신이 느끼는 그대로의 상을 자유롭게 묘사해야 하기에, 4학년이나 5학년이 되어 원근법의 형태를 배우기 전까지는 나무는 땅에서 위로 자란다와 같은 가장 기초적인 내용을 제외하면 어떤 지도도 하지 않는다. 수채화 물감은 자연의 분위기를 내는 데 도움이 되지만 자연주의를 나타내는 어떤 시도도 해서는 안 된다. 마치 놀데(Nolde)의 풍경화와 식물 그림 혹은 클레(Klee's)의 수채화 같은 보다 형식주의적 추상화처럼 색은 표현주의 작품이 그렇듯 분위기에 어우러져야 한다. 이런 진행은 첫 네 학년에서 이루어지고 이후의 묘사에서는 반복하지 않는다.

- 양극적인 노란색/파란색으로 시작하고 그보다 약한 긴장감을 갖는 '색조'(노란색/녹색)에 대해 알아가기
- 삼원색 노랑, 빨강, 파랑으로 색칠하기
- 교사가 '색 이야기'를 들려준 후에 아이들은 드러나는 색을 자유롭게 선택한다
- 세 가지 혼합색을 더하며 팔레트를 확장
- 필요한 준비(종이를 적시고 판에 고정하기)를 포함한 습식 수채화의 기술을 완전히 숙지하라.
- 색이 있는 종이에 칠하거나 먼저 한 색으로 칠하고 종이가 이를 완전

히 흡수하고 나서 다음 색을 칠하라.

• 동화 같은 분위기

2학년

2학년의 주제를 유지하며('수평 교육과정'을 보라.) 아이들은 모자란 것의 균형 맞추기, 대칭성이나 이중성 만들기를 연습할 수 있다. 이 방향으로 아이들의 마음을 활성화시키는 것을 목표로 한다. 교사는 '색 이야기'가 주관적이거나 임의적이지 않고 색 그 자체에 의해 이끌리도록 주의해야 한다. 이것이 아이들이 조화로운 색의 삶에 참여하는 법을 배우는 유일한 방법이다.

• 아이들이 색의 조화를 경험하는 것을 목표로 하는 연습은 다음과 같다.•

  - 특징(character)에 따라(빨강과 노랑, 노랑과 파랑, 파랑과 빨강, 주황과 초록, 초록과 보라, 보라와 주황)

  - 보색 관계(빨강과 초록, 노랑과 보라, 주황과 파랑)

  - 특징 없이(노랑과 주황, 주황과 빨강, 빨강과 보라, 보라와 파랑, 노랑과 초록, 파랑과 초록)

• 연습 바꾸기: 예를 들면 중앙의 색이 그것의 보색으로 바뀌고 주위의 색은 그대로 남는다. 그리고 중앙의 색이 그대로 있고 주위의 색이 변한다. 아이들이 실제 그림으로 해볼 수 있고, 예를 들면 개개의 그림이 이 연습의 대상이 될 것이다. 이는 일련의 연습을 통해 진행할 수 있다.

• 아래의 관계는 다음과 같다. 삼원색끼리/삼원색을 섞어 만든 2차색끼리의 관계는 특징에 따른 관계, 마주보는 색은 보색 관계, 앞선 두 관계에 속하지 않는 관계는 특징 없는 관계다.

3학년

3학년의 주안점은 세계의 '위대한 창조'(창세기)와 작은 규모의 천지 창조로서 농경과 집 짓기다. 색칠하기 수업에서 이 주제를 다룰 수 있다. 아이들은 색을 통해 그림을 만들 뿐만 아니라, 혼합색이 어떻게 스스로 탄생하는지 알아간다.

- 노랑, 파랑, 빨강의 원색이 어떻게 빛과 어둠으로부터 솟아나는가.
- 색상환에서 음양으로 강화시켜보기
- 혼합색인 초록, 주황, 보라가 어떻게 솟아나는가.
- 색을 통한 색칠하기 연습으로 7일간의 창조, 빛의 탄생으로부터 시작하고, 빛과 어둠의 양극성, 위와 아래의 창조, 지구와 물, 동식물에까지 진행
- 마지막으로 하나의 인간 형상과, 색 전체로부터 둘이 되어 떠오름.

4학년

4학년이 시작하기까지 아이들은 색의 조화와 '색 이야기'를 만들기 위해 자유롭게 수채화 물감으로 칠해왔다. 이제 동물학이나 집중수업의 이야기들과 연결됨에 따라(예를 들면, 북유럽 신화), 수업의 핵심을 구상적으로 묘사하는 형태 속에 색이 합쳐지는 방식으로 연습을 도입한다. '색의 얼룩'으로 그리기 위해서는 강한 집중력이 필요하다. 형태는 반드시 색으로부터 드러나야 하고, 색은 그날의 주제로부터 와야 한다.

- 동물의 형태가 색으로부터 솟아나게 하기
- 자연에 대한 관찰, 나무, 언덕과 산과 하늘이 있는 간단한 풍경, 갈색, 녹색, 노란색 계열로 이루어진 들판의 패턴, 성이나 큰 교회, 헛간이 있는 시골집같이 일반화된 간단한 모양과 연결된 색칠하기
- 집중수업의 이야기 부분(북유럽 신화)과 연계된 구상적 주제, 예를 들면 니플하임, 위그드라실, 헬의 어두운 왕국, 라그나로크, 항해하는 바

이킹 배 등

- 색이 칠해진 종이 위에 다시 칠하면 색의 조화와 분위기를 만드는 새롭고 다양한 가능성을 이끌어낼 수 있다

5학년

자연에서 보게 되는 색의 끊임없는 변화는 식물에 작용하는 힘을 드러낸다. 해와 지구의 힘, 빛과 어둠이 그것이다. 초기의 색칠하기 연습은 이 양극적 효과와 연결될 수 있다.[5]

위에서 언급했듯이, 색칠하기는 집중수업의 주제를 되풀이하거나 받아들일 수 있다. 그러나 명확한 그림을 그려내는 것이 아니라 자연의 색이 그 스스로의 모습을 찾아내는 것이 목표라는 점을 다시 한 번 강조하고자 한다. 이를 통해 색칠하기 수업은 집중수업에서 진행되는 주제를 질적으로 심화할 수 있다. 또한 동시에 색칠하기 수업에서 보고 들은 것을 식물학의 주제로 가져갈 수도 있다.

- 초록과 노랑으로부터 식물의 분위기를 발전시키기
- '장미 빨강'과 '백합 하양'을 수련의 백분홍색과 대조시키기. '이끼 초록'과 '자작나무 초록' 간의 질적 차이 발견하기
- 이 시기로부터 아이들은 색의 보다 미묘한 차이와 느낌을 다루기 시작할 수 있다.
- 수업의 결과를 살펴보고 이야기할 때 수채화의 우연한 놀라움을 관찰하기보다, 이제 우리는 아이들에게서 색의 차이를 발견하고 만들려고 노력하는 의식적인 방식을 주목한다.
- 해안선과 바다, 강의 형태, 산과 평야 등의 질적인 차이를 드러내며 지도를 색칠한다.

- 신화로부터 상을 받아들일 수 있다.

6학년

다른 과목들과 마찬가지로, 색칠하기 역시 열세 살 아이들의 다양한 성격적, 심리적 발전을 고려해야 한다. 예술 교육과정에 대한 슈타이너 의제안은 '비춤과 그늘짐'을 가리킨다. 학생들은 어떻게 그늘이 생기는 지에 대한 명확한 관념을 가져야 하고 이를 적절히 관찰할 필요가 있다. 다양한 방식으로 명암법과 음영에 대한 연구에 접근할 수 있을 것이다. 아래의 두 가지를 참고하라.

1. 한 가지 방법은 한쪽 면에는 색을 남겨두고 목탄이나 분필로만 작업하는 것이다. 이와 함께 6학년부터 색칠하기는 그리기로 대체한다.('6학년에서의 그리기'를 보라.)
2. 다른 방법은 색칠하기를 계속하면서 연습을 통해 문제를 해결하는 것이다.(아래의 제안을 참고하라.)
   - 삼원색과 이차색으로부터 회색과 검정색을 얻어보라. 이는 단계적으로 쌓아가야 하는 긴 과정이다.
   - 색들을 통해 얻은 회색이나 검정색의 음영은 식물학(나무)이나 광물학의 주제에서 사용할 수 있다. 나무 그리기 연습을 통해 음영을 연구했다면, 이를 색으로 전환할 수 있다.
   - 지리학이나 역사 같은 집중수업의 주제들을 색칠하기로 표현해보라.

7학년

베일페인팅이라는 새로운 기법은 침착함과 인내력의 훈련을 요구한다.(종이나 물감의 층들이 마를 때까지 기다리므로) 학생들은 손쉽게 준비하고 시작할 수 없다. 색이 엷고 섬세하게 작업해야 하기 때문에 색 또한 유년기에 느꼈던 초보적인 만족감을 주지 않는다. 이 기법은 색의 차이와 깊이를 만드는 다양하고 새로운 가능성을 열어준다. 이런 식으로 그리기 수업의 '원근법' 주제는 색칠하기로 이어진다.

색칠하기는 지리학과 연결되며 다른 방식으로도 확장할 수 있다. '아시아'가 7학년 과정에 있다면 학생들은 먹으로 색칠하기를 연습할 수 있다. 수묵화 붓으로 작업할 때는 아주 많은 집중력과 통제력이 필요하기 때문에 아이들 하나하나만이 아니라 주의력이 떨어지는 십대들에게도 대개의 경우 치료 효과를 볼 수 있다. 또한 자율성의 측면에서 베일페인팅의 좋은 선행 단계가 된다.

- 수채화 물감을 이용한 베일페인팅
- 처음에는 한 가지 색으로 연습할 것
- 색을 통한 원근법의 의식적인 사용
- 회화적 구성에서 색에 필요한 것이 무엇인지 관찰하라.
- 지리학 수업과 연결되는 수묵화와 색칠하기
- 수묵화 붓과 펜으로 작업하기
- 종이를 적절히 준비하기
- 붓으로 작업하기 위한 내적 준비

8학년

베일페인팅을 계속하며 기술을 완성한다. 아이들은 같은 과제를 한 번은 습식 수채화로, 한 번은 베일페인팅 기법으로 시도할 수 있다. 이런 연습의 목표는 학생들의 판단력을 발달시키고 예술로서의 색칠하기에 대한 이해를 심화하는 데 있다. 특정 주제를 특정 기법으로 색을 통해 작업하는 것, 혹은 그것을 *피하는* 것과 그에 따라 주제에 반하는 것은 어떤 의미를 갖는가. 이를 통해 필요, 반대, 자유를 예술로써 훈련할 수 있다.

학생들 스스로의 탐구와 함께 이루어지는 이 연습들은 다음과 같은 슈타이너의 제안을 통해 심화할 수 있다.

제가 만약 14에서 15세의 색칠하기를 접해보지 않은 아이들을 가르친다면, 저는 뒤러(Dürer)의 멜랑콜리아(Melancolia)를 제시하겠습니다. 저는 그들에게 빛과 그들의 환상적인 분포를 보여줄 것입니다. 창문을 통해 들어오는 빛과 그 빛이 다면체와 구체에 퍼지는 방식 말입니다. 멜랑콜리아를 시작점으로 삼는 것은 사실 정말 좋은 생각입니다! 아이들은 흑백을 상상의 색들로 변형하게 될 것입니다.[6]

이런 연습들은 색칠하기의 가능성과 적합한 방식을 드러낸다. 이는 연속성을 제공하는 것만이 아니라 우리가 1학년에서 시작한 색칠하기의 과정, 색의 내적 속성을 발견하려는 목표, 그 도덕적 효과의 결과를 드러낼 기회가 된다.

- 베일페인팅을 지속. 다양한 기법을 사용하며, 자연에 대한 탐구가 색으로부터 완전히 떠오른다.
- 습식 수채화에서 베일페인팅으로, 그리고 그 반대로 변형하는 연습
- 명암법의 변형, 혹은 흑백 구성을 색으로 가득 찬 상상력으로, 예를 들면 뒤러의 멜랑콜리아나 골방 안의 성 제롬(St Jerome in his Study)(색칠하기 수업을 진행한다면 9학년에서 해도 좋다.)
- 비슷한 연습을 프란츠 마르크(Franz Marc)의 연필 스케치와 그의 다채로운 동물에 대한 탐구를 번갈아 가며 할 수 있다.

색칠하기: 9~12학년

아래에 서술한 9학년에서 11학년까지의 그리기 수업과 연결된 사춘기의 심리적 변화는 그 과정에서 1학년과 현격한 차이를 보인다. 아이들은 고립으로부터 벗어나려고 몹시 노력하는 중이다. 그들은 우정을 찾고 다른 인간들과 관계를 맺고 싶어한다. 이 과정에서 동감과 반감은 종종 격렬하고 급진적이기에 교사는 다양한 범주의 과제를 마주하게 된다. 모

든 것을 흑백으로 보려는 아이들의 경향성은 다른 풍부한 느낌의 색채를 요구한다. 다른 인간과 자신의 환경을 향해 깨어난 관심을 키우고 지지해야 하며, 이 과정이 제대로 이루어지지 못할 경우 자신만의 일과 감정에 지나치게 몰두하게 될 위험이 있다. 아이들은 '앞을 향하는' 상태를 유지하며 수업과 교사로부터 도움을 구한다. 이들은 자신이 나아갈 길을 찾고 있기 때문에 열정을 경험하고 의지를 발전시켜 변화하기를 원한다.

일상에서도 스스로에 대한 생각에 사로잡힌 열일곱, 열여덟 살의 아이들에게 색의 변화를 주는 작업은 적합할 뿐만 아니라, 스스로를 찾아가는 심리적 상황에서 꼭 필요한 일이다.

명암법을 사용하거나 흑백으로 그릴 때, 특정한 예술적 방법을 써서 하나의 정답을 따르는 경우가 자주 있다. 그러나 색을 다룰 때의 상황은 완전히 다르다. 색의 변주가 보여주는 마르지 않는 풍부함은 자유를 느끼게 하는 효과가 있고, 또한 마음이 자신의 방향을 찾도록 도와준다. 색칠하기를 하는 동안 경험한 새로운 발견을 토대로 그 방향을 찾는 것은 아이의 의지가 자라도록 활성화하는 데 도움이 된다. 그리기는 '결론에 도달'하거나 '죽음의 과정', 혹은 '열정적인 분위기'를 경험하도록 이끌어 준다. 그러나 색칠하기는 항상 구원이고 해방과 재생이며 '부활'이다. 이 점은 수업 속에서 명시되지 않지만 깊이, 그리고 존재적으로 느낄 수 있다. 이와 같은 예술의 목적과 중요성은 학교 현관에서 멈추지 않는다. 이는 예술을 다루는 교사와 학생 모두에게 똑같이 관계하는 지점이다.

예술의 중요성은 명확합니다. 그것은 어떤 것을 초감각적으로 구현하려는 목적이 아니라 존재하는 바와 지각되는 내용을 변형하는 것입니다. 실재가 표현 수단의 차원으로 내려앉아서는 안 됩니다. 그렇습니다. 실재는 독립성 속에서 그 자체로 남아야 합니다. 그러나 이는 새로운 형식, 우리를 만족시키는 형식으로 드러나야 합니다…이는 '감각으로 지각 가능한 형

태로 표현된 생각'이 아닙니다. '생각의 형태를 띤 감각으로 지각 가능한
표현'입니다.[7]

아이들이 상을 형성하는 부활의 능력을 경험하지 못한다면 어떤 결과
가 일어날 것인가? 가치 지향의 혼란 혹은 공격성과 파괴적 폭력으로부
터 해방을 바라는 깊고 전반적인 체념과 무기력함이 발생한다. 이런 맥
락에서 예술 수업, 특히 색칠하기는 각 개인의 존재적 의미를 담는 사회
적 가치를 지니고 있다.

구약의 '우상을 만들지 말지어다.'는 상을 금하는 유산으로서 고대로부터
계승됐다. 인간은 이제 그런 순수하게 추상적인 법칙으로 되돌아가서 다
시 분명한 목적을 가지고 마음의 형상적 능력을 다뤄야 한다. 형상을 통해
서만, 상상력을 통해서만 사회적 삶이 올바르게 그 자체를 이룰 수 있다.[8]

이 장에서는 아래 과목/학년 분류를 기본으로 하고 있다.

9학년	–	그리기	–
10학년	색칠하기	그리기	조형/조각
11학년	색칠하기	그리기	조형/조각
12학년	색칠하기	–	조형/조각

일반적인 목표는 다음과 같다.
- 흑/백에서 색의 경험으로 깨어나기
- 색칠하기를 세계와 인간에 대한 섬세한 심리적 감각의 표현으로 경험
  하기
- 색칠하기를 세계에 대한 섬세하고 다양한 관점을 얻기 위한 보조 수단
  으로 발견하기

- 예술의 목적과 의미를 묻는 방법을 색칠하기를 통해 발견하기
- '실재적인 상상력'과 '미래 지향적, 구체적 상상력'을 성취하기 위한 상을 그려내는 힘을 얻도록 이 힘을 불러내고, 기르고, 훈련하기

10~12학년

수채화와 유화 기법의 차이를 경험할 때가 됐다.(색을 만들고 섞을 때의 가능성들, 그리고 다양한 붓을 다루는 기술)

학생들은 이 기법들이 각자의 목적에 적합한지 스스로 평가하는 법을 배워야 한다.

초급 학교에서 경험한 색칠하기를 환기한다. 이제 색의 본성과 표현의 가능성을 이해하기 때문에 보다 의식적으로 색을 다루게 된다. 학생들은 색과 형태를 통해 특정한 경험에 대한 적절한 표현을 찾는 법을 배워야 한다. 그리고 색이 표현된 내용에 대한 느낌을 가져야 한다. 학습한 기법들에 대한 객관적인 이해를 토대로 각자 개인적인 양식을 찾아가야 한다.

감상은 예술 수업에서 가장 많이 다루는 부분이며, 학생들의 작업은 색칠하기 시간에 논의한다. 내용과 형식 간의 연결, 사용된 수단의 효과, 표현의 '가독성', 메시지의 힘을 인식하는 과정을 돕는 것이 그 목적이다.

점차 학생들이 스스로 자신이 다루고 싶은 문제와 사용하고 싶은 매체를 선택해야 한다. 교사의 역할은 결정 과정의 문제를 극복하도록 돕는 것이다. 교사는 주제, 기법, 설계와 작품의 구성에 따라 조언한다. 또한 학생들은 보다 큰 규모의 프로젝트에 착수하고 스스로 최선이라고 생각하는 방법으로 이를 진행할 기회를 가져야 한다. 그리고 선택한 프로젝트는 여러 부분적인 과제를 포함하는 피상적인 작업이 아니라 집중력과 깊이를 더하는 데 이용되어야 한다.

- 색 각각의 본성에 대한 이해에 다가서기 위한 기초 연습

- 대비 색상 조화(따뜻한/차가운, 삼원색/2차색 등), 세 가지 색의 조화
- 괴테의 색체론에 기반한 보다 폭넓은 연습. 조화와 부조화에 관한 괴테의 이론 적용
- 색에 대한 경험에 철저히 기반한 대비되는 주제
- 자연과 풍경의 분위기. 흑백(예를 들면, 뒤러, 렘브란트, 뭉크 등의 에칭화)을 색에 대한 상상으로 변형
- 색에 대한 상상력을 모티프로 발전시켜 자유로운 회화적 상상력의 전개를 위한 기반으로 삼기
- 나무와 꽃에 대한 연습(예를 들면 햇살, 폭풍, 비 속의 나무 등)
- 특정 분위기를 색과 형태로 전환하기: 기쁨/슬픔, 느리게(adagio)/빠르게(allegro) 등
- 다양한 형태의 인간의 머리와 얼굴
- 인상파, 표현주의, 모더니스트, 입체파, 초현실주의 등과 같은 역사 속의 예술 학파들에 대한 자유로운 모방

재료와 기법
- 준비된 종이나 캔버스에 유화 물감, 유화 붓 사용해보기
- 붓을 다루는 기술과 유화로 칠할 때 표현되는 방식 관찰하기
- 베일 기법이나 다른 액상 물감을 이용한 제약 없는 색칠하기
- 수채화
- 다른 적절한 색칠하기 소재의 탐구

형태 그리기, 그리기, 그래픽: 1~8학년

그리기 수업은 색칠하기 수업과 매우 다르다. 그리고 난 형태는 항상 하나의 결과이자 휴식을 취하는 어떤 것이며, 보다 거칠게 말하자면 '죽

은' 것이 된다. 그러나 그리기 수업은 그 결과가 아니라 과정과 기술, 그리고 활동이 진행 중일 때 일어나는 감정에 주로 집중한다. 이 감정들은 형태와 연결되어 있다. 형태는 감정을 촉발하고 형성한다. 그리기에서라면 이는 형태의 도덕 영역일 것이다.

아이들이 처음부터 외부의 대상을 그리지는 않을 것이다. 아이들은 움직임의 속성을 경험해야 한다. 이런 종류의 그리기는(5학년의 맨손 기하로 이어지는) 슈타이너-발도르프 학교에서 형태 그리기라고 부른다.

아이들은 학교를 다니는 초기에 간단한 형태를 그리는 방법과 형태의 변형을 보고 그 속성을 경험한다. 이는 형태를 이해하는 생생한 내면의 능력을 발달시키도록 돕는다. 이로부터 아이들과 이후에 조금 더 나이 든 아이들도 그들 앞에 자연과 인간이 창조한 대상으로 다가오는 형태 제스처(form gestures)•를 이해하는 법을 배운다.

이는 아이들의 다가올 발달에서 중요하다. 아이들은 자연에서(풍경, 식물, 동물), 예술에서, 그리고 인간이 만든 다른 공예품에서 만난 대상의 형태 제스처를 경험할 때 풍부하고 실재적인 관계를 세계와 맺는다. 상을 창조하는 힘이 비어 있는 평범한 시선은 종결된 것, 최종 형태 속에서 굳어버린 것, 죽은 것밖에 이해하지 못한다. 그런 시선은 인간의 인지 능력을 죽은 것에 국한시킨다. 창조적인 시선은 인간을 이미 일어난 것의 표면 너머로 데려가고 그를 세계 내면의 삶으로 끌어온다.[9]

경험 많은 화가이자 선에 대한 탐구를 끝없이 이어갔던 칸딘스키는 위의 내용을 다음과 같이 정식화했다.

• Form gesture. 형태(form)를 통해 드러내는 내면의 성질(gesture).

그림 속의 선이 특정한 내용을 표시하지 않아도 되고, 이에 따라 그 스스로 특정한 무언가로 기능할 수 있게 된다면, 그 내면의 소리는 다른 부수적인 역할로 인해 약화되지 않을 것이며, 따라서 완전한 힘을 드러낼 수 있다.[10]

따라서 형태 그리기의 본래 목적은 형태에 대한 아이들의 감각을 일깨우는 것이다. 이는 아이들이 쓰기와 읽기를 배울 때 필요하다. 형태 그리기는 우리 문명의 기술을 위한 준비 작업이다.

교실 안과 종이 위에서 움직임을 통해 방향 잡기를 가르치면 차후에 실독증이 있는 아이에게서 발생할 수 있는 공간상의 문제를 도울 수 있다. 그런 아이들은 형태 그리기의 치료적 효과로부터 상당한 도움을 받는다.

슈타이너 또한 이 치료적 측면을 염두에 뒀기에, 한 아이가 특정 기질에 완전히 압도된 경우 형태를 발견하고 발전시킴으로써 문제를 풀고 해방시키는 효과를 얻도록 권했다. 대칭성, 운동과 대항 운동, 반복, 강화와 같은 공간에 대한 경험의 한 부분인 형태는 공간에 대한 지각을 깨우고 자극한다. 천성이 극도로 한쪽으로 치우친 아이들에게 중요한 목표는 공간상에서 방향을 잡고 올바르게 움직이는 것이다. 하지만 사실 오늘날의 문명은 너무도 불안정하고 방향을 상실했기 때문에 수업 과목으로의 형태 그리기는 모든 아이에게 일반적인 치료 기능을 발휘한다.

특수 아동과의 작업에서 발달한 형태 그리기의 분야는 역동 그리기(dynamic drawing)다. 이 역시 원형적 형태와 형태 제스처에 대한 탐구를 통해 활력을 불어넣고 일깨우는 생명의 힘을 해방하고자 한다.

교사와 치료사는 다양한 모양과 형태의 심리적 효과에 대해 명확해야 한다. 예를 들면 어떤 형태가 더 의지에 작용하는지, 감각적 삶에 작용하는지, 그리고 심상(心象)을 만드는 역량에 영향을 주는지에 대한 이해를 발전시켜야 한다.

5학년에 기하를 시작하면 형태 그리기는 기하 그리기로 흡수된다. 6
학년에서 아이들은 그리기에서 높은 정확성을 요하는 '인과의 시대'에
접어든다. 같은 시기에 아이들은 새로운 형태의 예술적 그리기를 시작
하는데, 그것은 목탄으로 그리는 것이다. 이는 처음엔 색칠하기와 더 비
슷한데, 명암법의 대조를 주 내용으로 한다. 아이들의 심리 상태를 따라,
이 그리기는 명암에 대해 철저히 논리적으로 접근한다. 더 높은 학년에
서 기하적으로 작도하기 이전에는 '그늘에 대한 느낌'과 '그늘의 탐색'을
예술적으로 다뤄야 한다. 7학년의 원근법에 따라 그리기를 거쳐, 8학년
의 그리기 수업은 원근법과의 연결 속에서 빛과 그림자의 연습으로 마
무리한다. 학생들은 정물처럼 배열된 기하학적 입체를 그려보거나, 비
슷한 주제를 다룬 대가들의 목판화나 에칭화를 모방하며 자신의 기술을
발전시킬 수 있다. 이런 종류에 대한 연습과 격려는 상급 학교의 수업으
로 이어진다.

1학년

직선과 곡선이 형태 그리기의 출발점이다. 선은 어떤 것이 움직일 수
있는 경로라는 발견으로부터 이를 시작한다. 아이들은 직선과 곡선의 성
격을 온몸으로 움직이며 공간상에서 느낀 후에, 이들의 성격적 차이를
그려가며 경험해야 한다. 직선의 명확한 방향성은 집중력과 사고가 인도
하는 의지를 필요로 한다. 특정한 방향 지시 없이 역동적이고 굽이진 곡
선은 각각의 변화에 대한 여지를 남긴다. 감성이 의지를 인도하는 것이
다. 아이들이 선 그리기에 자신감을 느낀다면 대칭형과 형태 완성하기를
1학년에서 중점적으로 다룬다.

형태 그리기는 글쓰기의 도입을 위한 준비 과정이다.

형태 그리기 집중수업은 대개 글쓰기의 도입보다 선행한다.[11] 직선과

곡선을 다양한 크기와 형태에서 교대로 연습한다. 이런 방법을 통해 1학년에서 필요한 기초 형태를 전개한다.

- 수직선, 수평선, 대각선, 각도(예각과 둔각), 별꼴, 삼각형, 사각형, 정삼각형과 정사각형, 정오각형 등의 전개
- 볼록, 오목한 곡선, 파동, 원, 타원, 나선형, 염주형(lemniscate) 등의 연습
- 필기체 연습을 위한 연속적인 패턴과 순서

2학년

'형상적 학습(pictorial learning)'(슈타이너)의 영역으로서 형태 그리기는 지적 상태로 빠져들지 않고 사고를 발전시킬 수 있는 방식으로 내적 지각을 키우는 것을 목표한다. 이 내적 지각을 연습할 수 있는 한 가지 방법은 아이들에게 대칭형의 반쪽을 제시한 후 대응하는 나머지 반쪽을 찾고 완성하도록 하는 것이다. 이를 수행하기 위해서 아이들은 내면을 움직여야 하고 자신 앞의 패턴이 '미완'이라는 것을 느껴야 한다. 따라서 아직 완성되지 않거나 불완전한 것을 자신의 상상력 속에서(물론 동시에 종이 위에서도) 완전하게 만드는 것이 목표다.

- 중앙의 수직 축을 놓고 직선과 곡선 형태의 대칭을 연습.(동시에 상상력을 통해서도 가능하다.) 대칭성과 반사
- 다음으로 수평 축을 놓고 비슷한 연습을 진행. 형태 변형: 직선을 곡선으로, 그리고 그 반대로, 합성된 형태로도 수행
- 대각선 축을 놓고 연습. 나중에는 두 개의 수직선 축을 사용.(수직/수평, 혹은 두 대각선 모두 가능하다.)
- 삽화나 글의 페이지를 두르는 경계선
- 흐르는 듯한 형태, 리듬이 느껴지는 형태

3학년

축대칭을 연습한 후에, 아이들은 자유로운 '비대칭적' 대칭성을 다룰 수 있다. 아직까지 아이들은 대응하는 적절한 형태를 자유롭게 발견해야 하기 때문에, 이 연습은 아이들이 양식에 대한 감각을 발달시키는 것을 돕는다. 이 연습은 또한 내면의 공간에 대한 상상력을 기르는 데도 적합하다. 이는 기하학적 그리기에 대한 준비를 질적으로 돕는다. 형태에 대한 감각은 보다 복잡한 대칭성과 교차 패턴을 통해 발달한다. 이 요소들은 설계, 균형, 모양의 일관성, 대비되는 형태에 대한 감각의 기초를 이룬다. 학습한 패턴은 꾸미기(예를 들어 첫 장에 대해)나 수작업(예를 들어 자수에서)에 적용할 수 있다.

- 보다 복잡한 흐르는 형태와 리듬이 있는 패턴
- 나선형과 겹친, 감긴, 꼬인 형태
- 반사된 형태와 수직과 수평에 반사된 형식
- 삼각형, 사각형, 오각형 등으로 이루어진 형태
- 4중 대칭, 예를 들면 수평, 수직, 대각선 대칭을 결합한 형태
- 내부의 형태에 대응하는 외부 형태 찾기와 그 반대. 이에 변화를 준다면, 내부의 형태가 각질 때 '곡선형 정답' 찾기와 그 반대
- 원 내부에서 이런 방식의 변화 주기를 연습하고, 이로써 원을 연습의 일부로 포함하기
- '균형 잡힌' 형태 연습

4학년

공간에 대한 상상력을 계속 훈련하고 심화하며, 이제까지 연습한 것을 높은 수준에서 개괄해본다. 선들이 다양한 각으로 교차할 때 의식의 집중이 필요하다. 이는 집중력을 길러준다.

4학년의 이야기 소재(북유럽 신화)는 꼬인 무늬의 장식적 모티프를 형

태 그리기의 소재로 제공한다.(브로치와 팔찌의 조각, 무기, 투구, 뱃머리의 장식, 꼬인 형태의 켈틱, 카롤링, 랑고바르드 문양, 울타리와 밧줄의 모티프) 가닥이 위와 아래로 엇갈리는 모습을 통해 꼬인 형태를 만들면 교차점의 새로운 모양을 얻는다. 이와 연결해서, 해상에서 쓰는 밧줄 형태를 연습하고 그려볼 수 있다.

5학년

5학년에서 형태 그리기는 기초적인 기하 그리기로 이어진다. 다시 한 번, 직선과 곡선의 양극성을 출발점으로 삼을 수 있다. 이를 밀도 있게 경험하기 위해 컴퍼스나 자를 사용하지 않고 맨손으로 그려보는 것이 좋다.

비록 우리는 기하학의 아주 첫머리에 있을 뿐이지만, 학생들에게 기하학의 범위가 실용성을 넘어 세계와 삶의 궁극적인 수수께끼에 대한 해답으로 이어진다는 감각을 주는 것이 중요하다. 이는 학생들이 기하학의 법칙만이 아니라 그 형태의 아름다움과 엄격한 상호 의존성을 인식함으로써 가장 쉽게 이루어진다.[12]

9장, 산수와 수학의 5학년을 위한 기하학 부분을 보라.

6학년

아이들은 열세 살이 되면 사춘기를 맞아 근육과 힘줄을 포함한 신체의 성장에 박차를 가하고, 또한 중력과 새로운 관계를 맺는다. 이는 그리기의 새로운 장으로 이어진다. 4학년에서 꼬인 형태의 장식은 이미 그리기 속 공간에 대한 인식을 위해 다뤘다. 이제 이를 평면에서의 명암법으로 확장한다. 우리는 빛과 어둠, 녹이기와 굳히기, 높이와 깊이, 가벼움과 무거움의 갈등으로 뛰어든다. 이 대비의 세계는 실존 경험에 직선 형태보다 더 가깝다. 그러나 빛과 어둠에 대한 작업을 추상적으로 수행해서는 안 된다. 비춤과 그늘짐에 대한 관찰은 물리학 같은 과학 과목과 연결된다. 학생들은 입체의 표면을 비추는 빛과 그늘에 대해 명확히 이해해야 한다. 그림자는 공간을 확장하고 입체를 평면에 드러나게 한다. 이 나이에서는 인과에 대한 물음이 전면에 떠오르고 주의를 요하는 문제가 되기도 하기에 이를 그리기 수업의 중심으로 삼는다.

- 목탄을 사용한 자유로운 그리기 연습, 다양한 음영 기법을 이용해 빛과 어둠을 표면에 드러내기
- 공간 입체로서 구, 원통형, 원뿔형, 육면체 그리기. 다양한 광원과 그것이 변화시키는 그늘을 알아본다. 벽, 바닥, 각진 표면을 가로지르는 그늘. 그림자를 만드는 입체의 조합(그림자 정물화), 이를 통해 다양한 입체에 그림자 떨어트리기

7학년

빛과 그림자의 연습은 7학년에서도 이어진다. 이제 원근법 그리기는 이 연습이 보다 정밀하게 이루어질 수 있음을 의미한다. 이 나이 학생들 내면의 감각은 원근법과 소실점을 포함한 연습을 필요로 한다. 이들은 자신만의 확고한 관점을 가지려 한다. 이 아이들이 자기 내면의 소실점으로 도피하는 것을 얼마나 즐기는가! 소실점에 관해서는 신비한 부분이 있다. 한편으로 이는 상상할 수 있는 가장 미세하고 은밀한 것이면서, 다른 한편으로는 새로운 시작과 무한한 가능성을 내포한다. 이 그리기 수업은 그래프와 공간 작도의 법칙을 소개하면서도, 이 점에 관해 극히 새로운 방식으로 탐구하기를 목표로 한다.

- 비춤과 그늘짐에 대한 연습: 입체들의 상호 관통.(원통형 혹은 뾰족한 막대가 관통하는 구체, 원뿔이 관통하는 육면체, 육면체가 관통하는 구체 등등)

교차 지점의 표면과 다양한 배경(평면, 각진 면, 볼록하거나 오목한 표면)에 떨어지는 그림자에 특별한 관심을 기울여야 한다.

- 원근법: 중앙에서 바라볼 때의 원근법, 새(수직)나 개구리(수평)의 시야, 한 개 이상의 소실점 그리기
- 빛과 그늘의 분포를 반드시 항상 관찰해야 한다.
- 건물이나 내부 공간 같은 실제 대상을 포함하는 연습

8학년

4학년은 그때까지 형태 그리기에서 배운 모든 것을 개괄하고 종합한다. 8학년에서 그리기 수업의 두 번째 시기가 절정에 이르고 기하, 투영에 대한 연습, 원근법이 통합된다. '기술과 아름다움의 결합'(슈타이너)은 기하와 원근법 법칙을 예술을 통해 '회복'함을 의미한다. 기능적 측면은 미적으로 평가하고 그에 따라 묘사한다. 열다섯에서 열여섯 살들은 감성이 불안정하기 때문에 미적 판단력을 갖추기 어렵다. 이들은 엄격하고 참인 것만 받아들일 수 있다. 따라서 그리기에서도, 자유로운 작품만이 아니라 뒤러나 레오나르도 같은 대가에 대한 습작에도 회화적 법칙을 올바르게 적용하는 것이 중요하다. 이 주제들은 상급 학교에서 이어지며, 에칭화 같은 기법들이 완성된다.

- 뒤러의 *멜랑콜리아*를 모사하기 위한 준비에 시간을 쓸 수 있다. 그림 속 구체, 다면체, 도구와 장비 같은 세부 내용은 자유롭게 바꿔도 좋다. 의류, 자연(낮, 밤, 땅, 바다, 하늘, 지구), 건축물, 동물 등도 그려볼 수 있다.
- 비례의 법칙을 시작한다. 구조의 비밀로서 황금비. 마침내 뒤러의 에칭화를 모사한다.
- 자연에 대한 습작과 연결하여 렘브란트의 나무와 풍경에 대한 에칭화를 연습하고 모사할 수 있다.

형태 그리기, 그리기, 그래픽: 9~11학년

상급 학교에서 색칠하기와 그리기는 시간표상 각각의 수업으로 진행하고, 보통 다른 예술 과목이나 수공예와 함께 순환한다. 이제 이 수업들은 담임교사보다는 교과교사가 진행한다.

초급 학교에서 예술 활동은 다른 과목 속에 포함되어 있었고, 이와 유사하게 개별 학생들은 전체 학급 공동체의 일부이기에 개인의 재능을 중요하게 다루지 않았다. 9학년의 학생들에게 이 점은 의미심장할 수 있는데, 이제 이들은 스스로의 원천으로 다시 던져졌을 뿐만 아니라 유년기의 상상력이 줄어들었음을 경험해야 하기 때문이다. 발상과 고유성으로 가득 찬 초기를 거쳐, 이들은 이제 그 능력을 되찾을 '열쇠'가 점점 더 필요함을 발견한다. 따라서 이 시기에는 단순히 초급 학교에서 했던 것을 반복할 수 없다.

상급 학교 학생들은 이제 예술과 공예의 보완적인 두 역할, 즉 내적 감각의 표현으로서 심미성 그 자체의 육성과 세상의 현실적, 실용적 필요를 충족하는 공예품을 생산하기 위한 소재의 변형에 대한 인지를 발전시켜야 한다. 예술은 소재와 기술의 실용적인 연마에 기반하지만, 심미적 요소를 고려하지 않고 공예품을 만드는 것은 기능주의에 지나지 않기 때문에 두 측면의 통합은 중요하다. 이 통합의 셋째 요소는 정확한 관찰을 길러주는 것이다. 이는 균형 잡힌 판단의 기초가 되기에 특히 중요하다.

타고난 능력(유년기의 상상력과 창조력)이 사라지기 시작할 때, 새로운 것을 위한 공간이 열린다. 예술 수업은 이 점을 고려하여 다룰 수 있어야 한다. 그렇게 한다면 아이들은 마음 속에서 찾던 변화의 바람을 느끼고, 예술 수업은 동시적, 현대적, 존재적 의미를 마련할 수 있다.

이 세 요소를 통합하는 하나의 예는 정확한 관찰 및 빛과 그늘을 이루는 법칙에 대한 이해에 기반한 흑백 음영 그리기다. 기술의 연마는 공예가의 기술과 비슷한 성질을 강하게 띠는 한편, 매체 그 자체는 빛과 어둠, 그리고 그 무한한 전환에 대한 심리적 속성을 충분히 표현하게 한다.

포스터 디자인과 색칠하기를 다른 예시로 들 수 있다. 이때 학생들은 실용적 용도에 따라 색과 형태의 표현 방식을 실험할 수 있다. 아이들은 그림과 문자가 함께 작용하는 방식에 대한 감각을 훈련하고 최소한의, 따라서 가장 효율적인 수단을 선택함에 있어 자신감을 가져야 한다. 학교 행사를 위한 포스터(연극, 여름 축제, 바자회 등)를 기획하고 만든다. 콜라주, 스텐실, 모노타이프, 색이 있는 리노컷, 오프셋 리소그래피, 실크 스크린 등과 같은 다양한 기법을 사용 가능한 자원에 따라 배우고 쓸 수 있다. 컴퓨터 그래픽 또한 그 용도가 있지만 먼저 손으로 다루는 기술을 사용하는 매체를 익혀야 한다.

아래의 내용은 9~12학년의 여러 단계를 포함한 9학년 이상의 과정이다. 9, 10학년에서 다양한 기법들의 기본적인 내용을 배웠다면, 학생들은 이 기술들을 상급 학교에서 진행되는 프로젝트 작업에 활용할 수 있다.

흑백 음영 그리기: 9~10학년

의지의 작용을 감각 지각으로 끌어옴으로써 예술적, 자연적 형태에 대한 지각을 훈련하고 빛과 어둠의 예술적 가능성에 대한 감각을 계발하는 것이 주된 목표다.

학생들은 기술과 각각의 예술 경험을 예술 과정 속에 스스로 적용해야 한다. 밑그림 전 단계, 밑그림, 완성된 그리기를 한 과정으로 스스로 수행할 수 있어야 한다.

- 빛과 어둠을 표현하는 가능성을 배우기 위한 개략적인 기초 연습

- 매번의 연습에서 균형이 맞는 표면 만들기
- 운동 방향(예를 들면 떠오르는/떨어지는), 운동과 대항 운동(예를 들면 밖으로 빛나기/안으로 밀어넣기)
- 표면을 이루는 요소의 분포 가운데 어느 부분을 강조할 것인가.
- 빛이 어두운 회색으로 바뀌는 연속적이고 부드러운 전환이나 투명한 가장자리를 통해 경계를 표현(경계선 없이)하는 표면 형성 방식. 은회색에서 다양한 중간 단계를 거쳐 어두운 회색으로 변하는 풍부한 빛의 스펙트럼이 그 결과여야 한다. 선영, 대각선으로 표현한 음영 등.
- 학생들은 후에 스스로 표현할 수 있도록 대가들(뒤러, 렘브란트, 블레이크 등)의 그림 작업에 드러난 다양한 음영 기법을 관찰해야 한다.

학생들은 공간 관계에 대한 기본적인 이해를 얻고 이를 삼차원 밑그림이나 조형을 통해 시각적으로 드러낼 수 있어야 한다.

위의 연습에서 비롯되는 과제는 다음과 같다.

- 기초적인 모양에 대한 연습: 구, 육면체, 원통, 다면체, 오각형, 12면체 등
- 표면이 편평하거나 휘었을 때의 공간적 요소를 빛과 어둠으로 연습하고 그려봐야 한다.
- 입체의 그림자 그리기
- 합성체를 형성하기 위해 다양한 입체를 자유롭게 결합해보기
- 자연, 입체적 형태, 풍경 분위기의 다양한 빛 효과
- 소풍 중에 자연 그리기. 밑그림을 자유롭게 구성해보기
- 간단한 내부 공간을 광원과 대응하는 음영에 따라 그리기. 혹은 인간 두개골 그리기
- 발전 과정을 천천히 관찰할 수 있도록 음영 기법을 사용하여 작은 요소로부터 그림 구성하기. 분필의 넓은 부분을 사용해서 겹쳐진 표면부

터 그려나가기. 검은 분필이나 목탄을 사용하라.

- 포스터 설계

인쇄

대개의 경우 9학년이나 10학년에서 다루게 되고, 10학년에서 다룰 때
가 많다.

- 종이나 리노컷, 목판화, 목판 인쇄, 에칭화, 동판 같은 소재 위에 인쇄
  하는 법을 다양한 매체를 통해 소개하기
- 인쇄물의 흑백 간 강한 긴장감 알아보기
- 이 기법을 통한 감정의 표현 가능성 경험하기
- 적용의 한계(예를 들면, 삽화에서)
- 리노컷을 만드는 연습: 의도한 그림과 수단의 사용 간의 관계(물질과
  리듬, 대조, 비율 같은 비물질)
- 맨손 그리기의 기능, 예를 들면 밑그림 전 단계, 밑그림, 습작 혹은 예
  술 표현의 독립적인 방법으로서
- 양식에 관한 관점들과 중요한 대가들(다양한 시기로부터 예를 들 수 있
  다.)
- 재생산의 수단과 예술적 매체로서 그림 인쇄의 기원과 발전
- 한 매체가 다루는 도구, 기법, 소재의 사용 연습하기
- 에칭화 연습: 밑그림에서 완성된 풍경 인쇄까지, 분위기로 시작하여
  구상적인 풍경으로 이어지기
- 동판 에칭화, 에칭용 조각침과 에칭 프레스의 사용
- 에칭 잉크 다루기
- 극장 프로그램, 학생 잡지, 프로젝트 작업의 발표 기획과 연결하여, 레
  이아웃을 위해 컴퓨터 그래픽 사용하기

- 포스터 설계하기

점토 조형과 조각: 4~8학년

괜찮다면 아이들은 1~3학년 중 언제라도 점토, 밀랍 혹은 공작용 점
토로 조형할 수 있다. 열 살부터 조형은 형태 그리기의 보완물로 시작할
수 있다. 시작점은 구와 각뿔에 대한 기초적 경험이 될 것이다. 조형은
내부 공간을 함께 형성하는 두 손의 상호 작용에서 발전한다. 중요한 점
은 점토를 여기나 저기에 덧붙이는 것이 아니라 변화를 주고 모양을 만
들도록 주어진 전체 덩어리를 다루는 것이다. 압력과 반대 압력은 표면
의 형태를 이룬다. 그리기는 '눈을 통해 작용하는 의지'(슈타이너)가 교정
한다. 그러나 조형에서는 표면을 만지는 손이 그러하고, 이에 따라 하나
의 지각 및 형성 기관으로 변한다. 조형은 형태 그리기뿐만 아니라 영감
을 주는 다른 집중수업의 주제들에 깊이를 더할 수 있다.

조형의 기저 원리는 형태의 변형이다. 아이의 발달에 따른 내적 변화
의 표현을 반영하는 마음의 작용이 주어진 소재를 변형한다. 우리는 조
형을 통해 발달 중인 아이의 천성에 포함된 형성적 능력을 다룬다. 조형
과정 그 자체를 통해 형태, 운동, 접촉에 대한 감각이 특히 활성화된다.
진행 중이든 완성된 후든, 작품을 바라볼 때 아이의 '보는' 능력이 특히
강하게 깨어난다.

이런 의미로 본다는 것은 단순히 눈의 사용을 의미하지 않는다. 물론
있는 대로 보지 않고 보고 싶은 대로 '보는' 경향성을 고려한다면 이는
결코 가벼운 성취가 아니다. 형태를 관찰할 때 우리는 점토가 표현하는
형태의 활동을 지각한다. 이는 방향, 팽창 혹은 수축, 그리고 또한 균형,
대칭, 중력과 가벼움 및 생명과 생명 없음의 감각 등의 내적 운동을 포함
한다. 아이들은 형태를 설명하는 어휘와 이를 읽는 법을 배운다. 그리고

어휘를 통해 말로 그 내용을 설명해야 하고, 이를 발달시키는 것 또한 과제의 일부다.

조형 작업에 몰두할 때, 아이들은 보통 조용하고, 집중하며, 깊이 숨쉬고 주변을 인지하지 못한다. 때때로는 이런 분위기를 만들어내기 어렵다. 스스로의 형성적 힘에 연결하려고 할 때는 올바른 분위기가 필요하다. 아이들이 그렇게 하지 못한다면 이는 집중력이 부족하고, 형태가 피상적이며 모아내지 못하는 경향을 가리킨다. 소재의 속성에 대해 탐구함으로써 그 자체에 대한 존중을 이끌어낼 수 있는데, 이 존중은 앞의 문제를 도울 수 있다. 아이들이 다시 점토나 조형 재료와 친숙해질 수 있는 간단한 연습으로 수업을 시작할 수 있다. 그러나 마찬가지로 중요한 것은 과제에 대한 명확한 상이다. 무엇을 만들 건지 아이들에게 그림을 보여주기보다 말로 알려주거나, 혹은 조형 대상의 분위기나 형태를 몸으로 표현하게 하는 것이 큰 도움이 된다. 이는 오래 걸리지 않지만 아이들이 자신의 활동에 빠져들게 하는 데 중요한 도움을 줄 수 있다. 구상적이거나 추상적인 작업을 할 때, 이 형태가 무엇을 표현하게 될 것인지 아이들이 강하게 느끼는 것이 중요하다.

조형물에 대해 객관적으로 설명하는 것 또한 수업에서 마찬가지로 중요한 부분이다. 아이들은 스스로의 작업에 어느 정도의 거리가 필요하고, 어쩌면 다음 수업까지 기다려야 할 수도 있다. 형태에 대한 판단은 정확한 관찰과 설명을 통해 조심스럽게 학습해야 하고, 그 관찰과 설명은 아이들이 형태에 '빠져들고' 무엇이 '일어나는지' 설명하도록 격려한다. 그것은 자고 있는가, 쉬고 있는가? 어떤 방향으로 뻗어가고 있는가? 위로 오르려고 애쓰는가, 아니면 그 덩어리 대부분을 뒤에 남겨두는가, 혹은 물러나는가? 내부에 어떤 활동도 없는, 내적 활동이 아니라 외부의 힘에 의해 형성된, 마치 부식된 텅 빈 껍데기 같은 상태인가? 아이들이 형태의 주요 요소에 대해 충분히 경험했다면, 조형 수업에서 그 나이에 적합한 표현으로 이런 대화를 금세 할 수 있다. 형태와 그 주변의 관계 및 특히 형태들이 서로 반응하는 방식에 대해 인지하는 것이 매우 중요하다. 이는 서로 다른 관계를 갖는 두 형태를 놓고 그들이 서로에게 뭐라고 말하는지 설명하도록 하는 작업을 통해 생각보다 간단히 수행할 수 있다.

4학년

- 구, 각뿔, 육면체 같은 간단한 입체를 손바닥으로 조형하기
- 동물학 집중수업의 도움을 받아, 구로 시작해서 동물 형태 만들기(잠자는 고양이, 쉬는 사슴, 누운 소 등등)

5학년

- 식물학 집중수업에서 구나 달걀 모양으로 시작해서 새싹, 과일, 다른 식물 형태를 만든다. 자연주의로 이끌 필요는 없다. 중요한 점은 무형의 소재에서 형태를 만들어가는 성장 운동을 느끼는 것이다.
- 인간 형상을 만들 수 있고, 서 있는 자세에서 시작해서 앉아 있는 형태로 넘어간다. 존재 전체의 형상을 다루면서 팔과 다리는 관절로 나뉘지 않는 형태(예를 들면, 외투로 덮거나, 침대 모양으로)가 다리의 움직임을 다루지 않은 아이들에게 쉽게 느껴진다. 이후에 팔이 몸으로부터 분리되고 다리는 자세를 잡게 된다.

6학년

- 지리학 집중수업과 연결하여 다양한 유형의 산 모양을 주조하기: 화강암, 백악, 수정을 닮은 뾰족한 모양. 바위가 있는 동굴과 폭포도 조형할 수 있다.
- 인물 작업은 집단, 엄마와 아이, 농부와 말, 싸우는 인물 등으로 넘어갈 수 있다. 얼굴, 손, 발, 옷 등의 자세한 부분은 최소화하라.

7학년

- 비춤과 그늘짐 연습, 혹은 기하학과 연결하여 원뿔, 육면체, 오각형, 12면체 등과 같은 입체를 조형할 수 있다. 특히 후자는 양손의 손바닥을 써서 구로부터 만들 수 있다.
- 구나 기하적 형태로부터 시작해서 일련의 형태 변환을 수행할 수 있다.
- 구상적인 형태를 다룰 때, 회전하는, 굽히는, 가리키는, 다가가는 형상으로 몸짓과 운동에 대해 탐구하되 표정은 여전히 최소화하라.

8학년

기질과 관련한 연습을 조형에서도 할 수 있다:

- 대지의 건조함(우울질), 타오르는 불꽃(담즙질), 물처럼 부드러움(점액질), 대기의 기화(다혈질)에 대한 연습. 추상적이거나 구상적으로 할 수 있다.
- 극적인 몸짓에 대한 연습; 아이를 보호하는 어른, 춤추는, 자는, 연인이 껴안는 형상을 온몸의 몸짓을 써서 다루되, 조형하기 이전에 먼저 몸으로 표현해봐야 한다.

점토 조형과 조각: 9~12학년

다시 한 번 강조하려는 것은 다양한 소재를 적절히 다루기 위한 손재주를 기를 뿐만 아니라, 또한 동시에 어떤 특정 '목적'으로부터 자유로운 예술 활동에 빠져들 수 있어야 한다는 점이다. 이런 창조 과정은 의식적으로 경험된다. 아이들은 예술 내부의 법칙과 스스로에 대한 자유로운 표현을 차근차근 경험할 수 있는 공간을 얻는다. 조형 수업은 창조의 기쁨을 자극하면서 학생들의 감성적 삶을 형성하고 개별화한다.

조형은 목각과 석각에서 적절한 수준의 조각으로 나아간다.

9, 10학년

학생들은 조형, 부피감, 표면, 평면의 전환, 선이나 가장자리, 점과 같은 기본 요소를 다시 한 번 경험해야 한다. 주 목표는 다음과 같다.

- 조형한 형태의 다양한 속성을 인식하고 설명할 수 있다.
- 표면의 운동에 대해 관찰을 통해 의식하기
- 내부와 외부로부터 형태 경험하기. 학생들에게 이는 새로운 영역의 경험이 된다. 학생들은 자연적, 비자연적 형태를 구별하는 법을 배워야 한다.
- 손으로 다루는 기술과 기법에 능숙해지기

돋을새김을 만들기 위한 점토 조형의 기본 요소에 대한 실험. 예를 들면,

- 평면으로부터 솟아나는 구도
- 오목, 볼록한 표면으로부터 솟아나는 구도
- 휘고 각진 형태
- 자기 안으로 빠져드는 구도
- 특정 형태 언어(form language)•로 전체적 구도를 찾는 노력

학생들은 자신을 둘러싼 공간의 실재에 대해 경험해야 한다. 돋을새김 주형의 하형(下形)은 소석고로 만들 수 있고, 이로부터 새 상형(上形)을 얻을 수 있다.

- 점토의 돋을새김 형태에서 완전한 삼차원 형상으로 가면 만들기
- 구(정지한 형태)

- language는 내용/의미를 전달하는 체계를 의미한다. 따라서 form language는 형태의 의미를 규칙 속에서 전달하는 체계, 즉 형태 언어라 지칭할 수 있다.

- 모든 각도에서 만족스러울 뿐만 아니라 조형적인 전체를 이루는 완성된 형상 조형하기. 돋을새김에 있어서, 기본 기하 형태를 출발점으로 삼을 수 있다. 이 기본 형태들은 동물 형상으로 발전할 수 있다. 미술사 수업에서 적절한 모티프를 가져올 수도 있다.

기술

- 점토 다루기, 단일한 덩어리 혹은 도자기 만드는 기법을 통해(예를 들면, 코일 기법)
- 소석고를 다루는 기술
- 납, 실리콘, 합성 수지를 이용한 주형
- 종이와 직물을 포함한 다양한 가면 제작
- 목각. 점토 조형에 이어, 목각에서 형태를 반복하라. 돋을새김 형태가 적합한 출발점이 된다. 기하적, 자연적 형태 또한 가능하다.
- 백악이나 응회암 같은 부드러운 돌을 사용해서 석각을 소개할 수 있다.

11학년

10학년에서 조형의 기본 요소를 연습한 후에, 11학년은 한편으로는 운동하는 형태를 연습할 수 있고 다른 한편으로는 형태를 통한 심리적 표현으로 나아갈 수 있다. 석각과 목각은 큰 규모의 조각으로 발전한다.

'운동을 표현하는 형태'의 조형:

- 덩어리의 이동에 대한 운동 형태
- 정적인 기하 형태에서 역동적 운동으로 전환
- 운동을 표현하는 자기를 향하는 표면
- 운동의 단계를 보여주는 연속하는 형태, 예를 들면 낙하, 성장 형태 등
- 형태 변형: 변화(variation)/변형(metamorphosis)(12학년에서도 가능하다.)
- 자연적 운동을 예술적 형태로 변형

'마음을 표현하는 형태'의 조형:

- 다양한 마음의 몸짓에 적합한 조형적 표현을 찾는다.
- 대비되는 감정(예를 들면, 슬픔/기쁨)을 묘사한다.
- 두 형태 간의 대화
- 추상적인 형태를 구체적, 구상적으로 심화할 수 있다.
- 인간의 머리를 3차원으로 조형한다.(예를 들면, 내부의 텅 빈 형태로부터 전체 형태 작업하기)

인간 형태에 대한 풍부한 표현을 연습할 수 있다. 예술사로부터 적절한 발상을 가져온다.(중세 조각, 예를 들면 샤르트르 대성당의 정문 장식, 표현주의 조각, 예를 들면 바를라흐, 콜비츠, 추상 조각, 예를 들면 아르프, 빌, 무어)

아래의 내용을 연습할 수 있다.

- 얼굴의 비례는 표현의 전달자다.
- 형상의 특정 단면, 예를 들면 찡그림, 캐리커처, 동물을 닮은 얼굴
- 머리를 주 대상으로 하는 캐릭터 연습
- 사람의 분위기를 비추는 관상학
- 자화상
- 머리와 얼굴의 반대 유형 대조: 남자/여자, 늙은/젊은, 아름다운/추한, 웃는/우는 등

기술

- 첫 설계는 대개 밑그림으로 작업하고 다음으로 점토를 다룬다. 이후에 다른 소재를 사용한다.
- 소석고 기법
- 목각
- 다른 소재로 작업하기(학교가 마련할 수 있는 재료에 따라)

12학년

학생들은 조형과 조각에서 보다 성숙해지고 자율성을 길러야 한다. 스스로 발견한 형태를 자유롭게 다룰 수 있는 능력을 발전시켜야 한다.

- 자연적 형태에서 예술적 전체로 전환. 단순화, 양식화
- 전체 작업에서 개별 형태 요소 결합하기, 예를 들면 구리와 나무, 유리와 나무 혹은 금속, 돌과 금속(장신구와 브로치에서)
- 습득한 모든 경험 활용하기. 보다 큰 작업에서 조각 기술을 이용하는 첫 시도가 된다.
- 내면의 표현에 대한 가능성 탐구

조각을 통한 영성의 표현이 이 나이의 중심 주제가 될 수 있다. 스스로의 예술적 영감을 드러내는 모티프나 중심 주제를 선택하는 것이 중요하다. 이에 따라 학생들은 한 해 동안 집중할 예술 프로젝트를 수행하며, 첫 밑그림과 연습으로 시작해서 밀랍이나 점토로 조형하는 단계를 거쳐 스스로 선택한 소재와 구성에 따라 완성된 작품을 내놓는 전 과정을 거쳐야 한다. 중심 주제 및 과정에 대한 설명과 결과물에 대한 감상이 그 작품에 이어져야 한다.

기술

- 점토로 조형하기
- 목각
- 석재를 이용한 조각

학교의 여력에 따라 다른 조각 기법을 사용할 수도 있다.(예를 들면, 청동으로 주형하기)

제11장

화학

아동용을 포함한 대중 과학 서적은 원자와 분자를 소개하며 '아원자'와 입자의 움직임에 대해 현대적 이해와 동떨어진 모형을 자주 제시한다. 당구공을 닮은 조악한 상으로 표현된 화학적 과정은 부정확할 뿐만 아니라 이 주제에 대한 현상학적 접근과도 상충한다.

화학 교육에 있어 슈타이너-발도르프 교육과정의 목표는 다른 과목과 마찬가지로 투명한 관찰과 열린 질문에 기초해 아이들에게 발달 단계에 적합한 상을 주는 것이다. 이를 통해 학생들은 자연과학사에서 성취한 중요 단계를 뒤따르며 이 과목을 실제에서 적용할 때의 복잡한 사항들과 영향력을 알게 된다. 화학 교육과정은 다른 과목의 원칙과 마찬가지로 전체 교육과정을 가로지르는 수평적이고 창의적인 사고를 북돋우고자 한다. 유년기의 상상력을 기르고 이로부터 관찰 가능한 현상에 대한 자세한 연구로 나아가면서, 학생들은 원자 이론과 생명과학의 영역에 있는 유전학과 대개 11학년에서 심화하는 다윈주의 진화론에 대해 준비한다.

유치원에서 6학년까지

'화학'이라는 말은 대중적으로 병에 든 수정, 가루, 액체를 연상시킨다. 화학 공부를 통해 아이들을 삶으로부터 분리하려는 것이 아니라면, 그 시작부터 생명과학 교육과정과 깊이 통합해야 하고 이 시기의 아이들을 현재의 유물론적/환원론적 설명을 통해 가르쳐서는 안 된다. 따라서 생명과학의 의미에 대한 모든 고려가 화학 교육과정에도 적용된다. 유치원에서부터 이어지는 전체 교육과정을 토대로 7학년에서는 화학에 집중적으로 접근한다.

6학년 지리학 집중수업에서 석회암, 이산화규소, 백악, 석탄을 통해 죽은 것과 광물이 생명으로부터 생기는 방식을 밝힌다. 살아 있는 유기체는 성장과 죽음의 과정에서 주요 지층을 구성하는 물질을 내보낸다. 아주 최근에서야 과학은 이 퇴적물들이 생명체에서 기원한다는 사실을 받아들였으며, 죽은 물질이 배출과 죽음을 통해 삶*으로부터* 생긴다는 사실은 죽은 광물질의 세계가 생명의 기원이라는('원시 수프'로부터 진화했다는) 일반적 인식과 대립한다.

7학년

이제 화학은 한 과목으로서 분리된다. 그러나 이를 전적으로 측정 위주로 진행하기보다 정확한 설명과 아이들의 경험에 중점을 두며 현상학적으로 접근해야 한다. 세계의 변화 과정으로서 자연과 인간에게 연결되는 가장 폭넓은 가능성을 유지하는 것 또한 중요하다. 예를 들어 연소에 대한 학습은 다양한 소재가 불탈 때의 특성에 대한 관찰과 산불의 위력, 생물학적 호흡의 특성, 다양한 문화와 전설에서 불의 의례적/희생적 이용에 대한 설명을 포함한다.

여기에 작용하는 상상적(imaginative), 형상적(pictorial) 능력은 산소, 이산화탄소, 에너지 및 전 지구를 뒤덮는 식물 세계의 역할에 대한 개념적 이해를 위한 깊은 토대를 마련한다.

프리스틀리와 라부아지에 같은 과학자들의 전기는 과학의 역사적 맥락과 굳은 의지를 지닌 창의적 개인들이 현상에 대해 탐구한 방식을 보여준다.

기술적 적용(용접, 제련, 소화기)은 이후에 보다 넓은 도덕적, 사회적, 환경적 관점 속에서 다룬다.

연소

- 모든 종류의 죽은 물질 태워보기(예를 들면, 짚, 면, 솔잎, 포자, 알코올, 가스)
- 불에 대한 공기의 역할: 숲, 덤불과 기름 화재, 폭풍처럼 번지는 불(firestorm)과 굴뚝 효과(chimney effect)
- 수초(水草)와 광물에 의한 산소의 발생
- 황, 탄소, 인의 연소(화산, 석탄 연소 및 반딧불이)
- 인간, 동물, 식물에서 산소와 이산화탄소의 역할
- 연기와 재, 산과 염기
- 적양배추, 비트, 리트머스를 이용한 지시약
- 양초의 화학

염

- 석회암과 대리석, 그 기원과 화학. 자연적 형성, 동굴과 절벽, 백악질 토양의 식물계
- 석회가마와 석회암의 순환(석회암-생석회-소석회)
- 염을 형성할 때 산/염기 양극성●의 힘을 설명하기 위한 농염산 및 고체 수산화나트륨의 반응. 실용적 응용(예를 들어 치약, 농부의 석회 사용)

- 화학 성질이 아니라 발도르프 교육에서 강조하는 대립, 조화하는 양극의 운동을 지시한다.

금속

- 자연적으로, 혹은 목탄을 통해 광석을 환원하여 지구에서 얻을 수 있는 금속의 화학 및 문화적/역사적/기술적 중요성(예를 들면, 철, 구리, 납, 수은, 주석, 은, 금)
- 철의 제련: 목탄의 연소와 역사 속의 연결

8학년

이 나이의 사고력은 발전한 개념화가 가능하고 아이들은 기술적 적용에 점점 관심을 갖는다. 식물계, 인간의 식생활, 농경, 식품 기술 및 다른 집중수업과의 연결성에 대한 더 넓은 상을 유지하며 8학년 식물과 식품 화학 수업은 보다 높은 단계의 화학을 소개한다. 이제 측정과 시험을 포함한 간단한 실험이 더 적합하다.

대사 과정 및 먹이사슬과 자연, 계절의 직접적인 연관성이 중심 주제다. 물론 숙성 과정은 중단될 수도 있고(예: 절임), 늦출 수도 있고(예: 저장), 혹은 가속할 수도 있다.(예: 치즈) 식품 생산은 자연 속의 대상을 분리하고 정제하는 작업을 포함한다. 식품은 화학 물질로 완전히 분리될 때까지(예: 전분 가루, 비타민)그 기원과의 연결을 어느 정도 유지한다. 날것으로 먹기보다 조리 과정을 거쳐서 먹는 이유를 고도로 발달한 서구의 식습관과 연결하여 확인해야 한다. 건강과 식생활에 대한 주제도 떠오른다.

- 곡물 낟알을 밀가루, 다양한 곡물로 바꾸는 과정 및 제분 기술
- 반죽의 성질, 글루텐의 역할
- 빵 만들기(실용성). 이스트로 발효시킨 밀가루 반죽과 빵
- 밀가루, 감자, 쌀에서 전분 추출하기. 전분의 특성, 아이오딘 검사
- 식물/태양 관계의 주요한 산물인 포도당. 자연 속의 다른 당. 설탕 시험하기(베네딕트 또는 펠링의 해결책)
- 설탕의 원천(역사적, 문화적). 설탕이 치아와 식생활에 미치는 영향. 혈

당과 당뇨병

- 사탕무로부터 포도당의 추출과 산과 전분으로부터의 제조
- 발효(실용성)와 부패
- 종자의 발아: 전분/글루코스
- 빵 만들기에서 전분, 단백질, 효모의 역할
- 우유, 달걀, 생선, 콩, 고기, 깃털, 모피 속의 단백질
- 지방과 기름의 특성 및 물, 불과의 관계. 식물과 동물에서의 기원
- 우유: 생우유, 저온 살균, '장기 보존 우유'
- 치즈와 요거트(실용성)
- 비누 제조
- 식물과 곤충의 셀룰로오스. 인간 식생활에서의 역할. 종이 제조와 재활용(실용성)
- 가죽과 무두질
- 전기(예를 들면, 파스퇴르, 라부아지에, 프리스틀리)

9~12학년

(19장 생명과학과 23장 물리학을 참고하라.)

발달 단계의 주제를 따라 표현한다면, 어른의 세계에 의지하던 아동기의 힘이 이제 9학년의 청소년을 정체성에 대한 냉엄한 질문으로 내몰고 있다. 이에 따르는 감정적 격변은 때로는 원인이고 때로는 결과지만, 주인은 이 야생마를 반드시 길들이고 책임져야 한다. 10학년을 거치며 주인은 이 준마의 특성과 더 친숙해지고 더 자율적으로 알아갈 때까지 갈등을 이해하는 사고력을 내, 외면 모두에서 기른다. 11학년에서 이와 관련한 기술은 절정에 이르고, 12학년이 되면 각각 과거를 돌아보고 미래의 계획을 세우기 시작한다.

화학 교육과정은 이 발달 과정을 따른다. 9학년에서 살아 있는 식물로부터 형성된 물질과 그 부패를 통해 만들어진 물질을 석유 산업과 같은 기술적 과정을 통해 탐구한다. 광물질을 연구하고 분석하기 위해 10학년에게 필요한 명확한 개념 능력은 사고력의 새로운 단계에 이른다. 반면 11학년에서는 물질에 대한 현재의 이해와 원자 모형의 역사적 발달에 관해 대비되는 모형들을 비교할 수 있다. 그리고 12학년에서 이 모든 공부에 잇따르는 환경, 사회 문제를 인간 존재와 전 지구의 관계성 속에서 검토한다. 동시에 예외적인 물질과 반응은 광물과 살아 있는 세계 속 물질의 잘 알려지지 않은 속성을 부각한다.

9학년

8학년에서 다룬 것을 토대로 9학년은 식물계에 대한 보다 종합적이고 자세한 연구를 통해 식물화학의 원리와 이를 응용한 제조 및 기술 과정에 집중한다.

비록 이 작업의 대부분은 통상적으로 '유기화학'이라고 불리지만, 이 접근의 목표는 물질의 변형을 추적하는 것이다.(예를 들면, 당-에탄올-아세트산-에스터) 이는 체계적인 연구에서 그러하듯 독립된 물질에 대해 검사를 통해서가 아니라 식물 내에서 이루어져야 한다. 마찬가지로 공식과 반응식은 불필요한 추상화다. 학생들이 특별히 강한 관심을 표할 때 구조식을 다루는 것이 훨씬 낫다.

대부분의 기술적 과정은 8학년에서 다루었지만(예를 들면, 종이, 에탄올), 원리를 부각하기 위해서 이를 확장해야 한다.(예를 들면, 셀로판, 에스터) 서양의 물질적 진보의 토대가 되는 정유와 이에 따르는 과정에 초점을 맞출 필요가 있다.(연료에서 약품, 플라스틱, 살충제로)

부패와 분해를 거쳐 식물이 석탄과 석유로 변하는 과정에 대한 주제는 개별 분자의 분석과 함께 질소, 인, 염소, 수소 및 유황, 탄소와 그 동소체적 성질로 이어져야 한다.

9학년은 기구와 화학 약품의 위험을 안고 실용적 작업을 각자 스스로 진행해야 한다. 이 나이의 아이들은 탐구하고 스스로의 감각과 사고를 믿도록 자극받아야 한다.(물론 안전과 건강에 대한 고려는 필수적이다.) 비록 통제된 실험을 통해 엄격한 과학적 방법에 따라 자신의 관찰, 생각, 기록을 구조화해야 하지만 시험 가능한 가설과 엄밀한 방법이 탐구적 분위기를 압도해서는 안 된다. 과학적 탐구 과정의 핵심 요소는 숙고로부터 끌어낼 수 있고, 창의적이고 열정적인 교육은 이를 요구한다. 11, 12학년에서 필요한 방법과 사고의 보다 엄격한 과학적 훈련은 10학년을 토대로 이루어진다.

- 산화 및 환원 과정으로서 광합성과 호흡
- 식물과 기술적 응용 분야에 적용되는 당, 전분, 셀룰로오스, 알코올, 산 및 에스터의 화학(예를 들면, 셀룰로오스, 비누, 화학 조미료. 폭발물: 당, 전분, 면화약)
- 효소. 발효. 유산소 및 무산소 호흡
- 알코올 남용. 중독
- 탄소와 질소의 순환
- 산소와 이산화탄소의 화학. 대기 오염. 오존
- 목재와 석탄의 분해 증류
- 석유의 분별 증류
- 석유의 탐사 및 시추, 정제 및 접촉 분해, 정유 제품
- 탄화수소의 화학과 일상적인 활용(예를 들면, 플라스틱, 냉매)
- 수소의 화학
- 탄화수소 유도체 사용에 따른 생태적, 환경적 결과(예를 들면, 이산화탄소, 살충제)
- 그 사용에 대한 개인적, 지역적, 세계적 책임. 대안. 재활용

- 비금속의 화학(예를 들면, 유황, 염소)
- 전기(예를 들면, 알프레드 노벨과 8학년에서 다루지 않은 인물)

10학년

10학년은 개념을 이해하고 이어지는 과정과 절차에 따라 진행되는 응용 작업 속에서 이를 다루기에 충분한 사고력을 가졌다. 이들은 명확성을 추구하고, 무게와 부피의 계산을 수행하는 정밀 기기를 통해 측정의 원칙을 받아들일 준비가 되어 있다. 대조적으로, 사영기하학은 다른 유의 정밀성과 결정형에 대한 새로운 시각을 가져온다.

광물 세계는 10학년에서 이런 고려에 대해 집중할 수 있는 풍부한 기회를 제공한다. 염의 형성 과정에서 산-염기 양극성은 살아 있는 유기체 및 인간에게 그 원칙이 적용되는 실용적 작업으로 이어진다. 광석의 환원과 금속의 화학은 금속의 반응성과 주기율표로 이어져 11학년에서 다루는 원자 이론의 토대를 마련한다.

- 광물 형태
  - 지질학과 지리학
  - 기하학과 대칭성
- 소금의 기원과 역사
- 결정화, 용해, 용융
- 용액의 생물학적 중요성(예를 들면, 삼투 현상, 원형질 분리)
- 염의 열분해(예를 들면, 탄산칼슘)
- 산과 염기로부터 염의 형성(석회의 순환, 시멘트)
- 생명의 세계에서 산-염기 양극성(예를 들면, 호흡, 소화계). 지표와 적정. 불용성 염
- 분석화학: 라디칼(acid radical)과 금속 이온의 시험
- 용융염의 전기 분해(예를 들면, 브롬화 납)

- 산업 응용(예를 들어, 전기 도금) 및 역사적 발견(예를 들면, 나트륨, 알루미늄 등)
- 금속의 화학과 기술적 응용, 특히 전기 분해에 의해 발견된 기술
- 금속의 반응성

11학년

이 나이에 이르면 학생들의 사고력은 모형의 명확성을 탄탄히 이해할 수 있고, 또한 동시에 그것에 도전하거나 다른 가능성을 고려하는 관점을 갖는다.

정량적인 화학 법칙과 주기율표의 도출로 이어지는 역사적 발견을 소개한다. 이는 화학의 요소를 논리정연한 상으로 요약할 수 있는 단 *하나의* 방법인 것처럼 제시해야 한다.

그리고 이 나이에서는 원자 이론을 자세히 가르친다. 비록 적은 수의 학생들만이 화학을 전공하려 하겠지만, 전기를 다루며 역사적으로, 그리고 핵분열 이용의 도덕적, 사회적, 환경적 의의를 통해 접근한다면 학급 전체의 관심을 이끌 수 있다.

물과 화학제품 간의 밀접한 전자기적 연관성을 시사하는 최근의 연구를 사무엘 하네만의 전기 및 동종 요법에 대한 토론과 함께 제시할 수 있다. 그러나 과학적 방법론과 '입증'의 본성에 방점을 두어야 한다. 즉, 관찰에 기반한 질문의 정식화, 합리적 추측의 형성(가설), 이에 기반한 예측, 실험을 통한 예측의 검증, 결과의 분석(연역)을 수행한다. 이는 증거를 토대로 확률에 근거한 예측을 제시하는 수학적 모형과 상충할 수 있다. (또한 유추를 통한 주장과도 그렇다.) 관찰을 위해 제한된 개입만을 허용하는 복잡한 생명 과정과 화학 실험의 상대적 명증성 간에 대조를 보일 수 있다. (유기체와 시험관)

이런 논의는 10학년에서 심화되고, 9학년에서는 아마도 격렬한 양극

화와 대립하는 주장이 일어날 것이다!

전반적인 분위기는 반드시 항상 전적으로 과학에 긍정적이어야 한다. 이는 과학이 새로운 생각을 발전시키고 모든 현상에 열린 태도를 가지며 사고방식과 정확한 관찰에 근거하는 자세를 취해야 한다는 의미다. 과학이 대개 기술의 동의어로 쓰이거나 '빅뱅'에서 다윈 진화까지 같은 근래의 사상을 절대적 진리처럼 여기는 것은 불행한 일이다. 이는 미래의 과학을 위해 건전한 관점이 아니다.

- 원소, 화합물, 혼합물의 개념과 화학적 결합의 기본 법칙 확립하기
- 역사적, 실용적 접근법:
  - 질량 보존의 법칙, 일정 성분비의 법칙, 배수 비례의 법칙
  - 상대 원자량, 공식 및 반응식의 사용
  - 기체 법칙
  - 아보가드로 수
  - 주기율표
  - 방사능, 원자 이론 및 맨해튼 프로젝트(물리학 집중수업과 함께)
  - 원자력의 도덕적, 사회적, 경제적, 환경적 영향
  - 동종 요법 및/또는 물질과 생명의 상호 작용에 대한 다른 모델
  - 전기(예를 들면, 돌턴, 라부아지에, 멘델레예프, 퀴리, 보어, 러더퍼드, 오펜하이머)

12학년

다른 영역에서도 그렇듯 12학년은 과목에 대해 개괄해볼 기회를 가져야 한다. 이런 접근을 통해 학생들은 1학년에서 이미 다룬 현대 원자 이론의 기원과 역사적 발전을 확인하고, 화학공학의 세계적 영향(경제적, 사회적, 환경적)을 살펴보고, 인간 유기체에 미치는 화학 물질의 영향을 고려해본다.

예외적인 화학 반응에 대한 탐구는 이 수준의 공부에 실용성을 더하고 그런 현상에 대한 미지의 감각을 생생하게 유지시킨다.

- 원자와 원소에 대한 그리스 시대의 사상으로부터 돌턴, 보어, 현대 양자물리학으로 대표되는 사상까지
- 석유 제품이 20세기에 미치는 영향, 9학년부터 구축하여 운송 및 재생 에너지 자원의 미래를 전망
- 효소, 호르몬 및 기타 생체 분비물과 신체 유기체적 과정의 관계
- 독: 큐라레, 버섯, 시안화물
- 중독성 물질과 의식의 관계
- 환경에 대한 화학 물질의 영향(예를 들면, 질산염, 호르몬, 살충제)
- 생명의 물리적/화학적 매개물로서 탄소(동소체, 동족열, 중합, 벤젠 고리와 같은 개념)
- 예외적인 반응, 예를 들어:
  - 벨루소프-자보틴스키(BZ) 반응(화학 반응의 공간적 형태)
  - 아이오딘화 질소(예외적인 폭발물)
  - 포스겐(빛을 내는 자연 발화)●
  - 아이오딘 '시계'(시간 반응)
  - 순차 반응(sequence reaction)(색상 변화 및 가스 방출)

- 포스겐의 광산화 과정을 참고하라.

제12장

수공예

사지의 움직임으로부터, 손재주와 기술로부터 지성이 발달한다는 점에 주의를 기울일수록…그 발달이 촉진됩니다.[1]

이 모토는 수공예 교육과정만이 아니라 교육과정 전반에 적용된다. 행동을 통한 학습과 제작을 통한 학습은 발도르프 교육과정에 스며든 교육 관점의 근본적인 두 측면이다. 사고와 이해는 행동과 움직임으로부터 떠오르는데, 살아 있는 사고는 실로 내면화된 움직임이다. 오늘날 아이들은 생활 속에서 손동작을 통해 의미 있는 움직임을 모방하고 연습할 기회를 잃었다. 아이들이 건강한 방식으로 발달하기 위해서는 교육이 이를 채워줘야 한다. 아이들이 이야기를 통해 삶의 과정과 신체 리듬을 조화시키듯, 실용적 작업은 마음의 능력과 사고, 감성과 의지를 조화시킨다.

수공예와 수작업 교육과정이 이런 행동을 통한 학습의 경험에서 중요한 역할을 갖는다는 점은 명백하다. 영국공예청(the Crafts Council)은 광범위한 후원자 층인 공예 제작자들을 대표하고 이들을 위해 일한다. 그러나 이 기관은 학교, 고등교육, 평생교육에서 공예가 수행하는 중요한 교육적 역할 또한 시급히 검토할 필요가 있다고 보았다. 이는 명백히 드러난 숙련 제작자의 기근을 극복하기 위한 기술의 습득만이 아니라, 생활에서 필요한 기술 또한 포함하는 역할을 의미한다. 그리고 동시에 이 역할에 대한 인식이 불충분하고, 그 잠재력은 훨씬 낮게 평가되었음을 깨달았다.

최근 영국공예청의 한 보고서는 다음과 같이 결론 내렸다.

만들기는 발상과 소재에 관여함으로써 기술과 능력을 발달시키는 창조적 과정이다. '행동을 통한 학습'으로 습득한 지식과 이해는 아이들이 성취감을 맛봄으로써 제작의 세계에 대한 관심을 일생 동안 유지하도록 한다.

교육을 통해 계발된 창조적, 실용적 기술은 국가 경제에 기여하고 일상의 질을 개선하는 값진 경험을 선사한다.[2]

그러나 발도르프 교육 접근법에 있어 이 영역은 제한적이고 보수적, 전통적으로 남았다. 특히 영국의 경우에 혁신이 제한적이다. 수공예는 현대 기술에 대한 많은 학생들의 관심에서 멀리 떨어진 틈새 시장에서 보존되고 있다.

유럽의 많은 나라들이 (이를 지원할 자원이 있는) 수공예 교육과정을 다양한 범주의 과목들에 대한 전체 도제 과정에 포함하도록 확장했다. 많은 학교들이[3] 실용적인 과목과 수공예를 하급 과정으로 옮겼고, 이로 인해 열세 살과 열네 살 이후 사춘기 아이들은 그 나이의 필요에 맞게 물질, 소재, 인간의 실용적 필요 및 기술 발전의 세계와 '대지화(earth maturing)'• 관계를 시작할 수 있다. 슈타이너가 이런 흐름을 예견했음은 의심의 여지가 없다. Torquay Course 일곱 번째 강의에서 제화공을 직원으로 채용하고자 했던 유명한 발언이 떠오른다. '그럼에도 불구하고 우리는 아이들을 실용적인 일꾼으로 만들고자 합니다.' Oxford course 에서 슈타이너는 또한 현재 발도르프 학교의 5학년 또는 6학년에서 이루어지는 실용적인 작업을 미래에는 3학년 학생들이 수행해야 한다고 지적했다.

이런 혁신은 오늘날 아이들의 발전하는 필요를 충족시키고자 진정으로 도전하기 때문에 중요하다. 열일곱 살은 자연히 열네 살보다 능숙하기 때문에 많은 수공예 교사들은 나이 많은 학생을 가르치려고 한다. 그러나 아마도 이 경험은 열네 살에게 더 필요하다. 하지만 이는 선택의 문제가 아니다. 즉, 모두에게 필요하다. 학생들이 수공예에 있어 여러 해에 걸쳐 일정 수준의 능력을 기르지 않았다면, 우리가 노력하는 창조성과 능동적 활동을 성취하기 어렵다. 학생들이 세상에 실제로 필요한 대상을 만들길 원한다면 시간표상에서 이를 수행할 공간을 마련해야 한다. 여러 종류의 수공예를 그저 시험 삼아 따라 하는 것은 소비주의의 한 형태에 불과하다!

그리고 실용적인 활동은 전체 교육과정에 통합되어야 하지, 특별 수업으로 분리 구분해서는 안 된다. 즉, 손으로 다루는 수공예는 삶에 연결된 각각의 맥락 속에서 경험해야 한다. 또한 그 연령에 적절한 방식으로 다루어야 한다. 이는 놀이에서 작업으로, 상(象)에서 이상(理想)으로, 원형적 몸짓에서 수공예를 거쳐 기술로 진행한다는 의미다. 물론 다양한 손기술은 정규 수업과 정해진 기간을 통해 가르쳐야 하지만, 이 활동을 어떻게 나머지 교육과정과 통합하며, 어떤 방식으로 현대 기술로 전환하고 합성 소재로 작업하는지가 중심 과제를 이룬다.

아이들에게서 드러나는 학습과 행동 장애의 증가에는 다양한 원인이

있지만, 분명히 통합 부족의 증상으로, 그리고 아마도 마음에 담긴 사고와 의지의 힘이 무너진 결과로까지 볼 수 있다. 머리로 들어온 것이 손을 통해 이루어지지 못하고, 의미 있는 활동을 통해 사지가 배운 것이 개념화와 이해로 옮겨지지 않는다. 행동을 통한 학습은 사지로부터 떠올라 머리로 향하는 방식의 학습이다. 손이 만든 것에 대한 숙고와 분석은 의식을 사지의 지성으로 향하게 한다.

이 두 영역 사이에서 중재하는 것이 정서적 감성 영역이다. 반면 소재와 과정에 대한 감각적 경험은 이 감성을 건전한 판단의 토대로 변환한다. 이는 리듬이 있는 교환 과정이다.

1~8학년

수작업 수업은 손재주와 기술을 기르는 수단 이상이다. 연령에 맞는 작업을 수행하며 리듬을 가지고 반복하는 움직임과 연습을 통해, 인간의 중간 영역을 표현하는 손은 의지와 논리적 사고 능력의 강화를 돕는다. 이들 간의 변환이 곧 감성적 삶의 육성이다. 피아제는 정교한 손기술은 지능 발달에 필수적이라고 지적했다. 또한 우리가 수행하는 정신적 조작, 예를 들면 단어의 조합이 아니라 진정한 생각을 일으키는 것 같은, 신체 활동을 통해 준비할 때만 제대로 기능할 수 있다고 말했다. 그에 따르면 논리의 정신적 조작은 (결론 도출, 판단 형성, 종합 같은) 정신에 활동을 일으키고 그것과 함께 작동한 결과 이상이다. 헬싱키 대학에 속한 베리스트룀(Matti Bergstrom) 교수의 연구가 이 접근을 제시한다.[4] 언어는 여전히 매일 '움켜쥐기', '실마리를 찾기', '다른 사람의 생각 헝클기'처럼 정신적 조작을 설명하기 위해 신체적 표현을 사용한다. 지능적(intellectual) 교육을 지성(intelligence)의 훈련에 대비시켜 그 차이를 지적해야 한다.

지능은 사실을 이해하는 데 집중한다. 지시 혹은 외부의 지도에 따라 행동하는 것은 지능적 행동이다. 지능은 이미 존재한다고 알려진 것에 순응하려 한다.

반면 지성은 완결된 것을 향하지 않는다. 지성은 무엇이 움직이거나 진행의 과정에 있다는 점을 이해한다. 지성은 그 이해를 이어가며 '활동'을 통해, 그리고 움직임과 손재주를 통해 형성된다.

아이들에게 의미가 담긴 수작업이나 수공예를 시킨다면, 우리가 보통 영적이라고 믿는 일을 시킬 때보다 더 많은 영을 다루게 됩니다.[5]

판단 능력은 실로 손의 활동을 통해 주요하게 강화됩니다. 그러나 단순한 논리의 연습을 통해서는 거의 계발되지 않습니다. 논리의 연습은 판단 능력이나 의견 형성의 계발에 거의 영향을 끼치지 않습니다.[6]

수작업과 수공예에서 위/아래, 무거움/가벼움, 밝음/어두움, 안/바깥의 구상적 속성은 모든 나이의 아이들에게 작업의 기초를 형성한다. 모든 과제를 남자아이와 여자아이 둘 다 수행한다. 이는 그 자체를 위함이 아니라 아이들의 역량을 계발하기 위해서다. 과제는 항상 실용적인 목적을 가져야 하며 다른 사람의 작업에 대한 사회적 인지를 일깨워야 한다.

이에 더해, 소재의 원천에 대한 존중과 사용되고 소비된 가공품의 마지막 처리는 환경과 자원에 대한 개인적 책임을 향해 나아가는 첫 단계다. 이는 수공예를 위한 예비 기술이 교육과정을 통해 가장 잘 통합될 수 있음을 의미한다.

우리가 '과정'의 세계를 적절히 마주할 수 있다는 점은 물질 세계의 만남 속에 정확히 담겨 있다. 위생에 과도하게 신경쓰는 사회 속에서 아이들은 가지고 놀고 탐구할 기본적인 물질과 과정이 필요하다. 마찬가지로 생활 속에서 실용적인 일을 스스로 해낼 수 있는 필수 기술을 갖추게 하고 자연적, 인간적 환경에 대한 도덕적 책임을 발달시킬 적합한 도전 대상이 청소년들에게 필요하다.

집중수업에 관련한 교육과정상의 활동과 초급 학교 및 상급 학교 학생들을 위한 정규 수작업은 학교가 그 환경의 가능성을 의식적으로 열어두는 곳에서 발전할 수 있다. 학교 운동장이나 근처 지역의 그 기초 자원으로부터 필요한 자원의 대부분을 책임감과 함께 얻을 수 있다.

비록 대부분의 수공예 주제를 정규 수업 속에서 다루지만, 수공예는 교육과정 전반에 통합되어 있기도 하다. 아이들은 유치원에서 촉각, 후각을 통해 양모 같은 소재의 속성을 접한다. 아이들은 난간과 울타리에서 그것을 모으고 난쟁이 인형과 속이 채워진 쿠션을 만드는 데 쓴다. 아이들은 초급 학교에서 배우는 법과 목양을 배운다. 이들은 중급 학교에서 식물 염색을 실험할 수도 있다. 아이들은 역사와 지리학 수업에서 양모 산업의 경제적 측면을 배운다. 상급 학교에서 직조와 직물 기술을 배울 때면, 아이들은 이미 양모의 속성과 기원에 대해 넓은 이해를 가지고 있다. 이 예는 나무와 목재, 식물 섬유, 점토, 금속과 다른 자연 소재들로 확장할 수 있다.

정규 수작업 교육과정에서 다소 벗어나지만, 초급 학교 아이들은 특히 나무, 식물 섬유, 나뭇잎, 껍질, 물, 원료, 종이, 우유 응고물(curd) 등과 같은 자연적 소재 무엇이든 손으로 다루는 다양한 수업을 들어야 한다.

수공예 작업은 다른 과목처럼 열세 살이나 열네 살 이후의 아이들과 구체적인 관련성을 갖지는 않지만 그 방식은 이어진다. 다양한 수공예를 소개하는 시기는 학교에 따라 크게 다를 수 있다. 주요 사항은 다음과 같다.

- 소재는 동물의 왕국에서 식물을 거쳐 광물의 왕국으로 진전한다.
- 자연히 발생하는 대상과 소재로부터 가공된 소재로 향하는 순서를 배

운다.(예를 들면, 평면으로 가공한 나무 판자 혹은 종이)

- 손에서 수공구(handtool)로, 그리고 기계로의 발전
- 나이에 적합한 방식으로 주제 가르치기

수작업

1학년

1학년의 과제는 재밌고 예술적인 방식을 통해 놀이에서 작업으로 전환하는 것이다. 아이들은 교사를 모방하며 배우기 시작한다. 아이들은 뜨개바늘 두 개로 뜨개질하는 방법을 배운다. 한편으로 뜨개질은 양손의 인지와 손재주를 훈련시키고, 다른 편으로는 1차원의 요소를 통해 실이 2차원의 직물이 되어 3차원의 기능을 갖는 변형을 통해 아이들의 정신력을 기른다. 아이들은 실용적인 디자인과 적절한 색 및 단순한 형태에 대한 감각 기르기를 시작해야 한다.

- 손을 써서 양털을 실로 자아내기
- 양모 펠팅
- 장부촉용 막대(dowelling rod), 샌딩(sanding), 왁싱을 통해 뜨개질 바늘 만들기
- 평면 혹은 가장자리 바느질을 통해 뜨개질하기: 난쟁이 인형, 공, 리코더 가방, 작은 인형과 동물, 냄비 받침 등. 대개 삼원색의 양모로 넘어가기 전에 흰 천으로 시작한다.
- 직선, 대각선을 사용해서 견사로 모직물에 수 놓기
- 천이나 실 무더기를 사용해서 손잡이나 줄넘기 줄을 위한 새끼실(cord) 만들기, 나무로 손잡이 만들기
- 생나뭇가지(green stick)를 사용해서 버드나무 호루라기 만들기
- 보조 작업: 형태 그리기, 작은 뜨개질거리 디자인하기, 티슈 페이퍼를

찢어서 슬라이드 만들기 등, 대개 계절, 절기 축제, 집중수업과 연결시킨다. 나무 가락바퀴(drop spindle) 만들기, 풀을 사용한 자유로운 형태의 둥지바구니 등

2학년

양손으로 겉뜨기와 안뜨기를 충분히 연습하고 나서, 코바늘뜨기를 시작할 수 있다. 주로 쓰는 손과, 심지어 몸에서 주로 쓰는 편에 활동의 중점을 둔다. 사슬뜨기와 이중사슬뜨기 간의 변환은 아이의 기질을 조화시키는 효과를 낼 수 있다.

- 핑거니팅, 프렌치 니팅, 니팅 낸시(knitting nancy)의 제작과 사용
- 뜨개질: 안뜨기
- 사슬뜨기와 이중사슬뜨기를 사용한 코바늘뜨기: 공놀이를 위한 그물, 리코더 가방, 작은 가방 등의 제작. 둥근 냄비 받침 또한 만들 수 있다.
- 팔찌와 끈을 만들기 위한 실 뜨기
- 간단한 평면 구조로 만들 수 있는 인형 만들기 시작
- 인형의 옷은 펠트로 뜨개질할 수 있다.
- 덧바늘이나 홈바느질(running stitching)로 솔기 바느질하기
- 보조 작업: 1학년 때와 같이, 천막 구조를 위한 펠팅을 집 짓기의 준비로서 포함

3학년

첫번째 옷은 실제로 착용하기 위해 만들어야 한다. 머리부터 시작해서, 모자를 뜨개질하거나 코바늘뜨기를 할 수 있다. 배운 기술을 다른 곳에서도 사용할 수 있다. 장갑인형을 만들 때는 아이들이 상상력을 발휘할 여지가 많다. 형태 그리기는 1학년에서 3학년 아이들이 구상적 능력을 발달시키기 위해 철저히 연습한다.

- 모자, 점퍼, 스카프를 뜨개질/코바늘뜨기
- 장갑인형을 뜨개질하거나 코바늘뜨기
- 모양을 발전시키고 대상의 쓰임새를 반영하기 위해 견사로 수 놓기
- 기초적인 꿰매기와 바느질 종합하기
- 학습한 기술 연습하기
- 보조 작업: 1, 2학년을 쌓아올리기. 윗가지(wattle)와 반죽의 칠(daub), 허들 만들기, 점토 오븐 등을 포함하는 농촌 수공예품 만들기

4학년

이 단계의 발달에 매우 도움이 되는 훈련을 특정한다면 십자수(cross-stitch)를 꼽을 수 있다. 십자수는 대칭성과 색, 형태를 통해 아이들이 독립성을 향한 첫 단계에서 자신감과 내적 확신을 얻도록 도울 수 있다. 대상의 목적에 맞는 의미 있는 디자인에 대한 이해가 깨어나기 시작한다.

교차 작업은 플레이팅(plaiting)과 브레이딩(braiding) 기술을 통해 발전한다.

- 가위, 바늘, 핀, 골무의 사용
- 십자수, 손으로 바느질하기
- 아이들이 스스로 디자인한 바늘 꽂이나 책 표지, 리코더 가방, 숄더백 등을 수 놓고 바느질해서 만들 수 있다.
- 보다 복잡한 플레이트(plait), 끈, 튼튼한 밧줄 만들기
- 양모로 속을 채운 동물 펠트
- 간단한 부지깽이를 만들기 위해 구덩이 가열로(pit forge), 불잉걸 만들기

5학년

이 나이의 아이들은 조화를 새로이 요구한다. 아이들은 자신 속에서

쉬는 것처럼 보인다. 이 점에 적합한 다섯 개의 바늘로 하는 라운드 니팅(round kntting)을 새로 익힌다. 다음 2년간은 손, 발에 착용하는 의류를 다루고, 아이들은 대상의 용도에 맞는 자신의 디자인으로 만들어야 한다.

- 뜨개바늘 다섯 개로 뜨개질하기: 양말, 벙어리 장갑, 장갑
- 의류를 만들기 위해 펠팅 기술 사용하기
- 바느질 기술의 종합
- 나무 깎기

6학년

인간이나 동물의 형태, 혹은 사람들을 위한 의류를 토대로 삼차원 대상을 만드는 작업은 사춘기에 이른 아이들의 심리적 단계에 도움이 된다. 부드러운 인형이나 동물이 이에 해당한다.(스스로의 디자인과 패턴에 따라 만든다.) 속을 채우고 모양을 갖춤에 있어 안팎을 바꾸는 과정(자신의 내면을 외부에 보이려는 첫 시도에 대응한다.)이 중요하다.

아이들은 덩치가 커지고 무게가 늘면서 자신의 발에 관심을 두게 된다. 그래서 이제 그 기능에 적합한 색으로 디자인한 슬리퍼를 만들 수 있다.

- 패턴 디자인으로 표현한 인간 혹은 동물의 형태. 부분을 꿰매서 합치기
- 가죽 밑창에 펠트 윗부분이 있는 슬리퍼 만들기(나무 작업 교육과정을 보라.)
- 매듭 공예(macramé), 낚시 그물, 장바구니, 우정 팔찌
- 홀치기 염색(tie-dyeing)

7학년

아이들의 신체가 성숙해지면서 몸의 모양에 대한 인지가 옷으로 연

결될 수 있다. 이에 따라 반바지, 블라우스, 작업복, 조끼를 만들 수 있다. 학생들은 자신의 의류를 스스로 디자인해야 한다. 소재에 대한 지식을 확장하고 기록한다.

- 가죽 작업, 벨트, 파우치
- 신발의 모양에 대한 작업과 패턴 만들기를 포함하는 슬리퍼, 샌들 혹은 모카신 제작
- 다양한 방법을 쓸 수 있는데, 천, 가죽 혹은 땋은 실 등의 소재를 사용한다.
- 가능할 경우에, 제화공에게 도움을 청하고 작업장에 방문할 수 있다.
- 손 베틀(hand-loom)을 만들고 간단한 직조 기술을 배울 수 있다.
- 생목(生木, greenwood)이나 자투리 나무를 활용하여 나무를 깎을 때 걸터앉는 받침대(shaving horse)와 목선반(pole lathe) 만들기(기계학 집중수업과 연결하여)

8학년

'대지화'를 의미하는 사춘기와 함께 학생들은 인과의 내적 경험에 따른 이해를 얻고 기계의 작동을 이해하려 한다. 그래서 이제 아이들은 페달을 밟아 작동하는 재봉틀 사용을 시작할 수 있다. 적절한 사용을 위해서는 그 구조와 기능을 이해해야 한다. 이 기계를 사용함으로써 발의 리듬(의지), 손 기술(감성), 주의(사고)의 협응을 연습할 기회를 갖는다. 소재에 대한 지식을 심화하고 차이를 뚜렷이 인식하기 위해 다양한 속성 및 소재의 사용에 대한 강조를 담아 정기적으로 기록한다.(폴더, 프로젝트북의 노트 등) 세척, 다림질, 드라이 클리닝, 자연과 합성 소재의 차이 등 소재에 대한 관심과 관리가 중요하다.(위생학과 영양 집중수업과 연결하라.)

- 재봉틀을 사용해서 이중 이음매 만들기, 휘갑치기(oversewing), 감침질(hemming)

- 가정용 리넨, 앞치마, 운동용 반바지, 잠옷, 남자아이용 셔츠를 재봉틀로 바느질하기
- 연극을 위한 의상
- 빵 굽는 진흙 오븐 만들기
- 요리와 빵 만들기
- 범포(cloth sail)를 사용해서 크레타 풍차 만들기
- 코라클(coracle), 티피(tepee) 등 만들기

9~12학년

상급 학교의 수작업 수업은 초급 학교에서 배운 것을 토대로 진행하는데, 특히 직물에 있어 그렇다. 바구니 만들기와 옷 만들기에서 아이들은 부드럽고 유연한 속에서 딱딱하고 뾰족한 겉으로 변환하는 법을 배우며 스스로의 디자인을 통해 만들 뿐만 아니라 보다 정교하게 만들 것을 요구하는 두 가지 기술을 연습한다. 이는 세 가지 방법으로 수행할 수 있다.

- 수작업의 움직임은 정확하고 능숙해야 한다.
- 제작할 대상을 스스로 디자인하면서 상상력과 취향을 계발한다.
- 마지막으로, 모든 작업의 순서를 충분히 고민해야 한다. 사고의 유연성과 표상을 만드는 능력은 그 결과가 현실에 드러났을 때 훈련 및 확인, 수정이 가능하다. 학생들은 소재와 기술, 형태와 기능, 미적 기준을 적절히 이용하여 제작물을 평가하는 법을 배워야 한다.

학생들은 학습한 기술에 관련한 소재의 기원과 생산 과정을 알아야 한다.

양모, 실, 줄기 혹은 종이(카드보드)를 다루는 수공예를 연습해야 한다. 가장 단순한 대상조차 일상에서 사용하기 위해 만들어야 한다. 제작한 대상과 평범한 인간 삶 사이의 연결은 아이들의 작업 속에서 명확해야

한다. 수업은 소재의 속성과 필요한 기술에 대한, 기능 및 소재와 형태의 연결에 대한, 그리고 인간, 기계, 생산, 상업과 산업, 환경의 연결 고리에 대한 통찰을 제공해야 한다.

다양한 소재의 실제 및 이론적 작업은 아이들이 체계적으로 사고하는 능력을 훈련하고 자연 속 삶의 과정에 더 민감하도록 돕는다. 또한 발명, 계획, 과정을 구성하고 소비자의 적절한 비판적 태도를 형성하도록 한다. 그리고 개성을 기르고, 기술 교육을 심화하고, 이후에 목표할 전공이나 직업을 결정함에 있어 이런 작업이 그 역할을 한다.

행동을 통한 학습과 완료를 통한 학습은, 더 잘하고자 하는 의지가 작동하고 이 동기는 자아를 향하지 않고 세상을 향한다는 점에서 중요한 도덕적 과정이다. 학생은 실제 필요를 충족시키고 소재와 기능에서 조화로운 형태를 이루는 점에서 더 나은 바구니를 만들 욕구를 느낀다.

9학년부터 수공예는 한 단위의 수업 형태가 된다. 이는 학교의 위치와 선호에 따라 다양하다.

모든 주제의 목표는 다음과 같다.

- 정확한 계획, 수행, 점검
- 실제 필요의 충족

두 가지 중심 방향은 다음과 같다.

- 디자인은 기능적이며 감각을 만족시켜야 한다.
- 기술적 기량은 가장 적합한 소재를 사용하는 가장 경제적인 과정을 통해 이루어져야 한다.

9학년

바구니 만들기

전통적인 바구니 만들기는 8학년에서도 다룬다. 기본 기술은 8학년에서 습득할 수 있다. 9학년의 주안점은 디자인, 다양한 소재, 개인의 창조성에 있다. 아이들의 발달 단계에 따라(그 성장이 거의 완성되었으므로), 이제 어느 정도의 내적 단단함이 필요하다.(곧게 선 자세와 안정성) 바구니 모양을 올바른 높이와 폭으로 만드는 작업을 통해 이를 도울 수 있다. 접촉에 대한 감각 또한 경험한다.

8학년에서 바구니 만들기의 준비 작업으로 버드나무 재배와 가공을 수행할 수 있다.

- 소재의 기원과 준비 작업 및 도구 사용에 대해 알아간다
  - 기본적인 부분 만들기:
  - 교사의 구체적인 지시에 따라 베이스, 상부, 끝 가장자리 짜기
  - 아이들이 목적과 아름다운 디자인을 고려해서 스스로 선택한 방식으로 자유롭게 바구니 짜기
- 완성된 결과물을 상상하는 훈련
  - 작업 계획의 밑그림을 그려보기
  - 한 단위의 작업이 끝날 때마다 설명하기
  - 과정과 완성된 물품에 대한 자기 평가 작성하기

10학년

옷 만들기

학생들은 정확한 계산과 작업을 경험해야 한다. 이들은 수와 측정에 대한 특정 법칙을 인식하고 작업과 다른 사람들의 기술에 대한 이해를 발전시킨다.(예를 들면, 이제까지 자신의 옷을 만들어준 사람들에 대한) 맞춤옷과 기성복의 차이를 구별하라. 가능하다면 공장에 방문해야 한다. 옷 만들기는 의상 및 연극 연출과 유용하게 연결된다.

- 의류의 치수 재기(스스로의 비율 알아가기)
- 패턴 그리기. 패턴 바꾸기

- 소재 선택하기: 품질, 짜임새, 구조
- 잘라내기, 표시하기, 시침질, 시착, 재봉
- 마무리: 솔기 정리, 다듬기, 목 소매
- 전자 재봉틀 알아가기
- 손으로 혹은 기계를 통해 단추 달기

적절한 디자인

- 피팅, 색상, 컬러 그러데이션
- 하나 혹은 그 이상의 의류 재봉하기

직물 기술

학생들은 직물 제조에 있어 인류가 거쳐온 단계를 고대로부터 산업화 시기까지 알아가야 한다. 초급 학교에서 아이들은 가락바퀴와 기초적인 실 짜기 작업에 대해 배웠다. 가락바퀴에서 중요한 점은 손과 발의 협응이고, 이는 많은 연습이 필요하다.

- 세척에서 염색에 이르는 소재(양모 혹은 견사)의 준비 작업
- 소재에 대한 연구
- 개인적인 디자인

가락바퀴나 물레를 통해 섬유 만들기

- 물레 준비
- 직조할 실 잣기
- 다양한 양모와 견사 특성 알아가기
- 다양한 유형의 디자인
- 진행 중인 작업에 적합한 실의 두께 결정하기

물레에서 방적기에 이르는 발전. 박물관 혹은 방적 공장의 방문.

바틱(batik)

(비단이나 다른 직물에 칠하는 방식)

자유롭고 예술적인 작업은 항상 그 최종 목적을 고려해야 한다. 기질, 나이, 스타일처럼 그 작품이 지향하는 사람이나 환경에 대한 종합적이고 정확하며 질적인 상을 가져야 한다. 패턴, 색, 모양, 기술은 그에 따라 정한다.

- 소재 준비
- 색의 선택
- 작업 단계의 계획과 설명
- 다양한 기술
- 디자인
- 장식용 손수건(square), 스카프, 쿠션, 식탁보, 커튼 혹은 의류 등

11~12학년

직조

직조 과정은 수작업과 기술을 결합하기 때문에 아이들은 방직의 역사적 발전에 대한 통찰을 얻어야 한다. 학생들의 역량에 따라 장식용 손수건이나 스카프를 거쳐 더 큰 의류(또한 쿠션 커버, 식탁보, 깔개 등)로 가능한 넓게 기술을 확장해야 한다.(직조는 10학년에서 또한 가능하다: 주안점이 '제본과 판지 작업'에 있다면 기술 장을 보라.)

직조의 요점:
- 날실과 씨실이 어떻게 엮이는가.
- 직조의 기본 기술

- 다양한 유형의 직조기 알아가기
- 직물 한 조각을 디자인하기

측정:
- 날실의 길이
- 날실의 수
- 필요한 원사의 양

직조기 다루기:
- 날실 준비하기
- 틀 준비하기
- 2종광 혹은 4종광 직조기
- 직조 작업물 만들기

가능하다면: 손직조(handweaving) 상점의 방문

판지 작업과 제본

7, 8 혹은 9학년의 종이 만들기 수업과 연습장을 만들기 위해 종이 및 카드를 자르고 철하는 실용적 과제에 이어, 학생들은 11학년이나 12학년에서 제본 자체로 넘어간다. 10학년에서는 대개 수제 종이의 사용과 함께 출판을 소개한다. 새로운 소재와 그 특성을 알아가는 것은 예민한 감각과 확실한 판단력을 요구한다.(톤, 색, 질감, 냄새, 탄력성, 단단함과 같은 특성에 대한) 엄격한 실행 순서와 함께 제본의 정밀한 기술은 규칙에 따라 생각하고 행동하는 법을 가르친다. 앞뒤 순서의 모든 단계를 확인하고 개선하는 것을 고려할 수 있다. 다음 단계는 전 단계가 적절히 수행되지 않고는 진행할 수 없다. 작업 그 자체가 학생들에게 수행해야 할 작업의 순서를 보여준다.

판지 작업:

- 소재 다루기: 종이, 판지, 직물, 가죽(커버로), 접착제(10학년에서 학생들은 주요 수업의 책을 열제본 기술과 절단기로 미리 잘라둔 종이 및 카드를 사용해 제본할 수 있다.)
- 다양한 과제를 통해 학생들에게 여러 도구, 장치 및 기계(프레스, 절단기)를 소개한다.
- 일부는 따라 하고 일부는 직접 디자인함으로써 학생들은 다음과 같은 대상을 만든다. 사진틀, 블로터(흡수 종이), 폴더, 작은 박스, 사진 앨범

제본:

'플랫보드에서 완성된 책까지'(책 마구리 금박까지 하면 이상적이다.)

- 교정 용지 또는 필기용 종이 묶기
- 제본용 바느질
- 하드커버 제본
- 반 가죽, 에나멜 가죽 혹은 양피지 제본

책의 내용에 따라 제본, 제본 소재와 표지 디자인을 결정한다. 다양한 소재를 연습한다.

수공예

1~3학년에서는 아이들이 발견한 자연의 나뭇가지를 다룬다. 이로부터 간단한 창의적인 장난감이나 자연 식탁의 장식, 혹은 인형이나 난쟁이 인형을 위한 가구를 만들 수 있다. 그리고 그 나이의 아이들에게 적합한 기초적인 도구를 소개한다. 예를 들면 손으로 깎는 칼, 톱, 드릴과 날, 망치, 줄(rasp) 등이 있다.

4~5학년

- 나무껍질과 가지를 사용해서 (무언가를 연상시키는 모양의) 나뭇가지 모습, 멋진 동물, 난쟁이, 양과 양치기, 나무껍질로 만든 배 등을 만든다.
- 젓개, 거품기, 작은 숟가락, 종이 자르는 칼 등의 간단한 도구 만들기
- 간단한 통나무 건축. 예를 들면, 정글짐, 화단의 경계, 가장자리 등

5학년부터

- 나무와 다양한 목재를 탐구하기 시작한다.
- 천막 말뚝 등을 만들기 위한 손도끼의 사용
- 목재를 다듬고 통나무 배를 만들기 위한 자귀(adze) 사용
- 장작과 불쏘시개를 만들기 위한 쪼개기와 자르기
- 큰 통나무로부터 속이 빈 둥지 상자(bird box) 만들기

6학년

수공예 수업에서 아이들이 이미 배운 것을 받아들인다. 과거에 예비된 것이 현재에서 미래를 향해 작용한다. 따라서 수공예 작업은 직선과 곡선을 그리던 첫 수업으로 되돌아간다. 두 선은 아이들이 만드는 물건의 배경으로 자리한다. 예를 들어 나무 숟가락은 곧은 손잡이와 둥근(그리고 볼록/오목한) 볼이 있다. 아이들은 바깥에서 안쪽으로 작업한다. 줄질과 새기기는 항상 안쪽으로 작업해야 함을 의미한다. 긴 동작(예를 들면, 계획하기, 톱질하기, 자르기)은 직선과 관련한다. 짧은 동작(예를 들면, 손으로 새기기 혹은 깎기)은 곡선과 관련한다.

쓸모 있는 물건과 장난감을 만든다.

- 요리 수저, 팔레트 긁개, 젓개, 밀가루 삽, 꿰매기 계란(darning egg), 메(mallet), 나무 망치, 원예 도구 등 일상 용도를 지닌 대상 만들기

- 예를 들면 깡총 뛰는 토끼, 기어가는 오리, 쪼는 새, 시소 위의 곰 등의 장난감 만들기. 장난감 만들기는 특징적인 움직임에 대한 이해뿐만 아니라 기술과 역학의 이해 역시 요구한다. 이는 시소나 편심 바퀴 등으로 아주 간단하게 시작할 수 있다. 스스로의 상상력이 자유롭게 주도하는 시기인 7학년에서 이런 효과를 발달시킨다.
- 도구의 안전한 사용과 소재의 적절한 관리를 목표로 한다.(예를 들면, 정확한 절단 방법)

7학년

역학은 7학년의 물리학을 통해 처음 소개한다. 아이들은 이제 자신이 배운 것을 적용하고 싶어한다. 예를 들면 움직이는 장난감을 만드는 데 사용하는 진자, 크랭크, 레버, 시소 등을 이제 크레인, 제분기, 프로펠러 등에 적용하고자 한다. 동물 장난감을 실제와 같이 움직이게 만들기 위해서는 보다 많은 주의가 필요하다. 장부 구멍 끌, 활톱 등의 사용과 같은 목공 또한 일부 소개하게 된다. 빈 공간이 있는 사용 가능한 물건 만들기(예를 들면, 그릇)는 이 나이에서 중요한 부분을 차지한다. 아이들은 필요한 도구를 자신 있게 사용할 뿐만 아니라, 내·외부의 형태를 적절하게 형성하는 법을 배운다.

- 학급 전체는 헛간과 동물이 있는 농장이나 집, 탑, 우물이 있는 마을과 같이, 유치원이나 바자회를 위한 보다 큰 공동 프로젝트를 수행할 수도 있다.
- 그릇 새기기
- 장난감은 칠하면 훨씬 쓸모 있어 보인다.
- 호두까기, 뚜껑이 있는 상자, 연필꽂이 등이 다음 순서가 될 수 있다.
- 생목 작업

8학년

학생들은 물품의 생산에 있어 작업 과정을 가장 적절하게 설계하는 법을 배운다. 예를 들면:

- 생목을 목선반으로 만들기
- 빗자루 만들기
- 액자 만들기
- 정원 용구 등 만들기, 도구에 손잡이 만들어 달기

위에서 제시한 내용 이상을 수작업과 디자인의 측면에서 수행할 수 있다. 학생들은 좋은 디자인을 적합한 용도 및 정확한 작업과 결합해야 한다.

적절한 목공 작업은 평삭(planing)과 같은 상급 학교의 기술 과목을 배우기 전에도 시작할 수 있다. 예를 들면 선반, 보관함 같은 간단한 목공 프로젝트가 괜찮다. 큰 시소, 보행기, 스케이트보드 램프 같은 큰 프로젝트 역시 공동 과제로 가능하다. 적당한 새 둥지 상자나 새 모이판 만들기도 선택지가 될 수 있다.

학생들이 선택하게 하라. 아이들은 나무와 금속의 결합을 시도할 수 있다.(예를 들면, 구리 그릇을 위한 주춧나무 만들기)

9~12학년

상급 학교의 수공예 수업은 하급 학교에서 배운 기술을 발판으로 삼는다. 이제 '모든 수업은 삶에 대한 수업이어야 한다.'를 모토로 삼는다. 과제를 통해 학생들의 발달을 촉진할 뿐만 아니라 사회 전반에 가치를 창출할 수 있어야 한다. 슈타이너는 수공예와 기술의 토대는 실제 세계의 필요를 충족시키는 데 있어야지, 연습 대상을 준비하는 인위적 과정이어서는 안 된다고 강조했다. 그는 또한 모든 가르침이 삶에 대한 준비이기를 바랐다. 슈타이너는 상급 학교의 수공예 작업에 관해 구체적인 제안을 많이 남기지 않았으나, 기술에 대한 공부와 관련하여 여러 실용적인 과제를 너무 늦게 다루어서는 안 된다고 강조한 바 있다. 즉, 수공예와 기술은 16세에서 19세 사이에 연습해야 한다.

수공예 수업은 초급 학교 아이들이 세상 속으로 자라도록 돕는다. 이제 세계에 도전하는 법을 배울 때가 왔다. 이 과정에서 아이들은 제자를 두는 장인 같은 교사만이 아니라 소재, 도구, 착수한 과제로부터 가르침을 얻는다.

이제 나무는 상상력을 자극하는 대상이기보다 작업 기술을 발전시킬 소재다. 나무는 살아 있고 성장하는 대상이며, 기술적인 문제를 제기하기도 한다. 학생들은 자신이 만들고자 하는 바람과 나무의 구체적 특성과 한계의 간극을 깨닫는다. 전통적인 방식의 조립(joinery)를 통해 이 둘을 조화시킬 수 있다. 좋은 디자인과 정확한 작업을 통해 학생들은 나무의 기능 및 작업을 위해 필요한 기술을 배울 수 있다.

목공과 조립

9학년

학생들은 책꽂이, 뚜껑이 있는 상자, 발판, 도구 상자 등을 만들면서 정확한 측정이 필요한 작업을 연습할 수 있다. 아이들은 자신의 작업 수준을 점검한다. 나무 대패질의 처리를 포함하는 최종 단계는 교육적으로 중요한 경험이다. 특정 절차의 정기적인 연습은 (예를 들면 평삭, 톱질과 같은) 의지를 강화한다.

- 도구에 대한 탐구 및 관리
- 다양한 나무에 대한 지식, 특성과 쓰임새
- 간단한 이음매 작업 시의 톱질, 평삭, 끌질에 자신감 얻기

- 정확한 표면 처리와 끝마무리는 매우 중요하다.
- 실용적인 작업에 대한 위의 기술 적용하기
- 삼림 작업
- 시골풍의 정원 가구
- 목재 처리의 환경적 측면에 대한 토론
- 기술과 소재에 대한 정보의 기록

10~11학년

- 스스로 작업 수행 방법을 찾아내는 과정과 연습을 통해 보다 높은 정밀성을 추구하며 학습한 기술을 확장, 심화한다
- 나무의 정확한 준비
- 은촉(tongue)과 홈 같은 이음새, 열장장부촉 이음 등을 적용한다. 정확한 작업이 필요하다. 손에 들어오는 크기의 전자 도구를 소개하고 그 적절한 사용법을 배운다
- 간단한 가구 만들기는 예술적 측면뿐만 아니라 건축적 발상을 포함한다. 후자는 완성물을 만들기 위한 결합 과정을 각각의 단계로 나누어야 한다
- 개별적으로 구성한 부분을 결합하기. 예를 들면, 문틀에 문 맞추기
- 판목(printing block) 새기기
- 목공 프로젝트와 관련한 제도(製圖, technical drawing)
- 학습한 기술과 기법 기록하기

12학년

12학년에서 조립을 계속할 기회가 있다면(슈타이너의 제안처럼), 학생들은 제도와 세부 사항의 스케치를 통해 자신의 가구를 디자인해야 한다. 예술적인 디자인, 형태, 기능을 결합하고 정확성에 심미성을 더해야

한다. 학생들은 정확한 비용 견적을 알아볼 수도 있다.

교사의 능력에 따라 다른 과제 또한 상급 학교의 목공 수업에 끌어들일 수 있고, 예를 들어 배나 악기를 만들 수 있다.

금속 작업

슈타이너는 금속 작업에 대해 의견을 보인 적이 없다. 그가 첫 발도르프 학교(1923)의 교사들과 일할 때는 인플레이션이 심각했기 때문에 이 주제를 도입하려는 시도가 없었을 것이다. 그러나 슈타이너는 금속에 대해 말해왔고, 모든 사람은 일생에 한 번은 불타고 녹아내린 금속을 경험해야 한다고 말한 적도 있기에 기회가 있었다면 이를 놓치지 않았을 것이다.

아래의 제안은 지난 50년의 경험에 기초한다. 그사이에 금속 작업이 슈타이너-발도르프 교육의 상급 학교 학생들에게 필수적인 요소가 되었다는 점은 너무도 분명하다.

모든 고대 문명은 금속의 획득과 처리를 확장, 정제하는 과정에서 협력하며 발전했다. 나무, 점토나 돌과 다르게 광석은 금속으로 사용되기 위해서 변형 과정을 겪어야 한다. 성형, 열처리, 제련, 주입, 세공 작업을 수행함으로써 아이들은 이 발전의 역사적 과정을 경험한다. 유연한 구리는 다른 예술 수업에서도 드러나듯이 그 속의 형태적 힘을 끌어낸다. 철은 용기, 기민함, 민첩함, 기회의 확실한 쟁취와 같은 가치를 일깨우거나 장려한다. 리듬이 있는 망치질은 그 자체로 치유 효과가 있는 활동이다.

구리 두들겨 펴기
9학년
(종종 8학년에서 시작하고 9학년에서 이어간다.)

첫번째 금속 작업은 구리의 자연적 기원과 기본 속성, 예를 들면 가분성과 유연성을 통해 학생들과 가까워진다. 아이들은 모양을 내며 자신이 무엇을 하는지 주의를 더 기울일 수 있고, 또한 열처리는 부드럽고 유연하게 만드는 반면 지속적인 망치질은 단단하게 만든다는 점을 경험할 수 있다. 대부분의 작업에 리듬이 있고, 이는 끈기와 집중력을 기른다. (리듬이 힘을 대신한다.)

부드럽거나 단단한 대상 모두에 대해 표시하기, 자르기, 움푹 들어가게 만들기, 망치로 두드려 평평하게 만들기, 리베팅(riveting), 납땜하기를 학습하고 팔찌, 그릇, 상자, 촛대, 북엔드, 기름 램프 등을 제작한다.

10학년

두번째 단계에서는 모든 기술을 심화한다. 구리를 원통형 텀블러 모양으로 일으키는 기술을 추가한다. 이를 통해 비커, 화병, 주전자, 물뿌리개, 제빵 쟁반 등을 만들 수 있다. 이 기술은 집중력과 정확한 망치질을 요구한다. 얼마 지나지 않아 학생들은 스스로의 디자인을 통해 만들려고 한다. 그렇기 때문에 아이들은 풀림, 경납, 굽힘 가공, 형태를 따라 형성하기, 주석 도금을 배워야 한다.

황동, 백랍 혹은 알루미늄이나 스테인리스를 다루는 지식은 금속에 대한 경험과 이를 통한 제작 경험 모두의 가능성을 확장한다. 이 나이에서 흔한 내면의 지향에 따라 아이들은 닫힌 용기를 선호한다. 학생들은 또한 배관에서 구리 파이프로 작업하는 기술을 배울 수 있다.(그리고 오이리트미에서 사용하는 구리 막대 또한 만들 수 있다.)

철(연철)

9~11학년

구리나 철 둘 중 어느 것을 먼저 소개할지는 교수 방법론적 연구와 경험의 문제다. 어떤 교사들은 철을 두드릴 때 필요한 의지의 작용이 금속 작업을 적절하게 소개한다고 생각한다. 구리 작업은 보다 정교한 손길과 리듬이 필요하고, 따라서 철을 접한 후에 다뤄야 할 수 있다. 반면 간단히 말해서 철을 다루기 위해 필요한 의지와 힘은 9학년 학생들에게 가능한 범위를 넘을 수도 있다. 구리는 차갑게 형성된다.(풀림을 통해) 철은 가열해야 한다. 학생들은 차갑거나 붉게 열이 오른 철을 다루는 것의 차이를 바로 배운다. 또한 망치의 두드림에 따라 철이 빛나는 과정을 경험한다.

모루 앞의 분명한 자세, 다양한 망치와 집게의 적절한 사용, 정확하게 조준한 용기 있는 내려침, 노와 모루 앞에서 필요한 기민하고 민첩한 반응, 이 모두는 심오한 경험이고 중요한 교육적 도구다. 강조하기, 늘이기, 나누기, 구부리기, 누르기 같은 기본 기술을 많이 연습하여 못, 부젓가락, 꼬치, 촛대, 부지깽이, 장식용 걸이, 그리고 칼, 끌, 박피 칼(생목 선삭을 위한) 등의 제작에 적용할 수 있다.

어떤 과정에는 양손이 필요하다. 이는 협동적 요소를 끌어낸다. 두 손으로 작업할 때가 더 위험하기 때문에 더 큰 책임감과 주의가 필요하다.

오래된 도구를 수리, 복구하고 새 손잡이를 만들며, 세상의 발전에 맞춰 연장 세트를 구성할 수 있다.

학생들은 또한 광업, 제련 및 제철 산업, 특수강, 스테인리스강에 대해 듣게 된다.

금속 주조

10~11학년

여건이 따르는 학교들은 주조를 교육과정에 포함시켜 아름답고 중요한 경험을 얻을 수 있다. 도가니에서 녹인 후에 거푸집에 부어 금속의 완전히 새로운 형태를 아이들 스스로 만들어내는 일은 심오한 경험이다.

성공적인 조작을 위해 거푸집을 조심스럽게 형성해야 한다. 실패는 불가피하지만 어떤 교사의 말보다 더 큰 교육적 가치가 있다. 그리고 성공했을 때의 큰 기쁨은 전염성이 있다.

가장 처음엔 쉽게 녹는 금속(납, 주석, 아연)을 레이들에서 녹이고 거푸집에 붓는다. 거푸집과 이중 모래 주형(two-part sand mould)을 통해서 보다 복잡한 모양을 얻을 수 있다. 로스트 왁스 주조법은 최고의 경험이 될 수 있다. 그리고 황동과 청동을 노에서 녹인다. 가정의 고철을 통해 이런 소재들을 얻을 수 있다. 메달, 작은 장식품, 모든 종류의 유용한 물건, 심지어 작은 종 제작도 가능하다. 이후에는 은과 금을 사용해 장신구를 만들 수 있다.

이 모든 작업은 기술(주조 공장의 방문)과 예술사(청동 조각)의 연결 고리에 대한 아주 실용적인 경험을 선사한다.

가면 제작

여러 매체를 사용하는 가면 제작을 통해 청소년들은 극, 문학 등과 관련하는 인간의 심리에 대해 탐구할 수 있다.

9학년

- 점토와 석고를 사용해서 얼굴 주형 뜨기
- 나이, 심리 유형을 다양하게 표현하기 위해 표정에 변화 주기. 9학년에서는 이를 보다 실험적으로 진행해야 한다.

10학년

- 가면은 특정 캐릭터를 대표하고 표현하기 위한 소도구로서 객관적으로 만든다.
- 금속과 거푸집의 사용

- 나무와 가죽의 사용

이 기술들을 심화한다. 다른 문화의 가면을 알아본다.

인형극

인형극은 그 자체로 하나의 과목이 될 수 있지만, 9~12학년 학생들의 선택 사항으로 제시할 수도 있다. 상급 학교 교육과정은 더 분화하기 때문에 학생들은 제2외국어 같은 과목을 듣지 않고 수공예 작업에 집중할 수 있다. 이때 인형극은 아주 적합한 대안이다.

인형극은 예술적인 수공예다. 첫번째 작업은 인형을 만드는 것이다. 장갑인형은 잘 형성한 머리와 옷만 필요하기 때문에 가장 단순하다. 그림자인형, 마리오네트, 장대인형은 역학, 광학 법칙에 대한 지식을 요구하는 모든 종류의 기술적 문제를 끌어낸다.

따라서 이 수업의 목표 중 하나는 역학, 광학, 기술에서 배운 내용을 예술적으로 적용하는 것이다. 마리오네트에 줄과 뼈대-관절 사지가 항상 필요하지는 않다. 즉, 다리가 없고 납으로 팔의 무게를 더한 속을 채운 인형 같은 '부드러운' 마리오네트는 십자틀 없이도 조작할 수 있다. 유치원 아이들을 위한 공연에서 이런 종류의 마리오네트를 선호한다.

바람직한 공연을 위해서 조종수는 보이지 않아야 한다.(단, 유치원에서는 조종수를 아이들에게 드러낼 수 있다.) 조종수는 단지 중개인이고, 인형이 주연 배우다. 장갑인형, 마리오네트 혹은 그림자인형이 퍼피티어에게 무엇을 할지 '말해준다'. 학생들은 다양한 인형의 조종을 배워야 한다. 이는 두번째 목표가 된다.

셋째 목표는 사회와 교육에 관련한다. 퍼피티어는 인형의 뒤나 옆, 아래에 서서 보이지 않음으로써 희생해야 한다. 어떤 학생들에게는 조명 바깥에 머무는 희생을 치르지만, 무대 위에 서보지 못한 다른 아이들에게 인형을 통해 공연하는 기회는 귀중하다. 모든 조종수는 다른 퍼피티어의 적극적인 도움에 의존한다. 기술적으로 복잡한 인형의 조종은 종종 둘 혹은 그 이상의 조력자와 협동해야 한다. 인형극 공연에서 무대 담당, 조명 담당, 음악 담당, 성우, 조종수는 서로 간에 높은 수준의 상호 작용이 필요한데, 이는 실제 극장보다 관객과 가깝고 더 큰 정도의 상호 공감과 관심이 필요하기 때문이다.

아마도 이 수업의 가장 중요한 목표는 작은 것에 대한 존중이다.

순회 공연을 떠날 기회가 가끔 있다. 이를 통해 학생들은 여러 가정이나 사회 봉사 시간에 활동하고 있는 특수 학교 및 병원에 선물을 전할 수 있다. 아이들의 사회 공헌은 이로써 새로운 측면을 얻는다.

상급 학교의 네 학년에 걸친 인형극 과정은 학생들의 진행 중인 발달을 고려하여 설계할 수 있다.

9학년: 마리오네트

마리오네트 조종은 어떤 인형보다 예술적인 능력을 요구한다. 학생들은 부단한 연습을 통해 죽은 물질에 삶의 숨결을 불어넣는 경험을 할 수 있다.

- 역학 법칙에 대해 알아가고 마리오네트의 움직임을 분석한다.
- 여러 관절 만들기
- 머리, 손, 발의 형을 뜨기
- 십자틀 만들기
- 마리오네트 옷 만들기
- 마리오네트 조종하기
- 무대 설계와 대사 작업

- 언어, 조명, 음악, 마리오네트의 움직임을 결합했을 때의 효과

10학년: 그림자인형

역학, 광학 법칙이 인형과 무대의 제작을 이끌어간다. 그림자의 상은 최대한 명확하고 뚜렷하며 정밀해야 한다. 인형을 움직이는 기술에 더해, 무대를 위해 '그림자의 상'을 만들기 위한 다양한 요소의 결합이 중요하다.

- 적절한 대사의 탐색과 적용
- 색칠하기와 그리기를 통해 그림자의 상 디자인하기
- 색이 있는, 단순한 그림자 실험하기
- 그림자인형 만들기
- 인형 조종하기
- 무대 설계와 대사 작업
- 언어, 조명, 음악, 그림자인형의 움직임을 결합했을 때의 효과

11학년: 장갑인형

마리오네트 연극자는 인형의 위에 위치한다. 그림자인형 연극자는 그 뒤에 선다. 장갑인형의 연극자는 인형 아래로 내려간다. 장갑인형은 그 안에서 조종하는 방식 때문에 표현력이 특히 높을 수 있다. 퍼피티어에게는 열정, 질서, 그리고 그로테스크한 움직임을 뛰어넘는 예술성을 위해 유머가 필요하다.

- 인형극의 역사
- 예술적 인형극의 원형으로서 장갑인형
- 머리와 손의 조형과 새김
- 즉흥 연습
- 인형 다루기

- 무대 설계와 대사 작업
- 언어, 조명, 음악, 장갑인형의 움직임을 결합했을 때의 효과

12학년

인형극 과정은 다양한 방식으로 마무리할 수 있다.

- 인형극의 경험은 공연의 기초가 된다.(동화, 중편 소설, 극, 오페라)
- 공연할 작품이 다양한 차원의 경험을 묘사한다면(이 세계와 그 다음, 낮/밤의 의식, 원형적 모습, 자연의 근원적 힘), 여러 유형의 인형을 결합할 수 있다
- 특별한 인형을 특별한 목적을 위해 개발할 수 있다.(예를 들면, 감각 기관 장애를 가진 사람들을 위해 공연할 때)

위에서 제시한 가능성을 토대로 실행할 수 있다. 그리고 나서 배운 바를 그에 따라 결합하거나 심화한다. 충분한 시간이 있다면 더 큰 공연을 준비할 수 있다.(예를 들면, *마술피리, 파우스트 박사, 크리스마스 캐롤*(디킨스), *모모와 회색 신사*(엔데) 등)

제13장

영어와 영문학

언어는 상호간의 이해를 위해 가장 중요한 수단이고, 따라서 교육의 주요 매체다. 또한 언어는 아이의 심리적, 영적 발달에 매우 중요한 형성적 영향을 미치며, 그 육성은 슈타이너-발도르프 교육 과제의 중심에 자리한다. 교육과정의 목표는 모든 과목과 교육 환경에서 언어의 기술과 인지 능력을 기르는 것이다. 모국어 교육이 전체 교육의 축이 된다는 점은 분명하다.

말과 글

언어는 교육에서 두 가지 주요 형태를 갖는데, 말과 구술성(口述性, orality)의 영역 및 모든 종류의 문해력(文解力, literacy)이 그것이다. 이 둘의 육성이 영어 수업의 과제다. 구술성이 손이라면 문해력은 그 위에 착용한 장갑이다. 학령기 이전에는 언어 습득에 중점을 두고 주로 말에 관심을 기울인다. 쓰기와 읽기 도입을 통해 새로운 형태의 언어 의식이 떠오른다. 이는 인간의 발달에 필수적이지만, 말에 기반해야 하며, 따라서 구술 기술의 육성은 항상 읽고 쓰는 능력을 뒷받침한다.

아이의 의식 상승에 있어, 구술성에서 문해력으로의 전환은 문자를 익히기 전에서 문자 전통으로의 역사적, 문화적 전환을 드러낸다. 문해력과 글을 통해 의식은 크게 재구성되고, 이 요인은 방법론적 관점의 이해에서 중요하다.

문자를 익히기 전과 이후 문자 정신 간의 근본적 차이를 다음과 같이 비교할 수 있다. 구술 의식은 신화적인 반면, 문해력은 이성적, 역사적 감성을 향한다. 수수께끼, 우화, 비유 또는 은유로 예시되는 상황적 사고를 논리적 사고, 정의, 분류 혹은 연역적 추리와 비교할 수 있다. 구술적 사고는 추상성이 아닌 구체적인 심상(心象)을 포함한다. 구술 언어는 성격화하는 반면, 문자 언어는 구조화하고 정의한다. 문자를 익히기 전의 사고는 종종 관습 및 상황과 이어지는 집합, 공동체, 맥락적 기억의 형태로 표현되지만, 문자적 기억은 개인적이고 내면화되어 있다. 전설, 신화, 시와 연극은 구술 전통을 강하게 이용하는 표현 형태인 반면, 산문은 문자 전통에 속한다. 구술 정신은 맥락 속에서 자기에 대한 경험을 지향하지만, 문학은 주체적인 경험을 이루려 한다. 이는 수치와 죄책감의 차이에서도 볼 수 있다. 즉, 수치는 타인의 눈에 담겨 있지만 죄책감은 마음 속에 있다.

이 대강의 비교는 의식의 대립하는 두 형태를 표현한다. 역사적으로 문해력은 구술 전통으로부터 진전하며 대부분을 대체한다. 그러나 학교에서 맥락을 학습할 때는 서로를 보완하기 위해 둘의 속성이 모두 필요하다. 스킬런(Norman Skillen)은 다음과 같이 서술한다.

학교는 문해력의 산물이고, 전통적으로 이를 위해 노력했다. 그 전체 정신은—그 전형적인 건축에서 조직 구조와 행동양식(가만히 앉기, 조용히 하기 등)까지—문해력에 의해 결정된다. 그러나 구술성을 적절히 다루지 않는 다면, 학교는 아이들에게 건강한 환경이 되지 못하고 궁극적으로 문해력

에 문제가 생긴다.[1]

따라서 위 글에서 스킬런의 결론과 같이 '상상력 그 자체와 다름 아닌' 변형된 구술성의 육성이 과제가 된다. 상상적, 분석적 사고는 통합을 요하는 경험의 두 축이다. 말과 글 형태 모두의 육성이 이 과정을 돕는다. 아이가 복잡한 상황에 대해 참여, 행동, 몰입하도록 요구받을 때 상상적, 전체적 사고가 드러난다. 분석적 사고는 개인이 상황에서 떨어지도록 요구한다. 학생들이 경험을 통한 학습에 뛰어들 때마다, 그리고 미지 및 직관의 영역과 맞닥뜨릴 때마다—수학, 극, 예술 활동, 오이리트미 혹은 공예에서 그러할 수 있는데, 변형된 구술성이 작용하게 된다. 영어, 영문학 교육의 주요 과제 중 하나는 강한 문해력 문화가 기반하는 마찬가지로 강한 구술 문화의 형성이다.

언어의 본성

초기 아동 발달의 세 원형적 단계, 곧게 서기, 말하기의 학습, 사고의 발달에서 언어는 중재적 역할을 맡는다. 어떤 측면에서, 말하기는 움직임의 내면화인 반면 사고는 말하기의 내면화다. 움직임과 제스처에서 말하기로, 말하기에서 사고로의 변화에는 분명한 진전이 있다. 이 움직임의 내적 변형을 통해 언어는 발달 중인 아이 내면의 형성적 힘으로 작용한다.

움직임과 제스처, 말하기와 사고의 관계는 언어 교육의 모든 측면에서 핵심이다. 소리의 형성, 알파벳 문자, 문장 구조의 리듬 같은 모든 수준의 언어 경험에서 움직임과 제스처를 구조화된 형태로 변형하는 움직임을 발견하게 된다. 움직임과 제스처는 말하기, 비유, 유연한 사고의 모습으로 전환된다. 초급 및 중급 학교 언어 교육의 과제는 아이의 언어 경험 패턴을 어법을 통해 확장하는 것이다. 상급 학교에서는 이 변형 과정 속에서 학생 스스로 변화를 탐구할 수 있고, 따라서 이 시기의 중요한 과제는 이 탐구를 의식적으로 수행하는 것이다.

맥베스의 독백 탐구, 문단 속 생각의 움직임에 대한 분석, 구문의 리듬 관찰, 비유적 묘사 풀어내기와 의미 수준 찾기, 셰익스피어가 표현 속에서 사용한 소리의 효과 느끼기, 그리고 궁극적으로는 무대 위에서 말없이 움직임과 제스처로 전체를 표현하기와 같은 연습이 위 작업의 예시가 될 수 있다.

언어의 이 모든 성질은 초급과 중급 학교에서 발달시킨다. 열다섯 살 이후에서야 분석을 통해 이 과정을 반성적으로 수행한다. 언어에 대한 경험과 분석, 두 과정 사이에서 실천이 중재하고, 이는 암송이나 연기로 수행할 수 있다.

형성적 과정으로서의 언어

원래 말하기 그 자체는 말하고 들을 때 사용하는 신체 기관과, 단어 및 문장 구조를 지각하고 조직하며 이해하는 신경 구조 둘 모두를 구조화한다. 이는 아이가 모국어를 습득함에 따라 일어난다. 그리고 이후에 언어는 아이가 마음을 통해 삶을 형성하기 위한 매체가 된다. 언어는 한편으로 아이가 스스로를 표현하고 세상과 연결시키도록 작용하고, 다른 한편으로는 구문을 통해 사고를 구조화하고, 그 질서를 갖추고, 분류, 개념화하여 의미를 찾을 수 있도록 작용한다. 아이가 점진적으로 스스로의 경험에 대해 질서를 마련하고, 따라서 의미를 찾을 수 있도록 하는 서사 구조 속에 이 두 요소가 함께 흐른다. 언어는 표상(表象)의 주요 양식이고 세계와, 특히 그 속의 관계에 대한 상을 형성하는 중심 매체다.

언어는 이원적 기원을 갖는다. 생각, 감성, 의도의 표현인 언어는 세계를 이해하고 그와 소통하기 위한 바람을 담은 흐름으로서 마음에서 솟아난다. 다른 기원은 보편적인 언어의 영, 즉 개인화된 표현에 이르고 다양한 세계 언어 구조의 근본을 이루는 로고스를 표현한다. 언어의 보편성을 통해 인간은 어떤 언어를 통해서도 사고할 수 있고, 그로 인해 보편 개념으로 의식을 이끄는 사고에 접근할 수 있다. 개인화 과정에서 언어는 인간이 스스로의 목소리를 찾고 궁극적으로는 보편적, 객관적 실재에 다가감으로써 개인이 자신의 사고를 표현할 수 있도록 하여, 아이가 자신이 속한 혈연 및 문화 집단에 기반한 정체성으로부터 발전하게끔 촉진한다. 모국어는 이 단계 간의 핵심적인 연결 고리를 제공한다.

말과 아이가 자라는 문화적, 지리적 맥락 간의 긴밀한 유대 또한 특히 사춘기 이전의 교육을 통해 길러야 한다. 방언, 지역 억양과 동요의 모든 전통 사투리, 놀이와 함께 부르는 노래 등은 아이에게 어딘가에 속한다는 느낌을 주기 위해 중요하다. 이 구술적 요소는 대개 지역 언어 문화에 고유한 지명, 전설과 이야기 속의 풍부한 어휘를 통해 보충된다. 사춘기 아이들은 자신의 환경에 대한 신체적 속성으로 보다 깊이 파고들고, 이에 반응하기 위해 언어는 지방어의 확장을 멈추고 관념 영역 속의 보편적 특성을 탐구한다. 이 시기에 아이들은 언어의 영에 대한 직관적 연결을 잃으며, 의식적인 작업을 통해 이를 되찾아야 한다.

슈타이너는 다음과 같이 말했다.

모방을 통해 아이가 흡수한 말하기는 인간 존재 전체에 대해 젖니와 같은 관계를 갖습니다. 인간 존재가 사춘기의 언어 능력을 통해 갖춘 것은…다시 새롭게 얻은 것으로, 이가 나는 과정이 두 번에 걸쳐 일어나는 원리와 마찬가지입니다.[2]

유아기에는 실제 말 소리에 내재한 원형적 속성이 아이에게 형성적으로 작용한다. 여덟에서 열네 살 사이의 시기에 아이는 언어적으로 보다 정서적인 말, 분위기, 그리고 그것들이 유발하는 감성 속에서 산다. 비록 문화적, 개인적으로 연관되어 있다 하더라도, 말은 그것이 기술(記述, describe)●하는 것의 내적 본성을 표현한다. 사춘기 이후의 개인은 스스로의 목소리를 찾아야 할 뿐만 아니라(문자 그대로와 비유적인 의미 모두에서), 언어를 통해 보편 개념과 이상에 다가가야 한다.

요약하자면 언어는 발성 기관과 신경 조직을 생리적 차원에서 형성한다고 말할 수 있다. 이 과정을 위해서는 시간과 모방하기에 적합한 모형이 필요하다. 심리적 차원에서 언어는 소통을 위한 매체를 제공한다. 구술의 요소는 사고와 마음속의 표상(mental representation)을 구조화하도록 돕는다. 언어의 존재는 그것이 기술하는 세계의 내적 본성을 밝히고 개인들로 하여금 보편 개념에 다가서도록 한다.

문해력을 소개할 때, 아이들의 의지는 표상, 재현, 기억과 연결된 인지 활동을 향한다. 종이 위 이차원에 존재하는 선들의 움직임을 그것이 말하는 내면의 목소리로 바꾸기 위해서는 의지와 상상력 모두가 필요하다. 문해력이 생생한 사고로 이끄는 살아 있는 활동이라면, 구술성에서 변형된 상상력이 반드시 그에 스며들어야 한다. 문해력으로 전환한 후의 구술성에 대한 육성은 중요하다. 이는 말하기, 듣기, 암송하기, 몸짓, 연극, 토론, 토의와 같이, 내면의 역동성과 움직임을 요구하는 모든 활동의 연습을 통해 이루어진다. 한편 상상력을 의식적으로 다루고 이에 형태와 구조를 부여함으로써 변형된 구술성을 육성할 수도 있다. 언어적 교환의 협동이 생생할수록 언어가 성장하고 개인을 불러들여 움직일 수 있는, '공간'이 넓어진다.

● 이 장에서는 글쓴이의 주관을 배제하고 실제 그대로를 담는 글쓰기로서 description을 여러 곳에서 제시한다. 기술(記述) 역시 '있는 그대로 쓴다.'는 의미를 담기에 13장에서 describe를 일관되게 기술로 번역하였다.

문해력 기술에 대한 체크리스트는 1~3학년은 315쪽에, 4~5학년은 325쪽에, 6~8학년은 337쪽에 있다.

1학년

말하기와 듣기

이 두 측면은 아이들이 학교에 들어오는 첫날부터 강조한다. 아침 시를 함께 낭송하면서 집중수업의 '리듬'을 시작한다. 시 낭송은 짧은 음악 훈련으로 대체한다.(노래하기, 라이어나 리코더 연주하기) 유치원 원아로부터 학교 학생으로의 전환은 아이들이 동요만이 아니라 더 긴 계절 시를 낭송할 수 있을 때 드러난다. 노래와 원 활동(ring game)을 더할 수 있다. 이 패턴의 중심 요소를 몇 주간 유지한 후에 변화를 주어야 한다.[3]

교사는 아이들이 그후에 자신의 말로 다시 불러내고 이야기하고 연기할 수도 있는 민간 설화와 자연 이야기를 포함하는 전통적인 원천으로부터 이야기를 가져와 들려준다. 동화 들려주기는 구체적으로 접근해야 한다. 간단한 문장 구조를 사용하고 작가가 사용하는 극적 언어를 배척함으로써, 주관적 감정이 개입하고 동화가 아이의 일상 경험 수준으로 떨어져서 그 영향력을 잃지 않게끔 도울 수 있다. 민간 설화적 요소는 문자 그대로가 아니라 원형적으로 다루어야 한다.

동화는 아이의 건강한 심리 발달을 이끄는 그 진정한 가치에 따라 마땅히 독립된 장으로 구성해야 한다. 이 지점에서 염려되는 점은 언어의 역할이다. 담임교사가 충분한 진정성을 가지고 이야기를 들려준다면 아이들의 상상력이 영화, 애니메이션, 만화에서 보게 되는 고정 관념 대신 원형적 상에 의해 자극받는다는 사실이 경험을 통해 알려져 있다. 미디어가 일으키는 연상 작용은 금세 사라지고 아이들은 들을 준비를 한다. 아이들은 동화의 다양한 언어와 그것을 말하는 방식이 그들이 성장할 수 있는 어떤 새로운 것이라는 점을 느낀다. 그리고 아이들은 전체 문장과 문단을 한 단어씩 외워가며 배우는 것을 즐긴다.

　교사는 내용을 외우고, 명료하고 예술적이며 어휘가 풍부한, 이로써 이야기의 의미를 강화하는 언어를 선택하여 이야기를 신중히 준비한다. 아이들은 이를 들으며 서사 구조와 양식에 대한 감각을 얻는다. 이들은 활동적인 어휘를 확장하고, 숙어와 관용구를 모방을 통해 배우고, 의미와 표현 형태의 다양성을 경험할 수 있다. 언어의 자연적 리듬과 억양을 의식적으로 사용할 때, 아이들은 기본 구두법과 문장 구조에 대해 확실한 느낌을 얻는다. 이는 쉼표와 마침표 사용에 대한 차후의 이해를 위한 기초가 된다. 의문문, 평서문, 명령문, 감탄문의 서로 다른 표현에 대한 감각을 청각을 통해 얻고, 행동, 사물, 속성을 기술하는 단어들의 차이 또한 지각한다. 또한 아이들은 놀람, 궁금함, 꺼림, 적극적인 긍정, 열광 등 감정에 대한 언어적 표현을 경험할 수 있다.

　이야기 들려주기에 담긴 구술적 접근의 직접성은(읽어주기에 반하여) 아이의 몰입, 관심, 상상력을 자극한다. 읽기와 문학 감상을 위한 동감적 기초는 유려하고 자유로운 상상력을 통해 내용을 스스로 재창조하는 능력에 의존하기에, 상상력을 자극함으로써 이후의 읽기와 감상에 토대를 놓을 수 있다. 이 접근은 적절한 발달 단계에 따라 이후에도 이어간다.

　처음에 문자 형태의 문학은 많은 점에서 아이들에게 외국어와 같다. 이는 문해력을 요하지 않는 글에서 더 그렇다. 이 이상한 동네에서 편안하게 느끼기 위해서 아이들은 징검다리로 삼은 개인적인 말을 떠나서 문장의 의미 속에서 헤엄쳐야 한다. 그리고 이를 넘어서, 독자는 작가의 상상력 속으로 들어갈 수 있어야 한다. 이 능력은 이야기와 생각에 대한 관심을 일반적으로 자극하고 문학에 대한 관심을 일깨우는 좋은 말을 듣고 모방함으로써 크게 도움을 얻는다.

　집중수업의 '이야기' 또한 언어의 예술적 육성에 해당한다. 바젤에서 열린 교사들에 대한 강연에서 슈타이너는 언어를 다루는 모든 수업은 예술적으로 구축해야 한다고 말했다.

> 아이들은 학교에 언어에 대한 본능을 가지고 옵니다. 그러나 아이들이 열
> 살에 이를 때 이들의 양식에 대한 감각을 형성하는 것은 아마도 우리에게
> 달려 있습니다.[4]

슈타이너-발도르프 교육은 문해력을 육성하는 동시에, 구술 언어 능
력의 의의를 육성하고 촉진하려 시도한다. 말하기와 듣기는 슈타이너-
발도르프 교육과정에서 핵심적인 역할을 맡는다. 시와 운문의 암송을 1
학년 첫날부터 시작해서 교육과정 내내 지속한다.

시를 배우고 암송하는 과정을 포함하는 집중수업의 '리듬'을 형성하
고 수행하기 위해, 교사는 시적인 표현과의 관계를 강화하는 한편 적절
한 방식으로 말하기를 연습해야 한다. 슈타이너-발도르프 교사는 '언어
표현력'을 훈련한다. 어떤 학교에서는 담임교사의 준비를 도울 수 있는
말하기 담당 교사를 두기도 한다. 예를 들어, 시를 학급에 처음 소개할
때 이를 외워서 말해야 한다는 점이 중요하다. 교사는 시에서 고유한 소
리의 뉘앙스, 리듬, 그리고 다른 측면 모두를 숙지해야 한다. 그리고 먼
저 아이들에게 암송해 보인 다음 천천히 아이들이 함께하도록 이끌며
시를 가르치게 된다. 즉, 의지가 기억에 예술적으로 작용하는 것이다.

'리듬'은 전체 학급과 개별 학생, 그리고 특히 발음에 신경 쓰고 관찰
해야 할 필요가 있는 상황 모두를 위한 말하기 연습(예를 들면, 발음이 잘
안 되는 말) 또한 포함한다. 지시(예를 들면, 시몬 가라사대(Simon says))와 협
응 훈련 또한 '리듬'에 속한다. 이때 아이들은 구두 지시를 따르는 법을
배운다.

들은 것을 따라 하는 첫 번째 연습을 이제 시작한다. 교사는 아이들이
전날 들은 내용을 반복한 후에만 다음 이야기를 들려준다. 처음엔 자원

하는 아이에게 기회를 주겠지만 결국 모든 아이가 학급 앞에 서서 이야기의 한 부분을 들려줘야 하고, 필요하다면 교사가 눈에 띄지 않게 도울 수 있다.

문법

이 단계에서 문법은 아직 가르치지 않는다. 그러나 문장 구조를 강조하거나, 문장의 형성 방식에 주의하고 글 속의 인상적인 단어나 구문에 집중시키는 것은 교사에게 달려 있다. 분명하게 말하고 구조를 갖춰 문장을 사용하도록 사려 깊게 지도한다면, 언어 구조에 대한 '청각적' 인지를 계발할 수 있다.

글쓰기와 읽기

아이들은 학교에서 첫 해를 보내며 글쓰기를 배워간다. '일단 해보고 나서 이해하기'의 원칙에 따라 글쓰기 후에 읽기를 다룬다.

아이는 말하기에 능숙해짐으로써 올바른 글쓰기의 토대를 마련하게 됩니다. 이야기를 들려주고 다시 바꾸어 말하는 과정과 함께 우리는 아이에게 형상적 형태의 언어를 소개하게 됩니다.[5]

문자를 소개하기 전에 아이들은 수평 틀 속에서 직선과 곡선의 연속을 사용하며 형태 그리기를 연습한다. 그 밖에는 움직임, 제스처, 말하기, 그림, 이름, 상징의 매체를 통해 대문자를 소개한다. 그림 문자를 통해 자음을, 감탄사와 감정의 표현을 통해 모음을 전개한다.

글쓰기는 매우 복잡한 활동이기에 그에 관련한 기술을 확립하기 위해 사용한 시간은 가치가 있다. 심리학자 카인츠(F. Kainz)는 이 과정을 다음과 같이 설명했다.

수년에 걸쳐 지속하는 아동기의 글쓰기 학습은 특정 신경계의 효율성을 가져오는 효과를 갖는 집중적인 과정이다. 글쓰기는 여러 복잡한 움직임을 통해 이루어지기 때문에 어렵다. 그러나 이 복잡한 움직임은 철저히 훈련했을 때만 수행할 수 있다. 이 훈련은 신체적 기질(physical substrate)에 기초한 절차적 기억의 시각-운동적 성취다. 훈련을 통해 이 전환을 기능적이고 훌륭하게 이룰 때, 중추 신경계 운동 중추의 가장 정교한 변화를 이끌 것으로 기대할 수 있다.[6]

이 과정은 문자의 형상적 표상(pictorial representation)에서 바르게 쓰기로 나아간다. 이는 창발적 글쓰기(emergent writing)를 통한 소리와 상징의 연결성을 탐색하는 과정을 포함한다.

대문자 같은 자음의 모양은 문자의 특징을 강조하는 이야기와 함께 교사의 예술적인 그림에 삽입해서 아이에게 제시한다. 예를 들면, F는 물고기(fish) 그림으로부터 끌어낼 수 있고, W의 경우 파도(wave)의 모양으로부터 이끌 수 있다. 문자는 그림 문자와 구분하여 그 자체를 위해 그리고 연습한다. 대문자에서 시작하여 학년의 후반부에 소문자를 시간 들여 다루는데, 문자는 때로 방향으로만 구별할 수 있기에 소문자가 더 어렵기 때문이다. 예를 들어 d/b/p/q, m/w, h/y, u/n 등이 그렇다. 문자를 올바르게 썼는지, 반시계 방향인지, 위에서 아래로 향하는지 등을 확인해야 한다.

모든 알파벳 문자를 이야기와 그림으로 가르치려는 시도는 흔히 저지르는 실수다. 이럴 경우 알파벳만 일년 내내 가르쳐야 할 것이다! 아이들이 그 개념을 이해했다고 판단하고 나면—경험(이야기), 그림, 문자— 남은 알파벳은 보다 경제적으로 가르칠 수 있다.

이 접근법은 자음에서 사용한다. 모음은 감정을 표현하는 감탄사로 표현할 수 있기에, 이 방식을 통해 모음의 고유한 특성을 제시한다. 감탄은 '아!'처럼 소리 나고, 놀람은 '오!'로 드러난다. 짧은 기술과 그림에 담은 감정 차원의 경험은 모음 문자를 발견하는 길을 닦아둔다. 오이리트미 수업의 경험이 이때 큰 도움이 될 수 있다. 영어 모음과 이중 모음은 단어를 묶어주는 강하고 변하기 쉬운 요소로 소개한다.

그러나 영어에서 문자 'A'는 ah로 부르지 않는다. 'r'과 함께 쓰일 때(cart의 경우에서)를 제외하면 그와 같은 소리를 내는 경우는 드물다. 아이들에게 모음의 감정, 음악, 우주적 속성을 전달하는 일이 중요하지만, 단모음 소리에 집중하는 것이 훨씬 유용하다.(apple의 a, indian의 i, elephant의 e, orange의 o, umbrella의 u) 이는 간단한 단어를 읽고 쓰는 도구가 된다.

예를 들면 'Angle'의 'A', 'Eagle'의 'E', 'Icicle'의 'I', 'Opal'의 'O', 'Unicorn'의 'U'처럼 이름 간에(그리고 장모음 소리에도) 분명한 구별이 있어야 한다.

다양한 문자로 전개하는 이 방식을 통해 한동안 문자들을 풍부하고 생생하게 다룬다. 그리고 아이들이 여러 문자를 배우고 나면 새로운 문자를 분석적 과정으로 이끌어낼 수 있다. 여기에는 생명을 불어넣는 효과가 있다. 종합과 분석을 번갈아 수행하는 방식은 단순히 유용한 교수법의 차원이 아니다. 슈타이너는 두 방법의 중요성은 깨우기와 잠들기, 들숨과 날숨과 마찬가지라고 지적했다.[7]

초기 수업에서는 오른쪽과 왼쪽을 의식적으로 지시하는 훈련 또한 핵심적이다. 슈타이너는 이를 '…아이들이 형상적 사고에 능숙해지도록 몸을 사용하게 이끄는 것'이라고 일컬었다.[8] 예를 들면 아이들에게 '오른쪽 귀로'와 같이 말할 수 있다. 형태 그리기의 거울상(오른쪽/왼쪽, 위/아래) 또한 공간 차원에서 방향 잡기를 돕는다.

아이들은 자신이나 교사가 칠판에 쓴 것을 읽으면서 읽기를 배운다. 아이가 학교에서 읽고 쓰기를 배우게 되는 첫번째 말은 의미심장하고 아이들에게 친숙한 내용이어야 한다. 평범한 내용 대신 의미가 깊은 문장을 선택한다면, '해는 세상을 비춘다.'를 예로 들 수 있다.

읽기를 가르치는 여러 방법은 통합해야 한다. 이는 통문자(whole word)나 분석적 방법, 음성학적 방법과 철자법을 포함한다. 슈타이너는 읽기 방법의 통합을 다음과 같이 설명했다.

> 색칠하기-그리기를 통해 문자의 형태를 얻고, 음성학(과) 혹은 통문자 방법을 통해 가르친다면 아이가 전체성을 느끼고 세부 사항에 지나치게 얽매이지 않도록 하기 때문에 적절합니다. 한편 이 모든 일을 다했다 하더라도 아직 남은 것이 있습니다…그것은 다음과 같습니다. 구분되는 *M*이나 *P* 같은 하나하나 그 자체의 소리 또한 실재를 표현합니다. 그리고 소리가 말의 일부일 때, 이는 이미 외부 세계로, 물질과 물리적 세계로 진입했음을 알아차려야 합니다. 우리 마음 안에 있는 것은 그런 소리이며, 이는 우리의(인류의) 마음(상태)에 크게 의존합니다.[9]

슈타이너는 인용한 강연에서 언급한 여러 읽기 방법 각각의 속성에 대해 자세히 분석했다. '관습적으로 문자를 발음하는 지나치게 일방향적인 훈련을 피하게끔 하는 특정 교육 방법적 기술과 기교'라고 지칭한 것을 통한 읽기 방법의 변형과 통합이 문제의 핵심이다. '대신, 아이는 문자가 어떻게 생겼는지에 대한 경험을 일부 얻게 되고, 이 경험은 그 아이에게 실재인, 형성력(formative force) 속에서 살 수 있도록 한다.' 아이를 이런 방식으로 가르친다면, 그리고 슈타이너가 1923년에 행했듯이 아이들이 여덟 살에 교육을 받기 시작한다고 가정하면,

> 이들은 정해진 과정에 따라 아마도 열 살에서 몇 달이 지난 후에 읽을 수 있게 됩니다. 아이들이 더 빨리 읽지 못하는 것은 문제가 아닙니다. 이들은 자연스럽고 건강한 방식으로 배웠기 때문입니다. 물론 아이들의 다양

한 반응에 따라 이 단계는 조금 더 빨리 도달할 수도 있습니다.[10]

오늘날 많은 교육자들의 시각에서 이 나이는 읽기를 배우기에 너무 늦어 보인다. 슈타이너가 의미한 바가 독해 능력 그 자체인지, 특정 수준인지는 불명확하다. 그러나 그가 아이들이 자신에게 친숙한 어휘로 이루어진 글을 읽을 수 있어야 한다는 의미였다 하더라도 이는 전통적인 기준에 비해 여전히 꽤 늦다. 그러나 느린 출발은 구술성을 의도적으로 확장한 것으로 이해해야 한다. 첫 세 학년의 학습은 문해력이 아니라 구술성에 의존하고, 이에 따라 넓은 범위의 주제와 경험을 통한 학습이 일어난다. 문해력은 학습 과정을 주도하기보다 보완하고 지원한다.

사실 아이들이 읽기를 배우는 순간이 매우 개인적이기 때문에 어떤 방법을 쓰는지는 상관없다. 일반적으로 아이는 스스로가 준비되었을 때 읽는다. 문해력의 체계적이고 사려 깊은 도입은 모든 아이에게도 그렇지만, 특히 학습 장애를 가진 아이들에게 도움이 된다. 이 기술을 시간과 노력을 덜 들이고 쉽게 습득한 사람은 글쓰기와 특히 읽기가 특별하다는 느낌을 강화한다.

사실, 대부분의 발도르프 학급에서 대부분의 아이들이 1학년 말이 되면 자신이 쓴 내용을 읽고 이해할 수 있다. 슈타이너는 다음과 같이 지적했다.

우리가 이 문제에 합리적으로 접근한다면 아마도 첫째 해에, 쉽게 말해서 아이가 종이 위에 자신이 원하거나 들은 말을 쓸 수 있고 간단한 말은 읽을 수 있습니다.[11]

2학년이 끝날 때가 되면 아이들은 인쇄된 문자를 읽고 이해할 수 있고 필기체를 사용할 수 있다. 그럼에도 불구하고, 읽기와 쓰기는 정보에 접근하는 수단이나 학습 도구로 사용하지 않는다. 수업에서 학습한 기술은 수업의 전체 맥락 속에서 그 맥락을 갖는다. 학습을 *위한* 읽고 쓰기의 학습과 근본적인 차이는 이 점이다.

2학년

말하기와 듣기

다 같이 하는 암송 외에도 더 많은 아이들이 교실 앞에서 혼자 시 말하기를 연습한다. 짧은 시는 연기하거나 몸짓과 함께 표현한다. 리듬이 두드러지고 반복이 많은 내용이 특히 적합하고, *천국의 열쇠*(The Key of the Kingdom), *잭이 지은 집*(This is the House that Jack Built)과 같은 작품이 이에 해당한다. 이야깃거리를 위해서 우화를 낭송하거나(함께와 혼자를 번갈아) 연기를 할 수도 있다. 들은 이야기를 다시 말하고 자신의 경험을 이야기하도록 아이들을 북돋운다. 말하기와 발음이 어려운 말의 발음 훈련을 진행하고 특정 요소를 강조하는 다양한 속성의 구술 표현을 탐색한다. 불처럼 혹은 물처럼 말하기, 동작의 동사 강조하기, 기술적 요소와 이름에 유의하기, 요약하면 단어 유형과 분위기의 속성을 경험하기를 그 예로 들 수 있다.

동물과 지역 환경에 관한 우화, 전설, 민담, 자연 이야기가 2학년의 이야깃거리다. 이 내용은 인간의 활동을 거시적으로 드러내고 자연 세계와 이어준다. 동물 및 다른 여러 우화는 도덕성의 한 가지 측면을 담는다. (탐욕, 교활한, 질투하는 등) 전설, 특히 성인의 삶은 새로운 인간 본성, 즉 신성한 인간이 편향에 조화를 가져오고 신에 대한 지향을 통해 주변 인간들을 위하는 힘을 얻는 것을 조명한다. 여러 문화에서 많은 예시를 찾을 수 있고 켈트 전통 또한 적절한 이야기를 제공한다. 이솝, 레오나르도 다 빈치, 라퐁텐, 레싱의 우화 및 아메리카 원주민 전통의 동물 이야기 또한 중요한 실례를 제공한다. 언어에 관해서, 이런 전설은 아이들이 듣고 말하는 방식이 동화 유형과 크게 다르다. 우화의 간결하고 간단한 언어는 처음에 아이들을 놀라게 한다.('벌써 끝났어?') 그러나 아이들은 곧 스스로 생각할 여지가 있다는 점을 알아차린다. 며칠 후 이야기를 아이들의 관심으로 불러오기 전에 먼저 이를 반복해서 몇 번이나 들려줘야 한다. 상대적으로 건조한 어조의 우화는 성인의 삶과 행적을 들려줄 때의 따뜻한 양식을 통해 충분히 보완할 수 있다.

문법

활동을 표현하는 말(동사), 이름을 표현하는 말(명사), 기술하는 말(형용사와 부사)의 특징에 대해 상상적으로 인지해야 한다. '이는 간단하고 명백한 방식으로 문장의 형성을 다루며 결합해야 합니다.'[12] 구두점은 문장의 시작, 끝, 쉼을 표시하는 말의 리듬을 토대로 가르쳐야 한다.

쓰기

소문자 필기체로의 전환은 적합한 형태 그리기를 통해, 특히 흐르고 리듬이 있는 형태를 통해 준비한다. 필기체로 쓴 소문자는 적절한 쓸거리를 통해 소개한다. 이에 따라 대개의 경우 1학년에서는 밀랍 크레용을 사용했지만 2학년은 그래파이트 색연필로 바꾸게 된다. 손글씨를 유려하게 발전시키는 작업에 관심과 집중을 쏟는다. 스스로를 종이에 맞게 방향 잡으려는 노력은 종이를 아름답게 꾸미려는 시도를 돕고, 쓰기에 미적인 관심을 일으킨다. 이 활동은 스스로의 쓰기 작업에 보다 집중하게 만들기 때문에 슈타이너는 이를 중요하게 여겼다.[13]

쓰기 내용은 집중수업 주제 및 아이들 스스로의 경험에 연결된다. 일반적인 지침을 제시하자면, 쓰기의 3분의 1은 아이들이, 나머지는 교사가 준비한 글과 칠판과 교사가 불러준 글로 채운다. 슈타이너는 2학년 아이들은 '매일 들은 것에 대한 짧은 기술과 이후에 동물, 식물, 초원, 나무에 대해 배운 바'[14]를 쓸 수 있어야 한다고 제시했다.

2학년 아이들은 아름답고 유려하며 바른 필기체를 배워야 하고, 교사는 아이들의 연필 잡는 법과 자세를 정기적으로 확인해야 한다. 글자 모양 역시 매번 확인해야 한다. 아이들은 두껍고 부드러운 2B, 3B, 혹은 그와 유사한 연필을 사용하고, 이는 부드럽게 흘러가는 쓰기를 돕는다.

자유로운 글쓰기

제도권 학교와 비교해서, 슈타이너-발도르프 학교에서는 자유로운 글쓰기를 거의 다루지 않는다. 대신 아이들은 집중수업에서 듣고 있는 이야기를 쓴다. 2학년 중반이 되면 대부분 아이들은 쓰기에 빠져든다. 아이들이 담임교사나 서로에게 편지를 쓰게 하면(집에서나 쓰기 수업 중에) 이를 잘 도울 수 있다. 이를 통해 아이들은 소리나는 대로 쓰면서 쓰기를 소통의 원형으로 접하고, 교사는 철자를 약간 교정하며 이를 문해력 과정의 일부로 삼는다. 편지 읽기 또한 다뤄야 하고, 이는 좋은 읽기 연습이 된다.

교실에 우편함을 설치하는 것도 좋다. 모든 편지를 우편함을 통해 전달하고 누군가는 우체부가 된다. 우체부는 알파벳 순으로 편지를 분류하고 알맞은 주소에 배달한다.(책상, 즉 창가 앞에서 세 번째 책상에) 철자가 서툰 아이들은 철자를 모르는 말의 경우 그림을 그릴 수 있다.(참고: 이 활동은 3학년에서 진행해도 된다.)

읽기

아이들은 자신이 쓰거나 교사가 제공한 글을 읽는 연습을 계속한다. 학급 전체가 다 같이 읽기, 아이 다음에 어른이, 아이에서 아이로, 혼자 읽기를 포함하는 여러 접근법을 선택할 수 있다. 교사가 이끄는 연습을 통해 청각, 시각, 운동 감각 패턴을 인식하기 위한 정기적인 훈련을 실시

한다. 철자법은 맥락, 발음 중심(phonic), 운동 감각적 방법을 통해 강화되는 전체 언어 접근법에 토대를 둔다.

2학년은 파닉스(phonics)●를 중심으로 한다. 즉, 말소리가 어떻게 문자와 문자 무리로 변환하는지에 집중한다.

담임교사는 파닉스를 숙지해야 하지만, 무엇을 누구에게 가르치는지에 관해서는 유연할 필요가 있다. 많은 아이들에게 그 과정이 필요하지 않기 때문에, 학급 전체에게 모든 세부 사항을 가르치려고 고집하면 시간을 낭비하게 된다. 물론 그렇지 않은 아이들은 가능한 세부적인 교육과 연습을 필요로 할 것이다.

파닉스

- 자음 이중글자: ng ch wh ck qu
- 모음 이중글자: oo ee
- 모음 + r: ar er or
- 두 글자 자음 혼합 형태: tr gr gl cl st 등
- 이중 모음: oi oy
- 이중 자음: 예를 들어, -funny Daddy
- 부드럽게 발음하는 c규칙(soft c rule): c, i, 혹은 y에 잇따르는 c는 'ss'로 발음한다
- '마법의' e(magic e)와 앞선 모음에 대한 그 효과(그 이름을 말하게 하는)

주어진 소리를 듣고 그것을 처음, 중간, 혹은 끝에 위치하는 연습을 하라.

● 발음 중심의 어학 교수법.

단어의 변화

- *s* 혹은 *es*를 통해(s, x, ss, zz, ch, sh의 다음에 올 때) 복수형으로 만들기
- *-ing* 더하기(어근을 바꾸지 않는 경우에)
- *-ly* 더하기

다양한 활동들

- 게임을 통해 구별하기와 위치 찾기를 연습할 수 있다.
  - 단어의 첫 소리: 혹은 이중 글자
  - 단어의 끝 소리: 혹은 이중 글자
  - 단어 속의 모음

다른 여러 게임

- 운율 게임
- 알파벳 게임(알파벳 순서를 포함)
- 철자가 비규칙적으로 변하는 몇 개 중요한 단어의 철자법 배우기, 예를 들면: 'was', 'are', 'have', 'said', 'they'
- 철자법 대회. 이미 다룬 패턴에 적합한 단어를 교사가 제시한다.
- 새로운 단어를 만들기 위해 글자 바꾸기

읽기 교육의 두 번째 단계에서 많은 교사들이 학급의 읽기 책을 만든다. 아이들에게 익숙한 교사의 손글씨로 만들 때 가장 좋다. 그리고 이는 나중에 복사하거나 리소그래프를 통해 다시 만들 수 있다. 아이들은 스스로 표지를 만들고 각 이야기에 맞게 그림을 그려 넣음으로써 책에 개별성을 부여한다.

책은 우화, 성인 이야기, 시, 발음하기 어려운 말 등 아이들에게 친숙한 이야기를 담는다. 학습한 읽기 패턴을 사용하고, 이상적으로는 점차

어려워져야 한다. 간단한 단어 게임 또한 좋다. 이는 읽고 있는 글과 함께 진행할 수 있는데, 예를 들면 학급이 왼쪽 장을 소리 내지 않고 읽을 때 빨리 읽는 아이들은 단어 게임을 시작할 수 있다. 읽기에 어려움이 있는 아이들에게는, 교사나 잘 읽는 아이가 오른쪽 장을 읽고 난 후에 왼쪽 장의 간단한 요약문을 읽히는 것도 좋다. 이는 함께 읽기(shared reading)의 한 형태로, *들려주기*와 스스로 읽기 간의 다리를 놓는 가장 효과적인 방법으로 알려져 있다. (부모가 읽기 수업을 도우려고 할 때가 있다. 단모음/장모음의 소리, 교사가 사용한 특정 기법, 특별히 아이들에게 관심을 일으켜야 하는 부분 등에 대해 사전에 주의시켜야 한다.)

이제 아이들은 인쇄된 책을 읽기에 *거의* 준비되었다. 그러나 먼저 인쇄된 글자를 접해야 한다. 'g'가 특히 그렇고, 'a', 'I' 또한 마찬가지다. 그리고 장, 들어가기, 색인 등 책의 일반적인 구조 역시 익숙해져야 한다.

이 단계의 교사에게 가장 어려운 과제는 좋은 학급 읽기 자료(class reader)와 각각에게 좋은 읽기 목록(reading scheme)을 찾고 선택하는 것이다.

예술적 표현, 주제, 이야기의 질, 연령 적합성을 학급 읽기 자료 선택에 엄격한 기준으로 삼는다. 그리고 무엇보다 중요한 점은 너무 어렵지 않고 간단한 언어, 즉 주로 파닉(phonic) 단어를 사용하고 철자 규칙을 소개하면서 점차 어려워지는 책을 찾는 것이다. 어떤 발도르프 읽기 자료는 너무 어렵고 능력이 부족한 아이들의 자신감에 심각한 영향을 줄 수 있다. 학급이 같이 읽도록 하는 사회적인 이유가 있을 수 있다. 아이들이 인내와 협동 등을 배울 것이란 기대가 그것이다. 그러나 특히 다른 읽기 능력과 방식을 가진 아이들이 같은 책을 소리 내어 읽는 것에 어떤 의미가 있는지는 스스로 물어야 한다.

요약: 1~2학년 읽기

1. 쓰기를 통해 읽기를 가르칠 것: 칠판과 집중수업 책(친숙한 글) 읽기

2. 교사는 학급 읽기 자료를 직접 손글씨로 쓴다.

3. 인쇄된 글자의 소개(g, a, l!)

4. 개인별 읽기 목록과, 필요할 경우 학급 읽기 자료

아이들이 읽을 수 있게 되면 담임교사는 학급 문고를 만들고, 어떤 책을 추천하고, 지역 공공 도서관과 연결하고, 부모와의 만남에서 문제를 제시하고, 이를 함께 이야기하면서 습관을 기르기 위해 노력한다.

문장 구조를 가진 아이들

2학년이 끝날 즈음에 담임교사는 난독증과 같은 특정 학습 장애를 가진 아이들을 파악해야 한다. 진도가 더디거나 특정 문제를 드러내는 아이들은 단지 천천히 발달하는 중일 수 있다. 그러나 2학년 말에는 학습 장애를 일으킬 수 있는 여러 요인을 신중히 살펴봐야 하는데, 시각, 청각, 소근육 운동 협응 능력과 같은 신체적 장애 증거들이 그렇다. 만약 학교에 학습 전문가가 있다면 전체 학급을 들여다봐도 좋다. 그렇지 않을 경우, 아이 하나하나를 관찰, 고려하고 우수한 점과 부족한 점의 목록을 작성하라. 아래 체크리스트가 도움이 될 수 있다.

- 미흡한 균형
- 미흡한 협응
- 서투름
- 덜컹대는 움직임
- (한 손으로) 공을 던지고 받는 과정의 어려움
- 우세가 혼합됨
- 바르게 서거나 앉지 못함

- 연필을 잘 쥐지 못함

- 글씨가 나쁨

- 줄이 그어진(혹은 표시된) 종이에 직선으로 쓰지 못함

- 글자의 떨어지는 '꼬리'를 선 아래로 내리지 못함

- 글자의 올라가는 '꼬리'를 선 위로 올리지 못함

- 대, 소문자를 혼합하여 사용

- 문자와, 혹은 숫자를 반대로/거꾸로 씀(b/d/p/q, u/n, s, 2, 3, 5, 7, 6, 9)

- n, m에 너무 많은(혹은 불충분한) 다리를 그림

- 영리한데도 쓰기/철자/읽기(혹은 이 중 하나)에 문제가 있음

- 불명료한 말하기

- 일/주/월을 알지 못함

- 기억력이 나쁨

- 가르친 내용을 배우지 못함

- 신발 끈을 묶지 못함

- 지저분한 외모, 셔츠가 삐져 나옴, 끈을 묶지 않음 등

- 직관적임

- 상상적임

- 어려 보임(동안)

- 특수 학습 장애가 있는 부모나 형제가 있음

이 중 셋 이상의 항목이 확인된다면 아이에게 특수 학습 장애가 있을 수 있고, 학급의 다른 아이들과 같은 방식으로는 학습하지 못할 것이다. 따라서 교사는 그 아이가 학습할 방법을 찾아야 한다.

어떤 경우에서든 아이들의 우세, 협응, 균형, 연필 쥐기, 자세 등을 점검해야 한다. 또한 글자를 거꾸로 쓰지 않는지, 그리고 학습한 내용을 잃지 않는지를 3학년에서 문해력 과정을 설계하기 위해 확인해야 한다.

3학년

말하기와 듣기

아이들은 3학년에 이르러 그 발달에서 중요한 단계를 맞이한다. 아이들이 아홉 살을 보내고 열 살에 접어들면 교사에게 이는 뚜렷이 보인다. 슈타이너는 이 단계의 중요성에 대해 많은 상황에서 지적했다.

이제 아이들은 자신과 주변 환경을 보다 더 구분하기 시작합니다.[15]

집중수업이 시작할 즈음에는 자연에 대한 간단한 시가 아이들 삶의 감성에 적합하다. 아이들은 특히 리듬과 운율이 부드럽게 행을 따라 진행하는 기술적인 시의 낭송을 즐긴다. 또한 보다 긴 시도 감당할 수 있고, 재미있는 시를 포함할 수도 있다. 운율이 있는 운문 형태로 가능한, 교사가 쓴 글을 그 해의 실용적인 과목, 즉 집 짓기, 모르타르 준비, 수공예 작업, 농사로부터 제시할 수 있다. 이 주제로부터 작은 연극을 수행할 수도 있다.[16]

구약 이야기를 집중수업의 이야깃거리를 위한 소재로 쓸 수 있다. 세계 창조와 신에게서 일할 공간으로서 지구를 선사받은 인간의 창조는 창조된 자연에 대한 아이들의 관심을 이끈다. 낙원 상실 이후에 구약의 위대한 인물, 노아, 아브라함, 모세 등을 고려하며 다음 소재를 결정하는 것은 교사 몫이다. 구약 이야기가 표현된 방식에 따라, 힘 있는 언어로 숭고한 분위기를 유지해야 하는데, 그것이 구약이 실제를 담아내는 지점이기 때문이다. 이를 통해 아이들은 언어의 새로운 양식을 접하게 된다.

구약을 다루는 것이 적절하지 않은 문화에서 이를 어떤 이야기로 대체할 수 있는지에 관해서 합의된 바는 없다. 그러나 무엇으로 대체하든 신성한 창조, 권위적 인물로서 하나의 아버지 신, 법칙의 수여자, 추락과 순수의 상실, 인간 사회를 구성할 법칙의 필요, 복종의 개념을 포함해야 한다.

이야기와 학교 안팎의 경험에 대해 말로 반복해서 들려주는 것은 매일 지속되는 과정이고, 구술 기술을 발달시키는, 나이에 적합한 방식으로 학교에서 지속한다.

문법

슈타이너는 문법이라는 과목에 완전히 새로운 자극을 일으켰고 이를 끊임없이 연습하기를 바랐다. 슈타이너가 활동하던 때의 교사들과의 마지막 회의에서 드러나듯이, 여전히 문법을 옛날 방식을 통해 다루는 교사들은 이에 적응하기 어려워한다. 수업을 듣고 나서 이들이 표현한 불만은 슈타이너-발도르프 교육이 특히 귀한 가르침을 물려받았다는 것을 뜻한다. 그중 하나는 1923년 2월 6일 회의에서 슈타이너가 '살아 있는 문법'을 바라는 주된 이유를 설명한 기록에 남아 있다. 아이들은 감성과 이름을 부를 수 있는 모든 것을 연결하는 방법을 배워야 한다. 아이들은 '완료 시제나 현재 시제가 의미하는 바에 대한 감성을 가져야만 한다.' 이를 성취하기 위해서는 주요 말하기 영역의 뚜렷한 특징에 대한 이해와 문법을 가르치는 의의는, 잘못된 어법을 교정하기 위함이 아니라 언어의 살아 있는 구조를 아이들에게 일깨우기 위함임을 깨달아야 한다. 슈타이너는 문법 소개 방식에 대해 다음과 같은 예시를 들었다.

> 우리는 아이들이 평서문, 의문문, 감탄문(feeling sentence)을 알도록 합니다. 아이들이 이 문장이나 문장의 일부(즉, 절)를 말할 때 평서문은 중립적이고 감정이 들어가지 않은 방식인 데 반해 감탄문은 감성의 뉘앙스를 담아 말해본다면, 그리고 언어의 이 예술적인 요소를 향해 작업한다면, 바로 그때에만 이 예술적 요소가 우리의 시작점이 되어 문법과 구문을 발달시킬 것입니다.[17]

이 주제는 8학년과 그 너머에까지 다양한 변형 속에서 계속 등장한다. 즉, 문법 형태의 전체 세계를 감성의 도움을 통해 예술적 요소로부터 발달시키는 것이다.[18]

감성 문장을 문장의 다른 두 유형과 비교함으로써 아이들은 그 지식을 전적으로 예술적인 요소로부터 얻는다. 억양, 강세, 운율과 문법 형태의 모든 요소를 포함한다.

두 번째 문법 집중수업에서 아이들은 세 개의 주요 문법 요소를 접한다. 명사(이름을 부르는 말), 형용사(설명하는 말), 동사(행동하는 말)가 그것이다. 아이들은 각각의 특징을 알아가야 한다. 슈타이너가 이 집중수업을 위해 준비해야 한다고 지적한 과제는 신선하다.

명사를 통해 표현되는 것 속에서 우리는 개인적 인간 존재로서의 독립을 알아차립니다. 우리는 대상들을 명사를 통해 이름 부를 때 외부 세계와 자신을 구분합니다…형용사를 통해 무엇을 기술할 때 완전히 다른 요소가 작용하게 됩니다. 의자가 파랗다라고 말함으로써 나와 의자를 연결하는 무엇을 표현합니다…그 사람은 글을 쓰는 중이다라고 동사를 사용할 때, 나는 동사를 통해 지칭하는 존재와 통합할 뿐 아니라, 내 자아를 통해 그 사람의 행위와 그의 신체 또한 통합합니다.[19]

이는 말하기 학습의 과제에 있어 낯선 접근법이다. 슈타이너는 다음과 같이 이를 설명한다.

이제 여러분은 이를 알기에…아무것도 모를 때와 달리 명사, 형용사, 동사를 완전히 다른 내적 강조점을 가지고 말할 것입니다.[20]

그 이유는 다음과 같다. 대상을 체계 속에 한정하는 대신(단어의 유형에 따라), 우리는 인간 존재에게 관심을 돌린다. 우리는 이렇게 묻는다. 언어가 단어의 세 가지 주요 유형을 통해 인간 존재 속에서 행하는 것은 무엇인가? 문법 구조는 외부 세계와의 관계 속에서 언어의 위치를 어떻게 정립하는가? 교사는 명사나 동사가 뚜렷이 표현하는 세계와의 근본적 관계를 이해해야 한다. 물론 슈타이너가 교사들에게 부여한 이 과제는 아이들이 아닌 교사를 위한 것이다. 아이들은 완전히 다른 초점을 통해 경험한다. 교사는 아이들이 자신의 언어와 말 속에서 이름 짓는 말, 설명하는 말, 행동하는 말, 그리고 각각의 유형이 다른 활동을 표현한다는 점을 경험할 공간을 열어준다.

3학년에서 명사, 동사, 형용사, 부사를 성격화한다. 기본 문장 구조를 분석하고 마침표, 쉼표, 대문자, 물음표의 올바른 사용을 배운다.

쓰기

필기체를 소개하며 아이들의 쓰기는 보다 개별화된다. 그러나 주로 깔끔하고 정연한, 그리고 무엇보다 알아볼 수 있는 쓰기에 초점을 둔다. 아이들은 쓰기의 세 영역과 선에 맞게, 선의 위, 아래에 위치하는 글자의 부분에 (선이 아예 없는 경우에도) 대해 알아간다. 이 단계에서는 교사가 아이들의 관심을 손의 위치와 활동으로 끌어가는 것이 중요하다. 동시에 아이들은 자신의 글씨가 예쁜지 확인하고 싶어하는 욕구가 있다. 슈타이너는 이를 '그리는 쓰기'라고 불렀는데, 쓰는 이는 '그리는 쓰기'를 통해 '자신의 쓰기에 집중하'고 '그와 미적인 관계를 형성'한다.[21] 아이들은 충분한 연습 후에 학교 만년필 사용하는 법을 배운다. 이는 아이들이 쓰는 자세를 살펴볼 좋은 기회이자 필요하다면 개선할 수 있는 기회다. 아름답게 써야 하는 이유는 예상되는 독자에게 명확하고 정연한 글자와 단어 모양을 보임으로써 존중을 표현하기 위함이다.

집중수업의 주제와 자신의 경험에 기초해서 보다 길고 복잡한 구성으로 쓰도록 아이들을 격려한다. 또한 아이들은 쓰기를 통해 공식적 편지 (감사 편지, 요청과 문의)와 일기 및 자연 분위기에 대한 간단한 기술을 배우고 연습한다. 쏟아지는 아이들의 글로부터 교사는 문법과 올바른 어법, 문장 구조, 구두법, 철자법 등을 다루고 이를 설명과 지도 기회로 삼는다.

아이들이 큰소리로 읽도록 북돋우는데, 명확한 말하기는 바른 철자법에 있어 중요하다.

두 기술은 서로를 보완합니다…우리는 올바르게 듣는 습관을 가짐으로써 내적 상에 기초한 단어 모양을 기억하게 됩니다.[22]

철자법은 단어 인식, 단어족, 유사성, 문자 조합, 예를 들어 ee, oo, ou, gh, th, st, sh를 배우며 체계적으로 연습한다.

읽기

읽기는 다양한 읽을거리와 목적, 즉 지시와 과제를 이해하고, 정보를 찾거나 시간표를 읽는 목적을 향해 진전한다. 참고 자료를 사용하도록 권장하고 정규 읽기 수업을 소개한다. 크게 소리 내어 읽기는 내용에 대해 인지하고 구두법을 유의하며 연습한다. 다양한 유형의 인쇄된 글을 사용할 수 있다. 2학년에서는 여러 읽기 기술을 사용하는데, 전체 학급이 같이 읽기, 그룹으로 읽기, 혼자 읽기, 짝 지어 읽기(아이와 아이, 아이와 어른)가 그것이다. 등급을 매긴 읽기 목록을 2, 3학년에서 사용할 수 있으나 '실제' 책과 양질의 문학에 주안점을 둬야 한다. 글을 이해하기 위한 접근법은 해석적이고 맥락적이다.

1~3학년의 문해력을 위한 체크리스트

평균적인 범위에 속하는 대부분의 아이들은 아래 내용을 할 수 있다.

쓰기와 읽기

1 대문자와 대부분의 소문자로 표현한 모음과 자음의 소리, 모양, 이름을 인식한다.

1 문자의 알파벳 순서를 안다.

1 자음으로부터 모음을 구별한다.

1 문장을 정확하게 따라 한다.

1 자신의 이름을 쓸 수 있다.

1 'the', 'in', 'to', 'and', 'so' 같은 아주 친숙한 몇 개 단어의 철자를 말할 수 있다.

1 쓰기는 말하기를 받아 적은 것임을 안다.

1 어떤 문자는 하나 이상의 소리를 표현함을 안다.

1 모든 단어에는 적어도 하나의 모음이 있음을 안다.

1 쓰기는 왼쪽에서 오른쪽으로, 위에서 아래로 진행함을 안다.

1 교실에서 쓴 것을 읽고 이해한다.

1/2 'th', 'ch', 'sh' 이중 글자에 친숙해진다.

1/2 s 혹은 es를 붙여 복수형을 만든다.

2 인쇄된 문자와 필기체를 인식하고 쓰고 읽는다.

2 간단한 자음 이중 글자, 모음 이중 글자, 두 글자로 된 쌍자음을 읽고 철자를 말할 수 있다.

2 부드럽게 발음하는 c 규칙과 마법의 e 규칙에 따라 읽고 철자를 말할 수 있다.

2 -ing나 -ly를 더한다.

2 세 글자로 된 쌍자음의 철자를 말한다.

2   요일, 달, 수와 다른 친숙한 주제 및 was, were, are, said, their/
        there, have 같은 단어를 읽고 쓰고 철자를 올바르게 말한다.

2/3   최근의 일이나 이야기에 대한 짧은 기술이나 설명을 쓴다.

2/3   흔한 단어에 포함된 문자 조합을 읽고 철자를 말할 수 있다.

        - sh, th, ch, wh, ph, gh

        - ee, oo, ei, ea, ai

        - ow, ew, aw

        - 모음과 자음 모두로서 y

2/3   읽기에 점점 더 열정을 갖는다.

3   부드럽게 발음하는 g 규칙(soft g rule)을 사용한다.

3   모음과 모음/자음 이중 글자의 철자를 말한다.

3   간단한 복합어의 철자를 말한다.

3   흔한 동음이의어를 인식한다.

3   감사 편지를 쓴다.

3   정연한 필기체로 쓴다.

3   주로 친숙한 단어를 포함한 글을 큰소리로 읽는다.

3   간단한 책을 크게, 그리고 조용히 읽는다.

문법

2/3   문장의 시작과 끝을 들어서 안다.

2/3   대문자, 마침표의 사용을 알고 물음표를 인식한다

3   동사, 명사, 형용사, 부사를 인식하고 성격화한다. 예를 들면, 형용
        사는 명사를 설명하고, 부사는 어떻게를 알려준다.

말하기와 듣기

1	다 같이 낭송하기
1	짧은 운문을 혼자 말하기
1	교사와 다른 아이들의 말 듣기
1	모든 과목에서 교사의 구두 지시를 따르기
1	간단한 말하기 연습과 발음하기 어려운 말을 다 같이 말하기
1	구구단을 다 같이 말하기
1	교사가 들려준 이야기의 주요 내용을 다시 말하기
1	새 소식을 학급과 나누기
3	시를 혼자 낭송하기
3	보다 복잡한 사건과 이야기 다시 말하기
3	현재 행위에 대한 물음에 설명하기
3	짧은 연극 공연하기

4학년

첫 세 학년 동안 문해력 기술은 전체로 통합되려 한다. 그러나 4학년 이후부터는 기술의 연습이 보다 분화한다. 문해력 기술에 더 많은 시간을 할애하게 되지만, 낭송과 말하기 연습, 보고하기와 기술하기, 주장하기와 듣기를 통해 말을 육성해나가야 한다.

말하기와 듣기

3학년에서 아이들은 점차 담임교사가 들려주는 상상적인 이야기를 통해 주변을 상상하려는 자신의 바람에서 떨어져 나온다. 아이들은 이제 4학년이 되어 자연과 세계가 외부 지각을 통해 드러나는 그대로에 관심을 갖고, 계절 자연 시를 낭송하며 '세상 물정에 밝은' 혹은 보다 높은 차원에서 '현명한' 인간 존재에 대해 말하는 시를 즐기기도 한다.[23] 동물학, 지역 지리학, 역사 등의 집중수업 주제와 연결되는 시를 낭송하게 된다.

집중수업의 이야깃거리를 위한 주요 대상은 전설, 이야기, 그리고 아이슬란드 전설 에다(The Edda)의 노래다. 두운체의 시를 말함에 따라 말하기 속의 의지가 강화된다. 이는 아이들이 감성적 삶을 자신의 호흡과 맥박에 강하게 연결하고, 이로써 이들을 집중하는 효과가 있는 경험을 열어준다. 시적 상상의 예술적 요소가 이를 신체 활동에 그치지 않도록 막는다. 집중과 함께 아이들은 삶 속에서 보다 굳건히 서고 자신의 환경과 관계하며 스스로 방향 잡을 수 있다.

이야깃거리와 읽을거리

에다로부터 일부를 골라낸 것과 달리 북유럽 신과 영웅의 전설은 4학년의 중심 이야깃거리다. 구약의 창조 이야기 후에 아이들은 이제 북유럽 신화의 위대한 창조의 상을 즐긴다. 아이들이 던지는 첫 번째 질문, '어느 것이 진짜지?'는 대답하기 쉽다. 둘 다 참이다. 높은 산은 동서남북 어느 방향에서 바라보느냐에 따라 다르게 보이겠지만 그래도 같은 산이다. 이러한 고려는 대상을 다양한 각도에서 살피려는 의지의 토대를 마련한다.

북유럽 신화는 모든 발도르프 학교에서 다뤄야 하는가, 아니면 유럽 북부 문화권에서만 유효한가? 전반적인 합의는 모든 발도르프 학교에서 다룰 것을 향하지만…. 북유럽 신들의 이야기에는 보편성이 있는 동시에 영웅들의 전설은 특정 민속의 혼과 문화에 훨씬 더 연결되어 있다. 아마도 '지역의 영웅' 이야기가 이에는 보다 적합하다. 영국에서는 베오울프(Beowolf) 이야기를 번역해서 들려주거나 읽을 수 있고, 또한 1066년 사건의 핵심 인물인 하랄드 하드라다의 삶을 다룬 하랄드왕의 전설(Harald's Saga) 또한 가능하다. 바이킹의 역사적 배경 또한 이 학년의 주제로 적합하다.

문법

슈타이너는 문법 학습을 여러 번 언급했는데, 문법과 자아 혹은 '나'의 연관에 대해 지적하기도 했다. 슈투트가르트의 발도르프 학교가 개교하기 직전 언어에 대해 이야기할 때 슈타이너는 다음과 같이 말했다. '언어의 구조 속으로 의식적으로 들어섬으로써 우리는 언어의 기원에 대해 상당히 배우게 됩니다.' 그리고 그에 따르면 이는 '가장 중요한' 것이다. 그리고 조금 더 나아가 '우리는 스스로를 개체 인격으로 느끼게 하는 자아의 많은 부분에서 특히 언어에 의존합니다.'

그리고 덧붙이기를, 교실에서 적절한 방법을 사용한다면 아이들의 자아-감성을 올바르게 일깨울 수 있다고 했다.

> 잘못 깨운다면 이는 에고이즘의 불꽃에 부채질하는 꼴이 되겠지만, 올바르게 일깨운다면…이타심과 주변 세계와 함께 살아가려는…의지의 불꽃을 일으킵니다.[24]

그리고 5년 후, 1924년 6월 19일 교사 회의에서 이에 대해 다시 말했다.

> 문법과 함께 언어를 다루는 작업은 자아 발달과 관련 있습니다…그러나 우리가 문법으로부터 어떻게 자아를 발달시키는지가 아닙니다. 문법 스스로 이를 행합니다.[25]

'의식적으로 언어 구조 스스로의 삶을 이끌' 때, 아이들은 자신의 언어를 공유하는 모든 인간 존재를 감싸 안는 거대한 연결성을 자각하게 된다.

문법의 기본 구조는 물론 모든 언어에 공통적이다. 보편 문법, 혹은 촘스키의 현대 언어학 이론이 제안한 생성 문법은 내재적이고 언어 습득을 촉진한다. 의식적으로 다룬다면, 문법은 말하기의 다양한 부분에서 표현되며 아이에게 세계와의 관계에 대한 원형적 경험을 제공한다.

4학년의 주제는 시제다.

이때가 되면 우리는 아이들에게 시제와 동사의 형태를 바꾸는 표현에 대한 명확한 상을 일으켜주려고 노력합니다… 아이는 '한 사람이 달려왔다.'를 의미하며 '한 사람이 달렸다.'라고 말할 수 없음을 명확하게 느껴야 합니다…즉 '한 사람이 서 있었다.'와 '한 사람이 계속 서 있어왔다.'라고 말할 때에 대한 감성을 얻어야 합니다…언어를 형식에 맞추는 것, 언어의 형식적 속성에 대한 감각은 아이가 열한 살 즈음에 모국어를 통해 훈련해야 합니다.[26]

영어를 구사하는 아이들은 주요 시제, 과거, 현재, 미래의 형성에 대해 인지해야 한다. 법조동사와 조동사의 형태, *to do*, *to be*, *to have*, *can*, *may* 등은 시제 및 의문문과 부정문 형태와 연결해서 학습할 수 있다.

완료 시제를 독일어로 어떻게 다루냐는 질문에 슈타이너는 다음과 같이 말했다.

저는 과거와 완료 사이의 평행선을 그어가며 아이들과 이야기하는 방식은 완전히 멈출 것입니다. 완료된 인간 존재, 완전한 표란 무엇입니까? 저는 완전함과 완료됨, 그리고 완료 시제의 연결성을 끌어내겠습니다.[27]

이에 상응하는 현상을 영어에서도 찾아야 한다. 간단한 과거 시제와 현재 완료나 과거 완료의 차이를 예로 들 수 있다. 모든 시제, 과거, 현재, 미래의 형성을 기본형과 연속형을 포함해서 가르쳐야 한다.

전치사는 방향을 지시하는 말이다. 공간 관계와 위치 또한 4학년에 속하는 주제다. 처음에는 말 그대로 공간 관계를 지시하는 *in, on, at, above, beyond*를 다룰 수 있다. 이들은 공간상에서 신체를 통해 경험하고 형상적으로 표현할 수 있다. 예를 들면, 일꾼들이 집 안, 지붕 위, 모서리, 지하실에 있는 그림을 제시한다. 시간, 장소, 태도를 표현하는 부사구, 문장 구조, 주절(main clause)의 명시 또한 이외의 문법 주제로 다룰 수 있다. 또한 물음표와 느낌표 및 쉼표 사용을 구두법을 통해 가르칠 수 있다.

쓰기와 읽기

에세이 쓰기는 여전히 주로 말로 들은 내용에 대한 묘사를 담는다. 농부, 제빵사, 보석 세공인의 일터에 학급 방문을 문의하는 등의 공식적 편지 또한 연습한다. 아이들은 만년필로, 그리고 어떤 경우에는 첫 거위깃 펜으로 쓰는 법 또한 배운다.

철자법에서 아이들은 연관 단어 그룹과, *beautiful, experience, create*처럼 흔하지만 어려운 단어를 배운다. 흔하지 않은 단어의 발음과 철자에 대한 짐작도 배운다. 그리고 사전의 사용을 알게 된다.

아이들은 학교와 일상의 이야기와 경험을 서술한다. 동물, 역사 속 장면, 지역 풍경에 대한 인상, 경험한 여행 등의 기술을 쓴다. 전문 어휘나 용어는 교사가 칠판에 적어줄 수 있다. 속담과 인용구, 시와 노래의 가사 같은 중요한 구절을 따라 할 수도 있다. 다양한 양식에 대한 받아쓰기는 여전히 듣기, 철자법, 단어 인식의 중요한 도구다.

학급 읽기 자료를 사용할 수 있지만, 교실과 도서관의 다양한 유형의 문학에 대한 접근으로 보완해야 한다.

5학년

말하기와 듣기

대부분의 아이들이 5학년에서 열두 살이 된다. 이때는 보다 거친 경향들을 보이는 사춘기로 접어들기 이전의 아이다운 우아함과 음악적인 운동성이 마지막으로 꽃피는 시기일 수 있다. 5학년 학생들은 내면의 이완된 개방성을 통해 교사가 제시하는 모든 종류의 낭송을 위한 글을 받아들인다. 그 밖에도, 아이들은 첫 역사 집중수업을 통해 바가바드기타, 마하바라타, 베다, 혹은 수메르, 아카드, 이집트 찬송가와 기도문 같은 초기 동양 문화의 인용구를 접한다.

이처럼 시간과 장소 모두 아주 먼 곳에서 온 문학은 학생들을 아주 놀라게 하고, 다른 문화에 개방적인 태도와 이에 대한 존중 및 감상을 준비하게끔 돕는다.

시를 계속해서 낭송하고, 6보격 형태의 적절한 운문을 다룬다. 또한 성경의 산문을 외우고 낭송하며 배운다. 식물이나 특정 풍경의 분위기를 기술하는 그림 같은 생생한 말은 구술 작업이 이루어지는 또 다른 영역이다.

이야깃거리와 읽을거리

이야기 및 읽을거리는 고대 동양 문화(크리슈나와 아르주나에 관한 힌두 전설, 길가메시의 수메르 전설, 이집트와 그리스 신화)에서 고전 고대 및 켈트 전통의 이야기로부터 취한다. 교사가 이야기를 들려주거나 학급이 다 같이 읽기, 혹은 크게 소리 내어 읽고 듣는 연습을 교대로 할 수 있다. 슈타이너는 또한 역사 수업 그 자체가 시작하기 일년 전에 역사 속 장면 설명하기를 제안했다. 모음의 구성은 교사에게 달려 있다.

문법

5학년은 다룰 것이 많다. 문법을 지나치게 전문적으로 다루거나 규칙을 잔뜩 배우지 않는 것은 현재와 가까운 미래 모두에서 중요하다. 용법과 각 문법 형태가 표현하는 바의 속성에 중심을 둔다. 이름을 붙이기 전에 먼저 현상을 탐구해야 한다. 그럼에도 불구하고, 전문 용어를 소개한 후에는 외국어 교사와 일관성 있게 상호 합의에 따라 진행해야 한다. 성공적인 외국어 학습은 모국어에 대한 이해를 통해 습득한 문법 현상의 파악에 많은 부분을 의존한다. 많은 교사들은 혼란을 피하고 외국어 교사들을 편하게 해주기 위해서 표준적인 문법 용어를 선호한다. 사실 먼저 담임교사가 외국어 수업을 위해 문법에서 강조할 측면을 외국어 교사와 논의한다면 큰 도움이 된다.

이제 능동, 수동태를 고려할 수 있다. 주어가 수행하는 새로운 역할에 집중하게 되고, 주어의 성격을 완전히 새로운 상황 속에서 유지한다. 수동태가 행위자를 명시하지 않는다는 점은 이 단계에서 논의 없이 가볍게 다루고 넘어간다.

5학년의 또 다른 중요한 문법 현상은 직접 화법이다. 다른 사람이 한 말을 전할 때 아이들은 대개 직접과 간접 화법을 생생하게 섞어서 사용한다. 그러나 이제 화법의 의미를 알아가야 한다.

이제 아이들에게 자신이 보고 들은 것만이 아니라 듣고 읽은 것 또한 직접 화법으로 자유롭게 말하도록 해보십시오. 그리고 자신의 말이 따옴표 속에 있는 듯이 말하게 하십시오. 스스로의 의견을 말할 때와 다른 사람의 의견을 전할 때의 차이를 구별하는 연습을 시켜보십시오. 그리고 이를 쓰기에서도 마찬가지로 해보십시오. 스스로가 생각하거나 본 바와 다른 사람의 말을 들었을 때를 명확하게 구분하도록 하십시오. 이와 연결하여 이에 따르는 구두법의 사용을 숙달할 수도 있습니다.[28]

아이들은 자신의 의견과 다른 사람의 의견을 구분해야 한다. 그리고 다른 사람의 말을 정확하게 반복하기 위해 주의를 기울여야 한다. 직접 화법의 정확한 사용은 다음 해에 간접 화법을 배우는 토대가 된다.

단순 형태와 진행 형태 간의 질적 차이를 여러 구술 예시를 통해 명확히 구분해야 한다. 예컨대 *I drink milk but I am not drinking at the moment.* 부정문과 의문문 형태 또한 이야기하고 탐구해야 한다. 대명사, 접속사, 그리고 부사와 형용사의 비교급(한번은 어떤 학생이 '*best*보다 나은 건 없나요?'라고 물었다.) 같은 기능어에 대해 알아볼 수 있다. 접속사나 대명사를 넣었을 때 문장 속성에 대해 주목시켜야 한다.(*he is not here?*에서 *he*는 누구일까요?) 문장 구조는 주어와 술어, 직접목적어와 간접목적어를 중심으로 정리할 수 있다.(*who did what to whom and how?*). 주어, 술어, 직접, 간접목적어와 부사구의 개념도 소개할 수 있다.

시간적 속성을 가진 전치사 또한 소개할 수 있다.(*in 5 minutes, at 2.23 a.m., around 7, within the hour, up to midnight* 등) 구두법에서는, 쉼표의 사용(다시!), 따옴표, 콜론, 세미콜론, 하이픈, 괄호를 소개해야 한다.(혹은 교정해야 한다.)

쓰기와 읽기

슈타이너-발도르프 학교 5~8학년의 에세이 쓰기는 다른 학교와 다른 측면이 있다. 이 학년들의 집중수업(예를 들어, 식물학, 지리학, 음향학 등)은 명확한 기술(예를 들면 실험 같은)과 성격화를 요구하는 소재를 제공한다. 학급 소풍 같은 행사는 정보를 요청하고 상용 편지의 예로 달성할 수 있는 약속 잡기의 기회가 된다. 이 모두의 목표는 간결하고 명확하게 의도와 바람을 표명하고, 의지와 정확하게 듣는 능력을 강화하고, 기민한 관찰력을 기르는 것이다. 이는 아이들이 사실과 부합하도록 말하는 의지를 발전시키고 마음대로 상상 속의 세부 사항으로 꾸미지 않도록 한다.

너무 잔인하게 직접적인 방식으로 접근하지 않는다면 우리는 아이들의 이상주의를 길러줄 것입니다…만약 이 시기에(13세에서 15세) 실제 삶에서 무엇이 이루어지는지 소개한다면 아이들은 자기 마음속의 이상적 요구와 건강한 관계를 유지하게 됩니다. 어릴 때 이런 요구를 무신경하게 다루지만 않는다면 이는 사라지지 않습니다.[29]

이는 슈타이너가 이 나이의 에세이 쓰기와 연결하여 한 말이다. 자신의 경험에 대한 기술적 에세이와 자신의 상상력을 일으키는 대상은 판단력이 발달하는 상급 학교 이전에는 가능하지 않다.

4~5학년의 문해력을 위한 체크리스트

평균적인 범위에 속하는 대부분의 아이들은 다음 내용을 할 수 있다.

말하기와 듣기

4   연기를 하고 여러 줄의 대사를 각각 말한다. 5학년 말까지 대사의 길이가 늘어나고 학교 공동체 앞에서 무대에 올라 연기할 수 있다.

쓰기와 읽기

4   사전의 사용법을 안다.

4   잉크펜으로 글을 쓴다.

4   학급에서 들은 사건이나 이야기에 대해 정확하게 기술한다.

4   공식 편지를 쓴다.

4   불규칙적인 복수형을 안다.

4   철자법에 있어 더 많은 불규칙한 형태를 안다.

4   아직 남은 모음과 모음/자음 이중 글자를 안다.

4   글에서 모르는 말에 대해 그럴싸한 짐작을 한다.

4/5　자신 있게 도움 없이 읽는다.

5　직접 화법을 포함해서 구두법에 유의하며 유창하게 큰소리로 읽는다.

5　알고 있는 내용을 상당한 정확도로 받아 쓴다.

5　철자와 의미가 낯선 단어를 찾기 위해 사전을 사용한다.

5　흔한 접미사와 접두사를 사용한다.

문법

4　쉼표, 느낌표, 물음표를 사용한다.

5　직접 화법의 따옴표, 콜론과 세미콜론을 사용하고 단락을 적절히 나눈다.

5　말하기의 모든 주요 부분의 사용과 특징을 안다: 명사, 동사, 형용사, 부사, 전치사(시간과 공간), 관사, 접속사, 감탄사

5　현재 완료와 미래형, 의문문과 부정문, 능동태와 수동태를 포함하여 동사의 기본형과 연속형을 모든 시제로 사용한다.

6학년

말하기와 듣기

'바르고 건강한 식습관'이 6학년에서 필요하다. 특히 서정 가요가 아이들의 극적인 영향을 충족시킬 수 있다. 예시는 다음과 같다. 토머스 매콜리의 호라티우스(Thomas Macaulay, *Horatius*, 고대 로마의 노래에서(*the Lays of Ancient Rome*)로부터), 로버트 브라우닝의 하멜른의 피리 부는 사나이(Robert Browning, *The Pied Piper of Hamelin*), 존 키츠(John Keats)의 *Meg Merrilies*, 로버트 번스(Robert Burns)의 *Sir Patrick Spens, John Barleycorn*, 존 메이스필드(John Masefield)의 *The Rider at the Gate*,

브라이언 마스터스(Brien Masters)의 *Schaffhausen, Via Dolorosa*.

이에 더해, 아이들이 자연시를 계절, 전통, 현대시와 함께 낭송하는 것이 좋다. 예를 들면, 셰익스피어의 *When Icicles Hang by the Wall*, 사랑의 헛수고(*Love's Labour Lost*), 월터 데라메어(Walter de la Mare)의 *The Scarecrow*, 랠프 월도 에머슨의 폭설(Ralph Waldo Emerson, *The Snow Storm*), 하우드(A. C. Harwood)의 *Michaelmas Song*, Winifred Letts의 *Spring the Travelling Man*, 크리스티나 로제티(Christina Rossetti)의 *Winter*, 존 메이스필드의 그리운 바다(*Sea Fever*)와 그 외 다수.(이 예시들은 범주를 보이기 위해서 들었을 뿐이다.)

연설과 기초 수사학을 짧은 대화 및 추천사, 명령, 지령을 보임으로써 가르칠 수 있다.(학생들은 로마 시대를 공부하는 중이다!) 슈타이너는 학생들이 아름다움과 힘을 표현하는 언어의 힘을 경험하는 것에 관심이 많았다.

이야깃거리와 읽을거리

슈타이너의 말에 대한 스토크마이어(Karl Stockmeyer)의 기록에 따르면, 보다 가까운 역사로부터 장면을 취해서 말하는 것이 좋다고 한다. 현장의 많은 담임교사들은 로마와 중세 시대의 이야기를 들려준다. 긴 산문이 읽기에 적합하다.

문법

원래의 교육과정에서 슈타이너는 가정법(독일어로는 Konjunctiv)에, 특히 5학년에서 직접 화법을 통해 그 토대를 마련한 간접 화법과 연결하여 다루는 것을 강조했다. 그러나 슈타이너가 가정법과 연결한 진의는 그가 보인 다음의 예에서 명백하다.

우리는 이제 아이들에게 가정법에 대한 형식적 감각을 뚜렷하게 주려고 노력합니다. 우리는 아이들이 직접 진술할 수 있는 것과 가정법을 통해서 표현해야 하는 것을 구별할 수 있도록 가능한 한 예시를 들어 보여야 합니다. 언어의 내적 유연성에 대한 강한 감성이 아이들 언어 감각의 한 부분이 되어야 합니다.[30]

위 구절에서 들었던 원래의 예시는 *I'll see to it that my sister learns to walk.*(즉, 나는 그것의 발생을 직접 보장한다.)와 *I'm concerned that my little sister learns to walk.*(즉, 나는 다른 사람이 확인할 것으로 기대한다.)간의 차이를 보여준다.(Ich sorge dafur, dass mein Schwesterchen laufen lerne 혹은 Ich sorge dafur, dass mein Schwesterchen laufen lernt.) 이 차이는 영어로 번역할 시 명확하지 않다. 그러나 다른 사람의 말을 전하면서 그 진술에 의심을 표할 때, 혹은 그에 거리를 둘 때, 이에 상응하는 중심의 이동과 행위 식별이 있다. '*I will come.*'은 간접 화법에서 '*he said he would come.*'으로 표현된다. 이는 또한 '*he said he would come but I don't believe he will.*'을 암시한다.

세 번째 문장은 다른 구어적 강조(*would*보다 *said*)에 의존한다. 이 미묘한 거리두기는 학생들이 간접 화법과 전달 동사(예를 들면, *she offered the opinion that, he countered with, they denied strongly, we asserted our rights, he went on to say, she added* 등)의 기능을 숙달한 후에 경험할 수 있다. 이런 가정법은 7학년이나 8학년에서 보다 많이 다루게 된다.

6학년에서는 타동사와 자동사 및 부정태를 논의할 수 있다. 현재 완료를 과거에 발생하여 현재까지 계속하며 가까운 미래에까지 이어질 가능성이 있는 경험이나 상태로 소개할 수 있다. 예를 들면, *I have lived in York for seven years*(and do not have plans to move away).

법조동사 *can, may, should, must, have to, would, ought* 간의 의미의 차이를 탐구해야 한다.(할 수 있다.) 이는 필요, 가능, 의무와 합법, 역량, 욕망, 소망과 연결지어 간접적인 도덕 교육을 할 수 있는 훌륭한 기회가 된다. 구문 분석은 6학년에서 가르칠 수 있다. 학생들은 분류표를 그려가며 분석 작업을 즐겁게 수행한다. 관계절 및 일치, 장소, 태도, 이유 등의 부사구를 확인할 수 있다. 또한 이 나이에서 모든 종류의 약어 및 상용 편지와 키보드에서 흔히 쓰는 상징을 가르치는 것도 도움이 된다.(그리고 환영할 일이다.)

에세이 쓰기

5학년에서 시작한 작업을 여기서도 이어간다. 이제 실험을 정확하게 기술하는 것에 중점을 두는 반면, 동시에 역사의 장면을 상상, 극적으로 바꿔 말한다. 아이들은 또한 자연 연구나 지리학과 연결해서 기술한다. 철자법은 계속해서 연습한다.

7학년

말하기와 듣기

학생들 속에서는 자아에 대한 감각이 깨어나고, 이에 따라 교사는 수업을 통해 아이들이 서정시와, 현대 서정시까지 포함해서, 개인적으로 연결되는 어떤 것을 드러내야 한다. 학생들이 관심을 갖는 좋은 시나 시인이 있다면 이를 수업에 포함하여 낭송의 소재로 삼을 수도 있다.

이야깃거리와 읽을거리

아이들에게 다양한 민족과 문화의 지평선을 넓혀주는 글을 선택한다. 역사 집중수업은 글의 소재를 위한 길라잡이가 되고, 특히 대항해 시대와 르네상스에 연관된 이야기가 그렇다. 학생들이 집중수업과 관련 있는 내용에 대해 탐색하고 학급을 도울 수 있는 주제를 스스로 연구하도록 장려한다. 또한 문학과 비문학 작품 모두를 폭넓게 읽게끔 북돋운다. 학생들이 말로 전달하거나 독후감으로 표현하는 책에 대한 짧은 요약문은 관심을 일으키고 다른 아이들이 독서 범위를 넓히도록 촉진한다.

문법

전반적으로 볼 때, 7, 8학년 교육과정은 상당히 유연하다. 여기에 기술한 대부분의 주제들은 어느 학년에서 다루어도 좋다. 교육과정에 대한 세 강연에서 늘 그렇듯 슈타이너는 이 학년에 대해 직접적이고 구체적으로 권고한다.

> 우리는 아이 속에서, 문장 만들기 과정 속에서 소망, 경이, 놀람을 표현하는 진정으로 형성적인 역량을 발달시키려고 시도해야 합니다. 아이는 감성 그 자체의 형식과 내적 관계를 갖는 문장을 형성해야 합니다.[31]

그러나 슈타이너는 이 목적을 위한 '시와 다른 문학에 대한 잘못된 취급'에 반대하는 충고를 남겼다. 아이들은 먼저 '소망' 혹은 '자신이 경탄하는 것'을 표현하고, 그 다음에 이를 적합한 문장으로 만들어본다. '그러고 나서, 소망을 표현하는 문장과 경이를 표현하는 문장을 비교함으로써 언어 내면의 형성적 힘을 밝히고 보다 발전시킨다'.[32]

문법에 있어 먼저 순수한 직설법 문장 'I want…'와 가정법의 'If only I had…', 'If only I could…', 'if only I were able', 'if only it would' 간의 차이에 집중시킨다. 그리고 직설법 문장의 의미를 부사를 통해 어떻게 강조할 수 있을지 알아보게 된다. 예를 들면, 'I so very much want…' 재미있는 조동사 'to be able to', 'to have to', 'to want to' 등을 등장시킨다. 놀람 혹은 경탄의 표현에서 3학년의 첫 문법 집중수업에서 처음 다뤘던 진술절과 감정절 간의 대조를 다시 꺼내지만, 훨씬 높은 수준으로 다룬다.

이 모두를 통해 인식할 수 있는 교육적 고려 사항이 있다. 소망하기, 놀라기, 경탄하기, 이 감정 표현은 7학년 학생들에게 친숙하다. 이런 감정들을 명백히 중립적 언어 의식 속에서 이끌어낼 때, 아이들은 소망하기가 얼마나 과도하거나 비현실적인 욕망과 가까운지, 혹은 놀람과 경탄이 어떻게 매혹이나 '흥분'으로 바뀔 수 있는지를 깨닫기 시작한다. 분위기를 담은 팔레트 전체와 그 조합을 언어 표현을 통해 탐구할 수 있다. 경이와 헌신, 두려움 혹은 의심의 느낌을 담은 놀람, 두려움으로 이어지는 충격이나 웃음으로 이어지는 충격, 갈망의 반대로서 충동과 욕망, 도전의 느낌을 담은 격려, 단념이나 희생으로서의 거부 혹은 자기 방어로서 거부, 수용으로서 체념, 혹은 후회나 나쁜 의지로서 체념. 다양한 마음의 분위기를 탐색하고 그로써 청소년을 자신의 내적 삶과 주어진 감성의 말의 윤곽을 그려낼 수 있도록 도울 수 있는 여러 예시가 있다.

문장 구조에 대한 이해 역시 앞서 기술한 것과 같은 이유로 중요하다. 관습적인 단어의 순서는 미묘하게 다른 의미를 담기 위해 끝도 없이 바꿔볼 수 있다.[33] 높은 단계의 의미는 이 나이의 학생들에게 깊은 흥미를 일으킨다. 즉, 아이들은 자신의 말에 개인성을 부여하고, 각자의 목소리와 양식을 찾는 것에 관심이 있고 또한 내면의 감정을 드러내지 않기 위해 언어의 가면 뒤로 숨을 수 있게 된다.

문장은 분위기를 통해(명령법, 직설법, 가정법) 신체 감각의 직접성, 균형 잡힌 내적 움직임, 이상적이고 영적인 가능성과 잠재력의 관점에 대한 표현을 보일 수도 있다.

언어 사용에 대한 탐구의 또 다른 측면은 내포된 다른 경험을 표현하기 위해 상을 담는 비유와 묘사의 영역을 탐구하는 것이다. 초급 학교에서 다루는, 개념과 연결하는 구체적인 경험에 대한 말은 진전을 이루어 비유적 의미로 전환된다. 시적 표현 '달은 *유령처럼 희미한 범선과 같았다.(the moon was a ghostly galleon)*'는 청자가 먼저 각각의 말, 달(moon),

유령처럼 희미한(ghostly), *범선*(galleon)에 대한 구체적인 상을 연결하지 못한다면 비유적 의미를 거의 전달하지 못한다. 이는 *칼을 버리듯 바람이 부는 곳*(where the wind's like a whetted knife)처럼 소리에 대한 감각 인상에 보다 의존하는 시적 활용에서도 마찬가지다. 학생들은 먼저 순수한 소리에 대한 청각적 경험에 빠져들었어야 하고, 특히 시의 완전한 힘을 경험하기 이전에 오이리트미를 해야 한다. 테드 휴스(Ted Hughes)의 시 '바람은 까치를 날려보내고 등 검은 갈매기는 쇠막대처럼 천천히 휘었다.(The wind flung a magpie away and a black-backed gull bent like an iron bar slowly.)'처럼 표현주의적인 상은 바람, 까치, 갈매기에 대한 직접적 감각 경험 및 소리와 상을 담은 말의 비유적 힘의 효과에 의존한다.

7, 8학년에서 시의 이런 면을 말하기와 듣기를 통해 표현할 수 있다. 그러나 아직 형태와 기능 및 미적 원칙을 분석할 필요는 없다. 이는 상급학교에서 다뤄야 한다. 이 단계에서는 언어를 현상으로서 경험해야 한다. 그 다른 측면은 쓰기의 기술을 연습하는 것이다. 이는 구두법의 정확한 사용을 의미한다. 그리고 다양한 목적에 맞는 정확한 형식적 기법을 찾는 것을 의미한다. 즉, 은행 지점장에게 보내는 편지, 실제 사건의 정확한 목격, 그대로의 요약, 기록, 메모 등이다.

에세이 쓰기

에세이 쓰기에 있어서 변하는 점은 적으나, 새로운 측면을 도입할 수 있다. 교사들과의 한 회의에서 제기된 질문에 대한 답으로 슈타이너는 즉흥적 제시를 제안했다.

'증기 기관, 인간의 힘에 대한 증거' 같은 주제에 대한 에세이에 뒤이어 즉시 '증기 기관, 인간 약점의 증거'를 제시하십시오. 아이들에게 이처럼 빠르게 이어지는 주제를 주십시오.[34]

이 제안을 문자 그대로 따를 필요는 없지만, 그 함의는 명백하다. 요점은 역사적, 사회적 관련성을 띤 쟁점들을 상충하는 입장들, 혹은 하나에 보다 힘을 실어서 살펴보는 것이다. 학생들은 밝혀진 사실들을 관찰하는 방법을 다루고 그와 직접적으로 연결하여 말할 수 있는 것을 고려해야 한다. 쓰기와 말하기 모두를 통해 아이들은 과정, 사건, 다른 의견에 대해 정확하게 기술해야 한다. 아이들의 에세이 작문 양식을 지도해야 한다. 슈타이너는 '아이들의 실수를 통해 올바른 것을, 양식에 있어서도 알려주'[35]라고 조언했다.

8학년

말하기와 듣기

전체적으로 볼 때, 7학년에서 적합한 것이 8학년에서도 이어진다. 내용은 미리 준비하는 것이 가장 좋고, 혹은 시를 배우는 동안 '우연히' 제기하여 시의 의미에 무게를 두지 않고 전체 예술적 형태를 통해 낭송을 효과적으로 다룰 수 있다. 주제는 근대사 같은 다른 집중수업과 연결해야 하고 강한 전기적, 정서적 내용을 담아야 한다. 앨런 로스(Alan Ross)의 *Survivors*, 제임스 커컵(James Kirkup)의 *Ghosts, Fire, Water*, 테드 휴스의 *Bayonet Charge*, 랭스턴 휴스(Langston Hughes)의 *I, Too Sing America*가 예시가 된다.

이야깃거리와 읽을거리

위에서 언급한 요점, 전기, 역사적 글과 근대사를 반영한 소설을 따른다. 슈타이너는 실러, 헤르더, 괴테의 특정 작품이 열네 살에서 열다섯 살들에게 적합하다고 반복해서 강조해왔다. 물론 그는 짧은 발췌문을 제안했다. 영어에서는 양질의 19세기 문학, 디킨스, 멜빌, 하디(Hardy), 혹은 다윈의 *비글호 항해기*(*Voyage of the Beagle*), 소로(Thoreau)의 *The*

Natural Man, 시애틀 추장의 편지(*Chief Seattle's Speech*)의 발췌문, 제퍼슨의 독립 선언(*Declaration of Independence*)의 첫머리, 톰 페인의 인간의 권리(*Tom Pain, Rights of Man*), 혹은 마틴 루터 킹의 연설문 같은 비문학의 구절을 다룰 수 있다. 학생들을 저 시대의 언어로 조심스럽게 인도하고 서두르지 않는다면, 아이들은 자신이 존중받는다고 느낀다. 아이들은 흔하지 않은 표현 양식을 토대로 자신의 생각이 보다 넓은 차원을 얻을 수 있고, 새로운 장이 자신에게 열린다는 것을 감각한다. 그때 아이들은 발전한 힘과 기술을 통해 다른 산문 문학에 보다 비판적으로 접근할 수 있다. 각자의 관심에 따라 연구하도록 학생들을 격려하고, 이는 한 해의 프로젝트가 되어 글과 말로 발표하면서 마무리한다.

8학년은 또한 주요 극 제작을 처음으로 경험할 수 있다. 아이들은 물론 담임교사 시간에 학급 다 같이 연극을 해볼 것이다. 8학년에서 드러나는 차이는 공들여 얻게 되는 '전문성'의 수준이다. 완전한 극장을 경험하길 바란다면, 많은 준비를 통해 길을 닦아야 한다. 교사는 아이들에게 역할을 나눠 맡기고 장면을 읽히기 전에 움직임의 이야기를 먼저 들려줘야 한다. 고전 희곡 작품을 선정했다면, 그 낯선 언어 양식은 전체 이야기 속에서 동화시킬 때 보다 쉽게 다가오고 인물들은 이미 학생들의 상상 속에서 살아 숨쉴 것이다. 아이들의 필요와 능력에 맞춰 담임교사가 학급의 연극을 쓰거나 각색하며 역할과 주제를 바꾸는 것도 이 나이에서 여전히 가능하다. 높은 문학적 가치는 없겠지만, 이런 모험은 특정 집단의 학생들에게 적합하다는 중요한 장점을 갖는다. 캐스팅에서는, 각자 개인성(personality)에서 발전해야 할 측면에 긍정적으로 도전하게 되는 역할에 학생들을 캐스팅하는 것도 여전히 적절하다. 주요 역할을 세련된 연기를 펼치는 아이들에게 맡긴다면 많은 교육적 발전 기회를 놓치게 된다. 상급 학교에서는 역할을 연기 능력에 따라 맡기는 것이 적절하다. 반면 중급 학교에서는 사회적 공동체로서 캐스팅을 진행한다.

문법

문장 구조는 양식의 관점으로 분석할 수 있고, 예시로 드는 문장은 여러 요소를 강조하거나 다양한 분위기, 예를 들면 웅대한, 기술적인, 시적인, 극적인, 의아한, 당당한, 법에 따른, 말이 안 되는, 풍자적인, 불명확한 분위기를 만들기 위해 여러 양식으로 쓸 수 있다. 보격, 리듬, 운율을 연구하고 학생들 자신의 시에 적용할 수 있다.

기회, 예상, 가능성, 가정 혹은 불가능의 상황이나 다른 사람의 상황에 스스로를 대입할 때를 설명하기 위해 조건문이나 if절을 소개할 수 있다. 모두는 자기에 몰두하는 청소년들이 다른 관점을 보고 공감하거나 심지어 다른 사람들에 대해 짐작하도록 돕는다. 7학년에서 다루는 은유, 유추, 직유, 속담 같은 비유적 표현을 이어가고 이를 양식과 연결하여 논의할 수 있다. 각각의 형태는 복잡한 상황을 상의 형태로 표현한다. 삶의 한 영역에 가까운 속성은 그와 관련이 없는 영역에도 빛을 비출 수 있다. 아이들이 언어와, 주위 환경과 연결을 잃어가는 시기에 언어 감각을 심화하고 어휘를 확장하는 것을 제외하면, 이런 비유적 표현은 높은 단계의 이상과 현실의 사상을 열어준다. 물론 상투어, 은어, 완곡어법, 비속어를 토의하며 말의 오용 역시 여기서 다룬다. 그리고 이 나이에서 아이들은 흔히 쓰는 욕이 내포한 잔인하고 성차별적이며 인종 차별적인 태도를 논의할 수 있다.

관용어법 형태 또한 문학에서 발췌한 예시를 통해 연구할 수 있다. 특히 풍부한 구동사를 탐구할 수 있다.(*turn in, turn up, turn on, turn out, turn down* 등)

'타인에 대한 관심'과 연결되었으나 다른 교육 작가들이 많이 다루지 않은 아주 매력적인 언어와 문학의 한 부분이 있다. 슈타이너는 1922년에 이를 접할 수 있다고 제안하며 지적했다.

양식의 특징, 도덕적 상입니다. 이는 우리를 멀리 데려갑니다. 예를 들면, 책 한 구절을 기질의 관점으로 보십시오. 저는 내용이 아니라 양식을 의미하고 있습니다. 우리는 이에 대해 우울질 양식 혹은 담즙질 양식으로 말할 수 있습니다. 내용에, 심지어 시적인 내용마저도 전혀 주의를 두지 말고 오직 문장 구조만 바라보십시오.[36]

이는 교사에게 이중의 과제를 부여한다. 먼저 간단한 기술이나 예시를 통해 네 가지 기질에 대한 학생들의 감각을 깨워야 한다. 그 다음에는 문장 구조에서 기질들이 드러나는 읽을거리를 찾는 것이 관건이다. 쉽지는 않겠지만 가능하다.(리어(Edward Lear)의 *Limericks*를 예로 들 수 있다.) 글을 점액질, 담즙질, 다혈질, 우울질로 만드는 양식적 요소에 대해 질문하고 시험함으로써 학생들은 문장 구조를 바라보는 또 하나의 관점을 만난다. 우리의 경험에서 이는 상대적으로 연구되지 않은 영역이다.

말하기와 듣기

이제 학생들이 주제를 연구하고 이를 학급에게 짧게 이야기하도록 장려한다. 교사는 자료와 문학에 대해 조언할 수 있다. 다른 여러 가능성 중에서, 기질에 대한 논의는 에세이를 위해 자극적인 아이디어를 제공할 수 있다. 주제를 정하고 각자 찬반을 정해 참여하는 형식을 갖춘 토론으로 그런 논의를 진행할 수도 있다. 이런 주제는 현실과 밀접한 관계를 지녀야 하지만, 학생들이 반드시 지지할 필요가 없는 경우도 논하도록 열어둔다. 타인의 상황이나 시각을 할 수 있는 최대한으로 표현하는 능력은 중요한 기술이다. 연극 연습 또한 이 나이의 아이들이 자기 표현을 연습하기 위해 유익한 공간이 된다.

6~8학년의 문해력 기술을 위한 체크리스트

읽기

6   다양한 양식의 책을 읽고 중심 내용에 대해 말로 요약한다.

7   서사 속의 중심 인물이나 사건을 부각해서 책의 요약을 쓴다.

7   책을 개인 연구의 참고 자료로 사용한다.

7   개념 분류와 어원적 사전을 사용한다.

7   프랑스어와 독일어로 된 이국어 대역사전(二國語 對譯辭典)을 사용한다.

쓰기

6   공식적인 상용 편지나 정보에 대한 문의를 쓴다.

7   다음을 포함하는 다양한 양식으로 쓴다. 과학적 연구에 대한 기술, 일기, 특정 분위기를 환기하는 설명(겨울의 이른 아침, 분노 혹은 좌절, 풀리지 않은 상황에 대한 호기심), 공식적 편지(예: 항의), 모험 이야기, 짧은 시

7   떠올리기 시간에 말로 발표한 내용에 대해 요약하는 메모를 만든다.

7   수업 중에 있었던 주제 토론의 핵심을 요약하거나 한 측면을 선택해서 부각시켜 에세이를 쓴다.

문법

6   문장의 주요 부분, 주어, 술어, 목적어, 간접목적어, 부사구를 이해한다.

6   법조동사의 다양한 의미를 이해한다: can, may, should, ought, would

7   간접 화법의 사용

7   조건문과 If절의 사용

7/8 다음 언어 형태의 의미와 사용에 익숙해진다: 직유법, 은유법, 상, 유추, 속담, 격언, 완곡어법

8   종속절, 관계절의 사용

8   시의 양식을 알아간다. 예를 들면, 서정시, 서사시, 극시를 성격화한다.

9   공식적 언어, 숙어, 속어, 외설, 은어의 차이를 알아간다.

말하기와 듣기

6   시를 혼자 낭송할 수 있다.

6   메모를 사용하며 짧은 이야기를 할 수 있다.

7   메모를 프롬프트로 사용하며 준비한 주제에 대해 자유롭게 짧은 이야기를 할 수 있다.

8   연극을 완전한 길이로 연기할 수 있다.

8   선택한 주제에 대해 토론할 수 있다.

9~12학년

9~12학년의 각 학년에는 대개 두 개의 영어 집중수업이 있다.

여기에 서술한 집중수업의 내용은 필수적이지 않다. 전통적으로 성공한 집중수업을 고수하기보다 중요한 것은, 새로 선택한 내용이 뿌리 내릴 특정 학급의 아이들에 대한 명확한 관찰이다. 다만 여기서 제시하는

내용은 여러 해에 걸쳐 시도하고 시험했으며, 따라서 새로운 내용은 마찬가지로 철저한 연구를 거쳐야 한다.

몇몇 문학 작품에 대한 제안은 예시로서만 받아들여야 한다. 우리는 인증된 읽기 과정이 있다고 오해하는 것을 피하기 위해 의도적으로 추천 문학 목록을 작성하지 않고자 했다. 문학에 있어 교사가 따라야 하는 접근법은 있을 수 없고 있어서도 안 된다. 그 밖에도, 다양한 문화적 맥락에 적합하도록 접근법은 어쨌든 다양해야 한다. 아래의 예시는 영국 상급 학교 교육과정에 기초한다.

9학년

아이들이 상급 학교에 입학하며 교사의 개성을 따르는 8년 과정이 끝난다. 이제 담임교사 자리는 과목, 소재, 방법이 서로 연결되어 있고 해당 나이(열여섯)의 아이들에게 적합한 과목교사가 맡는다. 가르침은 깨어나는 사고력과 판단력을 점점 향해가고, 이에 따라 지성과 논리를 강하게 훈련하게 된다. 학생들은 지금껏 자기가 가져온 미, 진, 선에 대한 믿음에 대한 실망을 점점 더 의식적으로 느낀다. 아이들은 자신 주변의 세계에 염증을 느낀다. 어른들 및 스스로에 대해서도 아이들은 말과 행동의 모순을 알아차린다. 이들의 내면은 진리를 추구하며 이상을 향하기 때문에, 어떤 부조리에 대해서도 과격하게 반응하는 경향을 보인다. 반면 아이들은 실제든 상상이든 모든 무시에도 극도로 민감하다. 따라서 이들은 스스로의 부족으로 인해 고통을 겪는다. 성애(性愛), 첫사랑, 동감과 반감의 격렬한 힘은 여전히 낯설면서도 아이들을 괴롭히는 질문이다.

이로부터 솟아오르는 교육적 과제는 아이들이 세상에서 펼치는 도덕적 요구를 강화하고, 동시에 현실을 받아들이도록 돕는 것이다. 9학년의 영문학 집중수업은 젊은 힘을 강화하는 소재, 주제, 화제를 다루고, 이들에 대해 이야기할 수 있도록 한다. 해소할 수 없는, 좁힐 수 없어 보이는 인간 세계의 갈등을 비극과 희극의 두 가지 방식으로 고통받는 개별 의지가 직면해야 하는 과제로서 제시한다. 쓰기와 읽기를 통해 언어를 의식적으로 다룸으로써 아이들은 자신의 충동적, 주관적 감성에 질서를 가져올 어떤 방법을 찾고, 또한 내면 세계로부터 그들 주변의 객관적 세계로 이끌린다. 학생들은 문학을 통해 자신의 언어 기술을 말과 글 모두에서 발달시킬 기회를 갖는다.

첫 번째 집중수업

고대의 제의적 기원에서부터 현대 극장의 발전에 이르는 희곡 역사를 탐구한다. 초기 극장에 대한 주안점은 고전 그리스 희곡과 그 사회적, 종교적 측면 및 그리스 극장의 발달에 대한 기술에 있다. 대개 적어도 소포클레스의 *안티고네*처럼 하나의 연극 전체를 다룬다. 중세 희곡과 특히 신비극 및 도덕극을 역사적 배경, 교회에서 나와 경내로 들어서는 움직임과 다시 그로부터 가장행렬의 마차가 있는 길거리로 이동을 통해 표현한 성(聖)에서 속(俗)으로의 변화, 그리고 다양한 장면에서 책임을 지는 길드 역할과 함께 토의한다. 양식의 통상적인 범위를 예시하기 위해 원어의 인용과 현대적 변환을 요크(York), 웨이크필드(Wakefield), 코번트리(Coventry) 같은 연작 가곡(Cycles)으로부터 택할 수 있다. 이때 고도로 양식화된 천지창조 의식에서 노아에 대한 슬랩스틱 코미디와 예수 탄생의 파토스를 거쳐 목자의 사회 풍자(특히 웨이크필드 연작 가곡의 목자 맥(Mac the Shepherd))를 다룰 수 있다. 이 집중수업의 절정은 번성한 엘리자베스 시대 극장과 윌리엄 셰익스피어의 삶이다. 셰익스피어 연극을 탐구하고, 다른 연극의 장면을 예시로 가져온다. 집중수업은 현대극으로 마무리할 수 있다. 실제 연기와 극장의 방문은 분명히 이 주제의 중요한 보충이다.

두 번째 집중수업

9학년 학생들의 급진적인 시각은 자신의 관점을 절대적으로 여기게 하는 경향이 있고, 아이들의 지평선과 시야는 좁아진다. 유머러스한 작품은 이를 느슨하게 하고, 이완하고, 거리를 두게 하는 효과가 있다. 웃음은 인간을 내면의 자유에 대한 감각으로 이끌고, 이는 인간 존재의 필수적인 심리 활동 중 하나다. 서사, 극, 서정 작품의 예시를 통해 유머(희극, 중편 소설, 일화, 농담 등)에 대해 토의할 수 있다. (종종 고통스러운) 유머 작가의 전기를 소개할 수 있다. 학습 목표는 '웃음의 미학'이 아니라 유머의 경험이 개성을 형성하고 성격을 강화함에 있어 어떻게 새로운 차원을 여는지 보이는 것이다. 유머는 비극에 자주 접하기에, 희극과 비극의 가까운 거리를 탐구해야 한다. 동감, 공감, 눈물은 웃음의 반대 극에 존재하고, 놀라운 사건에 대한 첫 반응으로 여겨진다. 웃음과 눈물, 희극과 비극에 대한 미적 측면을 다루면서, 9학년 학생들은 두 집중수업 기간 동안 세계의 현상이 어떻게 두 극단을 통합하는 긴장감 속에 펼쳐지는지를 경험한다. 이는 아이들이 자신의 절대주의적 관점을 수정하고 보다 현실적으로 변할 기회가 된다.

에세이와 언어

문학 작품의 내용을 다루는 것에 더해 9학년 학생들은 스스로의 언어를 계속해서 연구하고 육성한다. 가능하다면 외국어 공부와 결합해 문법을 다듬고 굳힌다. 단어 용법과 구문을 통해 가능한 다양한 유형의 표현과 함께 철자법과 구두법을 학습한다. 주관적인 기술 에세이와 객관적 보고 및 일반적 에세이를 같은 비중으로 훈련한다.(내용을 정리한 표, 글과 학급의 대화에 대한 요약 작성, 보고, 그림과 실험에 대한 기술, 크게 소리 내어 읽은 것을 다시 들려주기, 분위기의 기술) 문학의 몇 단락을 다시 쓸 수 있다. 학생들이 스스로 글을 쓰며 양식적 기술을 발전시킨다.

구술 작업은 특정 주제, 대화, 주장과 논리적 결론의 옳고 그름을 따지는 담론, 학생들이 혼자 하는 이야기를 포함한다.

낭송에 적합하고 두 집중수업의 내용과 학생들의 발달 단계에 따른 내적 상태에 알맞은 고전적이고 해학이 있는 작품이 다양하게 있다.

10학년

10학년의 학생(17세)들은 9학년의 떠들썩하고 '순진한' 외형을 떠나기 시작한다. 소녀와 소년들의 차이는 점점 뚜렷해진다. 이들은 아직 홀로 설 능력은 없으면서도 집단으로부터 스스로를 분리한다. 9학년 학생들은 재치 있게 주고받는 대화를 좋아한다. 10학년 학생들은 자신의 관점을 설명하길 선호하고, 이를 통해 어느 정도의 방향성을 가져다주는 독립에 대한 감각을 얻는다. 이들은 한편으로는 자신의 외모에 과도하게 신경 쓰고, 다른 한편으로는 그 외형 아래의 자신이 받아들여지기를 원한다. 10학년 전체에 걸쳐 학생들은 상당한 정도로 스스로를 부모로부터 해방시킨다. 이들은 독립을 경험하지만 그 대가를 외로움으로 치른다. 언어는 위기 단계에 들어선다. 학생들은 종종 *더 이상*, 그리고 동시에 *아직*은 자신의 내적 경험을 적합한 방식으로 표현할 능력이 없다.

첫 집중수업

원래의 교육과정은 북유럽 신화를 *에다, 볼숭가 전설*(*Volsunga Saga*), *힐데브란트의 노래*(*Hildebrandslied*)의 발췌문을 혈연에 대한 스스로의 책무로부터 자신을 대체할 수 있는 상을 제공하는 다른 예시와 함께 다룰 것으로 기대했다. *니벨룽의 노래*(*Nibelungenlied*)는 전체를 다루는데, 일부는 읽고 나머지는 교사가 들려준다. 이를 다루면서 학생들은 무엇보다 어떻게 신화적 상-의식이 문학적 상으로 변환되고 다시 서사시로 이어지는지에 대해 발견한다. 이에 더해 이들은 게르만 부족 수준으로 제한된 상태에서 보다 기독교, 윤리적 의식으로의 전환을 배운다. 영어로 는 *베오울프, 뱃사람(The Seafarer), 트리스탄과 이졸데(Tristan and Isolde)* 를 읽을 수 있다. *가윈 경과 녹색기사(Sir Gawain and the Green Knight),* *농부 피어스의 꿈(Piers the Ploughman)* 같은 중세 전설과 초서(Chaucer) 의 이야기를 다룬다. 이런 글의 실제 내용을 넘어 가장 중요한 주제는 신 화에서 문학으로의 전환이다. 어떤 교사들은 *길가메시 서사시,* 구약, 일 *리아드나 오디세이,* 혹은 오비디우스의 *변신 이야기* 같은 고대 신화를 연구한다. 신화적 주제나 형태를 취하는 현대 문학을 살펴볼 수도 있다.

두번째 집중수업

10학년의 두 모국어 집중수업 중 하나에서는 현대 문학 작품을 포함 하는 다른 작품을 통해 니벨룽의 모티프를 전달할 수 있다.

미학 연구의 일부로서 시예술 집중수업은 10학년 집중수업 과정을 마 무리한다.(예술/미학 연구 부분을 보라.) 직접 서정시나 다른 형태의 시를 쓰 고 보다 스스로 다양한 시의 형태를 시도함으로써, 학생들은 스스로에 대한 표현에서 자신과의 만남으로 전환할 수 있게 된다. 이는 서정시 형 태가 내면의 분위기를 쉽게 묘사하도록 돕기 때문이다.

에세이와 언어

변증법에 관한 주제를 다루면서 학생들은 토론과 반대 관점의 제시를 연습할 수 있다. 이는 글쓰기뿐만 아니라 말로도 수행할 수 있다. 소설 속 인물에 대한 문학적 기술의 글쓰기 또한 변증법적이지만 실제 글에 기반해야 한다.

11학년

11학년 학생들은 9, 10학년에서 우세했던 흑백의 양극적 관점보다는,

더 섬세한 심리적 과정을 이해하는 데 관심을 보이는 나이가 된다. 단순히 세계의 사건을 비난하는 대신 변화에 자신이 기여할 수 있다고 생각하기 시작하면서, 이들의 사회에 대한 인지가 커진다. 이제 아이들은 자신의 경험을 판단 형성의 토대로 포함시킨다. 전체적으로, 후(後)사춘기의 불쾌감이 끝나고 스스로를 발견하는 데 있어 새로운 단계로 접어든다. 이들은 자신의 일대기에 관심을 갖기 시작하고, 이제 개인성의 발전에 있어 그 끝의 목표보다 과정에 더 관심을 갖는다. 10학년이 기원과 원인에 더 관심을 기울인다면, 11학년 학생들은 경계를 경험하기 시작하고 방향을 잡을 수 있는 어떤 의미에서 '북극성'과 같은 고차적인 것에 대해 질문하기 시작한다. 이 과정 동안 학생들은 전반적인 실제 사회상 속에서 자신의 과제를 탐색한다.

영어 수업의 목표는 언어의 다양한 수준에 대한 보다 구체적이고 구별된 지각을 향한 요구를 충족하고, 학생들이 이를 보다 개인적인 방식으로 이해하도록 돕는 것이다. 수업은 인간 존재의 내면 세계와 강도 높게 대면하고 자아를 인지하는 과정에 집중한다. 학생들은 다른 개인에 대한 스스로의 책임을 알아간다.

첫 번째 집중수업

볼프람 폰 에셴바흐의 *파르지팔*은 두 집중수업 중 하나의 중심이 된다. 이 중세 문학의 가장 중요한 작품은 의식의 진화를 다루기에 11학년에게 아주 적합하다. 이 작품에는 다음 몇 가지 중요한 점이 있다. 중세 궁정 사회와의 만남과 외부 원칙에 의해서 인도받는 사회의 한계(와 가능성). '너와 나'의 관계와 함께, 인간 심연과 과제의 전(全) 우주를 드러내는 가윈의 부차적 줄거리(sub-plot). 내면과 실패, 죄책감, 속죄, 은총의 단계를 거치는 개인의 여정에 집중하는 *파르지팔* 이야기 자체. *파르지팔* 이야기는 역사를 보편 및 개인과 결합하기 때문에 교육적 내용으로 적합한 형태를 가지며, 발달 과정이 현대 소설보다 뚜렷하게 보인다. 중세 세계상은 엄격하게 형성되었으며 내성(內省)적이다. 이야기에서 자아의 탐색은 파르지팔이 세계와 통합하면서 이상적으로 끝난다. 이에 더해서, 이 이야기는 서구 인문학에서 만나게 되는 여러 심리학적 발달의 원형을 담고 있다.

이 궁정풍의 작품을 통해 에세이, 언어와 구조의 연습, 역사 연구, 문학 형태에 대한 질문을 다룰 기회를 얻을 수 있다.

두번째 집중수업

두 번째(혹은 대체적인) 집중수업은 19세기와, 또는 20세기의 문학에서 등장하는 *파르지팔*의 모티프에 집중할 수 있다. 여러 원형적 주제들은 문학에서 반복해서 등장하고, 그때 이들을 새롭게 다루고 다른 결말로 이끈다.(개인이 되는 과정, 신의 탐색, 상처를 입고 고통을 겪음, '너와 나', 사랑의 성질, 죄책감과 속죄, 행동의 결과에 대한 책임, 관용) 문학의 역사에 집중할지 아니면 선택한 현대 작품의 주제에 대해 체계적으로 연구할지는 교사의 선택에 달려 있다.

사회적, 예술적, 정치적, 철학적 흐름의 배경에 반하여 영문학의 낭만주의 시대를 다루는 경우(종종 독일의 질풍노도 사조 같은 다른 유럽 문학을 참조하며)를 영어 교사들에게서 흔히 보게 된다. 이는 예술적 지각과 창조성에서 상상력의 역할 및 낭만적 영웅의 역할을 포함한다. 또한 대개 블레이크, 워즈워스, 콜리지, 바이런, 셸리, 키츠, 클레어의 삶과 작품에 대한 연구를 포함한다.

에세이와 언어

이미 구축한 토대 위에 쌓아나간다. 기술, 변증법적 에세이, 시와 다른 글에 대한 분석, 양식의 연습 등.

12학년

12학년 학생들은 열아홉 살 즈음이다. 신체적 성숙에 이어 학교를 위한 준비 단계를 거쳐, 이들은 이제 사회적으로 성숙해졌다. 아직 어릴 때 이들은 어른을 따라 차근차근 자신이 '물려받은' 세계로 나아가고, 이를 부모의 사회 환경적 가치와 통합했다. 이후에 아이들은 그것에 반기를 들지만, 이제 이들은 자신이 구축에 참여할 수 있는, 인간 존재의 가치가 담긴 사회와 세계를 구한다. 이 단계는 중요한 진전이자 큰 기회일 수도 있지만, 깊은 존재적 위기로 다가올 수도 있다. 오늘날의 세계에서 산다는 것은 무슨 의미일까? 나는 준비가 되었나? 나는 내 힘을 어디에 쏟아야 하나? 삶 속의 직업, 동반, 생활 방식, 목표에 대한 자신의 바람과 두려움으로부터 많은 의문의 생긴다. 그 뒤에 보다 심오하고, 어쩌면 숨어 있는지도 모르는 질문이 따른다. 인간 지식의 한계는 무엇인가? 도덕적 행동의 기초는 무엇인가? 악이란 무엇인가? 인간 삶의 의미란 무엇인가? 영어 수업은 반드시 이 모두로부터 솟아나는 자극을 고려해야 한다. 현대의 문제는 세계 문학의 거울에 반영되어 있다. 문학에 대한 개관을 다룬다.

첫번째 집중수업

원래의 독일어 교육과정에서는 두 집중수업 중 하나(반드시 첫번째는 아니다.)는 인류에 대한 괴테의 희곡 *파우스트*에 전념한다. 대부분의 다른 독일 문학 작품보다 이 작품은 지식에 대한 인간 존재의 탐색을 성격화한다. 이 글을 연구할 때 모든 종류의 주제를 제기하게 된다. 과학적 연구와 그 윤리적 한계에 대한 의문, 악, 자유와 책임, 사랑, 자아 중심주의, 죄책감, 초월에 대해 학급에서 토의한다. 다른 작품을 다루어도 된다. (영어권 국가에서 대개 그렇다.)

주요 작품은 다음을 포함한다. 이사벨 아옌데, 영혼의 *집*, 케이트 앳킨

슨, 박물관의 뒤 풍경, 솔 벨로, 비의 왕 헨더슨, 알베르 카뮈, 이방인, 조지프 콘래드, 로드 짐, 루이스 드베르니에, 코렐리의 만돌린, 찰스 디킨스, 어려운 시절, 표도르 도스토예프스키, 죄와 벌, 리처드 포드, 와일드 라이프, 어니스트 헤밍웨이, 노인과 바다, 헤르만 헤세, 유리알 유희, 올더스 헉슬리, 멋진 신세계, 제임스 조이스, 더블린 사람들, 프란츠 카프카, 심판, 니코스 카잔차키스, 수난, 허먼 멜빌, 모비 딕, 알렉산드르 솔제니친, 암병동, 레프 톨스토이, 부활, 안나 카레니나, 반 데어 포스트(L. van der Post), *The Seed and the Sower*, 손톤 와일더, 산 루이스 레이의 다리, *The Eighth Day*.

중요한 희곡은 다음을 포함한다. 장 아누이, 안티고네(J. Anhouilh, *Antigone*), 사무엘 베케트, 고도를 기다리며, 안톤 체호프, 벚나무 동산, 프라이(C. H. Fry), *The Sleep of Prisoners*, 장 지로두, 간주곡(J. Giraudoux, *Intermezzo*), 헨리크 입센, 브랑, 페르귄트(H. Ibsen, *Brand*, *Peer Gynt*), 아서 밀러, 시련(A. Miller, *The Crucible*), 존 프리스틀리, 밤의 방문객(J. B. Priestley, *An Inspector Calls*), 톰 스토파드, 로젠크란츠와 길덴스턴은 죽었다(T. Stoppard, *Rosenkranz and Guildernstern are Dead*)

두 번째 집중수업

한 집중수업이 하나의 작품에 완전히 집중한다면, 다른 수업은 영어나 심지어 다른 세계 문학에 대해 연구할 수 있다. 여러 위대한 작품은 단독으로나 여럿의 비교를 통해 제시할 수 있다. 현대 작품에 주로 집중하는 것이 괜찮아 보이지만, '삶에 있어 인간 존재에게 필요한 것'(R. 슈타이너)을 제공할 수 있는 오래된 작품들을 잊지 말아야 한다. 문학(희곡, 서사시, 서정시)은 개별 인간 존재 또는 인류 전체의 창조물로 이루어져 인간 의식의 단계를 표현한다. 문학을 통해 독자와 청자는 이 단계를 지각할 수 있다. 사람들의 미적 판단은 수 세기에 걸쳐 변했고, 따라서 학생들이 현대 문학의 노력을 따라 이를 좇고 마음을 열도록 잘 인도해야 한다. 학생들에게 시나 문학의 결론적 시각을 제공하기보다, 여러 문학 속성에 대한 감각을 강화해야 한다. 아이들은 문학에 대해 숙고하고 위대한 작품을 스스로 평가함으로써 이를 위한 적절한 기초를 갖게 될 것이다.

에세이와 언어

역사적 속성과 작품의 유형을 인식하는 방법을 배울 수 있는 텍스트 분석을 여러 번 연습함으로써 학생들의 글에 대한 이해가 발전하도록 도울 수 있다. 아이들은 질문을 제기하기 위해 말과 에세이를 통해 의견을 표현하고 토론할 수 있다. 사상, 언어, 상상력은 진행 중인 대상에 부합해야 한다. 필요하다면 9~11학년에서 다룬 어떤 훈련도 계속할 수 있다.

12학년 연극

12학년 최고의 순간은 스스로 선택해서 신중히 논의하고 예술적으로 연출한 연극의 대중 공연이다. 학생들은 포스터, 의상, 무대 장치 제작, 음악 작업, 스스로 해내는 무대 감독과 연출, 그리고 연기까지, 연출의 모든 실제 측면을 맡는다. 학생들 서로의 일대기 및 학급 사회적 공동체를 연극으로 담아내는 것의 중요성은 무궁하다. 희곡을 통해 학생들은 말/글의 힘을 경험한다. 수사법의 질문과 씨름하면서 이들은 사람들에게 영향을 끼치는 방법에 대한 감각을 얻는다. 이를 통해 아이들은 조작을 더 잘 알아차리게 되고, 또한 모든 종류의 예술적 제작을 가늠하고 평가할 소중한 척도를 얻는다.

제14장

오이리트미

첫 발도르프 학교가 개교했을 때, 슈타이너는 처음부터 핵심 과목 중 하나로 오이리트미를 포함시켰다. 전적으로 새로운 과목이자 슈타이너-발도르프 학교의 전유물이기에, 오이리트미는 교육과정에서 특별한 위상을 갖는다. 각각의 나이와 발달 단계에 맞게 적용할 때 이는 인간 발달의 중요한 보조 수단이 된다. 오이리트미는 전(全) 인간 존재에 관계하는 움직임의 예술로, 몸의 움직임을 마음에서 솟는 움직임과 통합하고, 따라서 혼-영의 요소와 몸 간의 조화로운 관계를 생성한다.

체조가 몸을 바르고, 건강하며, 유연하고, 조화롭고, 자유롭게 하는 목표를 갖는 것과 반대로, 오이리트미의 본질은 예술적인 과정이라는 점이 중요하다. 체조는 공간을 지배하는 신체 법칙, 즉 가벼움과 무거움 및 이 두 양극성 사이에서 인간이 이루는 균형과 관계하는 전 인간 존재를 다루게 된다. 오이리트미 또한 가벼움과 무거움의 양극성을 다루지만, 본질적으로는 몸이 아니라 마음의 내적 경험을 통해서 혼을 불어넣은 움직임이라 부를 수 있는 것을 함께 다루기에, 따라서 체조보다 춤에 더 가깝다.

오이리트미의 이중적 요소는 그 본질을 예술로서 자리매김하게끔 한다. 이 두 요소는 움직임을 수행하기 위해 마음이 작용해야 한다는 하나의 사실과, 움직임은 객관적인 법칙에 기반하면서 마음을 통해 경험된다는 또 다른 점이다. 미학적 측면은 오이리트미로 표현하기 위해 선택한 시나 음악의 본성을 해석함으로써 훈련하게 되는 예술적 판단으로부터 발생한다. 예술가는 다양한 음악적, 양식적, 언어적 요소 및 분위기와 안무로부터 선택해 해석을 수행한다. 마음이 작용한다는 것은, 감성의 삶이 이로부터 자극받고, 또한 이 내적 움직임으로부터 외적 움직임이 솟아난다는 것을 의미한다. 오이리트미 또한 하나의 예술로서, 그것이 표현하는 말이나 음악의 고유한 객관적 성질에 부합하려고 노력한다. 비록 행위 예술이지만, 그 요소가 운동 기관(movement organization)과 마음의 감성, 미학적 영역의 통합과 조화를 육성하기 때문에 오이리트미는 중요한 교육적, 치료적 측면 또한 갖는다. 오이리트미는 성인의 교육에서도 점차 중요한 기여를 보이고 심지어 노동 현장에서도 발견할 수 있는데, 깨어 있는 고용주들이 사회적 과정과 개인적 발달에 관한 오이리트미의 소중한 가치를 인식했기 때문이다. 오이리트미는 발도르프 학교 운동의 교사 육성을 위한 첫머리에서부터 핵심 요소로 자리하고, 이어지는 교사 연수에서도 정규 과정에 속한다.

모양 지은 것은 움직임으로부터 떠오르고 움직임은 모양 지은 것 안에서 잠든다. 인간 신체는 움직임에 의해, 움직임을 통해 모양 짓고, 이는 말하는 존재로서 자아 혹은 '나'를 드러내도록 돕는다. 말하기와 듣기에서 운동 기관은 소리 자극의 생산자와 수용자 모두로서 활발히 자극된다. 말하기에서, 움직임은 청각적으로 명확한 말소리를 낳는 음성 에너지로 변하는 지점까지 집중, 응축된다. 마음은 그 안의 사고, 감성, 의도와 함께 말의 모양, 구조, 내용을 알려준다. 오이리트미는 말하기로 상승하는 내적 움직임을 변환하고 외적 움직임 형태로 외면화한다. 몸은 이 움직임을 시각적으로 만드는 기구가 된다.

인간 존재가 말을 들을 때 그 운동 기관이 활성화되고, 이는 마음 안으로 움직이기 시작한다. 그리고 인간 존재는 자신의 내적 존재에 대해 스스로 말할 때 움직임 안에서 활발해진다. 슈타이너는 인간 존재의 말하기와 듣기에서 떠오르는 이런 내적 움직임의 의도를 지각할 수 있었다. 이로부터 그는 전 인간 존재가 만든 제스처의 언어, '시각적 말하기'를 이끌어냈다. 이는 인간 존재 안의 씨앗으로부터 피어오르고, 몸을 표현 수단으로서, 표현의 도구로서 모양 짓고 교육한다. 어린아이나 아마도 인간 진화의 초기에는 말하기, 노래, 인간의 움직임은 통합된 합일체였을 것이다. 개인의 발달과 인간 진화의 과정 중에 이 요소들이 분화되었다. 이를 새롭고 고차적 종합으로 재통합하는 것이 오이리트미의 과제다.

오이리트미는 움직임의 명확한 표현이자 움직임 흐름의 제스처(의상과 빛에 의한 색 같은 다른 요소를 결합하는)이고, 마음을 통해 의식적인 형태로 상승한다. 이는 움직임의 언어로서, 자음과 모음 및 음계의 음조와 음정까지 포함하는 말소리를 표현하는, 원형적 제스처로 구성된 자신의 문자를 갖는다. 또한 마음의 분위기, 색, 혹은 사고, 감성, 의지의 두드러지는 성질 같은 개념을 표현하는, 복잡한 제스처로 구성된 자신만의 어휘를 소유한다. 이뿐만 아니라, 오이리트미는 안무와 공간상의 움직임 형태 속에서 형식을 갖춘 구문을 포함하고, 개별 음조나 소리, 어휘적 요소를 일관된 구, 문장 혹은 선율로 통합한다. 질문, 진술, 명령 같은 문법적 형태, 혹은 음악의 장, 단조 같은 성질의 결정에 상응하는 것을 표현하기 위해 이런 통사적 요소를 사용할 수 있다.

각 모음 제스처는 소리와 마음의 특정 성질(놀람, 경이, 스스로의 주장, 공포, 즐거움 등)의 색깔을 표현한다. 각 자음 움직임은 구별하고 모양 짓는 특정 힘을 드러낸다. 인간 존재, 특히 어린이는 자신의 경험에 열려 있을 때, 생명을 불어넣는 형성적 힘이 드러나는 다양한 움직임 속으로 들어선다. 예를 들면, 획 하고 소리 내는 바람에서 이들은 S가 표현하는 소리를, 물에서 물결의 움직임을 통해 W를, 혹은 식물의 성장과 전개되는 움직임을 통해 L을 경험할 수 있다. 말의 모든 소리는 특징적 원형 형태와 특정 움직임 속에서 스스로를 표현한다.

리듬이 있는 말의 움직임은 또 다른 요소로, 시의 보격(예: 6보격), 상승과 하강, 소리의 반복(운문)을 보인다. 말 움직임의 리듬은 호흡의 역동 속에 산다. 호흡은 수축과 팽창, 억제와 이완이다.

인간의 몸은 음악적 법칙과 골격 비율 속의 관계를 형성한다. 슈타이너는 음악의 형성적 요소를 들을 수 있었기에, 어떻게 제스처를 통해 음조와 음정을 표현할 수 있는지를 가르쳤고, 이에 따라 특히 팔을 통해, 마음 요소로 채운 몸 제스처를 통해 '시각적인 노래하기'로서 음악을 뚜렷이 드러냈다. 예를 들어, 넷째 음정을 들을 때 생기는 내면의 감성을 손과 팔로 형성하는 제스처로 변환할 수 있다. 이는 단순히 주관적인 반응이 아니라 신체 조직에 내재하는 것이다. 예술 요소는 과정에 수반하는 내면의 경험과 음악 작품의 특정 순간에 대한 제스처의 적용 속에서 떠오른다. 화가가 대상에 대한 특정 성질이나 분위기를 묘사하기 위해 팔레트 전체의 색 스펙트럼 중에서 선택하듯이, 오이리트미 또한 시나 음악 작품의 모든 요소를 변환하지 않고 선택한 해석을 잘 표현하는 요소를 고른다.

오이리트미를 치료 요법으로 다룬다면 일대일 상황에서 가르치지만, 수업은 집단으로 이루어진다. 이는 특화된 공간이 필요한데, 이상적으로는 탄력 있는 나무 바닥 같은 곳이 좋다. 집단의 움직임에 충분한 자리를 제공하면서 동시에 외부로부터 주의를 흩뜨리지 않는(예를 들면 큰 그림 창문에 의해) 환경이 공간 구조에 반드시 필요하다. 마음을 산만하게 하지 않으며 조용하고 집중하는 분위기를 만드는 색의 설계가 이 공간에 필요하다. 오이리트미 수업은 대개 피아노 연주자와 함께하는데, 보다 어린아이들의 수업에서는 다른 악기 또한 자주 사용한다. 아이들은 적절한 신발이 필요한데, 대개 접지력이 강하면서도 발로 바닥을 잘 느낄 수 있을 만큼 유연한 체조용 신발 형태를 사용한다. 행위 예술로서 오이리트미는 실크 가운을 사용하는데, 이는 자유로운 움직임을 가능하게 하고 특히 팔을 덮는 느슨한 베일을 통해 섬세한 움직임을 드러낸다. 관객을 위한 강조점은 전체 움직임 그 자체가 되는 것이기에 얼굴 표현과 몸 자체의 신체성은 부수적인 역할을 맡는다. 학교에서 아이들의 의상은 공연복만 있고, 오이리트미 수업은 대개 평범한 옷과 오이리트미 신발만으로 진행한다.

교육 목표

교육과정 속 오이리트미의 목표는 완전히 교육 방법론적이라고 말할 수 있다. 오이리트미의 지식은 어떤 형태의 감각을 통해 사회적으로 얻는 것도 아니고, 누군가 이 과목에 대해 검증한 일도 없다! 그럼에도 불구하고 오이리트미의 목표는 발도르프 교육과정의 심장과 같다. 오이리트미가 없는 슈타이너-발도르프 교육은 그 이름을 얻지 못할 것이다.

그러나 오이리트미는 새로운 예술 형태이자 현재 발도르프 학교에서만 가르치기에, 넓은 학교 공동체가 이를 충분히 이해하지 못하는 일이 종종 있다. 오이리트미 교사의 일 중 중요한 부분은 이 과정을 학교 공동체에게 선보이고 대화와 상연을 통해 그 이해를 넓히는 것이다. 오이리트미의 가치는 점점 인정받고 있고, 특히 오늘날 발전 중인 인간 존재에 가해지는 압력이 극적으로 증가하는 것을 일반적으로 경험하고 있기에 더욱 그렇다. 오이리트미는 발달 과정을 조화하고, 사고, 감성, 의지 및 미적 감각을 육성하는 영역을 통합하기 때문에 그 역할을 과소 평가할 수 없고, 과소 평가해서도 안 된다.

오이리트미는 아이의 발달에 매우 중요한 도움이 될 수 있기 때문에, 오이리트미 교육을 담당하는 사람들은 이를 보다 효과적으로 가르치기 위해 상당히 노력해왔다. 그럼에도 이 예술 형태를 학교에서 다룰 수 있는 인증받은 교사는 아직 부족하다. 오이리트미 발전 그 자체는 전 세계 슈타이너-발도르프 학교 공동체에서 높은 우선순위를 지닌다.

- 오이리트미는 신체를 보다 유연하고 혼의 의도에 민감한 기구로 만듦으로써 아이의 혼-영적 본성을 신체 조직과 조화시키는 것을 목표로 한다.

- 오이리트미 움직임을 훈련함으로써 아이들은 움직임이 보다 우아해지고, 협응 수준이 향상되며, 민첩하고 스스로 편안해진다. 오이리트미는 또한 운동 기관 내의 장애를 드러낸다. 훈련된 교사의 눈은 아이들이 자신의 움직임으로 드러내는 것을 통해 그 잠재력의 전체 상과 이를 해방하기 위해 극복해야 할 것을 본다.

- 오이리트미 속에서 소리의 제스처적 어휘와 음악적 음조를 배움으로써, 아이들은 전 인간 존재에 관련하고 동시에 언어적, 음악적 문해력의 발달을 지원하는, 언어와 음악의 요소에 내재한 속성과 내면의 연결을 형성한다.

- 시, 산문, 대화, 악기를 다루는 음악의 안무를 통해 행한 예술 작업은 문학과 음악에 대한 미적 감상을 경험적으로 심화한다. 이 방법은 교육과정 내의 다른 접근법을 보완한다.

- 삼차원 공간에서 기하적 형태와 그 변환을 다룸으로써 아이들은 기하 형태의 원리에 대해 보다 종합적으로 경험하고 방향의 내적 감각을 육성한다.

- 집단으로 작업할 때 아이들은 자신의 움직임에 집중해야 하는 동시에, 전체로서 집단의 움직임에 대한 감각을 향하는 사회적 역량을 발달시킨다. 둘 모두가 성공적일 때 아이들은 이 움직임의 상호 흐름 속에 참여하기를 즐긴다. 다른 사람들과 함께 조화롭고 협력적으로 움직일 수 있기 위해서는, 주변에 대한 지각만이 아니라 다른 이들이 각자의 공

간을 갖도록 허용하는 의지가 필요하다. 사회적 과정의 상호성은 오이리트미가 다양한 수준에서 함양하는 성질이다.

- 다른 학생이나 성인 전문가 집단의 오이리트미 공연은 통합적인 예술 매체가 관여할 수 있는 초논리적 수준을 경험할 수 있다. 관객의 개방성을 고려하면, 오이리트미는 해석이 아니라 전체적인 방식의 경험이다. 모든 나이의 아이는 무대 너머에 이르고 감각 경험의 풍부한 태피스트리●를 통해 청중의 억제되지 않은 반응을 만나는, 좋은 오이리트미 공연을 통해 이 경험 영역에 들어설 수 있다. 이들은 마음이 소화할 수 있는 생생하게 살아 있는 상을 수용할 수 있다. 모든 좋은 예술처럼, 오이리트미 또한 마음의 삶을 위해 섬세하지만 강력한 양분을 제공한다.

오이리트미는 4~5년의 기초 훈련 및 이후의 교육학적 오이리트미에 대해 상세한 훈련을 거친 교사가 가르치기 때문에, 위의 내용을 여기서 세부적으로 기술할 필요는 없다. 오이리트미스트가 아닌 사람에게 모든 것을 종합적으로 설명하기 위해서는 책 한 권이 필요할 것이다! 훈련받은 오이리트미스트는 여기에서 제시하는 내용을 이해할 텐데, 예를 들면 *앞을 향해 조화롭게 8자로 걷기*의 의미를 아는 사람이 그렇다. 하지만 일반적인 독자를 위해서는 소개 수준으로 오이리트미의 교육적 과제에 대해 간략히 설명하려고 한다. 이어지는 교육과정은 가능한 활동들의 단순한 요약이다. 동화적 상을 이용해 오이리트미는 다양한 분위기의 여러 소리 제스처를 담을 수 있다. 정령(精靈), 요정, 난쟁이 등을 이야기를 통해 소개할 수 있다. 글은 자장가와 운문을 포함할 수 있다. 라이어나 플루트의 5음계 음악은 오이리트미에 곁들일 수 있다. 원 안과 주변의 수

● Tapestry. 다채로운 색을 띠는 실로 직물을 짜서 그림을 표현하는 직물 공예.

축과 팽창 움직임은 주요 형태 제스처를 제공한다.

구리 막대 훈련은 1학년부터 이후까지 아이의 몸과 공간적 움직임에 대한 내적 경험과 방향잡기를 강화하고 확대하기 위해 진행할 수 있다. 이런 훈련은 아이가 스스로의 균형으로 중심을 잡음으로써 내적 자신감을 얻을 수 있게 하는 치료적 목표를 갖고 설계되었다. 떨어뜨리기나 던지기와 잡기를 포함하는 훈련처럼, 어떤 경우에는 아이의 용기를 강화하는 일깨움의 효과가 있다. 그리고 집단 훈련은 많은 사회적 요소를 포함한다.

이런 훈련을 언제, 어떻게 소개할지의 상당 부분이 교사 개인의 판단에 달려 있다.

유치원

동화 분위기가 수업의 배경에 자리한다. 기하 형태를 소개하고 직선과 곡선에 기초한 구조를 다룸으로써 1학년으로의 전환이 드러난다.

1학년

공간 형태와 팔의 움직임은 아이들의 상상적 경험으로부터, 그리고 그에 따라서 발전시킨다. 아이들은 원을 '해' 혹은 '성(城)의 정원'으로 경험한다. 직선은 '황금 다리' 혹은 '마법의 사다리' 등이다. 원의 원형적 형태는 오이리트미 수업의 시작점이고 모든 움직임은 원으로부터 시작해서 그로 돌아온다. 수업의 내용은 다양한 요소가 하나에서 다른 것으로 흘러드는 전체 이야기로 짜여 있다. 이상적인 상황이라면, 수업은 강하고 분명한 전체 상으로 분명히 드러나면서 하나의 통합된 움직임으로 흐른다.

- 직선, 곡선, 나선, 염주형 혹은 8자 패턴으로 걷기(아이들이 서로를 가로지르지 않고)

- 자음, 모음을 위한 팔 제스처를 이야기 속에 넣고, 따라서 이를 무의식적으로 모방함으로써 자연의 움직임과 모방 능력을 강화한다.
- 5음계의 짧은 멜로디, 5도 음정 움직임이 이야기에 따른다.
- 걷기, 뛰기, 깡총 뛰기, 뛰어오르기, 발 구르기 등의 다양한 리듬
- 소근육 기술(fine motor skill)을 통해 오른쪽과 왼쪽, 앞과 뒤를 구별할 수 있기에, 이를 손 유희 훈련을 위한 수단으로 교육한다.

2학년

원 형태를 통해 상징한 전체성은 이제 반대편과의 대화를 통해 양극화된다. 집중수업 패턴을 따라 짧은 동물 이야기를 하나의 출발점으로 삼고, 다양한 걸음 유형을 훈련하고 숙달한다. 보다 어려운 과제를 수행할 수 있는데, 예를 들면 아이들의 걸음이 서로를 둘러싸는 형태를 취한다. 5음계의 분위기는 오이리트미 음악의 기초로 남는다. 이는 모든 요소에서 드러나기보다는 수업에 수반한다.

- 1학년에서 시작한 소재의 계속
- 원과 직선을 계속한다. 두 원은 이제 존재가 된다. 같은 지점에서 시작해서 돌아오면서, 혹은 시작하고 돌아서 예시된 지점으로 돌아오는 형태로 훈련한다.
- 반대 쌍의 연습. 예를 들면, '나와 너', '우리' 혹은 거울 형태(서로 맞은편의 아이들) 같은 교육적 훈련
- 음악도 마찬가지다. 두 원으로 맞은편 상대와 짧은 춤추기
- 손 유희 훈련을 계속한다.
- 계절 순환을 시에 더한다.

3학년

이제 스스로와 주변 간의 구별을 보다 뚜렷하게 경험하는, 10세 아이

들의 심리학적 발달에 따라 오이리트미의 형태와 제스처가 만들어진다. 아이들은 주위 공간으로부터 보다 독립하는 방법을 배운다. 그러나 아이들이 지나치게 분리하는 것을 막기 위해 수축과 팽창을 주요 훈련으로 삼고, 이를 통해 추락의 충격을 완화한다. 나선형, 삼각형, 사각형을 포함하는 보다 복잡한 형태로 움직인다. 리듬은 말과 음악 작업 둘 모두에서 뚜렷해진다. 언어, 움직임, 훈련의 요소 간에는 보다 큰 차이가 있다. 한 해의 끝을 향하며(혹은 4학년에서), 음악적 작업으로의 첫 산책을 위해 장, 단조 3도 음정이 전면으로 나온다. 말소리도 이제 그와 같이 인식하고 전체 말의 상으로부터 분리된다. 따라서 아이들은 이제 개별 모음과 자음 형태를 배울 수 있다. 이런 과정은 4학년까지 이어지거나 그때까지 연기할 수도 있다.

수공예와 수공예인(-人) 과목을 집중수업 주제와 연결한다:

- 시와 음악의 리듬에 따르는 발걸음
- 이는 또한 삼각형과 사각형 같은 기하적 모양을 놀이 방식으로 특징지어 드러낼 수 있다.
- 다양한 움직임에 대한 특정한 모티프, 예를 들어 사대 원소, 지, 수, 화, 풍
- 음악과 말에 담긴 질문과 답을 인식하기(질문과 답의 나선형)
- 아이들은 이제 어떤 말의 제스처를 인식할 것으로 예상할 수 있다.
- 모음을 연습한다.
- 손 유희와 집중력 훈련의 계속
- 장조와 단조의 3도 음정에 대한 경험(이는 4학년까지 연기해도 된다.)

4학년

아이들이 유년기의 변곡점을 지나고 나면, 우리는 새로운 상상력과 도덕성의 심리학적 힘을 아이들과 발전시키고 훈련해야 한다. 모국어 수

업의 진행에 따라 언어에 대한 같은 종류의 경험에 이제 문법 요소가 등장하고 구별의 요소가 생기는데, 이는 오이리트미에서도 마찬가지다. 이로써 아이들은 문법을 이해할 뿐만 아니라 감성과 의지를 통해서도 받아들인다. 중심을 향하는 원의 움직임은 이제 대개 앞을 바라보는 움직임으로 바뀌고, 이는 공간에 대해 다른 감각을 가져온다. 독립성이 발달하고, 이는 모든 종류의 손 유희와 집중력 훈련 및 음정 훈련(장조, 단조, 3도 음정)에 수반한다. 오이리트미는 행동이 이해에 선행하기에, 문법 수업의 능동, 수동과 음악 수업의 장, 단조에 대한 모든 종합은 5학년에서 이루어진다. 아이들이 '악기로서의 인간 존재'를 경험함에 따라 이제 음악 오이리트미를 시작하기에 적절하다.

- 언어의 문법 요소는 공간 형태로 묘사한다.(명사, 동사, 능동/수동)
- 거울 형태를 계속하고, 막대 훈련은 민첩성과 손 유희를 더한다.
- 집중 훈련
- 시적 표현의 두운을 움직임과 리듬을 통해 탐구한다.
- 장, 단조 3도 음정
- 듣기, 움직이기, 박자와 음높이의 움직임에 대한 인식 학습
- 음정 듣기 훈련
- 특정 음조, 즉 다장조의 첫 제스처

이 해가 끝날 때 아이들은 여섯 방향 공간의 중심에 서야 한다.(장조-단조를 통한 오른쪽-왼쪽, 음높이를 통한 위-아래, 리듬을 통한 앞과 뒤)

5학년

문법 형태를 계속 다룬다. 이제 소리나 말의 제스처 모양 내기에 특히 중점을 둔다. 언어의 아름다움, 리듬, 형태를 훈련하고 경험하며, 이해할 수 있다. 인체의 기하학을 의식적으로 발견하고 오각 별꼴을 통해 경험

할 수 있는데, 이는 이전 수업에서 걸어왔던 형태와 같다. 아이들은 공간 적으로 경험하기 위해 이 형태를 걷는다. 역사 수업과 연결하여, 고대 문화의 글을 사용한다. 고대 문화 시대의 분위기를 다루고, 움직임과 제스 처의 성격적 형태를 통해 탐구한다. 외국어 수업의 시 또한 처음으로 오이리트미에서 다룰 수 있다. 음악 오이리트미는 이중 멜로디를 훈련한다. 집중력과 손 유희 훈련(예를 들면, 다양한 형태 요소를 통해 공간 속에서 빠르게 방향 잡기)에 생명을 불어넣고 자극을 준다.

- 보다 복잡한 형태(다양한 염주꼴, 별꼴), 디오니소스 형태에서 정점에 달한다. 예를 들어 나, 너, 그/그녀/그것 형태
- 다른 문법 형태
- 고대 문화에서 가져온 앞을 향하는 글로 형태 연습하기. 다양한 문화 시대의 성격을 음악, 제스처, 움직임을 통해 탐구하기
- 언어 오이리트미에서 외국어 다루기
- 집중력과 손 유희 훈련의 계속
- 다양한 장조
- 이중 멜로디와 돌림노래
- 모든 리듬을 걷기: 특히 그리스 리듬
- 슈타이너가 제시한 특정 교육 방법론적 훈련, 예를 들어 평화와 에너지의 춤(Peace and Energy Dance) 혹은 별들의 춤(Dance of the Planets)

6학년

기하학 수업과 함께, 다양한 기하 형태의 변형과 이동을 공간적으로 훈련한다.(삼각형, 사각형) 이런 훈련은 방향 잡기와 추상화 능력이 성장 하도록 지원한다. 이 나이가 되면 이제까지 당연하게 누려왔던 움직임 의 통일성이 점차 균형을 잃는다. 리듬과 대칭 훈련 및 음정 훈련이 협응

의 재창조를 도울 수 있다. 구리 막대를 사용하는 훈련은 아이들이 자신의 공간 차원에서 일관된 내면의 상을 형성하게끔 돕는데, 이는 협응만이 아니라 급격한 신체적 변화와 성장으로 인해 신체적 경계에 대한 감각을 잃을 수 있는 때에 운동 기관을 통합하도록 돕는다. 극적 요소가 이제 언어 오이리트미에 들어오고, 이는 아이들 마음의 삶이 풍성하고 깊어지도록 사용할 수 있다. 옥타브는 걷기, 뛰기, 말하기 제스처 및 음악의 일반적인 운동 자극으로서 표현한다. 모든 훈련은 움직임 계통의 협응과 정확성에 대한 주의를 담아야 한다. 6학년 교육과정을 성격화하는, 구조와 법칙의 로마 시대 주제를 모든 문법 형태에 대한 강조를 통해 오이리트미에 반영한다.

6학년부터는 오이리트미의 사회적 측면을 의식적으로 육성해야 한다.

- 문법 형태의 요소, 막대 훈련
- 기하 형태로 변형. 정면 방향의 훈련
- 오이리트미 제스처를 통해서 음계를 훈련하기
- 음정 제스처, 특히 옥타브를 걸음, 뛰기 등에서 상응하는 공간적 형태와 함께 다루기
- 한 제스처에서 다음으로 자신의 전환을 찾도록 아이들을 격려한다.
- 듣기 훈련, 예를 들면 장조와 단조의 음정을 알아차리기
- 완전한 문법 형태
- 어려운 집중 훈련, 예를 들면 걷기와 박수치기의 연속을 포함

7학년

영어 수업처럼, 아이들은 이제 오이리트미에서 언어 표현의 보다 섬세한 뉘앙스를 경험할 수 있다. 예를 들면, 조건절과 슬픔, 기쁨, 진지함, 그리고 무엇보다 행복 같은 마음 분위기에 대한 다양한 훈련이 있다. 기하학의 보다 복잡한 형태 변형은 외부 구조의 경험을 제공한다. 직립 자

세의 훈련을 의식적으로 진행한다. 이는 12학년까지 다양한 형태로 계속한다.

- 문법 형태의 요소는 극적 제스처를 통해 확장한다.
- 발 위치, 머리 위치, 예, 아니오. 8학년의 마음 제스처를 위한 준비가 된다.
- 오각형, 육각형, 칠각형, 팔각형의 복잡한 방식의 이동
- 집중, 발, 막대 훈련
- 장, 단조
- 음정 형태
- 해학이 있는 작품
- 음악/시의 악구(樂句) 부각하기
- 박자, 리듬
- 교육학적 훈련, 예를 들어 스스로를 바라보기, 세계를 바라보기

8학년

공간과 마음 요소를 표현하는 모든 양식은 보다 긴 극시(劇詩)로 통합된다. 오이리트미 움직임의 근본 법칙을 상급 학교에서 새로운 방식으로 쌓아갈 수 있는 지점으로부터 가져온다. 서정 가요와 해학이 있는 작품 및 그 강하게 대립하는 마음 분위기와 양극성은 이 시기 학생들의 내적 상황에 상응한다. 여기서 마음 제스처는 서정 가요의 '줄거리'를 성격화해야 한다. 그리고 아이들은 자신의 마음에서 이전에 겪어보지 못한 사춘기의 고통 속에 빠져 있다. 이들은 자신의 감성을 갖고 또 자주 혼란에 빠지며 부모로부터 독립하는 중이다. 마음 제스처는 이런 움직임과 마음의 분위기의 실재를 보인다. 우리는 모두 웃음, 지식, 그리고 또한 좌절과 탐욕을 느낀다! 음악 오이리트미에서 아이들은 보다 큰 집단으로 형태를 다룰 수 있고, 이는 사회적 인지를 육성한다. 장, 단조 간의 교환에

서 일어나는 긴장감은 이 시기 아이들의 삶에 상응한다.

- 팔로 수행하는 마음 제스처
- 서정 가요, 해학이 있는 작품, 음정 형태를 사용하는 음악
- 사고, 감성, 의지의 디오니소스 형태
- 장, 단조에 대한 집중적인 작업
- 기하적 변형, 막대 훈련
- 다양하게 변형한 집중력 훈련
- 교육학적 훈련, 예를 들면 외부가 이어져서…(The outer has succeed-ed…)

9~12학년

상급 학교가 시작할 때 방법상의 뚜렷한 변화가 있어야 한다. 갈고 닦은, 그리고 이제까지 알아차린 연습을 이제 다시 한 번 익히고 새로 만든다. 글과 음악 작품의 안무를 자유롭게 짜거나 움직임에 적용하는 법칙을 통해 작업한다. 목표는 두 가지다. 한편으로 움직임을 교육하고 움직임을-통한-표현으로 훈련한다. 다른 한편에서는 어린이들은 오이리트미를 '표현주의' 예술로서 수행하고 경험해나가야 한다. 두 관점은 서로 밀접한 관련이 있다.

교육 훈련의 측면은 집중력 훈련에서 보다 동적인 움직임으로 전환한다. 공간 속에서의 이동은 엄격한 기하 형태로부터 보다 자유롭고 예술적인 형태로 전환해야 한다. 학생들은 교사를 따라 하기보다, 스스로의 내적 동기와 형태를 창조하는 능력을 발휘할 것이다. 아이들은 다양한 요소를 보다 기민하고 독립적인 방식으로 다룰 수 있어야 한다. 9학년의 접근법은 학생 스스로의 관찰이다. 우리는 스스로에 있어 무엇을 표현해야 하는가, 그리고 환경으로부터 무엇을 경험하는가. 이는 우리를 둘러싼 환경

과 신체의 관계를 포함한다. 대조가 9학년의 열쇠다. 보트머 체조에서, 우리는 공간의 법칙, 무거움과 가벼움, 밝음과 어두움, 수축과 팽창, 기쁨과 슬픔 등에 대한 의식을 구축할 수 있다. 오이리트미 수업 자체는 장조와 단조, 조화와 부조화와 같은 강한 대조 속에서 구조화해야 한다.

9학년

- 말하기, 음악, 공간 속 움직임의 역동성. 양극성에 대해 알아간다.
- 다양한 시와 시인
- 스스로의 신체 구조와 기하에 대한 지각과 의식적인 사용
- 제스처의 독립적인 실행과 형성
- 새로운 요소: 조화 이루기
- 단조/장조 불협화음
- 학생들이 스스로의 형태를 만들고 공동의 형태로 발전시키며 공유하도록 이끈다.(안무 구성법)
- 기본 요소를 다시 다루기
- 삼원적(threefold) 걷기를 집중적으로 작업하고, 흘러서 이어가도록 하기
- 자유로운 리듬, 밝음/어두움, 시끄러움/부드러움 등
- 음악 오이리트미(tone eurythmy)에서 학생들은 음악의 다양한 목소리를 동시에 다룬다.
- 화음
- 선율이 강한 움직임
- 박자, 리듬
- 아침 시를 오이리트미로 표현할 수 있다.
- 초급 학교에서 수행한 모든 교육 방법론적 훈련의 재현을 보다 크게 의식하며 수행

10학년

- 인간과 세계, 개별 형태와 원의 대조에 대해 이해하고 포함하기
- 내, 외부 민첩성의 증가
- 집중수업 과목과 연결하기: 시, 역사(고대 문화)
- 제스처를 통해 마음의 경험을 표현하는 법 배우기
- 역동성이 '사고, 감성, 의지'와 그에 대응하는 표현의 심리학적 활동을 통해 보충된다.
- 춤에서 축제적 움직임으로
- 음악적 역동성; 9학년에서 배운 것의 연속과 차이
- 양극성의 훈련
- 삼원적 걷기
- 극적인 제스처
- 새로운 주제를 위한 기초 형태를 선택하고 의식적으로 연습하기
- 대명사, 서사시, 서정시, 희곡시를 위한 형태. 운문 형태, 운율 형태
- 보다 긴 음악 작품 다루기
- 고전적 형태(예를 들어, 론도(rondo))
- 함께 다루는 집단 형태
- 보다 미적인 요소로 수행하는 막대 훈련

11학년

독립적으로 움직임 갖추기: 개인 형태/환경

- 자유롭게 움직이기와 의식을 적용함으로써만 채울 수 있는, '비가시적' 이면 공간 만들기
- 양식적인 작업
- 오이리트미에서 점강법(漸降法, bathos)/파토스의 음악적 표현
- 집중수업 주제와 연결하기: 예술사에서, 특히 '아폴론적인 것/디오니

소스적인 것'. 그리고 예술 수업과 연계해서, 제스처 및 색 분위기의 형태

- 양극성
- 천문학: 행성의 움직임
- 혼자 하기
- 보다 어려운 음악적 해석
- 행성의 움직임. 다양한 양식의 시
- 색 움직임
- 고요한 형태
- 제스처의 언어
- 음색의 성질과 학습한 기초 요소를 구축하는 음정의 연습
- 문법과 마음 분위기와 연계한 발과 머리의 위치
- 교육 방법론적 훈련: 나는 언어를 사고한다(I think speech)

12학년

오이리트미를 통해 경험한 모든 표현의 가능성에 대한 개관

- 학생들은 스스로 집단 형태, 조명, 의상을 작업한다.(예술 작업 전체)
- 마음의 기구로서 스스로의 몸에 대한 장악
- 움직임, 분위기, 제스처 간의 구별
- 모든 양식의 훈련
- 현대 시 및 음악 작업의 예시
- 인간 존재와 세계 간의 관계에 대한 표현으로서 오이리트미
- 현대 예술로서 오이리트미 이해하기
- 인상주의와 표현주의의 종합으로서 오이리트미
- 황도대와 행성의 움직임(the Zodiac and Planetary movement)
- 루돌프 슈타이너가 제시한 열두 분위기(the Twelve Moods)

제15장

외국어

　슈타이너-발도르프 학교 외국어 교육의 목표는 다른 문화에 속하고 다른 언어를 쓰는 사람들에 대한 긍정적인 태도를 함양하고, 다른 사람의 시각과 세계관에 공감하는 능력을 통해 인간에 대한 보편적인 이해를 키우는 것이다. 외국어 학습은 개인에게 자신의 언어, 문화, 태도, 정신에 대한 새로운 관점을 제공하고, 따라서 학생들이 보다 다양한 방식으로 세계를 보도록 돕는다.

　따라서 외국어 교육의 목표는 복합적이다. 한편에는 듣기와 읽기, 말하기와 쓰기를 일정 수준으로 유창하게 구사하여 스스로를 표현할 수 있도록 하는, 다른 언어를 이해하는 능력을 갖추는 실제적, 실용적인 목표가 있다. 다른 한편에는, 학생들에게 해당 언어를 말하는 사람들의 일반적인 특성, 관습과 전통, 문학, 문화, 지리, 역사에 대한 소개가 있다. 세번째로, 외국어 교육의 교육 방법론적 목표는 특정 과목의 성질을 통해서 아이의 전체 발달을 보조하고, 다른 방식의 세계관에 대한 개인적 통찰을 제공하여 학생 각자의 관점을 넓히는 것이다.

　외국어의 구술 학습은 다른 사람의 말을 듣고, 말하거나 말하지 않은 의도를 따르고 파악하는 능력을 강화하는데, 이는 단순히 의미 수준이 아니라 언어에 대한 감수성을 모든 수준에서 강화하기 때문이다. 이는 보다 뛰어난 이해력, 균형 잡힌 판단의 형성, 공감 능력 등 복잡한 사회적 상황에서 필요한 모든 능력을 북돋운다. 최소한 두 가지 다른 언어의 구사는 유연하고 활동적인 사고 능력을 돕는데, 다른 언어는 경험의 다른 영역에 접근시키고 이는 곧 세계와 다른 사람에 대한 보다 큰 관심을 촉발하기 때문이다.

언어는 그 기본 성질상 삼원적이다. 언어는 자기 표현, 의사소통을 촉진하고 대화, 말하기, 듣기의 틀을 제공한다. 둘째로, 언어는 개념과 사고를 구조화하고 표현하는 수단이다. 이는 아이들이 자신의 경험을 지도처럼 그려낼 수 있게 한다. 구문 관계의 보편적 원리는 개인 간의 의미 전달만이 아니라, 한 언어에서 다른 언어로도 의미를 전환할 수 있도록 한다. 셋째로, 언어의 본성은 드러냄을 향한다. 언어에 대한 물질적 이해와 반대로, 슈타이너-발도르프 교육은 언어가 그 음성, 어휘, 구문 요소에서 그것이 기술하려는 대상의 실체를 표현한다고 보고 있다. 이것이 언어가 그렇게 강력한 형성적 힘을 갖는 이유다. 모든 언어에 공통적인 구문, 문법 구조에 대한 통찰을 얻으면 이후의 언어와 언어학 공부에 있어 좋은 기초를 갖추게 된다.

교수 방법

학교에서 외국어를 처음 접할 때는 경험과 맥락을 통해서 광범위하게 이루어지고, 이는 분석을 거쳐 점차 의식적으로 변한다. 구술에서 문자 언어로 내적인 진전이 있게 되지만, 구술 요소는 여전히 가장 중요하게 남는다. 구술성을 토대로 문해력을 구축해나감에 있어, 제스처와 상황이 매우 중요하다. 언어는 내면화하여 말을 이루는 움직임과, 보다 내면화해서 사고를 이루는 말하기 사이에 위치한다. 평범한 대화에서 주고받는 의미의 대부분이 비의미론(非意味論, non-semantic)적이기에, 제스처, 판토마임, 보디랭귀지에 특히 중점을 두고 구술성의 모든 비언어적 영역을 교육과정 전반에 걸쳐 중요하게 다룬다.[1]

언어를 집중적으로 다룸으로써 세계에 대한 아이의 정서적 반응을 조화시키고 확장한다. 학생들은 보다 분명하게 말할 뿐만 아니라, 더 많이 말하게 된다. 따라서 외국어 학습 과정은 아이의 발달적 요구를 충족할 수 있고, 사회적 능력을 발달시키는 한편 개인화 과정을 수행하는 능력들을 계발할 수 있다.

언어의 본성 그 자체를 통해, 그리고 교수 방법이 언어와 언어 습득의 내적 원리를 따른다고 가정하면, 아이는 스스로 존재로서 언어 자체의 존재와 교류한다.

학교에서 보내는 첫 3년 동안 아이는 수업 맥락을 통해 언어의 구술성 속에 푹 빠져들고, 외국어 수업의 전반은 이를 수행한다. 아이들은 다양한 활동, 구술적 교환(인사, 매일의 상황에서 일어나는 질문과 대답), 운문, 시, 수 세기 운율(counting rhyme),● 줄넘기 구호(skipping chant), 노래, 그리고 번역이나 설명 없이 언어의 흐름 속으로 이끌리는 놀이를 만난다.

우선 첫 서너 번 동안 레퍼토리를 형성하고 나서, 새로운 대상을 소개할 때는 정기적으로 반복하고 변화를 통해 확장한다. 구술 작업과 마찬가지로 아이들은 스스로 상황을 생생하게 만들어간다.

듣고 반복하는 모든 것을 아이들이 지적으로 이해할 필요는 없다. 열한 살 혹은 열두 살이 지나면 발성 기관의 적응과 그에 대응하는 신경 조직이 훨씬 더 형성되고 그에 따라 변형성이 떨어지기에, 이 시기에 외국어의 기초 억양 패턴에 대한 감각을 발달시키는 방식은 이후에 똑같이 수행하기 훨씬 어렵다. 이는 슈타이너-발도르프 언어 교육 방법론에

● rhyme은 정확하게 표현한다. 각운(脚韻)이다. 그러나 각운 외에도 아이들이 놀이처럼 펼쳐보이는 다양한 운율을 모두 포함하기 위해 운율이라 번역했다.

있어 중요한 요소다.

수업은 전적으로 구어, 지시(이것을 하라, 저것을 하라.), 질문과 대답의
교환, 노래와 외워서 낭송하기(즉, 글을 보지 않고)를 통해 이루어지고, 대
개 제스처, 판토마임, 그림과 함께 진행한다. 주고받는 대화 전체를 외워
서 배울 수 있고, 어휘와 문법 구조에 대한 앎은 추상적이고 도식적인 방
식이 아니라, 말하자면 *자연스럽게* 확장한다. 사실 첫 3년 간 아이들은
모든 주요 문법 요소를 구조적으로 접하고 무의식적으로 훈련하며, 자주
쓰는 어휘를 광범위하게 구축한다. 움직임 교육과정이 아이가 바깥에서
움직임의 흐름 속으로 들어가도록 돕듯이, 언어 수업 역시 아이들이 언
어의 흐름에 참여하도록 돕는다. 이는 아이들의 언어 기관(지각과 발성 기
관)을 형성하고, 활발한 상황적 어휘를 기억에 구축하고, 표현, 숙어, 강
세의 습관적 구조를 형성한다. 요약하면, 아이는 언어의 흐름으로 들어
선다. 이후의 단계에서 이 흐름은, 움직임 교육과정 속에서 깨어난 의식
과 능력을 통해 다시 돌아보게 된다.

3학년이 끝날 때 아이들의 어휘는 몸의 부위, 의류, 매일의 가정 혹은
학교 생활과 관련한 활동을 기술하는 표현, 교실이나 집에서 볼 수 있는
대상, 색, 하루의 시간, 요일, 달(month), 계절, 전형적인 계절 상태, 흔한
교통 수단, 익숙한 직업과 무엇을 하는지, 자연의 흔한 현상—식물, 동물
등을 포함하고, 위에 기술한 어휘를 사용해서 간단한 질문을 묻고 답할
수 있다. 이들은 또한 동사, 시제의 주요 형태를 알맞게 사용하고, 인칭
대명사, 방향을 가리키는 전치사, 형용사와 부사 일부, 흔히 쓰는 의문사
에 친숙해진다.

이 수준의 평가는 교사가 기억, 발음, 말하려는 용기의 관점에서 학급
속 개인이 드러내는 잠재력을 관찰하는 것이고, 이를 담임교사 및 부모
와 논의하게 된다.

4학년 또는 5학년에서는 언어 학습을 보다 의식적으로 진행하는데,

아이들이 진입하는 새로운 발달 단계에 발을 맞춘다. 아이들은 이미 배운 것을 계속해서 연습하면서 동시에 쓰기와 읽기를 시작하고, 언어의 구조와 철자법을 알아간다. 첫 3년의 교육을 통해 가슴과 귀로 배운 것을 그려보면서, 아이들은 이미 알고 이해한 것을 쓰기 시작한다. 아이들은 음가(音價)와 문자를 구축한 후, 낯선 글로 넘어갈 수 있다.

책을 쓰는 방식과 자료의 사용은 담임교사가 형성한 패턴을 따른다. 사실 외국어 학습의 모든 단계에서 긴밀한 협력이 필수적인데, 학급 운영 기술과 습관 및 특히 문법 교육에 있어 그렇다. 외국어 교사는 담임교사가 구축한 모국어의 문법 개념을 토대로 삼아야 한다. 집중수업에서 기초 기술을 구축하고 나면, 농업 혹은 산수 같은 집중수업에서 논의한 주제를 외국어 수업에서 다시 등장시킬 수 있다.

경제성의 관점에서, 집중수업의 특정 주제를 다른 과목 수업에 맡기는 것 또한 가능하다. 예를 들면, 지리학과 역사에 관련 있는 부분을 외국어 교사가 다룰 수 있다. 그러나 외국어 수업을 감당할 만큼 충분히 탄력적인 작업 습관과 행동 기준을 담임교사가 형성하는 것이 협력의 주된 목표다. 비로소 자의식이 발생하는 나이에서, 스스로를 외국어로 표현하기 위해 학생들이 엄청난 양을 힘들게 배워야 한다는 큰 부담을 고려하면, 외국어 교육의 과제는 좋은 협동에 달려 있다.

한 언어의 단어는 그 언어를 말하는 사람들이 세상을 바라보는 방식의 일부를 담게 된다. 따라서 한 사물이나 개념에 있어 한 언어에서 다른 언어로 의미상 구별되는 차이를 전할 수 없는 말이 항상 있다. 이런 이유에서 가능하면 직역을 피한다. 이에 따라 종합적 이해를 갖추기 위해 제스처, 그림, 움직임, 직접적인 상황 경험 혹은 낱말 놀이(word-game)에 의지한다. 아이 마음속의 소리, 말, 내용을 연결하는 적절한 내적 상을 일깨우기 위해서 교사의 뛰어난 상상력이 필요하다. 그러나 이 노력은 학생의 강한 정서적 반응을 통해 충분히 보상받을 것이고, 이는 단기 기억 혹은 '목록으로 이루어진' 어휘가 아닌 전반적인 장기 기억으로 이어진다. 단어 그 자체는 상대적으로 쓸모없다. 단어는 유용한 문법 구조, 즉 변할 수 있는 전체 문장 속에 자리해야 한다.

주제의 선택과 이를 다루는 속도는 학급의 역량에 대한 교사의 평가에 달려 있지만, 보통 학교와 가정, 가족, 날씨 등에 대한 간단한 대화를 포함한다. 수, 시간, 계절, 하루의 시간, 읽을거리의 내용, 혹은 학급이 관심을 갖는 최근의 사건에 대한 질의 응답 시간도 있다. 활동은 대개 시 낭송과 말하기 연습, 노래하기, 단수, 복수, 동사 형태(암송하고 암기한), 다양한 시제에서 동사의 활용 같은 문법에 대한 토의, 역사, 지리학, 문화의 측면을 담는다.

아이들은 중급 학교에서도 언제나 교육의 심장으로 남는 구술 작업을 이어간다. 이를 종종 짧은 연극이나 장면을 연기하는 형태로 수행한다. 읽기 자료는 아이들이 문자에 가까워지고 친숙한 문장을 읽을 수 있는 때인 5학년에서 보통 소개하고, 어휘 작업을 위한 초점을 형성한다. 또한 아이들은 체계적인 어휘 목록과 함께 자신의 참고 도서를 구축하는데, 대개 주제, 문법 규칙, 어형 변화(語形變化, declension)를 보이는 표로 분류한다. 발도르프 교육과정은 정해진 문법 교과서보다 이런 방식을 선호하는데, 교사는 소개할 주제의 순서에서 훨씬 유연해지고, 아이들이 스스로의 작업을 통해 규칙을 정립함으로써 기억에 도움을 얻기 때문이다. 또한 반드시 알아야 하는 문법의 양을 제한할 수도 있다. 문법은 중급 학교에서 '반드시 알아야 하는' 기초 수준으로 축소한다.

아이들은 종종 모든 시, 운문, 노래, 학습한 연습을 기록할 별개의 책을 지닌다.(예상치 못한 교사의 변경이 있을 경우 대단히 귀중하다.) 또한 교실과 집에서 연습한 쓰기 작업을 담은 연습 책(exercise book)을 갖는다. 교과서는 사용하지 않으나, 사전은 아이들이 그 사용에 익숙해지는 6학년 혹은 7학년 말에 소개한다.

블록 학습

높은 수준의 언어 능력을 위해서 학교는 3주 간의 수업을 제공해야 한다. 상급 학교에서는 4주로 늘어날 수 있다.

몇몇 학교는 블록 학습을 도입하고 있다.(대개 5학년 이후에) 이는 주 간 시간표상의 모든 언어 수업(6시간이어야 하고)을 하나의 언어로 진행하는 3~4주의 블록 기간을 갖는다는 것을 뜻한다. 이 발상은 연속성을 구축하고 그 후에 한 언어가 일정 기간 휴식을 취하기 위함이다. 이 방법의 옹호자와 반대자들이 득실에 대해 토론했지만 명확한 결과는 없다. 그 소득이 교육의 질에 달려 있다는 점은 분명하다. 좋은 교사는 연속한 18~24회의 수업을 이어갈 수 있겠지만, 아마 통상적인 수업 계획을 통해서도 마찬가지일 것이다. 질병으로 인한 교사나 학생의 장기 부재에 따른 실제 손실은 연속성의 혼란을 야기할 수 있고, 교사의 변경 또한 마찬가지다. 중급 학교 학급에서 새로운 교사가 매일 학생들을 가르쳐야 한다면 적응에 곤란을 겪을 수 있다. 블록은 프로젝트 작업에 알맞지만 학습의 일관성에는 그렇지 않다.

좋은 언어 학습을 위한 전제 조건

언어 학습은 학생들이 활발하게 참여하고 자신의 수준에서 도전할 수 있는 그룹 규모로부터 도움을 얻는다. 상상적, 예술적 교육 또한 도움이 된다. 슈타이너-발도르프 학교의 외국어 교사는 해당 언어가 유창하고 그 시와 문학을 말하고 읽기를 사랑할 뿐만 아니라, 그 언어를 말하는 문화에 깊은 관심을 보여야 한다. 그리고 무엇보다도 이들은 언어와 아이 발달의 본성에 대한 인지학적 이해에 정통하고 말하기, 제스처, 희곡, 마임에 숙련되어야 한다. 이런 배경이 없다면 제시한 방법을 수행하기 매우 어려울 것이다. 이는 아이들에 대한 깊은 책임감만이 아니라, 이해나 훈련 없이 가르치려는 많은 경험 없는 교사들에 대한 지적이다.

학년별 주요 초점의 요약

1~3학년: 언어의 기초 구축, 언어에 대한 사랑 형성하기, 기초 어휘, 모든 문법 구조를 무의식적으로 훈련, 의사소통

4~6학년: 학습한 모든 내용을 의식으로 끌어오기, 1~3학년에서 구술적으로 배운 것을 쓰기, 구축한 것을 확장하기

7~9학년: 새로운 것 배우기, 스스로 방향을 정하는 학습법, 문학을 읽는 즐거움, 비교 언어 연구에 대한 앎 일깨우기. 다른 언어를 사용하는 사람들의 땅, 역서, 문화 발견하기

10~12학년: 언어의 영과 다른 언어를 사용하는 사람들의 민족혼 다루기

독일어

1학년

아이들은 대개 모든 것을 놀람과 동감의 분위기 속에서 받아들인다. 전체 학급이 모든 것을 하나의 합창으로 반복하려는 경향이 강하지만, 이것이 각자 혼자 말하기를 방해해서는 안 된다. 한 해가 끝날 때 각 아이는 학급에서 배운 모든 것을 숙달해야 한다. 상당한 반복이 있어야 하고 배운 모든 것은 그와 같이 철저하게 수행해야 한다.

- 이야기 노래(예를 들면, 잠자는 숲 속의 공주(Dornröschen)/꼬마 한스 (Hänschen klein))
- 동작을 포함하는 운문과 노래(예를 들면, Zeigt her eure Füsse)
- 손가락 놀이
- 간단한 지시에 맞춰 행동하기(일어나(steh auf), 이리 와(komm mal her))
- 수 세기(기수)

- 몸의 부위, 매일의 활동(먹기, 씻기, 옷 입기), 색 이름 말하기
- 맥락에 따른 적절한 전치사 사용을 강조하기
- 간단한 대화에서 사용하는 구문(예를 들면, 어떻게 지내?(Wie heist du?)—나는⋯(Ich heisse⋯), 어디에 사니?(Wo wohnst du?)—내가 사는 곳은(Ich wohne in)(10.8pt)
- 어휘의 개별 구조나 대상을 반복하는 놀이(예를 들면, 너 혹시⋯?(Hast du⋯?) / 그것은⋯?(Ist es⋯?)(10.8pt)
- 이야기를 듣고 이를 배우기

1학년이 끝날 때, 아이들의 능동 어휘는 다음을 포함해야 한다.
- 주요 색
- 교실의 주요 물품
- 몸의 부위
- 요일과 계절
- 20까지의 수

또한 아이들은 간단한 지시와 기초적인 질문에 답할 수 있어야 한다.

2학년

이 나이에는 강한 이원적 요소가 필요하다. 예/아니오(ja/nein), 질문과 대답, 나/너(ich/du). 아이들은 1학년 때보다 더 소통하려고 한다. 이들은 실제 상황에 가장 잘 반응하는데, 원어민 손님이나 실제 요리법 만들기 등이 그렇다. 가르침은 수업 구조와 활동의 본성 모두에서 조용히 집중하기(소리, 정확한 발음 등)와 생생하게 참여하기 간의 강한 대비와 함께 강한 리듬 요소를 포함해야 한다. 시끄러움과 조용함, 말하기와 듣기 간의 역동적인 균형이 있어야 한다. 또한 흔한 주제에 대한 여러 변형이

있어야 한다.(예를 들어, 질문에 대해 끊임없이 변할 수 있는 대답, 어떻게 학교에 오니?(wie kommst du zur Schule?))

- 1학년에서 진행한 활동을 이어가고 그로부터 확장한다.(예를 들면, 시/ 민요/교실의 물품/지시 등)
- 기수와 서수의 암송
- 1년의 월(月)과 아이들이 태어난 달
- 자연에 대한 어휘(산, 강, 나무, 꽃, 달 등)
- 의류와 관련한 물건(예를 들면, 인형의 노래(Hampelmann-Lied))
- 매일의 반복 활동(예를 들면, 나는 옷을 입는다/씻는다(Ich ziehe mich an/wasche mich))
- 간단한 이야기 듣기, 이야기를 연기하기 등
- 스스로에 대해 말하기, 예를 들어 생일, 나이, 가족(예를 들면, 나는 형제 가 한 명 있다.(Ich habe einen Bruder.) 등)
- 문장 형태 속의 'sein(his)'과 'haben(to have)'의 형태(예를 들면, '나는 왕이다, 너는 왕비다, 그는 왕자다.(Ich bin der Konig, Du bist die Königin, er ist der Prinz.)' 등)

2학년이 끝날 때, 대부분의 아이들은 아래의 내용을 할 수 있다.
- 달(月)을 안다.
- 다양한 자연의 대상을 안다.(산, 해, 달, 나무 등)
- 기수를 100까지, 서수는 10까지 안다.
- 스스로에 대한 간단한 질문에 답한다. 예를 들어 몇 살이니? 생일이 언 제니? 어디에 사니? 형제/자매가 있니?(Wie alt bist du? Wann hast du Geburtstag? Wo wohnst du? Hast du einen Bruder / eine Schwester?)
- 형제/자매/엄마/아빠의 이름은 무엇이니?(Wie heist dein Bruder/ deine Schwester/deine Mutter/dein Vater?)

- 간단한 문장 구조를 적용한다.(예를 들면, Ist es…?/Hast du…?/Ich möchte…)
- 간단한 이야기를 따라간다.
- 주변의 여러 물품의 이름을 말하거나 가리킨다.
- 여러 노래, 운문, 운율을 외운다.

3학년

재치(wit)는 그 두 가지 의미 모두에서 이 해의 핵심이다. 아이들은 언어와, 발음과 의미 모두의 뉘앙스를 위한 감성을 훨씬 더 강하게 갖는다. 이들은 학습을 위해 보다 길고 다양한 글을 요구한다. 아이들은 스스로 학습하고 홀로 역할을 수행할 수 있는, 재밌는 장면이나 짧은 연극의 연기를 즐긴다. 이 해는 또한 다음 해의 학습과 문해력의 도입을 집중적으로 준비하고자 한다. 글을 배우고 이후에 이를 쓰기로 진행하고, 문법의 핵심 요소를 말을 통해 먼저 제시한다.(관사의 사용, 동사 어미와 인칭대명사, 단/복수 형태, 심지어 단어의 종류까지, 영문법에서 배워온 것들) 말하기 연습, 발음이 어려운 말, 수수께끼와 아름다운 시의 낭송이 매일의 식단이다.

- 대화 연습을 지속
- 주제는 수, 색, 장소(동네, 마을, 도시, 국가), 운송 수단, 옷, 시간(시계), 보다 복잡한 명령, 음식, 속담과 간단한 이야기를 포함한다.
- 희곡 형태 이야기 속의 개별 역할을 연기하고 배우기
- 그림을 '받아쓰기'
- 문장 구조 속 동사 형태와 시제(예를 들어, 농부는 곡식을 벤다, 석공이 집을 짓는다, 당신은 우리에게 빵을 만들어준다.(Der Bauer mäht das Korn, die Maurer bauen ein Haus, du backst uns Brot.))
- 문법 형태를 연습하기 위한 운문(예를 들면, 시제)
- 주요 전치사의 사용을 배운다.

- 의문사의 사용을 배운다.
- 맥락 속의 인칭대명사를 배운다.

언어 사용에 보다 주의를 기울여야 한다. 아이들은 다음을 수행한다.
- 음식, 의류, 가구의 기초 물품에 친숙해진다.
- 교통, 장소, 방향의 형태에 친숙해진다.
- 하루의 시간(아침, 저녁 등), 시계(시, 4분의 1시간, 분)에 친숙해진다.
- 다른 성(性, gender)을 인지한다.
- 말하기에 보다 적극적으로 참여한다.(예를 들면, 교사가 다시 들려주는 이야기의 다음 부분을 이어 말하기)
- 연습한 구조를 보다 자유롭게 적용한다.
- 가장 흔한 의문사를 인식한다. 누가, 어떻게, 무엇을, 언제, 어디서(wer, wie, was, wann, wo)
- 주요 공간 전치사를 맥락 속에서 사용한다. 집 안에서, 탁자 위(in dem Raum, auf dem Tisch) 등
- 주요 인칭대명사를 인식한다.(나, 너, 그…(ich, du, er…))
- 소유 형용사를 인식한다.(나의, 너의…(mein, dein…))

4학년

열한 살 즈음에 아이들은 새로운 수준의 자의식을 갖는다. 이들은 집 단적으로 학습한 것을 훨씬 개인화해야 한다. 이전까지 외국어가 의식 과 집단 기억 속에 축적되었다면, 이제 보다 개인적인 받아쓰기(noting down)를 통해 쓰기를 소개한다. 더 나아가서, 이 나이의 아이들은 주변 과 자신의 작업에 보다 강한 감각 혹은 질서를 요구한다. 수업의 체계적 인 구조, 좋은 계획(특히 담임교사, 오이리트미 교사, 언어 교사 간의 긴밀한 협 력이 핵심적이다.), 그리고 그중에서도 개별 학생에 대한 주의가 필요한데,

문해력을 도입하면 어떤 학생들에게서 이전에는 드러나지 않았던 약점을 부각시키기 때문이다.

외국어 쓰기는 첫 세 학년 동안 외워서 익힌 소재를 사용해서 소개한다. 아이들은 이미 알고 있는 어휘의 인식을 배운다. 출력한 읽기 자료를 소개하기 전에, 이들은 스스로 쓴 것을 읽는다. 그 문자로 표현한 독일어 소리, 즉 그 독일어 이름과 영어 이름 간의 차이를 구별하기 위한 문자의 소개에 주의를 기울인다. 시간이 걸리더라도 이 단계에서 모든 내용을 명확하게 하는 것이 이후 몇 년 동안 반복적으로 교정하는 것보다 낫다. 쓰기와 읽기 모두 많은 연습이 필요하다. 모방과 반복이 여전히 중요한 역할을 수행하는데, 아이들은 특징적인 철자법 형태, 어형 변화(inflection)를 인식하기 시작해야 한다.(어미, 복수형 등)

어휘 목록은 단어족(單語族, word family)(몸의 부위, 교실, 계절, 색, 간단한 지시와 질문 형태와 같은 특정 주제에 연관된 핵심어)으로 구성할 수 있다. 이 목록은 외국어에서만 필요하고, 적절히 설명할 수도 있다. 단어 대 단어의 번역은 이 단계 학생들에게 필요하지 않다. 가능한 한 명사는 문장 속에서 적절한 동사 형태와 간단한 형용사와 함께 배워야 한다. 전체 문장을 쓴 후에는, 명사와 동사를 서로 다른 색으로 밑줄치는 것도 도움이 될 수 있다. 이런 어휘의 쓰기는 말을 배우는 긴 과정의 마지막이다. 어휘를 훈련하는 효과적인 방법 한 가지는 친숙한 단어를 사용해서 간단한 이야기를 요약하는 것이다. 아이들은 두세 문장을 따와서 이야기의 기초적인 개요를 만들 수 있다. 글은 가능한 한 많은 반복을 포함해야 한다.

쓰기 훈련은 칠판의 내용을 베끼는 것 외에 간단한 받아쓰기를 포함할 수 있다.(두 문장을 외우고 받아 적을 수 있다.) 받아쓰기를 할 때, 아이들은 먼저 원래의 글을 접하고, 그러고 나서 어휘를 완전히 학습한 후에만 '보지 않고' 받아쓰기를 할 수 있다.

4학년에서 기초적인 문장 구조를 배우고, 명사와 간단한 동사 형태를 훈련한다. 예로 드는 문장은 교실에서 일어나는 대화에 가까운 범주로부터 가져온다. 노래 암송, 간단한 대화, 단어 게임을 수업의 기초로 지속한다. 아이들이 문법 형태가 지시하는 바를 정말 이해하는지 반드시 주의 깊게 살펴야 한다. 이들은 핵심적인 규칙(즉, 문법 교과서에서 흔히 제시하는 것이 아닌, 실용적인 규칙)을 스스로 형성해야 한다. 독일어 문법에 대한 토의는 영어로 수행해야 한다.

구술 작업은 말하기 훈련, 운문, 시, 노래 및 질의 응답 시간을 통해 생생하게 이어가야 하고, 점차 아이들이 그룹 속에서 서로를 향해 말하도록 한다. 이제 아이들이 말하는 모든 것을 이해해야 한다. 이를 촉진하기 위해 일종의 순차 통역을 훈련할 수 있고, 이는 내용을 개략적으로 구성한다는 것을 의미한다. 이 방식을 통해 아이들은 다른 아이가 말한 바를 '통역'해볼 수 있다. 이는 직역을 의미하는 것이 아니라, 다른 사람의 말에서 요점을 찾는다는 뜻이다.

4학년에서 아이들은 대개 집중수업 활동에서 사용한 형태에 밀접하게 기반해서 책을 다루는 활동을 소개받는다. 이 손으로 쓴 책은 교과서에 상응한다. 처음에는 간단한 쓰기 훈련을 위해 한 권의 집중수업 책이면 충분하다. 후에는 시와 노래를 위한 책, 어휘와 문법을 위한 책을 나눠 가지는 것이 유용하다. 자신이 쓴 글을 예술로 이어지는 핵심적인 기술인 음악의 연습곡과 같이 보도록 아이들을 격려해야 한다.

상황 놀이, 작은 연극, 알아맞히기 놀이 등은 여전히 수업의 중요한 부분을 이룬다.

- 아이들은 작년에 배운 운문, 시, 혹은 노래를 적는다.
- 알파벳 및 철자법과 짧은 받아쓰기를 연습한다.
- 문법의 첫 도입은 다음을 포함한다. 흔한 동사의 현재 시제 형태와 인칭대명사(다른 시제는 글의 문맥 속에서 읽을 수 있다.), 품사, 명사와 관사, 복수형과 흔한 형용사, 전치사 in, an, aus, auf, über, unter, vor,

hinter, zwischen, 간단한 문장 형태(주어와 목적어), 단수와 복수형 동사 어미와 함께 단수 및 복수형 명사의 사용(아이가 노래를 부른다; 아이들이 아름다운 노래들을 부른다.(Das Kind singt ein Lied; Die Kinder singen schöne Lieder.))

- 의문사를 계속한다.
- 동물, 날씨, 집안의 물건 등에 대해 기술한다.
- 아이들은 계절과 자연의 시를 계속 배우고 암송한다.

한 해가 끝날 때, 아이들은 다음을 해야 한다.
- 독일어 알파벳을 안다.
- 자신의 이름과 몇몇 흔한 말의 철자를 안다.
- 연습한 말과 문장을 정확히 읽는다.
- 간단한 기술을 할 수 있다.
- 명사, 동사, 형용사를 인식한다.
- 현재 시제의 동사 형태를 안다.
- 몇몇 흔한 명사의 성별을 안다.
- 몇몇 흔한 명사의 복수형을 안다.
- 스스로 간단한 문장을 구축할 수 있다.

5학년

이 나이(열두 살)에서 아이들은 리듬이 강한 기억을 가져야 한다. 이 나이의 아이들은 많이 배울 수 있고, 배워야 한다. 또한 이 나이에서는 언어의 아름다움을 육성할 수 있다. 아이들이 느끼는 언어의 즐거움은 핵심적이다. 그리고 이로부터 언어 능력을 구축하기 위해 가능할 때마다 아이들 스스로 창조적 상상력을 불러내야 하고, 이는 심지어 적합한 숙제를 고안할 때조차 그렇다. 수업은 결코 지루하면 안 되고, 이를 피하기 위해 활발하고 다양한 속도로 구성해야 한다. 아이들은 제법 긴 시의 암송을 즐기고 복잡한 돌림노래를 부를 수 있다. 4학년에서 배운 간단한 구조로부터 구축하면서, 아이들은 문법에 대한 이해를 강화한다. 어휘는 이제 의식적으로 학습한다. 첫 번째 읽기 자료를 소개할 수 있다. 창의적 글쓰기를 위한 첫 발을 뗄 수 있는데, 자연의 분위기나 동물 같은 주제에 대해 시 쓰기를 포함한다.

구술 작업은 질의 응답 대화, 말하기 훈련과 암송하는(그리고 반복을 통해 배우는) 여러 다양한 시를 포함한다. 그 내재적 가치를 떠나서, 시 암송은 분명한 발음과 문장 운율의 육성 및 숙어 형태의 어휘를 강화하는 좋은 방법이다. 이런 시(계절, 이야기 등)의 내용을 자세하게 설명할 필요는 없다. 간단하지만 상상적인 소개가 충분하다.

어휘가 점점 다양해짐에 따라, 짧은 이야기 쓰기처럼 알고 있는 말을 상상적으로 사용하도록 아이들을 자극해야 한다. 말 그 자체의 관심을 일깨우기 위해 아이들이 사람, 장소, 상황에 대한 생생하고 특징적인 묘사를 듣고 읽도록 해야 한다.

읽기 자료에 나오는 어휘는 본문의 새로운 부분을 다루기 전에 소개해야 한다. 다른 주제 또한 그 필요가 발생할 때 소개해야 한다. 읽은 글이나 다른 주제에 대한 간단한 종합적 질문은 먼저 학급 전체가 말로 연습하고, 그 다음에 개별적으로 묻는다. 그때에만 질문을 글로 제시할 수 있다. 이런 질문과 그 변형은 숙제, 받아쓰기 등의 내용을 이룰 수 있다.

새로운 문법 구조를 소개하고(영어로), 훈련하고, 이해한 후에, 핵심적인 규칙에 대한 간단한 진술을 특별히 간직하는 책에 써야 한다.(이상적으로는 학생 스스로의 공식화를 통해)(영어로) 이 규칙들은 다른 연습 책과 분리해서 보관하는 것이 바람직하다. 스스로 만드는 문법 책은 5학년부터 시작할 수 있고 8학년까지 사용한다. 이때부터, 문법은 독일어와 영어를 비교하는 방법을 통해 보다 의식적으로 다루게 된다.

읽기를 사랑하도록 격려해야 한다.

연극은 항상 그렇듯 학급의 관심을 일으키는 최고의 수단이다.

- 노래/시, 연극, 이야기
- 학급 읽기 자료를 사용해서 읽기 연습하기
- 말하기와 쓰기 모두를 통해 이야기에 대한 간단한 질문에 답하기
- 강동사(強動詞, strong verb)를 말로 훈련하기
- 문법: 동사의 시제, 격(대격/여격), 전치사, 기초 부사와 시간, 방식, 장소의 부사 표현, 문장 구조(예를 들면, 법동사/종속절과 함께)
- 읽기 자료 및 주제에 연관된 어휘의 체계적인 구축, 어휘 시험, 정기적인 받아쓰기

한 해가 끝날 때, 아이들은 다음을 해야 한다.

- 글의 간단한 질문에 대답할 수 있다.
- 이야기의 작은 부분을 자유롭게 다시 말할 수 있다.
- 학습한 동사의 현재, 과거, 미래 시제를 사용하고 구별할 수 있다.
- 영어와 독일어로 다양한 문장 구조를 인지할 수 있다.
- 부사의 위치를 안다.

6학년

6학년은 사춘기의 시작을 알린다. 언어의 개념적 구조와 이제까지 배운 것과 배우지 않은 것의 체계적인 개관을 통해 아이들의 지적 능력을 일깨워야 한다. 이들은 얼마나 배워야 하는지, 한 달, 한 학기 동안 얼마나 배울 수 있는지 논의할 수 있어야 하고, 아이들은 발달의 실제 증거가 필요하기 때문에 이를 정기적으로 돌아봐야 한다. 우리는 무엇을 배웠는가? 그리고 우리가 배우지 못한 것은 무엇이고 그 이유는 뭔가? 이것이 효과적이지 못할 때, 아이들은 나쁜 행동으로 반응하고 자신의 학습 능

력에 대한, 혹은 교사의 교수 능력에 대한 의심을 드러낸다! 이들은 어휘를 보다 의식적으로 학습할 수 있는 방법을 배워야 한다.

이 나이에서 학생들은 동사의 활용표, 명사의 어형 변화, 형용사, 주격, 여격 등과 같은 용어의 사용을 유용하게 배울 수 있다. 달리 말하면, 6학년에서는 순서와 구조 및 뚜렷한 계획이 중요하다!

극적이고 영웅적인 시와 많은 유머는 말하기 작업에서 핵심적인 요소다. 짧은 극적인 장면을 연기할 수 있다. 구술 작업을 통해 숙어 표현과 일상 대화의 어휘를 가능한 한 많이 엮어낼 수 있다.

지리학과 특징적 일화, 역사적, 신화적 인물이 6, 7, 8학년의 중심 주제를 이룬다.

문법과 어휘의 토대를 일정 수준으로 갖추고 난 후에, 독일어로 스스로를 보다 자유롭게 표현하도록 학생들을 격려한다. 편지, 간단한 기술, 일기, 이야기의 요약은 쓰기 훈련의 소재를 이룰 수 있다.

이 나이에서 교사는 한 학급 내의 능력에 대한 상당한 편차를 고려해야 한다. 다양한 수준의 학습 필요를 맞추기 위해 훈련을 차별화해야 한다. 그러나 분반은 필수적이지 않다. 15명 정도의 작은 그룹은 분명히 아이들에게 상대적으로 도움이 된다. 학급은 같은 그룹으로 나누거나 그룹 작업을 수행하는 능력에 따라 나눌 수 있다. 이 나이에서 언어 능력 그룹으로 나누는 것은 그 단계를 고려할 때 비생산적이다. 그러나 언어에 대한 선행 지식 없이 이 단계에서 학교에 들어오는 아이들은 현실적으로 학급에 참여할 수 있기까지 분리해서 가르쳐야 한다.

- 노래/시(극적인 특성의)
- 극적이거나 유머러스한 특성의 짧은 대화를 즉석에서 짓기 혹은 배우기
- 이야기 읽기, 학급 읽기 자료의 사용과 개별적인 읽기의 허용 사이의 균형이 필요하다. 이 나이에서 학급이 같이 읽기는 짧아야 한다.(읽기는

항상 학급에게 주어진 구체적인 과제, 즉 글 속에서 무엇을 찾기, 혹은 심지어 어떤 특정 단어가 자주 등장하는지 관찰하기에 도전할 때 도움을 얻는다.)

- 일상 대화와 이야기를 토대로 한 질문과 응답
- 문법: 형용사의 비교, 소유격과 여격의 사용과 형태. 한정적 형용사의 강하고 약한 어형 변화, 능동/수동태의 사용과 형태, 주절의 단어 순서와 복합 문장, 명사 성별에 대한 규칙
- 문법 책을 참고 자료에 따라 최신으로 유지하기
- 어휘 목록을 성별과 복수형과 함께 관리하기. 이제까지 다룬 문법 돌아보기
- 지리학: 독일 지리학, 스위스 혹은 오스트리아를 6학년에서 할 수 있다.(예를 들면, 가상의 여행 형태로) 다양한 지역의 지리학적 주요 속성에 대한 기술 통합.(예를 들면, 알프스, 전(前) 알프스, 슈바르츠발트, 바이에른, 라인강 계곡, 북독일 평야, 튀링겐, 북해와 발트해안 등) 그 경제와 도시, 지역 문화, 방언, 전통, 문화, 조리법에 관한 것

한 해가 끝날 때, 아이들은 다음을 해야 한다.
- 자신과 환경에 대해 보다 자유롭게 말할 수 있다.
- 자신이 교실에서 읽은 것에 대해 보다 자유롭게 말할 수 있다.
- 이제까지 다룬 문법 영역에 대해 인식하고 예시를 들 수 있다.(예를 들면, 글에서)
- 관련한 문법 전문 용어를 이해한다.
- 독일어를 사용하는 국가의 여러 지역에 대해 좋은 상상적 상을 갖는다.

7, 8학년

7, 8학년을 위한 방법은 6학년에서 기술한 바를 긴밀히 따른다. 생생하고 다변하는 수업(즉, 한 가지 활동, 특히 문법에 결코 오래 머무르지 않는다.)

에 충분한 학습 내용과 정기적인 시험 및 받아쓰기, 그룹 활동, 수업 계획과 설계에 대한 학생들의 참여를 담는다. 책 작업은 높은 수준에서 이루어져야 한다. 이것이 무너질 때는 담임교사 및 부모와 함께 긴밀히 작업해서 가짜 책을 다시 쓰기 위한 시간을 추가로 가져야 할 수도 있다. 학생들이 하는 모든 일은 그들 스스로에게 납득되어야 한다. 문화적, 지리적, 역사적, 그리고 화제별 주제에 큰 강조점을 둔다. 이는 문학 읽기 과목과 8학년의 개별 프로젝트 작업을 형성할 수 있다. 관용적이고 구어체의 언어 또한 중요하고 대화를 훈련하는 시간을 수업 중에 정기적으로 마련해야 한다. 학급 간 교류와 펜팔을 격려해야 한다.

6~8학년이 다루는 문법 주제는 본질상 일치하고, 그 자체를 실제적으로 다루는 한 어떤 순서도 진행해도 괜찮다. 8학년까지 남아 있는 접속사, 재귀동사, 분리 및 비분리동사 등과 같은 보다 복잡한 현상을 다룬다.

학생들은 이중언어 사전을 접해야 하고, 준비한 짧은 단락에 대한 간단한 요약의 번역을 시작해야 한다.

- 전기(집중수업 과정과 연결시켜 과학자, 탐험가 등을 다룬다.)
- 역사적, 문화적 주제, 현대 생활 등
- 문학 작품에서 발췌
- 6학년에서 시작한 지리학 주제를 이어가며 아직 다루지 않은 지역을 탐색한다.
- 어휘 작업, 숙어, 구어적 표현, 공손형(恭遜形, polite form)과 비공손형, 속어, 다양한 특정 의미를 지닌 말, 예를 들어 da, den, doch, irgend, ja, noch, schon, wie, 여러 용법을 가진 특정 영어 단어의 번역(about, after, any, ask, be, before, call, catch, change, enjoy, even, feel, finish, get, go, just, know, late, leave, lie, like, look, lose, marry, now, number, only, order, put, remember, so, take, that, then, time, very, work)
- 문법: 직접, 간접 화법, 모든 격 유형 복습, 동명사, 전치사의 사용

과 번역(in das 〈　〉 in dem)과 그때 취하는 격, 간단한 종속 문장 구조, 형용사와 부사의 비교를 계속, 대명사; 소유대명사, 재귀대명사, 상호대명사―*wir liebenuns, wir schreiben einander, sie reden miteinander* 등; welche: *was für ein, wer, was*; 지시대명사―*der, die, das―ich bin mir dessen bewusst, derselbe, derjenige, selbst, slber, eine, keine, jemand, niemand, jeder, alle, etwas, nichts*; 동사의 다른 시제; 가정법, 조건문의 가정법, 여격을 다루는 동사, 대격과 여격, 소유격, 영어의 동사 ing 형태 번역. 구두법과 특히 쉼표의 사용.

8학년이 끝날 때, 학생들은 다음을 해야 한다.
- 격의 사용을 이해한다.
- 모든 시제를 안다.
- 어떤 전치사에 어떤 격이 따르는지 안다.
- 괜찮은 수준의 정확성으로 짧은 글을 직접 쓸 수 있다.
- 문장 구조에 대해 명확한 이해를 갖는다.
- 하루의 상황에 대해 간단한 문장으로 명확하게 자신을 표현할 수 있다.(나이, 사는 곳, 쇼핑, 사회적 교류, 길 찾기 등)

9~12학년

루돌프 슈타이너는 상급 학교에서 외국어를 가르치는 교수법에 대해 특정한 언급을 남기지 않았으나, 수업에서 치명적인 결과를 가져오는, 관성이 생기는 것을 방지하기 위해 교사들이 교육 방법을 주기적으로 바꿔야 한다고 지적했다. 그 요점은 다음과 같이 간추릴 수 있을 것이다.
- 학생과 교사는 학습하는 주제에 대한 관심을 공유해야 하고, 이는 그 선택도 함께해야 함을 내포한다.

- 무기력과 회의감에 맞서서, 열정이 언어 교육의 중심 요소다.
- 학생들의 마음 속에 살고 있는 숨겨진 질문에 기민하게 반응하기 위해 정신과 세계를 향한 개방성을 학습해야 한다.

9학년

9학년에서는 교육의 새로운 단계가 열리고, 이는 '언어는 무엇을 할 수 있는가?'라고 묻게 되는 변증법적 단계로 묘사할 수 있다. 두 가지 주요 요소가 이 학년에서 할 수 있는 것에 영향을 미친다. 먼저, 개인이 자신의 기억과 연결되는 방식이 크게 변하기 때문에—이는 사춘기의 증상이다—아이들은 말할 때 다른 사람의 시선을 의식할 뿐 아니라 종종 많은 어휘와 문법을 잊거나 전혀 배우지 않았다고 주장하기도 한다. 나이와 연결된 두 번째 요소는 오랜 시간 집중하기 싫어하는 점이다.

그러나 이들은 주의력 있는 지성을 갖고 있으며, 이 점은 해결책을 제시한다. 9학년 학생들은 체계적으로 문법의 모든 요소를 다시 배우고 능동 어휘를 재구축해야 한다. 사실 이들이 모든 것을 잊지 않은 경우가 대부분이지만 새롭게 이해하려는 욕구가 잊은 것처럼 보이게 만든다. 이 지점에서 문법 교재를 처음으로 도입할 수 있고, 이는 제시문, 간단한 요약문, 어형 변화 표 및 아이들의 지적인 사고를 자극하는 여러 목록에서 도움이 된다. 많은 학생들이 주요 규칙과 목록을 작성하여 자신들의 기억을 도울 기회를 환영한다. 기본적으로 모든 것을 다시 반복해야 하는데, 비록 목표는 빠르게 지나는 것이지만 아이들의 관심과 동기를 유지하기 어렵기 때문에 이 복습은 10학년까지 이어질 수도 있다. 보다 능력이 있는 학생을 통해 나머지 학급에게 이제까지 이해한 문법을 드러낼 기회가 많이 생긴다.

반면 이들의 집중 시간은 짧고 강렬한 글, 극적이거나 유머러스한 속성의 짧은 장면, 대화를 지향한다. 이 시기는 연극의 선택, 다시 듣기, 연출에 있어 가능한 한 많은 학생들의 참여를 통해 학급 혹은 그룹으로 독일어 연극을 상연하기 좋은 때다. 만약 전체 연극이 너무 부담스럽다면 짧은 장면을 선택할 수 있다. 읽기를 위한 글은 신문 발췌도 포함할 수 있다. 무엇을 선택하든, 학생들은 이에 대해 흥미를 느끼고 자신과 관련이 있으며 의견을 제시할 수 있다고 느껴야 한다.

모든 수업에서 대화는 핵심적이다. 만약 학급의 능력에 편차가 크고 이 점이 말하기를 저해한다면, 이는 학급에서 공개적으로 논의하고 집단적으로 사회적, 창의적 해결책을 찾아야 하는데, 이는 학생들이 그룹 속에서 독일어로 대화하는 결과로 이어진다. 외국에 대한 방문, 교류, 젊은 독일어 사용자와 연락 등을 격려할 수 있는 모든 기회를 동원해야 한다. 마찬가지로 최근의 사건에 대한 주제를 토의해야 한다. 유머는 9학년에서 중요하고, 이는 배움의 방법을 배운다는 느낌을 선사한다!

10학년

이 학년의 가장 중요한 주제는 언어 그 자체, 기원, 속성과 작용이다. 이는 언어의 역사와 발전, 어원학, 다른 유럽 언어와 비교, 특히 영어와의 관계를 포함한다. 다양한 시기의 문학으로부터 발췌하여 그 시기의 예시로 삼을 수 있다. 마찬가지를 시에서도 행할 수 있다. 문학과 언어의 역사 탐구 두 가지 모두에서 독일어 자체의 속성에 대한 성격화를 형성하도록 학생들을 촉진해야 한다. 토의에 이론적 차원을 더하기 위해 어떤 언어 이론을 가져올 수 있다.

발췌를 통해 제시할 수 있는 문학의 예시는 다음과 같다. 구약(젱크 (von J. Zenk)의 번역본, *Altes Testament*), 루터의 성경, 신약(*Bibel, Neues Testament*), 니벨룽의 반지, 실러의 *Der Verbrecher aus verlorener Ehre*, 괴테의 *젊은 베르테르의 슬픔* 혹은 *친화력*, 니체의 *비극의 탄생*, 클라이스트(Kleist)의 *Das Erdbeben in Chili*, 츠바이크(Zwieg)의

Ungeduld des Herzens 등이 있다.

토의 과정에서 스스로 강하게 느끼는 옳고 그름의 문제에 대해 논쟁할 때 학생들은 종종 자신으로부터 벗어난다. 아이들과 상의해서 주제를 고르고 어휘를 준비한다. 별도의 토론에 대한 준비를 위해 숙제를 제시해야 한다. 토론의 규칙은 각 입장이 자신의 주장을(그리고 어휘를) 다시 한 번 정리하거나 공정한 조언자로서의 교사에게 양식적인 조언을 받을 수 있는 틈을 허용해야 한다. 개별적인 프로젝트로 주제를 준비하고 학급에게 제시할 수 있다.

10학년은 참여하려는 인원을 최대한 포함하는 독일어 연극 전체를 준비할 수 있다.

11학년

이곳에서 언어의 아름다움과 그 가장 위대한 지지자는 전면에 우뚝 서야 한다. 다양한 시기의 위대한 시인들의 작품을 연구하고 각자, 그리고 다 함께 낭송해야 한다. 학생들의 미적 판단 형성 능력을 고전과 현대 문학의 분석을 통해 완전히 훈련해야 한다. 이는 대개 내용 그 자체보다 주제를 통해서 가장 잘 접근할 수 있다.

말의 힘과 섬세함이 훈련과 연구의 주요 초점이 되어야 하고, 특히 다음의 세 가지 중심 요소를 다뤄야 한다. 문법―정확하게 말하기, 수사(修辭)―아름다운 말하기, 논쟁술―설득력과 힘이 느껴지는 말하기. 각 학생은 주제나 시인 개인을 선택할 수 있고 여러 작품을 탐구해서 발표하게 된다. 또한 11학년은 주요 희곡 작품의 공연을 독일어로 시도할 수 있다.

화제를 담은 글이나 주제는 토의를 통해 고른다.

12학년

발췌문이나 주요 작품 하나를 선정하여 현대 문학으로의 전환을 개관할 수 있다. 선택의 폭은 광대하고 교사의 지식이나 학생들의 관심에 달려 있지만, 그럼에도 최소한 다음 가능성들을 고려해야 한다. 뵐, *카타리나 블룸의 잃어버린 명예*(Böll, *Die verlorene Ehre der Katherine Blum*), 보르헤르트(Borchert), *Die Hundelblume*, 포이히트방거, *유대인 쥐스*(Feuchtwanger, *Jud Süss*), 프리슈, *스틸러*(Frisch, *Stiller*), 폰타네, *에피 브리스트*(Fontane, *Effi Briest*), 그라스, *양철북*(Grass, *Die Blechtrommel*), 한트케(Handke), *Die Lehre der Sainte Victoire*, 헤세, *유리알 유희*, 장 파울, *거인*(Jean Paul, *Der Titan*) 카프카, *단편집*(*Erzählungen*), 렌츠(Lenz), *Verlassene Zimmer*, 릴케, *말테의 수기*, 스트라우스(Strauss), *Die Widmung*, 발저(Walser), *Ein fliehendes Pferd*, 볼프(Wolf), *Kindheitsmuster*.

단일한 전체로서 언어의 세 가지 내적 측면은 창조성 속의 자유, 의사소통 형태 속의 평등, 다른 존재와의 만남 속 박애다. 비교 언어 연구 및 화용론이 도움이 될 수 있다. 추천하는 연구 소재는 하인츠 치머만(Heinz Zimmermann)의 두 책, *Grammatik*와 *Sprechen, Zuhören in Erkenntnis—und Entscheidungsprozessen*이다.

11, 12학년 모두에서 독일어의 영과 독일 민족혼을 강조한다. 이는 언어와 특히 문학을 통해 접근해야 한다.

프랑스어

목표와 교수 방법은 위에서 외국어에 대해 서술한 바와 같다. 1~4학년은 독일어에 대해 기술한 것과 동일한 기본적인 방법과 내용을 사용한다. 독일어와 마찬가지로 3~4학년에서 프랑스어 문자, 쓰기, 읽기를 소개한다. 개별 역할을 부여하는 연극을 4학년에서 처음으로 수행할 수 있다.

1학년

- 이야기 노래, 예를 들어 Il était un petit homme, J'aime la galette, Pirouette cacahuète

- 동작을 포함하는 운문과 노래, 예를 들어 Savez-vous planter les choux, Pomme de rainette, toc-hoc-hoc, Monseur Pouce es-tu là? 아비뇽 다리 위에서(Sur le pont d'Avignon)

- 손가락 놀이(Voici ma main…)

- 지시(일어나(Lève-toi), 문 열어(Ouvre la porte), 이리 와(Viens ici)…)

- 대화 속 표현(이름이 뭐니?—내 이름은…(Comment t'appelles-tu? Je m'appelle…), 몇 살이니?—나는 …살이야(Quel âge as-tu? J'ai … ans), 어디에 사니?(Où habites-tu?))

- 질문이 있는 놀이: 이게 뭐지?—그것은…(Qu'est-ce que c'est?—C'est…), 누가 …를 가졌지?—내가 …를 가졌어(Qui a …? J'ai…) 그것은 너니?(Est-ce que c'est toi?)

- 상황별 어휘:
  - 활동: 매일의 활동에 대한 간단한 흉내내기, 세기, 알아맞히기 놀이
  - 색, 몸의 부위, 가족 관계, 동물, 자연, 요일, 계절

2학년

- 반복성이 강한 간단한 이야기, 세기, 알아맞히기 놀이, 그림 받아쓰기

- 연극처럼 보이는 시(예를 들면, *L'histoire de la galette, Le chat et les souris*)

- 질문: 어디에 사니?(Où habites-tu?), 너의, 어머니의, 아버지의 이름은 뭐니?(Comment s'appelle ta maman, ton papa, etc.) 형제 자매가 있니?(Est-ce que tu as des frères et soeurs?) 형제의, 자매의 이름은 뭐니?(Comment s'appelle ton frère, ta soeur?)

- 간단한 부정문: 그것이니?—그것이 아니야(Est-ce que c'est ça? Non, c'est n'est pas ça), 너니?—내가 아니야(Est-ce que c'est toi? Non, ce n'est pas moi)
- 노래: *Promenons-nous dans les bois, Jean petit qui danse, Derrière chez mois*
- 동화 배우고 연기하기

3학년

시간, 날씨, 날짜를 포함한 대화를 할 수 있다.

- 날씨가 어때? 좋아… 등(Quell temps fait-il? Il fait beau… etc.), 오늘이 무슨 요일이지?(Qual jour sommes-nous aujourd'hui?)
- 노래와 노점상의 외침을 통해 시장에 대한 연극 수행하기
- 동사 형태: 문장 속의 être와 avoir—나는 소년, 소녀다…(je suis un garçon, une fille…), 나는 고양이를 가지고 있다.(j'ai un chat), 그는 금붕어를 가지고 있다.(il a un poisson rouge) 등
- 'le' 혹은 'la'와 함께 있는 단어 주목하기
- 의문사와 표현 사용하기와 알아차리기: où, quand, quell, qui, combine; est-ce que / que'est-ce que
- 문장 속 전치사: il est devant la table, nous sommes à côté de…
- 인칭대명사: je, tu…
- 소유 형용사: mon, ma, mes; ton, tu, tes 등

4학년

쓰기와 읽기는 아이들이 이미 외워서 아는 소재를 통해 소개한다. 간단한 구두법을 소개한다. 명사와 관사, 형용사, 부사와 전체 동사 구조를 구별한다.

- 운문과 시 낭송

- 노래

- 1, 2, 3학년과 마찬가지로 주제에 대해 이야기하기, 동물, 날씨, 지역 환경의 묘사에 보다 중점을 둔다.

- 매일의 상황에 대한 어휘를 훈련한다.

- 운문과 짧은 익숙한 글을 받아적는다.

- 프랑스어에 고유한 음성학적 요소를 인식하고 분명히 발음하는 훈련

- 현재 시제의 동사 형태를 외우고 받아적기

- 학습한 글, 동사 형태의 짧은 받아쓰기

- 첫 철자법 훈련

- 관사의 사용, 친숙한 명사의 성별과 복수형 훈련

- 간단한 말로, 이후에 낱말로 묘사하기, 예를 들면 동물 혹은 날씨에 대해

- 단어 게임, 예를 들면 le loto, magie noire

5학년

학생들에게 밀접한 주변 환경을 다루는 이야기, 회화와 대화.

- 이야기, 학교, 가정, 가족, 몸, 옷, 식사, 하루와 한 해의 경과, 시간 말하기, 날짜, 공간상의 방향

- 프랑스 소개하기

- 노래, 운문, 간단한 시

- 펜팔에게 첫 편지 쓰기

핑크(D. Fink)의 *La Claire Fontaine, Vols I&II*(Pädagogische Forschungsstelle)와 던장(A. Denjean)의 *La Tarasque à Tarasacon* (Pädagogische Forschungsstelle)를 읽기 자료로 권한다.

학급이 도달한 단계에 맞춰, 이제 아래의 문법을 훈련하고, 이어서 아

이들이 규칙을 받아적은 후 영어로(모국어) 설명한다.

- 정관사와 부정관사
- 주어와 술어의 호응
- 아포스트로피(apostrophe)
- 다음의 과거와 현재 형태: aller, venir, faire, prendre, mettre, avoir/être
- Er과 ir로 끝나는 동사 형태(예를 들면, finir)
- 'Est-ce que'를 통한 질문, 의문사: qui, que, quand, comment, ou, pourquoi
- 부정문: 'ne…Pas'
- 명사를 묘사하는 형용사와 그 명사와의 호응, 예를 들어 e로 끝나는 형용사의 여성형을 포함하기
- 전치사, 맥락 속에서 다룰 것
- 주격의 대명사
- 법조동사: vouloir, pouvoir, devoir(5학년은 현재 시제를, 6학년에서는 미래 시제로)
- 형용사의 비교급: plus―le plus; moins―le moins

6학년

다음과 같은 대상에 대한 기술이나 대화 읽기

- 마을이나 지역에 살기, 명절, 가족
- 쇼핑, 계절과 축제, 날씨, 질병, 운동과 놀이
- 시, 노래, 일화, 이야기와 동화(예를 들면, 페로 동화(*Les contes de Perrault*) 혹은 *Contes basques*)
- *Poésies, texts et chansons pour les langues moyennes des écoles Waldorf*, Pädagogische Forschungsstelle, Stuttgart 1986.

- 프랑스의 지리: 대비되는 지역, 문화, 풍습, 음식과 포도주
- 추천 읽기 자료: D. Fink의 *La Claire Fontaine, Vols Ⅰ & Ⅱ* (Pädagogische Forschungsstelle)와 A. Denjean의 *A travers la France par le légendaire de ses provinces*. 또한, 쉬운 책 읽기

문법

- 과거: passé composé, passé simple, imparfait
- 불규칙동사: savoir, voir, dormir 등과 4, 5학년에서 배운 동사의 반복
- 부정문 'ne ⋯ rien', 'ne ⋯ personne'
- s 대신 x로 끝나는 명사와 형용사의 복수형
- 규칙적인 형용사 비교급
- 지시, 수동 대명사
- 'Tout', 'tous', 'toutes'
- Qui와 que를 사용한 관계절
- 다음을 통한 절의 소개: parceque, puisque, comme(인과), quand, pendant que(시기), avant que, après que, pour que, bien que

7학년

읽기와 말하기 주제에 대한 추천:

- 여가, 프랑스 역사와 전설 이야기. 현재까지의 파리 역사
- 프랑스 사람들과 지방, 시와 노래
- 희곡 장면
- 어쩌면 보다 길고 흥미로운 이야기, 예를 들면 도데의 풍차방앗간 편지, 쾌활한 타르타랭(Daudet, *Lettres de mon moulin, Tartarin de Tarascon*), 라모리스(Lamorisse)의 야생마 크랭블랑(*Crin Blanc*), *Le voyage en ballon*, 빨간 풍선(*Le ballon rouge*), Denjean Jacquelin

- 문법은 다음 내용을 훈련한다:
- 대명사 le, la, les, en, lui, leur, y/en
- 부분사: pas de, beaucoup de 등
- 과거완료
- 형용사의 불규칙 비교급
- 더 많은 불규칙 동사
- 현재 시제에서의 간접화법

8학년

프랑스의 삶을 생생하게 묘사한다:

- 직업 생활, 역사, 여행 이야기
- 희곡적 장면, 시, 노래
- 보다 긴 이야기나 단막극, 혹은 보다 긴 연극의 장면. 몰리에르의 희극, 말로, *집 없는 아이*(Malot, *Sans Famille*), 도데, 프티쇼즈(*Le petit chose*), 뒤마, *삼총사*(*Les trois mousquetaires*), 혹은 *Fabliaux du moyen-age*, 위고, 팡틴, 혹은 *가브로슈*, 베른, *80일 간의 세계일주*

문법
- '가정법(Subjonctif)'
- 불규칙적 '가정법': pouvoir, faire, aller, vouloir 등
- 과거시제의 간접화법
- 'avoir'와 'être'에서 분사의 호응
- '조건문(conditionnel)'의 사용
- 종속절: pour que, quoique, sans que
- 재귀동사, 명령문과 부정문을 포함하여
- 비인칭 구문과 수동태

- 수동태

9~12학년

9~12학년에서 학생들은 자신이 종합, 말하기, 읽기, 쓰기에서 배운 것을 통합하고, 일상의 모든 영역과 미디어, 문학, 그리고 청년 문화, 직업 등과 같은 다른 복잡한 주제에 적용하기 시작한다. 외국어를 배우는 중요한 이유 중 하나는 그 언어를 말하는 사람들의 감성을 얻는 것이다. 따라서 수업은 감성적 삶에 더 작용하는 감수성, 예술적 측면을 포함하고, 의지에 더 강하게 호소하는 능동적인 연습만큼이나 중요하다. 학생들은 언어에 대한 접근과 자신의 유창한 사용을 훈련해야 한다. 학생들의 지평이 넓어짐에 따라 어휘와 구문을 확장하고, 이전처럼 발음과 철자법의 훈련을 계속한다. 문법은 9~12학년에 걸쳐 심화하고 넓힌다. 종속절의 시제, 시제의 호응, 적절한 전치사의 사용에 특히 주의를 기울인다.

9학년

대화와 읽기 주제는 이제 뛰어난 개인의 삶에 대한 기술에까지 확장한다.(발견자와 탐험가, 사회 개혁가)

- 이야기 혹은 희곡 장면
- 시와 노래
- 듣고 다시 말하기, 말하기 훈련, 그림을 보고 이야기 만들기
- 매일의 상황에 대한 대화

문학과 읽기

전기, 예를 들면

- 앙리 뒤낭(Henri Dunant)(적십자의 창시자)
- 나폴레옹, 로베스피에르, 잔 다르크

- 알베르트 슈바이처
- 주푸(Joffo): *Le sac de billes*

형사 소설, 예를 들면

- 심농(Simenon): *L'Affaire Saint-Fiacre*, 혹은 *Le témoign-age de l'enfant de choeur*

발견자, 예를 들면

- 샹폴리옹(Champollion), 마리 퀴리

소설, 예를 들면

- 말로: *집 없는 아이*(8학년과 마찬가지로)
- 위고: *가브로슈 혹은 코제트*

낭송

발라드와 시, 예를 들면

- 위고: *La retraite de Russie, Ceux qui vivent, Paris, O soldats de l'An Deux, Le mendicant, Entrevue au crépuscule*
- 베를렌(Verlaine): *가을의 노래(Chanson d'automne)*, *내 가슴에 비가 내리네(Il pleure)*
- 후기 클로델(Claudel): *Jeanne au bucher*
- 보들레르: *알바트로스(Albatros)* 등

프랑스와 그 역사

- 브르타뉴, 프로방스, 파리, 알자스
- 프랑스 대혁명, 예를 들면 므누슈킨(Mnouchkine)의 연극적 묘사 혹은

원본의 요약

- 프랑스의 유대인(1940)

언어 훈련

종합적 이해:

- 읽은 것(편지, 짧은 대화)을 말과 글로 다시 말하기
- 일련의 사건을 다시 순서대로 말하기
- 사전 사용법
- 강세와 어휘 작업을 계속한다.

문법:

- '가정법', '동명사(gérondif)', 재귀동사의 훈련
- '단순과거(passé simple)', '복합과거(passée composé)', '반과거 (imparfait)'
- '과거 분사(participe passé)'
- '부분사(partitif)'의 훈련
- 'pour que' 혹은 'pour' 같은 형태
- 부정사절
- 관계절: 'qui', 'que', 그리고 또한 'lequel' 등
- 대명사, 또한 부정문 속의 '복합과거'
- 여러 절의 부정문: ne-ni-ni; ne-pas-ni
- 시간 표현
- 파생부사와 그 용법
- 형용사와 파생부사 간의 의미 차이

훈련과 쓰기 작업:

- 종합적 이해: 말과 글
- 읽은 내용이나 작성한 요약문을 말로 다시 전달하기
- 글의 내용에 대한 질문에 답하기
- 읽기 자료의 주제로부터 자유롭게 글쓰기

10학년

프랑스 문학의 체계적인 개관을 시작한다. 유명한 노래, 신문, 잡지. 학생들은 이와 같은 주제에 대한 짧은 대화를 준비할 수 있다.

문학과 읽기

소설, 짧은 이야기, 예를 들면:

- 로슈포르(Rochefort): *Les petits enfants du siècle*
- 도데: *Les compères battus, La farce du Cuvier*, 풍차 방앗간 편지 (*Les lettres de mon moulin*)
- 생텍쥐페리: 어린왕자, 가르강튀아
- 코르네유(Corneille): 르 시드(*Le Cid*)
- 위고: 장 발장
- 메리메(Mèrimee): 카르멘(*Carmen*)
- 브홍쉬(Branche): *Mort et èlèvation*
- 작가와 시인의 전기: 롱사르(Ronsard), 도데, 보들레르, 생텍쥐페리, 이야기 형태로 프레베르(Prévert)

낭송:

- 롱사르: *Mignonne allons voir*
- 보들레르: *L'étranger, Initiation au voyage*

- 생텍쥐페리: *어린왕자 발췌문*
- 프레베르: *Jour de fête, Déjeuner du matin*
- 엘뤼아르(Eluard): *La bonne justice*

프랑스와 그 역사

- 중세 프랑스
- 프랑스어의 기원
- 캐나다, 튀니지, 모로코

훈련

- 다양한 관점으로 다시 말하기
- 찬성과 반대 형성하기
- 짧은 대화
- 종합적 이해 훈련
- 편지

문법

- 과거 시제의 간접화법
- 시제의 호응
- '가정법'과 '조건문' 통합
- 모든 종속절
- 프랑스어와 라틴어, 영어의 관계
- 문장의 부분에 대한 강조, 예를 들면: 내가 아니라 누구다.(ce n'est pas moi qui.)

훈련과 쓰기 작업

- 에세이, 보고, 다시 말하기 형태의 글의 어휘와 내용을 말과 글로 훈련
- 전기나 지역에 대해 이야기하기

11학년

- 17~21세기의 글
- 양식에 대한 훈련
- 선택한 장면 혹은 연극 전체를 연기할 수 있다.
- 신문과 저널에서 선택한 단락
- 프랑스로 교환 학생을 신청하거나 방문하도록 격려한다.

문학과 읽기

다음으로부터 선택할 수 있다.

- 몰리에르: 수전노(*L'Avare*), *Le médecin malgré lui*, 서민 귀족(*Le bourgeois gentilhomme*)
- 마테를링크(Maeterlinck): *Les aveugles*
- 카뮈: 이방인, 오해(*Le malentendu*), 어떤 손님(*L'hôte*), 정의의 사람들 (*Les justes*)
- 볼테르와 루소
- 보스코(Bosco): *L'enfant et la rivière*
- 텐(Taine): *Voyage en Italie, Les origins de la France contemporaine*
- 발자크: *Un épisode sous la terreur* 등

낭송

- Vian: *Chant pour la vie*

- 랭보(Rimbaud): *골짜기에서 잠든 사람(Le dormeur du val)*
- 몰리에르의 작품에서 선정
- 위고: *바리케이드 위에서*

프랑스와 그 역사
- 계몽주의
- 나폴레옹 3세와 코뮌
- 프랑스의 소수자: 브르타뉴인, 바스크인, 옥시타니 문화, 알제리

언어 훈련
다음과 같은 주제에 대한 에세이나 짧은 대화
- '프랑스 안의 이슬람' 혹은 '교외 도시(Banlieue)의 삶'
- 학생들이 각각 역할을 맡아 대화하기
- 시 쓰기를 시도하기
- 양식적인 뉘앙스 작업

종합적 이해 훈련
- 토착어와 글 비교하기

문법(복습을 포함)
- 가정법을 표현하는 다른 방법
- 형용사 및 자유로운 대명사 'soi'와의 비교
- 대명사의 사용과 형태
- '수동태'의 복습
- '미래완료(futur antérieur)'의 형태와 사용

훈련과 쓰기 작업

학생들은 에세이, 보고, 다시 말하기, 편지를 스스로 쓰는 데 주체적이어야 한다.

12학년

20세기 사람들

- 동시대의 문학
- 프랑스가 세계 문학과 역사에 미친 중요한 영향
- 신문과 저널의 글

문학과 읽기

사회적 상황을 묘사하는 문학(발자크, 졸라 혹은 비슷한 작가)의 글과 삶의 의미를 다룬 작가의 글, 예를 들면:

- 사르트르: 파리(*Les mouches*), 공손한 창부(*La putain respectueuse*)
- 베케트: 고도를 기다리며
- 이오네스코(Ionesco): *Les chaises*, 대머리 여가수(*La cantatrice chauve*), 수업(*La leçon*), 코뿔소(*Le rhinocéros*), *Le piéton de L'air*
- 카뮈: 페스트
- 모리아크(Mauriac), 지드(Gide), 루세랑(Lusseyran): *Et la lumière fut, La pollution du Moi*

낭송

- 아폴리네르(Apollinaire): 미라보 다리(*Le pont Mirabeau*)
- 아라곤(Aragon): *Rien n'est jamais acquis*
- 사르트르: 파리의 발췌문
- 크노(Queneau): *Il pleut*

- 일뤼아르: *Un compte à régler*
- 이브 본푸아(Yves *Bonnefoy*)

프랑스와 그 역사

프랑스어권의 주제와 문화에 대한 질문

- 정치 기관
- 소수자
- 코르시카
- 누벨칼레도니
- '프랑코포니(La francophonie)'
- 교육, 미디어, 민족, 환경
- 젊음, 내일의 세계, 광고
- 도시의 삶, 예술, 종교, 약물, 스포츠

언어 훈련

대상, 사람, 장면에 대한 학생들의 해석

- 비교 언어학 관점의 번역에 대한 토론
- 언어의 '기원' 알아차리기
- 종합적 이해 훈련
- 말과 글의 차이
- 억양과 어휘

훈련과 쓰기 작업

- 자유 에세이와 토론
- 보고, 편지

제16장
정원 가꾸기와 지속 가능한 삶

대부분의 아이들은 농부가 되지 않을 것이며 대다수가 정원사가 되지 않을 것이고 심지어 정원을 갖지도 않겠지만, 그럼에도 이들이 섭취하는 음식 한 입은 항상 농사와 관련 있습니다. 모든 음료 한 방울, 숨 한 모금, 강에 흐르는 물은 농장과 정원에 직접적이고 도덕적인 관계를 갖습니다.[1]

아이들이 자신과 맞닿은 환경을 탐험하고, 파거나 뿌리를 심는 등의 간단한 도구를 사용하는 법을 배우는 초기에 이 과목의 토대가 마련된다. '계절 정원'을 갖는 전통, 혹은 자연의 산물을 절기 축제에 따라 간소하게 펼쳐 보이는 일 또한 여기에 의미를 보탠다.

정원 가꾸기는 아이들에게 실제 활동을 통한 경험을 선사하기 때문에 자연의 실제에 대한 이해를 제공한다. 수년 간 일하고 관찰하면서, 그리고 학습한 것을 정기적으로 보고하면서, 아이들은 자연이 작용하는 방식과 인간이 그것에 의지하는 바에 대한 느낌을 쌓아나간다. 학교 정원에서 함께하는 작업을 통해 이들은 현실에 기반한 판단과 책임감의 토대를 얻는다. 이와 같은 정원 가꾸기 수업은 초기 사춘기에서 시작하고, 교육적으로 실제 도움이 될 수 있다. 그러나 보다 어린 학생들 또한 자연과 다양한 방식으로 교류하고 있기 때문에 이를 간과해서는 안 된다. 사춘기에서 아이들은 점점 독립성을 인지하게 되고, 이는 처음에 성급하고 침착함이 없는 심리 상태로 드러난다. 땅에서 이루어지는 일의 꾸준한 리듬은 이 나이에 엄청난 도움이 될 수 있다. 교사는 자연의 과정과 복잡성을 보일 수 있는 전문가가 된다. 정원 가꾸기는 지리학 및 환경 연구 수업과 강한 연결성을 가지며, 이를 아이들의 관심 속으로 끌어들일 수 있다.

모든 학교는 그 지역의 상황에 따라 정원 가꾸기에 관해 다양한 선택지를 갖는다. 학교 정원의 규모, 다양성, 배치는 전적으로 교육적 기준에 따라 결정해야 한다.

공간이 충분하다면, 다음 시설이 이상적이다.

- 이론과 실제 작업을 위한 공간, 특히 비가 오는 날씨나 겨울에도 작업할 수 있는 온실 정원
- 장비 창고: 각각의 장비를 적절히 관리, 보관하여 알맞은 크기로 여러 개를 갖추어야 한다.
- 옮겨 심고 화분에 담는 시설을 갖춘 온실, 그리고 또한 씨뿌리기 초기를 위한 냉상(冷床, cold frame)
- 임업묘포(林業苗圃, tree nursery), 허브 정원, 나무와 관목 열매, 화단, 잔디밭
- 1년생 채소, 허브, 꺾꽂이용 꽃을 심을 판(板, bed)
- 퇴비를 만드는 공간

정원 가꾸기 과정은 9학년이나 10학년에서 실제 농업을 다룰 때, 혹은 10학년의 임학(林學, forestry)을 배울 때 그 절정에 이를 수 있다.

정원 가꾸기 기술과 지식을 배우고 이해하기

아이들은 이 기술을 배움으로써 다른 사람의 기술에 존경심을 가질 수 있다. 또한 스스로의 기술에 자신감을 갖고, 자신의 가능성에 대해 보다 나은 평가를 할 수 있다.

대지화(earthly maturity)(사춘기): 땅을 다루면 도움이 된다

정원 가꾸기는 신체적, 심리적 변화가 일어나는 이 시기에 어느 정도의 안정성을 제공한다. 의미가 담긴 작업은 사지를 강화한다. 존경, 감사, 인내, 경이와 같은 심리적 속성이 깨어난다. 감각에 대한 교육과 인과적 사고는 보다 섬세한 경험 능력과 명확한 사고 능력의 발달을 위해 보탬이 된다.

책임감에 대한 실제적인 감각의 토대 마련하기

이는 아이들이 가정에서 기르는 동물을 돌볼 때 가장 잘 성취할 수 있으나, 또한 몇 년에 걸쳐 한 뙈기의 땅을 가꾸고, 토양을 개선하고 퇴비의 제조와 사용법을 알고, 혹은 어린 식물을 기르고 정원의 판을 돌보고 수확할 때에도 마찬가지를 경험할 수 있다.

자연 속에서 일함으로써 조화와 평화를 찾는다

작업은 '건강한 피로'로 이어질 수 있다.(특히 8, 9학년에서) 정원의 아름다움과 자연물(식물, 흙, 동물, 날씨, 해 등)과의 정연한 교류, 그리고 또한 계절을 정기적으로 경험함으로써, 오랜 기간에 걸쳐 마음을 조화시키는 경험을 가질 수 있다.

서서히 진행되는 자연 파괴로 인한 무력감은 교육의 문제로 떠오르는데, 특히 어린아이들에게서 드러난다. 모든 것에 닥쳐오는 이 위협은 때로 극복 불가능한 것처럼 보인다. 또한 자신의 미래에 강하게 이끌리는 나이이기에, 어린이들은 종종 밑바닥 체념으로 인해 그 의지가 마비되었다고 느낀다. 이는 학교 정원이나 농장 혹은 임업 체험 기간 동안 관심을 가질 수 있는 적절한 작업을 통해 극복할 수 있다. 아이들은 정원, 농장, 혹은 숲의 상황이 자신에게 어떻게 직접적인 요구를 하고 또한 어떻게 자신의 개인적인 노력이 '새로운 생명'의 창조로 이어지는지 피부에 와 닿는 경험을 할 수 있다. 이를 통해 위의 상황은 아이들이 돕기를 원하고 책임감을 나누는 과정의 문제로 변한다. 실제 농업을 체험하는 시기는 9학년 혹은 10학년의 이러한 연결성에서 특히 중요하다.

각각의 나이 그룹에 대해 제시하는 과제는 엄격한 실행 목록이 아니다. 학생들과 정원 가꾸기를 실행하는 방식에 학교 정원의 규모, 그 상황, 토양, 기후, 다른 지역적 요인이 영향을 미치고, 다양한 단계에서 새로운 과제를 도입하는 시도가 도움이 될 수도 있다. 실제 삶의 방식을 따라 나이 많은 학생들은 그들이 어렸을 때 이미 거쳤던 과제를 돕게 된다. 이는 모든 학생이 배워야 하는 잡초 제거와 같은 모든 규칙적인 정원 일에 적용된다.

가능하다면 학생들은 임학과 숲일(woodland work) 또한 배워야 한다. 이를 위해 교외로 나갈 필요는 없다. 도시 공원에서도 다양한 나무와 생울타리 식물을 볼 수 있다.

제시하는 과제는 모두 누적된다. 즉, 매년의 과제는 전 해의 과제를 대체하는 것이 아니라 그에 더한다.

6학년 이전

학교 자원에 따라 다음 활동을 할 수 있다.

- 가을 알뿌리(bulb) 심기, 버드나무 막대 심기 혹은 훈련하기 등
- '골칫거리 감시하기'에 참여하기, 예를 들어 토끼막이 울타리 점검하기, 허수아비나 새가 끼치는 피해를 방지하는 다른 장치 만들기

- 수확, 종자 모으기, 달걀 모으기 등
- 퇴비 더미 만들기 혹은 뒤집기를 돕기
- 허브 키우기, 자르기와 말리기
- 녹비 작물(綠肥作物, green manure crop) 뿌리기, 부엽토를 만들기 위해 낙엽 긁어모으기, 컴프리(comfrey) 구역 가꾸기 등
- 지렁이, 벌, 새의 역할, 두더지나 다른 흔한 정원 생물 막기(예를 들면 호박벌집 상자 만들기 등)
- 자연 소재를 사용해 상황에 따라 적절한 종류의 수작업 진행하기
- 확장된 교육과정에 연결한 활동, 예를 들어 축제, 농업에 연관된 활동, 3학년의 집중수업 주제인 '집 짓기' 프로젝트와 연관된 활동 등

도구를 사용할 때는 정확한 사용법을 가르쳐야 한다. 또한 아이들이 위험에 대한 인식이나 평가를 접하게 하고, 실제 작업은 안전하게 수행해야 한다는 점을 확인시켜야 한다.

6학년
다음과 같은 기초적인 실제 활동을 알아가고 수행한다.

정원 가꾸기
- 흙과 퇴비를 체로 거르기
- 판 준비하기
- 경작과 수확
- 괭이질, 처음에는 짧은 괭이로 시작한다.
- 낫으로 풀 베기
- 꽃이나 허브 다발 만들기
- 적절한 규모의 밭에 씨 뿌리기

<u>숲일</u>

- 종자 모으기와 씨 뿌리기
- 특수 퇴비
- 묘목의 등급 매기기

　간단한 '생태학', 곤충과 다른 정원 및 숲속 생물의 역할, "해충"과 식물 및 다른 것에 대한 그 영향을 포함한다.

7학년

정원 가꾸기

- 보다 복잡한 돌봄이 필요한 작물 기르기, 묘목 이식하기, 화분 재배하기
- 퇴비 만들고 뿌리기
- 씨와 화분 퇴비 혼합하기
- 토양 경작과 파헤치기에 대한 지식
- 정원 밑의 땅에 대한 지질학적 역사 알아내기
- 새로운 판 만들기. 정원 경계 줄(garden line)과 갈퀴 사용하기
- 수확과 판매를 위해 채소 씻기
- 정원 생산물 팔기와 회계 장부 관리하기
- 허브 수확과 허브차 및 올바르게 만들기
- 대림절 왕관(advent wreath) 만들기
- 지푸라기 혹은 삿자리(reed mat) 만들기

숲일

- 나무 심기
- 씨 뿌리기와 묘목 및 어린 나무 관리하기

- 접어감치기(felling)를 통해 나무 숨기
- 장작 베기
- 생목 작업, 울타리, 도구 다루기

순환의 원칙과 흙, 정원, 그리고 다른 토양의 질병 및 음식 생산에 미치는 그 영향. 선별 사육, 잡종 등에 대한 실제적인 소개.

8학년

정원 가꾸기
- 기술, 인내, 신체적 노력을 요하는 일반적인 정원 가꾸기 일
- 큰 낫(scythe)으로 풀 베기. 건초 만들기
- 도구 수리하기와 만들기
- 생산한 음식 가공하기(피클, 처트니(chutney), 허브 소금, 잼, 만약 벌을 기른다면 밀랍으로 잼 만들어보기)
- 경작한 식물과 그에 필요한 흙에 대한 연구. 간단한 작물 순환 순서와 그 손익

숲일
- 버드나무 판 형성, 관리, 수확하기
- 개암나무로 작은 숲 이루기
- 숯 굽기
- 생목 가공: 어린 가지에 받치는 기둥, 의자, 사다리

9학년

9학년은 보통 정원 가꾸기 집중수업을 더 길게 가져간다. 학생들은 자연식 공원, 길, 계단, 울타리 만들기, 연못물 재활용 프로젝트를 알아

간다.

- 번식 기술을 이론과 실제에서 연구한다
- 씨 없는 작은 과일 덤불(soft-fruit bush) 가꾸기, 과일 나무와 장식용 관목, 가지치기

10학년

학생들은 접붙이기의 신비를 배운다.(슈타이너의 제안에 따라) 이 주제는 깊이 다룰 수 있고, 그 경우에 다른 것을 위한 시간은 별로 남지 않을 수 있다. 따라서 이는 시간 여유에 달려 있다.

11~12학년

상급 학교에서 환경 연구와 생태학은 훨씬 더 뚜렷하게 정원 가꾸기와 연결되고, 이는 토양의 소모, 수자원 보호와 하수, 유전자 조작 작물 등에 관한 최근의 문제에 대한 검토를 포함한다.

학교의 자원에 따라 실제 환경과 조경 프로젝트, 특히 목공 및 조립을 위한 목재 준비를 수반하는 목재 순환(timber cycle)을 포함해서 살펴볼 수 있다. 자연보호지역, 소(小)생활권(biotope), 연못의 관리 또한 작은 규모에서 수행할 수 있다. 여기서 과학적 관찰이 큰 역할을 맡아 작용한다. 이 모두는 실제적, 과학적 혹은 예술적 속성의 개인 프로젝트로 이어질 수 있다.

제17장

지리학
— 지구과학, 환경 연구, 인문지리학, 경제학

아이는 환경으로부터 벗어나고, 단일한 정체성 획득의 일환으로서 고유한 세계상을 형성하고자 하는 동기와 노력을 드러낸다. 이는 개인화를 향한 인류의 성과이자 능력의 일부다. 자신이 어디에 있고 누구인지 알기 위해서, 모든 아이는 세계상을 신체적 인지와 통합해야 한다.[1]

1~4학년

지리학은 그 다양한 측면을 통틀어서, 전체 교육과정을 통합하는 핵심 과목을 이룬다. 가장 광범위하게 정의한다면, 지리학은 우리를 둘러싼 세계의 많은 측면을 포괄한다. 우리 주변의 세계에 대한 배움은 다른 여러 과목과 연결된 다양한 영역을 다루는 복잡한 과목이다. 그러나 본질적으로, 슈타이너-발도르프 학교의 지리학 교육 방법론에는 기본 주제가 있다.

- 물리적 혹은 자연적 지리학
- 사회 지리학
- 내면 혹은 발달 지리학

첫째는 지구의 현상, 그 표면, 내부, 대기를 체계적으로 묘사한다. 두 번째는 환경에 대한 인간의 영향, 그 경제적 결과 및 지리학적 지역의 구체적 특징과 그곳에 사는 사람들의 사회적, 문화적 발전의 관계를 다룬다. 셋째는 환경에 대한 개인들의 인지가 세계에 대한 관점과 그 속에서의 스스로에 대한 경험에 어떻게 반영되었는지, 그리고 이 과정이 어떻게 아이의 발달을 통해 전개되는지 드러낸다. 발도르프 교육과정의 방법론은 이 세 접근법을 통합하고자 한다.

이 방법의 핵심은 전체에서 상호 연관된 부분으로 나아가고, 알려진 세계에서 시작해서 모르는 곳으로 진행하고 다시 알려진 곳으로 돌아오는 것이다. 이는 발견의 여행이다.

지구 위의 지역을 단순히 지구 표면의 구역으로 공부하면 안 된다. 오히려, 지구 표면의 영역은 그 현상을 산출한 구체적 특징으로 연구해야 한다. 이것이 그 영역을 자신의 내용물로 채우는 상호 관계다…슈타이너–발도르프 교육의 지리학은 비교적 방법을 수반한다.[2]

뿐만 아니라 훔볼트(Alexander von Humboldt)가 지적했듯이, 지리학은 미적인 것을 담아야 하고, 이는 감각과 지성의 상호 관계에 대한 예견으로부터 보편성에 대한 감성으로 나아간다.

자연에 대한 묘사는 엄격하게 제한하고 과학적으로 정확하되, 상상력의 생생한 숨결을 잃지 않아야 한다.[3]

이 측면이 지리학 교육의 토대다.

형태학적, 물리적 종합으로의 지구, 혹은 유기체로서의 지구에 대한 개념이 지리학 교육의 기초다. 이는 전체 속의 부분과 발전하는 존재로서 전체, 둘의 상호 관계에 대한 의식을 의미한다. 이는 부분을 전체 지구 기후 시스템의 측면으로 쉽게 이해할 수 있는, 기후 지리학의 중요성을 부각시킨다.(해류는 이와 관련한 또 다른 예시가 된다.) 다양한 기후대의 특징적 현상에 대해 위치(툰드라 혹은 적도 지방)를 상관하지 않고 일반적으로, 혹은 실제 지역에 대한 구체적인 참고를 통해 탐구할 수 있다. 두 가지 방법 모두 발도르프 교육과정에 속한다.

진정한 지역적 다양성의 관계는 매우 중요하다. 이는 학생들이 자신들이 아는 것의 유사성과 지구에서 낯선 부분의 거리와 규모에 대한 차이를 시각화할 수 있기 때문에 그렇다. 슈타이너는 다음과 같이 강조했다.

> 공간을 다루면서 우리는 아이들의 영과 혼의 밀도를 높이고, 이를 땅으로 끌어내립니다. 우리가 말하는 것을 아이가 보는 방식으로 지리학을 가르침으로써 우리는 아이 속으로 이 통합을 이끌어갑니다. 그러나 공간에 대한 진정한 관찰이 있어야 합니다. 예를 들면, 아이는 나이아가라 폭포가 엘베강이 아니라는 것에 유의해야 합니다! 우리는 이 아이가 이 둘 사이에 광대한 공간이 펼쳐져 있음을 알도록 도와야 합니다.[4]

지리학은 아이들이 '땅으로 내려오게' 이끌 수 있고, 따라서 대지화를 준비할 수 있다. 학교에 가기 전 혹은 학교에서의 첫 2년 간에도, 아이들은 전체로서의 세계에 대해 다소 꿈처럼 인지한다. 환경에 대한 학습은 아이들이 보다 깨어나고 분별적 지각을 갖도록 이끈다. 여덟 혹은 아홉 살까지 이 단일성은 자연스럽게 존재한다. 그 후에는 세계와의 끊임없는 접촉을 통해 육성해야 한다. 이는 원형적 직업, 공예, 지역에 대한 생생하고 다채로운 묘사를 포함한다. 이런 묘사는 농사, 곡물 가공, 집 짓기, 정원 가꾸기와 같은 실제 활동을 통해 보충한다. 그 수행은 지역의 본성에 따라 다양할 것이다. 자연 소재의 생산과 가공은 인간 경제의 기초를 이루고, 자연과의 관계는 지리학의 중요한 측면이다.

아이들이 자연과 동반 관계를 이루도록 돕고자 한다면, 우리는 이들이 전자 매체 등을 통해 얻는 자연에 대한 간접적 앎과 같은 단순한 지성적 지식을 넘어서고, 자연 세계에 대한 실제 감성, 인간 존재와 자연의 책임감 있는 관계 및 활동으로 언제나 이어지는 감성을 관통하도록 해야 한다.

환경에 대한 1~3학년의 일반적인 학습 목표는 다음과 같이 정식화할 수 있다. 주변 환경과 인간 존재의 행위를 알아가고 이와 연결되어 있음을 느끼는 것이다. 4학년에서는 그 변주가 보다 뚜렷해진다. 가까운 지역에 대한 지식은 공간적으로(지리학, 간단한 천문학, 인간 존재, 동물, 식물에 대한 연구를 포함하는), 시간적으로(역사적으로) 확장한다. 4학년 이후에는 과목을 구분하지만, 우리를 둘러싼 세계에 대한 총체적 경험으로 통합되어 있어야 한다.

따라서 환경 학습은 역사 수업의 일부가 된다. 예를 들면, 그리스-라틴 문화의, 중세와 근세의 결과 및 산업혁명에 따른 발명품의 여파가 어떻게 오늘날의 우리 삶과 환경에 영향을 미치는지를 살펴본다. 비슷하게, 지리학 수업에서 환경 학습은 기후와 토양이 어떻게 교통과 상업에, 즉 경제와 다른 사회의 삶에 영향을 미치는지를 보여준다. 환경 학습은 또한 경영 에세이(business essays) 형태로 영어 수업과 관련하고 상업 산술의 형태로 산술 수업과 관련한다. 슈타이너는 심지어 종교 수업 또한 환경 교육의 일부가 될 수 있다고 생각했는데, 이때 증기 기관 혹은 다른 천문학적인 것을 다룰 수 있을 것이다.

따라서 열 살에서 열세 살의 아이들을 위한 일반적인 교육 목표는 실재를, 즉 자연과 세계의 실재에 대한 전체 의미를 경험하고 이로써 세계에 대한 사랑을 키우는 욕구를 충족하는 것이다. 이는 교육과정을 가로지르는 목표다.

환경 학습은 자연 과학에서도 핵심적인 역할을 수행한다.(물리와 화학에서) 슈타이너는 7, 8학년 아이들이 주변과의 관계에 대한 이해를 제공하는, 생명을 다루는 물리 수업을 듣는 것이 중요하다고 생각했다.

우리는 인간 존재가 만들고 인간의 사고에 따라 형태 지은, 그러나 그에 대해 아무것도 모르면서도 이용하는 세계 속에 살고 있습니다. 인간 존재가 만든 것을, 그 모든 의도와 목표에 있어서 인간의 사고에 의한 것을 우리가 이해하지 못한다는 점은 사람들의 영과 혼의 분위기에 있어 중요합니다. …인간 존재가 만든 이 세계의 경험을 힘들이지 않고 공유하는 것보다 나쁜 일이 없습니다.[5]

이는 열세 살 이후의 아이들부터 '우리를 둘러싼 세계와 생명'이 모든 수업에 영향을 미치는 방식을 통해 일반적인 교육 목표를 형성하는 것으로 이어진다. 아이들은 보다 중요한 생명 기능에 관한 기초적인 개념, 지식, 기술을 습득해야 한다. 이는 아이들에게 자신감을 줄 뿐 아니라 아이들이 주위에서 일어나는 모든 것에 대해 갈망하도록 이끈다.

요약하자면, 열세 살까지 지리학 교육과정의 과제는 아이들이 대지로 내려오도록, 그리고 자신을 둘러싼 세계를 알아차리도록 하는 것이다. 7, 8학년의 문화 지리학은 이 점에서부터 모든 생명 유기체로서의 세계에 관련하는 상급 학교 과정으로 옮겨간다.

어떤 학교에서 8학년 학생들은 생명에 대한 지식을 심화하는 기회를 제공하고, 그에 따라 호기심을 충족시키거나 발전시키는 환경 학습과 관련된 1년짜리 프로젝트를 수행하기도 한다.

이제 우리는 다양한 실제 프로젝트로 수행하는, 상급 학교의 환경 학습 교육과정 및 일찍이 슈타이너가 1921년에 소개한 '기술과 생명'이라는 과목을 지적해야 한다. 어떤 슈타이너-발도르프 학교는 이 통합적 환경 접근법을 상급 학교에서 발전시키는 새로운 형태의 기초로 삼는다.

1학년

작은 아이들은 자신의 주위, 즉 다른 사람, 동물, 식물, 돌, 별, 해와 달 및 한 해의 계절을 감사하며 받아들인다. 이 다양한 영역의 합일체를 끊임없이 새로이 할 수 있다면, 우리는 아이들의 자신감, 감사, 확신을 강화할 수 있을 것이다. 첫 7년 주기 동안 아이들이 갖는 기본적인 분위기를 바탕으로 하여, 이런 감성은 '세계는 선하다!'와 같이 표현할 수 있다.

학교에서 첫 해를 맞으며 아이들은 자연의 전체성 속에서 차이를 발견하는 법을 배우고, 동시에 모든 것이 함께하는 방식을 점점 더 알아차리게 된다. 아이들이 이야기를 통해, 자연을 바라보며, 계절 변화를 따라서, 자연에서 무엇이 크고 작은지, 정교하고 힘이 센지와 같이 자신들이 본 것에서 특별한 부분을 강조해서 묘사함으로써 대상에 대해 생각하도록 격려한다. 이런 이야기와 관찰은 '마음을 통해' 들려줄 때만, 즉 개인화를 통한 인류애로 가득 찰 때만 아이들에게 닿을 것이다. 이는 아이들에게 세계 속에 무의미하거나 중요하지 않은 것은 하나도 없다는 느낌을 일깨운다. 이 경험은 오늘날 우리가 스스로를 발견하는 실제 상황에 대한 준비를 위해 특히 중요한데, 토대를 놓을 뿐만 아니라 미래에 대한 규칙성을 형성하기 때문이다.

- 자연의 왕국, 원소, 계절, 별은 마치 그들 스스로가 말하듯이 묘사해야 한다. 이는 비현실적인 이야기나 창작물이 아니라 대상의 본질에 대해 말하는 상상적 이야기를 의미한다. 이는 우화 혹은 자연의 전설 형태일 수 있다.

2학년

1학년에서 아이들은 자신의 주위를 '새로운' 눈으로 보는 법을 배웠고, 이들이 스스로에게 말하는 것을 듣기 시작했다. 이제 2학년에서 아이들은 인간 존재가 어떻게 자연의 왕국과 연결되었는지 경험한다. 이로부터 나타나는 감성은, '세계에 대한 사랑'이라고 부를 수 있는, 자연과의 적극적인 일체감은 매우 중요하다. 이 감성은 아이들이 책임감을 경험할 수 있는, 8학년의 '대지화' 시기까지 발전한다.

- 인간 존재와 의인화된 주변 대상의 관계를 이야기하는 이솝 우화와 같은 우화
- 성인의 이야기, 특히 켈틱 성인은 같은 성질을 표현한다. 아시시의 성 프란시스코와 그의 창조된 모든 대상을 향한 존경과 겸손은 수업을 가능할 수 있는 척도가 된다. 이런 이야기는 도덕성의 토대를 놓는다.

첫 2년간의 학교 생활 동안 환경 학습은 통합된 모든 수업의 일부다. 아이들이 자연에서 일어나는 일, 학교에 오는 동안 마주친 것, 소풍에서 발견한 것 등에 대해 말하도록 하라. 이들이 학교로 가져오는 것(새집, 낙엽, 도토리, 과일, 돌, 동물의 뿔, 달팽이 등)은 우리를 둘러싼 세계에 대해 말할 시작점이 된다. 이는 특정 집중수업 단위가 필요하지 않다는 의미가 아니라, 1, 2학년에서는 자연에 대한 관찰 외의 분리된 과목이 필요하지 않다는 뜻이다. '실외 교실'을 자주 들르고 모든 날씨와 계절에서 경험해야 한다.

3학년

열 살에 이른 아이들은 세계와의 관계가 변하는 결정적인 순간을 맞는다. 자신의 일부였던 세계가 자신을 둘러싼 세계가 되는 것이다. 아이들은 스스로 느끼는 세계와 자신의 연결을 그 나이에서 가능한 한, 이해하고 문자 그대로 움켜쥐어야 한다. 다음해에 이는 자연, 동물, 인간 존재, 일과 기술로 발전할 수 있다. 아이들은 시간이 많이 걸리는 복잡한

작업 과정 또한 이해할 수 있는데, 예를 들면 집 짓기 집중수업 혹은 밭 갈기와 씨뿌리기에서 최종 결과로 빵에 이르는 전체 과정을 보여주는 농사 집중수업이 그렇다. 구체적인 실제를 통해 아이들의 지성을 교육할 수 있다. 아이들이 자신이 다루는 것을 만나고 느끼는 순간에, 이 연결성이 그저 합리적, 사실적 추상화로 뒤틀리지 않고 자신의 활동이 큰 영향을 미친다는 것을 알아차리는 것이 중요하다.

- 인간 존재와 지구. 농장에서 일하는 농부, 밭갈기(말, 마구, 편자 박기, 쟁기), 써레, 씨뿌리기(다양한 곡물의), 다양한 흙(습한 경지(耕地)의 배수처리), 수확, 탈곡, 제분, 제빵, 낙농업. 전통적 방법을 소개한 후에, 아이들은 트랙터, 콤바인 등이 하는 일을 봐야 한다.
- 대지를 다루는 광부 및 다른 전통적인 직업(잔디 깎이, 석공, 수로(水路) 파기(dyke digger))
- 집 짓기 속의 요소 다루기: 벽돌 만들기(말리기, 굽기), 회반죽 만들기, 벽돌 쌓기, 목공, 지붕잇기
- 양치기, 사냥꾼, 어부, 나무꾼, 숯꾼, 제빵사, 재단사, 신발 제작자, 도공, 목수, 무두장이, 마구 제작자, 직공, 대장장이와 같은 '원형적'인 직업
- 가능한 한, 아이들은 이런 일들에 대해 직접적으로, 손을 통해 경험해야 한다.

여러 주제 중에서 집중하는 부분은 학교의 지리적 위치에 따라 다양할 것이다.

4학년

슈타이너의 명령, '모든 수업은 삶에 대한 지식을 주어야 한다.'를 고려해야 한다. 지역 지리학(local geography)은 환경 학습에서 중요하다. 이전에 수업이 일반적인 면에 주의를 기울였다면(자연과의 연결, 작업 과정

에 대한 지식), 이제 아이들의 관심을 공간과 시간으로 집중시킨다. 새롭고 보다 구체적인 지식의 원천이 열리고 시간과 공간을 감싼다.

아이들에게 학교, 지역, 마을 혹은 도시에 밀접한 주위 환경을 현재에까지 이르는 지리적/공간적, 역사적/시간적 발전을 통해 보여줄 수 있다. 이 관찰을 통해서 보다 일반적인 세계와의 관계가 사회적으로, 그리고 공간적으로 속한다는 느낌으로 변한다.

- 사방을 인식하는 수단으로 해를 관찰하기
- 북극성 주변 특징적인 별자리 몇 개와 달의 뜨고 지는 움직임
- 학교(혹은 아이의 집)와 그것이 위치한 마을 혹은 동네의 조감도 그리기
- 높은 지점(언덕, 탑)에서 내려올 때 자신의 시야에서 주변 풍경이 바뀌는 것
- 학교에 올 수 있는 다양한 길을 묘사하고 그리기
- 점토 혹은 파피에마세(papier mâché)로 가까운 주변과 지형의 모양 만들기
- 간단한 첫 지도 그리기
- 지역의 발달을 그리는 역사적 사건이나 전설을 들려준다.
- 지역의 흙을 경작하는 다양한 방법, 지역 산업, 작업장과 기반 시설을 확인한다. 지역에서 흔한 산업과 직업에 대한 생생한 묘사
- 지역 기차역, 부두 혹은 공항에 대한 방문은 자신의 고향이 어떻게 다른 곳과 연결되어 있고, 왜 사람들은 이곳으로 여행을 오고, 어떤 상품이 드나드는지에 관해 알 수 있다.

5~12학년

모든 과목과 마찬가지로, 지리학 수업의 과제는 아이들의 신체적, 심리적, 영적 발달을 동반하고 돕는 것이다. 그리고 이에 더해, 지리학이

여러 다른 과목과 연결되고(생물학, 물리학, 화학, 천문학, 수학, 역사 등) 따라서 통합에 대한 보편적인 감각을 제공할 수 있기 때문에, 슈타이너는 지리학이 중심에 위치하기를 원했다. 그는 또한 함께 사는 사람들에 대해 배움으로써 아이들이 동료 인간 존재를 사랑하도록 이끌 수 있을 것이라고 말하며 지리학 수업의 도덕적 의미를 강조했다.[6]

지리학은 아이들에게 세계에 대한 관심과 삶에 대한 용기를 불어넣어야 한다. 아이들은 인간 존재를 한편으로 감싸지만, 또 한편으로는 경제적, 문화적 활동을 통해 인간이 바꿀 수 있는 구체적인 생명 리듬을 지닌 자연 공간으로서의 지구를 이해해야 한다. 이를 위해 책임감의 토대와 생태학에 대한 인지를 먼저 마련해야 한다.

아이들이 도달한 발달 단계를 따라 교육과정의 초점도 바뀐다. 4학년의 지역 지리학으로부터 쌓아나가며, 5, 6학년 아이들은 먼저 인간 존재가 다양한 지역과 그 상호 의존 속에서 자연과 관계하는 방식으로서 지역의 농사와 산업을 관찰하며 땅에 가까이 다가간다. 이는 아이들의 발달을 돕는다. 그리고 7, 8학년에서 이들은 다른 민족, 특히 지구의 다른 편에 있는 사람들의 특징과 문화를 알아간다. 따라서 지리학 수업은 운동과 대항운동(對抗運動)의 감각을 제공한다. 아동기의 중반부 동안 아이들은 물리적 공간에서 땅 위에 자신의 집을 찾는다. 즉, 땅을 향하는 움직임이 있다. 그리고 나서 사춘기가 다가오고 대지화가 진행됨에 따라, 지구에 대한 심리적, 문화적 구별을 향하는 움직임이 발생한다.

5학년

아동기의 중반부에 있는 아이들에게 지리학을 가르치는 것은 경험과 연결된 여러 사실을 제공함을 의미한다. 학생들은 세계에 대해 무언가를 배우지만, 그 지식에 감성이 연결되는 방식을 통해서다. 원래의 원인은 배경에 남는다. 자기 나라의 지역과 지형에서 선택한 부분을 묘사한다.

4학년에서 시작한 경제와 기반 시설에 대한 탐구를 보다 넓은 지역으로 확장하는 것이 중요하다.

아이들은 가까운 주변을 넘어 강을 따라 '발견을 위한 여정'을 떠날 수 있다. '해안을 향한 여행' 혹은 언덕이 많은 지역을 향할 수도 있다.

- 해안, 언덕 지대, 저지대(低地帶)의 삶을 비교하기
- 광업 및 다른 산업
- 지도 그리기를 계속, 벽지도(壁地圖), 지도책 사용
- 자국과 인접국 간의 경제적, 지리적 연결성, 상호 의존성을 강조
- 국가나 보다 큰 지역의 지역적, 물리적 지리 탐구. 영국에서는 대개 영국제도(英國諸島) 전체를 다룬다.

6학년

6학년에서 지리학은 두 측면을 갖는다. 한 면에서, 지리학은 자국이 위치한 대륙과 관련성을 갖는다. 다른 면은 모든 대륙에 대해 짧지만 체계적인 개관이다. 이 두 측면은 주요 지형학(topography)과 형태학(morphology)에 따라 서로 대비된다.(윤곽, 하천계(river system), 산, 하늘, 기후, 식물 등) 지구와 계절의 관계에 따라 천문학도 이 주제에 속한다. 지질학과 식물학 역시 지리학 집중수업에 포함된다. 산업과 상업은 세계적인 연결성이 중요한 몇 가지 두드러진 예시까지 확장한다. 교사는 7, 8학년에서 세계의 다른 부분에 대한 토론에 무엇을 끌어들이려는지 염두에 두며, 주의 깊게 선택한다.

집중수업

유럽에 있는 학교라면, 집중수업은 유럽을 다룬다. 지리학 수업 초기에 학생들은 이미 지형과 생활방식을 대비해서 살펴봤다. 이제 전체 유럽을 양극성의 측면으로 바라볼 수 있는데, 예를 들면 물, 공기, 빛/온기

및 다양한 지역의 바위와 흙이 지형과 경제에 미치는 영향을 알아볼 수 있다. 네덜란드 같은 저지대 국가와 스위스 같은 알프스 산맥의 고산지대 국가를 비교하거나, 노르웨이처럼 전통적인 경제가 바다와 관련된 지역과 체코처럼 바다와 접하지 않은 국가를 비교할 수 있다.

전체 지구의 개관

- 대륙과 대양의 형태와 위치. 대양의 해류. 조류와 달의 관계
- 해와 기후 조건에 따라 결정되는 식생대(植生帶, vegetation belt). 지구의 궤도에 영향을 받는 4계절
- 암석의 기반, 지구에서 나이가 많은 부분과 적은 부분
- 젊은 습곡 산맥(褶曲山脈)(예를 들면 알프스산맥, 히말라야산맥, 안데스산맥), 열곡(裂谷)(예를 들면, 홍해 요르단 골짜기, 론강 골짜기 등)
- 큰 강과 각각의 특징, 예를 들면, 라인강, 다뉴브강, 드네프르강
- 생태계로서 열대 우림, 사바나, 오스트레일리아의 오지, 소금사막
- 지구는 다양한 관점을 통해 전체로 바라봐야 한다. 즉, 유럽 중심주의를 벗어나야 한다.
- 토양 굴착, 삼림 파괴(forest clearance)와 건조 지대(dust bowl)의 발생, 토양 침식의 두드러진 사례와 함께
- 광물질 축적과 상거래의 관계
- 물류 수송로 개시(예를 들어 시베리아 횡단 철도, 수에즈, 파나마 운하)

위의 주제를 모두 다룰 수 없다는 점은 명백하지만, 가능한 한 전체를 보여줌으로써 균형을 이루어야 한다.

7학년

7, 8학년에서는 농업에서 산업과 상업으로, 지구상의 다양한 지역의

문화 상황으로 전환이 이루어진다. 이는 슈타이너가 권장한 초점의 전환 중 하나다.[7] 이로 인해 교사는 두 학년의 자료를 선택해야 한다. 지리학 수업에서 한 부분을 담당하는 역사로 이어지는 문화적 측면은 특히 7학년의 대항해 시대, 프톨레마이오스에서 코페르니쿠스적 세계관으로의 전환을 포함한다. 이는 아이들이 지구와 세계에 대한 오늘날의 관점은 발전해온 것이며 모든 시대에서 확고한 체계가 아님을 보여준다.

세계의 여러 부분에 대한 다양한 특징과 문화가 관념에만 남지 않도록, 슈타이너는 아이들이 다양한 문화의 양식에 따라 채색하거나 예술 혹은 실제 작업을 하도록 제안했다. 다른 집중수업 역시 발견자의 전기와 세계의 다른 곳에 대한 묘사로부터 풍성해질 수 있다.

발견 주제와 연결하여, 관찰할 수 있는 하늘에 대한 천문학을 탐구해야 한다. 관찰을 수행하고 주요 별자리의 도표를 제시한다.

- 대항해 시대가 7학년 역사 과목의 주제이기 때문에, 지리학 수업에서 아메리카 대륙을, 혹은 학교가 아메리카에 있다면 유럽을 선택해야 하는지 논의할 수 있다. 즉, 식민지 개척자들은 어디서 왔는가? 아프리카 역시 블랙 아프리카(black Africa)와 이슬람 문화 간의 양극성을 그 전체로서 다룰 수 있다. 이에 따라, 다음의 순서를 고려할 수 있다. 7학년은 구세계(舊世界), 8학년은 신세계(新世界). 7학년은 두 개의 지리학 집중수업을 가질 수 있다.

- 유럽 식민주의와 연결한 역사적 관점에 따라 농업, 원료(면, 쌀, 밀, 커피, 차 등)와 가공 산업 간의 연결을 강조해야 한다. 이는 이어서 동남아시아 쌀, 고무, 경재(硬材), 북아메리카 프레리(prairie) 밀, 카리브해 바나나, 남아메리카 소고기, 오스트레일리아 양모와 광업 등과 같이 지구의 기후대 속에서 위치해야 한다.

- 6학년에서 구축한 천문학을 토대로, 관찰 가능한 밤 하늘을 묘사하고 별자리를 관측해야 한다. 행성들의 외양과 경로를 묘사하고 달의 순환

을 관찰할 수 있다.

아프리카

아프리카의 주요 지리학적 지역은 기후, 지형학, 식생대 관점을 통해 특징 지을 수 있다.

- 북아프리카, 서아프리카와 적도 지방(Equatorial Region), 사하라 사막과 사헬 사막, 동아프리카와 남아프리카
- 다양한 식생대에 위치한 블랙 아프리카와 이슬람 아프리카의 삶의 여러 방식(예를 들어, 피그미와 열대 우림 민족, 유목 민족, 삼부루(Samburu), 마사이, 농부와 플랜테이션 농업, 오아시스 인구, 광업)
- 다양한 종교와 전통 아프리카 사회의 전승
- 프랑스, 영국, 네덜란드, 독일 식민지와 탈식민지 시대의 영향. 서양 세계관과 대치. 개발도상국의 예와 선진국과의 관계. 아프리카의 뿔(the Horn of Africa)에 발생한 기근과 내전 문제, 서아프리카에서 발생하는 부족주의(部族主義)와 현대 상업적 이해 간의 긴장, 남아프리카의 다문화 사회 등

아시아

- 주요 지리학적 지역, 히말라야/힌두쿠시(Hindu Kush)산맥, 인도 아대륙, 티벳/몽골 고원, 북, 남중국, 동남아시아, 태국, 필리핀, 인도네시아, 일본, 한국
- 문화적, 지리적 양극성 속의 거시적 지형(예를 들면, 불교, 힌두교, 이슬람교, 기독교의 영향), 여러 섬이 이루는 아대륙으로서 동남아시아, 동아시아의 엄청난 인구, 급속도로 발전하는 환태평양 지역과 아시아의 호랑이 경제●가 갖는 현대적 의미
- 현대 사회에서 아시아 민족의 역할 변화. 중국의 미래와 환태평양 국

가, 그리고 세계 경제에 미치는 영향

- 열대 우림 개발과 관련한 문제

8학년

세계 속으로 점점 들어섬에 따라, 8학년 학생들은 세계의 문제를 이해하려 한다. 반대로, 자신의 문제는 '세계적' 차원으로 취급한다. 따라서 특히 지리학 수업은 '나와 세계' 간의 상호 작용을 충족시켜야 한다. 다른 민족의 문화적, 혼적 삶과, 그리고 문화와 가치를 스스로 깊게 연관지음으로써 학생들은 여러 민족의 심리적 특징이 크게 다를 수 있다는 점을 경험한다. 이는 아이들이 자기 마음의 삶을 탐구할 발판을 찾도록 도울 수 있다.

8학년 지리학 수업의 또 다른 접근법은 지리학적 현상에서 변형, 양극성, 강화가 일어나는 위치를 스스로 묻는 것이다.

만약 아메리카가 7학년 수업의 주제라면, 북, 남아메리카를 비교할 수 있다. 이는 학생들의 상상력을 발달시킬 수 있다. 또한 고정 관념이 생겨나는 것을 방지하고 생생하고 성장하는 지식을 갖도록 이끈다. 학생들은 히스패닉과 앵글로 아메리카인들의 서로 다른 정신성이 어떻게 역사적 과정 속에서 발전했는지를 이해해야 한다.

8학년에서 더 나아간 주제는 날씨의 경향과 패턴이다.

- 북, 남아메리카의 전형적인 지형을 소개한다. 예를 들면 상상의 여행을 통해, 문화적 영향을 보여주기 위해 지명을 사용하여
- 두 대륙의 구조와 다양한 동식물의 삶
- 아메리카 원주민의 도착과 다양한 지리학적 지역에 대한 적응

- 아시아의 호랑이/용. 일본에 뒤이어 산업화에 성공한 한국, 대만, 홍콩, 싱가포르를 가리킨다.

- 스페인-포르투갈인과 앵글로-프랑스인의 점령과 그 결과(광물 자원, 기술, 자연 파괴)
- 아메리카에서 사람들의 조우. 여러 사회적, 인종적 집단이 갖는 다양한 심리적 구성. 발전 과제와 가능성. 미국의 인구통계학적 문제
- 구름 형성을 관찰하고 그려본다. 기상학 자료를 접하고 기록한다. 강수, 습도, 기압, 풍속. 바로미터, 풍향계 등 기구의 사용을 포함한다. 고기압과 저기압, 전선(前線, weatherfront). 북부 국가의 날씨와 낮의 길이가 미친 문화적 영향. 지중해 생활 양식과 기후. 사막 민족. 북극 지방 민족. 열대 환경

아메리카를 7학년에서 공부했다면, 아프리카와 유럽 혹은 유럽과 아시아 간의 지리적, 경제적 비교를 수행할 수 있다.

9~12학년

상급 학교에서 지리학과 다른 모든 과목은 학생들의 몸, 혼, 영의 발달을 따르고 돕는 과제를 계속한다. 이 나이에서 이 과정은 지구의 바위와 생명 과정의 물리적 연속성(지구의 기관으로서 식생대, 그리고 지구 내부의 순환 과정과 물과 공기로 둘러싸는 외피)으로 시작하여, 지구를 전체로서 이해하는 시각을 통해 이뤄진다. 그러고 나서 인간 활동에 의한 지구의 변화를 다루게 된다.(인문지리학) 지구는 유기체로서 이해해야 하는데, 이는 개념을 명확히 하고, 현상에 대해 괴테적 혹은 맥락적 접근법을 출발점으로 삼아야 한다는 뜻이다. 단순히 추상적이거나 중립적인 지식 혹은 물리적, 수학적 인과 작용에 대한 지나친 강조를 피하는 것이 바람직하다. 조건이 아니라 과정을 묘사해야 하고, 이는 다양한 지역의 사람들이 보이는 문화적 상황으로 이어져야 한다.

상급 학교의 지리학은 생태지리학으로 발전해야 한다. 다양한 삶의 조건(우기와 건기, 스텝 지대, 우림, 몬순과 멕시코 만류 기후) 속에서 펼쳐지는 인간 활동의 생태적 영향 및 다양한 사회가 적응한 생활 양식과 발전시킨 산업의 관습을 예시를 통해 보여야 한다. 생태적, 사회문화적 구조를 무시함으로써 식민주의와 신(新)식민주의가 야기한 결과 또한 묘사해야 한다. 상급 학교 과정이 끝나갈 때, 지리학은 '지구의 진화에 대한 탐구'가 될 수 있다. 토착 인구의 기술을 배움으로써 이제 우리는 '자연과의 협력' 속에서 씨를 뿌릴 수 있다. 인간의 존엄을 지키는 사회적 질서에 대한 토론은 미래를 위한 시야를 열 수 있다.

9학년

9학년 학생들은 '대지화'를 겪고, 슈타이너의 표현에 따르면 이들의 몸은 중력에 의해 보다 더 가라앉는다. 예를 들면, 이 단계에서 생물학은 인간의 몸에서 가장 '지구 같은' 부분, 즉 골격과 감각 기관을 공부한다. 이에 상응하는 지리학의 요소는 '지구의 골격'으로, 광물의 세계와 그 형성이다.(바위로 이루어진 지구의 외피) 여기서는 목적론적 힘을 묘사할 수 있는 생생함이 핵심적이다. 대륙 이동, 산의 형성, 화산 활동, 단층 작용, 지진의 거시 주기(macro cycle)는 역동적 과정으로 경험해야 하지, 추상적으로, 그로 인해 완전하게 이해할 수 없는 도표나 그래픽으로 접해서는 안 된다. 예를 들면 열곡의 형성과 같이, 학생들은 삼차원의 힘을 지성만이 아니라 자신의 몸 전체로 이해할 수 있는 것처럼 느낄 수 있어야 한다. 이를 위해 자연의 힘이 이끄는 살아 있고 형성적인 상상력을 기르는, 생생하고 함께할 수 있는 방식의 교육이 필요하다. 그림 자료는 필수적이겠지만, 학생들은 먼저 관련한 과정에 대한 내적인 상을 스스로 만들어야 한다.

- 대륙과 대양의 형태와 위치
- 습곡 산맥의 형태학과 형성
- 지구상의 '산맥의 형성(mountain cross)', 대지구대(大地溝帶, the great rift valley), 화산, 해저 산맥, 해구(海溝). 대륙 이동에서부터 판구조론까지
- 광물학, 암석 형성의 순환 과정
- 지구의 역사에 대한 개관
- 빙하기와 빙하 작용의 영향을 보여주는 지질학적 지층
- 침식의 다른 주요 형태에 대한 조사

10학년

9학년 학생들의 세계관은 상당히 동질적이다. 10학년에서 이는 꽤 양극적으로 분열한다. 아이들은 자신감을 약간 잃을 수 있고 의심을 품기 시작한다. 동시에 이들은 자신의 내적 마음 공간을 찾기 시작하고, 따라서 세계의 현상에 대해 엄청난 수준의 섬세함으로 다가설 수 있다. 예를 들면, 이 시기에서 생물학은 가장 핵심적인 기관을 다룬다. 그 기관의 작용은 심리적 영역에 미치는 영향으로도 발견할 수 있다. 지리학 집중수업에서 지구 그 자체는 깊은 내부에서, 암석으로 이루어진 지각 속에서, 그리고 액체 및 기체와 같은 맨틀 속과 심지어 외부 공간에서도 생명 작용을 이어가는 살아 있는 유기체로 이해한다. 각각의 경우에 가장 순환적인 작용을 공부하게 된다.

- 지구의 맨틀: 지각(地殼)에서 성층권까지
- 지구의 내부 구조
- 지질 구조 판의 움직임
- 물의 특징과 그 흐름: 지구의 살아 있는 기관으로서 강과 해류, 심해와 표면에 흐르는 해류 간의 교대

- 해류와 기후의 연결성, 예를 들어 멕시코만류, 무역풍, 엘니뇨 등
- 대기의 층: 기상학(실제 수행과 함께), 지구를 도는 바람, 지구의 자기장
- 기후와 식생의 상호 작용: 유기체의 기관으로서 작용하는 지구의 생태계
- 지구의 운동과 리듬

11학년

11학년 학생들은 스스로를 찾기 위한 움직임을 뚜렷하게 보인다. 이들은 자기 내면의 사고, 감성, 의지의 힘에 대해 자신감을 갖는다. 아이들은 인과의 망에서 섬세한 상관 관계를 이해하기 시작하고, 이는 생태계와 같이 복잡한 현상을 이해하기 위해 필요한 사고 능력이다. 이는 학생들이 이제까지 상상해온 것을 넘어서도록 이끈다. 예를 들면 생물학에서 학생들은 세포와 단세포 동물의 세계, 즉 상상할 수 없을 만큼 작은 세계를 알게 된다. 반대로, 학생들은 지리학 속의 천문학 집중수업에서 상상할 수 없을 만큼 광대한 세계로 들어선다. 한편 지도 작도법은 둥근 지구를 2차원 평면에 그리는 과제를 통해 추상적 사고를 위한 새로운 역량을 발휘하게 한다.(슈타이너는 이 나이의 학생들이 측량 집중수업의 연속으로 지도 작도법을 하도록 권했다.)

이 학년의 지리학 수업에 알맞은 구체적인 주제는 생태지리학이다. 이는 외부 세계, 지구 표면의 완화 구조, 기후 식생과 인간 존재 간의 상호 작용을 확인한다. 10학년의 지리학 집중수업(지구의 맨틀)에 이어서, 이 새로운 집중수업은 경제, 사회 지리학을 더 포함해야 한다. 이는 환경 오염과 생태 파괴 같은 발전의 부정적인 면에만 집중할 것이 아니라, 지구의 발달에 대한 탐구가 어떻게 시작됐는지 보여야 한다. 전통적인 형태의 경작이 생명 다양성을 증가시킴으로써 생태계에 긍정적인 영향을 미친 예시를 알아보고, 이로써 현대의 토지 관리 체계를 통해 유사한 효

과를 일으킬 수 있는지 논의할 수 있다. 생태계의 건강에 대한 전체 개념을 논의함으로써 자연을 그대로 내버려두는 것만이 유일한 정답이 아니고, 사람들이 그 위에서 지속 가능한 방식으로 살아갈 수 있음이 명확해진다. 이 해에 걸쳐 진행하는 기술 수업은 위의 주제에 깊이를 더할 수 있다.

- 생태계로서 지구 지형의 구분과 생명 다양성의 중요성
- 경제 발달 단계로서의 역사
- 광물 자원과 그 이용: 세계의 무역
- 착취적 관행에 따른 개발도상국의 빈곤
- 공정한 경제/사회 시스템에 대한 관점
- 오늘날의 생태학적 산업에 대한 예시와 평가
- 미래를 위한 과제
- 현대적인 천문학과 우주론의 관점(12학년에서 다룰 수 있다.)

12학년

아이들의 지평이 12학년에서 넓어진다. 이들은 자기 삶의 과제에 대해 보다 집중하고, 세계의 문제에 대해서도 큰 책임감으로 대한다. 아이들이 성숙해지는 과정에 있기 때문에, 이제 가르치는 방법을 바꿔야 한다. 이들은 개관을 원하고, 다른 과목과의 연결을 찾으며, 기술이 고도로 발달한 세계의 생활 방식에 대한 의문을 논의한다. 학교에서의 마지막 시간을 보내면서 아이들은 인간 존재와 지구에 필요한 새로운 동반 관계에 대한 자각에 이르고, 모든 개인이 이를 위해 노력해야 함을 깨닫는다.

- 지구를 자연적, 문화적 구조의 관점으로 보기
- 인류의 초기 형태와 호모 사피엔스 사피엔스의 등장: 생물권에 있어 인간 진화의 중요성, 다양한 민족과 나라의 생성을 결정하는 요소로서 언어, 기술, 문화, 종교, 역사

- 사회의 지리학적, 문화적 기원

- 인구 변화와 지구가 지원할 수 있는 것: 기아와 풍요

- 인종주의와 민족주의를 극복하기 위한 과제. 교육의 중요성

- 삼원적 사회 질서에 대한 슈타이너의 사상을 하나의 가능성으로 제시하기. 성공적인 프로젝트와 기획. 자연과 사회-문화적 구조를 포함하는, 지구에 대한 책임 있는 행동의 예시

제18장
역사

5~8학년[1]

처음에 아이들은 지형과 가까운 주위 환경의 역사로부터 출발한다. 학교의 첫 3년 동안 아이들은 역사적 사건을 시간적 순서와 상관없이 신화적으로 받아들인다. 여러 수업의 이야깃거리는 인간의 관계와 삶의 여정, 도전, 탐구에 대한 원형적 상을 제공하는 한편, 아이들이 왕, 왕비, 기사, 농부, 성인들이 구성하는 옛 문화의 사회적 관계에 친숙해지도록 한다. 이런 신화와 전설은 또한 이야기에 대한 이해, 즉 역사 그 자체의 기초 양식에 대한 이해를 제공한다.

아이들은 과거에 대해 현재의 맥락 속에서 일화로, 경험적으로 인지한다. 이들은 과거에 일어난 일이 있고, 지금 벌어지는 일은 미래에 결과를 갖는다는 것을 발견한다. 또 아이들은 여러 겹의 경험을 통해 시간은 흐르고, 또 많은 일들이 일어나기 위해서는 시간이 걸린다는 점을 인지한다. 미래에 대한 기대나 준비는 한 해의 축제 행사 속에 포함되어 있다. 아이들은 계절의 순환과 자연에서 삶과 죽음의 거대한 순환을 배운다. 3학년에서 이들은 농사, 고기잡이, 임업, 집 짓기, 전통적 직업으로 대

436

장장이, 바퀴 제조자, 목수, 석공 등에 대해 배울 때 전통적 형태의 경제적 관계를 알게 된다. 구약의 전설 속에서 아이들은 다른 무엇보다 민족 정체성을 위해 싸우는 고대 사람들에 대해 배우고, 파라오 이집트나 바빌론과 같은 고대 문명의 정치적 구조를 마주하게 된다. 이들은 분석을 통해서가 아니라, 전기(傳記)를 통해 신화적으로, 다시 말하면 말을 통해, 즉 이야기를 들으면서 알게 된다.

4학년에서 아이들이 지역 환경에 대한 탐구로부터 모은 역사에 대한 상이 역사적 시간에 대한 첫번째 감각을 제공한다. 지역성(locality)의 발견은 오래 전 이곳에서 살고 일했던 사람들에 대한 이야기와 전설을 듣는 것을 의미한다. 이는 그들의 건축물, 사원 또는 교회를 방문하고, 땅에서 그 흔적을 찾고, 지명에서 그 언어를 듣고, 어쩌면 박물관에서 그 뼈와 유물을 보는 과정을 포함한다. 지역 지리학 또한 지역 환경의 고대로부터 이어진, 혹은 최근의 산업화에 따른 경제적 뿌리를 드러낸다. 아이들에게는 이 모든 것이 과거와 고대 역사에 속한다.

선형적 시간의 추상 개념을 이해할 수 있기까지, 아이들은 역사적 발전을 문자를 통해 이해하기 어렵다. 3학년에서 측정에 대해 배우고 4학년에서 동사의 시제를 배움으로써 이 과정을 도울 수 있다. 마찬가지로 지리학 그 자체에 대한 공간적 인지도 그렇다. 일부, 혹은 어쩌면 모든 초기 문화가 자신의 땅을 자기 사람들의 일대기와 동일시하듯이, 아이들도 장소에 대한 이해를 통해 시간상의 사건에 대한 의식을 발달시킨다. 특히 인간 활동과 자연의 관계는 우리의 이야기를 드러낸다. 이는 왜 어떤 공동체가 이곳에 자리 잡았고, 무엇을 했고, 어떻게 살았는지 말해주며, 이는 그들이 누구였는지에 대해 말해준다. 그리고 이 지점에서 역사가 시작한다. 이는 곧 우리가 누구인지 역시 밝혀주는데, 이것이 역사의 관점이다.

인문, 경제, 사회 지리를 포함하는 이 지리학적 관점은 교육과정에서 반복해서 등장하는 주제로, 역사 탐구 그 자체와 통합된다. 사람과 주변 자연의 관계를 통해, 어떻게 자연을 변화시키고 그 과정에서 인간 사회의 본성을 어떻게 변화시켰는지를 통해 이 이야기와 현재의 우리가 연결된다. 왕과 전투, 협정과 종교, 제국의 이야기는 사람들이 그 장소에서 스스로 무엇을 했고, 이후에 다른 곳과 어떻게 연결시켰는지에 대한 맥락 속에서만 의미가 담긴다.

5학년에서 비로소 역사 수업이 제대로 시작된다. 아이들은 점점 친숙한 주변 환경에서 시간과 공간을 확장해서 그 너머를 본다. 5~8학년에 걸친 이 4년의 기간은 인간 진화 초기 시기에 대한 신화적 상으로 시작한다. 고대의 고도로 발달한 문명으로 시작해서, 고전 고대(古典古代, classical antiquity)와 중세를 거쳐 현대 문명과 그 정체, 사회적 상황의 실재로 향한다. 이 길은 학생들에게 인간의 존재는 진화를 의미한다는 것과, 역사의 과정에서 역할을 한 다양한 모든 사람을 포함하는 인간 종의 개념에 대한 감각을 제공한다. 이 4년에 걸쳐, 문화사와 경제사에 초점을 둬야 한다는 점이 가장 중요하다. 사람들이 지구에서 실제로 살고 일한 방식이 가장 중요하고, 이는 마침내 어떻게 수많은 발명품이 지구와 그 위 인간들의 삶을 바꿨는지에 대한 질문으로 이끈다. 이 여행은 신화에서 증기 기관으로, 다시 그로부터 핵에너지의 발견과 그 이용의 결과로 이어진다.

5, 6학년에서 역사는 이야기의 형태로 중세까지 들려준다. 전기를 통한 접근이 중심 요소지만, '위대한 인간'만 다뤄야 하는 것은 아니다. 7, 8학년에서 학생들의 관심은 근대사에서 현대에 이르는 과정을 조건, 동기, 인과와 결과로 묘사하는 관점에 곧바로 꽂힌다. 즉, 산업혁명의 발견과 발명 및 그 결과를 다룬다. 달리 말하면, 역사를 상(images)과 이야기로 묘사하는 것에서 보다 인과적이고 합리적인 묘사 방식으로 전환하게 되고, 이는 아이들이 발달함에 따라 겪는 변화에 조응한다. 그렇다고 하

더라도, 묘사의 생생함, 유연성과 희곡성은 잃지 말아야 한다.

어떤 역사를 왜 가르치는가?

여기서 윤곽을 그리는 역사 교육과정은 다양한 학년에서 교육 내용으로 다룰 수 있고 다루고 있는 주제를 기술한다. 역사 수업에 배치하는 보통의 시간을 고려할 때, 기술한 주제를 모두 다룰 수는 없다. 그렇다면 어떤 기준을 통해 선택해야 하는가? 영국 마이클 홀 학교(Michael Hall School)의 역사 교사였던 폴 로(Paul Law)는 그 대답을 다음과 같이 정식화했다.

> 역사를 경제적으로 가르치기 위해서, 역사 발전을 형성하는 힘의 징후를 드러내는 예시나 '상(pictures)'을 매번 보이려고 시도해야 한다. 이런 징후가 전형적이거나 명백하게 중요하기 때문에 선택하는 것이 아니라, 학생들이 이를 상상적으로 이해함으로써 이면의 힘들이 일으키는 작용에 대한 통찰을 얻을 수 있기 때문이다.[2]

이 조언은 상급 학교에 가장 적절하지만 6학년 이후에도 적용할 수 있다. 경제적이라는 의미는 한편으로 시간과 자원을 효과적으로 사용한다는 의미지만, 다른 한편으로는 다른 과목과의 통합을 암시한다. 역사가 지리학, 문학, 과학, 예술, 기술, 수학, 외국어 등을 포함한다는 점은 명백하다. 가능하다면 연관된 모든 과목이 상호 참조하고 서로 교차할 때 교육에 보탬이 된다.

방법론상으로 핵심적인 또 다른 출발점은 현재의 역사에 대한 논의로부터 시작하는 것이다. 이는 최근의 문제를 다루고 그 설명, 기원, 역사적 과정의 배경을 찾는 것뿐만 아니라, 학생들의 관심과 일반적인 발달 수준에서부터 시작하는 것을 의미한다. 역사는 그 본질에 있어 우리가 살고 있는 세계를 이해하도록 돕는 것을 주된 목적으로 삼는다. 세계에서 일어나는 일에 대한 통찰을 제공할 뿐만 아니라 아이들 스스로의 발달 과정의 반영이라는 의미에서, 과거는 현재를 드러내기에 교육을 위해 관심을 둘 뿐이다. 이 관점은 역사 교육과정 속의 의식 진화에 대한 시도 동기(示導動機)를 부각시킨다. 본질적으로, 우리는 다양한 시간, 문화, 장소의 인간 의식이 보여주는 진화를 발견하고 우리 스스로와 비교하기 위해 과거를 연구한다.

더 나아가 미래 역시 역사 연구 속에 자리한다. 각 인간 존재의 잠재력은 자극이 필요하다. 변화와 진보의 동기를 제공하기 때문에, 이상(理想)은 이 잠재력에 대한 표현이다. 과목으로서 역사는 이상이 어떻게 과거 속에서 동기를 얻는지 보여줄 뿐 아니라, 아이들이 스스로의 역사적 잠재력을 이끌어내도록 하는 중요한 역할을 수행한다. 그러나 이것이 이념의 씨앗을 뿌리는 문제여서는 안 된다. 사실 지난 세기는 '지배' 세대, 혹은 최소한 권력의 이상을 한 세대에게 심을 때 무슨 일이 일어나는지를 극적으로 보여준 시대였다. 역사는 심지어 가장 교묘한 방식으로 작동하는, 사고와 행위의 자유를 제한하는 사고방식을 만드는 위험한 도구가 될 수 있다. 인간 자유의 토대를 기르는 데 역사가 기여하는 부분은 자라는 세대에게 사고 내용을 지시하는 것이 아니라, 사고, 판단, 도덕적 주체성과 이들을 통한 사회적 인지의 능력을 낳도록 돕는 데 있다. 명백히, 우리는 우리가 과거를 통해 이룬 세계를 다음 세대가 어떻게 이끌어 갈 것인지 알 수 없다. 하지만 우리는 이들이 자신이 누구인지, 그리고 어떤 사람이 될 것인지로부터 이끌어내는 필연성에 따를 수 있다는 것을 확인하는 도구를 제공해야 한다. 역사는 해방의 과정이어야 하고, 그렇지 않다면 아이들에게 무거운 짐을 지우게 된다.

5학년

정식 역사 공부는 5학년에서 시작한다. 이제 아이들은 보다 큰 맥락에 관심을 갖기 시작하고, 또한 슈타이너가 표현했듯이 역사적 '개념'을 충분히 이해한다.

처음에 이들은 인도, 페르시아, 메소포타미아, 고대 이집트의 고대 문화를 만난다. 가르치는 일이 드물기는 하지만, 중국, 중/남아메리카의 고대 문화를 더하지 못할 이유는 없다. 그리스 신화의 배경에 뒤이어 호메로스의 시대를 통해 그리스 역사를 소개하고, 이는 알렉산더의 원정기에 동방 문화와 만나는 때까지 이어진다.

어떻게 다르고, 얼마나 이 과거가 멀리 있으며, 또 어떻게 저 문화가 그 지형 및 기후와 관련하는지에 대한 경험을 통해 생생하고 형상적인 방식으로 시간과 공간에 대해 살아 있는 개념을 제공하는 방법을 사용해야 한다. 또한 오늘날 우리 문화가 과거의 성과에 기반한 방식에 대한 흥미로운 예시를 여럿 들어야 한다. 이는 인간 문화의 다양한 꽃이 지구상의 여러 민족에게서 펼쳐졌고, 모든 문화는 그 정수(精髓)를 가지는 동시에 인류의 역사와 우리 문명에 공헌한다는 느낌이 아이들 속에서 솟아오르도록 한다. 이를 통해 아이들의 지평은 자신의 지리적 경계를 넘어 뻗어나가고, 문화의 인류 보편성에 대한 이해의 토대를 놓을 수 있다.

이 나이에서는 여전히 주로 형상적인 방식을 통해 아이들에게 전달해야 한다. 그래서 완전히 과학적, 사실지향적, 연대기적 설명에 주안점을 두지는 않는다. 교사는 생생한 형상적 말하기 형태로 역사를 드러냄으로써 아이들이 역사적 인물의 행위와 고난을 공유하고 느끼도록 한다. 불필요한 해석 없이 내용 그 자체가 말하게 해야 한다. 이를 통해 역사 수업은 도덕성과 양심에 영향을 미친다. 이는 도덕적 어조가 수업에 깔려야 한다는 것이 아니라, 어떤 내용을 어떻게 아이들에게 전달할지에 대한 결정은 교사의 책임에 달려 있다는 뜻이다.

학생들은 다양한 문화적 시대의 글과 운문을 낭송하고 노래한다. 고대 그리스 역사와 관련하여, 아이들에게 희랍어와 그 문서를 소개할 수 있다.

- 고대 인도의 베다, 우파니샤드, 바가바드기타로부터 가져오는 신화적 내용과 어떻게 카스트 제도가 발생하는지. 크리슈나의 유년기, 크리슈나와 아르주나. 다른 역사 시간대에 속하지만, 힌두교의 발전을 보이기 위해 붓다의 삶을 가르칠 수도 있다.
- 고대 이란 문화: 좌식 공동체의 발전, 농업과 목축의 시작, 차라투스트라의 삶, 아베스타(Avesta)와 분다히신(Bundahishn)
- 메소포타미아의 도시 문화, 길가메시 전설, 쐐기문자 문서
- 고대 이집트 전설에서 가져온 모티프, 피라미드, 왕족의 묘지, 관개 체계, 상형문자와 같은 위대한 이집트 문화 유산의 예시, 국가 체계 확립, 나일강의 지리가 이집트인의 삶과 죽음에 대한 감성에 미친 영향.
- 고대 그리스: 일리아드, 오딧세이, 폴리스의 대두(스파르타, 아테네), 페르시아 전쟁기의 인물과 사건, 페리클레스의 시대, 알렉산더와 그리스 문화의 전파
- 콜럼버스 이전의 중앙, 남아메리카 전설, 마야, 톨텍, 아스텍인들의 삶
- 고대 중국의 전설

6학년

열세 살에 이르면 아이들은 역사의 인과성을 경험할 준비가 되어 있다. 로마 시대로부터 대략 서기 1400년까지의 중세에 이르는 2000년에 달하는 역사를 다루게 되고, 이에 따라 주제를 선택할 명확한 기준이 필요하다.

이 시기 동안 역사는 문명의 기원에서 인간적 사건으로 차원을 전환한다. 주된 역사적 성격은 사회 집단화의 대리물로 드러난다. 이제 학생

들은 인과를 이해하기 때문에, 귀족과 평민, 로마와 카르타고, 로마인과 야만인, 아랍인과 프랑크인, 황제와 교황, 수도사와 기사처럼 성격, 집단, 관습, 세력 거점 간에 드러나는 이원성을 알아야 한다. 이런 관점으로 로마와 중세의 역사를 이해할 수 있다. 예시를 통해 학생들은 변증법의 원칙을 경험하기 시작하고, 상급 학교에서 역사를 다시 배움으로써 이를 완전히 이해하게 될 것이다. 그러나 이를 위한 기초는 6학년에서 마련해야 한다. 역사는 점점 인간의 충돌, 심지어 종교에서도 벌어지는 대립에 집중한다.

라틴어는 학생들이 새롭게 마주해야 하는 로마 문화의 특별한 요소 중 하나다. 5학년에서 아이들은 희랍어를 접하고, 이제 6학년에서 마찬가지로 라틴어를 접할 수 있다. 중심 주제는 그리스-로마 역사가 현재까지 미친 영향을 밝히는 것으로, 이를 통해 학생들은 현대 사회가 여전히 '로마적인' 성질을 시민에 대한 관념, *공화정(res-public)*에서, 민사 재판에서, 토목 건축(도로, 송수로, 배수 시스템, 난방, 연방 통치) 등에서 여러 방식으로 드러낸다는 것을 알게 된다. 비록 변형되었더라도, 이 분석 원칙은 여전히 우리 시대에 작동하는데, 십자군전쟁이 중세의 문화 발달에 미친 영향에도 적용할 수 있다. 예를 들면, 과학, 상업, 은행업 등의 발전에 미친 아랍 문화 영향이 그렇다. 이슬람의 대두와 그 파벌은 현대의 역사, 문화적 발전과 비교할 수 있는데, 이슬람 근본주의의 발흥을 포함한다.

- 공간적 표현, 시대 순서, 나이 든 사람의 증언을 통한 토속어 역사를 통해 아이들이 선형적 시간에 대해 구체적인 개념을 갖도록 해야 한다. 시간의 거리에 대한 감각은 거의 신체적으로 경험해야 한다.
- 로마 역사
- 로마 건국의 두 측면, 로물루스와 레무스(리아 실비아-마르스), 전설적인 로마 7왕, 귀족과 평민
- 로마 제국의 대두와 그 정체(政體), 전통적인 로마의 가치

- 로마와 카르타고 대립(한니발과 스키피오)
- 로마군 조직
- 카이사르와 새로운 제정(帝政)의 시작
- 토목 건축, 도로 건축, 송수로와 고가도로, 난방과 하수 체계, 전형적인 로마 대저택, 목욕탕 등에 있어 로마의 유산. 마구(馬具)와 등자의 결여, 미비한 조선 및 항해 기술, 거대한 도시 인구에게 식량을 공급할 능력의 부족과 같은 기술적 한계
- 지역 내의 로마 유적에 대한 방문과 탐구
- 로마 제국에서 기독교의 확산(바울, 초기 기독교회, 카타콤, 처형, 콘스탄티누스, 디오클레시아누스 등)
- 로마의 쇠퇴: 훈족과 고트족, 여러 민족의 이주
- 중세
- 마호메트와 이슬람교의 전파
- 프랑크족, 샤를마뉴와 로마 제국의 재건
- 노르만 정복(the Norman Conquest)
- 수도원 문화, 시토회(the Cistercian), 베네딕토회(the Benedictien), 도미니크회(the Dominican), 프란치스코회(the Franciscan) 중 둘의 비교
- 교황과 황제의 경쟁
- 십자군 전쟁. 사자왕 리처드
- 기사도와 기사 수도회
- 동양과 서양의 만남(프리드리히 2세). 이슬람과 동양에서 유래한 새로운 유럽 언어 어휘, 예를 들면 cotton(면), alcohol(알코올), coffee(커피), algebra(대수학) 등
- 도시 문화의 시작, 길드와 대성당의 건축
- 봉건제 몰락의 징후로서 아쟁쿠르 전투(the Battle of Agincourt)
- 중세의 기술 혁신, 예를 들면 수차(水車), 조력(潮力) 물레방아, 풍차, 나

침반, 조선, 방어구와 무기를 만들기 위한 강철의 사용, 화약, 시계

7학년

이 나이에서 아이들은 스스로의 판단력에 기초해 세상과 연결하는 다리를 건축해야 한다. 교사를 권위로서 받아들이는 관계는 저물어간다. 따라서 아이들이 스스로의 이해를 통해 역사 수업의 내용을 받아들이도록 수업 방식을 바꾸어야 한다. 학생들은 역사적 사건이 보다 큰 맥락 속에 위치하고, 이 사건들의 결과 역시 마찬가지로 널리 영향을 미칠 수 있다는 점을 배우기 시작해야 한다. 문화적, 기술적 발전이 역사적 사건에 영향을 미치는 방식과 이들이 어떻게 변화하는 의식을 표현하는지가 중심 주제다. 가장 중요한 과제는 세계에 대한 학생들의 관심을 일깨우는 것이고, 그 중심에 개인, 사건, 경험과 역사를 관련지어 자세히 이야기해 보기가 있다.

이제 중세에서 근대사의 시작점에 이르는 기간이 역사 수업의 중심이다. 슈타이너는 교육과정에 대한 강연에서 7학년의 과제를 다음과 같이 묘사했다.

7학년의 목표는 15세기가 도래함으로써 근대인의 삶이 어떻게 발전했는지를 아이들이 정말로 이해하고, 유럽과 유럽 밖의 상황을 대략 17세기의 시작점까지 묘사하는 것입니다. 이 시대는 가장 중요하고, 매우 주의 깊게 다루어야 합니다. 이는 이후에 이어지는 시기보다도 더 중요합니다.[3]

학생들에게 발견과 발명, 예술, 상업과 종교의 새로운 형태를 이야기해줌으로써, 우리는 무엇이 새롭고 이전에 한 번도 존재하지 않았는지를 보여줄 수 있다. 이들에게 르네상스기의 사람들이 자신의 감각을 통해 세상과 연결한 새로운 방식을 보여주는 것이 중요하다. 아이들은 실제,

기계적, 기술적 문제가 어떻게 점점 더 사람들의 주의를 끌고, 동시에 기적과 경이, 즉 성스러운 것에 대한 관계가 기울어졌는지를 배워야 한다. 7학년 학생들은 관계에서 비슷한 전환을 겪고 있기 때문에, 역사는 이들의 외부에서 마치 박물관에서처럼 일어나는 것이 아니라, 항상 문제가 되는 현재의 사건이다. 이 점을 이끌어내는 것은 역사 수업의 목표 중 하나이기도 하다.

- 다른 대륙을 향한 유럽인의 탐험과 토착 인구에게 끼친 그 결과에 대한 역사(식민주의의 문제에 대한 첫 이해를 포함, 예를 들면 남아메리카 인디언의 상태에 대한 바르톨로메 드 라스 카사스(Bartolomé de las Casas)의 증언), 엔히크 왕자(Henry the Navigator)와 포르톨라도 지도 제작술(Portolan mapmaking), 콜럼버스(Columbus), 스페인 정복자, 마젤란(Magellan), 북아메리카의 영국 식민지. 신세계 문화, 경제와 유럽으로 수입된 새로운 상품. 노예 무역의 기원. 월터 롤리 경(Sir Walter Raleigh), 프랜시스 드레이크(Francis Drake)
- 인쇄술의 발명(현대 발명품의 예시, 즉 현재까지 영향을 미치는 결과로서, 인과의 예시가 된다.), 상업 산수와 국제 은행 업무와 같은 다른 발명
- 르네상스, 플로랑스의 대두. 고전적 가치를 반영한 휴머니즘
- 근대 과학의 시작에 대한 예시(갈릴레오, 케플러, 코페르니쿠스 등)
- 잔다르크와 그의 행동이 끼친 역사적 결과
- 새로운 내적 신앙 독립의 예시로서 얀 후스(Jan Hus), 마틴 루터, 그리고 전통이 짓누른 그 시대의 분위기
- 새로운 방식의 상거래 대두(예를 들면, 푸거가(the Fugger family), 메디치가, 한자 동맹)
- 종교 개혁과 엘리자베스 시대, 헨리 8세, 엘리자베스 1세, 스페인 무적함대, 월터 롤리 경, 제임스 1세, 셰익스피어의 삶
- 30년 전쟁

- 흑사병
- 인클로저(the enclosure)와 양모 산업

8학년

8학년에서 우리는 역사를 오늘날에까지 끌어오도록 노력해야 합니다. 오늘날의 역사 수업에서 다루는 내용은 부차적으로만 언급해야 합니다. 아이들이 증기 기관과 기계 직기(織機)가 어떻게 세계를 바꿨는지에 대해 듣는 것이 엠스 전보 사건(Ems Telegram)(프랑스-프로이센 전쟁의 계기가 된)에 대해 아는 것보다 훨씬 중요합니다.[4]

인과성과 인간의 목적적 행위 간의 상호 작용은 산업혁명을 통해 관찰할 수 있고, 둘 간의 차이를 밝히는 것이 바람직합니다. 이는 가장 중요한 역사 패러다임입니다.[5]

슈타이너와 린덴베리(Christof Lindenberg)가 각각 드러낸 이 두 지표를 8학년의 역사 수업을 위한 기준으로 삼는다.

인과성의 예시는 위대한 발명의 사회적 결과를 통해 발견할 수 있다. 긍정적인 발전(의약품, 화학, 교통 수단과 사회 이동, 노동조합 등)과 부정적인 면(노동자의 빈곤, 아동 노동, 노예제와 농노제, 광물 자원의 착취적 개발, 식민주의와 열강들의 충돌 등) 모두 다뤄야 한다. 8학년의 초점은 급변하는 세계 속 개인의 경험이다. 그들을 고양시킨 이데올로기는 보통 9학년까지 미뤄 둔다. 그 시대를 상징적으로 드러내는 인물의 삶을 묘사함으로써 가볍지만 다채롭게 역사를 가르칠 수 있다.

산업혁명과 새로운 기술에 의해 인간의 삶이 바뀐 방식에 대해 특별히 주의를 두며 현재까지의 역사를 다룬다. 교육과정 전반에서, 역사 교육은 엄격한 연대와 많은 사실에 얽매이기보다는 상징적으로, 그리고 주제별로 이루어진다. 다루는 주제를 예시하기 위해 중요한 순간, 상징적인 상(象), 전형적인 전기, 혹은 증언, 문학의 발췌문, 저널, 언론과 미디어 모두를 사용한다.

중요한 역사 주제의 예시는 다음을 포함한다.

- 필그림 파더스(Pilgrim Fathers) 혹은 신세계 개척자의 기술(記述), 그 정치적 개념과 헌법, 노예무역과 남북전쟁, 아메리카 원주민의 저항과 운명, 붉은구름(Red Cloud), 제로니모의 전기, 리틀빅혼(Little Big Horn)과 운디드니(Wounded Knee) 전투의 결과
- 19, 20세기 대영제국 속의 삶에 대한 기술, 예를 들면 보어전쟁, 마하트마 간디의 삶, 플로렌스 나이팅게일, 리빙스턴 박사, 마커스 가비 등
- 공장 노동의 사회적 결과, 아동 노동, 노예 플랜테이션, 교통
- 대규모 이주, 아일랜드 대기근, 아메리카의 이민자들
- 증기 기관의 발명, 제임스 와트, 조지 스티븐슨(George Stevenson), 철도의 발전, 운하, 아크라이트(Arkwright)의 방적기, 엘리 휘트니(Eli whitney)의 조면기(繰綿機)
- 새로운 기술, 전보, 전화, 그래머폰(gramophone), 전구와 그 사회적 결과. 에디슨, 퀴리 부인, 리비히(Liebig), 플레밍의 전기
- 1차 세계대전, 참호 속의 생활

다음의 전기는 역사적 사건의 개요를 위한 배경을 제공할 수 있다.

- 레닌과 러시아혁명
- 윌프레드 오웬(Wilfred Owen)(시인)
- 히틀러와 나치즘의 발흥
- 마오쩌둥과 문화대혁명
- 마틴 루터 킹
- 넬슨 만델라

다른 참가자, 희생자의 전기 및 문학을 통해 균형을 맞춰야 한다. 예를 들면 안네 프랑크, 자크 루세랑(Jacques Lusseyran)(*And There Was Light*, 프랑스 레지스탕스의 시각 장애인 영웅), 로렌스 반 데어 포스트(Laurens van de Post)(*The Seed and the Sower*, 일본 포로 수용소에서의 생활에 대한 기록), 존 허시(John Hersey)(*히로시마*, 여섯 명의 생존자에 대한 기록), 윌코멘스키(Benjamin Wilkomenski), 프리모 레비(Primo Levi)(아우슈비츠 생존자)가 있다.

- 베를린 장벽과 냉전, 한국전쟁과 베트남전쟁. 중남아메리카 혁명의 순간들, 베를린 장벽의 붕괴, 소비에트 제국의 몰락
- 제1세계-제3세계 문제, 남북 문제(구체적인 사례를 사용해서, 예를 들면 커피 무역, 석유 개발과 범아랍주의의 대두, 아프리카의 뿔 지역에서 반복되는 기근)
- 환경 문제, 열대 우림, 핵실험, 환경 오염
- 자유와 독립 운동, 지역적 갈등: 아프리카계 미국인 민권 운동(The Civil Rights Movement)과 마틴 루터 킹, 넬슨 만델라, 피델 카스트로, 베트남, 이스라엘-팔레스타인, 북아일랜드

9~12학년

5~8학년에서 역사 수업은 신화적, 선사적 문화 단계로부터 물질 문명의 발전과 그 종교적, 사회적, 정치적, 생태적 결과까지 이르는 인류 진보를 그려왔다. 이를 통해 학생들은 현대에 더 실제적으로 다가선다. 이제 아이들의 역량이 발전함에 따라, 이 진보를 반복하고 새로운 수준에서 심화한다. 역사와 관련한 8학년에서 9학년으로의 의식 전환은 중세에서 근대로의 전환에 비견된다.[6] 이 유비(類比)는 문자 그대로 해석할 것이 아니라, 관점의 전환을 성격화하여 이해해야 한다.

수업 내용과 방법은 학생들의 이상(理想)을 역사의 동력으로 이해하는 역량의 성장과 종합하는 역량의 발전을 고려한다. 이들에게 닫힌 상을 주기보다는, 스스로의 판단력을 자극하는 것이 중요하다. 교사는 아이들이 지닌 개성의 고유한 힘으로부터 나오는 지식이 싹트도록 돕는 역할을 맡는다. 역사 수업은 이들이 판단을 *받아들이는* 상태에서 *형성하는* 상태로 나아가도록 도와야 하고, 이는 아이들 스스로의 개인성과 세계 간의 관계를 새롭게 구축하는 것과 상응한다.

9학년은 현재에 이르는 근대사를 다시 한 번 돌아본다. 10학년은 선사 시대부터 복습하는데, 신석기 시대와 농업의 기원 및 초기 도시 문명을 거쳐 알렉산더 대왕까지 이른다. 그리고 11학년은 그리스-로마 시기에서 중세까지를 다시 새롭게 바라본다. 이는 새로운 수준에서 역사의 시대를 다시 한 번 비춰준다. 12학년에서 마지막 조망을 수행한다. 여기서는 인간의 역사, 전체로서 우주적 역사의 개관을 보이기 위해 이전의 다양한 시대에 대한 초점을 확장한다. 학생들은 인류 진화의 능동적인 참가자로 스스로를 이해해간다. 이들은 스스로가 역사 속에서 차지하는 위치를 이해하는 법을 배운다. 그리고 아이들은 스스로를 과거의 후계자로 보는 동시에, 자신의 숙명이 미래의 진화를 위한 씨앗을 품고 있고, 자신의 숙명을 통해 인류 전체의 숙명과 연결되어 있다는 느낌을 갖는다.

상급 학교로 진입하면서 학생들은 역사를 배우는 새로운 수단을 익힐 것으로 기대한다. 이들은 실험에 대한 욕구를 가지고 있고, 이는 다양한 역사 연구의 방법론에 대한 학습을 가리킨다. 이는 무엇보다 의문을 던지는 역사가의 역할을 강조하게 된다는 점을 의미한다. 자료를 새롭게 제시할 수 있지만, 단순히 사실에 대한 정보로서가 아니라 해석이 필요한 원천으로서다. 특히 현대사를 이해함에 있어서 도덕의 부재와 유물론, 그에 따른 고차적 의미의 상실을 인지하는 것이 중요하다. 이 깨달음은 각 개인이 외부의 권위가 아니라 통찰에 기초한 도덕적 직관에 따라 행위해야 한다는 관점을 통해 균형을 맞추어야 한다.

문제 제기와 실험의 영향은 곧바로 안정과 확신에 대한 청소년기 아이들의 욕구로 향한다. 이런 이유에서 가르침은 지나치게 추상적이거나 지적인 것을 피해야 한다. 교육 자료는 가능한 한 구체적이고 사실에 기반해야 하고, '그 스스로 말하는' 감각을 가져야 한다. 그러나 방법론적으로는 비판적이며 문제를 제기하는 태도를 길러야 한다. 사실에서 사고로 옮겨갈 수 있는지가 기본적인 기준이다. 두 과정을 결합하는 한 가지 방법은 원래의 출처에서 사실을 뽑아내거나 교사가 사실을 상상적으로 보이는 것이다.(예를 들면, 중요한 주인공 중 하나와 가상의 인터뷰를 통해) 반대자의 관점에서, 노동자 혹은 공장주의 관점에서, '테러리스트' 혹은 '자유의 투사'가 갖는 관점에서와 같이, 다양한 관점으로 바라보는 과정에서 취합한 정보를 다양하게 해석할 수 있다. '이야기'는 다양한 종류의 신문이나 르포 양식을 통해 전달할 수 있다. 이 수행은 세계의 사건과 역사의 구성과 관련하는 미디어의 역할에 대한 토론으로 이어진다. 적어도, 역사는 객관적인 기록을 담은 태피스트리를 펼치는 것이라는 인상을 피해야 한다. 바이외 태피스트리(Bayeux Tapestry)에서 보듯, 역사는 특정 관점을 통해 기록되고, 이는 흔히 승리자와 식자(識者) 계층의 관점이기 때문에, 전체 역사적 가치를 밝히기 위해 반드시 해석이 필요하다. 역사에서 최근의 경향은 위대하고 훌륭한 것에 반하여 사람들의 일상적인 삶, 고민, 의식을 밝히는 '아래로부터의' 관점이고, 이는 징후학적 접근법을 위해 풍부한 원천이 된다.

9학년

이 학년의 과제는 이전 학년에서 다루었던, 현재까지 이르는 최근의 역사를 탐구하는 것이다. 그러나 이번에는 역사의 발전을 자극하고 이끌었던 사상들에 초점을 둔다. 슈타이너는 15세기부터 현재까지 각 세기의 핵심 모티프를 다루도록 권했다.

- 15/16세기는 인간성(humanity)의 확장과 그 의의
- 17세기는 낡은 사회 구조의 해체와 새로운 정치 체제의 등장
- 18세기는 유럽과 아메리카의 계몽주의 사상
- 19세기는 '다양한 민족의 역사가 함께 흘러가기'[7]

우리는 위의 목록에 20세기를 더해야 한다. 이 지난 세기의 모티프는 반드시 공산주의, 파시즘, 자본주의의 대립, 세계 경제의 출현과 제1세계와 제3세계 간의 긴장감, 그리고 환태평양 경제권 및 냉전의 종식이 가져온 미완의 결과를 포함해야 한다. 20세기는 손쉽게 담아낼 수 없다.

이 역동적인 역사 과정을 공부하는 목적은 오늘의 세계를 마치 열여섯 살짜리가 받아들이듯이 이해하기 위함이다. 더 나아가서, 이 나이에서 역사는 오직 미래로 향하는 사상을 드러낼 때만 의미가 있다. 근대사의 분석은 사회의 마비, 분열, 병리적 현상, 부정의(不正義), 시민, 인간적 권리의 억압과 침해, 냉혹하고 통제할 수 없는 역사의 힘에 대한 상으로 나아갈 수 있다. 그러나 이는 그 상의 일부일 뿐이다. 만약 역사 수업이 학생들의 관심과 내적 활동에 닿을 수 있다면, 이것이 해석의 열쇠만이 아니라 구원의 가능성 또한 드러낼 것이다. 또한 역사는 진보하는 그 내적 본성을 통해, 인간 존재가 사회의 건강함과 아픔을 만들어내는 잠재력을 항상 지니고 있음을 드러내야 한다.

역사적 사건이 어두운 면을 지나치게 강조하는 것처럼 보일지 몰라도, 이 시기의 역사가 드러내는 핵심 주제들은 빛과 어둠을 모두 가지고 있다. 기술이 그 전형적인 예다. 자유로운 사고의 가능성은 항상 이데올로기와 선전(宣傳)에 대항한다. 개인의 주체성은 국가의 통제에, 용기는 두려움에, 정의는 부정의에, 억제와 균형은 권력에, 낙관주의는 비관주

의에, 통찰의 적용은 공상주의(空想主義)에 그렇다. 역사는 이 모든 균형을 맞추는 힘에 대한 충분한 예시를 보여준다. 역사에서 한쪽의 힘은 다른 편을 통해 대항할 수 있고, 궁극적으로는 개인이 사회를 재건하는 유일한 원천임을 학생들이 깨달을 때에만 현재를 미래의 관점으로 이해할 수 있다. 9학년 역사 수업은 반드시 미래를 지향해야 한다!

학생들의 관심과 동기를 일깨우는 목표는 도덕성을 내세움으로써가 아니라, 사회 유기체의 각 측면을 이끄는 원칙에 기반하여 역사적 판단을 발전시킴으로써 달성할 수 있다. 특히 이는 자유가 영적, 지적, 종교적 영역이 기능하기 위한 원리이며, 자유가 없다면 이 영역들이 기능하지 못하고 사회의 건강에 손상을 입힌다는 것을 인식함을 뜻한다. 또한, 공적인 삶, 정치, 사법과 정의 시스템, 사회적 계약 등은 각 개인의 동등한 권리가 존중, 보호받지 못하면 기능하지 못하며, 공정성과 투명성이 그 선행 조건임을 의미한다. 마지막으로, 경제적 삶은 사람들, 단체, 산업, 국가 간의 상호성과 협동 원칙에, 그리고 자연 세계에 대한 비(非)착취적 태도를 견지하는 의지에 의존한다는 점을 인식해야 한다. 학생들은 이 사회의 기능적 원칙이 다른 영역에 잘못 적용되었을 때 사회 불안과 장애를 일으킬 수 있음을 잘 이해할 수 있다. 경제 영역에 적용한 자유는 막대한 부정의와 생존 경쟁으로 이어진다. 정치의 상호성은 부패를 낳는다. 지적 삶의 평등은 무기력한 순응으로 이끈다. 보다 넓은 세계 역사의 관점을 통해 국내 역사의 균형을 잡아야 한다. 국내 역사는 세계적 과정의 구체적 예시를 위한 최고의 사례를 제공한다.

- 최근의 사건으로 시작해서(예를 들면, 조간 신문의 헤드라인), 현대사의 주요 주제를 소개할 수 있다. 학생들이 위치한 곳, 이들이 알고 이해하는 것으로부터 시작해 그 뿌리를 역사 속에서 찾아가는 것이 가장 바람직하다. 대부분의 과정은 더 깊지 않다면, 르네상스 말기까지 금세 추적할 수 있다. 예를 들면, 국민국가(nation state)의 관념과 그 발달,

전통적 사회의 해체, 산업화와 선진국의 탈산업화 세계, 제국의 형성과 그 해체의 결과가 있다.

- 다음을 20세기의 모티프로 고려할 수 있다. 제국의 붕괴, 탈식민주의, 전체주의, 파시즘, 공산주의와 그 붕괴, 팍스 아메리카나(Pax Americana)와 냉전, 유럽 중심적 세계관 탈피, 태평양 지역의 대두, 개발도상국 출현, 요약하자면 세상에 대한 상의 세계화

- 세계적 의식의 출현은 문화, 상업, 기술, 정치만이 아니라, 생태적 요소와 관련해서도 영향을 미치기 시작했다. 이번 세기의 역사적 사건은 이 과정의 부정적, 긍정적 측면을 모두 반영한다. 학생들은 부정적인 경향과 비극적인 결과만이 아니라 사회의 형태에 대한 생각에 작용하는 긍정적인 힘과 자연을 회복시키는 동반 관계 또한 배워야 한다. 이제 역사 수업의 중심에 20세기가 놓인다.

- 근대와 함께 해방된 개인, 개인적 발전, 발명, 발견이 표출된 휴머니즘과 르네상스

- 영국의 역사를 예시로 든다.

- 영국 내전(the English Civil War), 국교회 반대의 대두(the Rise of Dissent)와 비국교도(非國敎徒), 퀘이커교도, 평등주의자, 개간파(開墾派) 등

- 1688년 왕정 복고, 입헌 군주제, 의회의 부상

- 계몽주의와 정치적 계몽주의의 영향(로크, 몽테뉴, 루소)

- 아일랜드 문제(the Irish Question)의 배경

- 미국 독립선언서와 미합중국의 건립, 미국 헌법의 구조(벤저민 프랭클린, 톰 페인, 토머스 제퍼슨과 같은 인물), 미국 남북전쟁, 북아메리카를 향한 대규모 이주, 먼로주의(the Monroe Doctrine), 제1차 세계대전부터 현재까지의 미국 외교 정책

- 프랑스 혁명의 사상(자유, 평등, 박애), 나폴레옹까지 이르는 혁명의 과

정, 혁명 전과 진행 중의 루소, 라파예트(La Fayette), 당통(Danton), 로베스피에르와 같은 중심 인물을 포함한다.

- 인간의 권리에 대한 사상과 오늘날 이를 실현하기 위한 투쟁
- 근대 절대 왕정의 발전, 의회주의, 미국 헌법: 권력에 대한 견제와 균형
- 상충하는 이해 관계의 역동적 긴장 속에서 출현한 19세기 국민국가(예를 들면, 이탈리아, 아르헨티나, 독일의 통일과 독립에 대한 역사): 사회와 국가를 건설하는 힘으로서, 민족주의와 자유주의
- 산업화의 발달과 사회 문제의 제기: 유럽의 이해 관계가 지구로 확산되는 과정(세계를 연결하는 교통과 통신 체계, 세계 경제, 제국주의)
- 사회주의 사상의 대두와 실현, 마르크스와 엥겔스, 노동조합의 출현, 20세기의 공산주의, 러시아 혁명, 그 기원과 결과, 스탈린, 소련의 붕괴
- 제1차 세계대전, 그 정치적 배경, 주요 전투의 개요, 그 마무리와 결과
- UN, EU, NATO, 이상(理想)과 문제
- 탈제국주의 시대의 문제: 여러 지역에서 대두된 민족적, 인종적, 종교적 갈등

10학년

10학년 학생들의(열여섯 살) 주요 관심사는 인과와 기원에 대한 문제다. 아이들은 어떻게 일들이 현재와 같이 이르렀는지와 같이 근본적인 질문을 세상에 대해 묻는다. 이 질문에 대해 가능한 대답은 역사 속으로 깊이, 보다 초기로, 급격하게 다른 의식의 양상으로 파고들게 만든다. 수렵 채집민의 생활 양식에서 고도로 구조화된 도시 문명으로 전환하고, 이 전환에 수반한 인간 의식의 변화를 고려하기 위해서는 폭넓게 살펴봐야 한다. 간단히 기술적, 정치적 발전의 연속으로 보기보다는, 다양한 종류의 사회 경제적 조직을 다양한 정신성과 의식의 반영으로 이해하는 법을 배워야 한다. 더 나아가, 이런 변화는 인간과 자연 세계의 관계에

있어 근본적인 전환을 반영한다.

　선사 시대와 역사 시대 초기의 주요 시기가 표현하는, 인간 의식의 진화가 반영하는 각 개인의 의식 변화는 여러 전기 속에서 많이 드러난다. 따라서 인간 사회의 기원에 대한 탐구는 자기 발견의 과정이기도 하다. 의식의 관점에서 이 시기는 외부 세계가 존재로, '당신'으로 경험되는 참여적 의식에서, 세계를 생명이 없는 물질로 대하는 관찰자적 의식을 내면화하는 전환으로 확장한다.

　이 시간을 통해 선사 시대로부터 신석기 혁명을 거쳐 고등 문명으로, 그리스 도시 국가의 쇠퇴와 알렉산더 대왕에 의한 그리스 문화의 전파로 마무리하는 인류의 문화사에 대해 다시 살피게 된다. 먼 과거의 역사에 대한 지식을 얻는 고고학적 기법은 연역과 귀납적 사고 및 행위를 통한 발견(예를 들어 부싯돌로부터 석기 만들기)의 예시를 제공한다. 학생들은 스스로의 사고 과정을 사용해야 하고, 이를 통해 스스로 이해해낸 진짜 경험을 갖는다. 이 집중수업 기간의 중심 주제는 인간 사회와 그 환경의 상호 관계다. 사상, 기술, 종교, 사회 구조는 자연, 지구, 하늘, 사계절의 순환, 밀려오고 흘러가는 강의 생명 창조, 밤과 낮, 하늘의 별자리에 대한 인간의 깊은 경험에 뿌리를 둔다. 우리는 이 실재로부터 너무 떨어져 있기 때문에, 현대의 의식이 이를 이해하기는 어렵다. 이 관계를 이어주는 사상의 영역으로 의식이 깨어나야 하겠지만, 10학년 학생들은 그 내적 발달을 통해 지구의 이 힘과 조응하고 있다. 이 시기의 역사는 특정 시간과 장소의 인간 존재가 가진 상상력 속에서, 창조적인 초감각적 실재로서 자연의 힘이 출현했음을 드러낸다. 인간의 의식을 거쳐 변형되는, 이 자연의 형성적 힘은 도시와 신전 건설의 놀라운 위업, 거대한 관개 시스템, 복잡한 종교 활동의 동력이 되었다. 이 힘은 이 시기가 끝날 때에 이르러 점점 개인화되고 내면화된다. 이 변화는 열일곱에서 열여덟 살 학생들의 마음에도 마찬가지로 일어난다.

- 상부 구석기 시대의 인간 혁명(the Human Revolution): 빙하기 사회, 문화, 예술, 새로운 기술과 모든 대륙으로 퍼진 인간, 새로운 환경, 오스트랄라시아(Australasia), 태평양의 섬, 남·북아메리카, 시베리아, 북서유럽
- 빙하기 예술은 매우 구체적인 맥락에서 문화의 최고 수준을 꽃 피운 것으로 볼 수 있다. 빙하기 예술에서 우리는 문화의 시초가 아니라 이미 발전한 발달 단계를 볼 수 있는데, 의식(儀式)의 관념, 종교, 성소(聖所)가 잘 갖추어져 있었다. 이들의 상은 생생한 심상(心象)과 동등하게 이해할 수 있다. 이를 만들어내는 힘은 인간 능력 진화의 중요한 단계를 표지한다. 이는 또한 개념 혹은 상징적 언어의 근본 요소를 갖춘 것으로 볼 수 있다.
- 빙하기 종료, 해수면 상승과 그에 따른 육지의 감소: 중석기 시대 사회, 문화적, 경제적 삶의 분화, 아주 초기 형태의 예술로 회귀함에 따라 상실한 예술적 성질. 이 시기에 일어난, 활의 발명이 갖는 의미
- 신석기 시대: 황금의 초승달 지대와 농업의 기원, 차탈휘익(Catal Huyuk), 메소포타미아, 나일강, 갠지스강, 황하, 양자강, 메콩강 유역, 중앙, 남아메리카
- 도시의 정착: 권력의 집중화, 쓰기, 관료제, 상업
- 이집트 문화와 유럽 거석 문화의 비교

이 주제들을 다룰 때는 고전적 진보 개념을 피해야 한다. 먼저, 우리가 전통적으로 문명과 연결하는 발달은 이미 오래 전에 이루었다. 예를 들면, 목축, 사원과 의식 구조, 도자기 생산, 야금술과 아마도 글쓰기까지 그렇다. 다음으로, 농업에 기반한 정착 공동체로의 전환의 초기에는 질병과 갈등이 증가하여 생활 수준과 기대 수명이 감소했다. 이른바 문명의 이점은 먼 훗날 발생했다. 이 단계들은 물질적 진보의 결과보다는, 의

식의 변화와 씨름한 과정으로 이해하는 것이 더 적절하다.

- 고대 힌두 문화와 바가바드기타 및 불교가 보여주는 급격한 변화
- 고대 페르시아 문화와 신화적 인물, 차라투스트라
- 칼데아 문화와 길가메시 전설
- 고대 히브리 문명과 기록 문화의 발전
- 이집트 고왕국(古王國), 중왕국, 신왕국에 대한 조사, 종교적, 사회경제적 구조의 핵심 요소를 보이기, 무질서와 급격한 변화 가운데 함께 존재하는 지속성과 안정성
- 청동기 사회. 유럽의 할슈타트(Hallstadt)와 켈틱 문화, 중남아메리카의 톨텍, 마야 문화, 고대 크레타
- 중국 문화의 기원과 그 신석기 혁명, 주왕조(周王朝), 노자, 공자. 전통 중국 사회의 특성
- 그리스 도시 국가의 발흥. 주요 철학 사조가 드러내는 세계관의 예시

11학년

11학년 학생들은 대개 자신의 내적 성장과 성숙을 향해 중요한 걸음을 내딛는다. 이 나이에서 깨어나는, 내성(內省)과 숙고할 수 있는 능력, 사랑을 위한 잠재력, 헌신과 봉사는 중세를 통해, 특히 이오나(Iona)와 린디스판(Lindesfarne)의 켈트 교회와 관련한 역사적 힘 속에서, 스콜라 철학과 연애가인(戀愛歌人, Minnesänger) 및 음유 시인(Troubadour)의 전통을 통해 기른 미적, 헌신적 특성을 통해, 수피교(Sufi) 신비주의 속에서, 프란치스코회의 청빈과 무사(無私) 속에서, 기사도와 기사의 덕목, 템플 기사단과 투르의 성 마르티노, 그리고 대성당을 건축한 대가들에게서 드러나는 심원한 역사 흐름에서 그 반영을 발견한다. 그러나 중세는 로마 제국 말기에 일어난 인구 이동, 바이킹 침략, 이슬람 대두와 동서 갈등의 발생, 교회와 국가, 황제와 교황 간 권력 다툼을 통해 의지의 힘을 표현

하기도 한다.

고대로부터 중세의 전환에 이르는 역사 시기를 여러 갈래가 관통한다. 많은 주제가 볼프람 폰 에셴바흐의 *파르지팔* 속에서 예술적으로 표현되는데, 문학, 중세 예술, 예술사 수업에서 이를 다룬다. 역사 수업은 이 관련 수업을 통합할 수 있다.

이 학년의 역사 수업은 그리스-로마 시대, 게르만 민족, 유대교와 기독교에서 드러나는 진화적 흐름의 유산으로부터 중세가 탄생한 방식을 보여준다. 더 나아가서, 국가와 교회, 동양과 서양 문화 간의 긴장을 담은 중세의 세계는 도시 문화 속 근대적 개인주의를 예비했다.

사용할 수 있는 자료가 풍부하기 때문에, 역사 교사는 초점을 선택해야 한다.

- 그리스 철학의 주요 주제에 대한 개관
- 기독교의 전파, 예를 들어 바울의 삶과 여행
- 이슬람교의 발생과 전파, 서양 문화에 대한 기여
- 로마 제국의 몰락에 이은 인구 이동, 예를 들면 앵글족(Angles), 색슨족(Saxons), 주트족(Jutes), 바이킹
- 지방, 지역 정치, 봉건제의 발전
- 경제와 문화에 미친 수도원과 그 영향력의 의미
- 세속과 종교 권력, 황제와 교황
- 서양과 동양, 십자군 전쟁
- 상업과 공예에 특화한 마을, 도시의 발전, 페스트, 사회 문제
- 고딕 양식의 대성당 건축
- 중세의 세계 상(아우구스티누스, 토마스 아퀴나스, 마이스터 에크하르트, 니콜라우스 쿠자누스(Nicolas of Cusa)). 그리고 보통 사람의 관점. 예를 들면, 엠마누엘 르 로이 로드리(E. Le Roy Ladurie)의 *몽타유*(*Montaillou*), 혹은 카를로 긴츠부르그(Carlo Ginzburg)의 *The Cheese*

and the Worm 등의 작품

- 중세 세계관의 변화, 예를 들면 마파문디(Mappa Mundi)에서 토스카넬리(Toscanelli)의 세계 지도로의 발전

12학년

12학년에는 세 가지 주요 모티프가 있다. 먼저 학생들이 세계사에 대한 개관을 갖는 것이 요구된다. 두번째로는, 학생들에게 특정 개별 문화나 민족을 예로 들어 '문화의 일대기'(그 전성기, 또는 몰락, 전개, 정체(停滯))를 보여야 한다. 셋째로, 아이들은 역사가 발전해왔고, 개별 인간 존재는 점점 더 일찍 독립하는 경향을 보이며, 더 나아간 발전은 외부의 기준과 사회 관습의 문제로부터 점차 벗어난다는 것, 다시 말해서 개인은 보다 더 자유로워지고 있다는 것이다.

첫째 모티프는 학생들이 인류의 구성원이 되는 경험을 제공하고, 사상의 발전에 대한 실재를 보여준다. 둘째는 그 숙명 안에 속한다는 감각을 제공한다. 셋째 모티프는 미래를 향한 스스로의 길을 가리킨다.

- 선사 시대로부터 근대에 이르는 세계사의 주요 시대에 대한 개관
- 현대사에 대한 이해, 1945년 이후의 발달과 일상의 역사에 대한 이해, 그리고 이에 대한 판단력
- 진화의 거대한 순환 법칙이 내재함을 보이기(예를 들면, 야스퍼스의 차축시대(Jaspers' Time Axis Model))
- 정부, 경제 회복, 법 제정과 시행, 행정부, 사회적, 정치적 문제의 다양한 형태
- 인권, 시민권, 정치 참여의 발전, 민주주의를 위한 준비 상태
- 모든 개인이 곧 역사이며, 자신의 행위를 통해 세계사를 이룬다는 인식 세우기
- 다양한 국가 간의 협력

- 국제법
- 다양한 국가의 현재 발전, 변화, 상황, 과제
- 현재 유럽의 변화: 평화 정치
- 현재의 경제 질서와 사회 유기체, 국가, 혹은 일상 경제를 건축할 수 있는 가능한 방법
- 화제가 되는 사건: 유럽의 통합, EU, 다원주의 전개, 사회의 민주적 질서
- 역동적 발전의 관점에서 보는 다양한 국가의 역사(예를 들면, 그리스, 중국, 일본, 미국, 러시아)
- 역사 철학과 역사에 대한 각 시대의 이해가 변하는 흐름

제19장
생명과학

슈타이너-발도르프 교육과정의 전체 구조는 철저하게 생태적이다.

전체에서 시작해서 부분으로 나아가는 교수 방법 그 자체가 이를 드러내고, 모든 나이의 아이들이 자신의 공부를 통해 가장 넓은 시야를 갖도록 돕는다. 예를 들어, 유치원에서는 계절에 대해 능동적으로 인지하고, 중급 학교에서는 식물과 동물의 복잡한 관계를 통해 지혜를 얻으며, 상급 학교에서는 분석적 사고와 통합적 사고가 각각 생명 과정에 대한 앎에 기여하는 바를 이해한다.

생명과학을 통해 여러 학년에서 다루는 주제는 학교의 전체 교육과정과 유기적으로 연결되며, 전체 속의 통일에 대한 감각을 잠재적으로 길러준다. 쓰기와 읽기 같은 슈타이너-발도르프 교육과정의 다른 부분과 마찬가지로, 일반 학교에서 뚜렷이 가르치는 내용은 대개의 경우 훨씬 뒤에서 다룬다. 그럼에도 불구하고, 쓰기와 읽기에서 그렇듯이 피상적인 시선에서만 학습이 지연되어 보일 뿐, 주의를 기울인다면 몇 년 후에 싹이 터서 급속도로 성장할 수 있도록 먼저 의식의 대지에 씨를 뿌리고 있음을 알게 된다. 교육과정과 교육과정의 풍부함과 깊이를 설명하기 위해서는 이런 성장의 비유를 들 수밖에 없다.

환경 문제에 대한 공공의 인식이 발생하기 훨씬 이전부터, 슈타이너-발도르프 교육과정은 아이들에게 생태적 의식을 길러주기 위한 토대를 마련해왔다는 점은 주목할 만하다.

유치원

유년기에 대해 다룰 때 설명했듯이, 슈타이너-발도르프 교육은 어린아이가 어른이나 나이 든 아이와 질적으로 다른 의식을 가지고 있다고 이해한다. 이 시기에 경험하는 자기와 세계의 분리, 또는 거리는 다른 시기와 사뭇 다르다. 의식은 환경과 주의를 끄는 외부 대상에게 파묻혀 있고, 사지의 활동과 모방을 통해 감각적 인상을 깊이 받아들이고 작용한다.

생명과학에 대한 모든 학습은 이런 내적 경험에 기반해야 하지만, 현대의 삶은 아이들이 자연과 살아 있는 환경에 적극적으로 뛰어들 시간을 충분히 제공하지 않는다.

슈타이너-발도르프 유치원은 여러 방식으로 이 토대를 놓는다.

- 절기 축제는 지구, 달, 그리고 해의 리듬을 아이의 세계에 대한 인식에 있어 중요한 부분을 이룬다.
- 창조적 놀이(예를 들면, 나무, 양모, 물, 모래로 놀기)를 하는 시간은 이후에 예리한 관찰력을 길러주는 감각 경험의 보고(寶庫)다.
- 유치원 환경 내외부의 아름다움과 질서에 대한 교사의 관심은 아이들에게도 마찬가지의 성질을 일으킨다. 그리고 이는 더 깊이 들어가서, 나이가 들어 자연에 대해 탐구할 때 존경심을 담은 정밀한 태도를 길러준다.
- 이야기, 동화, 운문, 예술 활동은 과학적 방법의 기초와, 살아 있는 세계의 복잡성을 이해하기 위해 필요한 통합적 사고를 위해 필요한 상상력을 계발한다.

1~3학년

이 학년의 토대에 자리하는 분위기가 생명과학과 관련한 모든 주제를 이끌어간다. 이 발달 단계에서 선택하는 이야기는 살아 있는 세계에 대한 아이들의 관계 변화를 반영한다.

1, 2학년의 이야기는 변화에 대한 주제를 전달한다. 왕자로 변하는 개구리나 뱀의 죽음과 공주의 등장이 그렇다. 이는 아이들이 동물의 언어를 이해하고 비밀을 지키거나 생명을 보호하는 다른 존재(난쟁이, 요정)에 대해 알아차리도록 한다. 이런 상상적 요소는 공상적인 것이 아니라, 동식물 관계의 복합, 복잡성에 대한 건강한 감성적 관계와, 명확한 사고 능력을 통해 상급 학교에서 공부하는 생태계의 숨겨진 속성을 위한 토대를 마련한다.

3학년에서 창조에 대한 이야기는 지구, 식물, 동물, 인간 존재의 기원에 대한 전체적 상을 제공한다. 다른 이야기는 성인(聖人) 같은 특정 인물이 어떻게 동물 세계와 특별한 관계를 가꾸었는지(예를 들면, 성 프란치스코)와 관련한다. 아이들은 농사 집중수업에서 어떻게 농부가 자연의 힘과 함께 일하는지를 배운다. 쟁기질, 씨뿌리기, 수확하기에 더해, 울타리와 담장을 관리하고, 양을 보호하고, 땅에 물을 뿌리며, 작물 사이의 잡초를 뽑는다.

이 모든 형식은 이후에 이어질 생명 세계에 대한 의식적인 탐구를 위한 서막이며, 지구를 존중하고 돌보는 생태학이 인간 존재의 도덕적 발달의 토대임을 무의식적으로 받아들이는 것 또한 그렇다.

4~8학년

열 살의 내적 발달 정도에는 뚜렷한 기준점이 있고, 이 점 자체가 4학년 아이들이 사람과 주변의 세계 간에 거리를 경험하도록 한다. 여전히 이야기가 상상력을 이끌어내지만, 이제 보다 정확한 정의(定義)가 내용에 필요하다. 동식물의 특징에 대한 감각을 수반하는 정확한 세부 내용과 그들이 살고 있는 환경을 통합하는, 살아 있는 세계에 대한 관찰과 묘사가 6~8학년 간의 다리를 놓는다.

예를 들면, 4학년에서는 소에 대한 성격화를 통해, 그 동물의 신체 형태, 움직임, 식습관과 삶의 전체 방식에 대한 세부 내용으로부터 그 특정 성질이 떠오르게끔 한다. 그 시선, 움직임, 씹는 모습, 이빨, 여러 개의 위장, 상상하지 못한 원천을 통해 풍부한 우유를 만들어내는 소화력, 송아지의 출생과 성장, 이 모든 특징은 소를 '초식 포유류'로 정의하는 것 이상을 이룬다. 이를 통해 소와 감성적 관계를 갖게 되는데, 이는 감정적이거나 공상적인 것이 아니고 예술적, 감성적 능력과 정확한 관찰의 건강한 결합이다. 이는 대상의 행동이 탐욕, 충성심, 긍지, 교활함, 결단력과 같은 내적 특성을 반영하는 방식을 포함할 수 있다. 발달 단계에 따라, 이 시기의 아이는 이런 특성을 인지하고 그 균형을 유지한다는 것이 인간다움임을 인식하는 객관성으로 나아가야 한다.

예를 들어, 5학년에게 고유한 특징 및 제스처, 생생한 묘사, 색칠하기와 시를 통해서 떡갈나무를 가르친다면, 아이들 스스로의 경험이 정확한 관찰로 이어져 떡갈나무의 본성이 그저 하나의 범주로 퇴색하지 않도록 한다. 동물에 대한 아이들의 경험은 상대적으로 전체적인(holistic) 성질을 띠기에, '종(種)'의 관념 등을 소개할 필요는 없다. 생활 패턴, 관계, 환경에 대한 적응을 느낄 수 있도록 동물의 특성에 대한 탐구를 성격화하는 것이 목표다.

6학년의 지리학과 7학년의 건강과 영양 및 8학년의 인간 신체에 대한 탐구는 아이들 스스로의 관찰을 점점 더 많이 요구한다. 현대 과학을 반영한다고 하더라도, 그 이론보다는 경험할 수 있는 현상(직접적인 관찰 혹은 교사의 묘사를 통해)에 초점을 둔다.

활동으로 접하는 원예는 학급의 식물에 대한 일반적인 돌봄에서 한

뙈기의 땅에서 꽃과 채소를 기르고, 비료를 만들고, 실제를 통해 땅에 대한 책임감을 일깨우는 경작 과정으로 발전한다. 매주의 수업은 8학년까지 이어지는 생명과학 집중수업을 따른다.

상급 학교

사춘기와 청소년기 간의 기준점은 사고력이 새로 태어나는 지점에 있다. 청소년기 초기에는 신체적, 감정적 특징을 뚜렷이 보이는 반면, 깨어나는 사고는 정체성과 의미에 대한 큰 문제가 아이들에게 점차 명확히 떠오르도록 안내한다. 즉, 나는 누구인가, 삶의 의미는 무엇인가?

9, 10학년 생명과학의 초점은 인간 신체와 의식, 건강, 재생의 신체적 토대를 제공하는 과정에 있다. 이는 살아 있는 형태에 대한 이해와 놀람을 위한 기초를 제공하는 것을 의도한다. 교육과정은 몸의 유기체를 기계와 같이 보거나, 혹은 인간의 동기를 단순히 결정론적 관점에서 이해하여 아이들의 시야를 좁히는 방식을 피하려고 한다. 그러나 이들은 생명과학에 있어 최근과 역사적 관점을 비교, 대조할 수 있고, 시간을 들여 가설을 세우고 검증함으로써 어떻게 한 이론이 발전하거나 기각되는지 알게 된다. 한편, 청소년기는 몸에 일어나는 과정을 이해하고, 그 복잡성과 신비를 인식하며, 의학의 진보를 통해 제기되는 문제를 마주함으로써 급격히 성장하는 자신의 사고력을 훈련시켜야 한다.

이런 공부와 함께, 식물과 동물을 다루는 실제 작업은 야외에서 관찰을 포함해야 하고, 이를 통해 생명과학 교육과정에 환경적, 생태적 강조점을 직접적으로 가져와야 한다.

11, 12학년을 통해 청소년기의 사고력이 강화되고 관념을 다루는 데 있어 보다 성숙해진다. 생명과학 교육과정은 현대 세포 이론, 유전학, 다윈주의(Darwinism)가 중심 역할을 하는 식물학과 동물학의 연구 속에서 이를 경험한다. 이 초점은 화학과 물리학 집중수업의 원자 이론, 빛의 파

466

동/입자 이중성, 천문학 공부에서도 반복된다. 아이들의 사고는 이제 현재 교과서나 대중적으로 받아들이는 과학 기술에 대한 관점과 다른 대안적인 관점이 있다는 것을 이해할 만큼 성숙해졌다. 과학 개념과 기술의 결과에 대한 역사적 접근을 통해, 아이들은 건강한 과학은 새로운 현상을 발견함으로써 이론이 등장하거나 퇴장한다는 인식에 대한 관점을 얻을 수 있다.

슈타이너-발도르프 학교의 생명과학 교육과정은 아이들에게 현대 과학 이론, 인간과 자연의 문제에 대한 인지와 기술이 촉발한 문제 및 양자(兩者)의 미래에 대한 생생하고 열린 태도를 제공할 수 있다.

4학년

이 집중수업은 동물계의 본능적 행동으로부터 크게 자유로운 동시에 환경과 복잡한 관계를 가지고 살 수 있도록 하는 동물의 특별한 기관이 없는 신체를 가진 인간 존재의 고유한 성질에 초점을 맞춘다. 인간의 자의식은 동물 세계에서 부분적으로 특수하게 발달했다고 이해할 수 있는 생리적 기관들 간의 조화로운 균형을 통해 얻었다고 볼 수 있다. 예를 들면, 인간의 팔과 손은 이를 반영한다. 자유로운 사용과 움직임은 특수하지 않은 관절과 손가락으로부터 생긴다. 엄지와 검지의 나란히 놓거나 팔을 넓게 벌릴 수 있는 능력은 이로부터 가능하다.

앞서 기술했듯이, 특정 동물에 대한 성격화를 통해 이 원칙을 그 몸의 기관에 대해서도 적용한다. 소나 다른 반추동물에서는 대사계가 특히 일방적으로 강조된다는 점을 스스로 관찰함으로써 명확하게 알 수 있다. 항상 활동하는 쥐나 다른 설치류는 감각이 특히 예민하다. 들쥐는 신경적 민감성을 통해 몸을 떤다. 성게는 머리 형태가 강조되어 있고, 불가사리는 성게와 다소 비슷하게 생겼지만 '사지(四肢)' 생명체로 보인다. 이 비교를 하나의 이론으로 전달하려는 의도는 전혀 없으나, 압도적인 다양성을 통합하고 인간 존재와 예술적이고 의미가 담긴 방식으로 연결하기 위해서 이 접근법을 사용한다.

무엇보다, 아이들은 몸을 일으키고, 손을 자유롭게 하며, 말과 자각(自覺)의 힘을 통해 진정한 인간에 대한 감성을 가져야 한다.

루돌프 슈타이너는 신체의 생리학에 내재한 삼원적 역동이 어떻게 동물계에서 일방향으로 드러날 수 있는지 여러 예시를 들어 보였다. 그의 글은 이 접근법이 인간 존재의 영적 토대를 포함하여 심화하고, 이는 교사가 가르칠 맥락 및 교실에서 사용할 예시를 최대한으로 넓혀준다.

- 인간 머리와 사지의 양극성과 이를 조정하는 몸통의 형태
- 위에서 언급한 성격화와 관계의 기초로 사용하기 위한 친숙하고 낯선 동물의 모음. 예를 들면, 소, 쥐, 사자(혹은 비슷한 계열의 동물)는 문어, 달팽이, 멍게의 세계와 달리 다양한 경향을 보인다. 그 나름의 가치가 있겠지만, 수업이 단순한 '자연 학습'이 되는 것을 피하기 위해, 지나치게 많은 동물을 다루기보다는 몇몇 생명체를 잘 선택해서 풍부하게 경험하는 것이 훨씬 낫다.
- 다양한 동물의 사지는 인간의 손 등에 대해 위에서 기술한 주제를 잘 드러낸다.
- 인간 자유의 상으로서 인간의 손과 팔: 관절과 뼈의 생리학이 아니라, 움직임의 자세와 실제. 이와 비슷하게, 직립과 관련한 인간의 발, 대퇴부, 척추를 인간 존재의 고유성 주제로 이어갈 수 있다.
- 한계가 있는 인간 신체가 어떻게 기술과 문화적 성과를 통해 균형을 맞추는지에 대한 예시. 삽에서 비행기까지, 오소리와 새가 본능적 행동을 통해 이루는 것을 인간은 발명품과 그 특별한 사지를 통해 성취한다.
- 기초적인 마음의 특성과 내적 능력을 반영하는 동물들: 높은 곳에서 바라보는 독수리의 시야, 황소가 가진 의지의 힘, 사자의 힘의 균형, 유

연한 우아함, 용기

동물계에 대한 이런 성격화를 5~8학년에 걸쳐 이어간다. 이 시기에서
는 인과적 사고가 내용을 통합하려고 하기 때문에, 동물과 관련한 주제
를 고를 때는 성격화에서 자연에 대한 관찰을 통한 탐구로 점차 옮겨간
다. 특성, 비교, 생명체가 인간 존재와 서로에 대해 갖는 관계에 초점을
두며, 이로써 풍부한 생태적 상이 줄어들고 단순히 '먹고 먹히는' 관계의
설명으로 대체하는 것을 피한다.

5학년
이 시기는 청소년기의 폭풍이 닥치기 전에 상대적으로 고요한 사춘기
다. 아이들이 뛰고 체조하는 모습에서 우아함과 조화가 드러난다. 성장과
움직임 형태, 제스처, 색이 조용한 아름다움을 표현하는 식물을 공부하기
적절한 때다. 존중, 감사, 관심의 감정이 이 집중수업에 스며들고, 살아 있
는 유기체로서 지구를 향한 아이들의 감수성을 심화해야 한다.

모든 식물은 지형, 토양, 기후와 관계하는 그 맥락 속에서 관찰해야 한
다. 화분 속의 식물 하나를, 혹은 더 심하게는 잘라내고 현미경 아래서
분리와 파편화의 관점 및 유사한 탐구 방식은 상급 학교에서 다룬다. 이
나이의 아이들은 땅 위의 다양한 식물 형태, 흔히 볼 수 있는 식물종의
상(象),● 벌레와 흙의 관계, 씨앗에서 꽃과 열매로 이르는 발전을 감상해
야 한다. 관찰 및 식물의 이름 부르기와 함께, 종에 대한 체계적인 구별
은 이 나이에서 지역의 나무와 꽃이 일으키는 따뜻한 친근감을 가로막
는다. 식물의 부위에 이름을 붙일 수 있겠지만, 5학년의 관심에서는 뿌
리와 줄기, 잎과 꽃, 씨앗과 열매의 양극성과 대비에 초점을 두는 것이

● 　원어는 gesture다. 내용상 성질이 겉으로 드러난 꼴을 뜻하기에 상(象)으로 번역하였다.

보통의 교과서에 나오는 세부 사항보다 더 영양가 높다.

조용하고 정확한 관찰, 성장에서 드러나는 움직임에 대한 감각, 형태의 변화 및 기관의 변형에 대한 감상이 식물의 탐구에 필요하다. 식물에 대한 괴테의 연구와 비슷한 방향의 현대 연구가 아이들을 전체적 접근법으로 이끌기 위한 풍부한 자료를 제공한다.

- 친숙한 지역의 지형과 그곳에서 자라는 식물의 종류. 아이들은 지역 식물과 나무의 흔히 사용하는 이름을 배워야 한다.
- 지구상에서 다양한 지역의 비교: 사막, 숲, 툰드라, 극지방에서 적도로 진행, 열대 지방의 산 오르기
- 주요 식물 유형 일부(예를 들면, 균류, 지의류, 이끼류, 고사리류)를 상세한 비교나 진화적 관점보다는, 그 형태의 상을 꽃이 피는 식물과의 관계 속에서 다룬다.
- 발아의 관찰과 씨앗의 성장, 기술적으로 상세하기 다루기보다 형태와 상에 보다 초점을 둘 것을 유념하라.
- 뿌리, 줄기, 잎, 꽃의 개념을 다양한 식물에서 그 양극성을 통해 발견한다.
- 식물과 동물과 공동체를 이루는 대상으로서 나무와 날씨, 토양, 지형과 그 관계. 나무 가꾸기를 시작해서 다음 학년에서도 이어가고, 그 씨를 다시 적절한 장소에 심는 것으로 완결할 수 있다. 장기 프로젝트로 삼을 수 있다.

이때 시작한 내용은 6~8학년에서 이어가서 원예 교육과정과 자연스럽고 실제적으로 연결되어야 한다. 지리학과 지질학 또한 가능하다. 이어지는 동물 집중수업에서는, 8학년이 다가옴에 따라 식물계의 양상과 교수 방법이 보다 인과적인 방식의 사고를 만나게 된다.

동물학

4학년의 방법론을 마찬가지로 취하되, 어떻게 한 집단의 양극성이 분화로 드러나는지를 보여줌으로써 동물의 여러 집단을 보다 자세히 탐구할 수 있다. 이는 다음을 포함한다.

새

- 고도로 발달한 시각과 청각을 가진 맹금류, 독수리, 대머리독수리, 매, 황조롱이, 올빼미를 포함
- 독수리와 까마귀처럼 썩은 고기를 먹는 새
- 노래하는 새
- 물에 사는 새. 백조, 거위, 오리. 알바트로스, 갈매기, 바닷제비, 가마우지 같은 바닷새, 검은머리물떼새, 왜가리 같은 섭금류, 펭귄 및 물로 뛰어드는 새
- 땅 위에 사는 새, 닭, 타조, 에뮈

육식동물

- 곰
- 큰 고양이과 동물, 사자를 전방위적 동물로, 치타를 특수한 동물로, 호랑이처럼 열대 우림에 사는 고양이과 동물, 들고양이, 흑표범처럼 산에 사는 고양이과 동물
- 늑대와 여우

초식 동물

- 산에 사는 염소, 스타인복(steinbock)
- 사슴, 사슴의 뿔과 소의 뿔을 형태 비교
- 기린과 영양을 그 분화된 해부학과 풀을 먹는 습관으로 비교

- 하마, 돼지, 코끼리

한배에서 새끼를 적게 낳고 이를 키우는 데 시간을 쏟는 동물과 많이 낳고 기르는 시간이 짧은 동물을 비교해서 탐구할 수 있다.

6학년

'인과성의 입구'에 들어섬에 따라, 광물에 대한 탐구가 이 학년의 중심에 자리하고, 아이들의 사고는 한 대상이 어떻게 다른 대상의 '원인'으로서 작용하는지를 알고자 한다. 식물 구조, 환경, 계절적 수명 주기 사이의 관계는 명확할 수 있다. 지질학은 토양의 유형, 산지의 식물군과 동물군의 물질적 토대를 제공한다. 지리학은 기후, 식생대, 식물 경작의 경제적 측면을 폭 넓게 이해할 모든 기회를 열어주는 한편, 나무 작업을 시작함으로써 다양한 나무의 특성을 실제로 경험할 수 있다.

6학년부터, 원예 교육과정은 아이들이 식물계와 직접적, 실제적으로 접하도록 해야 한다. 상급 학교까지 이어지는 매주 혹은 격주의 수업이 필요하다. 흙을 돌보고 꽃과 채소를 지키고 수확하는 데 초점을 둔다. 학교의 위치와 사용 가능한 자원에 따라 기회가 달라지겠지만, 핵심은 아이들과 식물계의 연결을 유지, 발전시키는 것이다. 작물의 순환, 퇴비 만들기, 해충 관리, 겨울나기의 실제는 몇 해에 걸쳐 이루어지고, 나무 가꾸기와 같은 장기 프로젝트는 유년기에 뿌린 씨앗을 상급 학교에서 옮겨 심으며 진행한다.

동물학

포유류
- 코끼리: 특수하게 발달한 코(손으로 사용하는)와 귀를 가진 지능이 높고 사회적인 동물 — 인간과의 관계

- 돌고래와 고래: 바다의 지능, 사회적인 동물
- 물개: 특별하게 적응한 수생(水生) 포유류(산소를 공급하는 방법이 고도로 발전한 혈액 구조)
- 캥거루: 발의 형태가 고도로 발달한 유대류(有袋類)

파충류

- 뱀: 척추 구조의 두드러지는 성질
- 거북이: 단단한 등껍데기의 두드러지는 성질

어류

- 몇 가지 흔한 민물고기와 바다물고기
- 연어와 장어의 이동
- 물고기 남획의 문제

연체류(軟體類), 완족류(腕足類), 쌍패류(雙貝類), 복족류(腹足類)

- 홍합, 흔한 바다 조개
- 달팽이
- 벌레: 원예와 연결 지은 지렁이

곤충

- 식물학 수업과 연결 지어: 나비의 생애
- 원예와 연결 지어: 딱정벌레, 쥐며느리 등
- 곤충에 대한 삼원적 접근법: 대사 유형—딱정벌레, 신경 감각 유형—나비, 리듬 유형—벌
- 벌의 생애: 벌 돌보기와 기르기를 포함하여—꿀, 밀랍 등
- 개미와 그 집락(集落)

식물학

꽃나무

- 외떡잎 식물: 백합과 그 구근 및 뿌리
- 십자화과 식물
- 잔디, 미나릿과 식물, 나비꼴 식물, 치커리과, 국화과 군
- 꽃차례의 집중에 대한 예시로서 양순형(兩脣形) 꽃 및 다른 국화과 꽃
- 왕바랭이와 장미 및 여러 변형

이런 꽃나무를 1년 내내 계속 다룰 수 있다. 한 해의 계절에 따른 '깨어남'과 '잠에 듦' 또한 토의할 수 있다.

7학년

4, 5학년에 걸쳐 인간 존재에 대해 강조해온 점을 이제 이 나이에서 의식적으로 집중한다.

루돌프 슈타이너가 설명했듯이, 건강과 영양에 대한 집중수업은 음식과 감각에 대한 영양분 모두에서 '우리에게 좋은 것'에 대한 건강한 본능을 끌어낼 마지막 기회를 제공한다. 어린아이들을 이끌었던 부모의 역할과 영향력은 이제 보다 사춘기다운 태도가 자리잡기 전에 강화되어야 한다. 또한 이제 자기의식이 급격하게 발달하는 사춘기 단계 이전에 개인 위생과 성(性)에 대해 다룰 수 있는 기회이기도 하다.

감각을 통한, 폐와 음식을 통한 영양은 이 집중수업을 전체 환경 및 아이들 자신의 건강에 대한 책임감의 육성으로 연결된다.

자신에 대한 책임감은 다른 사람에 대한 존중을 포함한다. 이 시기에는 해당 학급에 적절한 방식을 통해, 성 관계 및 부모의 역할을 포함하는 책임감에 대한 대화, 피임과 사랑에 대한 주제를 다루는 토의를 활발하게 진행해야 한다. 이는 월경에 대한 기본 지식을 설명하면서 간단하게 시작하거나, 미디어와 10대들의 SNS●에 대한 토론을 통해 발전시킬 수

있다.

담임교사가 4, 5, 6학년에 걸쳐 부모와의 대화(parents' evening) 시간을 통해 이에 대해 이야기를 나눔으로써 실제로 부모들이 가정에서 이런 주제를 다루는 다양한 방식과 아이들 각각이 가지고 있는 다양한 수준의 인식에 대한 인지와 이해 및 존중이 있다면, 교실에서 이루어지는 수업은 보다 의미 있게 보탬이 될 수 있다. 이런 문제 뒤에는 자유, 본능, 그리고 인간 존재의 본성에 대한 심오한 질문이 자리한다.

- 감각 돌보기: 시각(예를 들면, 적절한 조명 아래서 읽기), 청각(이어폰과 시끄러운 음악●●), 미각과 후각(합성 조미료와 향수), 촉각(화학 섬유와 알러지)

- 폐 돌보기: 심장과 혈액순환에 대한 기본적인 지식 및 충분히 자세한 실제(예를 들어, 기관지를 보호하는섬모(纖毛), 폐포의 정교한 막을 통해 일어나는 공기와 혈액의 밀접한 관계), 그러나 해부학에 대한 탐구를 목표하지는 않음

- 식단 돌보기: 소화계에 대한 기본 지식, 그러나 위와 마찬가지로 건강을 오랫동안 유지하기 위해서 알아야 할 요소에 주안점을 둔다.(예를 들면, 장운동을 촉진하는 식이 섬유, 식사 리듬의 필요, 과식 후에 운동과 목욕 피하기) 단백질, 탄수화물, 지방, 무기질, 비타민, 그러나 신체 전체의 건강은 이런 구성 요소의 합에 대한 수치적 균형 너머에 있다는 인식을 통해, 영양에 대한 다른 철학(예를 들어 채식주의, 자연식, 엄격한 채식주의), 자연 식품, 패스트푸드, '다이어트' 문제, 정기적인 운동의 역할

- 잠과 활동 간의 균형

- 연관된 질병(예를 들면, 폐암, 폐기종, 비만, 거식증, 당뇨)

- 원어는 10대들의 잡지(teenage magazines)지만, 의미를 현대적으로 살려 SNS로 바꿨다.
●● 원어는 '워크맨과 디스코(walkmans and discos)'지만, 현대적 의미로 바꿨다.

- 약물 남용: 술, 담배 및 학급과 그 경험에서 가장 관련 있는 대상(예를 들면, 아편, 환각제): 중독의 기본 속성(카페인이나 초콜릿, 당(糖)에 대해, 또는 손톱을 물어뜯는 나쁜 버릇에 대해)과 이를 인식하고 변하기 위한 단계
- 치유 효과가 있는 식물(예를 들어 캐모마일, 금잔화)과 연고, 차(茶) 등에서 그 활용
- 개인 건강과 위생: 땀 흘리기, 치아와 호흡 돌보기, 피부, 두피(그리고 이에 대한 미디어의 조작): 손씻기, 음식을 건강과의 연결 속에서 다루기 (예를 들어 박테리아, 머릿니, 회충 감염)

8학년

이 나이에서 아이들은 존재 전체를 통해 유년기의 끝이라고 말할 수 있는 변화를 마주하게 된다. 루돌프 슈타이너는 삶의 이 단계를 '대지화' 라고 기술했다. 몸의 성장과 성숙이 폭발적으로 이루어지고, 동시에 새로운 심리적 차원이 광범위하게 열리며 가정, 학교, 친구 관계를 낯설게 느낀다. 몸과 마음의 부조화로 인해 8학년부터 9학년까지의 학생들은 자신을 끌어당기는 존재에 대해 무의식적 질문을 제기한다.

교육의 과제는 이 중요한 성숙 단계를 보조하는 것이고, 외면의 물리적 신체에 초점을 둔다.

광물질로 이루어진 뼈의 '죽음'에 대해 예술적, 실용적인 방식으로 주의를 끌어옴으로써 아이들의 몸에 대한 새로운 경험에 지반을 제공할 수 있다. 뼈에 대한 자세한 내용이 지나치게 해부학적으로 정확할 필요는 없다. 뼈가 어떻게 중력을 견디고 직립을 유지하거나 운동을 일으키는지(예를 들면, 독특한 아치형의 발과 척추의 굴곡, 운동의 역학) 또는 수학(예를 들어 황금비)과 물리학(예를 들어 지렛대의 원리)이 어떻게 신체와 관계하는지를 보이는 것이 보다 중요하다. 그리기와 조형의 예술적 요소를 관찰

을 통해 생생하게 유지한다면, 개별 뼈의 제스처(예를 들어 대퇴골)를 전체 골격 구조와 연결할 수 있다.

- 눈의 구조, 그리고/또는 귀의 구조는 외부가 어떻게 내면이 되는지, 그 형태와 기능이 변하는지에 대해 인식할 수 있는 또 다른 수단이 된다.
- 척추의 형태와 기능 및 직립과의 관계
- 발의 모양, 아치 구조와 직립과의 관계
- 황금 분할(the Golden Mean)과 뼈의 관계
- 머리, 가슴, 사지의 형태에서 양극성과 대립성
- 주요 관절에서 뼈와 근육의 관계 및 지렛대의 원리
- 특정 뼈의 형태에 대한 탐구, 예를 들면 척추골, 대퇴골
- 인간 눈, 그리고/또는 귀의 형태와 구조

9~12학년

상급 학교 수업의 본질적인 질문은 생명과학의 방대한 내용을 시간표 상에서 펼쳐놓는 것이 아니라, '사춘기의 발달 과정에 가장 도움이 되는 것은 무엇일까?'다. 아이들이 스스로와 세계에 대한 자신의 이해를 탐구 하는 것을 돕기 위해 생명과학이 할 수 있는 역할은 무엇일까? 학생들 이 과목을 위해 존재하는 것이 아니라, 과목이 학생들을 위해 존재한다. 사춘기 아이들은 의식에 떠오르는 깊고 다양한 숨겨진 질문들과 만나게 되고, 교사는 교육과정을 통해 학생들이 이를 분명하게 표현할 수 있는 기회를 제공해야 한다.

사춘기 아이들의 즉각적인 관심 영역이자 삶, 죽음, 인간의 상태에 대 한 근본적인 질문을 제기할 가능성을 가진 영역은 우리가 보통 인간생 물학이라고 알고 있는 학문이다. 그러나 생물학은 유기체에 대한 탐구를 함의하기 때문에, 인간의 물리적 신체와 그 구성 요소 및 과정, 세포와

유전자, 그리고 이 모두를 더해서 한 인간을 이루는 것을 통해 인간 존재에 대한 실제 지식을 얻을 수 있다는 기대를 갖게 한다. 생물학은 동물 및 식물을 의미하고, 인간생물학은 특정 유기체에 대한 구체적인 탐구로서, 그 본성을 모든 동물과 마찬가지로 번식과 생존 등으로 설명할 수 있는 포유류의 한 종에 대한 탐구가 된다. 고등 동물이지만, 그럼에도 동물인 것이다.

9, 10학년

'인간학'이라는 제목은 이미 한 학문이 자기 인식, 창조적 천재성, 내면의 감성에서부터 멍듦, 땀 흘림, 소화까지 이르는 인간의 모든 경험을 포함할 수 있는 가능성을 열어둔다. 이 접근법을 9, 10학년에 적용할 수 있고, 인간이 동물로부터 진화했는지에 대한 질문은 11, 12학년의 공부를 위해 남겨둘 수 있다.

9, 10학년의 인간학 집중수업(3주 또는 4주를 한 단위로 하여 2년간 10~12주에 걸쳐)과 함께, 생명과학의 다른 내용도 학습한다. 9학년은 관찰을 통한 실제 현장 작업 및 논밭과 땅의 재생에 주안점을 두는 프로젝트에 참여해야 한다. 예를 들면, 비료 주기, 나무 심기, 연못 가꾸기, 산울타리 만들기 등이 있다. 이는 학급의 공부를 위한 기초가 되고, 아이들이 자라는 환경의 전체 배경과 이들을 연결할 수 있을 것이다.

10학년에서 발전한 사고력은 식물의 생장이나 물과 흙의 관계에서 다양한 변수를 통제하는, 보다 통상적인 의미에서 실험실에 기반한 연구를 소화해낼 수 있고, 가설을 설정하고 실험적 입증의 개념에 초점을 맞추게 된다. 보통의 교육과정이 가설, 측정, 입증에 대해 일찍부터 강조하는 데 반해, 발도르프 교육과정은 이를 10학년까지 연기함으로써 지적 명료성을 성장시킬 수 있다. 한편 아이들은 지적 성장과 동시에 살아 있는 세계에 대한 폭넓은 시야를 잃을 수 있다.

9, 10학년의 생명과학 공부의 또 다른 특징은 과학자들의 전기(傳記)가 아이들이 알아차릴 수 있는 실제 인간 존재로서 소개된다는 점이다. 교과서에 잠깐 등장하는 비현실적인 인물을 넘어, 실제 과학 연구에서 필요한 성질이 삶으로 다가온다. 외골수의 성격, 열정, 꼼꼼한 관찰, 영감, 창조적이고 수평적인 사고, 타인과의 협업, 우연한 만남과 대화 및 실용적인 능력과 명료한 사고가 그것이다.

11학년

11학년에서 아이들의 사고력이 성숙해져 판단력의 기초를 형성한다. 이는 열정과 사춘기의 과격함 또는 동료 집단의 압력에 흔들려서 그동안 너무 쉽게 흐려졌다.

이전보다 사고에 능숙해짐에 따라, 아이들은 현대 과학에서 사상과 이상(理想)에 초점을 맞출 준비를 갖추는데, 세포 이론과 유전학(지구과학 교육과정의 원자이론과 보조를 맞추어서) 등이 그렇다. 역사적 접근법을 통해 어떤 이론이 어떻게 이전의 사상으로부터 특정 성격과 핵심적인 실험을 거쳐 등장했는지 그 맥락을 보일 수 있다.

식물 세포를 다루는 실제 작업과 현미경의 사용 및 씨앗의 발아를 통한 실제 유전학을 다룸으로써, 식물학 탐구는 이를 위한 좋은 기초를 제공한다. 현미경을 통해 생명을 좁게 바라보는 것은 거시적인 관점을 통해 균형을 맞추어야 한다. 지형 및 지구의 주요 식생대에 대한 탐구가 이를 제공할 수 있고, 한 영역에서 다른 영역으로 옮겨가는 것은 사영기하학이 도울 수 있다. 분석적이고 유형을 나누는 사고(예를 들어 린네 (Linnaeus)의 분류)가 두드러지는 과학사 역시 그 배경을 제공하고, 식물 및 비료에서부터 유전공학으로 발달하는 기술에 대한 지식의 성장을 보여준다. 이는 동시에 생태계와 우리의 관계성을 실제 전체성이 아닌 요소들의 모자이크로 격하시켰다.

환경 문제는 살아 있는 세계를 이해하는 특정 방식의 직접적인 결과로, 이는 식물에 대한 괴테의 연구 방식 및 접근법과 상충한다. 괴테는 정확한 관찰을 강조하는 한편, 식물이 환경 및 총체와 맺는 관계의 맥락을 지켰다.

식물학 연구 또한 일반적인 진화론, 특히 다윈 진화론을 고려해볼 기초를 제공하고, 이는 12학년에서 보다 집중해서 다룬다.

12학년

전체론적 생명과학 교육과정은 인간 존재가 생명의 본성에 대한 탐구의 중심에 서도록 만들어야 한다. 이는 유치원에서부터 슈타이너-발도르프 교육과정에 내포된 주제이며, 아이들의 나이에 맞는 방식으로 더 분명하게 표현된다.

이제 12학년이 되었기에, 인간 존재의 본성과 지구의 진화에 대한 근본적인 질문 속에서 환경적, 생태적 관점의 배경을 찾을 수 있도록 문제를 가능한 최대한의 방식으로 끌어올린다. 사회적, 정치적, 영적, 그리고 도덕적 질문이 환경 교육의 중심에 자리하고, 12학년 교육과정의 모든 주제가 이에 연결된다.

12학년 생명과학 수업은 동물학에 초점을 둔다. 주요 종의 구조를 고려함으로써 광대한 범위에 걸친 동물의 삶을 살펴본다. 각각의 종은 독립(예를 들면, 물에서는 양서류, 온도에서는 포유류)과 의식(예를 들면, 아메바, 곤충의 군락, 돌고래)에서 새로운 측면을 보여준다. 진화에 대한 질문과 다윈주의에 관한 자세한 탐구는 지구와 모든 생명을 위한 인간 존재의 책임에 대한 문제로 이어질 수밖에 없다. 이는 자연을 착취하여 멸종에 이르게 하는 경제 권력과 유전자를 조작하는 기술 권력을 다룬다.

9학년

특정 수업을 위해 선택 가능한 다양한 주제로부터 끌어낸 사례를 통해 이론적 근거를 충분히 설명한다.

피부와 감각 기관

사춘기는 내, 외부의 경계를 탐구한다. 또한 아이들은 자신의 외관 및 감각에 대해 강하게 집착한다. 따라서 피부와 감각 기관은 아이들의 관심에 자연스럽게 들어온다.

- 피부, 눈, 귀, 후각, 미각, 운동과 균형 기관의 구조: 사춘기는 내, 외부의 경계를 탐구한다. 또한 아이들은 자신의 외관 및 감각에 대해 강하게 집착한다. 따라서 피부와 감각 기관은 자연스레 아이들의 관심사에 자리한다.
- 건강과 사회 문제: 땀, 점, 상처, 멍, 지문, 피부색(그리고 인종 차별), 눈 건강, 안경, 시각 장애, 청각장애(우리는 이런 장애를 가진 사람을 만났을 때 어떻게 소통할 수 있는가? 사회는 이들을 어떻게 대하는가?)

리듬 체계─심장과 폐

심박과 호흡은 아주 직접적인 신체 경험이자 청소년기와 관련이 있는 건강 문제를 담고 있다.(예를 들면, 흡연, 운동)

중심의 심장과 주변의 순환은 동등하게 강조하고, 심장과 모세 혈관을 양극성으로 설명해야 한다. 혈액 순환은 림프계와 대조할 수 있다. 펌프 모형으로 표현하는 심장은 오늘날 심장심리학●과 체계 의료(system medicine)의 일반적인 이해와 다른 기계적 관계를 제시한다. 혈액 순환,

---

- Cardiac psychology. 심리적/행동적 접근을 통해 심장의 건강을 회복하고자 하는 홀리스틱 의학의 일종.

감정, 생물학적 리듬, 호르몬과 신경 체계 간에는 특징지을 수 있는 복잡한 상호 작용이 존재한다.

- 심장, 정맥, 동맥, 모세 혈관의 구조와 기능
- 심장과 순환계의 발생학
- 폐순환과 대순환의 구조와 기능
- 혈액의 구성과 기능
- 호흡 기관의 구조와 기능
- 폐 질환: 흡연과 직업병, 대기 오염

이는 다음과 같은 여러 윤리/권리에 대한 문제를 고려하도록 이끈다.

- 지난 세기에 걸쳐 변화한 노동자들에 대한 보호
- 현재 기대되는 수준보다 낮은 안전 및 건강 기준을 가진 국가에서 생산하는 물품의 소비에 대한 개인적인 참여
- 담배를 살 수 있는 나이를 규정한 현재의 법률
- '간접' 흡연
- 흡연하는 부모님을 둔 어린 자식들이 겪는 문제
- 모든 주거 공동체에서 비흡연자의 권리
- 대기 오염 및 공기에는 국경이 없다는 사실
- 수혈, 심장, 폐 및 다른 기관의 이식: 면역 체계가 이질 단백질을 거부한다는 사실은 혈액형의 주제로 이어진다. Rh-용혈성 질환의 신생아, 백신, 에이즈와 질병의 전체 속성
- 질병과 건강: 면역 체계의 역할 및 그것이 질병에 노출됨으로써 강화되는 정도를 빠트리는 '세균' 이론의 한계. 어떤 질병(예를 들어 아동기의 질병, 감기)은 실제로 필요할까? 약의 역할은 무엇일까?, '침입자를 쓰러트리는 것'인가, 아니면 면역 체계를 강화하는 것인가? 건강은 질병의 부재와 같은 것인가?

10학년

특정 수업을 위해 선택 가능한 다양한 주제로부터 끌어낸 사례를 통해 이론적 근거를 충분히 설명한다.

10학년은 더욱 성숙해지고 새롭게 안정을 찾은 자신의 사고와 함께 나아간다. 아이들은 다양한 음식 물질이 여러 효소의 작용에 의해 분해되는 일련의 과정을 겪는 소화기계와 같은 복잡하고 추상적인 과정을 이해할 수 있다. 대사계에 대한 탐구가 아이들에게 적절한 도전 과제를 제공한다.

8학년에서 해부학과 근골격계의 생리학이 약간의 주의를 끌었다면, 이 주제를 10학년까지 남겨두는 것이 나을 수 있다. 교수 방법은 다양하겠지만, 상급 학교에 막 들어온 9학년은 전년도의 내용과 같은 소재를 다루는 데 무관심할 수 있다. 이는 반드시 그렇지는 않지만, 골격을 10학년까지 남겨둘 때 동물과 비교해서 탐구할 수 있으며, 이 나이에서 보다 깊이 다룰 수 있는 진화론적 고찰을 제기한다.

대사계
- 음식과 영양: 문화적, 철학적 가치를 포함(예를 들면 자연식/채식)
- 소화 기관과 소화 과정의 생화학: 화학물 목록을 걸러내는 수동적인 과정이 아닌, 적극적인 과정으로서 영양
- 간, 쓸개, 췌장, 비장: 당뇨, 의학적으로, 그리고 사회적으로
- 신장: 수동적인 여과 과정이 아닌 능동적인 과정, 선택 재흡수

골격 기관
- 근골의 해부학과 생리학: 형태와 기능의 양극성, 직립과 팔의 자유를 가능하게 하는 모습
- 인간과 포유류의 두개골에 대한 비교 연구

- 관절과 지렛대
- 뼈의 형성과 성장: 노화와 뼈의 병
- 자세와 개인의 건강(예를 들면 앉기와 들어올리기)

신경계와 내분비계

이는 대부분의 사춘기 아이들이 10학년 전까지는 대강의 '전선/컴퓨터' 모형 이상으로 이해할 수 없는 또 하나의 주제다. 내분비계 역시 비슷한데, 조악한 '화학 스위치' 모형은 선(腺)과 기관의 섬세하고 강력한 상호 작용에 대한 실제적인 이해를 가로막는다.

- 뇌/중추 신경계의 구조, 뇌 척수액
- 신경의 기능: 부적절한 전화기/전선 모형, 운동/감각 모형의 한계
- 뇌의 기능에 대한 최근의 연구: '지도 만들기' 접근법과 컴퓨터에 대한 비유의 부적절함
- 열린 질문: 기억, 사고, 의식
- 내분비선: 호르몬에 대한 신체의 민감성(예를 들면, 성장, 분비), 뇌하수체의 특별한 영향, 배란과 월경

발생학

호르몬의 영향은 자연스럽게 10학년에서 풍부하게 다루는 인간 발생학에 대한 탐구로 이어지고, 이는 또한 10학년이 끝날 때 대부분의 학생들이 도달하는 정서적, 지적 성숙을 필요로 하는 영역이다. 발달의 여러 특징을 이해하고, 동시에 모양과 크기의 변화를 이해할 수 있으며 성 관계 및 부모 역할을 책임감과 연결하는 능력은 어린 학생들이 성에 대한 지식과 관심의 일반적 단계를 벗어났을 때 가능하다. 많은 10학년 아이들이 진지한 관계에 들어서게 될 것이고, 그렇지 않은 아이들도 9학년에서 지배적인 미숙함에 대한 두려움을 벗어나서 10학년의 주도적인 분위

기는 양성(兩性) 모두 편안하게 질문하고 의견을 제시한다. 이 나이의 모든 아이는 '사실'에 대해 완전히 정통해 있다고 여기게 되지만, 놀랍게도 혼란과 오해 또한 존재한다. 집중수업의 분위기가 고유한 개인성에 자리한 몸의 발전에 대한 진정한 존중을 품는다면, 수정, 임신, 출산이 부드럽게 일어나는 방식에 대한 경이감과 함께 깊은 질문이 아이들을 자극할 수 있다.

아이들의 발달과 우리가 전체 삶에서 새로운 위기와 기회를 통해 끊임없이 내적으로 성장한다는 생각은, '성장'이 19세 또는 22세에서 끝난다는 어린 학생이 갖는 상의 균형을 잡도록 도와준다. 자신의 부모님이 갱년기와 중년의 신체적, 심리적 과정을 겪는다는 앎은 부모님과 새로운 관계를 맺도록 기여할 수 있다. 이는 또한 외면적 욕구가 뚜렷하게 드러나는 데 반해 내면의 욕구는 쉽게 알아차리기 어려운 노인들에 대한 인식을 바꾸도록 도울 수도 있다.

- 임신과 출산: 어머니, 아버지의 신체적, 정서적 변화
- 착상 및 수정에서 출산까지 막에 둘러싸인 배아의 발달
- 임신, 낙태, 배아 연구, 대리 출산 및 비슷한 주제
- 첫 3년의 신체적, 정서적 발달, 서기, 말하기, 기억
- 아이의 발달, 성격, 기질
- 성인이 되기: 무엇인가?
- 노년기

11학년

아래는 각 학급에서 선택할 수 있는 다양한 주제에 대한 예시다.

- 현미경의 역사: 초기 네덜란드 렌즈 제작자(예를 들어 리븐훅(Lieven-hoek))부터 전자 현미경까지. 주사 전자 현미경(走査電子顯微鏡)은 최대 5만 배의 배율로 형태를 뚜렷하게 드러낸다. 슬라이드를 준비하는

경험은 학생들이 확대상, 상의 선명함과 색, 책의 도표 등을 보다 비판적으로 수용하도록 한다.

- 식물의 세포: 주요 요소에 대한 자세한 탐구
  - 핵과 관련한 세포질의 중요성
  - 유사 분열과 감수 분열
  - 유성 생식과 무성 생식
  - 식물/동물의 경계(예를 들어, 유글레나, 클라미도모나스(Chlamydomonas))
- 유전학
  - 멘델(Mendel)의 실험과 품종 개량에서의 현대적 해석
  - 염색체, 유전자, DNA: 유전공학의 핵심 요소
- 분류: 주요 종의 일부: 조류(藻類), 균류, 지의류, 고사리류, 이끼류, 풀, 침엽수, 꽃나무
- 생태학
  - 탄소와 질소의 순환 및 수권(水圈, hydrosphere)에서 광합성, 분해, 질소화에 대한 식물의 역할
  - 동물과의 관계(예를 들어 씨앗/초식 동물/수분)
- 식물과 지형
  - 토양 구조의 소중한 본성과 그것이 이루는 유기체의 공동체
  - 나무, 풀, 토양의 침식, 작고 큰 규모에서
  - 숲과 동물 서식지의 다양성
  - 단종 재배와 과도방목(過度放牧)
- 생태계로서 지구: 전체 지구에 대한 고려는 현미경과 유전자적 세부 내용에 균형을 가져온다.
- 괴테의 식물학 연구: 식물과 지형의 관찰에 대한 괴테의 접근법을 역사적, 실제적으로 소개한다. 동일선상에 있는 최근의 연구를 소개한다.

- 농업과 임업: 식물 세계의 경작이 다른 가치(예를 들어 소비자 중심주의)에 의해 왜곡된 정도에 대한 고려와, 전 세계의 식물 자원(예를 들면, 음식, 통나무)의 분배가 어떤 방식으로 상업적, 정치적 요소에 노출되어 있는지(예를 들면, 유전자에 대한 특허와 유전자 이용 제한 기술)

12학년

아래는 각 학급에서 선택할 수 있는 다양한 주제에 대한 예시다.

식물학의 일부 주제는 11학년으로부터 이어질 수 있지만, 12학년의 중심 초점은 동물학에 있고, 주요 종과 그 다양성을 소개한다.

생물학 이론의 핵심 문제를 건드리고 인간 존재와 동물 세계의 관계에 근본적인 물음을 던지는 자세한 요소를 다룰 기회가 있어야 한다.

예시는 다음과 같다.

- 해면(海綿)동물(스펀지): 나일론 메쉬를 통해 스펀지로 거르기와 군락의 형태와 기능을 복원하는 능력
- 강장(腔腸)동물(히드라): 가시 세포를 자극하지 않고 히드라를 섭취하는 해삼의 능력, 그리고 나서 자기 피부 안의 가시 세포를 방어기제로 사용함
- 연체동물: 의외로 정교한 오징어의 눈, 포유류의 진화 훨씬 이전에 포유류의 눈이 존재했음을 예상하게 함
- 절지(節肢)동물: 벌집과 군락의 정교한 구조, 살아 있는 유기체의 변태(變態)와 재구성
- 극피(棘皮)동물: 불가사리의 발생학적 발달은 측면의 대칭(고등동물의 구조에서 근본적인)이 방사상의 대칭이 우세하기 전에 먼저 발달함을 보인다.
- 환경으로부터 점차 독립을 이루는 관점으로 보는 척추동물의 발달, 예를 들면 온기의 조절과 폐와 같은 기관의 내부화

- 진화론에 대한 다윈주의 해석의 발전에 관한 역사적 이해를 포함하는 진화론과 화석의 기록(웨일스 박물관(Museum of Wales)의 어룡(漁龍, Ichthyosaurus) 속임수, 필트다운인(Piltdown Man), 뇌룡(雷龍, Brontosaurus), 아르카이오랍토르(Archaeoraptor Liaoningensis)와 같은 속임수와 사기에 대한 기술(記述)을 찰스 월콧(Charles Walcott)이 발견한 버제스 혈암(~頁巖, Burgess Shale)과 같은 신뢰할 만한 사례와 함께 살펴볼 수 있다.)

- 비교 발생학적 발달과 조숙과 만성(晚成) 발달의 양극성

- 인간, 동물, 식물의 삶에 대한 생물학적, 의학적 개입의 윤리 문제

- 지구의 생물학적 자원을 돌보는 관리의 보전 및 인간의 책임, 환경 오염의 철학적, 경제적, 정치적, 사회적 측면. 교육의 과제와 태도의 시급한 변화. 투어리즘과 소비자 중심주의가 세계의 동식물 서식지에 미치는 영향

제20장

움직임
—게임, 체조, 스포츠

모든 인간 존재가 관계하는 신체 활동과, 변화, 확립하고 스스로를 표현하는 신체 활동의 발달 과정 중심에 움직임 교육과정이 자리한다. 이 과정은 자궁으로부터 시작해서 아동기를 거쳐 집중적으로 이어진다. 가장 먼저 눈의 초점을 맞추고 고개를 돌리는 것에서 시작하여, 스스로를 들어올리는 법을 배우고, 손을 조작하며 자신을 둘러싼 세계를 움켜쥐고, 직립하여 세계의 안팎으로 움직이는, 이 움직임의 흐름은 각 개인의 영이 세계로 들어서는 매체다. 이 흐름의 본성은 본질적으로 영적이다. 이는 문자 그대로 아이를 움직이게 하고 세상과 의미 있는 관계를 맺도록 하는 힘이다. 개인은 움직임을 통해 세계에 신체적으로 참여하기에, 신체는 이를 위한 최초의 도구다.

연속체로서 움직임

움직임 교육과정은 개인의 운동 기관을 발달시키는 과정에 작용하고 도우며, 세계 속으로 뻗어나갈 든든한 중심을 찾도록 촉진한다. 이 전체 과정이 하나의 연속체이고 개별적이기 때문에 교육과정은 이 과정을 존중하여 특정 단계에서 이를 억제하거나 인위적으로 제한해서는 안 된다.

이런 의미에서 움직임 교육과정은 무엇이 언제 일어나야 한다고 미리 정해둔 닫힌 체계가 아니라, 아이들의 변화하는 필요를 인식하여 반응하는 완전히 열린 체계여야 한다. 이는 물론 모든 교육과정에 해당하는 점이다. 여기서 제시하는 지표는 연령별 집단으로 나누었으나, 단순히 참고 사항으로 받아들이고 결코 특정 학급의 의무 사항이 되어서는 안 된다. 세 가지 요소를 통해 이 과정을 안내하고자 하지만, 그 내용을 규정하는 것은 아니다. 첫째, 아이 발달의 원형적 본성에 대한 직관, 둘째 움직임 자체에 대한 직관, 마지막으로 외부 상황, 자원, 가능성이 그것이다.

유년기

취학 전의 교육적 과제는 행동 패턴 및 일련의 습관을 형성하도록 돕는 것이다.(옷 입기, 집단 속에서 처신하기, 다른 사람의 말을 듣기, 놀이 후에 씻기와 정리하기 등 모든 것을 포함한다.) 이 모든 습관이 운동 기관을 의미 있는 방식으로 교육한다. 유치원에서의 실제 활동과 나이에 적합한 작업을 통해, 아이들은 빵 굽기, 상 차리기, 간단한 수공예, 정원 가꾸기 등과 같은 원형적 활동과 자연스러운 움직임을 배운다. 말초 부위에서 신체 조직으로, 손가락 끝과 발가락에서 몸의 안쪽으로 진행하는 성장 과정은 손가락 게임, 몸짓을 함께하는 노래와 말하기, 줄넘기, 그리기, 색칠하기 등을 통해 강화된다. 이 모든 활동에서 아이들은 어른의 의식적인 의도와 활동 그 자체, 둘 모두의 모방을 통해 학습한다. 따라서 상상력은 원래 그렇듯 외부로부터 자극받는다.

학교에 다니기 전의 환경에서는 안정감과 연속감 및 함께하는 만남, 작업, 놀이에서 의미 있는 배경을 제공하는 것이 핵심이다. 균형과 평형은 건강한 움직임만이 아니라 소리에 대한 지각 및 말하기와 듣기를 위해서도 필수다. 리듬은 내, 외부의 살아 있는 균형이고, 똑같은 것의 엄격한 반복이 아닌 비슷한 것의 반복으로 구성한다. 리듬은 그 진행에 따라 조금씩 나아간다. 손재주와 민첩한 발놀림을 갖추기 위해서는 수 년이 걸리지만, 이는 내면의 유연성을 위해 필수적인 선행 조건이다. 가정과 유치원에서 행하는 많은 활동이 이 모든 속성의 발달에 기여한다.

학교로의 전환: 1, 2학년

아이들은 정식 교육을 받을 준비가 되었을 때 학교에 입학한다. 움직임 교육에서 이 전환은 몇 가지 주안점 변화를 통해 드러난다. 형태 그리기와 같은 활동에서, 움직임의 역동성은 공간상의 외적 움직임에서 이 움직임을 내면으로 그려내는 능력까지 점진적으로 내면화된다. 이는 손과 팔을 통해 종이 위에서 선으로, 즉 움직임 그 자체의 '자취'로 전환될 때까지 진행한다. 종이 위에서 이런 움직임을 '읽어'내는 능력은 글을 읽기 위해 중요한 준비 과정이다. 형태 그리기 및 문자와 숫자 그 자체는 이전까지 공간상에서 3차원으로 경험한 것을 이제 2차원에서 탐구한다. 문해력은 그 자체로 사고와 감성의 내적 움직임을 구조화된 형식(글쓰기와 수의 순서) 및 표면으로 변환하는 능력이다. 또한 글자 속에서 '얼어붙은' 움직임을 마음 속에서 재창조하는 능력이기도 하다.

교수 방법

모방은 움직임으로 전환된다. 미취학 시기에 이는 대체로 무의식적인 과정이다. 아이가 독립적인 심상을 형성할 수 있게 되면, 모방은 변해야 한다. 아이가 정규 교육을 시작하면, 모방은 여전히 학습과 움직임에서 중요한 부분으로 남지만, 그 과정은 중요한 변화를 겪는다. 어른이 하는 일에 참여하기보다(은연중의 학습), 과제에 대한 자신의 내적 상을 실행하도록 아이를 자극해야 한다. 이는 교육이 상을 통해 이루어짐을 뜻한다. 교사는 (대개) 말로 전달하는 상을 통해 아이의 상상력과 관계하고, 그 상에 대한 아이의 이해와 변환으로부터 행동을 위한 동력이 발생한다. 달리 말하면, 아이들은 교사의 말에 자극받아 자신이 마음 속에 형성한 상의 제스처나 자극을 모방한다. 아이들은 상에 올라타도록 자연스럽게 초대받고 그 일부가 된다. 아이는 상을 가진 후에만 실제로 움직일 수 있다. 그렇지 않을 때 움직임은 초점을 잃거나, 자기 만족이거나, 형태가 없다. 아이들의 움직임이 TV에서와 같이 급격하고, 불연속적이고, 파편화된 상에 반응하여 일어날 때, 위의 특징을 그대로 드러낸다.

상을 통해 작업함과 동시에, 움직임 교육은 점차 과제 지향적으로 변하고, 이는 보다 제한된 상황 속에서 보다 집중해서 위치한다는 뜻이다. 토끼와 여우 게임에서, 토끼의 과제는 도망치는 것이고 여우의 과제는 이들을 잡는 것이다. 상황에 대한 설명은 다음과 같이 주어진다. 이것이 바로 토끼와 여우가 하는 일이다. 또한 게임의 규칙을 통해 조건을 규정함으로써 과제에 집중한다. *저 나무 위로 달려가*, *개울을 뛰어 넘어*, *돌 위로 기어 올라가*와 같이 간단하고 직접적인 지시를 통해 운동의 열정에 물꼬를 틀 수 있다.

1학년에서 심화하는 지점은 서로를 쫓아가고 분리함으로써 집단 속의 안정감에서 서서히 떠나는 게임을 시도하는 것이다. 처음에는 안전한 공간을 마련하여 높은 정도의 안정감을 제공해야 한다. 그러나 초급 학교 과정에서 점진적으로 안전한 장소는 줄어들며 멀어지고, 이에 상응하여 도전은 커진다. 긴장과 흥분이 안전한 장소를 떠나는 이 도전의 큰 부분을 차지한다. 긴장은 주의와 집중을 증가시키며 각성의 경험을 제공한다. '무궁화 꽃이 피었습니다'의 여러 변형된 게임들이 이에 대한 고전적인 예시다. 이 게임은 아이들을 안전한 장소로부터 끌어내고 떨어지게 하며, 잡히지 않기 위해서는 아주 재빨라야 한다. 안전한 곳으로 도망쳐 올 수 있는지도 여전히 중요하다. 흥분과 안심의 리듬 또한 중요한 요소다. 게임의 규칙은 아이들이 준비하여 기꺼이 받아들이려는 위험을 겪어 볼 수 있는 발판을 제공한다. 교사는 이 발판의 정도를 필요에 따라 조절할 수 있다.

리듬은 첫 두 학년 동안 진행하는 움직임 교육의 또 다른 요소다. 학급의 아이들이 지내는 삶 전체에서 리듬은 여러 차원을 갖지만, 특히 손의 협응과 순서 맞추기를 익힐 수 있는 줄넘기 게임, 박수 게임, 그리고 콩주머니를 이용한 건네기, 던지기, 잡기 훈련에서 중요하다. 이 훈련에 노래, 운율 또는 구호를 함께할 때, 움직임은 가벼워지고 호흡과 밀접하게 연결된다. 음악 또한 노래가 활동을 주도하며 개개인에게 집중이 덜한 집단 경험을 제공한다. 이런 활동에서 협응, 민첩성, 방향 잡기, 운율, 지시를 따르는 법 익히기, 자신감 키우기를 훈련한다.

이 모든 활동은 집중수업, 외국어와 수공예 수업의 학습을 통해 아이의 전체 경험 속에서 통합할 수 있기 때문에, 움직임 수업을 반드시 시간표상에 별개의 수업으로 배치해야 하는 것은 아니다. 그러나 움직임 교사는 동료 교사들과 긴밀히 협력하면서 교육과정 전반에서 움직임 교육에 관해 조언하고 보조해야 한다.

교수 방법의 본질은 교실이나 체육관에서 직접 관찰하는 것이다. 이를 따를 때 아이들의 실제 필요에서 발생하는 활동과 분위기에 맞춤으로써 아이들의 상황에 직접 반응할 수 있다. 아이가 도전에 참여하는 방식과 자신 앞에 이를 얼마나 멀리 두는지, 즉 아이들이 스스로를 얼마나 넘어서는지가 핵심이다. 이는 모든 교육에 적용되지만 특히 움직임 교육에서 그렇다.

이상에서 교육과정 및 핵심 훈련의 요소에 대한 개요를 설명했다. 언급한 게임과 훈련의 세부 내용과 여러 변형은 참고 도서에서 찾을 수 있다.[1] 달리 언급이 없는 한 교육과정의 내용에 등장하는 게임은 페인(Kim Brooking-Payne)의 책, *Games Children Play*에 기술되어 있다. 이 교육과정에서만 언급되는 보트머 체조는 첫 발도르프 학교의 체조 교사였던 프리츠 폰 보트머가 개발한 특정 훈련을 가리킨다. 이는 보트머의 책

*Gymnastic Education*에 묘사, 설명되어 있다.

3학년

3학년은 움직임에 대한 정규 교육을 받을 수 있고, 이전까지 움직임이 집중수업에 통합되어 있었던 데 반해, 이제 종종 과목 교사가 움직임을 집중적으로 가르치는 과목을 소개하게 된다. 이 단계를 보다 빨리, 또는 늦게 밟더라도, 움직임 교육은 정식으로, 그리고 더 긴 시간으로 수행해야 한다.

이 전환은 교육 방법에 있어 여러 변화를 포함하는데, 이후의 학년에 적용할 방법론의 토대를 놓는다. 이는 다음을 포함한다.

- 움직임을 말하기, 노래하기, 또는 듣기로부터 점차 분리한다. 움직임에 집중하도록 아이들을 북돋운다. 즉, 활동 중에 교사나 다른 아이들을 따라 말하지 않도록 한다.

- 배경을 교실에서 놀이방이나 체육관으로 바꾼다. 이는 보다 넓은 공간과 새로운 도구를 제공한다. 아이들은 먼저 새로운 공간을 편하게 느껴야 하고, 특수 도구, 안전에 관한 측면, 행동에 대한 사회규범, 적절한 옷, 위생에 대해 스스로 적응해야 한다. 체조 도구는 아이들에게 상상적이고 놀이 지향적으로 소개하여, 정식 훈련에 사용하기 전에 친숙해지도록 해야 한다.(평행봉은 다리로, 매트는 섬으로, 벽과 풀(pool)은 물로, 뜀틀은 말로 등등)

- 위 내용의 핵심은 넓은 공간에서 집단과 가까이 붙어 있는 법 배우기, 모여들어 '작전 회의'에서 논의하기, 새로운 과제 제시하기, 작전 회의를 마치고 공간으로 들어서서 다시 한 번 시도하기다. 모여 들었다가 활동을 위해 흩어지고, 다시 한 번 원래대로 돌아오는 이 리듬은 움직임 교육과정의 실제성의 토대가 되고, 사회적 능력을 발달시키기 위해 필수적이다.

- 움직임 교육의 도덕적 차원은 놀이의 역동성을 통해 자리잡는다. 개인을 집단으로부터 분리하기, 분리의 구축, 때때로 경쟁 집단의 배치, 어떻게 전체 집단과 그 속의 개인이 다시 만날 것인지에 대한 물음 제기하기. 분리, 상호 작용, 재결합은 관계와 그 도덕적 기초의 중요성을 부각시킨다. 이는 참여 규칙, 게임의 규칙을 통해 촉진된다. 많은 점에서 규칙이 *바로 게임이다.* 여러 사회적, 도덕적 기술은 정직성(내가 닿았나, 안 닿았나? 내가 선을 넘었나, 안 넘었나?), 헌신(우리 팀을 돕기, 목표를 성취하기 위해 최선을 다하기), 배려(내가 반 친구를 붙잡을 때 얼마나 세게 해도 될까? 다른 사람을 아프게 하지 않으면서 놀 수 있는 방법은 무엇일까? 놀이는 언제 끝날까?), 적절한 권위에 대한 인정(다른 참여자 혹은 심판/교사의 판정 수용하기), 공평함, 협동 등으로 표현한다.

- 집단에서 개인을 분리하는 점진적인 과정과 혼자 또는 다른 사람과 함께 행동하는 능력의 함양은 이 교육과정의 주된 목표이고, 이는 여러 단계를 거친다. 3학년에서 주안점은 '우리'에 대한 경험에 있고, 이는 집단으로 해결해야 하는 과제를 마주하기 위해 세상으로 나가는 집합적 집단에 대한 감각이다.

- 상상적 요소가 강한 상을 담은 말로 과제를 제시한다. 이런 상(이 좁은 다리를 건너야 돼. 그런데 저 아래의 배고픈 상어의 이빨에 덥석 물리지 않도록 조심해야 한단다!)은 도전을 강화하고, 간단한 규칙을 제시하며, 흥분의 열기를 생성하고, 규율에 대해 상상적이고 매우 효과적인 접근법을 제공한다. 놀이 자체를 성격화하는 이런 그림은 학생들의 마음 한 구석에 자리한 불신을 완화하는 한편, 각 개인을 본질적으로 자유롭게 한다. 보다 큰 단계에서 아이들은 놀이나 과제를 담는 상을 스스로 제안할 수 있다.

- 집단 활동과 과제의 성질은 아이들의 열을 만드는 조직(warmth organization)을 통해 이들과 관계한다. 이는 동감이 강하게 깨어나는

활동을 의미하며, 아이들에 대한 교사의 접근법은 진심에서 우러나고, 용기를 불어넣으며, 관대해야 한다.

다음의 활동이 가능하다.
- 보트머의 첫번째 원무, *우리가 온다, 우리가 온다*…이는 원을 그리며 뛰기, 글에 묘사된 전속력으로 달리기, 빠른 걸음으로 걷기, 건너뛰기, 리듬 있게 걷기, 가만히 서기 같은 활동과 몸짓 수행하기를 포함한다
- 지시를 위해 작전 회의하러 모이기 연습과 활동 후에 다시 돌아가기
- 술래잡기는 한 명의 술래를 둔다. 전형적인 예시는, *진흙탕에 빠져라* (*stuck in the mud*),● *상어와 문어*(*sharks and octopuses*), *꼬리잡기*가 있다
- '정글' 게임, 정글을 기어오르기, 성벽을 기어오르기, 폭풍우가 몰아치는 배 안에 있기 등의 상을 사용하여, 아이들이 체육관의 도구를 사용해서 만든 여러 단계의 장애물을 기어오르도록 한다. 이는 아이들이 오늘날 대개 경험하기 힘든 실외의 도전적인 활동을 대신한다. 기어오르기, 뛰어넘기, 건너뛰기, 구르기, 제한된 공간에서 기어가기, 균형 잡기 등을 포함한다

4학년

이제 '여기에 내가 있고, 저기에 네가 있어.'라는 뜻에서, 주안점이 '우리'에서 '나'로 옮겨간다. 이는 또한 꿈꾸기와 깨기, 약함과 강함, 안전과 위험, 또는 창조와 파괴 같은 양극성에 대한 경험을 포함한다. 이런 양극적 리듬은 호흡의 수축과 팽창을 강조한다. 한 명의 술래와 나머지 집단

● 술래가 붙잡으면 붙잡힌 아이는 진흙탕에 빠진 것처럼 양다리를 벌리고 양팔을 들어올린 채로 서 있어야 한다. 진흙탕에서 구해주기 위해서는 멈춘 아이의 양다리 또는 양팔 사이로 지나가야 한다. 마지막에 자유롭게 남는 사람이 승리한다.

으로 진행하는 게임을 통해 분리의 원칙이 강해진다. 교사가 심어놓은 상으로부터 깨어나야 하는 놀이의 긴장감이 강해지고, 아직 깨지 못하고 꿈꾸는 아이들은 술래에게 잡히게 된다.

이 나이에서 아이들은 어른의 권위에 계속해서 도전하거나 집단 배경 속에서 스스로가 분리되었다고 느끼기 시작한다. 이때 규칙을 배우고 존중하는 일의 사회적, 도덕적 측면이 매우 중요하다. 문자 그대로와 깊은 의미 모두에서 각 아이들이 점점 자신의 공간에 대해 인지하기 시작함에 따라, 교육과정은 이에 반응하여 공간의 차원, 위와 아래, 왼쪽과 오른쪽, 앞과 뒤의 성질에 대한 감각과 자신의 활동을 통한 여섯 차원의 통합을 정식으로 가르쳐야 한다.

- 보트머의 두 번째 원무, 훈련, *나는 서 있다. 나는 걷는다. 나는 뛴다…*. 이를 통해 공간 지각에 대한 원형적 요소의 경험과 움직임의 평면을 형식이 아닌 놀이를 통해 소개하고 통합한다. 훈련에 강한 리듬을 부여하기 위해 약강격(단장격)●을 사용한다. 강하게 흔드는 움직임은 다른 리듬 요소를 강조한다. 아이는 자신의 공간에 스스로를 위치시키는 자율적인 활동을 경험한다
- 체조를 통해 아이들은 보다 형식적인 요소를 접한다. 교사가 먼저 아이들에게 시범을 보인다. 훈련의 요소를 묘사하기 위해 여전히 상을 사용하는데, 앞구르기, 뒷구르기 등에서 그렇다
- 술래잡기는 쫓아가서 잡기, 술래에서 도망치는 사람으로 빠르게 역할 바꾸기를 포함하며, 특정 목표를 달성하는 것에 집중하는 놀이다. 흔한 예시로는 *얼음땡(fire and ice)*, *허수아비(scarecrows)*, *사냥꾼과 토끼(hunters and hares)*가 있다.
- 나쁜 힘과 맞서는 상을 담은 놀이, 예를 들면, *리버 밴디츠(river*

- 운율의 하나.

bandits), 상어 이빨(shark's jaws)

- 듣기와 친절함이 필요한 놀이, 예를 들어 *맥퍼슨(MacPherson)*

- 점점 어려운 상황에서 던지고 받는 간단한 놀이(예를 들어 긴 의자 위에서 균형잡기)

- 소프트볼을 강화한 놀이와 그 기본 원칙을 소개하는 활동, 예를 들어 *시계(clocks), 기차와 기차역(trains and stations), 스웨덴 라운더스(Swedish rounders)*●

- 아이들이 운동장에서 하는 놀이에 익숙하지 않다면 이를 다시 소개하거나 가르칠 수 있다. 예를 들면, 벽에 치는 테니스, 포 스퀘어 놀이(four-square),●● 사방치기, 구슬치기, 공기놀이, 악어 이빨 놀이, 잭스 게임(jacks),●●● 삼목놀이(noughts and crosses), 등 짚고 뛰어넘기(leap frog) 등이 있다

- 보다 어려운 정글 게임

5학년

이 나이는 아동기의 심장을 상징하고, 신체적 사춘기가 본격적으로 시작하기 전의 마지막 해다. 아이는 피의 작용과 맥박 및 호흡 간의 역동에 강하게 영향받는다. 아이들은 정해진 방식 없이 돌아다니고 싶어하는 마음만큼 리듬이 있는 움직임의 정확한 규칙도 동시에 원한다. 또한 이들은 도전을 원한다. 이 나이는 용기와 조심을 모두, 위험과 신중함 둘 다를 추구한다. 아동기의 순진함에 대한 상실은 실재를 강력하게 움켜쥠으로써 보상받는다. 움직임의 리듬이 이 나이에서 중요하다. 가벼움과

● 야구와 비슷한 놀이.
●● 네 개의 사각형 안에 들어가서 공을 주고받는 놀이.
●●● 작은 공을 던져서 한 번 튀기는 동안 바닥에 놓인 양의 발뼈 모양의 공기를 가져오는 놀이.

무거움 간에, 상상력과 지성 간에, 개인과 집단의 도전 간에 균형이 필요하다. 빠르게 변하는 리듬 속에서 중심 잡기는 아이의 자율적 활동을 강화한다. 이는 팀게임을 소개하기 전의 중요한 전환 단계다. 중심을 잡고 자신의 공간에 머무는 능력이 없다면 팀스포츠의 위치 감각을 성취하기 훨씬 어렵고, 두 팀으로 나누어 이곳저곳에서 공을 쫓아다니는 현상을 하나의 전체 집단으로 보게 된다.

고대 그리스 올림픽의 이상이 5학년의 시도 동기로 자리한다. 고대의 게임은 개별 인간이 신의 창조적 힘을 표현하고자 하는 의식이었다. 진, 미, 선의 이상이 활동에 스며들어야 하고, 다섯가지 고전적 종목인 달리기, 멀리뛰기, 원반던지기, 창던지기, 레슬링은 내면의 원형적 움직임을 반영하는데, 이는 도덕 교육의 토대를 형성한다.

이제 훈련에 대해서는 보다 사실에 기반한 상을 제시하고, 아이들은 더 이상 둥글게 서지 않는다. 아이들은 교사를 마주보며 줄을 맞춰 선다.

- 보트머 체조: *빛의 고동(light beat)* 훈련, 빛과 무게 간의 리듬이 있는 상호 작용을 포함한다
- 체조: 보다 개인 훈련에 치중한다. 뛰어넘기, 다리벌려 뛰기(straddle vault), 구름판을 이용해서 뜀틀 넘기, 평행봉 위에서 앞, 뒤로 돌기, 옆으로 재주넘기, 균형잡기, 돌기, 점차 어려운 상황에서 뛰어넘기.(예를 들면 눈을 감은 채로) 고대 그리스의 다섯 종목을 소개한다.
- 게임: 이 나이에서는 놀이에서 스포츠로 전환이 일어나고, 게임은 어느 쪽도 아니다. 흔한 게임은 다음과 같다. 고양이와 쥐구멍(cat and mouse house),• 배 상어 해안(ship shark shore)••
- 수영: 많은 학교는 이 나이에서 정규 수영 수업을 소개한다.

• 쥐구멍 영역 안팎을 드나들며 고양이 역할을 맡은 사람이 쥐를 맡은 사람을 잡는 게임.
•• 배, 상어, 해안의 영역을 정해두고 심판이 부르는 영역으로 빠르게 이동하는 게임.

6학년

이 나이 아이들의 마음 경험은 근육에 침투하고, 이는 액체와 고체 간의 균형을 잡아준다. 이 나이에서 사춘기의 신체 과정이 사지를 급격하게 성장시키기 때문에 신체 활동이 서툴러지고 다른 어느 나이보다 아이들 간에 체격이 다양해지므로, 인간 존재는 새로운 수준의 균형을 추구한다. 직립이 중요하고 이는 힘의 내적 균형을 요구한다. 놀이다운 점은 이제 사라지고, 구체적인 운동의 원칙과 정확성, 형태의 명확함, 질서와 구조를 운동 속에서 추구한다. 측정, 게임에서 점수 세기, 교사를 심판으로 받아들이기를 통해 객관성이 전면에 등장한다. 학생들은 운동을 위해 키가 작은 순서대로 줄을 설 수 있다.

- 보트머 체조: *삼각형*, 중심 요소는 떨어트리는 가벼움과 급격한 직립으로의 전환이다. 구리 막대 훈련은 스트레칭과 관계하여 직립의 경험을 강화하고, 그와 함께 땅 위에서 굳게 서도록 한다.
- 체조: 운동을 구축하는 정규 지점, 물구나무서기, 물구나무서기에서 핸드스프링, 봉, 고리를 가지고 하는 운동 일부, 건강과 안전에 대한 의식을 이전보다 필요로 하는 점과 함께. 달리기와 뛰어넘기 훈련을 포함하는 실외 운동.
- 게임: 팀스포츠로 전환. 이는 다음의 기술에 대한 준비가 필요하다. 승자와 패자를 받아들이기. 상대편을 앞서기 위해 전략 사용하기, 때로 신체적 접촉, 점수 세기. 피구는 좋은 준비 단계가 되고, 접촉과 직접 대면을 포함한다.(공을 곧바로 상대방에게 던진다.) 흔한 게임은 다음과 같다. 월볼(wall ball),[*] 소프트볼, 감옥 게임(prisoner),[**] 네트볼(over-the-net ball games),[***] 침입과 영역 게임(invasion and territorial

---

[*] 벽에 공을 던진 후 다시 받는 게임.
[**] 피구와 유사한 대신 여러 개의 공을 동시에 사용하는 게임.
[***] 농구와 유사한 7인제 게임.

games),● 히팅 필드 게임(hitting field game)

7학년

학생들은 이제 한 활동에서 다른 활동으로 빠르게 넘어가기 위해 필요한 힘과 충분한 유연성을 갖췄다. 이 운동성은 아이들이 이미 좋은 근육 발달을 이뤘지만 아직 뼈대의 정적인 속성은 완전히 갖추지 못했다는 사실을 드러낸다. 이 나이에서 아이들은 인대와 힘줄을 통해 자기 움직임의 발달을 표현한다.

아이들은 스스로를 집단과 분리하는 능력을 갖췄고, 세계 속에서 자신의 발판을 충분히 확보했기에 경쟁적인 스포츠에 도전할 준비가 되었다. 아이들은 개인적인 관점을 가질 수 있기 때문에, 자신의 입장을 가질 뿐만 아니라 게임과 전술을 내려다보는 시야를 갖게 된다. 팀스포츠에 실제로 참여하기 위해서 학생들은 자신이 주변과의 관계 속에서 어디에 위치했는지에 대한 명확한 상을 형성할 수 있어야 하고, 경기장의 범위와 경계에 대해 인지해야 한다. 이를 위해서는 감각을 잘 통합해야 한다. 교육과정에서 팀스포츠를 일찍 소개하지 않는 이유 중 하나는, 공간적 관계에 대한 규정적 개념이 상상력을 저해할 위험이다. 이 나이의 학생들에게 상상력이 충분히 자리잡거나 상을 그려내는 내면의 능력이 발달하지 않았다면, 이 사춘기 단계에서는 자신 안에서 깨어나는 정서적 힘에 압도당할 수 있다. 이끌어갈 능력 없이 이 힘을 마주하게 된다면, 상당한 정서적 고통을 유발할 수 있다. 상상력과 심상은 감정의 격동에 물꼬를 트고 질서를 부여하는 역할을 한다.

● 보트머 체조: 흔드는 움직임은 중심과 주변에 대한 경험으로 이어진다. 개인은 자신의 리듬을 찾고 움직임의 자극에 대한 순간을 발견한

● 팀의 영역을 나누고 상대 팀의 영역으로 들어가는 게임.

다. *리듬 훈련은 공간으로 떨어지기 훈련을 보충하는데, 공간으로 떨어지기 훈련은 사춘기의 공간적 경험을 확립하기 위한 목적으로 특별히 고안되었다. 보트머는 원래 중심점으로 뛰어들기 훈련이 공간으로 떨어지기에 선행해야 한다고 설명했다.* 이는 관련 교사의 판단에 달린 문제다.

- 체조: 재주넘기(somersault), 박스 위에서 매트로 떨어지기, 여러 가지 흔들기와 진자(振子) 운동을 통해 무게를 즐기는 방법을 배우기, 예를 들면 봉에 매달리기, 흔들기를 통해 중력의 새로운 중심에 대해 경험하기(사춘기에는 늘어나며 성장하기에 새롭게 느낀다.), 도마, 핸드스프링, 도마를 이용해서, 긴 박스를 넘어 다리벌려 뛰기, 물구나무서기. 다양한 형태의 레슬링을 연습할 수 있고, 예를 들면 인디언 레슬링, 그리스/로마식의 레슬링이 있다.(Brooking-Payne에서 설명하고 있다.)

- 게임과 스포츠: 게임은 스포츠를 위한 몸풀기로 사용한다. 한 시간의 절반은 훈련에 할애하여 새로운 기술을 배우고 연습한다. 개인 기술은 별도로 다루고 구체적인 초점을 부여한다. 주요 스포츠는 농구, 하키, 소프트볼, 테니스 또는 크리켓이다. 육상은 크로스컨트리를 포함한다. 이는 대개 지도와 표시된 경로를 통해 길 찾기와 뛰어넘기를 포함한다. 학생들은 이제 토너먼트 경기를 시작해야 한다.

8학년

이 나이에서 학생들은 자기 신체의 전체 무게를 마주하고, 운동 감각은 골격 구조를 관통한다. 아이들은 변화한 자기 몸무게를 부담스러워하면서도 새로운 신체적 힘으로부터 기운을 얻는다. 이들에게는 무게와 힘이라는 새로운 조합을 탐구하고 경험할 기회가 많이 필요하고, 따라서 정교한 기술에 치중하기보다는 대근육 움직임을 강조해야 한다. 움직임과 신체 관점에서, 이 나이는 정말로 아동기의 끝을 드러낸다.

암벽 등반과 암벽 하강(abseiling), 카누와 카약 타기, 하이킹, 등산, 스키 등을 포함하는 여러 실외 활동을 이 나이에서 소개할 수 있다. 이 모든 예시 속에서 각 활동은 자신의 도전 과제를 제공하고, 이는 학교의 주변 여건에 달려 있다. 이제 스포츠를 통한 자립을 넘어서서, 스포츠의 생존적 측면과 환경과의 관계가 중요하다. 스포츠는 결코 환경을 파괴하거나, 단순한 대상으로서의 자연 환경에 대한 극복을 추구하는 태도를 길러서는 안 된다. 이 나이에서 성(性)의 차이를 특별히 고려해야 한다. 힘과 덩치가 명백하게 차이 나는 점에서 오는 영향을 접촉이 있는 스포츠에서 인지해야 하며, 동시에 두 성 간에는 힘의 원천이 다르다는 점도 알아야 한다. 통합과 분리 활동의 균형이 필요하다. 통합 활동은 아주 상이하지만 그럼에도 필수적인 특징이 있다. 양성은 자기만의 시간이 약간 필요하다. 남자 아이들은 자기 체력과 힘의 한계를 탐험해야 하고, 여자 아이들에게는 매달리거나 드러내는 자세 같은 여러 체조 훈련에서 신체 접촉에 유의해야 한다.

- 보트머 체조: *중심점으로 뛰어들기 훈련*
- 체조: 7학년 활동을 계속하되, 학생들의 발달에 따라 훈련이 다른 성질을 띠게 된다. 재주넘기와 핸드스프링 및 도마를 계속한다. 8학년에서 주요하게 다른 점은 학생들이 대개 이전보다 더 망설이는 경향이 있고, 도마로 달려가기 전에 자기 힘의 역동성을 의식적으로 끌어내야 한다는 것이다. 서킷트레이닝의 정확하고 나이에 적절한 기술을 배운다. 체력과 힘의 증진에 대해 팔굽혀펴기 등을 통해 강조한다.
- 게임과 스포츠: 7학년에서 진행한 스포츠를 계속하고 배구를 소개한다. 경기 성적을 측정하는데, 이는 교육 방법론적으로 중요한 도구다. 교사는 팀워크를 기르고, 참여를 촉진하고, 개인들의 성취를 끌어올리며, 개인의 잠재력을 최대한으로 끌어내기 위해 경기를 이용, 통제한다. 궁극적으로 안전하고 신뢰가 있는 환경에서, 정서적 및 문자 그대

로의 안전망이 충분히 갖춰진 환경에서 이루어지는 한, 경기는 건강하
게 유지된다.

9학년

이 나이에서 학생들은 자기 행동의 결과에 대해 책임을 지는 법을 배
워야 한다. 세계와 만나고 '마주서는' 의지의 전면을 직면하고 돌파구를
만들어야 한다. 개인은 새롭고 의식적인 발걸음과 함께 미래를 향해 문
자 그대로 뛰어들고 돌파해야 한다. 이는 용기와 새로운 수준의 의식이
필요하다. 종종 정서적 불확실성의 표현으로 드러나는 특정한 게으름을
극복해야 한다. 이 나이의 학생들은 뒤에 남겨둔 아동기를 떠나고 자신
의 두 발로 일어서야 한다.

상급 학교에서는 특정 능력을 가진 학생들이 자신의 잠재력을 완전히
발달시킬 수 있도록 시간을 쏟을 수 있는 방과후 동아리 활동을 장려함으
로써 실제 시간표상에서 허락하는 시간보다 더 많이 운동을 지원해야 한
다. 이는 전체 학급이 관계하는 상황에서는 사회성이 우선하기 때문에 항
상 개인의 발전을 추구할 수 없기 때문이다. 의미 있는 활동을 지원하게
되면 궁극적으로는 아이들이 탐닉할 수 있는 여러 불필요한 활동들을 대
체할 수 있다. 다른 학교와 갖는 정기적인 대회와 시합 또한 중요하다.

- 보트머 체조: 돌진 훈련은 9학년 학생들이 경험해야 할 것을 예증한다.
  이는 세계를 마주하기, 돌진 또는 뛰어넘기, 말 그대로 자기 앞의 공간
  을 향해, 중력 속으로 떨어지기, 확실성과 함께 현재/미래로 의식적인
  발걸음을 디뎌 돌파하기를 포함한다. 이 나이의 다른 훈련은 두 원을
  *읽는 리듬(앞을 향하는 걸음)*이 가능하다.

- 체조: 용기와 내면의 집중을 통해 장애물을 의식적으로 극복하는 것이
  새로운 주안점이다. 앞과 뒤로 재주넘기를 계속하고, 더 어려운 뛰어
  넘기를 시도한다. 예를 들면 도마를 넘기, 바닥에서 하는 활동, 평행봉

에서 넘기, 핸드스프링이 있다.

- 스포츠: 이미 소개한 스포츠를 시간 조절과 보다 집중적인 적용에 초점을 두고 발전시킨다. 상급 학교에서는 배구가 점차 중요해진다. 투포환 던지기에서 원반과 투창을 연습할 수 있다. 양궁과 펜싱도 포함할 수 있다.

10학년

이 나이의 학생들은 주변에 대한 새로운 지각을 발달시켜야 한다. 원반을 던지는 원형적 활동은 10학년에서 발달시켜야 하는 여러 특성을 구체화한다. 대상을 마주하기, 세계와의 대화에 참여하기, 자기 안으로 들어가되 내적 균형을 잃지 않으면서 중심에서 주변으로 떠오르고 나아가기, 세계에 뭔가를 제시하되 그 결과를 따르기, 그 연결을 유지하기가 그렇다. 세계와의 대화를 찾는 것이 핵심 요소다. 활동 전체는 또한 목표를 찾고 스스로를 그것과 통합하는 과정이기도 하다.

10학년부터의 교육과정은 본질적으로 이제까지 닦은 토대 위에서 구축하는 작업으로, 기술을 연습하고 능력을 발전시킨다.

- 보트머 체조: 원반 훈련과 팔을 둥글게 돌리며 걷기(수평으로 걷기). 모든 훈련은 수평면에 대한 의식과 중심 잡기 간의 강한 관계를 다룬다.
- 체조: 이전 학년의 활동을 계속하되 움직임의 흐름 속에서 리듬 찾기와 직립의 경험에 주안점을 둔다. 이 나이에서는 미적 요소가 중요할 수 있고, 움직임을 점차 통합적인 연속으로 볼 수 있다.
- 스포츠: 이미 소개한 스포츠를 계속하되 사회적 놀이에 주안점을 둔다.

11학년

열여덟 살이 되면 아이들은 땀 흘릴 목표와 이상을 설정해야 한다. 이는 판단을 내리고 선택을 결정할 능력을 요구한다. 선택을 불안하게 만드는 또 다른 길과 맞서 자신의 길을 지키기 위해서는 특정한 결단력이 필요하다. 투창 던지기의 원형적 몸짓은 이를 잘 표현한다. 이 나이에서는 좌우의 대칭과 균형이 핵심 요소다. 크리켓과 같은 다양한 스포츠는 예를 들어 타격과 투구에서 강한 균형을 요구하고, 동시에 이 두 가지는 전체 균형 속에서 강한 편향을 유지하도록 한다. 테니스와 배드민턴 같은 여러 라켓 운동 또한 마찬가지다. 정확도와 정밀도를 의식적으로 훈련할 수 있다. 빠른 반사 능력, 상황 발생에 대한 예리한 지각, 전술에 대한 감각, 그리고 전체적인 통제가 대부분의 스포츠에서 필수적인 기술이다. 이 나이에서 학생들은 이제 이 모두를 고려할 수 있을 만큼 성숙했다. 학생들은 또한 규칙과 건강 및 안전의 측면을 완전히 이해함으로써 스포츠를 위한 책임감을 점점 받아들일 수 있어야 한다. 이제 특정 게임의 본질을 이해하는 것이 중요하다.

- 보트머 체조: 투창 훈련, 또한 *왜곡된 높이(독수리), 대칭적으로 걷기*
- 스포츠: 이미 소개한 스포츠를 계속하되, 전술적 기술에 주안점을 둔다.

12학년

이 나이에서 아이들은 공간의 평면상에서 자유를 얻을 수 있어야 하고, 따라서 사고, 감성, 의지를 통합해야 한다. 아이들은 이제 공간 지각 및 나무를 위해 숲 전체를 보는 능력을 통해 여러 범위의 가능성 전체에 대한 개관을 형성하고 경험할 수 있다.

- 보트머 체조: *십자가* 훈련에서 절정을 이루는 인간의 삼원적 공간 속성을 통해 인간 형태를 경험한다.
- 게임과 스포츠: 이제까지 소개한 스포츠에서 높은 수준의 기술을 훈련해야 한다. 학생들은 움직임 교육과정 전체를 초급 학교에서 다뤘던 게임과 훈련부터 모두 다시 한 번 겪어봄으로써 발달 과정을 돌아보는 기회를 갖는 것을 특히 흥미로워한다.

제21장

음악

음악은 인간 존재에게 말을 걸고, 인간은 마음을 통해 음악의 언어를 경험한다. 이 언어는 세 영역을 갖는다. 첫째로 음악 이론을 통해 파악하는 이해와 앎의 영역이 있고, 둘째로 조화, 조성(調性)(장조와 단조), 긴장, 이완에 관한 모든 것으로 이루어진 감성의 영역이 있다. 마지막으로 리듬을 포함하는 운동의 영역이 있다. 이 세 영역은 인간 존재의 삶의 경험 속에서 드러난다.

음악은 순간 속에서, 생성(becoming) 속에서 숨쉰다. 음악은 전환, 사이 공간, 형태를 갖춘 시간의 흐름으로 구성된다. 음악의 나타남과 사라짐은 그 본성을 따른다. 기대, 수행, 기억은 음악을 구성하는 힘이며, 내면 공간의 인상으로 남는다. 또한 음악의 본성은 움직이는 그림으로 드러난다. 회화적 본성은 흘러가는 성질을 띤다. 음악의 조형적 본성도 이와 유사하다. 조형적 속성은 흐름 속에, 끊임없는 변화 속에 있다. 건축적 공간과 음악은 서로가 서로를 규정하면서도 양극성으로 존재한다. 움직임은 형태이자 움직이는 '형태'가 된다. 이런 방식으로 이해한 음악을 어떻게 받아들이고, 경험하며, 길러낼 수 있을까?[1]

이 관점을 따를 때, 음악 교육을 위한 교육과정을 쓰는 것은 실로 어렵다. 발도르프 교육의 근본 접근법이 교육학적이라는 점을 고려한다면, 즉 아이가 음악을 통해 이루는 발달을 살펴본다면, 음악 교육의 과제는 음악의 본성을 아이의 본성과 일치시키는 것이라고 말할 수 있다. 방법과 내용은 서로 밀접하게 엮인다. 따라서 아이와 음악의 본성을 모든 음악 교육과정의 출발점으로 놓는다.

음악적 대상에 대한 능동적인 몰입, 그 본성의 실현을 통한 경험, 음악의 원칙에 대한 점진적이고 단계적인 각성, 그리고 마지막으로 직접 경험에 기초한 지식의 토대를 향한 접근[2]

위의 내용이 발도르프 학교 음악 수업의 주요 목표다. 음악은 단순히 시간표 위의 여러 과목 중 하나가 아니다. 음악은 명시적으로, 그리고 암묵적으로 가르침과 배움을 통해 엮어내는 '마음의 상태'다. 이 마음의 상태는 모든 수업에서 창조되어야 한다. 이는 우리가 음악이라고 부르는 구조화된 시간의 흐름 속으로 뛰어드는 것을, 어떤 정도에서는 우리 존재의 리듬, 음조, 조화 속에 자리하는 깊은 음악성을 통합하는 것을 의미한다. 음악 교육과정은 이런 의미에서 자리한다.

아이 발달의 측면

열 살 정도까지 사고, 감성, 의지는 함께, 그리고 서로 안에서 상대적으로 간단한 방식으로 작용한다. 음악에서는 '5음계의 분위기'와 D 오음계가 이 상황에 가장 밀접하게 순응한다. 이런 분위기에서(즉, 5도의 성질에서), 멜로디, 조화, 리듬의 현상은 함께 엮인다. 아직 으뜸음이나 엄격한 박절(拍節) 리듬이 없는 것과 마찬가지로, 조화로운 화음은 아직 없다. 5음계 선율이 으뜸음에 얽매이지 않듯이, 자유롭게 움직이는 리듬은 호흡의 성질 속에서 그 방향을 찾을 수 있다.

5도의 분위기를 시작점으로 삼아, 우리는 이후에 세계 음악을 포함하는 다양한 현대 및 전통 음악에 대해 이해하기 위해 필요한 잠재력을 갖춘 귀를 계발하도록 돕는다. 이로써 낯선 조현법이나 처음에 이상하거나 이질적으로 들리는 소리 세계를 통해 다양한 시공간의 감수성을 들을 수도 있다.

열 살 이후에 아이들은 '방해'를 겪는다. 처음의 조화로운 능력은 아이를 떠나고, 신체적 안정을 향한 전환이 일어난다. 어느 정도까지는 과거를 통해 현재를 이해할 수 있기 때문에, 아이들이 자신의 방향을 찾는 일을 돕기 위해서 우리는 과거로 돌아간다. 이는 음악에서도 마찬가지이기에 우리는 전통적인 3도의 조화를 살펴본다. 이제 우리가 으뜸음을 찾도록 하는 이끔음과 박자에 기반한 리듬이 중요하다. 아이들이 경험한 것을 먼저 다룬 후에, 교사는 이미 '스스로를 발견'한 음악으로 아이들을 이끈다.

아이의 생리 상태에 따르는 내용에서부터 시작하십시오. 그러고 나서 아이가 음악에 따르도록 이끄는 방식으로 진행하십시오.[3]

따라서 교사는 '음악이 내 안에서 노래한다.'에서 '내가 노래한다.'로의 전환을 음악 수업에서 준비해야 한다.

아이들이 악기를 연주할 때 어떤 객관적인 것이 음악 안으로 들어온다. 음악은 인간의 마음을 반영하기 때문에, 악기는 형성과 교육을 위한 탁월한 매체다. 삶과 동떨어진 것이 아닌 인간의 원형적인 부분으로 음악을 경험하는 것이 점점 중요해진다. 이는 음악이 실제 음악 수업만이 아닌 다른 모든 수업에도 포함되어야 함을 의미한다.

아이들은 악기를 배우며 연습을 통한 기술의 완성을 경험한다. 그러나 그 보상은 교사가 매기는 좋은 점수나 칭찬이 아니라, 아름다움 그 자체다. 아름다움을 창조함으로써 아이들은 자신이 그 중심에 있음을 느껴야 한다. 음악에서 이는 즉각적인 교정과 함께 능동적이고 집중적인 연주를 통해서만 이룰 수 있고, 이 점에서 음악은 다른 예술과 다르다. 따라서 음악 수업은 예술 속 존재에 대한 원초적인 경험을 제공한다.

조각과 색칠하기에서 우리는 아름다움을 바라보고 경험합니다. 음악에서는 우리 스스로가 아름다움이 됩니다.[4]

1학년

미취학 상태에서 취학으로의 전환은 아이들의 참여에 대한 기대로 특징지을 수 있다. 모방은 음악 교육 전반에 걸쳐 강력한 요소로 남는데, 시범을 보임으로써 바른 방법을 알려주는 것은 교육 방법 중에서 가장 효과적이다. 따라서 교수 방법은 한편으로는 교사가 연주하거나 노래할 때 아이들이 참여하는 방식으로, 다른 한편으로는 틀린 음, 선율, 리듬과 같은 '실수'를 공감적으로 교정함으로써 이루어진다.

이야기는 음악을 듣거나 느끼기 위한 분위기를 만들어내고, 그중 선율이 가장 중요하다. 노래하기와 움직임은 여전히 함께 이루어진다. 연주하거나 노래를 부른 다음 다시 음악을 듣게 하는 과정을 번갈아 진행할 때, 음악은 마음을 일깨우고 조화시키는 효과가 있다. 능동적인 듣기는 '순수하게' 듣는 순간을 동반하는 노래하기와 움직임을 통해 육성할 수 있다. 집단 작업은 사회적 감성을 기르기 위해 중요한 반면, 혼자 노래하기나 연주하기는 각성의 효과가 있다.

1학년에서는 아래에 기술한 간단한 악기를 소개할 수 있다. 참고할 수 있는 내용은 다음과 같다.[5]

노래하기, 악기 연주하기

- 자유롭게 변하는 D오음계(DEGAB). 이는 듣기와 악보 없이 연주하기를 통해 익힌다. 음높이는 손의 움직임을 통해 지시할 수 있다.
- 노래하기에 더해서, 각 아이는 아동용 하프, 라이어, 칸텔레(kantele) 또는 리코더 같은 관악기를 악보 없이 배운다. 간단한 멜로디를 먼저 노래로 부른 후에 배우게 된다.
- 드럼, 탬버린, 징, 카우벨(cow-bell), 차임, 실로폰처럼 조(調)가 있는 타악기와 없는 타악기를 배울 수 있다.
- 교사가 연주하거나 학급 내의 집단이 연주하는 음악을 듣고 청음 훈련(ear-training)을 할 수 있다.
- 악기나 손가락 놀이를 통해 손가락 기술을 훈련할 수 있다.
- 예를 들면 아동용 하프나 라이어를 즉흥 연주하여 분위기를 경험할 수 있다.
- 간단한 리듬은 아직 박자를 엄격하게 지키지 않고, 박수치기, 발 구르기, 걷기, 뛰기를 통해 노래와 분리해서 연습하지도 않는다. 춤추기는 움직임의 가능성을 강화하고, 이는 그 자체로 음악적 성질을 띤다.

악기

- 학년이 올라감에 따라 모든 아이가 악기에 대한 개별 수업(3학년)을 들을 준비를 갖춘다.

2학년

1학년에서 진행한 작업을 계속하고 강화하면서도 다른 여러 5음계를 탐험한다. '미터'를 통해 리듬에 대해 보다 관심을 갖는다. 아직 리듬은 박자와 연결되지 않지만 멜로디의 구성 요소다.

노래하기, 악기 연주하기

- 하루 중 다양한 시간을 포함하거나 으뜸음이 E/G인 요소가 숨어 있는, 새로운 노래를 소개한다. 한 옥타브까지를 다루는 멜로디를 노래한다. 레퍼토리: 헤브리디스나 비유럽 문화의 노래 같은 전통 민속 노래 부르기. 이는 6음계이거나 보통의 5음계를 넘어설 수 있다.

- 듣는 훈련을 위해서, 노래를 부르고 관악기나 다른 악기로 연주한다. (활동과 듣기의 교대)

- 이제 악기를 다루는 그룹과 함께하는 작업이 가능하다.

- 다양한 분위기를 드러내는 음악 속에서 자유롭게 대화하기

- 음에 대해 밝음과 어두움을 느끼는 기초 경험을 심화하고, 이를 높고 낮음의 공간적 경험으로 변화시킨다.

- 리듬과 멜로디를 점점 이전보다 의식적으로 다룬다.(예를 들면, 아이들이 눈을 감은 채 손으로 음의 높이를 표현하도록 한다.)

- 한 음으로 리듬을 훈련한다.

3학년

아이들의 심리적 발달 정도에 비출 때, 이제 기보법을 소개할 수 있다. 음악적 문해력의 소개는 아이들의 사고가 주로 형상적으로 이루어진다는 점을 염두에 둬야 한다. 으뜸음이 노래에서 보다 더 두드러진다. 개인적으로 다룰 악기를 3학년 안에 선택해야 한다.

노래하기, 악기 연주하기

- 노래하기는 여전히 제창으로 진행한다. 5음계는 온음계를 포함하는 중세 양식에 다리를 내준다.

- 선법(旋法, modal scale)과 온음계로 노래를 부르고, 오스티나토(ostinato), 지속(持續) 저음(drone), 쿼들리벳(quodlibet) 등도 일부 다

룰 수 있다.

- 온음계 관악기를 소개하고 C 장조를 배운다. 민속 음조는 선법에 따른 멜로디를 접하기 위한 좋은 소재다.
- 그룹을 이루는 악기와 계속 작업하고, 각자 배우는 악기를 이에 더한다.
- 바이올린을 소개할 수도 있다.
- 듣는 귀를 기른다. 예를 들면 개인 교습에서 배워온 작품의 연주를 학급이 듣도록 할 수 있다.
- 보다 다양한 타악기를 소개할 수 있고, 박자 감각과 그 정확성을 보다 더 요구한다.
- 음조의 멜로디를 음높이(오르내리는 선), 긴 음과 늘임표를 보여주는 그림을 통해 그릴 수 있다.

음악 학습

- 보표(譜表), 높은음자리표를 포함하는 기보법을 소개한다. 음높이의 표기를 소개하기 위해 비유적으로 묘사한다. 중간 C 자리를 소개한다. 악기와 노래를 다루는 작업에 사용하는 표기법

4학년

집중수업에서 배우는 분수와 연결해서, 음의 길이를 결정하는 데 초점을 둔다. 아이들은 자기가 들은 것을 받아 적고 다시 이를 들리도록 읽는다.(간격 또한 느껴야 한다.) 음악에 대한 아이들의 감성은 이제부터 '땅에 발을 붙여야' 한다. 즉, 온음계에서 든든한 기반을 찾아야 한다. 으뜸음은 이제 점점 그 자체로 자리잡는다. 아이들은 자신을 둘러싼 세계를 보다 더 의식한다. 4학년이 끝날 때, 모든 아이는 간단한 멜로디를 바로 보고 연주(sight-read)할 수 있어야 한다.

일주일에 한 번의 노래 수업 및 초급 학교 합창단 시간이 있어야 한다.

노래하기, 악기 연주하기

- 민속 노래, 여행 노래, 상거래와 노동의 노래, 하루의 시간과 일년의 계절에 대한 노래. 또한 이 나이에서는 내용 및 음악적으로 적절한 작곡 음악을 포함할 수 있다.(예를 들면, 모차르트의 *마술피리*에 나오는 파파게노의 새 잡는 노래, *거지의 오페라(Beggar's Opera)*에 나오는 *John he was a piper's son*, 슈베르트의 *아름다운 물방앗간의 처녀(Die Schöne Müllerin)*, *방랑(Das Wandern)*)
- 악보 쓰기와 읽기, 정기적인 연습을 통해 한 번 보고 연주하기를 포함
- 쉬운 카논(canon), 데스캔트(descant), 쿼들리벳을 포함하는 돌림노래를 소개한다.
- 개인 교습에서 배운 악기는 정규 합주 작업에 통합해야 한다. 노래에 리코더와 활을 사용하는 현악기를 같이 진행하는 것은 함께하는 음악을 가르치는 데 매우 중요하다. 음계의 음과 그 음 이름을 식별한다. 칠판에 쓴 악보에서 종이 위의 악보 읽기로 진행한다. 데스캔트 리코더를 사용한 이중창 또는 삼중창(노래가 아님). 바이올린의 현과 운지법을 배운다.
- 지휘하기: 아이들은 학급이 연주하는 간단한 템포를 가진 작품을 지휘할 기회를 가져야 한다. 이 단계의 주안점은 시간 지키기에 있고, 이는 모음 악보 없이 수행하며 이미 알고 있는 작품에 한한다.

음악 학습

- 작곡가들의 생애에 대한 이야기(짧은 에피소드)
- 음정에 대한 첫 학습
- 음 길이 결정하기

- 간단한 종류의 박자, 그리고 초보적인 지휘하기(한 아이가 그룹 앞에서)

5학년

두세 목소리의 다성(多聲) 음악을 적절히 훈련하고 나면, 보다 조화로운 구성을 시도할 수 있다. 아이들은 이제 조화에 대한 새로운 욕구가 생기고, 이를 통해 아이들과 매우 아름다운 여러 노래를 시도할 수 있게 된다. 이는 이후의 모든 음악 활동을 위해 헤아릴 수 없을 만큼 귀중한 토대를 제공한다. 아이들은 음악의 필요 조건에 적응하는 훈련을 시작해야 한다. 이들은 듣기를 통해 훌륭한 음악을 계속해서 배운다. 레퍼토리에 여러 노래를 추가한다. 최소한 한 시간의 음악 수업과 초급 학교 합창단 한 시간도 있어야 한다.

노래하기
- 듣기와 노래하기의 교대에서 반주에 맞춰 노래를 연습하기 위해 민요를 이용한다.
- 다룰 수 있는 이중창과 삼중창을 반주 없이 부르기
- 특정 음정 식별하기와 완전 5도까지 낮은 음정으로 노래하기를 포함하는 훈련. 음계: 온음계 으뜸음을 학습하고 훈련해야 한다.
- 보다 빠르게 한 번 보고 바로 노래하기가 가능하다.

악기
- 학급 오케스트라 구성(중급 학교의 오케스트라가 될 수 있음)
- 현악기: 부모와 상담을 통해 결정한 아이에게 비올라와 첼로를 소개

음악 학습
- 간단한 형태의 노래 소개

- 조표(調標)에서 으뜸음의 위치 찾기
- 간단한 으뜸음과 이에 관련된 내용을 토의하고 써보며, 간단한 조바꿈을 즉흥적으로 해본다. 으뜸음, 딸림음, 버금딸림음의 세 가지 '핵심' 코드에 대한 단체 즉흥 연주와 같이, 음악 이론에 기초한 훈련을 수행한다.
- 장음계
- 학생들은 음악 용어에 대해 체계적으로 인식해야 한다. 예를 들면, 보표, 다카포(da capo), 알레그로(allegro), 한 마디, C음자리표, 옥타브, 팀파니(timpani), 겹올림, 이음줄, 여린내기(up-beat), 콘체르토(concerto) 등이 있다.

6학년

수업은 아이들을 점점 미적 감상을 향해 이끌어 간다. 첫 번째 시도로 악극(예를 들어 모차르트)을 소개할 수 있다. 아이들은 정식 합창단에서 노래해야 한다. 음향학 집중수업을 통해, 아이들은 음악의 과학적 측면에 대해 인지하게 된다. 예를 들면, 클라드니판(Chladni plate)의 진동, 다양한 소재의 음색에 대한 탐구 등이 있다.

이상적으로는 일주일에 두 번의 합창단 수업과 한 번의 악기 수업이 있어야 한다. 집중수업은 리코더 앙상블을 포함할 수 있다.

노래하기
- 민속 무용을 통해 음악을 움직임으로 가져가기
- 더 많은 민속 노래를 다양한 목소리와 발라드로 접하기
- 집중적인 합창 작업

악기 연주하기

- 오케스트라에서 사용하는 관악기를 학급에게 소개하기
- 어떤 아이들은 금관악기나 목관악기 같은 오케스트라용 악기로 바꿀 수도 있다.
- 연주 그룹 또는 학급 오케스트라, 혹은 중급 학교 오케스트라

음악 학습

- 음악 이론, 음정, 아르페지오(arpeggio), 옥타브, 장·단음계에 대한 경험, 장·단화음의 감화음, 선법, 카덴차(cadence), 딸림7화음 등을 계속한다.
- 악기에 대한 학습(타악기, 발현(撥弦) 악기, 오케스트라 악기, 관악기)
- 같은 으뜸음조를 다루고, 조표 읽기
- 멜로디의 조옮김
- 즉흥 연주를 통해 멜로디 만들기와 이를 옮겨 적기
- 이 나이에서 예술을 시작함에 따라 음악에 대해 이해할 수 있다. 즉, 아이들은 다양한 모티프가 음악사의 여러 시대에 어떻게 속하는지 배운다. 이를 체계적으로 수행할 필요는 없다.

7학년

아이들은 자신의 음악을 즐기고, 음악 그 자체를 목적으로 여겨야 한다. 아이들이 음악에 대한 판단력을 갖도록 도우면서 시작점을 형성할 수 있다. 이들은 하이든에서 베토벤 등까지 다양한 작곡법의 특징을 구별하는 법을 배운다. 공연을 관람하게끔 장려함으로써 아이들이 다양한 종류의 음악을 접하도록 해야 한다. 리듬은 점점 박자와 결합한다. 이 나이에서는 발성의 육성이 중요하고, 특히 남자아이들의 목소리는 갈라지기 시작하기 때문에 신경을 써야 한다.

합창 수업 두 시간과 악기 음악 두 시간이 있어야 한다.

노래하기

- 질문과 답으로 이루어진 발라드(예를 들면, 카를 뢰베(Carl Loewe), 로베르트 슈만)
- 듀엣, 피아노 반주(몬테베르디(Monteverdi), 카리시니(Carissini), 퍼셀(Purcell), 멘델스존, 브람스)
- 간단한 쿤스트리트(Kunstlieder)와 아리아(aria), *마술피리* 같은 오페라 작품을 포함
- 다양한 문화의 노래를 통해 세계 음악을 접하고, 지리학 수업과 연결시킬 수 있다.

악기 연주하기

- 연주 그룹 또는 학급 오케스트라, 혹은 중급 학교 오케스트라
- 기타를 시작(전체 학급). 카덴차 등
- 문학은 아직 주로 바로크 시대를 다룬다.(서곡, 퍼셀, 텔레만(Telemann), 고전기 이전(바흐와 그 후계자들), 고전 시대(모차르트, 하이든)의 모음곡)

음악 학습

- 크로매틱 스케일의 음정(그리고 5도 음계와의 관계, 장·단조와 연결—조옮김)
- 낮음음자리표의 소개
- 리듬을 바꾸는 즉흥 연주, 대사가 있는 작품
- 중요한 작곡가의 전기

8학년

음악에 대한 감상과 판단을 계속해서 길러준다. 이제 음악 양식과 특징에 대한 질문을 논의할 수 있다. 진리에 대한 추구, 외로움, 진전하는 개인화에 대한 감성이 낭만주의 시대의 독주곡 및 발라드와 접할 수 있다. 영성에 대한 추구와 자신의 중심에 대한 발견에 따라 옥타브에 대한 경험이 두드러진다.(예를 들어 3온음의 문제) 남자아이들의 갈라지는 목소리를 계속해서 신경 써야 한다.

합창 수업 두 시간과 악기 수업 두 시간이 있어야 한다.

노래하기

- 두 가지에서 네 가지 음색으로 노래하기, 아카펠라와 반주
- 그 외로는: 보다 오래된 다성의 민속 노래, 죽음에 대한 노래, 현대의 삶을 비판하는 노래, 리듬이 강한 노래. 유머가 있는 작품 또한 이 나이에서 적절하다.
- 종교 음악, 발라드, 피아노 반주를 곁들이는 쿤스트리트(즉, 멘델스존이나 브람스의 곡)
- 멜로드라마식 발라드(슈베르트: *겨울 나그네*(Die Winterreise))
- 장조와 단조의 대비

악기 연주하기

- 다양하게, 학급의 연극을 위한 음악 작업을 포함
- 문학은 낭만주의 오케스트라 작품의 편곡을 포함해야 한다.(슈베르트 서곡, 차이코프스키 백조의 호수, 혹은 그의 모음집 *Album for the Young*의 작품)

음악 학습

- 멜로디에 대한 이론(주요 가락, 보조 가락), 즉흥 연주
- 리듬과 멜로디에 대한 음악적 받아쓰기, 리듬을 바꾸는 즉흥 연주, 카덴차의 즉흥 연주
- 전기적 묘사를 계속한다.

9~12학년

상급 학교를 거쳐가는 성장은 9학년에서 시작한다. 보다 개인으로서 성숙해지고 스스로 결정을 내릴 수 있게 됨에 따라, 학생들이 '에고이즘'에서 사회성으로 나아간다고 볼 수 있다. 이는 동시에 바로크 시대에서(자기중심적/하나의 주제) 고전주의(이원적/변증적)와 낭만주의(전환, 공간적 사고로 진입, 사회적 인식의 각성)를 거쳐 20세기와 현재의 시급한 질문, 그리고 확실한 가치에 대한 갈망에 이르는 역사적인 여정이다…음악적으로는 5도, 3도, 12도 음정 분위기의 변형에 대해 이야기할 수 있다. '여백'은 5도와 함께 시작하고(9학년), 3도는 타인을 향하며(11학년), 주관적, 심리적 분위기는 12도에서 지식으로 전환한다.(12학년)[6]

아이들이 보다 더 개인화함에 따라, 음악은 상급 학교 교육의 귀중한 사회적 요소로서 값진 선물을 선사한다. 이는 그 자체로도 중요하지만, 그 이상의 것도 있다. 음악은 문제의 시기에 아이들이 전체를 위해 기여하는 도전 과제를 완전히 의식하며 경험, 활동하는 장을 제공한다.

9학년 아이들은 자아중심적, 실존적 질문을 제기하고 아직 초점이 없는 비판적 태도를 보인다. 종합적으로 볼 때, 이런 상태와 태도는 특정한 '바로크적' 속성을 갖는다. 아직은 아이들과 이 문제를 다룰 수 없다. 이는 이

후에 적절한 주제를 통해 발전시킬 수 있는 열린 모티프이자, 죽음의 힘에 새로운 생명을 가져올 수 있음을 뼈대에까지 곧장 느끼는 모티프이다. 이는 특히 록(rock)과 팝(pop) 음악의 고정 관념으로 인해 요즘 아이들의 감성이 차갑고 경직되게 자라는 것으로부터 막는다. 음악 자체를 통해 비물질적 예술인 음악을 뼈대에까지 스며들게 하려는 욕구를 변형해야 하고, 이로써 음악은 다시금 영을 향해 열린 예술이 된다….

9학년은 상대적으로 바로크 시대의 특성인 에고 중심주의와 편협한 마음 가짐, 끝없는 빈둥대기, 외로움과 동시에 아직 군중 속의 일부로 남음, 솔로/투티를 드러낸다. 10학년에서 아이들은 다른 음조를 다시 들을 수 있고, 이는 객관적인 토론 및 상대방의 관점을 고려하거나 최소한 존중하려는 의사를 위한 전제 조건이다. 이제 학급 공동체를 통해 새로운 대기의 숨결이 흐른다. 아이들은 더 이상 날숨의 과정처럼, 모든 것을 비판함으로써 배타적으로만 탐색하지 않는다. 이들은 자신이 되고 자신으로 남는 들숨의 과정처럼, 답을 찾고 다른 사람의 의견을 들을 때 가만히 참는 순간을 갖는다….

10학년에서 학생들은 고전 시대 음악의 형식적 언어에 몰입할 기회를 갖고, 하이든에서 모차르트를 거쳐 베토벤의 후기 작품까지 이르는 그 발달을 따라갈 수 있다.

명확한(온음계의) 형태가 학급에서 진행하는 과정의 대부분을 이끌었다. 11학년에서 가능한 객관적인 토론을 통해 서로와 마주함으로써, 가능성으로 존재하는 것, 확실하지 않은 것, 모호한 것, 불합리한 것, 즉 감각 경험과 지식 간의 새로운 실재로서 가정법을 접한다. 6도는 이제 다른 사람에게로 향하는 신호이기에, 3도 음정을 통해서 새로운 분위기를 제공한다. 즉, '다른 사람의 내면의 삶에 참여하기'다.

…우리는 낭만주의 시대의 '표제 음악(標題音樂, programme music)' 또한 다시 살펴봐야 한다. 이는 단순히 음악을 통해 음악이 아닌 내용을 반복

하는 것이 아니다. 이는 비록 최초에는 외부에 존재하고 물질을 통해 전달하더라도, 상 속에서 깨어나는 음악이고, 상상적 연결 속에서 일어나는 과정이다. 우리는 물질적인 상(스메타나 블타바(Smetana Vltava))에서 시작해서 위대한 인상주의 작가들의 상상력으로 고취된 작품(드뷔시의 바다 (Debussy La mer))로 이르는 길을 따라간다. 이 길은 슈타이너가 옥타브의 감성이라고 묘사한 것을 훈련하는 방법이기도 하다. 학생들은 자신의 주관적인 감정(음조에 갇힌)이 해소, 완화되기 시작함을 느끼고, 따라서 스스로 어렴풋이 느끼고 있던 의식의 빛을 따를 수 있게 된다….

우리는 작곡과 즉흥 연주 훈련을 통해 낭만주의 시대의 보다 중요한 양식을 사용하도록 시도한다. 비화성적인 조정을 통해 음조와 으뜸음을 향하는 경향에 의문을 던지는 새롭고 예상치 못한 공간이 열린다. 그러면 스스로 책임감을 가질 수 있는 예술로 다가가는 길이 열린다. 악보는 더 이상 안정을 제공하지 않는다. 예술은 필수적인 것을 위한 공간이 되고, 손 대지 못한 에테르적이고 영적인 공간이 드러나도록 한다. 이를 위해서는, 예술이 예술적 앎이 되길 바라는 소망을 통해 주관적이고 몽상적인 구속으로부터 우리 스스로를 해방시켜야 한다는 점이 전제조건이다. T. S. 엘리엇은 이를 다음과 같은 조어로 표현했다. '명확한 감정(precise emotion).'[7]

12학년 학생들은 세계와 자신에 대한 감성이 변했음을 경험한다. 이들은 집단 속의 꿈 같고 따뜻한 삶에 대한 강한 구속을 더 이상 느끼지 않는다. 대신, 아이들은 자신과 자기 삶의 모티프를 위해 점점 더 큰 책임을 진다. 이는 '부활'로서의 '각성'까지는 아니다. 아이들은 스스로 안에서 이 과정을 바라보지 못할 뿐만 아니라, 현대 예술에서 또한 그렇다. 이들은 완전히 새롭고, 미래를 향하며, 알려지지 않고, 들어본 적 없는 것을 음악에서도 바란다. 그래서 12학년 음악 수업에서는 조가 없는 음악을 향한 길을 시작할 수 있다. 조화 이론은 여기서 안전망을 제공하지 못하고, 유일하게 의지할 수 있는 대상은,

> …음악적 현상과 그의 드러나지 않은 내적 논리를 받아들이고 탐색할 준비를 갖추는 것, 그 현상이 담은 진리를 감각하는 것, 그것과 관련하여 새로운 '사고'를 연습하고 학습하는 것이다. 이에 대한 예시로서는 쇤베르그의 *Six Little Pieces for Piano, Op. 19* 끝부분을 보다 자세히 들여다보기만 하면 된다….
>
> 음악이 20세기 동안, 그리고 그 이후로 지나온 발달을 확인하려고 할 때, 우리는 음악이 한편으로는 보다 유물론적으로 발달했고, 다른 한편으로는 그 물질주의 경향이 약해졌음을 발견한다. 그럼에도 불구하고 높은 수준의 인식이 이끌고 20세기 초에 경험했던, 투명성과 초월성(영이 흘러드는 개방성)은 다시 드러나지 않았다….
>
> 이런 관점에서 볼 때, 음악은 실로 교육의 핵심적인 요소이고, 이는 그 표면상에서 음악은 예술 중 가장 물질성이 약하며 목적이 없기 때문이다. 음악은 모든 인간 존재의 가장 내밀한 핵심에 곧바로 말을 건다.[8]

9학년

학생들은 적절한 양식으로 이루어진 성악과 기악 작품을 이해하고 연주하는 법을 배운다. 일부 작품의 기본 구조를 학습하고, 음악사의 흐름을 약간 살펴봄으로써 시작점을 갖는다. 많은 학교는 모든 학년을 통합하는 상급 학교 합창단과 가능한 아이들이 참여하는 오케스트라를 구성한다. 큰 규모의 합창 작품을 배우고 부르며, 종종 학교 구성원 및 부모와 함께한다.

음악 학습

- 전반적인 학습: 선율 체계와 기보법, 음계, 5도권(-度圈), 음정, 화음, 전위를 기악과 합창 작품에서 계속해서 다루고 즉흥 연주와 작곡 훈련에서도 시도한다.
- 작품을 묘사, 성격화, 비교, 평가한다.
- 역사 및 다른 예술과 연결 고리를 찾는다. 예를 들면 음악과 사회의 연관성이 있다.
- 현대 음악의 현상에 대해 경험하기

음악 이론

- 돌림노래, 푸가, 모음곡, 칸타타, 오라토리오, 그리고 대위법을 소개한다.
- 호모포니/폴리포니 간의 차이, 부드러운 분위기
- 다양한 악기에 대한 학습, 예를 들면 오르간과 다른 키보드 악기

전기

- 모차르트/베토벤, 바흐/헨델 비교하기

콘서트와 오페라 관람

- 클래식 작품, 사전 준비 및 관람 후 평가를 함께

노래하기, 합창

- 성악 작품
- 레퍼토리의 확장: 민속 노래, 리트(Lieder), 경음악의 사례, 정치적인 노래 등, 아카펠라와 반주, 제창과 중창
- 학생들이 배우고 있는 외국어 노래 부르기

상급 학교 합창단

- 상급 학교의 모든 학년은 대중 앞에서 공연할 수 있는 작품을 연습하는 합창단을 구성한다.

악기 연주하기

- 학교 오케스트라나 실내악 그룹에서 학생들은 학교나 대중 앞에서 공연할 작품을 연습한다.
- 즉흥 연주, 즉 학교가 구성한 타악기 모음을 사용하여

10학년

소나타, 푸가 등의 형식적인 구조를 다루는 작업은 막을 내린다. 학생들은 고전 음악에서 소나타의 중요성을, 특히 인간 존재와 관련하는 방식에 대해 학습한다. 아이들은 콘서트에서 음악을 공연하고, 홍보, 프로그램 노트(programme note), 관객석 관리를 맡으며, 음악을 지역 사회로 가져오는 일에서 보다 활발한 역할을 맡을 수 있다.

음악 학습

- 기악 및 성악의 형식: 모티프, 주제, 소나타, 심포니, 콘체르토, 오페라
- 기초 화성학에 대한 학습
- 작곡에 대한 학습, 학생들이 화성법과 대위법을 사용해서 자신의 곡을 작곡하도록 격려한다.

전기

- 학생들은 좋은 재즈와 팝 음악가를 포함하여 유명한 작곡가나 연출가의 전기를 다룬다.[9]

콘서트와 오페라 관람

- 클래식 작품, 사전 준비 및 관람 후 평가를 함께한다.

노래하기, 합창

- 성악 작품
- 레퍼토리의 확장: 민속 노래, 리트, 뮤지컬 속 노래, 샹송, 아카펠라 또는 반주
- 학생들이 배우고 있는 외국어 노래 부르기

상급 학교 합창단

- 상급 학교의 모든 학년은 대중 앞에서 공연할 수 있는 작품을 연습하는 합창단을 구성한다.
- 클래식 코러스를 네 가지 음색으로

악기 연주하기

- 학교 오케스트라나 실내악 그룹에서 학생들은 학교나 대중 앞에서 공연할 작품을 연습한다.
- 즉흥 연주

11학년

학생들은 리트를 적절한 방식으로 연주하는 법을 배운다. 또한 낭만주의 형식을 듣거나 악보를 봄으로써 인식하는 법을 배운다.

학생들은 19세기 음악가들이 이룩한 새로운 관점의 인식을 발달시키고, 고전 음악의 '보편 언어'가 어떻게 민족적 민속 음악 및 재즈의 기원과 연결되는지를 발견한다.[10]

음악 학습

- 음악 집중수업(11학년의 예술 학습을 참고하라.)
- 아폴론적인 것/디오니소스적인 것: 음악적으로 표현한 예술 작품의 표현과 형식
- 초기부터 20세기까지 이르는 음악사의 시대별 발전
- 피타고라스의 화음에 대한 개관
- 크로매틱 스케일의 사용
- 낭만주의 시대에 강조를 두며, 중요한 시대의 의미 있는 작품 다루기
- 다양한 작품을 묘사, 비교, 유형화하기
- 표제 음악

음악 이론

- 주요 소나타 진행의 형식

전기

- 위대한 낭만주의 작곡가에 대한 학생들의 보고서: 슈만, 쇼팽, 브람스, 바그너, 베르디 등

콘서트와 오페라 관람

- 클래식 작품, 사전 준비 및 관람 후 평가를 함께한다.

노래하기, 합창

- 성악 작품
- 독창
- 레퍼토리의 확장: 민속 노래, 리트, 낭만주의 합창 작품, 실내악 합주단 (독주 또한 포함), 아카펠라 또는 반주

- 학생들이 배우고 있는 외국어 노래 부르기
- 4중창 작품(낭만주의 작품을 포함하여)

상급 학교 합창단
- 상급 학교의 모든 학년은 대중 앞에서 공연할 수 있는 작품을 연습하는 합창단을 구성한다.(계절과 축제를 주제로)

악기 연주하기
- 학교 오케스트라나 실내악 그룹에서 학생들은 학교나 대중 앞에서 공연할 작품을 연습한다.
- 즉흥 연주

12학년

학생들은 20세기 음악의 특징적 현상을 인식하고 묘사할 수 있어야 한다. 오늘날 작곡이 관심을 갖는 방향은 인간 존재가 스스로를 발견하는 현재의 상황을 포함한다. 학생들은 전기전자 기구의 사용을 포함하여, 오늘날 음악가들이 어떻게 음악의 발전을 이어갈 수 있을지에 대해 탐구해야 한다. 음악사의 주요 흐름에 대한 이해를 통해 학생들은 현재와 연결된 문제 의식을 발전시킬 수 있어야 한다.

음악 학습
- 음악사에 대한 개관: 과거, 현재, 그리고 예상되는 미래의 음악, 과거와 20세기의 관점 모두에서 바라보기
- 화성학 이론
- 2차 세계대전 이후 음악의 발전
- 20세기의 중요한 작품(예를 들면, 스트라빈스키, 힌데미트, 제2비엔나 악

파(The Second Viennese School), 음렬주의(音列-), 미니멀리즘 등)을 묘사, 성격화, 비교하고 배경 맥락 속에 위치시킨다.

- 음악과 기술(전자, 합성, 컴퓨터 작업을 거친 음악)

전기
- 20세기 작곡가에 대한 학생들의 탐구 또는
- 음악과 인간 존재에 대한 학생들의 프로젝트

콘서트와 오페라 관람
- 클래식 작품, 사전 준비 및 관람 후 평가를 함께한다.

노래하기, 합창
- 성악 작품
- 레퍼토리의 확장
- 합창 작품, 민속 노래, 20세기의 리트, 독창, 아카펠라 또는 반주와 함께

상급 학교 합창단
- 상급 학교의 모든 학년은 대중 앞에서 공연할 수 있는 작품을 연습하는 합창단을 구성한다. 어려운 작품에 도전한다.

악기 연주하기
- 학교 오케스트라나 실내악 그룹에서 학생들은 학교나 대중 앞에서 공연할 작품을 연습한다.
- 즉흥 연주
- 능력을 갖춘 학생들의 독주
- 졸업 공연

제22장
철학

12학년

역사, 예술, 과학, 문학, 종교, 그리고 심지어 외국어 수업에까지 이르는 여러 과목의 맥락 속에 이미 철학적 질문을 탐구할 기회가 여럿 있었다. 12학년의 철학 집중수업은 철학의 기초적인 문제와 방법을 탐구할 기회를 제공한다. 이상(理想)을 동기로 삼은 역사와 이 이상들이 세계관의 변화를 표현한 점을 구축하며 시작한다. 이는 모든 실제 지식을 위한 기초를 형성한다. 고도로 복잡하고 중요한 개념은 적절한 방식으로 표현할 때 모두에게 접근 가능하다.

철학적 질문이 여러 상급 학교 과목의 문제로 떠오른다. 철학은 문학이나 역사 수업의 연결 고리 역할을 맡는다.

열아홉 또는 스무 살 아이들은 특히 철학적 질문을 향해 열려 있다. 이들은 '고차적 관점'에서 배워온 것을 확인하고 싶어한다. 스스로에 대한 발견은 이제 보다 큰 차원을 얻는다. 즉, 개인적 관점이 전체 인류를 포함하기 위해 확장되는 것이다. 12학년의 철학은 무미건조한 학문적 학습 이상이다. 이는 오히려 그 이름이 의미하듯이, '지혜에 대한 사랑'이다.

다양한 철학은 인간의 기초적인 질문에 대해 여러 대답을 제시할 수 있다. 학생들은 텍스트 분석, 열린 토론과 숙제로 제출하는 글을 통해 사고의 철학적 흐름을 재현, 분류, 평가할 수 있다. 이런 과제의 의도는 대개 무의식적인, 학생들 자신의 질문에 대해 처음으로 스스로 답하기 위한 배경을 제공하는 것이다. 칸트가 말하듯이, '철학에 대해 학습하기보다, 우리는 철학하는 법을 배워야 한다.'

아래의 내용은 참고 사항일 뿐이다. 3주간 진행하는 집중수업 한 번으로 아래의 주제 전부 또는 대부분을 다룰 수 없다는 점은 명백하다.

도입

- 철학적 질문의 기원
- 인문학 및 과학과 관련하는 철학의 특별한 위치
- 영어, 역사, 예술 학습, 종교 등과 같은 다른 과목에서 등장하는 철학적 질문 다루기

앎을 추구하는 인간 존재

- 철학의 근본 질문, 인식론과 이에 답하기 위한 노력, 예를 들면 비판적 합리주의, 실증주의, 회의주의 등
- 진리에 대한 이론

행위하는 인간 존재

- 인간의 자유에 대한 최초의 질문
- 절대적/상대적 가치
- 다양한 철학자들의 자유에 대한 숙고(소크라테스, 플라톤, 칸트, 니체, 야스퍼스, 슈타이너)
- 과학자의 책임

선택할 수 있는 주제들

역사 철학

- 철학적 질문이 제기되는 과정을 통해 살펴보는 인간 의식의 역사
- 레싱의 *인류의 교육*(Lessing's Education of Mankind)

언어 철학

- 언어에 대한 옛 이론과 새 이론의 비교(예를 들어, 훔볼트, 워프(Whorf), 촘스키, 핑커(Pinker))
- 학생들 스스로의 경험을 통해 이끌어낸 언어의 본성(현대 서정시를 참고하며)

철학적 인간학

- 다양한 문화와 종교에 속한 인간 존재의 본성
- 젠더 문제
- 죽음의 문제
- 인간의 한계가 가져오는 비극

미학

- 예술에서 형상과 질료
- 실러의 *인간의 미적 교육에 대한 서한*에서 선택한 단락

정치 철학

- 철학사에서 등장한 국가, 법, 권력에 대한 다양한 견해의 비교(플라톤, 아리스토텔레스, 마키아벨리, 루소)
- 유토피아에 대한 논의(예를 들면, 플라톤, 토마스 모어, 카를 마르크스 등)

제23장

물리학

과학 교육의 중심 목표는 인간 존재와 관계를 맺는 과학의 핵심을 이해함과 동시에, 이를 감정에서 이끌어내는 상상적인 방식으로 제시하는 것이다. 이는 자연의 실제 제스처에 대한 관찰력을 발달시킨다는 뜻이다. 실제로 과학 수업은 아이가 세계를 인과적으로 바라볼 수 있는 능력이 생길 때 시작하고, 이 사고 능력을 기르도록 도와야 한다. 사실 이는 인간 존재와 세계 간의 변화하는 관계를 끊임없이 고려하도록 계발하는 질적 사고를 통해 가능하다.

과학을 크기, 수, 무게로 제한함으로써(갈릴레오가 그랬듯이), 즉 순전히 양적으로 환원하여 자연 현상의 존재에 대한 질문은 사라졌다. 근대가 출현하는 동안, 인간은 어떻게 자연을 통제할 수 있는지 묻기 시작했고, 마침내 이 통제를 핵심으로 삼았다. 이런 흐름은 인과적, 이론적 모형관의 발달과 연결되어 있는데, 자연 과정을 인과적으로 설명할 수 있을 때만 이를 완전히 지배할 수 있기 때문이다. 이 설명과 지배가 최초에 가능하지 않다면, 현상은 개념적으로 설명 가능한 과정으로 축소한다.

양적이고 분자 형태로 이루어진 자연에 대한 모형을 통해 형성한 개념을 학생들이 객관적 실재로 받아들일 위험이 있다. 예시한 경험으로 인해 교육과정은 1977년에 이미 이를 공식적으로 경고했다.

> 교육을 처음 시작할 때 지나치게 완전한 모형을 사용하지 않아야 한다. 사용한 모형을 통해 설명할 수 없는 기초 현상이 있어야 한다. 학생들은 이를 통해서만 모형의 부족함에 대한 원칙을 완전히 깨닫게 된다.[1]

그러나 교수 방법론의 관점에서는 아래의 원칙이 보다 중요하다.

- 1. 경험할 수 없는 모형은 실제 지각에 기초한 사고 과정이어야 한다.
- 2. 먼저 현상에 대한 정서적 연결을 아이에게서 일깨워야 한다. 그리고 나서 이는 주관적 수준으로 상승함으로써, 인지 활동을 통해 고유한 성질을 파악할 수 있게끔 한다.
- 3. 따라서 발도르프 학교의 과학 교육은 감각적 성질로부터 벗어난다. 실제로 이 점에서는 극단적으로 감각 지향적인 방법이라고 묘사할 수도 있다. 이는 중요한 역할을 맡고, 건강한 교육 방법론의 측면을 보인다. 인식을 통해 느끼는 이 생생한 즐거움은 열셋, 열네 살 아래의 학생들에게 치유의 효과가 있고, 심지어 지나치게 강한 자기중심성의 경향을 완화할 수도 있다.

그러나 사고를 통해 창조적으로 자연 사건 간의 연결을 형성하는 현상적 세계관은 그 이상을 요구한다. 이는 인간 중심적으로 습득하는 지식을 추구하는 정직한 교육학적 노력만으로 이룰 수 있는 것은 아니다. 오히려 경험과학적 방법의 기초 관념에 대한 인식론적 토론이 있어야 한다.

세계 속 개개인의 능동적인 참여가 루돌프 슈타이너의 인식론을 특징 짓는다. 이 주제를 다룬 기초적인 문헌 *A Theory of Knowledge*와 *자유의 철학*[2]에서, 루돌프 슈타이너는 감각 인상과 사고 간의 연결을 다음과 같이 묘사했다.

> 우리의 온 인간 존재는 각 사물의 요소를 향해 실재 속으로 흘러드는 방
> 식으로 작동한다. 이는 두 측면에서 관찰할 수 있는데, 지각과 사고가 그
> 것이다.[3]

발도르프 학교의 과학 교육은 이 기본 규칙을 따르고자 한다.

6~8학년

모든 물리학 수업은 이론이나 모형이 아니라 경험하거나 관찰한 현상
으로부터 출발한다. 어떤 기회를 맞든지, 비교를 통해 대비를 보여야 한
다. 이 과목에서는 하나의 원리를 정의하더라도 다른 것과 고립된 상태
에서 다루지 않도록 노력해야 하고, 다른 과목과의 관련 속에서 많이 드
러나는 측면을 발전시켜야 한다. 따라서 과목 간의 연결이 스스로 드러
나고 가르치는 나이에 적절할 때, 예술 및 기술과의 이 연결을 제시해야
함은 명백하다.

중급 학교는 상급 학교가 개념적으로 구축할 토대가 되는 물리 현상
을 풍부하게 제공하고자 한다.

6학년

간단하고 매우 명확한 실험을 통한 현상에 대한 경험이 학생들을 물
리학의 영역으로 이끈다. 이런 목적을 위해 음향학을 그 시작점에 놓을
수 있다. 다양한 방식으로 시작할 수 있으나 두 가지만 제시한다.

- A) 기초 음향학 현상의 소개(진동, 음높이, 음량, 음색)
- B) 친숙한 악기로 시작함, 학생들은 음조에 상응하는 물리 개념이 진

동임을 인식한다.

- 발음체(發音體)와 음량의 관계, 음높이, 음색을 제시한다.

- 모노코드의 음정

- 음향 전송률

- 공명

학생들은 후두의 물리-생리적 성질을 어떻게든 알게 된다.(8학년의 생물학과 비교하라.)

색칠하기의 경험으로부터 다음을 끌어낸다.

- 색채학

- 간단한 광학(즉, 이론 없이 탐구)

- 출구지점은 대비: 빛—어둠

- 빛을 비춘 색 표면에 대한 관찰은 잠시 후 눈에 상을 남긴다. 이는 보색의 개념으로 이어진다.(괴테의 '소환된' 색)

- 다양한 색과 색감이 있는 그림자를 제시하고, 이들이 드러나는 조건을 보인다.

- 뒤와 옆에서 비출 때 불투명한 매체를 통해 드러나는 색 현상

- 색채 탐구의 목표는 프리즘을 통해 보듯이 빛/어둠 경계선에서 색이 있는 줄무늬(fringe)를 관찰하는 것이다.

- 빛/어둠 경계선에서 줄무늬가 나타난다.

- 색 외에도, 그림자를 탐구할 수 있다.

- 자기(磁氣)는 자연적으로 발생하는 자철석으로부터 시작해서 제시한다.

- '어떻게 무엇이 자화(磁化)하는가?'라는 질문 및 어떤 물질이 (강)자성을 띠는지에 대해 답한다.

일반적인 자석을 보이고 나침반을 (보관함 없이) 제시한다. 이는 아래

에 대한 토론으로 이어진다.

- 남극과 북극의 개념
- 자기 흡입과 반발의 개념
- 지구의 자기장

전기는 마찰을 통해 발생한 전하를 통해 정전기학(靜電氣學, electro-statics)의 흡입과 반발에 대한 현상으로 다룬다.

열에 대한 탐구는 다음을 고려한다.

- 온기와 냉기의 대비
- 뜨거움과 차가움의 근원을 제시하고, 냉기를 발생시킬 가능성에 대해 함께 토론한다.(기술적인 세부 사항은 아직 다루지 않는다.)
- 연소와 마찰을 열의 원인으로 보다 자세히 들여다본다.

7학년

음향학, 광학, 열역학, 자기학, 전기학을 심화해서 다룬 후에는 역학이 수업의 중심에 자리한다. 역학에서는 지렛대를 탐구한다. 여기서는 개념이 주도적이다. 그 내용은 아래의 키워드를 참고하라.

- 여러 형태의 지렛대: 받침점에서 힘점과 작용점까지의 거리(effort arm and load arm)
- 전자 저울(소수를 표시하는 고감도의 저울)
- 경사면
- 윈치(winch)
- 고정 도르래와 움직 도르래(pulleys, block and tackle)
- 쐐기, 나사, 연결 장치, 기어

이런 '기초 기계'의 조합에 대해 토의해야 하고, 그 목표는 추시계의 작동 방식을 이해하는 것이다.

- 지렛대와 경사면에 대한 공식의 발전
- 결론으로, 역학의 황금법칙(즉, '속도비'라고 알려진, 힘에서 얻은 이익은 보다 먼 거리를 운동함으로써 상쇄된다는 것)

음향학

- 클라드니판(6학년에서 다룰 수도 있다.)
- 구멍과 에어제트가 있는 회전판
- 축음기
- 음향 조작(sound directing), 메아리(8학년에서 다룰 수도 있다.)

광학

아래에 대한 관찰을 다룬다.

- 그림자와 상(그림 그리기와 함께)
- 평면 거울과 만곡형 거울에 비친 빛의 상을 익힌다.
- 침공(針孔) 사진기(사람의 눈과 비교하여)(8학년에서 다룰 수도 있다.)
- 카메라 옵스큐라

온도

- 전도(傳導)
- 온도계

자성

- 자침편차(磁針偏差)와 자기복각(磁氣伏角)
- 자성의 기초 현상
- 전기역학(電氣力學, electrodynamics)의 주제는 대략 다음과 같이 구성

된다.

- 전류원(電流源)(전지, 발전기)

- 전류의 흐름과 관계 지은 전자 기기

- 자기 효과, 전자석

- 기술적 응용: 전기 오븐, 보일러, 다리미, 퓨즈

- 전류와 번개의 위험에 대한 설명

8학년

실용성에 강하게 치우친 유체정역학(流體靜力學, hydrostatics), 유체역학(流體力學, hydrodynamics), 공기정역학(空氣靜力學, aerostatics), 공기역학(空氣力學, aerodynamics)의 영역이 이 나이에서 주로 부각된다. 자세한 내용은 아래와 같다.

- 아르키메데스의 원리(물과 공기에서)

- 유체정역학 부력(깊은 곳의 압력)

- 유리관의 연결(수압 측정)

- 데카르트 잠수부(Cartesian diver)

- 고체, 액체, 기체에서의 세부 내용

- 안정성(예를 들면, 배에서의 안정성)

- 정압(靜壓)(물에서와 공기 중에서를 비교)

- 펌프의 원리(특히 수압 펌프로 이끌어 간다.)

- 층류(層流)와 난류(亂流)

- 와류(渦流)와 저항(공기 중에서와 물에서, 이들이 마주치는 저항 형태와 연결지어)

기상학의 영역(이는 종종 지리학 집중수업과 연결하여 가르치는데, 그 일부는 10학년에서 다루기도 한다. 지리학 교육과정을 참고하라.)에서 아래의 내용을 다룰 수 있다.

- 공기 중 수분함수율(水分含水率)과 구름의 형성(이슬점)
- 구름의 유형(적운(積雲), 권운(卷雲), 층운(層雲), 광운(光雲, Nimbus)과 그 조합)
- 고기압 지대와 저기압 지대(전선(前線)의 개념을 천천히 발전시킨다.)
- 사이클론이 자주 발생하는 지역
- 일기도, 기상 예보
- 보퍼트 계급에 따른 풍력, 미스트랄(Mistral), 푄(Föehn), 무역풍, 몬순, 태풍과 같이 특이한 바람. 해양성과 대륙성 기후, 열대와 아열대, 극기 후 같은 기후 현상

음향학에서는 다음과 같은 내용을 탐구할 수 있다.

- 소리의 속도(공기가 아닌 다른 매체 또한 다룬다.)
- 음향 조작: 반향(메아리)과 흡수(7, 9학년에서도 다룰 수 있다.)
- 쿤트관(Kundt's tube)
- 건축의 음향학, 다양한 악기의 음향학

열역학에서는 아래와 같은 내용을 다룰 수 있다.

- 액체, 고체, 기체의 상태 변화, 증발
- 물의 예외점과 자연에서 그 의미(9학년에서도 다룰 수 있다.)
- 온수 및 냉수 배관 체계, 대류(對流), 복사(輻射)
- 전도(傳導)와 다양한 물질의 단열재(7학년에서도 다룰 수 있다.)

전기의 과정과 법칙

- 전류의 발열 효과 및 화학적 효과
- 다양한 물질의 전도성 및 접지(接地)

- 전류의 자기 효과와 그 활용
  - 전기 모터, 직류용 발전기(dynamo)(발전기(generator)를 소개할 수 있고, 이는 상급 과정에서 반드시 보다 깊이 다뤄야 한다.), 측정(옴(Ohm)의 법칙)

9~12학년

6~8학년의 과학 수업은 전반적인 능력을 갖추고 여러 과목을 가르치는 담임교사가 진행한다. 특히 인간 존재와 관련하는 내용은 생리학, 경제학, 생태학의 측면에서 제시한다. 대개 실험이 수업을 위한 출발점이다. 연구는 간단하게 수행하여 아이들이 가정에서 대부분의 내용을 다시 떠올릴 수 있다. 가능하다면 아이들이 물리 현상을 관찰하도록 권장한다. 현상에 대한 실험과 증명을 정리하고, 학생들은 더 나아가서 이에 대한 기술(記述)을 작성한다.

상급 학교의 과학 수업에서는 중급 학교의 경험에 기초한 인상을 사고를 통해 질서 지우고, 최종적으로는 법칙으로 이해한다. 이를 통해 학생들이 세계에 대한 상을 형성함에 있어 자신의 경험과 판단보다 충분히 이해하지 못하는 이론을 더 가치 있게 여기지 않도록 해야 한다. 오늘날은 이론적 내용을 수업의 기초에 놓는 것을 규칙처럼 여기고 이로 인해 교육과정의 출발점에 위치시키지만, 발도르프 학교에서 이론은 상급 학교에서만 가르친다는 점이 명확해진다. 따라서 원자 모형은 11, 12학년에서만 다루게 된다. 수업에 이론이 들어오면, 최소한 이를 현상에 대한 사고적 측면이라고 충분히 설명해야 하는데, 예를 들면 화학의 양적 법칙이나 빛의 방출로부터 나오는 원자 이론 등이 그렇다. 그렇지 못할 경우, 인류를 둘러싼 세계가 정교한 모형과 비교할 때 무의미하게 보이고, 실제 내용과 마주했을 때의 판단력은 퇴락한다.

상급 학교 물리 수업의 목표는 다음과 같다.

지식과 이해

- 기초적인 물리 현상과 그 과정을 설명해보기
- 인간과 관련하는 측면을 고려하여 물리적 차원과 개념 및 주요 측정 법칙 및 방정식을 정의한다. 물리적 결과의 규모에 대한 추정
- 일상 생활의 특정 현상을 물리적 과정으로 이해하기
- 기술 장치의 물리적 기초 이해하기
- 물리학의 역사적 발전이 보이는 주요 경로에 대한 지식과 중요한 과학자의 전기
- 물리 모형의 아이디어에 대한 지식과 그 예측력

능력과 숙달

- 정확하게 관찰하고 관찰을 공식화하기
- 간단한 실험을 수행하고 결과를 해석하기
- 독립적인 개념을 관찰로부터 구축하기
- 관찰을 구성하기 위한 독립적인 실험을 구축하기
- 불확실성을 인식하고 그 영향력을 평가하기
- 측정값을 그래픽으로 제시하고 이를 평가하기
- 알고 있는 법칙의 도움을 받아 물리적 과정을 이해하기
- 실재를 묘사함에 있어 물리학의 가능성과 한계를 인식하기
- 모형의 실제 구성 요소를 평가하는 능력을 갖추기
- 완전함, 전체적(holistic) 관찰, 인간의 삶과 현재 연결된 상태 속에서 대상을 바라보기

통찰, 평가, 자세

- 관찰, 연구, 실험에서 소통하고 협력하기 위한 준비
- 양적, 질적인 연구 및 그 결과 간의 차이에 대한 인식

- 역학적 과정과 되먹임 과정의 의미에 대한 통찰(변화-발생 관계(chang-ing-causing-relationships))과 인간의 사고에 대한 이 과정의 도전
- 스스로의 통찰에 기초하여 환경과 에너지 문제에 대한 인식 발생
- 사고의 물리적 방법은 끊임없이 변해야 한다는 통찰
- 과학과 그 속에서 물리학이 드러내는 것 및 인간 문화의 중요한 부분에 대한 통찰
- 매스미디어의 정보와 전달을 완전히 평가하는 능력
- 다양한 과학 연구 방법에 대한 정리와 결과의 해석에 있어 그 중요성
- 자연의 지혜에 대한 평가, 또한 이를 인간의 부단한 노력에 대한 예시로서 다룬다.

9학년

학생들이 특히 기술 분야에서 주변 세계의 과정을 이해할 수 있도록 경험을 권장한다. 이런 이유에서 의문을 갖는 사고와 판단을 특히 기술 영역의 실제 대상에서 훈련한다. 물질의 제조는 실험에 대한 묘사에서 특별하게 드러나야 한다. 법칙의 수학적 공식화는 보통 특정한 예시를 위해서만 제시하는데, 예를 들면 의미 있는 계산이 가능하고 학생들이 양(量)에 대한 느낌을 가질 수 있는 공간에 대한 연습을 진행 중일 때 그렇다. 물리학과 그 방법에 대한 이해를 심화하고, 일상적으로 만나는 대상과 기술의 물리적 내용에 대한 윤곽을 제시해야 한다.

- 변압기
- 전위차, 전류, 저항의 소개
- 모스 부호 송신기(전신기)
- 벨, 계전기(繼電器)
- 세탁기

열과 엔진

이 부분은 대체로 루돌프 슈타이너의 제안에 따라 구성하여 증기 기관에 대한 이해로 나아가지만, 보다 최근의 발전을 참고할 필요가 있다.

- 오토 폰 게리케(Otto von Guericke)의 기압에 대한 연구
- 증기 기관의 역사적 발전과 유럽의 역사적 발전에서 그 중요성
- 보일러의 기능
- 다양한 연료의 발열량 비교(이상적인 연소 상황에서)
- 기초적인 법칙에 관해서는 다음에 도달할 수 있다.
  - 열역학의 제1법칙과 제2법칙
- 새로운 기술 영역의 발전은 예를 들면 다음과 같은 주제를 드러낼 수 있다.
  - 절대 영도, 켈빈 눈금
  - 증기 터빈
  - 냉장고 및 난방 장치와 그 상반되는 기능
  - 내연기관: 4행정(行程), 2행정, 디젤, 스털링(Stirling) 모터도 가능하다.
  - 방사선
  - 로켓 추진

전기와 음향

여기서는 루돌프 슈타이너의 제안에 따라 전화기를 이해하기 위해 필요한 모든 것을 제시한다.

- 전위차, 전류, 저항의 개념을 소개하거나 복습(8학년을 보라.)
- 옴의 법칙을 계산을 포함하는 예시와 함께
- 전기 작업, 전기 출력, 그 단위에 대한 개념의 소개
- 전기의 비용 계산
- 전화기의 기능: 음향학 및 전자공학적으로

- 다이얼 기술
- 다양한 소통 기술의 사업적 의미
- 팩스 기계, 복사기

소리의 도플러 효과에 대해서는 루돌프 슈타이너의 제안을 따를 수 있다.
- 쌍성(雙星)의 상대 운동에 대한 이해를 도플러 효과의 도움과 함께(지리학 집중수업에서 다룰 수도 있다.)

가능한 심화 주제는 다음과 같다.
- 전동기의 원리
- 다양한 기계의 효율성 비교
- 중요한 물리학자의 전기, 또는 이를 대신하여 와트, 게리케, 파팽 (Papin), 모스 등에 대한 학생들 스스로의 발표
- 선택적으로 에너지 요구량과 에너지 절약의 수단에 대한 조사
- 쉽게 이용할 수 있는 에너지원의 비교
- 태양광 에너지와 그 중요성에 대한 전망(10, 11학년에서 다룰 수도 있다. 기술 교육과정을 참고하라.)
- 가능한 에너지 운반체로서 수소

10학년

학생들은 주변과의 관계를 점점 의식적으로 경험하고, 따라서 높은 이상과 그 타당성의 불확실함 간의 긴장 속에 서 있다. 다양한 과목에서 기원에 대한 질문이 드러난다. 학생들은 역학의 투명하고 기초적인 개념을 통해 의식의 명확성과 안정감을 다양한 방식으로 시도한다. 이를 통해 물리학의 수학화를 경험적으로 다룬다. 학생들은 관찰과 측정을 거쳐

수학을 통해 얻은 진술의 권위에서 만족감을 느낄 수 있다.(예를 들어, 투사체의 포물선 궤적에서)

양에 대한 방정식을 통해 원리, 비율, 조건을 발견하는 작업을 훈련한다. 학생들은 중요한 인물(갈릴레오, 브루노, 케플러, 티코브라헤)의 전기에서 발견하는 결정적인 역사적 의문과 씨름함으로써, 후기 르네상스 과학에서 일어난 위대한 영적 전환점과 물리학의 탄생을 생생하고 의식적으로 보게 된다. 따라서 아이들은 어떻게 관찰자로서 인간 존재가 표면에서는 물리적 세계의 사실과 법칙에, 그리고 내부의 사고에서는 논리의 법칙성에 사로잡히게 되었는지 이해한다. 스스로의 의식 발달 및 자신의 실수에 대한 자각을 통해서, 학생들은 연구의 조건을 배우고 이전 시대의 '위대한 영성'을 올바른 조명 아래서 바라본다. 이들은 또한 모든 연구와 발전에 있어 실패로부터 배우는 것의 가치를 알게 된다. 그래서 학생들은 이해의 안정감이 어떻게 생기는지를 경험하고, 스스로를 지구 및 지구의 법칙과 새로운 방식으로 연결하는 법을 배운다.

고전 역학

운동학(단일 운동)

- 속도의 측정
- 평균 속도의 개념
- 벡터를 사용해서 속도를 표현하는 방법
- 속도의 평행사변형
- 가속의 개념
- 경사면에서 $v=at$, $s=\frac{1}{2}att$를 활용한 일정 가속도 운동 법칙의 전개
- 자유 낙하, 중력으로 인한 가속, 힘의 단위
- 수직 운동과 수평 운동, 선택적으로 대각선 운동
- 독립 원칙(수직을 이루는 운동의)●

정역학

- 후크(Hook)의 법칙, 균형에의 적용
- 힘의 측정, 힘의 방정식
- 벡터를 사용한 힘의 표현
- 탄성 변형과 소성 변형, 압력, 응력
- 물체의 무게 중심
- 경사면 위 물체의 힘과 반작용

동역학

- 질량, 힘의 개념
- 뉴턴의 운동 법칙
- 이런 개념의 역사적 발전과 뉴턴의 전기에 대한 탐구
- 에너지 보존의 법칙
- 역학의 황금법칙에 대한 복습
- 기계 일(mechanical work)
- 에너지의 개념
- 마찰, 정지 마찰, 응집력
- 회전 운동
- 지구의 회전
- 원심력과 구심력

선택적으로, 코리올리 효과

(10학년의 지리학을 보라.)

- 한 방향의 운동은 수직 운동과 수평 운동의 합이지만 둘 중 하나의 변화는 다른 상대방에게 영향을 미치지 않는다.

- 모멘트 법칙과 모멘트를 사용한 평형
- 충격량과 운동량, 탄력성
- 뉴턴의 중력 법칙
- 케플러의 법칙
- 선택적으로: 케플러의 *세계의 조화*(*Harmonices Mundi*)(혹은 천문학 집중수업에서 다룰 수 있다.)
- 진자(振子)
- 태양계의 리듬
- 역학에서의 파동
- 역학적 진동과 파동
- 파동의 중첩(보강 간섭과 상쇄 간섭, 11학년에서 다루지 않을 경우)

천문학

천문학 집중수업은 다음의 주제를 고려할 수 있다.(물리학에서 포함하여 다룰 수도 있다. 루돌프 슈타이너는 천문학을 하나의 집중수업으로 뚜렷이 제시하지 않았다.)

- 지구의 보호 덮개
- 태양을 중심으로 하는 태양계
- 아홉 행성, 소행성, 혜성
- 태양과 그 리듬
- 지구에 미치는 태양의 영향―별의 일대기
- 케플러의 '세계의 조화'
- 태양과 달, 그리고 지구와의 관계에서 그 리듬

선택적으로

- 태양계에 있어 형태가 갖는 리듬 원칙으로서 황금비

- 망원경, 현미경, 카메라, (인간의 눈)(11학년에서도 가능하다.)

11학년

루돌프 슈타이너의 방향을 따라 현대 물리학의 발견(당시로서 알파, 베타, 감마선), 전기에 대한 이론, 전자기 이론, 방사선의 기초 현상 및 19, 20세기 물리학의 개념적 발전을 모두 다루어야 한다. 특히 전기장과 자기장을 탐구한다. 이로써 관찰과 측정을 통해 훈련한 학생들의 지성은 수학적 사고를 요하는 영역으로 전환된다. 그러나 실험을 출발점으로 삼는 원칙은 이전과 같이 남는다.

전기
- 전기의 역사
- 선택적으로: 정전기학(복습)
- 전기장의 개념
- 축전기
- 반데그라프(Van de Graaf) 발전기(정전기학의 예시로서)
- 전류를 통해 형성한 자기장
- 패러데이 모터의 원리
- 전위차, 전류, 저항, 전하에 대해 복습하되, 보다 일반적인 수준에서
- 전위차, 전류, 저항, 힘 간의 연결
- 전류의 발열 효과
- 다양한 물질에서의 전도 법칙
- 유도: 유도 저항, 렌츠(Lenz)의 법칙, 로렌츠 힘
- 맴돌이 전류 방해 효과
- 초전도
- 에너지에 대한 계산(10학년 에너지 법칙의 확장)

- 상호 작용하는 전류로 인한 유도, 전기장과 자기장의 양극성
- 축전기의 충전과 방전으로 인한 전류와 전위차의 시간에 따른 변화
- 축전기의 법칙, 단위, 용량의 계산, 절연체
- 진동성 방전
- 전류(양적으로)
- 감쇠 전기 진동을 위한 전위차와 전류 다이어그램
- 전기 진동의 위상(位相)
- 비감쇠 전기 진동, 신시사이저
- 진동과 주파수의 길이, 톰슨(Thompson)의 파장 공식

신호 발생기, 가청 범위

- 전송기와 수신기. 공명, 삼극관, 전자관(음극선관), 방출 스펙트럼을 포함. 전자 개념의 발전 및 밀리컨(Milikan)의 연구. 트랜지스터
- 유도 쌍극자, 쌍극자 법칙, 전자기 진동장, 전자기 파장
- 전송의 역사
- 라디오 방송, 이를 적용한 라디오 송신소 또한 가능함

원자물리학

- 고전압 스파크 인덕터, 가스 방출(방출관)
- 음극선, x선(운동하는 음/양전하 운반체의 아원자 입자에 대한 세부 내용—이온, 전자)과 알파, 베타, 감마선에 대응하는 부분, 오실로스코프(oscilloscope)
- 방사능, 방사능의 자연 발생, 방사성 낙진, 핵분열, 원자로, 인간이 만든 방사성 동위 원소, 검출 수단(가이거뮐러관(Geiger-Müller-tube), 안개 상자)
- 원자폭탄 제조를 위한 기술 발전의 역사(위험성, 방사선으로부터의 보호)

- 핵융합
- 선택적으로: 반도체, 다이오드, 트랜지스터(27장 기술을 보라.)

12학년

이때에 이르러 아이들의 성숙도는 어떻게 개념을 습득하는지에 대한 인식에까지 도달한다. 이제 이론과학적 질문을 적절하게 표출할 수 있는데, 예를 들면 연역적, 귀납적 사고에 대한 물리적 모형의 중요성 등이 그렇다. 이를 통해 학생들은 과학에 대한 맹신이 아닌 개인적인 판단력을 발달시킬 수 있다. 이는 원자 모형의 발달을 위해 결정적인 도움을 제공한다. 중요한 기초 지식의 전달 외에도, 현대 과학 지식을 특징 짓는 현상과 사상에 대해 탐구해야 한다.

빛이 물질을 만나는 다양한 방식이 수업의 접근법을 결정할 수 있다.

광학 영역을 통해 아래의 내용을 제시할 수 있다.

- 주변으로부터 시작하는 현상
- 순수한 관찰 영역에 대한 분석적 사고
- 증상적 접근법
- 관점에 대한 토론 ─ 판단의 발전
- 광학, 인간, 예술 간의 다리 놓기
- 이 지점에서는 통합 교과 수업이 특히 가치 있다.

광학

(8학년 목록을 참고하라.)

- 기하광학의 관점
- 그림자, 본영(本影), 반영(半影)의 개념
- 휘도(輝度)
- 대비(對比)의 개념과 시각에서의 중요성

- 비교: 눈 — 광전지(光電池). 질, 양, 객관성 또한 질적 연구의 영역에 속한다.
- 잔상과 색음현상(色陰現像)(계시대비(繼時對比), 동시대비(同時對比)) 및 그 물리학적 근거
- 인간의 눈과 그에 상응하는 기구(예를 들어 카메라의 렌즈, 구경(口徑)). 근시와 원시, 안경
- 베버페히너(Weber-Fechner) 법칙(광학적 자극과 지각의 속성, 기하 및 산술적 결과)
- 감각 지각과 의식, 감각의 허상
- 괴테의 색채론(프리즘으로 분광한 색채). 색의 성질
- 녹색과 적색 스펙트럼 간의 양극성, 지구 및 인간 존재에서 그에 대응하는 것
- 선택적으로: 엽록소, 헤모글로빈. 화학 구조
- 괴테에 따른 크로마토그래피(chromatography)의 기초 현상. 과학에서 괴테주의 방법. 괴테에 따른 빛과 어둠의 양극성과 어두워지게 함으로써 색을 만드는 것의 중요성(레일리(Rayleigh) 산란)
- 가색(加色)과 감색(減色) 혼합(기술의 활용) — 광도의 차이
- 스펙트럼색과 물리색
- 평면 거울
- 볼록 거울과 오목 거울
- 거울 법칙: 반사면(기술적 적용)
- 현미경 — 광학 현미경(해상도)
- 굴절, 내부 전반사(全反射)(법칙)(임계각), 프리즘을 활용한 뉴턴의 기초 실험
- 회절(포인트 라이트(point light), 레이저. 레이저 빛 — 햇빛)
- 빛의 파장, 분광기, 분광계

- 편광(偏光)—복굴절(광학의 전압/압축을 통한 기술적 적용), 공간의 비대
  칭적 구조—등방성(等方性) 개념
- 자연에서 대기에 의한 색의 발생과 회절, 간섭, 굴절, 편광을 통한 그
  원인
- 무지개와 그 원인. 무지개에 활용한 황금 분할에 대한 지시도 가능하다.
- 광전자 효과(기술 적용)
- 전자 볼트, 플랑크(Planck)의 양자 효과
- 파장-입자 이원성과 20세기 물리학이 바라보는 의식(意識)에 있어 그
  의미(과학 모형의 발달). 물리학의 경계를 다루는 방법론을 포함하여 가
  설 세우기
- 빛의 세 가지 모형: 파장, 입자, 광선, 그 의미와 증거
- 상대성 이론, 양자 이론
- 20세기 중요한 연구자의 전기(예를 들어 아인슈타인, 플랑크, 한(Hahn),
  슈뢰딩거, 보어, 하이젠베르크)

학생들은 여기서 의식에 대한 현대적인 질문과 과학 및 윤리의 문제
에 대해 사례를 통해 배운다.
- 물리학의 수학화와 오류 가능성 법칙
- 공식의 구조, 질량과 에너지의 등가. 빛과 물질
- 선택적으로:
  - 방출과 흡수의 선(線) 스펙트럼, 스펙트럼 분석, 선 스펙트럼의 의미
  - 광전지와 파장의 순서를 통한 전위차의 측정
  - 밀리칸의 실험(11학년에서 전자와 연결하여 다루지 않았을 경우), 러더
    퍼드의 광선 실험, 물질의 파장-입자 이원성

광학에서는 다음을 다룰 수 있다.

- 프리즘을 활용한 색의 발생
- 렌즈, 초점
- 가상과 실제 상(象)
- 확대경이나 오목 거울을 사용하여 햇빛을 모으는 방법

제24장
현장 프로젝트와 직업 실습

농업 현장: 9학년

아이들이 아직 학교에 속할 때 실제 일을 맡고, 그 세계 속에서 스스로를 발전시킬 경험을 제공할 필요가 점점 더 커지고 있다. 특히 사춘기 이후의 아이들은 현대적인 노동 상황을 구체적으로 경험해야 한다.

9학년 학생들은 그 나이에 따라 농장의 삶에 깊이 빠져들게 되고, 이때 생명 전반에 대한 질문이 떠오르기 시작한다. 인간 존재와 지구, 식물과 동물 간의 관계란 무엇인가? 기술 및 현대 사회의 조건으로부터 어떤 문제가 발생하는가? 존재적인 질문은 아이들이 이에 대해 점차 의식함에 따라 달리 표현하게 된다. 사지의 힘을 발휘하려는 기초적인 욕구와 연결되어, 이 나이의 아이들은 자신의 의지를 시험하고, 에너지, 관심, 용기, 의식을 요구하는 과제를 달성하고자 한다. 또한 밖으로 나가서 자연을 경험하려는 건강하고 자연스러운 욕구도 있는데, 이 모든 욕구는 산업화한 지역에서는 충족되지 못한 채 남는 경우가 지나치게 잦다. 따라서 이런 활동들은 아이들의 이해, 에너지, 그리고 이상(理想)을 자극해야 한다.

농장에서 구체적인 일을 경험함으로써 학생들은 농업 원료의 생산 및 땅과 지형의 관리에 대해 스스로 깊이 고민해야 한다. 아이들은 보통 처음에는 혼자 또는 그룹으로 농장에서 일하는데, 그곳에서 원형적인 직업 중 하나의 일과 생활에 대한 이해를 얻는다. 만약 농부들의 협조를 구해서 생산 가격, 트랙터 같은 새로운 장비의 자본 비용, EU 보조금 등을 설명할 수 있다면 도움이 된다.

권장 과제

씨 뿌리기, 잡초 뽑기, 비료 뿌리기, 추수하기 및 저장하기에 관한 모든 활동을 알아가기. 축산 및 우유 생산 과정에 대한 첫 번째 경험. 한 유기체로서 농장 전체 및 일반적인 사회적 조건에 대해 알아가기. 사람 및 기계와 함께 일하기. 유기농업, 생명역동농업, 또는 생태적인 방법으로 경작하는 동시에, 아이들에게 우호적인 농장이 적합하다. 그와 '대비'해서 일반적인 농장 역시 고려할 수 있다.

농장과 그 지리적, 상업적, 사회적 상황 및 일과를 기술하는 일지를 작성한다. 이는 학생들이 자신의 경험을 의식하도록 돕기 위함이다. 체험 이후에는 학생들이 의견을 교환하고 자신이 배운 것을 설명하는 학급 토의 시간을 가져도 도움이 된다.

대안

농사의 대안으로서 9학년 학생들은 건축 또는 생태 작업(연못 청소, 울타리 치기, 돌벽 세우기, 길 닦기, 자연 서식지 보호하기 등)의 체험 프로젝트를 수행할 수 있다. 실제 기술, 몸으로 하는 일, 사회와 관련 있고 쓸모 있는 과제, 협동과 신뢰에 주안점을 두어야 한다.

측량: 10학년

'기술과 실제 생활'의 일부인 이 주제는 다음을 목표로 삼는다.

- 학생들은 수학이 사물 간의 관계를 이해하는 수단일 뿐만 아니라, 확실하게 확인할 수 있는 정확한 측정을 위해서도 활용할 수 있음을 배워야 한다. 수학의 내용은 로그, 사인, 코사인 및 이들이 포함되는 과정을 담는다.
- 복잡한 상황을 이해하기 어려워하는 학생들은 이처럼 확신과 신뢰에 방점을 두는 실용적인 측면을 통해 수학에 새롭게 접근할 수 있다.
- 어떻게 사물들이 서로 연결되는지 이해할 뿐만 아니라 구체적인 경험을 하고 싶어하는 열일곱 살 아이들은 지성만이 아니라 신체의 의지 또한 요구하는 이 주제를 통해 객관적인 독립성을 성취할 수 있다.

땅을 측량하고 지도를 제작하는 모든 주요 단계를 체험한다. 학생들은 일상에서 사용하는 평범한 대상이 어떻게 만들어지는지 알게 되고, 건물을 계획하는 기초로서 측량의 중요성을 배운다. 학생들은 작업의 목표, 활용하는 측정 방법 및 기구에 따라 설정한 요구 사항을 스스로 따르는 법을 배운다. 주의력, 참을성, 비판적인 자기 평가가 필요하다. 아이들은 모든 종류의 가능한 실수를 발견하고, 정확성을 갖춘다는 것에 대한 실천적 의미를 깨닫는다.

- 대부분의 측정은 그룹으로 이루어진다.
- 누가 무엇을 할 것인가에 대한 합의가 있어야 한다.
- 측정 과정에서 시간과 공간 모두가 중요하고, 개별 학생들은 전체 과정에 대해 인지하여 자신의 역할이 언제 필요한지 놓치지 말아야 한다.
- 지도를 그리는 일은 주의력과 정확성이 필요하다.
- 표상을 형성하고 추상적인 사고를 하는 능력이 강화된다.

- 측정과 작도 모두가 정확해야 함이 분명해짐에 따라 정확성의 개념이 확장된다.
- 실수, 그 원인, 이를 교정하는 방법을 토의하고 설명할 수 있다.

측량 기간은 계획과 주안점 모두에 따라 다양하고 학교의 위치와 여건에 달려 있다. 1~2주 동안 지속한다. 만약 일주일만 가능하다면, 여러 번의 예비 수업에서 준비한다. 현장에서 지도를 그리지 않는다면 해당 학년의 다른 수업에서 마칠 수 있다.

연결된 다양한 주제를 다룰 수 있다. 예를 들면, 국가 송전선망 측량, 지도 제작법과 투영도법, 지리학과 천문학이 있다.

임업: 10학년

주안점을 달리해서 9학년이나 11학년에서 이 시간을 가질 수도 있다. 질적으로 고려할 때, 임업 시간은 측량과 사회 사이에 자리한다. 측량은 측정을 통해 지형학을 이해하는 기술을 요구하는 반면, 사회 활동은 동료 인간 존재의 요구에 대한 헌신을 필요로 한다. 임업은 하나에서 다른 하나로 건너가도록 이끈다.

현장 생태학과 임업 기술은 삼림의 생태계를 연구하도록 도움으로써 이해에 보탬이 되고 필요한 삼림 측정을 수행할 수 있게끔 한다. 임업을 위한 아래의 교육과정 틀은 지역의 여건에 맞춰야 할 것이다.

생태계로서의 숲에 대한 이해를 확장하기 위해, 아이들은 삶의 방식, 동식물에게 필요한 것에까지 이르도록 지식을 늘려야 한다. 이에 더해서, 숲에서의 실제 작업은 숲이 필요한 것에 대해 밀접한 경험을 제공한다.

현장 작업

궁금한 나무를 다루는 임업 관계자와 함께 임업 작업 프로그램을 수행하고, 학생들이 직접 참여해볼 수도 있다. 아래는 권고 사항이다.

- 재식림(再植林)(예를 들면 태풍 피해 이후에)
- 새로 심기
- 목재 순환(the timber cycle)
- 연못, 개천, 건조한 초원, 또는 선택한 다른 소(小)비오톱(micro biotope•) 되살리기
- 임업 시설물 설치(식사 장소, 감시탑, 울타리 등)

환경에 대한 보충 학습

- 기상 측정
- 미기후(微氣候): 다양한 야외 장소에서 공기와 흙의 온도(매일), 습도 (습도계의 사용) 및 증발(증발계), 토양 습도, 풍향과 풍속, 강우에 대한 비교 측정(초원, 숲의 중앙 또는 가장자리)
- 대기후(大氣候)에 대한 관측을 동반
- 측량 기술의 현장 적용: 기후 측정 장소 및 식물학과 동물학 실험 공간 설치하기
- 식물학 조사
- 동물학 조사: 새소리, 새둥지 등, 작은 포유류, 사냥(추적, 분비물 등)
- 토양 연구: 파헤친 토양의 단면

생태학 주제는 그룹으로 토의하고 활동책에 기록한다.(생태계, 비오톱, 먹이사슬, 먹이 피라미드 등)

- biotope. 인공적으로 조성한 생태 서식 공간.

학생들이 작은 그룹으로 활동하도록 한다. 매일 하루의 작업에 대한 협의로 하루를 시작하고 일일보고서를 교환하며 그날을 마무리한다. 각 그룹은 수행한 작업과 관찰에 대해 정확히 기록한다. 이 모든 보고서는 최종 보고서에 통합한다. 임업 시간이 매해 같은 때에 이루어진다면, 매년의 변화에 대한 관찰을 목표로 삼아야 한다. 이전의 보고서는 새로운 학급에게 선입관으로 작용한다.

일터 체험: 10학년

이 시기는 개별 학생들이 일터를 선택하고 3주간의 직업 실습을 진행하기 좋은 나이다. 일터는 광범위하게 선택할 수 있다. 학생들의 방문을 잘 준비하고, 임시 고용주들이 이들에게 적합한 프로그램을 가지고 있는 것이 중요하다. 3주가 끝날 때 학생들은 자신의 경험을 서로 나눌 수 있는 2~3일의 시간을 가져야 한다. 작업, 다양한 직업, 일터에서의 인간관계 등에 대한 돌아보기는 다른 이들에게 비할 바 없이 귀중할 수 있다. 일일 작업 일지를 기록해야 한다. 학생들이 일하는 중에 책임 교사가 적어도 한 번은 방문한다면 매우 도움이 된다.

응급 처치: 9학년 또는 10학년

생물학 수업을 통해 얻은 인간 해부학과 생리학에 대한 지식을 생명을 구하거나 사고 상황에서 의료의 관점으로 적용한다. 효율적인 응급 처치 방법을 위한 이론적 토대는 마련되었다. 사고 예방 또한 이미 강조했다. 실습은 이론과 마찬가지로 중요하다. 소생술은 마네킹 인형으로 연습한다. 붕대법과 거상법(擧上法)은 서로에게 연습한다. 학생들은 동료 인간 존재를 위한 응급 처치의 시행이 갖는 의의를 이론과 실천을 통해 깨닫는다.

적십자, 성 요한 앰뷸런스(St John's Ambulance)* 또는 다른 기관의 훈련 지침에 따라 응급 처치의 이론 및 실습 지식

- 도움의 필요와 제공할 의무
- 응급 처치자의 과제
- 도움의 사슬 고리(chain of help)
- 위험 지역: 평가, 안전 확보, 처치 시행
- 환자가 의식이 없을 때, 호흡이 멈췄을 때, 박동이 없을 때, 과다 출혈일 때, 또는 쇼크 상태일 때 필요한 구명 조치
- 상처의 종류와 처치 방법. 붕대법
- 동물에게 물린 상처, 산화상(酸火傷), 화상, 동상, 저체온증, 타박상
- 관절 통증, 골절, 흉부의 상처, 복부의 상처
- 중독

산업 현장 실습: 10학년 또는 11학년

최신 기술과 그것이 지구와 인간 존재에 미치는 영향을 공부하고 이를 이용함으로써, 학생들은 자신이 살고 있고 책임을 공유하게 될 시대에 대해 알아차리는 법을 배운다. 산업 시간은 거대한 집단의 사람들이 한 개인이 결코 성취할 수 없을 규모로 수행하는 작업에 대한 통찰을 제공한다. 또 다른 한편으로 이들은 현대 사회가 기능하기 위해 반드시 필요한 거대 규모의 성과물에 개인들이 협업을 통해 기여하는 방법 또한 배운다. 아이들은 개인의 자아실현과 관련해서 발생하는 사회적 문제를 바라본다. 학생들은 이 모든 것과 이런 문제를 해결하기 위한 시도들을

---

* 응급 처치 및 응급 의료 서비스를 가르치고 제공하는 다국적 비영리 조직.

하나의 무대에서 경험한다. 산업 시간에 대한 이어지는 토의에서 학생들은 개인의 문화적, 영적인 노력이 어떻게 사적인 일에 영향을 미치는지 (자유), 법적 제한이 어떻게 모든 사람에게 적용되는지(평등), 경제 수단과 동료 인간 존재의 신체적 및 정신적 불안이 어떻게 연대의 토대를 갖추는지(박애)를 깨닫는다. 이는 학생들이 학교에서 보내는 시간 내내 반복해서 경험하는 인간 삶의 삼원적 원칙이다. 이를 사회에 대한 이해와 그것에 영향을 미치고자 하는 동기로 이끌어가야 한다.

규모가 큰 산업체의 경우 학생들에게 도움이 되지 않거나 이용 가능하지 않을 수 있다. 가능하다면 제조업의 다양한 작은 사업체에서 직업 실습을 진행할 수 있다. 서비스업(상점, 식당, 클럽)이 뒤따라야 한다. 많은 학생들은 파트타임으로 일하며 이미 이 분야를 알고 있다.

많은 학교들과 특히 스위스에서는 10~12학년 과정에 일터에서의 정규 훈련과 직업 실습을 포함하는 프로그램을 발전시켜왔다.(예를 들면 일주일에 이틀을) 이에 따라 학교 시간표를 단축하고 일하는 시간을 늘린다. 이런 식으로 일의 세계와 접촉함으로써 얻는 동기는 매우 귀중한 것으로 증명되었다. 다른 학교들, 특히 독일에서는 학교 안에서 견습 기간을 제공해왔는데, 보육, 영양, 목공, 금속 가공 또는 섬유 가공과 같은 실습 과목이 그렇다. 이런 프로그램은 학교 시간표에 통합되어 있다.

영국과 같은 나라에서는 대학 입학 시험을 위한 준비가 시간표의 절반 이상을 차지하고, 따라서 현장 작업 경험을 위한 여지가 제한적이다. 이런 경험의 필요가 점점 절실해지고 있다.

산업 실습 시간 동안 학생들은 이들을 맡은 근무자와 학교 과목교사의 특별 지도를 받는다. 시간에 있어서, 학생들은 자신이 일시적으로 속하는 시설의 일과에 참여한다. 이들은 아래의 경험을 얻을 수 있다.

- 산업 생산
- 노동자들의 사회 상황

- 일방적인 노동에서 발생하는 피로(혹은 먼지, 소음, 기온 등)
- 보다 넓은 영향에 대한 통찰
- 경영의 문제
- 자신의 길을 찾기 위한 도움

사회 현장: 11학년 또는 12학년

타인에 대한 감수성, 책임감, 마음을 담은 행동은 사회적 환경에서 훈련할 수 있고, 익숙하지 않은 상황 또한 다루어봐야 한다.

일을 하기 위한 자세는 능력 또는 노력, 자신만의 관심사를 참기, 완전히 새로운 사회 상황을 마주하기, 타인에게 필요한 것을 알아차리고 이들을 도우면서 헌신하기를 요구한다.

사회적 환경에서의 실습 작업은 학생들이 새로운 종류의 인식을 얻도록 돕는다. 이들은 인간의 사회적 삶을 형성하는 데 참여하고, 삶과 타인의 발전을 위해 각 개인의 중요성을 경험한다.

학생들의 작업 시간표와 과제는 아이들을 지켜볼 시설 직원에게 달려 있다.

교사 또는 학교와 관련이 있는 다른 어른이 준비와 관리를 수행한다. 사회 시간 동안 학생들은 학교에서 보내는 주말에 모여 자신의 경험을 그룹으로 토의하고 일하고 있는 기관에서 떠날 때를 위해 준비한다.

- 사회에서 뒤처진 집단을 위해 일하는 경험
- 도움이 필요하거나 사회적으로 결핍된 사람들의 생애에 대해 알아가기
- 사회 기관의 일과 경험하기
- 도움이 필요하거나 장애가 있는 사람들과 함께 일하기
- 다른 사람에 대해 책임지기

- 당황하지 않기. 적절한 행동 취하기
- 돌봄 및 교육 인력의 전문적인 문제에 대해 알아가기
- 사회적 책임과 통합의 다양한 유형 경험하기

아래의 활동이 가능하다.
- 기관의 일상을 함께하거나 역할을 수행하기
- 씻기, 붕대 감기, 식사 돕기, 옷 갈아입기, 산책 가기, 놀이와 같이 간단한 돌봄 업무를 맡기
- 기관의 역사에 대해 알아보기
- 기관의 구조 및 다른 시설과의 관계 알아보기

병원, 요양원, 양로원 및 학교, 작업장, 가정, 유치원, 보육원 등 도움이 필요한 사람들을 위한 시설이 선택 가능하다.

극장 현장: 12학년

전문가 또는 연극 교사의 지도 아래, 12학년은 공개 공연을 목표로 완전한 한편의 연극(오페라, 뮤지컬, 카바레)을 작업한다. 여러 학교가 9, 10, 11학년에서 연극을 공연하고, 외국어 연극을 시도할 때도 있다. 가장 마지막 시기를 보내는 12학년에서 그 차이는 학생들이 전문적인 지도와 함께 스스로 연출해야 한다는 것이다.

한 관점에서는 학생들이 전체 프로젝트를 최대한 스스로 구성해 극 속의 역할뿐 아니라 다양한 모든 측면을 그룹으로 준비하는 것까지 책임져야 한다. 이때의 목표는 늦어도 첫날에는 감독자 없이 독립적인 연극단을 구성해 투어를 떠나는 수준에 도달하는 것이다. 과목 교사가 때때로 돕는 다른 팀의 경우, 프로젝트의 모든 측면을 준비한다.(조명, 무대

장치, 장식물, 소도구, 의상, 가면, 음악, 음향, 광고, 그래픽, 포스터, 사진, 프로그램 디자인, 연출, 일정 조정, 예비 대상, 매표소, 프롬프팅, 장면 전환 등) 이런 프로젝트의 완전한 교육적 효과는 공연 전후와 중간에, 무대 위와 뒤에서 복잡한 여러 과제를 모두 수행함으로써 성취할 수 있다. 성공적인 공연뿐 아니라 준비 과정과 수반하는 작업까지 모두 포함하는 완전한 예술 활동을 이루어내는 것이 목표다. 재능 있는 아이들을 내세우는 것이 아니라 모든 참가자가 자신의 강점과 약점을 모두 드러내어 '사회적 예술 활동' 창조에 참여하는 것이 목적이기에, 학생들의 지각과 의지의 힘이 사회적 시험의 장에 오른다. 대개 12학년 연극은 교사 또는 과목을 맡은 감독과 함께 진행한다. 그렇다 하더라도 학생들은 모든 수준에서 가능한 한 창조적으로 참여해야 한다. 학생들이 단순히 연기자에 그치고 감독의 예술적 의지와 상(象)에 따르는 도구가 된다면 그다지 교육적이라고 말할 수 없다. 우리는 이 점을 강조하고자 하는데, 시간 부족으로 인해 감독은 극을 완성시키기 위해 몰아붙이고 학생들은 끝난 후에 탈진해버릴 위험이 종종 일어나기 때문이다.

이 12학년 연극은 언어 수업의 절정이자 정상이라 여길 수 있다. 학생들은 대본에 대해 연극적으로 이해할 뿐만 아니라, 몸짓, 얼굴 표현, 발화를 통해 해석해야 한다.

이전 학년의 영어 수업에서 수행한 여러 훈련이 이를 도울 수 있다.

- 말하기 훈련은 분절음 발음의 명확성과 힘을 키운다.
- 매일의 낭송(그리고 오이리트미 수업에서 수행하는 말소리에 맞는 몸짓 짓기 또한)은 마음 제스처처럼 말소리에 대한 학생들의 감성을 훈련시킨다.
- 게임 활동은 공간 지각과 유연성에 대한 감각과 움직임의 힘을 기른다.

리허설을 진행하는 동안 아이들은 계속해서 말하기의 성질을 경험해나간다.

- 문장이 긴장과 완화를 지속하는 방식
- 감탄문, 수사적인 질문 등, 극적인 요소에 따라
- 극적인 멈춤, 그리고 나머지 요소들

학생들은 이런 말하기 성질을 공연 전체 콘셉트에 알맞도록 개인화한 움직임, 제스처, 얼굴 표현으로 바꾼다. 과장된 연기와 미숙한 클리셰를 피해야 한다. 학생들이 스스로 해석하고, 자신의 전부를 극의 창조에 쏟아부으며, 또한 이 과정을 즐기는 것이 목표다. 이는 동급생들이 바라볼 때(한 사람으로서와 연기하는 인물로서) 연극을 연출한 방식(예술 작품 전체로서)과 개별 역할(역할 자체와 전체 연극에 녹아드는 방식을 통해서)이 결합된 방식으로 일어나야 한다.

예술 여행: 12학년

식물학뿐 아니라 예술 또한 다음과 같이 말할 수 있다. '아는 만큼 보인다.' 예술은 아주 넓은 분야고 끊임없이 변하기에, 다른 어떤 것보다 판단력을 형성할 필요가 있다. 이는 좁은 범위의 동감과 반감을 기르는 문제만이 아니다. 사실 지각과 발견의 과정이 실제로 시작하기 전에 앞서, 이 두 양극성의 순간적이고 예비적인 본성을 극복해야 한다.

학생들이 이제까지 상급 학교에서 배워온 내용이 이들의 미적 감각을 판단력에 적용하는 능력으로 이끈다. 이는 이제 '그 자리에서' 경험하고 훈련한다. 여행 중에 마주치는 박물관과 갤러리의 많은 전시품은 분명히 원래의 환경을 벗어나 있지만, 보는 것과 런던 국립 갤러리(London's National Gallery) 또는 암스테르담 국립미술관(Rijksmuseum in Amsterdam)에서 렘브란트를 스케치하는 것에는 차이가 있다. 예술의 흐름이 어떻게 현재까지 이어졌고, 기원이 자리한 국가나 도시로부터 어떻게 다시 새로워지거나 달라졌는지 그 진행을 따라가는 것이 중요하다.

박물관이나 공연장에 방문하는 것보다 건축학 연구와 활동하는 예술가의 작업실에 찾아가는 것이 중요하다. 학생들이 스스로 물을 수 있는 질문은 다음과 같다.

- 비례, 역사적 시기, 국가, 민족 혹은 지리적 연결점에 대해 나는 무엇을 발견할 수 있는가?
- 특정 현대 예술가의 작업은 어떤 사회적, 전기(傳記)적, 국가적 배경에 자리하는가?

이런 점에서 예술 여행은 학급의 공동체성을 강화할 뿐만 아니라(모든 학급 여행이 그렇듯이), 한 국가, 특정 역사적 시기 또는 한 예술가 개인 또는 예술가 집단으로부터 어떻게 예술이 출현하는지 이해하는 방식을 탐색함으로써 사회 전반과 관련하는 사회적 기능을 수행한다. 다시 한 번, 그리고 아마도 마지막으로 아이들은 학생이 된 기분을 느끼고, 집단 속에서 보호받고 도움을 얻는 기분을 느낄 수 있다. 그러나 동시에 이들은 이제 자유로우며, 자신만의 입장을 세우고 의견을 정립하는 과제를 마주한 개인적 주체다.

12학년 프로젝트(1년 전체)

아래 내용은 12학년 학생들이 1년간 진행하는 프로젝트에 해당한다.

학생들은 단일 주제 또는 여러 가지와 연결되는 주제를 선택할 수 있다. 이제까지 배운 것 또는 새로운 내용을 모두 모아 공개적으로 발표할 수 있는 보고서를 제출한다. 이는 아이들이 학교에서 수행하는 마지막 과제인데, 쓴 것, 말한 것, 예술적이거나 실천적인 부분 모두로 구성할 수 있고, 지적, 예술적, 실천적 작업을 통합해야 한다.

상급 학교 회의와 협력하는 지도 교사와의 상담을 통해 주제를 결정한다. 학생들은 스스로 연구, 관찰, 인터뷰, 실험, 대화 등을 수행한다. 이는 다른 종류의 정보에 대한 이해와 연구를 구축할 수 있는 토대를 형성한다. 학생들은 다양한 초점을 요약하고, 인과 관계를 인식하며, 작업 속에서 드러난 질문에 대한 잠정적인 답을 제시해야 한다. 프로젝트에서 글에 해당하는 부분의 형식은 과학 논문을 따라야 한다.(인용, 자료 등) 탐구 방법은 학생들 스스로의 경험 및 해당 주제를 탐구하면서 드러난 자료와 사실에 대한 자신만의 평가를 정리하는 것이다. 전반적인 교육 목표는 학생들이 일정 기간 동안 어느 정도의 규모가 있는 프로젝트를 계획, 구성, 유지하는 법을 배움으로써 스스로 일을 해내는 능력을 경험하는 데 있다.

학교에서 보내는 마지막 학년에서 자신의 개인적 관심과 능력을 경험함으로써, 아이들의 자신감과 스스로에 대한 앎이 성숙하기 시작한다. 이들의 개인성은 보다 뚜렷해지고, 인생에 있어 자신이 걸어갈 길을 내다볼 수 있다. 자신의 프로젝트를 공개적으로 발표할 때, 아이들은 교사 및 관객의 반응과 질문을 통해 자신이 주제를 다룬 방식에 대한 객관적인 시각을 얻는다.

프로젝트는 학생들 스스로와 과목 지도 교사, 그리고 다른 교사 또는 학교 외부의 적절한 인물로 구성한 패널이 평가해야 한다. 이 서면 평가 및 문서화한 프로젝트 자체는 학교의 승인을 받아야 하고, 학생 생활기록부, 졸업 보고서 또는 성취 기록의 일부로 포함된다.

제25장

사회적 기술
─ 교육과정을 통한 사회적 능력 육성

　사회적 기술과 사회적 능력은 어떤 학교의 시간표에도 나타나지 않는 과목이다. 그러나 그 육성은 슈타이너-발도르프 교육의 핵심 목표다. 타인에 대한 감수성에 기반하는 사회적 이해력을 발달시키는 것은, 본질적으로는 의지에 영향을 미치는 교육이다. 이를 위해서 아이들은 자신을 둘러싼 관계에서 사회적 능력이 뚜렷하게 드러나는 환경을 경험해야 한다. 또한 사회적 능력은 학교 공동체 안의 어른 하나하나가 도덕적 성장에 내적으로 헌신하는 정도에 달려 있기도 하다.

　사회적 인식은 학교 조직에서 암묵적으로, 그리고 명시적으로 드러나야 한다. 이는 근무 환경이 완벽하게 조화로워야 한다는 비현실적인 의미가 아니다. 그러나 사회적 인식이 드러나는 상태를 만들도록 모두가 노력해야 한다는 뜻과, 갈등 및 오해가 발생했을 때 이를 개방적, 건설적으로 다루어야 한다는 것은 확실하다.

　슈타이너-발도르프 학교의 주요 조직 구조는 합의체에 따른 자립적 운영을 핵심으로 하고 삼원적 사회 질서의 기능 원칙을 의식적으로 다루면서, 아이들이 사회 기술의 적용을 풍부하게 관찰할 수 있는 환경을 제공해야 한다. 그러나 교육과정 또한 여러 분야를 가로지르고, 나이에

적합한 방식으로 사회적 인식을 기르는 여러 기회를 제공한다.[1]

사회적 능력은 결코 단순한 지식의 문제가 아니다.[2]

능력은 건전한 판단에 기반하고, 이는 실재에 대한 경험에 기초한 살아 있는 사고를 요구한다. 사회적 과정의 역동을 이해하는 것은 유연한 사고를 요구하고, 이는 그 자체로 성장 가능한 형상적 개념, 적응, 끊임없는 새로운 경험 및 반성을 통한 성장에 기반한다. 사회적 상호 작용 또한 타인의 말을 듣고 이해하는 능력 및 자신의 관점을 표현하는 능력이 필요하다. 사회적, 정치적, 경제적 삶의 대부분은 상호 이해와 합의에 의지하고, 대개의 경우 많은 수의 다양한 상대를 마주한다. 관련된 생각 또한 대체로 매우 복잡하다. 생생한 사고의 발달은 실제 사회적 능력을 창조하는 핵심이다.

정보통신을 통한 소통이 기하급수적으로 팽창하는 시대에, 명확하게 소통하지 못하거나 타인에게 공감하지 못하는 경우가 늘고 있다. 아이들은 전자 커뮤니케이션 매체를 접하기 전에 실제 소통 기술을 발달시켜야 한다.

또 다른 핵심 사회적 능력은 주체성과 일을 해내는 역량이다. 아이들의 뻗어나가는 본능적 힘은 놀이를 통해 집중시켜야 하고, 창조적인 놀이에서 일을 해내는 역량으로 전환해야 한다. 이를 통해 개인은 세계가 요구하는 바를 인식하고 그에 대해 반응할 수 있다.

사회적 기술의 주제는 교육과정과 교수 방법을 가로지른다. 다음으로, 지침은 사회적 기술의 육성에 초점을 맞춘다. 교사는 여러 가지 다양한 참고 자료를 찾을 수 있다. 교육과정에 이 주제를 포함한 의도는 그 핵심적인 위치를 강조하고, 이 문제에 대한 생각을 자극하기 위함이다.

1~3학년

색칠하기와 그리기에서 아이들은 모양이 색으로부터 솟아나고, 색 간에는 섬세한 경계가 있음을 알아차리는 방법을 배운다. 아이들은 각각의 색이 가진 특징을 탐구하고, 색 간의 다양한 만남을 경험, 묘사하고 돌아본다. 이 과정은 사회적 과정 속의 관계들이 명확하게 규정되거나 임의적이지 않음을 이해하기 위한 핵심적인 토대다. 중첩 속에서 새로운 것이 솟아나는 자리가 가장 중요한 발견의 장이다. 움직임과 형태 그리기 경험을 통해 아이들은 다양한 관점을 경험하고, 때로 세계를 '안에서부터' 마주하고, 때로 '바깥에서' 안으로 들여다본다. 교차점을 만나고 통행권을 협상하는 것 또한 중요한 사회 경험이다.

읽기와 쓰기를 배우면서 아이들은 상징, 소리, 의미 간의 내적인 관계가 임의적이지 않고 형태와 내용은 함께 이루어져 있음을 경험하는데, 이는 또 다른 중요한 사회적 기술이다.

수(數) 다루기는 전체에서 부분으로 진행하고, 이 강조점으로 인해 특히 사회적이다. 나눗셈을 공유하기로 경험할 때, 아이들은 모두 합한 가치를 공평하게 나누는 원칙을 세울 수 있다. 이는 아이들이 차후에 임금을 일의 보상이 아니라 함께 벌어들인 것을 합의에 따라 나누는 것으로 받아들이게 한다.

한편으로는 상품의 생산과 판매에 참여한 모든 이가 최종 판매 가격을 통해 살아갈 수 있어야 한다는 점을 이해해야 한다. 즉, 각각의 '이윤 차액'은 최종 가격의 일부를 드러낸다. 국가가 GDP에서 차지하는 몫, 문화 영역이, 또는 사회보장체계가 차지하는 몫과 같은 어려운 질문조차 결국은 공정한 몫에 관한 합의의 문제다.[3]

수 이야기는 산수의 또 다른 도덕 및 사회적 측면을 구성한다.(수학 수업 장을 보라.)[4]

노래 및 함께하는 플루트 연주는 듣는 기술과 다른 사람에게 반응하기를 훈련시키는 훌륭한 수단이다. 이는 아이들이 비(非)의미론적 지각(목소리의 어조, 제스처, 보디랭귀지)을 토대로 삼고, 또한 언어 그 자체를 통해서 다른 사람의 말을 이해하는 법을 배우는 외국어 수업에서도 마찬가지로 해당한다. 이를 위해서는 말하는 이와 듣는 이 간의 특정한 공감 및 리듬이 있는 주고받기가 필요하다.

수작업(手作業)을 통해 배우는 손재주는 이후에 복잡한 관념을 개념적으로 이해하기 위한 기초를 형성한다. 또한 수작업은 사람들 간(양모를 나누는 농부와 모직물을 구매하는 사람)의, 그리고 인간 존재와 자연의 왕국 간의 상호 의존성에 대한 감각을 강화한다. 이런 원초적인 경험은 생태적 사고만이 아니라 경제 원리에 대한 건전한 이해의 토대를 이룬다.

4~7학년

수공예와 자연 관찰 장에서 설명했듯 농사, 작업 기술, 집 짓기 수업은 중요한 사회적 차원을 내포하는데, 상호성이라 말할 수 있는 경제의 기본 원칙, 욕구 충족, 쓸모 있는 상품으로 바뀌는 원료 변환이 특히 이와 관련한다. 이 나이의 아이들에게 강조할 중요 요소는 다음과 같다.

- 모든 경제 활동은 상호 의존적이라는 경험. 농부는 트랙터 공장에 의지한다. 공장은 철강 및 다른 원료의 생산에 의지한다. 원료는 대개 여러 나라로부터 온다. 모든 노동자와 그 가족은 의식주가 필요하다. 상품은 운송이 필요하다. 이 모든 과정은 은행업, 보험, 변호사, 광고, 건강 및 안전 규제가 필요하다. 이 모든 활동 이전에 연구개발이 필요하고, 이는 인간의 사고를 뜻한다.

- 모든 경제 활동이 자연으로부터 온 원료와 에너지의 변환에 기초하고, 이는 자연 세계에 영향을 끼친다는 경험
- 경제적 과정은 다양한 종류의 금융 관계에 반영된다는 경험

아이들은 이런 기본 원칙을 단순한 이론이 아니라 실제로 체험할 수 있는 상황에서 경험해야 한다. 이 나이에서는 착취, 부정의(不正義), 부패, 무능력 같은 부정적 예시보다는 긍정적 사례에 주안점을 둔다.

경험은 어디에서든지 직접적이고 현대적이어야 한다. 양치기, 나무꾼, 어부 같은 원형적 직업을 소개하는 동안, 아이들은 이들의 현대적인 모습 또한 봐야 한다. 지역성에 대한 탐구는 한 도시나 지역이 갖는 다른 지역 및 세계의 다른 부분과의 연결을 포함해야 한다. 이는 지역 공항에 방문하여 화물과 승객이 어디로부터 오는지를 보거나, 슈퍼마켓 복도에 전시된 상품을 보고 그것들이 어느 나라에서 왔는지 살펴보는 것을 가리킬 수 있다.

산수는 실생활에 적용하는데, 추상적이거나 가정을 통해 만들어낸 상황보다는 도덕성과 사회적 인식을 강화할 수 있는 사례를 선택한다. 영어에서는 소통 기술을 훈련할 뿐만 아니라 문법을 배움으로써 관계를 보다 의식하게 된다. 누가 누구에게 어떻게, 어디서, 왜 무엇을 했는가? 직접 및 간접 화법과 사회적 책임이 갖는 관계 또한 상당하다. 다른 사람의 말과 의견을 정확하게 전달하는 것은 정말로 하나의 기술이다. 슈타이너는 감상적이고 제멋대로인 사고에 대한 해결책으로서 사무용 편지 쓰기를 강하게 주장했다.

만약 열네 살에서 열여섯 살 사이의 아이들에게 감상적인 이상주의를 채워넣는다면, 이들은 이후에 이상주의에 대한 반감이 커지고 물질주의적인 사람이 될 것입니다…아이들이 질서 있게 모이기를 바란다면, 당신의 종

교적 열정으로 인해 이들에게 세계 속의 신적인 힘이 보이는 영광에 대해 말하고자 한다면, …당신이 말하는 바는 한 귀로 들어가서 다른 귀로 흘러나가고 결코 아이들의 감성에 닿지 않을 것입니다. 그러나 만약 아침에 아이들과 상업적 편지를 쓴다면, 이 아이들은 오후에 무의식 속에서 아침에 쓴 사무용 편지를 간직하고 있을 것입니다. 그리고 그때 종교적 개념을 가르치고자 한다면, 이미 정반대의 것을 요청하는 분위기를 아이들에게 일으켜놓았기 때문에 손쉽게 가르칠 수 있을 것입니다.[5]

사무용 편지의 개념은 공식 서한, 문의, 명령서, 예약 요청서, 항의 서한 등 다양한 종류를 포함한다. 이는 객관성, 명확성, 정확한 용어 사용, 권리 및 의무에 대한 인식을 결합한다. 6학년 산수에서는 복리와 대수 공식을 소개하고, 이는 이후에 경제 관계를 이해하기 위한 기초를 위와 유사하게 형성한다.

5학년에서 시작하는 역사 수업에서 아이들은 비옥한 초승달 지대에 자리한 차탈휘익, 메소포타미아의 우르 왕조, 나일강의 이집트 등과 같이 초기 사회의 형태 및 이들이 위치한 특정 환경과의 밀접한 관계를 배운다. 고대 그리스의 역사는 폴리스에, 즉 도시 국가와 그들의 식민지 및 배후지에 이른다. 로마 역사는 시민권, 민사 재판, 그리고 '인민의 목소리'에 대한 개념을 소개한다. 신정(神政)에서 공화정으로의 전환과, 다시 그로부터 제정(帝政)으로의 전환은 사회적, 정치적 과정의 중요한 역사적 모형을 제공한다.

중세에 대한 6학년 학급의 토의는 세 영역에 초점을 맞춘다. 교회 및 특히 수도회, 궁정과 기사도, 도시의 길드가 그 영역이고, 이들은 모두 사회 관계의 모형을 제공할 수 있다. 서구 기독교와 이슬람의 만남은 긍정적, 부정적 측면 모두에서 서로 다른 문화 간의 관계를 탐구할 자료다. 7학년과 대항해 시대는 문화 충돌을 탐구할 여러 기회를 제공하는 한편 현대 경제 체계의 씨앗을 이해하게끔 한다. 슈타이너는 종교 개혁에 뒤따른 유럽 경제의 변화가 현대의 역사 발전에서 가장 중요한 요소라고 강조했고,**6** 교회에서 세속으로 이전한 토지 소유권을 이에 포함시켰다.

인쇄술의 발달, 은행업의 발전과 초기 자본주의, 공공극장의 대두, 전쟁에 이용된 새로운 기술 등의 주제는 사회학적으로 중요한 의미를 담는다.

8, 9학년은 혁명의 시대로 나아가고, 민족 정체성의 대두, 개인의 권리와 자유에 대한 요구 증대, 산업화와 도시화의 비인간적 영향이 중심 주제를 이룬다. 대중 교육과 미디어 또한 중요한 주제인데, 식민주의 및 식민지 독립 후의 세계에서 드러나는 경제적 관계 또한 마찬가지다. 현대사의 사회적, 권리와 경제적 측면은 역사 교육과정의 중요한 부분을 이룬다.

지리학은 교육과정에서 핵심적인 위치를 갖는다. 지리학 교육과정을 관통하는 중심 초점은 인문지리학이다. 6학년까지는 지리학을 그 본질에 있어 동심원적으로 설명할 수 있고, 고향의 지역성으로부터 점차 그 지평을 확장하며 연결한다. 지형학, 지질학, 기후, 식생 등을 포함하는 물리적 지리학은 성장하는 아이에게 깊은 영향을 미친다. 이 시기의 지리학은 지구의 혼-영적인 힘에 대한 경험이고, 이를 통해 아이들이 지구 위에 굳게 서도록 돕는다.

열세 살 이후로 지리학은 전 세계를 다룬다.

*이는 뛰쳐나가고 뻗어나가는 과목으로, 지구상 여러 지역 간의 박애를 강화한다.***7**

슈타이너는 지리학을 교육과정에 포함하여 가르치는 것의 사회적 의의를 다음과 같이 강조했다.

이와 같이 가르칠 때 우리는 아이를 공간상에 놓고, 그 아이는 세계에, 세계의 전체에 관심을 갖게 됩니다. 그리고 우리는 그 결과를 여러 방향에서 보게 될 것입니다. 이런 방식으로 지리학을 공부하는 아이는 공간상의 가까움이 무엇을 뜻하는지에 대해 전혀 생각이 없는 아이에 비해 동료 인간과 보다 더 사랑이 담긴 관계를 가질 것입니다.

이런 것들은 아이들의 도덕 훈련에 작지 않은 역할을 차지하고, 지리학에 대한 관심의 부족은 부분적으로 인간 사이에 널리 퍼져야 할 동포애가 끔찍하게 감소한 결과입니다.[8]

정원 가꾸기는 6학년에서 소개하고 10학년까지 발전시키는데, 이는 노력, 작업, 생산 간의 관계를 깨우치게 할 뿐만 아니라 생태학적으로 짓는 농사의 소중함을 경험하게 한다. 자연 탐구와 과학 역시 생태적 인식을 길러주지만, 인간 생물학은, 특히 영양과 건강 같은 주제는 광고와 소비자 운동의 영향 간에 필요한 균형의 중요성을 알려준다.

사회 탐구: 8~12학년

위에서 제시한 대부분의 권장 사항에서 주안점은 사회적 인식을 보다 간접적으로, 과목 그 자체를 통해서 발달시키는 것이었다. 7, 8학년 이후부터는 사회 문제를 직접 토의할 수 있다. 슈타이너는 교사들과의 만남에서 사회과학 수업에 관해 다음과 같은 권고를 제안했다. '7, 8학년에서는 *사회 재건을 위해서*에서 다룬 내용을 제시할 수 있습니다.'[9] 슈타이너가 문자 그대로 그 책을 읽으라고 제안했다기보다는, 삼원적 사회 질서의 현상을 토의할 수 있다는 뜻이다.

슈타이너에게 있어서는 현대의 삶을 많은 부분에서 특징 짓는 전문화 경향에 맞서, 열네 살 이후부터 모든 수업을 현실의 삶과 연결하고 분야간을 연결하는 것이 핵심적이었다.

또한 슈타이너는 살아가는 기술 및 현실의 삶과 연결된 기술에 대한 학습을 가르쳐야 한다고 권고했는데, 속기, 타이핑(현대적으로 바꾼다면 컴퓨터 사용일 것이다.), 복식 부기법, 금융 관리 등과 같은 주제가 이에 해당한다. 그는 더 나아가서, 경제적 삶에 몸 담은 사람들에게 요청해서 이런 수업 프로그램을 만들어야 한다고 주장했다.[10]

사춘기에 이르면 학교는 현대 세계 속 현실의 삶과 전보다 훨씬 더 연결해야 한다. 아이들이 전 세계의 미디어에 접근할 수 있다는 점을 고려할 때, 이는 1919년보다 오늘날에 더 필요할 것이다.

상급 학교에서는 모든 사회적 기술과 인식을 공간을 통해 기를 수 없다. 아래의 간단한 참고 자료 목록은 폭넓은 탐구를 자극하기 위해 사용할 수 있을 것이다. 아래의 아이디어는 모티프로서 교육과정에 녹아들어 여러 과목을 연결하고 통합해야 한다.

8학년

- 산업화 이전의 문화와 산업화의 영향을 비교하는 것에 주안점을 두며 다른 사회들에 대해 탐구한다.

8, 9학년

- 현대의 문제로부터 바라본 현대사

9학년

- 물리학, 자동차와 디젤 엔진, 그 사회적, 문화적 충격
- 생태학 집중수업
- 직업 실습, 임업 또는 농사 현장 실습

삶의 기술: 9~12학년

이 주제는 작은 집단에서 다룰 때 도움이 되기 때문에 예술 및 수공예 시간에 가르칠 수 있다. 집중수업 과정에 통합하는 것 또한 가능하다. 아래의 주제는 그룹으로 다룬다.

- 권리와 책임: 사법 체계, 경찰, 검찰, 변호사, 판사의 역할
- 약물 남용: 약물 사용에 제재를 가하는 법률, 술과 담배를 포함하는 약물의 종류 및 그 영향, 중독의 측면
- 금융 기술: 은행 계좌, 수표, 신용카드, 환전, 예산 짜기, 채권과 주식 다루는 법
- 건강과 영양: 건강한 삶과 생활 방식에 대한 기본적인 사실, 좋은 영양의 원칙, 저렴한 가격으로 수준 높은 식사를 계획하는 실천적 경험, 직접 요리하기와 조리된 식품 구입하기
- 개인 및 사회적 기술: 개인적 관계, 책임과 성애(性愛), 동성애와 이성애 및 젠더 문제, 결혼 및 장기적인 관계, 육아 기술, 에이즈, 갈등을 피하는 방법과 해결하는 방법, 집단 기술
- 시민권: 정치 체계와 그 구조, 투표, 정당(政黨), 정부의 역할, 개인의 책임에 대한 문제
- 일의 세계: 산업 사회 이후에 변화하는 일의 패턴, 구직, 취업에 있어 권리와 의무, 경력, 학생들은 다양한 일터를 경험하고 자신의 직업을 설명할 수 있는 다양한 사람들을 만날 기회를 가져야 한다. 예를 들면 간호사, 엔지니어, 건축가, 디자이너, 기자, 요식업자, 경찰

언어 수업: 8~12학년

외국어 수업은 그 언어를 사용하는 곳의 지형, 기후, 경제, 역사, 전통, 정치 체계, 사법 체계, 해당 국가에서 최근 일어난 문제 등에 대한 자세한 탐구를 포함해야 한다. 언어 학습의 주안점은 다른 문화와의 다리를 놓는 데 있다.

사회적 책임: 8~12학년

학생들은 점차 다음과 같은 학교 공동체 안에서 사회적 책임을 맡아야 한다. 운동장 관리, 어린 학생들의 놀이 보조, 건널목 통행 관리, 학교 행사의 보조, 각종 모임(상급 학교를 위한 기금 마련 활동 이상으로), 생태학 프로젝트를 통해 지역 사회 돕기, 나이 들고, 장애가 있는 등의 사람들 돕기, 난민 지원 운동, 세계 차원의 프로젝트 전개하기 등.

10학년
- 역사: 초기 문명의 기원에 있어 지리학과 문화의 밀접한 연관성, 부족 연합 구조와 국가 형태의 발생

9~12학년
- 인류학: 인간 존재의 본성에 대한 토론, 직립의 의미와 동물 세계와의 관계. 인간 진화 및 언어, 예술, 기술, 사회 형태, 종교, 환경과의 관계에 대한 질문. 지각 및 인식의 본성과 우리가 세계를 인식하는 방법. 슈타이너는 사회 유기체의 작용을 이해하기 위해 신체 기관과 마음의 관계를 탐구해야 한다고 주장했다.[11] 또한 이는 최근의 진화 심리학 또는 진화 사회학이 제기하는 문제를 다룰 수 있는 가장 좋은 방법이다.

- 모든 종류의 양극성 간의 관계와 괴테식 접근을 통한 조화는, 모든 예술을 통해 탐구할 수 있는 과정이고, 과학 및 인문학에서도 해당한다. 마찬가지로 사고, 감성, 의지의 고유한 성질 및 이들과 유기체의 신경-감각, 대사계-사지, 리듬-순환의 연관관계에 대한 삼원적 접근법은 사회 과정의 삼원성을 이해하기 위해 핵심적이다.

일과 기술: 9~12학년

- 수공예 및 기술의 모든 측면은 한편으로는 그 지리적 기원 및 자연 자원과, 다른 편으로는 경제적 측면과 연결되어야 한다. 슈타이너는 경제 문제에 대한 순수한 관심과 이해를 일깨우는 데 매우 관심이 많았다.
- 일터에서 의미 있는 작업을 해보는 실제 일의 경험의 중요성이 이와 연결되어 있다.

학급 여행

그룹 예술 활동, 공연, 학급 여행, 소풍은 모두 풍부한 사회 경험을 제공하고, 이후에 사회적 측면에 대해 돌아볼 때 특히 더 그렇다.

11학년 또는 12학년

- 경제학 집중수업. 문화의 영역과 권리―정의―정치―사회 영역 및 경제 영역 간의 차이에 대해 구체적 사례를 통한 특징화. 기본 경제 원리, 인간의 욕구를 충족하기 위한 재화 및 서비스 생산과 분배에 대한 소개. 가격, 소득, 가치의 개념. 일에 대한 사상. 돈의 기원과 기능. 가치가 어떻게 상승하는지, 어떤 종류의 다양한 돈이 있는지. 경제 안의 사회적 관계. 실제 경제적 과정의 사례, 예를 들면 차 한 잔의 실제 가격,

생산자에서부터 슈퍼마켓까지 차 한 상자를 따라 추적하기.

이 주제 중 일부는 담임교사가 담당하는 기간에 다루었지만, 상급 학교에서 짧은 집중 기간 동안 직접 초점을 맞추면서 심화하는 것이 중요하다. 수업은 정확한 정보에 더해, 주제에 대해 조사하고 실제 경험을 탐색한 아이들과의 토론으로 구성해야 한다. 전문가를 초청하는 것은 항상 도움이 되지만, 대개 교사의 보조가 필요하다.

발도르프 학교 출신 학생으로부터 종종 듣는 비판 한 가지는, 자신이 받은 교육이 매우 인상적이기는 하나 실제 삶과 너무 동떨어져 있다는 것이다. 모든 교육은 실제 삶과 연결하고, 그에 대한 준비여야 한다는 슈타이너의 원칙을 상기한다면, 그는 이 비판을 아주 심각하게 받아들였을 것이다. 한때는 의미가 스며든 교육으로 충분히 가능했으나, 이제는 보다 명백한 접근이 필요하고, 이를 통해 학생들은 주제와 실제의 연결을 경험할 수 있다. 교사는 그 내용에 정통해야 할 뿐만 아니라, 논의를 고차적이고 도덕적인 원칙으로 이끌어감과 동시에 학생들이 자신의 판단을 형성하도록 해야 하므로, 이는 큰 도전이다. 아이들에게 훈계는 먹히지 않는다.

사회과학이 전체 교육과정에 통합적으로 스며들어야 한다는 점이 이상을 통해 명백하게 드러난다. 인간 존재와 인간 사회는 교육의 심장에 자리한다. 그러나 이는 단순한 수업 내용의 문제 이상이다.

학교의 자율적 운영 구조와 합의체에 따르는 관행이 분위기를 형성하는 데 영향을 미친다는 것을 확인했다. 교사들이 서로를 돕는 모습을 학생들이 볼 때, 서로의 힘을 보완하고, 문제를 해결하고, 연구하기 위해 노력하며 자신의 이해를 심화하고, 그리고 무엇보다도 자신의 일을 즐기는 모습을 볼 때, 이보다 더 훌륭한 사회 교육은 없다. 교사들이 스스로 목표와 과제를 설정하고, 자신의 일을 돌아보고 평가하며, 변화를 논의

한다는 것을 학생들이 느낄 때, 아이들은 좋은 일처리에 대한 현실적인 실례를 경험한다.

아이 한 명 한 명을 존중하는 교사의 태도, 진실을 향한 용기, 권위와 포용, 이 모두는 교실에서 아이의 사회적 태도가 성장하는 데 깊은 영향을 미친다. 학생의 자기주도적 활동을 장려할 때, 학생들에게 일을 하는 방법을 보여줄 때, 도전 과제를 헤쳐나갈 때, 그리고 무엇보다 실수로부터 긍정적인 방향으로 배울 때 자기주도적 활동이 촉진된다. 학생들이 나이가 듦에 따라 자기주도적 활동에 참여하는 과정은 점점 더 의식적으로 변해야 한다. 학교에서의 시간이 끝날 때 학생들 각각은 다음과 같이 말할 수 있어야 한다. '학교는 나에게 어떻게 일하고 배우는지, 그리고 어떻게 다른 사람과 함께 일하는지 가르쳤다.'

제26장

예술에 대한 연구와 미학•

9~12학년

예술에 대한 학생들의 관심과 이해를 일깨우는 것이 이 과목의 목표
다. 예술을 다룸으로써 지각 및 판단력의 강화를 포함하는 특정 심리적
능력을 계발하고 심화할 수도 있다. 상급 학교의 네 학년에서 모두 관련
된 세 가지 주요 측면은 다음과 같다.

1. 시각 예술에 대한 탐구를 통해 보다 섬세한 감각 지각을 계발하고, 보
   기와 듣기를 보다 집중하고, 보다 의식적으로 수행하는 방법의 훈련.
   이는 살아 있는 사고를 육성하기 위한 토대로서 하위 감각(균형 감각,
   생명 감각, 운동 감각)을 언어와 사고 감각으로 활성화시키고 전환하는
   작업을 포함하는, 전체 감각 경험의 활성화를 포함한다.
2. 공간과 시간 두 측면에서, 모든 예술의 미적 성질에 대한 판단력 계발
   하기. 섬세한 질적 차이를 지각하는 역량 훈련하기. 개념어와 형태, 부

• 색칠하기와 그리기에 대해서는 10장, 예술 활동을 보라.

피, 톤, 색상, 움직임 등의 예술적 성질을 논하기 위한 전문 용어 발달
시키기

3. 예술과 예술사 및 그 발전에 대해 인간 의식의 진화와 연결시켜 알기

상급 학년 초반에 만나게 되는 미학은, 아이들이 겪고 있는 신체적, 정신적 변화의 결과로 일어나는 궁금증과 욕구에 대한 답을 제시하는 독특하고 새로운 과목이다. 과학 과목이 이제 새로운 초점을 갖듯이, 미학 또한 새로운 균형을 제공한다. 거스를 수 없는 자연 법칙이 지배하는 세계와 달리, 예술은 인간의 자유가 열리는 영역에 대한 시각을 제공한다.

15, 16세에서 학생들은 자기 몸의 무게를 느끼기 시작하고, 이에 따라 중력과 가까이 접촉한다. 예술이 이들에게 제시하는 상(象)은 이와 상반되는 가벼움과, 심지어 변덕스러움에 대한 경험이다. 아이들 마음의 삶 또한 사춘기가 진행함에 따라 새로운 특징을 띤다. 이들은 보다 내면을 향하고, 보다 개인화하며, 보다 폐쇄적이다. 소망, 충동, 열정의 세계가 이들에게 쏟아져 들어온다. 처음에는 혼란스럽고 무질서한 이 욕망의 세계는 정해진 형태와 조화가 이루는 질서정연한 예술 세계와 마주선다.

그러나 높은 이상을 가지고 세계와 자신을 마주하기 때문에, 이 새로운 충동의 세계만이 아니라 고귀한 목표와 다른 욕구 또한 이들을 괴롭힌다. 위대한 예술 작품은 완전함을 향한 아이들의 열망에 처음으로 약간의 반응을 제공할 수 있다. 적어도 그림을 통해서 이들은 이상을 향한 갈망을 충족할 수 있고, 그 그림의 외형이 영적인 실재를 드러낼지도 모른다는 생각을 일깨우게 될 수 있다.

네 학년 동안 다루는 예술의 세계에 대한 주제는 아이들 내면의 요구와 필요로부터 떠오르지만, 내용과 초점은 전적으로 교사가 선택한다. 아이들은 자신이 친숙하거나 특별히 보람을 느끼는 어떤 예술 영역을 다루어도 좋다. 어떻게 수업을 할 것인지, 그 나이의 아이들에게 어떻게

적절히 전달할 것인지가 중요하다. 무엇을 선택하는지는 부차적이다.

9학년

그림과 조각의 시각 예술('공간상의 예술')이 이곳의 중심 초점이다. 예술의 아름다움과 위대함에 대한 즐거움과 열정을 일깨우기 위해 위대한 예술 작품을 탐구한다. 아이들은 보는 법을 배움에 따라 보다 섬세하고 정제된 감성을 갖고, 보다 예리하게 관찰한다. 처음에는 구성과 형태에 대한 질문을 암시를 통해서만 제시한다. 미적 감각은 위대한 예술 작품에 대해 알아가고 경험함으로써 계발한다.

또 다른 측면은 위대한 역사적 세 시기의 특징에 대해 고려함으로써 드러난다. 고대 이집트인들은 무엇을 '아름답다'고 느꼈는가? 그리스인들은 아름다움을 어떻게 경험했는가? 르네상스기 동안 아름다움의 이상과 개념은 무엇이었는가? 예술의 발전을 바라봄으로써 인류의 진화에 대한 일부를 이해할 수 있다. 이집트-그리스-르네상스로 이어지는 단계는 서양의 의식 진화를 드러내는 것으로 볼 수도 있다.

고대 이집트

이 나라의 특별한 지리적 조건(나일강, 사막)에 대한 설명은 이집트 문화를 이해하기 위한 토대를 마련한다. 이는 무엇보다 죽음의 문화이고 (비록 생명의 활력에 대한 감각이 가득하지만), 이집트 예술은 이에 밀접히 관련한다. 조각상(서 있거나, 앉거나, 무릎 꿇거나, 쪼그려 앉은 모양)은 영속(永續)의 영역에 속한 인간 존재를 보여준다. 돋을새김과 그림은 중요한 대상만을 드러낸다. 건축(마스터바,• 피라미드, 사원)은 주변적으로만 제시하는데, 조각상과 그림이 그 안에 자리하는 거대한 틀거리로서 그러하다.

• Mastaba. 고대 이집트의 무덤 형식.

신성한 상형 문자가 건축, 그림, 조각상의 개념적 기초와 규범을 형성한다는 점을 알아야 한다. 이런 예술은 '읽어'야 하고, 이는 기록 문화와 문해력 발생을 향한 중요한 문화적 단계를 드러낸다.

고대 그리스

지형과 그로 인한 경험에 대한 묘사를 다시 한 번 훌륭한 출발점으로 삼는다.(산과 바다로 인해 각각 고립된 여러 개의 섬, 계곡, 만(灣), 지형 위의 사원, 신을 숭배함에 있어 자연과 밀착함.) 다양한 양식의 발전을 통해 그리스 조각상을 탐구한다. 고대, 고전(엄격한 양식, '부드러운' 양식), 헬레니즘. 이 발전은 과정으로서 보여야 한다.(이집트의 영원성에 반하여) 싹이 트는 단계, 가능성이 집중한 고대, 그리고 펼쳐져서, 꽃이 피고, 고전 시대에서 성숙해지며, 이후에 지나치게 화려해지고, 시들며 죽음을 맞는다. 그리스 역시 건축은 독립된 주제이기보다는 통합적 배경으로 남겨둔다.

르네상스

초기 기독교 예술을 입문으로 다룰 수 있다.(카타콤, 라벤나 모자이크(the Ravenna mosaics)) 금으로 된 배경의 화판(畵板), 나무 조각, 대성당 조각상, 문서 장식과 같은 전형적인 중세 예술의 감각 일부를 중세 후기의 혁신을 위한 준비로서 제시해야 한다. 세계로부터 등돌리는 태도를 보이는 중세는 9학년 학생들의 관심을 크게 끌지 못하기에 깊이 다루기보다는 간략히 특징만 드러낸다. 그리고 중세 후기 예술에서 르네상스 초기로의 전환을 다룬다. 세계에 대한 새로운 관심(선 원근법의 발견 등)의 대표자로서 조토(Giotto), 기베르티, 브루넬레스키, 마사초, 도나텔로, 우첼로, 피에로 델라 프란체스코를 보일 수 있다. 레오나르도, 미켈란젤로, 라파엘로의 생애와 작품이 집중수업의 절정을 이룬다.

학생들이 넘쳐드는 상(象) 속에서 잠겨버려 기대와 피상성이 과도해지지 않도록, 핵심 내용만으로 예시를 제한해야 한다. 한 수업마다 하나의 그림을 선택해서 집중 탐구하고, 다음 수업을 위해서 관련된 몇몇 작품을 보이는 정도가 낫다. 아이들이 오늘날 소화해야 하는 상의 양을 감안할 때, 어두운 방 안에 앉아 파워포인트 슬라이드 화면을 쳐다보는 일은 매우 수동적인 활동일 수 있다. 예술 학습이 학생의 자율적 활동을 지향하고 문화를 지적으로 향유하는 것에 그치지 않기를 바란다면, 교사는 이를 극복하기 위한 창의적인 방법을 찾아내야 한다.

10학년
시(詩)와 언어의 예술

이 집중수업은 구어의 힘, 이를 접목시킨 예술, 그리고 이념을 전달하는 데 남용된 경우를 살펴본다. 시학(詩學)은 시와 언어가 예술을 이루는 방법을 탐구한다. 이제 시간을 예술 형태의 한 부분을 차지하는 차원으로 다룬다. '공간 예술'과 '시간 예술'의 양극성을 처음으로 살펴본다. 보기와 듣기는 밀접히 연결되어 있지만, 이제 그 성질상 근본적으로 다른 두 가지 양식으로 경험한다. 이제 형태와 양식이 전면에 등장한다. 아이들은 감성이 시를 통해 모양과 형태를 얻을 수 있음을 배운다.

언어의 기원 및 의사소통 수단, 상징적 재현, 이 세계의 성질에 대한 계시로서 언어의 핵심적인 본성을 검토하면서 이 집중수업을 시작할 수 있다. 움직임과 언어를 한편에 두고, 언어와 사고를 다른 편에 두는 관계를 현상학적으로 탐구한다. 구술성과 문해력 간의 차이와 전환이 중요한 주제다.

그러나 중심 주제는 시의 기교에 대한 탐구이고, 그 다양한 운율과 압운 형식이다. 서사시, 송가(頌歌), 소네트(sonnet), 민요, 서정시 등의 모든 예시를 문학 및 학생들의 창작물을 통해 탐구한다. 이를 수행하는 한 가지 방식은 동화 같은 글을 먼저 기초로 삼고, 그 내용을 일본 하이쿠(俳

句) 양식●이나 리메릭(limerick)●●에 이를 만큼 다양한 시 양식으로 재창조하는 것이다. 이런 다양한 양식을 통해 만들어낸 모든 종류의 분위기가 학생들을 매혹시키고 즐겁게 할 것이다. 시는 본질적으로 말하는 기술이자 정확한 철자법이나 심지어 풍부한 어휘도 요구하지 않는 매체이기 때문에, 문해력 기술을 타고난 학생들부터 그렇지 않은 학생들까지 모두가 매력을 느끼는 과제다. 모든 양식을 그 분위기와 표현, 영웅적인지 또는 희극적인지, 매우 내밀한지 또는 피상적인지에 따라 객관적으로 평가해야 한다.

음의 유사(assonance), 두운, 의성어의 가능성과 시 양식에 미치는 그 영향 또한 마찬가지로 탐구할 수 있다. 앵글로색슨, 라틴/프랑스어, 고전 그리스어, 아랍어 등에서 유래한 말의 차이와 같이, 다양한 어원에서 기원한 말의 영향 또한 다룰 수 있다. 이는 말의 의미를 음색의 성질에 귀속시킨 현대 표현주의 시에 대한 탐구로 이어갈 수 있다. 이 주제와 관련하여 속어, 은어, 상투어 및 광고, 정치, 미디어 일반에서 사용하는 말의 힘에 대해 탐구할 수 있다.

이 집중수업은 학생들이 언어 영역에서 높은 수준의 창의성을 발휘하도록 자극한다.

그림과 그래픽 집중수업

이 집중수업은 다양한 종류의 그래픽 예술 및 그림 기법과 표현력을 살펴본다. 이곳에서도 형태, 기법, 구성, 양식이 전면에 나선다. 학생들의 지식에 대한 바람을 따라, 알아가기에서 인식하기로, 보기(혹은 듣기)에서 이해하기로 초점이 옮겨간다.

● 5.7.5의 17음(音)으로 이루어진 시.
●● 5행으로 이루어진 희시(戱詩).

집중수업 시간표에 여유가 있다면, 또 다른 그림 집중수업을 가질 수 있다. 주요 모티프 중 하나는 남북의 르네상스와 바로크 예술 간의 대조다. 16, 17세기 북부 예술의 거장들에게 주안점을 둔다. 뒤러, 그뤼네발트, 홀바인, 렘브란트가 해당한다. 또 다른 중요한 주제는 여러 그래픽 예술가들이 사용한 새로운 재생산 기법(목판화, 동판, 에칭)이고, 이 원리는 직접 실험해볼 수 있다. 가장 단순한 형태라도 직접 시도해볼 때만 이 기법이 다루는 매체와 개념적 측면을 명확하게 느낄 수 있다. 상(象)을 뒤집고, 이후에 남는 것을 제거하거나 반대로 하고, 다양한 판이나 인쇄 단계를 겹침으로써 상을 쌓아나가는 기본 원리는 학생들의 사고와 예술적 감각을 크게 자극한다. 대가들의 연필 드로잉 작품을 베껴보면 상의 구조를 밝혀낼 수 있다. 렘브란트와 같이 한 모티프를 표현하는 판의 순서를 바꿔가며 탐구함으로써(예를 들면 자화상 에칭에서처럼) 그 예술가에게 가능했던 다양한 분위기와 표현 형태를 드러낼 수 있다.

예술 작품을 재생산하는 능력의 사회적, 문화적 의미와, 예술과 책의 관계를 탐구해야 한다. 이는 현대적 의미의 재생산과 사회 속에서 예술이 갖는 의미에 대한 질문으로 이어간다.

11학년

이 나이에서는 아이들이 자신 안으로 들어가기 때문에, 음악은 이들에게 적합한 새로운 과목이다.(헤겔은 이를 '순수한 자기 성찰의 예술'이라고 말했다.) 독립된 하나의 집중수업으로 다루거나 그림 또는 문학과 함께 다룰 수 있다. 후자의 경우는 보다 전반적인 관점에 무게를 싣고, 학생들은 넓은 지평을 바라본다. 예술의 유사성과 양극성을 확인한다. 예를 들면, 그림과 조각이 말과 음악에 대비되는 방식을 모티프로 삼을 수 있다.

음악

음악을 하나의 집중수업으로 다룬다면(대개 음악 교사가 진행한다.) 음악의 역사적 발전에 대해 예를 들고, 학생들은 형식과 양식을 듣고 분석하는 법을 배운다. '시간 속에서 발생하는 형식'으로서 음악이 여러 예술 중에서 차지하는 독특한 면을 제시한다.

고대 문화에서 현대까지 이르는 음악사에 대한 개관을 보일 수 있고, 다음의 주제를 포함한다. 그리스 양식, 단음성악(單音聲樂)에서 다성 음악까지의 중세 교회 음악, 트루바두르(troubadour)●와 민스트럴(minstrel)●●, 오페라의 탄생, 바로크 음악―바흐와 헨델(Handel), 음조의 발전― 하이든, 모차르트, 음악 후원 정책, 낭만주의 혁명과 개별 창작자로서 예술가의 탄생―베토벤, 음악의 낭만주의―교향곡, 협주곡, 그랜드 오페라(grand opera) 등의 발전. 19세기 위대한 작곡가의 생애. 20세기에 일어난 음조의 붕괴, 무조주의, 12음계. 20세기 작곡의 예.

대비되는 성질로서 니체의 아폴론적인 것과 디오니소스적인 것의 개념을 음악에 적용할 수 있다.(이런 양극성에 대한 예시는 다음과 같다. 5음계/반음계, 음/선율, 헨델/바흐, 드뷔시/바그너)

아폴론적인 것/디오니소스적인 것의 양극적 관점을 통해 예술 현상을 바라보는 작업은 다른 예술에도 도움이 된다. 예를 들면, 그림이나 시에서 인상주의와 표현주의 간의 비교가 그렇다.

그림

이 집중수업은 낭만주의에서 시작해서 카스파르, 다비드 프리드리히, 컨스터블(Constable), 터너, 블레이크를 다루고, 신고전주의로 넘어간

● 11~12세기의 음유 시인.
●● 음악가, 광대, 가수 등의 역할을 포함하는 중세의 연예인. 이후에는 음유 시인만을 가리키게 됨.

후 현대 미술로 이어진다. 인상주의와 표현주의는 첫 번째 초점이다. 그리고 위대한 혁신가(세잔, 고갱, 뭉크, 반 고흐, 모네)를 거쳐 '청기사'파(the school of the 'Blaue Reiter')로 넘어가서 현대 화가 중 대표작을 다룬다. 이런 예술가들과 그 작품에 대한 고려는 항상 넓은 문화적 맥락을 포함해야 한다. 대립하는 쌍 '인상주의/표현주의'가 음악에서 드러나는 아폴론적인 것/디오니소스적인 것의 양극성과 연결되듯이, 한 관점은 보다 넓은 범주의 다른 미적 양극성에 속할 수 있다. 예를 들면, 고전주의/낭만주의, 조각상/음악, 음악/그림, 눈/귀, 공간/시간 등이 그렇다.

음악과 그림을 집중수업에서 함께 다룬다면 19, 20세기 예술가들이 발견한 음악과 그림 사이의 밀접한 관계가 값진 접근이 될 수 있다.(고갱, 드뷔시, 스크리아빈(Scriabin), 클레, 칸딘스키 외 다수)

12학년

이 해에는 수업 내용을 통합적인 관점으로 바라보려 하기에, 예술의 전체성에 대한 개관이 뼈대를 이룬다. 그럼에도 건축은 12학년의 중심 주제가 된다. 이 나이에 이르러서야 아이들은 드디어 건축을 이해할 수 있다. 이들의 몸, 또는 오히려 뼈의 정적인 요소가 이제 건축의 정적이고 건설적인 법칙에 대해 그 내면을 '느끼고' '이해'할 수 있는 단계에 도달했다.

건축은 다른 모든 예술을 자신의 영역 안에 포함하고 통합하는 종합 예술로서 살펴본다. 이는 전체성에 대한 사상이나 모든 것을 망라하는 예술 작품으로 이끈다. 이와 연결지어, 미학 안의 분리된 장을 가져옴으로써 12학년 학생들이 가진 지식에 대한 열정을 충족시킬 수 있다.

건축은 예술에서 특별한 지위를 갖는다. 그 발전은 모양과 형태의 예술성, 건축의 기술적 기능, 사회적 기능의 세 가지 관점에서 살펴볼 것이다. 이들이 진화한 과정의 큰 단계는 예시를 통해 제시한다. 이런 고려를 반영하여 드러낼 수 있는 길은 여러 갈래가 있다. 예를 들면, 내부 공간의 모습과 발전, 공간과 건물, 공간의 성질(예를 들어 종적(縱的)이거나 중심을 이루는 공간), 종교적 분위기를 표현하는 공간의 특징 등이 있다. 건축의 진화는 인간 의식 진화의 문화적, 역사적 단계를 반영해야 한다. 건축학이 현대에까지 곧장 나아간다는 점은 분명하다.

예술의 의미와 본질에 대해 깊이 파고들 수도 있다. 실러의 *인간의 미적 교육에 대한 서한*이 이에 대해 적합한 방향을 제시할 수 있다. 이는 예술에 대한 금세기의 사상(예를 들어 파울 클레, 요제프 보이스 또는 존 버거(John Berger))과 현대 예술의 아름다움에 대한 문제로 이끈다.

보다 긴 예술 여행은 12학년 학생들을 매우 풍요롭게 한다. 그저 예술에 대한 관광 소비자가 되지 않기 위해 아이들이 무언가 스스로 하도록 이끌면 좋고, 본 건물을 그리거나 작은 사회 프로젝트에 참여하면 더 좋다. 이런 여행은 미학 수업 4년의 절정이어야 한다. 유럽에서는 자연스레 이탈리아가 가장 인기 있지만 여러 다른 선택도 가능하다.

제27장

정보와 컴퓨터공학을 포함하는 기술

슈타이너-발도르프 학교 학생들은 기술을 하나의 과목으로 배운다. 유년기에는 핑거니팅과 다른 공예 활동을 접하고 상급 학교에서는 전자 기기와 컴퓨터 논리 설계를 거쳐, 학생들은 기술적 능력을 실제 속에서 창조적으로 계발한다. 뜨개질은 설계 기술의 가장 초기 형태라는 점에서 흥미롭고 중요하다. 가로/세로뜨기 순서는 이분법 명령 코드와 같다.

슈타이너-발도르프 교육은 학생들이 다양한 기술을 윤리적이고 자신 있게 다루도록 돕고자 하는 한편, 기술의 역사적, 사회적, 생애적 측면 또한 인식하도록 한다. 예를 들어 산업혁명과 함께 기계적 과정을 통한 직조를 배우는 것 등이 그렇다.

발도르프 교육은 아이들이 한편으로는 자신을 둘러싸고 다른 편으로는 스스로 사용하는 기술의 주도권에 완전히 참여하고 이를 성취하는 것을 목표로 한다. 이를 위해서 학생들이 기술의 가장 깊은 본성을 이해하도록 돕고, 아이들은 이 과정에서 인간의 힘을 완전히 깨달으며 기술을 이끌어나갈 수 있게 된다. 따라서 기술과 정보 컴퓨터 기술(ICT)에 속하는 교과 내용을 여러 분야에서 함께 고려하고, 수업은 여러 과목의 주제를 다루는 한 해 동안 통합적으로 진행한다.

유치원에서 6학년

기술 이용에 포함된 윤리, 문화, 사회 문제를 다루기 위해서는, 아이들이 건강한 자아상을 계발하고 실제 관계를 통해 타인의 욕구를 느끼도록 도와야 한다. 이는 교육과정 전체에 해당하는 과제다. 특히 다음 내용은 이를 도울 수 있다.

- 상상적 수업과 온몸으로 경험하는 배움을 통해 아이들이 풍부한 이야기 생활에 참여하게끔 하는 활동
- 정서적 안정과 탄력성의 발달을 돕는 활동
- 이야기와 놀이를 통해 시간 및 공간과의 관계를 탐험하고 소중히 하도록 이끄는 활동
- 아이들이 협동적, 공감적이고 지속 가능한 방식으로 사고, 활동하도록 격려하는 활동

기술에 대해 이해하고 사용하기

- 아이들은 기술이 어떻게 이런저런 일을 하는 자신의 능력을 확장시키는지에 대해 탐구한다. 예를 들어, 뜨개바늘 만들기는 핑거니팅으로 가능한 부분을 확장하고, 가위는 접어서 찢기보다 정확하게 종이를 자른다.
- 아이들은 도구 및 소재 간의 관계를 탐구한다. 예를 들면, 종이 가위로 펠트를 잘라본다.
- 아이들은 과제를 성취하기 위해 필요한 도구를 만들면서 과제에 적합한 기술을 선택하는 법을 배운다. 예를 들면 나무망치와 쇠망치, 나무못, 쇠못과 스크류 등 간의 차이에 대해 탐구한다.

- 아이들은 자신이 선택하고 사용한 기술이 그 목적을 얼마나 잘 이루었는지에 대해 돌아본다.
- 아이들은 특수한 목적을 위해 특별한 장비를 사용하는 법을 배우고, 정해진 도구가 아니거나 임기응변으로 사용한 도구를 사용했을 때의 결과와 비교한다. 예를 들어 '부엌 개수대' 과학 시간에, 배수관과 호스를 통해 만든 무지개와 프리즘을 비교한다.
- 아이들은 날카로운 도구를 안전하게 사용하고 실제 생활 속의 위험을 적절한 방식으로 대처하는 법을 배운다.

다음 활동이 가능하다.
- 협동을 요구하는 실외 및 실내 놀이. 균형 잡기, 기어오르기, 굴렁쇠, 공놀이 등
- 모종삽, 삽, 외바퀴 손수래를 포함하여, 정원 도구 사용하기
- 카드 위빙(card weaving), 펠트 작업, 핑거니팅, 바느질, 나무못과 다양한 매체를 통한 사용 등
- 간단한 장비 만들기, 예를 들면 뜨개바늘, 나무못, 갈대펜 또는 깃펜 등
- 학교에서 사용하는 물품 이야기, 예를 들어 크레용, 연필, 악기
- 다양한 창조적 작업과 표현 형태. 쓰기, 읽기, 상(象), 도표, 그래프와 표를 통한 소통의 기술
- 명확한 관찰, 기록, 해설—결과의 분석. 내가 알고 싶었던 것을 찾았는가, 내 결론을 위해 어떤 증거를 가지고 있는가?
- 발표, 실험, 시연 설계하기

7~9학년

이 나이에서는 '개인 공간'에 대한 감각이 발달하기에, 학생들은 '창

조적 공간'을 포함하는 타인의 공간에 대한 존중을 인식하고 배우기 시작한다. 희곡, 오이리트미, 다른 사람을 향한 발표는 관객에 대한 감성과 여러 관점에서 상황을 바라보는 능력을 계발하도록 돕는다. 이 나이의 아이들은 이전에 배우거나 그에 더한 주제를 보다 의식적으로 탐구하기 시작한다.

- 모더니즘에까지 이르는 토대를 이해한다. 즉, 르네상스/종교 개혁 개인주의와 (말하자면 서양의) 계몽주의, 특히 영국에서 일어난 물질주의의 발달(프랜시스 베이컨, 청교도주의와 미국 남북전쟁, 농업혁명과 산업혁명) 및 이탈리아의 도시 국가에서 독일에 이르는 은행 체계(금융 회사 등). 산업 중심의 기계화 및 성장과 함께, 처음으로 일어난 진정한 의미의 산업 전쟁으로서 제1차 세계대전(이 주제는 상급 학교에서 보다 완전하게 다룬다.)

- 개인 창의성의 발달(작업실 체계에서 한 명의 개별 예술가로, 서로를 베끼고 빌려오던 바로크 시대 작곡가에서 고전주의 시대 이후 음악가들의 '그 사람만의 독특한 목소리')

- 초상화 의뢰를 통한 표현

- '지적 재산권'과 표절/저작권 침해를 포함하는 법적인 문제. 콘서트나 다른 공연의 고유한 경험. 이것과 그에 대한 녹음 간의 차이(예를 들어, 음악을 다운로드하거나 틀어놓기 위해 돈을 낼 때 지불되는 것은 무엇인가와 '자유롭게 음악 듣기'에 대한 생각)

- 계획 만들어보기. 의도와 실행—양식(樣式)은 무엇인가? 마인드 매핑 (mind mapping)

- 인간 존재와 연결된 도구와 기계 및 그것이 확장시킨 능력(예를 들어, 사지의 관절과 레버, 왜 정원용 갈퀴는 대개 네 갈래인지 등). 화약, 제트로 툴(Jethero Tull)과 파종기. 기계식 방직과 방적. 증기 펌프 등

- 맬서스, 애덤 스미스와 자연 선택 개념, 가스파드 드 프로니(Gaspard

de Prony, 남작과 노동 분업의 이야기, 허먼 홀러리스(Herman Hollerith) 와 천공 카드. 헨리 포드 등)

- 활동과 우정의 원(friendship circle)—협력, 타협, 공동체—'사회적 네 트워킹'의 본성. 적절한 보호와 사이버 왕따
- 포스터 만들기, 설득을 목적으로 하는 '만화'(예를 들어 미국 남북 전쟁 기간의 만화들). 편집하기(철자법 및 문법의 확인, 조판(組版), 출판 등의 사 용과 한계)
- 온라인 또는 컴퓨터에 기반한 참고 자료 이용하기(예를 들면, 위키피디 아는 얼마나 권위를 가지는가?)
- 데이터 제시. 스프레드시트(spreadsheet)와 모든 종류의 차트
- 손가락과 돌멩이로 계산하기부터 숫자까지. 주판. 네이피어 '계산봉 (棒)'(제작과 사용). 블레즈 파스칼이 1642년에 만든 계산기(톱니와 지 레). 바이런, 러브레이스(Lovelace), 배비지(Charles Babbage)(해석 기관/차 분 기관(analytical engine/difference engine)). 계산자(計算尺) 등
- 회로와 온/오프 스위치. 입체 기하학, 수열, 진법, 대수학. 이진법 논 리(예를 들어 컴퓨터 과학 언플러그드(computer science unplugged)●: www.csunplugged.org)
- 쿼티 자판(과 그 역사) 및 터치 자판에 대한 소개

위의 내용과 아래의 9~12학년 내용 간에는 불가피한 중복이 있을 수 있다.

- 뉴질랜드의 컴퓨터 과학자 팀 벨(Tim Bell)이 개발한 컴퓨터 과학 교육법.

9~12학년

앞서 말한 바를 통해 알 수 있듯이, 기술은 이를 다루는 인간 존재와 분리할 수 있는 과정이거나 단순한 상품 생산 과정이 아니다. 기술은 여러 차원을 가지고, 이들은 교육과정을 통해 다루어야 한다. 이는 이전에 다룬 내용의 연장과 심화 모두를 포함한다.

- 과학적, 기술적, 생태적 관점을 포함하는 자연적 차원
- 인류학, 생리학, 심리학, 미학적 관점을 포함하는 인간적 차원
- 경제학, 사회학, 정치학, 문화 역사, 법적, 윤리적 측면을 포함하는 사회적 차원

노동 분업은 발전한 현대 사회를 위해 필수 조건이 되었고, 따라서 기술은 전문가와 엔지니어의 문제로 변했다. 그러나 환경 문제의 증가는 인간과 사회의 의미에 대한 인식을 가져왔고, 다차원적이고 통합적 기술 개념이 필요하다는 깨달음으로 이끌었다. 기술을 재통합하여 전체를 이루려는 시도는 다양한 전문 영역의 고립 경향 속에서 필수적이다. 기술 진화는 인간 존재에게 내재한 발전 능력을 통해 일어난다.

기술 수업은 초급 학교에서 다룬 내용, 수공예, 사회, 역사, 경제에 대한 탐구 전체로부터 쌓아나간다. 3학년의 농사 및 집 짓기, 그리고 지역 환경 및 그 자연 자원과 인간의 경제적 관계 및 지역과 세계 간의 연결을 탐구하는 4학년의 지리학 교육과정이 핵심 주제를 이룬다. 역사 수업은 다양한 분야의 사회적, 경제적, 문화적 발전을 이끈 기술 발달의 의의를 제시한다.(항해, 에너지 생산 및 사용, 무기, 소통 수단, 농사, 원자재, 상업 등) 학교에서 진행하는 수공예 수업 또한 기술을 이해하기 위한 실천 및 경험적 토대를 형성한다.

9학년 물리학 집중수업은 기초 기술을 향해 나아가고, 무엇보다 여러

예시를 통해 기술의 역사를 보여줄 수 있다.(예를 들면, 연소 기관, 전화기, 터빈 등) 이런 기술은 특정 교육적 과제의 성취와 어느 정도 관련이 있는데, 정확한 관찰, 실용적 사고 과정, 사회적 인식의 훈련을 꼽을 수 있다. 화학 교육과정 역시 물질, 소재 및 그 생산과 기술적 적용에 대한 이해를 제공할 수 있고, 특히 석유 화학 제품과 화석 연료에서 그렇다.

직업 실습은 산업 및 농사 과정을 현장에서 보는 기회를 제공한다. 근처의 공장을 조사하여 해당 기업의 거래를 분석하고, 예비 단계(부품 및 소재의 구매)와 이어지는 업무(광고, 마케팅, 판매)를 포함하는 생산 과정을 그려보는 것을 기술 수업의 탐구 주제로 삼을 수 있다. 사회적, 산업적 직업 실습 프로젝트에서 학생들은 일의 사회적 측면과 그 결과를 직접 경험하게 된다. 발전소, 재활용 처리장, 저수지, 광산 등에 견학을 가는 형태로 수업을 진행할 수도 있다. 이런 방문에 앞서, 그리고 그 후에 세부적인 내용에까지 토의한다면 가장 좋다. 영화와 비디오 같은 현대 매체의 사용은 첨단 기술 영역에서 특히 적합하다. 여러 산업이 그 기술에 대해 훌륭한 정보를 제공한다.

9, 10학년

아래의 수업은 정확한 지식보다는 삶의 경험을 제공하고자 한다.

이 나이에서는 학생들에게 바깥 세상을 소개함으로써 이들이 삶과 맞서고 또한 삶을 이해하는 것이 중요합니다…우리 교육과정은 아이들이 삶에 있어 실제적일 수 있도록 이끌어야 합니다. 아이들을 세계와 연결시켜야 합니다…따라서…물리학처럼 이론만이 아니라 실용적 역학으로 역학 수업을 진행해야 하고, 이는 기계의 제작으로 이어가야 합니다.[1]

수작업과 수공예 수업(목공 등)에서 배운 바에 대한 개관과 물리학 및 수학의 이론적 개념의 결합은 학생들이 전체론적인 방향으로 발전하도록 도울 수 있다. 기술이 인간의 역사와 결합한 측면 또한 토의해야 한다.

정보 기술의 네 가지 주요 측면을 이전에 다뤘고, 이제 이를 상급 학교에서 주의 깊게 살펴야 한다.

- 기본 컴퓨터 활용 능력: 워드 프로세서, 타자(打字) 및 텍스트를 입력, 편집, 저장, 삭제하기 위한 소프트웨어의 사용. 데이터베이스 사용, 스프레드시트, 그래픽, 탁상 출판 등. 다른 작업을 지원하는 도구로서 컴퓨터의 사용(인터넷이란 무엇이고, 이메일을 어떻게 보내는지를 포함하여)

- 정보 저장의 역사와 관련하여, 정보 체계의 기본 원리에 대한 이해(예를 들어, 쓰기의 기원으로 돌아가서 그 문화적 의의 살펴보기). 하드웨어가 어떻게 소프트웨어와 연결되는지에 대한 이해. 소프트웨어 프로그램은 어떻게 설계되는지, 파일 시스템이 어떻게 작동하는지. 안전한 작업 방식 및 저작권 방화벽과 같은 법적인 측면, 인터넷 보안(버그, 스팸, 해킹)

- 컴퓨터의 사회적, 문화적, 개인적 영향, 시간을 절약하고 자유롭게 하는 측면 및 부정적이고 집착적, 반사회적 측면의 가능성 모두를 포함. 비용 및 '첨단' 기업이 재원을 마련하는 방식 등에 관한 경제적 질문(어떻게 비싼 핸드폰을 '공짜'로 제공할 수 있는지도 가능할 수 있다.)

- 상자 안에는 무엇이 있는가?—'가장 작은 것을 향한 경주', 프로그램을 짜기 위한 기초(예를 들어 라즈베리파이(Raspberry-pi)● 또는 다른 기기)

● 컴퓨터 과학 및 코딩 교육용 도구.

다음 내용을 다룰 수 있다.

- 양모, 아마(亞麻), 면 방적
- 다양한 종류의 직기(織機)를 사용한 방직
- 섬유 산업
- 인간이 만든 섬유의 생산
- 비누 생산
- 수차(水車)와 양수 펌프
- 터빈, 고압, 중압, 저압 터빈
- 스크류와 여러 가지 응용
- 헨리 모스와 전신(傳信)
- 부호와 부호를 붙이는 도구
- 온라인 학습 프로그램, 예를 들어 INGOTS(International Grades, Open Technologies)
- 정보 출처를 평가하기 위한 기준

11, 12학년

이제 기술 수업은 매우 중요한 두 가지 영역을 다룬다. 힘/에너지가 하나라면(예를 들어 전력 산업), 물질/소재가 두 번째다.(예를 들어 제지(製紙)) 이전 학년의 기술 수업은 전통적인 기술에서부터 시작했다. 그러나 11, 12학년에서는 일상 속의 기술과 그것들의 작용 원리를 탐구해야 한다. 가능하다면 이는 모든 종류의 첨단 기술을 포함해야 하고, 그중 일부는 학생들이 스스로 소개할 수도 있다.

- 과정을 마무리하는 프로젝트는 이제까지 학습한 기술과 역량을 활용하여 주요 멀티미디어를 포함할 수 있다.
- 발전소와 에너지 산업(수력, 풍력, 열, 핵)
- 증기 기관에서 내연 기관. 제트 엔진과 로켓

- 자동차의 역학과 유지 보수의 기초
- 흐르는 물의 성질에 대한 탐구
- 제지(製紙)
- 제책(製冊)과 카드보드의 사용(11학년의 수작업을 참고하라.)
- 알고리즘, 인공 지능과 존 설(John Searle)의 '중국인의 방'
- 조지 불과 불논리(Boolean logic)
- 앨런 튜링과 에니그마(enigma machine)
- 폰 노이만과 '노이만 구조(Neuman architecture)'
- 팀 버너스 리(Tim Berners-Lee)와 월드와이드웹(world wide web)
- 재생산 미디어, 특히 디지털 출력 이미지와 실재(포토샵, 이미지 조작과 신체 상(象)에 미치는 그 영향)
- 그래픽과 애니메이션의 사용, '믹싱'한 소리 및 특정 목적으로 시각, 음향, 다른 미디어 효과를 결합하기
- 컴퓨터 분해하기, 구성 요소의 조립과 함의(예를 들면, 원자재의 가치와 공급). 부품 재활용하기
- 라디오 신호와 텔레비전
- 화석 연료, '지속 가능한' 에너지는 무엇일까?
- 화학 기술과 인공 섬유, 자연 섬유와 자연 소재로부터 만든 인공 섬유 (셀룰로이드(cellucloid), 수지(樹脂) 등)를 포함하여
- 반합성(半合成) 제품(전통 수지)
- 전합성(全合成) 물질(폴리머(polymer), 플라스틱), 예를 들어 자연 고무 에서 합성 고무로
- 환경 및 재활용 문제. 자원 관리(토양, 수질, 대기)
- 캐스케이드(cascade)와 프랙탈(fractal)에 대한 설명, 경로 곡선과 카오 스 이론
- 마이크로소프트(Microsoft), 애플(Apple), 구글(Google), 페이스북

(facebook)과 같은 IT 기업

- 모바일 장치, 마이크로파

각주 모음

서문

1 아일린 허친스(Eileen Hutchins)와 틸다 본 아이프(Tilda von Eiff)가 영어로 번역하고 영어권 국가에 알맞게 수정하였다. SSF의 간행물에 한 번도 이름을 올리지 않았던 틸다 본 아이프를 거명하기에 너무 늦었는지도 모른다. 출간을 준비하는 동안 그녀는 여전히 정정하고 따뜻했기에, 편집자는 이 기회를 빌려 그녀의 공로에 감사를 전한다.

2 *Steiner Waldorf Education in the UK, aims methods and curriculum*, ed. M. Rawson, SSF, 1997.

제1부

제1장 슈타이너–발도르프 교육과정의 주제와 내용에 대한 소개

1 예를 위해서는 다음을 보라. Newman, H.H. Freman, F.N and Holzinger, K.J. classic study of *Twins*, University of Chicago, 1937; Plomin, R and Daniels, D, *Why are children in the same family so different from one another?* OUP for the International Epidemiological Association 2011; Maslow, A. *Towards a Psychology of Being*, New York, 1999; Jensen, P. *Ignite the Third Factor*, Thomas Allen, 2008.

2 Steiner, R., *Occult Science*, p. 250, RSP 1969.

3 Steiner, R, *Human Values in Education*, August 21st 1924, Arnheim.

4 Alexander, R, (ed), *Children, their World, their Education: Final report and recommendations of the Cambridge Primary Review*, CUP and Routledge 2010을 보라.

5   같은 책, What is Primary Education for, Chapter 12.

6   Pring, R and Hayward, G, papers for the independent Nuffield Review of 14-19 Education www.nuffield14-19review.org.uk.

7   이는 잉글랜드와 웨일스에서는 명시적인 요구 사항이다. 예시를 위해서는 다음을 보라. https://www.gov.uk/government/uploads/system/uploads/attachment_data/file/283014/ Independent_school_registration.pdf.

8   Steiner, R, A Social Basis for Education, 11th May-1st June1919, Stuttgart.

9   독일에서 진행된 한 설문 조사가 있다. "국가의 교육 정책은 무엇을 우선시해야 하는가: 소수의 높은 성취를 지원하기 혹은 모두에 대한 평등한 기회". 82%의 응답자는 모두에 대한 평등을 선택했다.(Spiegel 22-12-97, p. 34). 영국에서 같은 연구가 있었는지 알려지지 않았지만, 우리는 같은 결과이기를 바란다.

10   Steiner, R., Intuitive Thinking as a Spiritual Path: A Philosophy of Freedom, 1995와 Theosophy: An Introduction to the Spiritual Processes in Human Life and in the Cosmos, 1994를 보라. 둘 다 Anthroposophic Press가 인지학을 소개하기 위해 출판했다. 교육에 대한 사상을 접하기 위해서는, The Education of the Child와 The Child's Changing Consciousness and Early Lectures on Education, 1996 및 Waldorf Education, 1996, both AP를 보라.

11   Steiner, R., Anthroposophical Leading Thoughts, p. 11, RSP 1985.

12   Steiner, R., Theosophy, p. 25, AP 1994.

13   Georgy S. Levit: Biogeochemistry, Biosphere, Noosphere: The Growth of the Theoretical System of Vladimir Ivanovich Vernadsky(1863-1945)를 보라.

14   Steiner, R., Theosophy, p. 49, AP 1994.

15   같은 책, p. 44.

16   같은 책, p. 45.

17   Steiner, R., Rudolf Steiner in the Waldorf School, Lectures and Addresses to Children, Parents and Teachers, p. 79, AP 1996.

제2장 교육과정과 연결되는 발달 단계

1 Avison, K.A., *A Handbook for Waldorf Class Teachers*, section on School Readiness, SSF를 보라.

2 Engel, S., *The Stories Children Tell*, 1995 및 Whitehead, M., *Language and Literacy in the Early Years*, 1997을 보라.

3 Wells, G., *The Meaning Makers*, 1987을 보라.

4 Steiner, R., *A Social Basis*, SSF 1994.

제3장 슈타이너-발도르프 접근법

1 Steiner, R., *Practical Advice to Teachers*, p. 163.

2 기록 관리에 대한 예시를 위해서는 다음을 보라. Avison, K.A., *A Handbook for Class Teachers*, SSF.

3 Steiner, R., *The Younger Generation*, p. 148, AP 1967.

제4장 측정과 평가

1 Drummond, M.J., Mepham과 Rawson에게 인용됨: 아래를 참고하라.

2 Dweck, C.S. Self Theories, *Their Role in Motivation, Personality and Development*, Philadelphia 1999와 (같은 저자의) *Mindset*, Random House, 2006. Black, P. William, D. *Inside the Black Box*, Nelson, 1999 그리고 (동 저자 외) B. *Assessment for Learning: Putting it into Practice*, OUP, 2003을 보라.

3 Hughes, G. et al., *Implementing Ipsative Assessment*, Institute of Education, 2011.

4 http://www.cbi.org.uk/business-issues/education-and-skills/in-focus/employability/고용 가능성(employability)은 비학술적 혹은 부드러운 기술(soft skills)과 직장에서 필요한 능력에 이르는 넓은 범위를 포괄한다. 이는 또한 팀으로 작업하는 능력을 포함한다. 주도성과 자신의 생각을 표현할 의지, 자율적으로 시작하고 기한 내에 과제를 완수하는 능력이 그것이다.

5 예시를 위해서 다음을 참고하라. Kolitko-Rivera, M. *Rediscovering the later version of Maslow's hierarchy of needs: Self-transcendence*

and opportunities for theory, research, and unification. http://www. academia.edu/3089048/Rediscovering_the_later_version_of_Maslows_ hierarchy_of_needs_Self_transcendence_and_opportunities_for_theory_ research_and_unification.

6   *Pupil Assessment and Record Keeping in Steiner Waldorf Schools*: an information pack compiled by Trevor Mepham and Martyn Rawson, SSF 1998을 보라.

7   Bloom. B. S.; Engelhart, M. D.; Furst, E. J.; Hill, W. H.; *Taxonomy of educational objectives: The classification of educational goals*. Handbook I: Cognitive domain. New York, 1956.

8   Erwin, l. Sanderson, H; *One Page Profiles with children and young people*, http://www.helensandersonassociates.co.uk/media/38450/ oppinschlguide.pdf를 보라.

제5장 리더십과 학교 운영

1   Husserl, E. The Crisis of European Sciences and Transcendental Phenomenology: An Introduction to Phenomenological Philosophy, Cambridge 2012(독일어 원판 1936, 첫 영역 1954).

2   Steiner, R., *Towards Social Renewal*, RSP 1977을 보라. 'Working together in a Waldorf School', a special number of the journal *Paideia*, SSF 1999 역시 참고할 수 있는데, 학교 조직에 관한 주제를 다룬 일련의 글이 실려 있다.

3   Steiner, R., *The Threefold Social Order and Educational Freedom in the Renewal of the Social Organism*, RSP 1985.

4   같은 책.

5   Steiner, R., *The Foundations of Human Experience*, p. 30.

6   같은 책, p. 30.

7   예시를 위해서는 다음을 참고하라. Gronn, P. *Distributed Properties: A New Architecture for Leadership* in Educational management and Administration, Vol. 28, No. 3, 2000; MacBeath, J. Dempster, N. *Connecting Leadership and Learning: Principles and Practice*, Routledge

2009; www.ascl.org/publications/educational-leadership. *When Teachers Run the School*.

8   Jonathan Wolf-Phillips of New Leadership Ltd.에 감사하며 www.new-leadership.com을 보라.

9   8월 17일, 1923, Ilkley에서.

10   Gladstone, F., Republican Academies, SSF 1997, for a compilation of Steiner's comments on self-management and pedagogical study in Waldorf schools를 보라. Manfred Leist, *Parent Participation in the Life of a Waldorf School*, AWSNA 또한 참고할 수 있다.

11   Steiner, R., *The Foundations of Human Experience*, pp. 45 to 48을 보라. 같은 저자의 글인 "What is the Spirit of the School Trying to Tell Us", in *Paideia* No. 16, April 1998 또한 참고할 수 있다.

12   Steiner, R., *The Renewal of the Social Organism*, published in *Paideia* No. 16. *Freie Schule und Dreigliederung*, 1919를 보라.

제6장 유년기 돌봄과 교육

1   Smilanasky, S., *Sociodramatic Play: Its relevance to behavior and achievement in school, in children's play and learning*. Klugman and Smilansky, ed New York Teachers' Press, 1990.

제7장 수평적 교육과정

1   Steiner, R., *The Renewal of Education*, April 24, 1920.

2   Steiner, R., *The Foundations of Human Experience*, Lecture 1, AP 1996.

3   Steiner, R., *Soul Economy and Waldorf Education*, 1923년 1월 1일 강연, AP 1986.

4   같은 책, 1922년 1월 3일 강연.

5   슈타이너는 사춘기(puberty)를 *Erdenreife*라고 명명했는데, 이는 문자 그대로 '지구(대지)를 위해 익어가다.' 혹은 '지구(대지)의 성숙'이라는 뜻이다. 이 표현은 지구적 존재로서 온 힘을 경험할 준비가 되었다는 것을 의미한다.

6   Steiner, R., *Soul Economy and Waldorf Education*, 1922년 1월 강연, AP

1986.

7   Steiner, R., Müller-Wiedemann, H., *Mitte der Kindheit*, Stuttgart, 1989, p. 119.

8   Steiner, R., *A Modern Art of Education*, 1923년 8월 15일 강연, RSP 1981.

9   같은 곳.

10 Steiner, R., *Practical Advice to Teachers*, RSP 1976.

11 Piaget, J., *Theories and Methods of Modern Education*, Frankfurt, 1974, p. 3.

12 독일의 원 교육과정은 독일 고전 문학기 및 특히 괴테와 실러의 전기가 9학년에 적합하다. 슈타이너의 제안을 따른다. 이때 두 걸출한 인물의 우정, 특히 단순한 동감을 넘어서서 깊은 근원에 다가선 두 사람의 교류를 중심에 둔다. 서로를 영적으로 인식하고 이를 통해 영감을 얻었던 것이 핵심 요소다. 이에 상응하는 것이 영문학에는 없다. 서로에게 영감을 주면서도 상대를 자유롭게 하는 우정의 상징은 이 나이에 매우 중요하고, 따라서 교육과정 속에서 이 이상(理想)을 일깨울 수 있도록 다른 기회를 탐색해야 한다.

13 Steiner, R., *Conferences with the Teachers of the Waldorf School in Stuttgart*, 1921년 6월 17일 회의, SSF 1986-1989.

제2부 수직적 교육과정

제8장 안내

1   이 기초 작업에 대한 전체 참고 문헌을 위해서는 참고 자료 목록을 보라.

2   Steiner, R., *A Modern Art of Education*, 앞의 책, 1923년 8월, 학생들의 전시회에서.

3   Steiner, R., *Practical Advice to Teachers*, 앞의 책, 1919년 9월 강연.

4   루돌프 슈타이너의 기록과 J. Tautz의 책 Lehrerbewusstsein im 20. Jahrhundert, Dornach 1995, p. 116의 인용문에서.

제9장 산수와 수학

1   Baravalle, H. von, *Methodische Geichtspunkte für den Aufbau des*

Rechenunterrichts and Waldorfschul plan, (Mathematics Teaching and the Waldorf School Plan) Stuttgart, 1984.

2   Schuberth, E., 'Wie Können Wir durch den Mathematik-unterricht erzieherisch wirken?', in *Erziehungskunst* Book 4, 1976.

3   같은 책.

4   Ulin, B., *Finding the path: Themes and Methods for the Teaching of Mathematics in a Waldorf School*, AWSNA, 1991.

5   Steiner, R., *Soul Economy and Waldorf Education*, 앞의 책, lecture of December 31, 1921.

6   Ulin, B., *Finding the Path*, 앞의 책,

7   Steiner, R., *Discussions with Teachers*, 앞의 책, discussion of August 25, 1919.

8   Steiner, R., *The Kingdom of Childhood*, 앞의 책, lecture of August 16, 1924.

9   Steiner, R., *Three Lectures on the Curriculum*, 앞의 책, second lecture of September 6, 1919.

10   이 성취 목표 중 일부는 R. Jarman의 최근 저서인 *Teaching Mathematics in Rudolf Steiner Schools for Class I-VIII*, Hawthorn Press와 다르다. The Curriculum Research Group은 Jarman의 요약이 가능한 학습 내용에 더 적합하다고 보지만 여기에 제시된 체크리스트는 정상적인 능력 범위 내 대부분의 아이들이 달성할 수 있는 최소한을 목표로 한다.

11   Schuberth, E., *Der Mathematikunterricht*, 앞의 책, p. 159.

12   Brater, M., Munz, C., *Die Pädagogische Bedeutung der Buchführung*, 앞의 책, p. 199.

13   Steiner, R., *Conferences with Teachers*, 앞의 책, Vol. 4, meeting of March 30, 1923.

제10장 예술 활동

1   1923년 3월에 발도르프 학교의 예술과 교육에 대한 회의에서 열린 강연에 대한 메모다. Jüneman, M. and Weitmann, F.가 번역했다. *Drawing and Painting*

in Rudolf Steiner Schools, Hawthorn Press, 1994.

2   앞서 인용한 Jüneman and Weitmann의 책을 통해 이 이론에 대해 안내받을
    수 있다. 이 책은 슈타이너-발도르프 교육에서 다루는 색칠하기와 그리기의 이
    론과 적용에 대한 가장 뛰어난 이해를 보여준다.

3   Steiner, R., *Conferences with the Teachers*, 앞의 책, meeting of November
    15, 1920.

4   Steiner, R., *The Child's Changing Consciousness*, 앞의 책, lecture of April
    19, 1924.

5   Jüneman, M. and Weitmann, 앞의 책, p. 46.

6   Steiner, R., *Conferences with the Teachers*, 앞의 책, meeting of February 5,
    1924.

7   *Methodische Grundlagen zur Anthrosopie*(GA 30, Dornach 1989,
    Introduction)로부터 번역되었다.

8   Jüneman, M. and Weitmann, 앞의 책.

9   Kranich, E-M., *Formenzeichnung*, Stuttgart 1985, p. 30.

10 Kandinsky, V., *Der Blaue Reiter*, Munich, 1979.

11 형태 그리기를 언어로 설명하기란 매우 어려우며 (다른 종류의) 공간에 대
    한 고려로 인해 그리기의 예시를 재생산하기 꺼려진다. 삽화가 들어간 소책자,
    Formdrawing, by Arne Breidvik, SSF Resource Books, reprint 1999를 참
    고할 것을 독자들에게 권고한다.

12 Bühler, E., *Formenzeichnung. Die entwicklung des Formensinns in der
    Erziehung*, Stuttgart 1986, p. 158.

제12장 수공예

1   Steiner, R., Basel Course 1920.

2   Eggleston, John (ed.) *Learning Through Doing: A national enquiry into
    the value of creative practical education in Britain*, 1999, p. 5.

3   Rawson, M.의 *Learning to Work, Working to Learn*, SWSF, 1997을 보라.

4   Mitchell, D., and Livingston, P., *Will-developed Intelligence*, AWSNA,
    1999, p. 9에 의해 인용되었다.

5   Steiner, R., *Education of Adolescence*, lecture of June 15, 1921, p. 71.

6   같은 책, p. 53.

제13장 영어와 영문학

1   Skillen, N., "The Uses of Orality", in *Steiner Education* Vol. 32, No. 2, SSF, 1998.

2   Steiner, R., *The Renewal of Education*, lecture of 20th April 1920, SSF, 1981.

3   구술 기술의 육성에 대한 보다 자세한 조언과 쓰기 및 읽기의 도입은 Avison, K., *A Handbook for Class Teachers*, SSF, 1995와 Rawson and Masters, *Towards Creative Teaching*, SSF, 1997에서 찾을 수 있다.

4   Steiner, R., *The Renewal of Education*, 앞의 책, Lecture of May 4, 1920.

5   Steiner, R., *Three Lectures on the Curriculum*. Lecture of September 6, 1919, SSF, 1991.

6   Kainz, F., *The Psychology of Language*, Vol. 4. Stuttgart 1967, p. 52.

7   Steiner, R., *The Renewal of Education*, 앞의 책, Lecture of May 5, 1920을 보라.

8   Steiner, R., *The Kingdom of Childhood*, lecture August 15, 1924, RSP, 1982와 *The Renewal of Education*, 앞의 책, Lecture of August 28, 1920 또한 보라.

9   Steiner, R., *The Child's Changing Consciousness and Waldorf Education*, Lecture of April 18, 1923, AP, 1996.

10 이 진술은 위에 인용한 강연록 p. 94, AP, 1996으로부터 따왔다.

11 Steiner, R., *Three Lectures on the Curriculum*, Lecture of September 6, 1919. SSF, 1991.

12 같은 책.

13 Steiner, R., *Waldorf Education for Adolescents*. Lecture of June 15, 1921. SSF, 1993.

14 같은 책.

15 Steiner, R., *The Child's Changing Consciousness*, 앞의 책, Lectures of

April 17 and 18, 1923.

16 글을 가능한 참고 자료의 목록으로 어지럽히는 대신, 각 과목의 종합적인 참고 문헌 목록을 이 책의 끝에 제시하겠다.

17 Steiner, R., *The Renewal of Education*, 앞의 책, Lecture of May 4, 1920.

18 이 접근법의 가장 훌륭한 예시 중 하나는 Michael Rose in "Towards a Living Grammar" in *Paideia*, No. 17, September 1998, SSF.에 기술되어 있다. *Paideia*, No. 14의 일련의 논문 또한 흥미로울 수 있다.

19 Steiner, R., *Practical Advice to Teachers*, 앞의 책, Lecture of August 25, 1919.

20 같은 책.

21 Steiner, R., *Waldorf Education for Adolescents*, 앞의 책, Lecture of June 15, 1921.

22 Steiner, R., *Practical Advice to Teachers*, 앞의 책, Lecture of August 26, 1919.

23 적합한 시의 선집 참고 문헌 목록을 보라.

24 Steiner, R., *Practical Advice to Teachers*, 앞의 책, Lecture of August 25, 1919.

25 Steiner, R., *Conferences*, 앞의 책, June 19, 1924.

26 Steiner, R., *Three Lectures on the Curriculum*, 앞의 책.

27 Steiner, R., *Conferences*, 앞의 책, June 12, 1920.

28 Steiner, R., *Three Lectures on the Curriculum*, 앞의 책, Lecture of September 6, 1919.

29 Steiner, R., *Practical Advice to Teachers*, 앞의 책, Lecture of August 6, 1919.

30 Steiner, R., *Three Lectures on the Curriculum*, 앞의 책, Lecture of September 6, 1919.

31 Steiner, R., *Three Lectures on the Curriculum*, 앞의 책, Lecture of September 6, 1919

32 같은 책.

33 여기에 기술한 바의 예시를 위해선 Rawson and Masters, *Towards Creative*

Teaching, 앞의 책, pp. 117-124를 보라.

34 Steiner, R., *Conferences*, 앞의 책, April 28, 1922.

35 같은 책, 25th May 1923.

36 Steiner, R., Excerpts from *Two Education Lectures* from the German GA 302, typescript Z 418 in Rudolf Steiner House Library, London, lecture of June 22, 1922.

제15장 외국어

1 Kiersch, J., *Language Teaching in Steiner Waldorf schools*, FB 2014, chapter 3와 언어 교육에 있어 움직임의 중요성에 대한 설명을 위해 Norman Skillen의 부록을 보라.

제16장 원예와 지속 가능한 삶

1 Peters, H. *Gardening in Schools*, SSF.

제17장 지리학

1 Brierley D. L., *In the Sea of Life Enisled: An introduction to the teaching of geography in Waldorf Education*, Antropos Akademi, Oslo, 1998.

2 같은 책, p. 13.

3 같은 책, p. 16.

4 Steiner, R., *Waldorf Education for Adolescence*, 앞의 책, lecture of June 14, 1921.

5 Steiner, R., *Practical Advice to Teachers*, 앞의 책, lecture of September 3, 1919.

6 Steiner, R., *Waldorf Education for Adolescence*, 앞의 책, lecture of June 14, 1921.

7 Steiner, R., *Practical Advice to Teachers*, 앞의 책, lecture of September 3, 1919.

제18장 역사

1 여기서 제시하는 역사의 개관은 영국 슈타이너-발도르프 학교의 현장에 기초
한다. 그러나 각 나라에 따라 자연스럽게 달라질 내용보다는 보편적인 원리에
공간을 더 할애했다.

2 Law, P., *Notes on Teaching History in the Upper School*, SSF, 1979.

3 Steiner, R., *Three Lectures on the Curriculum*, 앞의 책, lecture of
September 6, 1919.

4 Steiner, R., *Practical Advice to Teachers*, 앞의 책, first lecture.

5 Lindenberg, Ch., *Teaching in the Upper School*, AWSNA, 1989.

6 Law, P., *Notes on History Teaching in the Upper School*, SSF, 1979.

7 이는 Lindenberg, Ch., *Teaching History*, 1989, p. 121.에서 인용했다.

제20장 움직임

1 다음 세 권을 참고하라.

Brooking-Payne, K. 1996, *Games Children Play: How games and sport
help children develop*. Hawthron Press;

von Bothmer, F., *Gymnastic Education*, Olive Whicher 역(譯), Michael
Hall School movement department 또는 RSP에서 구입 가능;

van Haren, W., and Kischnik, R., *Child's Play* 1, 2권, Hawthorn Press.

제21장 음악

1 Ronner, S., Was Bedeutet Lehrplan für die Musik?, *Lehrerrund brief,* No.
67, November 1999.

2 같은 책, p. 4.

3 Steinger, R., *Three Lectures on the Curriculum*, 앞의 책, third lecture of
September 6, 1919.

4 Steiner, R., *Practical Advice to Teachers,* 앞의 책, lecture of August, 23
1919.

5 음악 교육에 대한 루돌프 슈타이너의 자세한 안내를 모은 편찬물은 Dr. B.
Masters, *Steiner Education and Music*, 1999에서 찾을 수 있다. 이 교육과정

은 표시된 부분을 제외하고는 Brien Masters의 교육과정을 따른다.

6   Riehm, P. M., 1989, in Beilharz, G. (ed) *Erziehen und Heilendurch Musik*. Trans. J. C.

7   같은 책, p. 83.

8   같은 책, p. 90.

9   (역주) 본문에는 주석 표시가 되어 있는데 참고 문헌에는 빠져 있음. 편집 오류로 보임.

10   슈타이너는 재즈에 대해 알고 있었지만 교육과정에 대해 설명할 때는 이에 대해 언급하지 않았다. 어떤 음악 교사들은 재즈를 고려할 필요가 없다고 느낀다. Dr. Brien Masters는 분명히 이와 다르게 생각한다. 그러나 편집자는 재즈가 상급 학교에서 자주 가르치는 주제인 만큼 교육과정으로 적절하다고 판단하기에, 이를 포함시켜야 한다고 느낀다.

제23장 물리학

1   *Materialmen zum Unterricht*(*Material for Teaching*): Hersisches Institut für Bildungsplanung, Frankfurt, 1977.

2   Steiner, R., *A Theory of Knowledge Implicit in Goethe's World Conception*, AP, 1968; *Intuitive Thinking as a Spiritual Path: A Philosophy of Freedom*, AP, 1995.

3   같은 책, 5장, p. 67.

제25장 사회적 기술

1   우리는 기존 발도르프 교육과정에 포함된 사회적 요소에 대해 처음으로 체계적인 연구를 수행한 Dr. Christoph Strawe에게 감사를 표한다. Strawe, C., "Developing Social Skills, Social Understanding and Social Sensitivity in Steiner Waldorf Schools", in *Paideia* No. 16, SSF, April 1998을 보라.

2   같은 글, p. 32.

3   같은 글, p. 37.

4   Harrer, D., *Maths lessons for Elementary Grades*, AWSNA, 1985와 Jarman, R., *Teaching Mathematic in Rudolf Steiner Schools for Classes*

1-8, Hawthorn Books 1998을 또한 참고하라.

5   Steiner, R., *Practical Advice to Teachers*, lecture 3, RSP, 1979.

6   Steiner, R., Lecture of October 12, 1919. 독일어 제목은 *Soziales Verständnis aus geisteswissenschaftlicher Erkenntnis*이다.

7   Brierley, D. L., *In the Sea of Life Enisled. An introduction to the teaching of Geography in Waldorf education*, 1999, p. 119.

8   Steiner, R., *Waldorf Education for Adolescence*. SSF Publications, 1993, p. 38.

9   Stiner, R., *Conferences with the Teachers of the Waldorf School in Stuttgart*. Vol. 1, conference of March 8, 1920, p. 71.

10 같은 책, conference of September 25, 1919, p. 47.

11 Steiner, R., *Von Seelenrätseln*(GA 21) 일부가 다음의 책에 번역되어 있다. *The Case for Anthroposophy*. 역(譯). Barfield, O., RSP, 1977.

제27장 정보와 컴퓨터공학을 포함하는 기술

1   Steiner, R., *Education for Adolescence*, lecture of June 16, 1921, pp. 83ff.

참고 자료 목록

이 참고 자료 목록은 슈타이너-발도르프 교육법과 교육과정에 관련된 1차 및 2차 자료에 대한 종합적인 개괄을 제공하기 위해 작성했다. 말할 것도 없이 교사들이 자신의 연구와 준비에 사용할 수 있는 참고 자료는 이외에도 방대하다. 여기에 포함시킨 것은 특히 슈타이너-발도르프 교육법에 관련된 자료이며, 우리가 아는 한 영어로 출판되어 있다.

축어

참고 문헌과 참고 자료 목록에 쓰인 것은 다음과 같다.

AP   Anthroposophic Press, New York

AWSNA   Association of Waldorf Schools of North America, New York

FB   Floris Books, Edinburgh

GA   Gesamtausgabe, 슈타이너의 완성작에 대한 독일어 판본. 번역이 이루어지지 않은 경우 제시.

RSP   Rudolf Steiner Press, London

SSF   Steiner Schools Fellowship Publications

WECAN   Waldorf Early Childhood Association of North America, New York

n.d.   No date known

1. 루돌프 슈타이너가 남긴 인지학에 관한 기본 자료

Intuitive Thinking as a Spiritual Path: A Philosophy of Freedom, AP, 1995 (GA4).

Theosophy: An Introduction to the Spiritual Processes in Human Life and in the Cosmos, AP, 1994 (GA9).

Towards Social Renewal, RSP, 1977 (GA23).

2. 루돌프 슈타이너가 남긴 교육에 관한 자료

The Foundations of Human Experience previously Study of Man, AP, 1996. 14 Lectures, Stuttgart, 1919. *Allgemeine Menschenkunde als Grundlage der Pädagogik. Pedagogischer Grundkurs* (GA293).

Practical Advice to Teachers, RSP, 1976. 14 Lectures, Stuttgart, 1919. *Erziehungskunst Methodisch-Didaktisches* (GA294).

Discussions with Teachers, AP, 1996. 15 Discussions, Stuttgart, 1919. *Erziehungskunst Methodisch-Didaktisches* (GA295).

Education as a Social Problem, AP, 1969. 6 Lectures, Dornach, 1919. *Die Erziehungsfrage als soziale Frage* (GA296).

The Spirit of the Waldorf School, AP, 1995. 6 Lectures, Stuttgart and Basel, 1919. *Die Waldorf Schule und ihr Geist* (GA297).

Rudolf Steiner in the Waldorf School—Lectures and Conversations, AP, 1996. Stuttgart 1919-1924. *Rudolf Steiner in der Waldorfschule, Vorträge und Ansprachen* (GA298).

The Genius of Language, AP, 1995. 6 Lectures, Stuttgart, 1919. *Geisteswissenschaftliche Sprach-betrachtungen* (GA299).

The Younger Generation, Educational and Spiritual Impulses for Life in the Twentieth Century, AP, 1984.

Conferences with Teachers, SSF, 1986, 1987, 1988, 1989. 3 Volumes 1919-1924. *Konferenzen mit den Lehrern der Freien Waldorfschule* (GA300).

The Renewal of Education, SSF, 1981. 14 Lectures, Basel, 1920. *Die Erneuerung der Pädagogisch-didaktischen Kunst durch Geisteswissenschaft* (GA301).

Education for Adolescents, previously The Supplementary Course—Upper School and Waldorf Education for Adolescence, AP, 1996. 8 Lectures, Stuttgart, 1921. *Menschenerkenntnis und Unterrichtsgestaltung* (GA302).

Balance in Teaching (first four lectures), Mercury Press, 1982 and *Deeper Insights into Education* (last three lectures), AP, 1988. 9 Lectures, Stuttgart, 1920, 1922, 1923. *Erziehung und Unterricht aus Menschenerkenntnis* (GA302a).

Soul Economy and Waldorf Education, AP, 1986. 16 Lectures, Dornach, 1921–22. *Die Gesunde Entwickelung des Menschenwesens* (GA303).

Waldorf Education and Anthroposophy I, AP, 1996. 9 Public lectures, various cities, 1921–22. *Erziehungs- und Unterrichtsmethoden auf anthroposophischer Grundlage* (GA304).

Waldorf Education and Anthroposopy II, AP, 1996. 9 Public lectures, various cities, 1923–24. *Anthroposophische Menschenkunde und Pädagogik* (GA304a).

The Spiritual Ground of Education, Garber Publications, 12 Lectures, 1 Special Lecture, Oxford 1922. *Die geistig-seelischen Grundkräfte der Erziehungskunst* (GA305).

The Child's Changing Consciousness and Waldorf Education, AP, 1996. 8 Lectures, Dornach 1923. *Die Pädagogische Praxis vom Geischtspunkte geisteswissenschaftlicher Menschenerkenntnis* (GA306).

A Modern Art of Education, RSP, 1981 and *Education and Modern Spiritual Life*, Garber Publications, 1989. 14 Lectures, Ilkley, 1923. *Gegenwärtiges Geistesleben und Erziehung* (GA307).

The Essentials of Education, AP, 1997. 5 Lectures, Stuttgart, 1924. *Die Methodik des Lehrens und die Lebensbedingungen des Erziehens* (GA308).

The Roots of Education, AP, 1996. 5 Lectures, Bern, 1924. *Anthroposophische Pädagogik und ihre Voraussetzungen* (GA309).

Human Values in Education, RSP, 1971. 10 Public lectures, Arnheim, 1924. *Der Pädagogische Wert der Menschenerkenntnis und der Kulturwert der Pädagogik* (GA310).

The Kingdom of Childhood, AP, 1995. 7 Lectures, Torquay, 1924. *Die Kunst des Erziehens aus dem Erfassen der Menschenwesenheit* (GA311).

3. 슈타이너-발도르프 교육에 대한 일반적인 안내

Barnes, H., Howard, A., Davy, D. and Leichter, H.J., *An Introduction to Waldorf Education*, Mercury Press.

Blunt, R., *Waldorf Education, Theory and Practice*, Novalis Press.

Carlgren, F. *Education Towards Freedom. Rudolf Steiner Education A Survey of the Work of Waldorf Schools throughout the World*, FB.

Childs, G., *Steiner Education in Theory and Practice*, FB.

Clouder, C. and Rawson, M., *Waldorf Education*, FB.

Edmunds, F., *Rudolf Steiner Education*, The Waldorf School, RSP.

Mattke, H. J. and Zick, S., *Waldorf Education World-Wide, Rudolf Steiner College Bookstore*, Rudolf Steiner Library & AWSNA.

Margulies, P., *Learning to Learn. Interviews with Graduates of Waldorf Schools*, Rudolf Steiner College Bookstore.

Nobel, A., *Educating Through Art*, FB.

Petrash, J., *Understanding Waldorf Education*, FB/Gryphon Books USA.

Waldorf Waldorf Waldorf, Published by Freunde der Erziehungskunst Rudolf Steiners/SSF. Exhibition Catalogue on occasion of the 44th Session and the International Conference on Education of UNESCO in Geneva.

Wilkinson, R., *Commonsense Schooling*, Robinswood Press.

Wilkinson, R., *The Spiritual Basis of Steiner Education*, Sophia Books.

4. 발도르프 교육과정

Rawson, M. (edited by), *Steiner-Waldorf Education in the UK: aims, methods and curriculum*, SSF.

Rawson, M. and Masters, B. (edited by), *Towards Creative Teaching*, FB.

Rawson, M. (edited by), *An Upper School Curriculum for the UK*, SSF.

Stockmeyer, M., *Rudolf Steiner's Curriculum for Waldorf Schools*, SSF.

5. 슈타이너-발도르프 교육의 여러 면: 교육 연구, 교수법, 교사가 되는 법

Aeppli, W., *Rudolf Steiner Education and the Developing Child*, AP.

Avison, K., *A Handbook for Waldorf Class Teachers*, SSF.

Barnes, H., *Religion in the Rudolf Steiner School*, Rudolf Steiner Library.

Chilton Pearce, J., *Evolution's End: Claiming the Potential of our Intelligence*, Rudolf Steiner Library.

Edmunds, F., *Renewing Education*, Hawthorn Press.

Ege, K., *An Evident Need of Our Times: Goals of Education at the Close of the Century*, Adonis Press.

Fentress Gardner, J., *Education in Search of the Spirit*, AP.

Finser, T. M., *Research: -Reflections and Suggestions for Teachers for Creating a Community of Research in Waldorf Schools*, AWSNA.

Finser, T. M., *School as a Journey, the 8-Year Odyssey of a Waldorf Teacher and His Class*, AP.

Furness, C. J., *The Creative Training of the Will in Education*, Rudolf Steiner Library.

Gabert, E., *Educating the Adolescent, Discipline or Freedom*, AP.

Harwood, A. C., *The Recovery of Man in Childhood*, AP.

Husemann, Dr. A. J., *Knowledge of the Human Being through Art, A Method of Anthroposophical Study*, Mercury Press.

Lissau, M., *The Temperaments and the Arts, Their Relation and Function in Waldorf Pedagogy*, Rudolf Steiner Library.

Maher, S. and Bleach, Y., *Putting the Heart Back into Teaching. A Manual for Junior Primary Teachers*, Rudolf Steiner College Bookstore.

McAllen, A. E., *Sleep, An Unobserved Element in Education*, Hawthorn Press.

Mitchell, D. (edited by), *Developmental Insights: Discussions Between Doctors and Teachers*, AWSNA.

Molt, E. and Murphy, C., *Emil Molt and the Beginnings of the Waldorf School Movement: Sketches from an Autobiography*, Floris Books.

Moffat, P. S., *Forward Toward What? For Ourselves and Our Children*, Rudolf

Steiner Library.

Müller, H., *Reports Verses in Rudolf Steiner's Art of Education*, FB.

Piening, E. and Lyons. N., *Educating as an Art*, Rudolf Steiner Library.

Querido, R., *Creativity in Education*, Rudolf Steiner Library.

Rist, G. and Schneider, P., *Integrating Vocational and General Education: A Rudolf Steiner School* (Case Study of the Hibernia School), Rudolf Steiner Library.

Schwartz, E., *Adolescence: The Search for the Self Weaving the Social Fabric of the Class*, Rudolf Steiner Library.

Schwartz, E., *Gratitude, Love, and Duty: Their Unfolding in Waldorf Education*, Rudolf Steiner Library.

Schwartz, E., *Millennial Child*, AP.

Schwartz, E., *Seeing, Hearing, Learning. The Interplay of Eye and Ear in Waldorf Education*, Rudolf Steiner Library.

Schwartz, E., *The Waldorf Teacher's Survival Guide*, Rudolf Steiner College Press.

Sloan, D., *Education and Values*, Rudolf Steiner Library.

Smit, J., *The Child, the Teachers, and the Community*, AWSNA.

Smit, J., *How to Transform Thinking, Feeling and Willing*, Hawthorn Press.

Smit, J., *Lighting Fires, Deepening Education Through Meditation*, Hawthorn Press.

Smit, J., *The Steps Toward Knowledge Which the Seeker for the Spirit Must Take*, AWSNA.

Soesman, A., *Our Twelve Senses*, Hawthorn Press.

Spock, M., *Teaching as a Lively Art*, AP.

Steiner, R., *A Talk to Young People*, Mercury Press.

Tautz, J., *The Founding of the First Waldorf School*, AWSNA.

Tautz, J., *The Meditative Life of the Teacher*, AWSNA.

Taylor Gatto, J., *Dumbing Us Down, The Hidden Curriculum of Compulsory Schooling*, AP.

Weihs, T., *The Curriculum as Healer*, Rudolf Steiner Library.

Wilkinson, R., *Commonsense Schooling*, Robinswood Press.

Wilkinson, R., *Spirit, Basis of Steiner Education*, RSP.

Zimmerman, H., *Speaking, Learning, Understanding the Art of Creating Conscious Conversation*, Lindisfarne Press.

6. 아이의 발달

Aeppli, W., *The Care and Development of the Human Senses*, FB.

Aeppli, W., *Rudolf Steiner Education and the Developing Child*, AP.

Anschütz, M., *Children and Their Temperaments*, FB.

Ayres, A. J., Ph. D., *Sensory Integration and the Child*, Rudolf Steiner College Bookstore.

Baldwin, R., Kahn, T., Masheder, M., Oldfield, L., Glöckler, M. and Meighan, R., *Natural Childhood The Practical and Holistic Guide for Parents of the Developing Child*, Gaia Books.

Baldwin, R., *You Are Your Child's First Teacher*, Celestial Arts.

Childs, G., *Understand Your Temperament! A Guide to the four Temperaments*, RSP.

Childs, G., *Your Reincarnating Child*, RSP.

Elkind, D., *The Hurried Child: Growing Up Too Fast Too Soon*, Perseus Books.

Frommer, E. A., *Voyage through Childhood into the Adult World*, Hawthorn Press.

Gardner, *Youth Longs to Know*, RSP.

Harwood, A. C., *The Way of a Child*, AP.

Holzapfel, W., MD, *Children's Destinies*, Mercury Press.

Kellog, R., *Analyzing Children's Art*, Rudolf Steiner College Bookstore.

Klocek, D., *Drawing from the Book of Nature*, Rudolf Steiner College Bookstore.

Klugman, E. and Smilansky, S., *Children's Play and Learning: Perspectives and*

Policy Implications, Rudolf Steiner Library.

Koepke, H., *Encountering the Self, Transformation and Destiny in the Ninth Year*, AP.

Koepke, H., *On the Threshold of Adolescence, The Struggle for Independence in the Twelfth Year*, AP.

König, K., *Brothers and Sisters, The Order of Birth in the Family*, FB.

König, K., *Eternal Childhood*, Camphill Books.

Large, M., *Who's Bringing Them Up? Television and Child Development: How to Break the T.V. Habit*, Hawthorn Press.

Lievegoed, B., *Phases of Childhood*, FB.

Luxford, M., *Adolescence and its Significance for Those with Special Needs*, Camphill Books.

Meijs, Jeanne, *You and Your Teenager, Understanding the Journey*, FB.

Riera, M., Ph. D., *Uncommon Sense for Parents with Teenagers*, Rudolf Steiner College Bookstore.

Salter, I., *The Incarnating Child*, Hawthorn Press.

Schmidt, G., *Nutrition and Education*, Rudolf Steiner College Bookstore.

Schwartz, E., *Rhythms and Turning Points in the Life of the Child*, Rudolf Steiner College Bookstore.

Staley, B., *Between Form and Freedom, A Practical Guide to the Teenage Years*, Hawthorn Press.

Strauss, M., *Understanding Children's Drawings*, RSP.

Wilkinson, R., *The Temperaments in Education*, Rudolf Steiner College Bookstore.

7. 유아기

Britz-Crecelius, H., *Children at Play Using Waldorf Principles to Foster Childhood Development*, Rudolf Steiner College Bookstore.

Copple, R., *To Grow and Become*, AWSNA.

Eliot, J., *Let's Talk, Let's Play*, AWSNA.

Glas, N., MD, *Conception, Birth and Early Childhood*, AP.

Grunelius, E. M., *Early Childhood Education and the Waldorf School Plan*, Rudolf Steiner College Bookstore.

Heckman, H., Nokken, *A Garden for Children*, AWSNA.

Jaffke, F., *Work and Play in Early Childhood*, FB.

König, K., *The First Three Years of the Child*, FB.

Mathieson, A. (edited by), *the World of Childhood*, Antropos Forlag, Oslo.

Müller, B., *Painting with Children*, FB.

Neuschutz, K., *Children's Creative Play*, FB.

Paterson, J. and Bradley, P., *Beyond the Rainbow Bridge*, Michaelmas Press.

Pusch, R. (selected and edited by), *Waldorf Schools: Volume I, Kindergarten and Early Grades*, Mercury Press.

Pusch, R. (selected and edited by), *Waldorf Schools: Volume II, Upper Grades and High School*, Mercury Press.

Querido, R., *The Wonder of Childhood*, Rudolf Steiner College Bookstore.

Scott, A., *The Laughing Baby Remembering Nursery Rhymes and Reasons*, Rudolf Steiner College Bookstore.

Steiner, R., *The Poetry and Meaning of Fairy Tales*, Mercury Press.

Steiner, R., *Understanding Young Children. Excerpts from lectures by Rudolf Steiner Compiled for Kindergarten Teachers*, WECAN.

von Heydebrand, C., *Childhood, A Study of the Growing Child*, AP.

Willwerth, K., *Let's Dance and Sing Story Games for Children*, Mercury Press.

Zahlingen, B., *Plays for Puppets and Marionettes*, Rudolf Steiner College Bookstore.

zur Linden, W., *A Child is Born. Pregnancy, Birth: First Childhood*, RSP.

8. 수업 자료

8.1 일반

Mitchell, D., *Resource Material for Class Teachers—Grades K-8*, AWSNA.

8.2 예술과 공예

Auer, A., *Learning About the World Through Modelling*, AWSNA.

Collot d'Herbois, L., *Light, Darkness and Colour in Painting Therapy*.

Hart, F., *Art, the History of Painting, Sculpture, Architecture*, Rudolf Steiner Library.

Howard, M., *Educating the Will*, AWSNA.

Loewe, H., *Basic Sculptural Modelling, Developing the will by working with pure forms in the first three grades*, AWSNA.

Martin, M. (edited by), *Educating Through Arts and Crafts, An integrated approach to craft work in Steiner-Waldorf Schools*, SSF.

Müller, B., *Painting with Children*, FB.

Nobel, A., *Educating Through Art, The Steiner School Approach*, FB.

Petrash, C., *Earthwise/Earthways, Simple Environmental Activities for Young Children*, FB/Rudolf Steiner College Bookstore.

Strauss, M., *Understanding Children's Drawings, The Path to Manhood*, RSP.

Wildgruber, *Painting and Drawing in Waldorf Schools*, Classes 1 to 8, FB.

8.3 연극

Bryer, E., *The Rainbow Puppet Theater Book*, WECAN.

Capel, E., *Collected Plays for Young and Old*, Temple Lodge Press.

Jaffke, C. (edited by), *Plays for the Lower and Middle School. Materials for Language Teaching at Rudolf Steiner (Waldorf) Schools*, Rudolf Steiner Library, Rudolf Steiner College Bookstore in US, available from Rudolf Steiner Bookshop, London.

Jaffke, C. (edited by), *More Plays for the Lower and Middle School. Materials for Language Teaching at Rudolf Steiner (Waldorf) Schools*, Rudolf Steiner Library, Rudolf Steiner College Bookstore in US, available from Rudolf Steiner Bookshop, London.

Ellersiek, W., *Nativity Plays for Children, Celebrating Christmas through Movement and Music*, FB

Mitchell, D., *25 Plays, Inspired by Waldorf Teachers*, AWSNA.

Moore, R., *Five Plays for Waldorf Festivals*, SSF.

Pittis, A., *Pedagogical Theatre Dramaturgy and Performance Practice for the Lower and Middle School Grades*, AWSNA Publications, Rudolf Steiner College Bookstore.

Schwartz, E., *Plays for Children and Communities*, Rudolf Steiner College Bookstore.

Spence, R., *Clothing the Play, The Art and Craft of Stage Design*, AWSNA.

Wilkinson, R., *Plays for Puppets*, Rudolf Steiner College Bookstore.

8.4 영어와 영문학

시를 함께 참고하라.

Aiken, G., *Spotlight on Words*, Robinswood Press.

Harrer, D., *An English Manual for the Elementary School*, AWSNA.

Jaffke, C. (edited by), *Tongue Twisters and Speech Exercises. Materials for Language Teaching at Rudolf Steiner (Waldorf) Schools*. Rudolf Steiner College Bookstore for US, Rudolf Steiner Bookshop, London.

Jaffke, C. (edited by), *Rhythms, Rhymes, Games and Songs for the Lower School. Materials for Language Teaching at Rudolf Steiner (Waldorf) Schools*, Rudolf Steiner Library, Rudolf Steiner College Bookstore for US, Botton Bookshops for UK.

Jaffke, C. (edited by), *Poems for the Middle and Upper School. Materials for Language Teaching at Rudolf Steiner (Waldorf) Schools*, Rudolf Steiner Library, Rudolf Steiner College Bookstore for US, Rudolf Steiner Bookshop, London.

Jaffke, C. (edited by), *Riddles, Materials for Language Teaching at Rudolf Steiner (Waldorf) Schools*, Rudolf Steiner Library, Rudolf Steiner College Bookstore for US, Rudolf Steiner Bookshop, London.

Jaffke, C. (edited by), *Proverbs and Sayings. Materials for Language Teaching at Rudolf Steiner (Waldorf) Schools*, Rudolf Steiner Library, Rudolf Steiner College Bookstore for US, Rudolf Steiner Bookshop, London.

Kornberger, *The Power of Stories, Nurturing Children's Imagination and*

Consciousness, FB.

Kovacs, C., *Parsifal*, FB.

MacKaye Barnes, C., *For the Love of Literature*, AWSNA.

Matthews, P., *Sing Me the Creation*, Hawthorn Press.

Meyer, R., *The Wisdom of Fairy Tales*, FB.

Nash-Wortham, M., *Phonic Rhyme Time*, Robinswood Press.

Schmid, R., *An English Grammar—The Language before Babel*, AWSNA
   Publications, Rudolf Steiner College Bookstore.

Schwartz, E., *Wish, Wonder, Surprise*, Rudolf Steiner College Bookstore.

Schwartz, E., *Why the Setting Sun Turns Red and Other Pedagogical Stories*,
   AWSNA.

Sloan, *Life Lessons, Reaching Teenagers Through Literature*, AWSNA.

Winter, D., *The Art and Science of Teaching Composition*, AWSNA.

Wyatt, I., *Hay for My Ox and other Stories*, FB.

8.5 환경에 대한 연구

Brierly, D. L., *In the Sea of Life Enisled*, Antropos Forlag.

Querido, R., *Geography and Man's Responsibility for the Earth*, Rudolf Steiner
   Library.

Querido, R., *On the Teaching of Geography: Excerpts from the Work of
   Rudolf Steiner*, Rudolf Steiner Library.

Schmutz, H-U., *Earth Science for Waldorf Schools*, AWSNA.

Wilkinson, R., *Plant Study*, Rudolf Steiner College Bookstore.

Wilkinson, R., *Teaching Geography*, Rudolf Steiner College Bookstore.

8.6 오이리트미

Adams, F., *Eurythmy for the Elementary Grades*, AWSNA.

Down, R., *Leaving Room for the Angels—Eurythmy and The Art of Teaching*,
   AWSNA.

Lebret, E., *Allegro. Music for the Eurythmy Curriculum*, AWSNA.

Marquis, F., *Eurythmy for the Lower Grades*, ASWNA Publications.

Russell, L., *Kinesthetic Movement for Adolescents, Learning Through*

Movement and Eurythmy, AWSNA.

Steiner, R., *Eurythmy as Visible Speech*, RSP (GA279).

Steiner, R., *An Introduction to Eurythmy*, AP.

Stoehr, S. and Oates, I., *Eurythmy An Art of Movement for Our Time*, Robinswood Press.

von Heider, W. M., *And Then Take Hands An Anthology of Rhymes, Poems, Stories, Legends and Plays for All Those Who Work With Children*, Rudolf Steiner College Bookstore.

8.7 외국어

Dahl, E., *Teaching Foreign Languages, A Practical Handbook for Steiner-Waldorf Teachers*, FB.

Forrer, E., *Andando Caminos, Teaching Spanish in Waldorf Schools*, AP.

Jaffke, C., *Textes pour L'Enseignement des Langues Etrangères dans les Ecoles Waldorf, Recueil de Poèmes, Chants, Jeux et Comptines*, Rudolf Steiner College Bookstore in US, available from Rudolf Steiner Bookshop, London.

Jaffke, C., *Textes pour L'Enseignement des Langues Etrangères dans les Ecoles Waldorf, Poèsies, Textes et Chansons*, Rudolf Steiner College Bookstore in US, available from Rudolf Steiner Bookshop, London.

Kiersch, J., *Language Teaching in Steiner-Waldorf Schools*, FB.

McCrary, K., *The Alpha Beta Book, An Introduction to Ancient Greek*, AWSNA.

Stott, M., *Foreign Language Teaching in Rudolf Steiner Schools, Guidelines for Class-Teachers and Language Teachers*, Hawthorn Press.

Stott, M., *Utopie, A Story from the 16th Century for the 7th Grade with Exercises*, Hawthorn Press.

8.8 형태 그리기와 글쓰기

Dinklage, H., *Therapy Through Handwriting*, Mercury Press.

Gladich, J. and Sassi, P. A., *The "Write" Approach. Form Drawing for Better Handwriting*, Rudolf Steiner College Bookstore.

Kirchner, H., *Dynamic Drawing, Its Therapeutic Aspect*, Mercury Press.

Kutzli, R., *Creative Form Drawing, Workbooks 1, 2, & 3*, Hawthorn Press.

McAllen, A. E., *Teaching Children to Write; it's connection with the development of spatial consciousness in the child*, RSP.

Niederhauser, H. R. and Frohlich, M., *Form Drawing*, Mercury Press.

8.9 역사와 신화

Debusschere, E. B., *The Revelation of Evolutionary Events in Myths, Stories, and Legends*, AWSNA.

Harrar, D., *Chapters from Ancient History in Biographic Vein*, Mercury Press.

Harrar, D., *Roman Lives*, Mercury Press.

Kovacs, C., *Ancient Mythologies: India, Persia, Babylon, Egypt*, Wynstones Press.

Kovacs, C., *The Age of Discovery*, FB.

Kovacs, C., *The Age of Revolution*, FB.

Kovacs, C., *Ancient Greece*, FB.

Kovacs, C., *Ancient Rome*, FB.

Kovacs, C., *Norse Mythology*, FB.

Lindenberg, C., *Teaching History*, AWSNA.

Staley, B., *Hear the Voice of the Griot! Celebrating Africa in Geography, History and Culture*, AWSNA.

Veltman, W. F., *Hellas, Ancient Greek Culture in a New Perspective*, AWSNA.

Wilkinson, R., *Teaching History*, Rudolf Steiner College Bookstore.

Wyatt, I., *Homer's Odyssey*, FB.

Wyatt, I., *Norse Hero Tales*, FB.

8.10 특수한 필요 및 학습 지원

Holtzapfel, W., *Children's Destinies*, Mercury Press.

Holtzapfel, W., *Human Organs*, FB.

Jantzen, C., *Dyslexia, Learning Disorder or Creative Gift?*, FB.

König, K., *Being Human: Diagnosis in Curative Education*, AP/Camphill Press.

Luxford, M., *Children with Special Needs*, FB.

McAllen, A. E., *The Extra Lesson*, Rudolf Steiner College Press.

McAllen, A. E., *The Listening Ear, The Development of Speech as a Creative Influence in Education*, Hawthorn Press.

Nash-Wortham, M. and Hunt, J., *Take Time*, Robinswood Press.

Steiner, R., *Education for Special Needs: The Curative Education Course*, RSP (GA317).

Uphoff, J. K., Gilmore, H. E. and Huber, R., *Summer Children Ready or Not for School*, Rudolf Steiner College Bookstore.

Wilby, M. (Ed.), *Learning Difficulties, A Guide for Teachers*, Rudolf Steiner College Press.

Woodward, B. and Hogenboom, M., *Autism, A Holistic Approach*, FB.

8.11 수학과 기하학

Anderson, H., *Active Arithmetic!*, AWNSA.

Allen, J., *Drawing Geometry, A Primer of Basic Forms*, FB.

Blackwood, J., *Mathematics in Nature, Space and Time*, FB.

Blackwood, *Geometry in Nature*, FB.

Edwards, L., *Projective Geometry*, FB.

Flansburg, S., *Math Magic*, Rudolf Steiner College Bookstore.

Franceschelli, A., *Algebra*, Mercury Press.

Franceschelli, A., *Mensuration*, Mercury Press.

Ghyka, M., *The Geometry of Art and Life*, Rudolf Steiner College Bookstore.

Harrer, D., *Math Lessons for Elementary Grades*, AWSNA.

Jarman, R., *Teaching Mathematics in Rudolf Steiner Schools. How to Become Holistic and Imaginative*, Hawthorn Press.

Keller-von Asten, H., *Encounters with the Infinite*, Walter Keller Press.

Pappas, T., *The Joy of Mathematics Discovering Mathematics Around You*, Rudolf Steiner College Bookstore.

Pappas, T., *More Joy of Mathematics Exploring Mathematics All Around You*, Rudolf Steiner College Bookstore.

Schuberth, E., *First Steps in Proven Geometry for the Upper Elementary*

Grades, AWSNA.

Schuberth, E., *Geometry Lessons in the Waldorf School, Grades 4 and 5*, AWSNA.

Schuberth, E., *Mathematics Lessons for the Sixth Grade*, AWSNA.

Schuberth, E., *Teaching First Grade Math in Waldorf Schools*, Rudolf Steiner Library.

Schwaller de Lubicz, R. A., *A Study of Numbers A Guide to the Constant Creation of the Universe*, Rudolf Steiner College Bookstore.

Sheen, A. R., *Geometry and the Imagination*, AWSNA.

Sloan, D. (edited by), *The Computer Education: A Critical Perspective*, Rudolf Steiner Library.

Sloan, D., Fink, A. and Mitchell, D., *Computers and Waldorf Education*, AWSNA.

Swanson, H., *Geometry for the Waldorf High School*, AWSNA.

Ulin, B., *Finding the path: Themes and Methods for the Teaching of Mathematics in a Waldorf School*, AWSNA.

van Bemelen, D. J., *A Drawing Lesson with Rudolf Steiner*, Mercury Press.

von Baravalle, H., *Geometric Drawing and the Waldorf School Plan*, Rudolf Steiner College Bookstore.

von Baravalle, H., *The Geometry of Shadow Movements*, Mercury Press.

von Baravalle, H., *The Teaching of Arithmetic and the Waldorf School Plan*, Rudolf Steiner College Bookstore.

von Baravalle, H., *The Waldorf Approach to Arithmetic Grades 1-8*, Rudolf Steiner College Bookstore.

Whicher, O., *Projective Geometry*, AP.

8.12 움직임

Brooking-Payne, K., *Games Children Play How Games and Sport Help Children Develop*, Hawthorn Press.

Bryer, E., *Movement for the Young Child, A Handbook for Eurythmists and Kindergarten Teachers*, WECAN

Cole, J., *Anna Banana 101 Jump Rope Rhymes*, Rudolf Steiner College
  Bookstore.

Ellersiek, W., *Gesture Games for Spring and Summer*, WECAN.

Ellersiek, W., *Gesture Games for Autumn and Winter*, WECAN.

Stark, D., *Coaching Team Sports in a Waldorf School*, AWSNA.

Taylor, M., *Finger Strings, A Book of Cat's Cradles and String Figures*, FB.

van Haren, W. and Kischnick, R., *Child's Play 1 & 2*, Hawthorn Press.

van Haren, W. and Kischnick, R., *Child's Play 3. Games for Life for Children
  and Teenagers*, Hawthorn Press.

von Heider, M., *Looking Forward. Games, Rhymes and Exercises to help
  Children develop their Learning Abilities*, Hawthorn Press.

Willwerth, K., *Let's Dance and Sing Story Games for Children*, Mercury Press.

8.13 음악

Foster, N., *The Mood of the Fifth, A Musical Approach to Childhood*, FB.

Frongillo, C., *The Importance of Being Musical*, AWSNA.

Jacobs, R., *Music for Young Children*, Hawthorn Press.

Jaffke C. and Maier, M., *Early One Morning. Folk Songs-Rounds-Ballads
  -Shanties-Spirituals and Plantation Songs-Madrigals*, Rudolf Steiner
  Library, Rudolf Steiner College Bookstore in US, Rudolf Steiner
  Bookshop, London.

Knierim, J., *Quintenlieder, Introduction to the Mood of the Fifth*, Rudolf
  Steiner College Bookstore.

Lebret, E., *Pentatonic Songs*, Rudolf Steiner College Bookstore.

Lebret, E., *Shepherd's Songbooks For Grades I, II and III of Waldorf Schools*,
  Rudolf Steiner College Bookstore.

Lebret, E., *Songs of Heaven and Earth*, Waldorf School Association of Ontario.

Lewis, M., *When the Green Woods Laugh*, Association of Waldorf Education
  in London, Ontario.

Lindenberg, C-A., *The Child's Praise of the Seasons Festiva Music to Sing*,
  Rudolf Steiner College Bookstore.

Lindenberg, C-A., *In Praise of the Seasons*, Rudolf Steiner College Bookstore.

Logan, A. (compiled and arranged by), *Building the Chorus*. Rose Harmony Association.

Logan, A., *One, Two, Three, for the Rose Lyre*, Rose Harmony Association.

Masters, B., *A Round of Rounds for the 52 Weeks of the Year*, Temple Lodge Press.

Masters, B. (ed.), *The Waldorf Song Book*, Floris Books.

Oram, P. and Forder, P., *A Change in the Year*, Starborn Books.

Willwerth, I., *Merrily We Sing, Original Songs in the Mood of the Fifth*, WECAN.

Society of Brothers, *Sing through the Day Ninety Songs for Younger Children*, Rudolf Steiner College Bookstore.

Society of Brothers, *Sing through the Seasons Ninety-9 Songs for Children*, Rudolf Steiner College Bookstore.

8.14 시

Harrar, D., *Verses and Poems and Stories to Tell*, Mercury Press.

Kennedy, D., *The Waldorf Book of Poetry*, Living Arts.

Kennedy, D., *The Waldorf Book of Animal Poetry*, Living Arts.

Jaffke, C. (edited by), *Six Romantic Poets. Materials for Language Teaching at Rudolf Steiner (Waldorf) Schools*, Rudolf Steiner Library, Rudolf Steiner College Bookstore in US, Rudolf Steiner Bookshop, London.

Thomas, H., *A Journey Through Time in Verse and Rhyme*, FB.

8.15 과학

Bordear, S. P. *Volts to Hertz···the Rise of Electricity*, Rudolf Steiner College Bookstore.

Borjarsky, M., *A Demonstration Manual for Use in the Waldorf School Eighth Grade Chemistry Main Lesson*, Rudolf Steiner College Bookstore.

Davidson, N., *Sky Phenomena, A Guide to Naked-Eye Observation of the Stars*, Lindisfarne Books.

Edelglass, S. and D'Aleo, M., *Sensible Physics Teaching*, AWSNA.

Francis, K., *Rudolf Steiner and the Atom*, Adonis Press.

Graf, R. F., *Safe and Simple Electrical Experiments*, Rudolf Steiner Library.

Grohmann, G., *The Living World of Plants A Book for Children and Students of Nature*, AWSNA.

Grohmann, G., *The Plant, Vols. 1&2*, Bio-Dynamic Farming & Gardening Association.

Holdrege, C., *A Question of Genes*, AP.

Julius, F. H., *Fundamentals for a Phenomenological Study of Chemistry*, AWSNA.

Kennish, G., *Chemistry in Classes 7 and 8*, Wynstones School Publication.

Klocek, D., *Weather and Cosmos*, Rudolf Steiner College Bookstore.

Kolisko, E., M.D., *Zoology for Everybody, Volume 1: General*, Kolisko Archive Publications.

Kolisko, E., M.D., *Zoology for Everybody, Volume 2: Birds*, Kolisko Archive Publications.

Kolisko, E., M.D., *Zoology for Everybody, Volume 3: Mammals*, Kolisko Archive Publications.

Kolisko, E., M.D., *Zoology for Everybody, Volume 4: Protozoa*, Kolisko Archive Publications.

Kolisko, E., M.D., *Zoology for Everybody, Volume 5: Coelenterates, Echinoderms*, Kolisko Archive Publications.

Kolisko, E., M.D., *Zoology for Everybody, Volume 6: Tunicates, Molluscs*, Kolisko Archive Publications.

Kolisko, E., M.D., *Zoology for Everybody, Volume 7: Insects*, Kolisko Archive Publications.

Kolisko, E., M.D., *Zoology for Everybody, Volume 8: Amphibians, Reptiles*, Kolisko Archive Publications.

König, K., *Animals, An Imaginative Zoology*, FB.

Kovacs, C., *Botany*, FB.

Kovacs, C., *Geology and Astronomy*, FB.

Kovacs, C., *The Human Being and the Animal World*, FB.

Kovacs, C., *Muscles and Bones*, FB.

Kraul, W., *Astronomy for Young and Old, A Beginner's Guide to the Visible Sky*, FB.

Krupp, E. C., *Beyond the Blue Horizon Myths & Legends of the Sun, Moon, Stars, & Planets*, Rudolf Steiner College Bookstore.

Masters, B. (introduced and edited by), *Science in Education (Waldorf curriculum Studies Vol. 1)*, SSF/Lanthorn Press.

Mees, L. F. C., *Secrets of the Skeleton, Form in Metamorphosis*, AP.

Mirbt, C. R., *An Introduction to the Study of the Stars*, AWSNA.

Mitchell, D., *The Wonders of Waldorf Chemistry, Grades 7-9*, AWSNA.

Schultz, J., *Movement and Rhythms of the Stars A Guide to Naked-Eye Observation of Sun, Moon and Planets*, Floris Books/AP.

Trostli, R., *Physics is Fun!*, AWSNA.

von Baravalle, H., *Introduction to Astronomy in the Sixth Grade of the Waldorf Schools*, Rudolf Steiner College Bookstore.

von Baravalle, H., *Introduction to Physics and the Waldorf School Plan*, Rudolf Steiner College Bookstore.

von Baravalle, H., *Introduction to Physics in Waldorf Schools The Balance Between Art and Science*, Rudolf Steiner College Bookstore.

von Baravalle, H., *On Teaching Physics and Mathematics*, Mercury Press.

von Mackenson, M., Dr., *A Phenomena-Based Physics Sound, Light, Heat Volume 1 for Grade 6* (edited by Mitchell, D and translated by Petering, J.), AWSNA.

von Mackenson, M., Dr., *A Phenomena-Based Physics Sound, Light, Heat Volume 2 for Grade 7* (edited by Mitchell, D. and translated by Petering, J.), AWSNA.

von Mackenson, M., Dr., *A Phenomena-Based Physics Sound, Light, Heat Volume 3 for Grade 8* (edited by Mitchell, D. and translated by Petering, I.), AWSNA.

Wilkinson, R., *Teaching Physics*, Rudolf Steiner College Bookstore.

9. 슈타이너-발도르프 학교 조직의 성장과 학교 공동체

Baldwin, S., *Nurturing Children and Families, One Model of a Parent/Child Program in a Waldorf School*, WECAN

Blanning, N., (ed.) *First Grade Readiness*, WECAN

Brüll, D., *The Waldorf School and Threefold Structure—The Embarrassing Mandate—About the Risk of Being an Anthroposophical Institution*, AWSNA.

Finser, T. M., *Finding Your Self, Supporting the Inner Life of the Teacher*, AWSNA.

Foster, N., (ed.) *Mentoring in Waldorf Early Childhood Education*, WECAN.

Gill, R. T., *School as a Living Entity*, AWSNA.

Gladstone, F., *Republican Academies*, SSF.

Koteen-Soule, H., (ed) *Professional Review and Evaluation in Waldorf Early Childhood Education*, WECAN.

Lehrs, E., *Republican, Not Democratic*, AWSNA.

Leist, M., *Parent Participation in the Life of a Waldorf School*, AWSNA.

McAlice, J., *Engaged Community, The Challenge of Self-Governance in Waldorf Schools*, AWSNA.

Mitchell, D. (edited by), *The Art of Administration*, AWSNA.

Mitchell, D. and Alsop D., *Economic Explorations*, AWSNA.

Muller, H., *Report Verses in Rudolf Steiner's Art of Education*, FB.

Murphy-Lang, C., *Developing the Observing Eye, Teacher Observation and Assessment in Early Childhood Education*, AWSNA.

Pietzner, C., *Handling Public Relations*, Rudolf Steiner College Bookstore.

Schaefer, C., *Partnerships of Hope, Building Waldorf School Communities*, AWSNA.

Spence, M., *A Context for a Renewed Economics*, AWSNA.

Spence, M., *Freeing the Human Spirit. The Threefold Social Order, Money and* the *Waldorf School*, AWSNA.

Zimmerman, H., *Speaking, Listening, Understanding*, Lindisfarne Press.

Steiner, R., *Awakening to Community*, RSP.

Lievegoed, B., *Developing Communities*, Hawthorn Press.

10. 간행물

Economic Extracts The Economic Basis for Waldorf Education, AWSNA.

Multiculturalism in Waldorf Education, AWSNA.

Paideia, SSF.

Renewal: A Journal for Waldorf Education, AWSNA.

Research Bulletin, Waldorf Education Research Institute, Sunbridge College.

Waldorf Science Newsletter, AWSNA.

슈타이너-발도르프 교육과정의 길잡이
— 유아부터 12학년까지 발도르프 교육과정의 주제와 내용

초판 1쇄 인쇄 2025년 2월 5일
초판 1쇄 발행 2025년 2월 10일

엮은이 케빈 애비슨, 마틴 로슨
옮긴이 이영해, 김훈희
펴낸이 박규현
펴낸곳 도서출판 수신제
유통판매 황금사자(전화 070-7530-8222)
출판등록 2015년 1월 9일 제2015-000013호
주소 경기도 양평군 양서면 청계길 218
전화 070-7786-0890
팩스 0504-064-0890
이메일 pgyuhyun@gmail.com
ISBN 979-11-982452-4-3 03370
정가 33,000원